U0873004

谨以此书纪念我的父亲和母亲！

基本逻辑学

——思维与表达正确性问题探究

冯　琦　著

科 学 出 版 社

北　京

内 容 简 介

本书旨在为所有愿意认真理性思考的青年学者系统性地解释确保思维和表达正确性的逻辑学．可以说逻辑学是每一位愿意认真理性思考者的必备工具．它的雏形是古希腊哲学家亚里士多德所锻造的形式逻辑．它是经过自十七世纪以来数百年演化以及融合了莱布尼茨、布尔、弗雷格、康托尔、哥德尔、塔尔斯基等杰出贡献的智慧产物．本书将向读者解释该系统工具由什么组成、具有怎样的功能以及可以怎样应用．这包括关于"数"和"计算"的概念分析与理论解释，形式逻辑以及逻辑电路实现，形式逻辑系统的有效性、可靠性和完备性，适用于解决现实问题的代名词逻辑，代名词逻辑的有效性、可靠性和完备性以及作为优美的概念文字的基本集合理论．本书还将向读者解释理性思考过程中出发点选择的自由以及一致性的含义．

作者希望本书是一本介于现有形式逻辑教材以及数理逻辑专业教材之间的自学读物．尽管本书事实上将数理逻辑的基本内容以代名词逻辑的形式展现出来，但本书的着眼点不是数学和数学基础，而是哲学、法学、经济学以及其他社会科学，因为作者真心希望这些领域中的许多青年读者可以从中得益．作者甚至还希望在诸多理科领域中也会有不少的青年读者可以从本书中得益．

"工欲善其事，必先利其器"．"心之官则思"，思者宜用利器．

图书在版编目（CIP）数据

基本逻辑学：思维与表达正确性问题探究/冯琦著．—北京：科学出版社，2020.8

ISBN 978-7-03-065896-8

Ⅰ.①基… Ⅱ.①冯… Ⅲ.①逻辑学 Ⅳ.①B81

中国版本图书馆 CIP 数据核字（2020）第 155777 号

责任编辑：李静科／责任校对：彭珍珍
责任印制：赵 博／封面设计：无极书装

科学出版社出版
北京东黄城根北街 16 号
邮政编码：100717
http://www.sciencep.com
北京中石油彩色印刷有限责任公司印刷
科学出版社发行 各地新华书店经销
*
2020 年 8 月第 一 版 开本：720×1000 1/16
2024 年 4 月第五次印刷 印张：26 1/2
字数：523 000

定价：168.00 元

(如有印装质量问题，我社负责调换)

序　言

夫辩者, 将以明是非之分, 审治乱之纪,
明同异之处, 察名实之理, 处利害, 决嫌疑.
《墨子 · 小取》(战国)

一部手机, 或者一台计算机, 就是由一系列物理器件按照精心设计的大规模集成电子线路组合起来所实现的一台逻辑机器; 任何一次具体的手机应用或者计算机应用, 都是一系列逻辑判断以及根据判断结果执行特定指令的过程. 当你使用手机或者照相机去捕捉一幅画面时是这样; 当你使用微信和朋友或家人聊天时是这样; 当你使用微信支付购物时也是这样. 这就是逻辑正在被有效地应用来服务于我们日常生活的真实现状的一小部分. 更为广泛地, 无论是满地奔跑的汽车、四通八达的高铁、高空翱翔的飞机, 还是各种各样的探测地球乃至宇宙的卫星和航天飞行器, 都毫无例外地有一个控制系统. 一部手机、一台计算机, 也就是一个控制系统. 而这些控制系统都一定由两个部分组成: 一部分是物理硬件 (由许许多多半导体器件以及逻辑电路所组成的芯片和芯片集成); 另一部分为内置软件 (以操作系统为核心的包络各种功能性应用程序在内的程序包, 也就是根据特定的功能需求按照某种特定的功能结构将各种逻辑判断和各种执行指令按照特定的逻辑关系组织起来的程序集成). 硬件是实现逻辑判断、指令执行和物理控制的物理实在; 软件是实现物理控制的信息实在. 无论是硬件的布局, 或者说芯片以及芯片集成的结构, 还是软件的功能结构, 都是逻辑的. 所有这些各种各样的逻辑机器, 或者控制系统, 都是某些人积极主动地, 有时候还是创造性地, 使用逻辑这门思维工具的产物. 那么这背后都有一些什么样的有趣的故事呢? 具有如此强大功能的这门智慧工具 [1]—— 逻辑, 到底又是怎么一回事呢?

本书试图回答这一问题.

本书将涉及的是用汉语思考以及表达中的正确性问题, 旨在建立起确保这种正确性的可靠的逻辑系统. 逻辑 (系统) 的基本功用就是可以被用来系统性地、独立于任何个人意志地确保思辨者理性判断与分析的令人信服的正确性, 从而解决思辨过程中可能出现的分歧问题, 实现自我信服和以理服人. 要具备这样的基本功用,

1 打造这门工具并确保它行之有效的过程从古希腊开始一直到二十世纪三十年代. 在这一漫长而伟大的过程中, 对逻辑学的建立与完善作出卓越贡献的思想家, 包括亚里士多德 (Aristotle)、莱布尼茨 (Leibniz)、布尔 (Boole)、弗雷格 (Frege)、佩亚诺 (Peano)、康托尔 (Cantor)、希尔伯特 (Hilbert)、哥德尔 (Gödel)、图灵 (Turing) 以及塔尔斯基 (Tarski), 等等.

逻辑 (系统) 本身就必须是显然系统的和显然正确的. 逻辑学正是为确保思辨以及表达的正确性提供有效工具[2]以及展示和论证逻辑系统 (确保思辨和表达正确性的工具) 本身的系统性、有效性、可靠性和正确性的学问. 也可以说逻辑学是关于思维与表达的规矩之学, 是关于追求真理的分析理论. 因此, 逻辑学需要回答具体的逻辑系统是什么, 它该怎样有效地被思考者用来实现其基本功用以及它本身为何具有所需要的系统性、有效性、可靠性和正确性这样的系统问题.

判断、推理以及分析是我们每天都不可少的一种思维活动. 这里不可回避的基本问题就是: 我们的判断是否正确、是否一致? 我们的推理是否正确、是否有效、是否一致? 我们的分析是否正确、是否合理? 在怎样的条件下我们能够知道或者能够相信我们这样的判断是正确的, 这样的分析是合理的? 尽管我们的判断和分析因为各种各样的处境和当时当地所面临的具体问题会有内容上的千差万别, 但若将这许许多多的具体判断和具体分析抽象起来, 将那些具体内容过滤掉只保留那些判断和分析所涉及的语言表达式序列, 正确的、合理的、一致的判断和分析就有着基本的共同之处; 错误的、不合理的、自相矛盾的判断和分析自然也有着基本的共同之处. 寻求将各种各样的判断和分析的内容和形式分离从而得到合适的抽象, 明了那些基本共同之处, 进而得出那些可以有效识别判断和分析中的错误以期保证判断和分析的正确性的基本规则, 并且将外在人为的判断和分析过程系统地植入这些抽象表示的序列之中, 这些便是逻辑学的根本任务. 换句话说, 逻辑学的根本目的是探讨如何系统地、独立于个人意志地规定合理性, 以及怎样在前提的合理性和结论的合理性之间系统、有效、简洁、准确、完备而又独立于外部因素地保持一致性和可靠性. 这就如同我们应用高斯消去法 (消元法) 求解线性方程组那样, 各个具体的线性方程组就其内容而言可谓千差万别, 但当我们只关注方程组的基本形式以及高斯消去法所涉及的基本操作时, 我们所看到的就只有那些基本共同之处, 从而得以抽象出矩阵表示与矩阵乘法, 进而解答高斯消去法之有效性和正确性问题.

数理逻辑首先在数学思维的范畴圆满地完成了这样的根本任务[3]. 数理逻辑以数学思维中的种种具体判断、推理和分析为典范, 将那些具体的判断、推理和分析这样的人为过程植入逻辑代数之中, 植入一阶逻辑系统之中, 从而建立起与数学探讨相适应的数理逻辑逻辑体系, 进而在数学领域中得到广泛的应用. 在这里, 我们试图将数理逻辑的基本思想应用到其他领域 (甚至包括日常生活) 的思维范畴中去, 在那些广阔的领域中将数理逻辑的基本思想发扬光大. 当然, 我们在这里能做的就是为思考者提供一套有效和可靠的系统工具, 并且论证逻辑系统本身的正确性、有效性、可靠性和完备性, 解释可以怎样使用这样的逻辑系统以及在使用这样的工具中思考者具有怎样的主动与自由.

---

2 圆规和直尺是平面几何作图时正确的、标准的、有效的工具; 无规矩难成方圆.

3 有兴趣的读者可参见《数理逻辑导引》(冯琦, 科学出版社, 2017).

我们从读者非常熟悉的“数”开始. 在第 1 章中, 我们和读者一道系统性地复习演练我们对于“数”这个观念的理解和认识. 通过这种复习演练, 我们将为全书揭开思维进程中形式与内涵对立统一的面纱, 将一系列逻辑学需要解决的具体问题展现出来, 为后面的求解实现必要的铺垫.

第 2 章是经典的命题逻辑. 命题逻辑也就是通常所说的形式逻辑, 或者布尔逻辑. 在这里, 各种各样的形式命题是所关注的基本单元. 说它们是形式命题, 是因为我们将所有这些命题的语义完全省去, 或者说, 它们就是一些毫无语义的纯粹形式的逻辑表达式. 这是一种彻底的抽象, 也是人类思维进程中的第一次彻底的抽象. 这里所关注的是这些形式逻辑表达式是怎样由原始命题 (基本构成单元) 经过简单的逻辑联结词复合而得的; 这些逻辑联结词在真假判断过程中所具有的系统性作用如何; 在对各种各样形式判断的分析中, 如何使用真值表来检验合理性、普遍真理性和相对真理性, 如何使用电子逻辑门来实现真值表的物理意义上的计算; 纯粹形式的推理到底是什么, 具有什么样的可靠性和完备性. 这一章既有作者的兴趣, 也为第 3 章和第 6 章做好适当准备.

第 3 章代名词逻辑是第 2 章的发展. 在这一章里, 我们将被忽略了的语义作为上宾请回来, 因为在思维的范畴, 在面向实际求解问题的过程中, 语义对于真假判断有着决定作用, 这种决定作用断然不可被忽视. 不仅如此, 这种发展事实上是弥补命题逻辑表达式表达能力缺陷的需要. 基于这样的考虑, 代名词逻辑首先对系统语言有了崭新的规定: 增加了在一定范围内对个体事物使用一般性代名词的本领; 引进了对固定范围内实施全域作用的全称量词以及在固定范围内断言个体存在的存在量词. 这种可以随意但是必须事先固定的个体事物对象范围 (将称之为论域) 以及在这样的范围上的代名词广泛作用是语义解释的基本需求; 全称量词和存在量词的使用是增强语言表达能力的需求. 在这样的基础上, 我们可以系统地行之有效地建立代名词逻辑的形式表达式语言, 然后系统地行之有效地建立起这些代名词表达式的语义解释, 从而实现真假判断的实在含义. 这种语义解释靠组织结构以及对代名词确定指代对象的花名册来实现. 一个组织结构就是对给定的个体事物对象范围进行按照一些具体基本概念的期望含义进行外延划分之后的结果. 因此所说的具体组织结构就是实现一系列具体基本概念的语义解释的结果. 在这种语义解释中我们将假设真相原理以及事实判断原则. 在这里我们会看到具体基本概念的作用以及思考者在选择具体基本概念时所具有的自由度. 在这里我们将会对代名词逻辑系统本身的具体概念“合理”“普遍真理”“相对真理”“推理”和“论证”给出确切定义, 并且还将明确代名词逻辑系统持有的可靠性、完备性以及正确性.

第 2 章和第 3 章是我们建立所需要的逻辑体系以及论证这样建立起来的逻辑体系恰如其分地具备所期望的功能. 在接下来的第 4 章 — 第 6 章中, 我们转向具体的应用实例.

在第 4 章中, 我们将为读者展示集合代数对两个原始基本概念“集合”与“属于”所给予的公理化确定, 从而在相应的非逻辑公理体系下建立起可以满足数学思考与表达需求的精湛的概念文字体系. 我们也将为读者带来一些基本的、难度适中的、数学的概念式的演绎推理. 我们还将对在第 1 章中复习演练过的数在集合代数体系下实现具体概念化, 从而建立起具体的自然数概念、整数概念以及有理数概念. 我们尽管不会在这本书中展开, 但是还是希望指出这里的集合代数足以将基本逻辑学的逻辑体系非常具体地植入这种概念文字体系之中. 集合代数既是纯粹抽象的, 又是完全具体的. 它完全可以被用来实现对诸多思考中的抽象概念的具体解释.

第 5 章分为两个部分. 在第一部分中, 我们将明确以具体的数的概念演变为基础建立起详细的组织结构的例子, 以及分析关于数的认识变迁历程和对于数的认识的难以逾越的局限性. 我们还将展示“有限”这个概念难以忽视的相对性. 在第二部分中, 我们将以力学发展中的一些具体基本概念以及具体假设实例来揭示对具体基本概念的重新解释和语义确定以及对相关的具体假设的否定在寻求真理的过程中扮演着怎样关键的角色. 这些例子会清楚表明这样一个事实: “把话说明白”这样一个简单的要求背后有时候意味着需要怎样长期执着的探索才能满足.

第 6 章将继续展示力求“把话说明白”的执着对于人类文明的进步会带来超出想象的推动. 这一章里涉及的具体基本概念是“计算”, 是对“计算”这个人所共知的词汇的具体而有效的图灵解释或者定义. 在这一章中我们将明确图灵机是什么以及解释如何从这个纯粹数学的或者逻辑的理论模型发展演变成为当今的计算机以及人手一部的手机的过程. 我们将在这种解释中明确逻辑的根本性功用所在. 我们将清楚表明现在人手一部的手机或者那些办公室桌上的、实验室里的航天遥控室中的那些当今无处不在的计算机事实上都是一部部逻辑机器.

在结束这段序言之前, 请允许我讲几句闲话. 首先, 写这本书的目的是希望和哲学系的学生们分享自己将近四十年来对基本逻辑学的一些感悟. 金岳霖先生主编的《形式逻辑》(人民出版社, 1979) 一书是我的逻辑学启蒙读物; 大学期间, 我的老师孙希文先生以美国 J. R. Shoenfield 的《数理逻辑》[4] 一书的前四章为蓝本将我引入“数理逻辑和数学基础”这一研究领域. 这些年在这个基础领域中的思考自然积累起一些心得. 在完成专门与数学 (尤其是数理逻辑) 专业的学生们分享的“导引”三部 [5]之后, 希望以这本“‘导引’外篇”来与对逻辑学感兴趣的年轻朋友们分享这种感悟. 其次, 面对哲学系 (或者非数学专业) 的学生, 本书还是难免涉及一系列数学中的例子. 这是因为数学中的例子的确自然、典型、简洁和精炼; 悟透这些例子对于吸收逻辑学精髓从而在今后的思考中灵活使用逻辑这门智慧工具会大有益处;

---

4 Mathematical Logic, J. R. Shoenfield, Addison-Wesley Publishing Company, 1967.

5 《数理逻辑导引》(2017)、《线性代数导引》(2018) 以及《集合论导引》(共三卷)(2019), 科学出版社.

所选例子的真实难度并不高, 如果读者第一次见到这些例子时有所畏难, 那么读者需要的其实是一份额外耐心. 最后, 这本“外篇”和“导引”三部一样是纯粹分析的. 因此, 我愿意在此表明在探讨逻辑学问题乃至哲学问题时, 我要求我自己在思考和写作时尽量遵循的基本原则:

(1) “立字当头, 破在其中”;

(2) “理论联系实际”;

(3) “实事求是, 以理服人”;

(4) “合乎逻辑”;

(5) “自适用”.

第一原则讲的是在探讨学问的过程中, 遇事立足于建立, 明确什么是合理, 而非仅仅指出什么是不合理[6], 以明确什么是合理来蕴含和消去那些不合理; 以求解问题为动机. 这里强调的是立, 而不是破. 立, 相对于破, 总是困难得多; 破, 相对于立, 总是容易得多. 立与破, 无论在时间要求上, 还是在精力与信息要求上, 都非常不对称. 立什么呢? 立具体概念 (尽管很多时候只是在重新解释), 立具体假设, 立具体方法, 立对特定事物内在联系的具体认识. 具体概念需要清晰, 需要明确, 具体假设需要清楚, 需要可以被检验在什么条件下成立在什么条件下不成立, 需要用清晰的具体概念将具体认识清晰地表达出来, 需要准确地使用合乎纯粹通识公约的字面含义而不是以修辞的方式说话, 不需要对公开之后的具体概念或者具体断言的解释权. 第二原则讲的是在哲学范畴, 所有的相对真理都应当以可以被用来解释现实现象和解决实际问题, 现实世界和现实社会, 永远是哲学的源和哲学的标. 第三原则讲的是所用的假设必须合乎事实、合乎实际, 所得出的结论必须经得起推敲、经得起辩论、经得起实践的检验, 并非仅仅自以为是[7], 更不是愿望式的、臆断式的、跳跃式的、故弄玄虚式的. 摆事实、讲道理, 自我信服, 令人信服. 第四原则讲的是所有的分析都必须自始至终遵循逻辑原理和逻辑规则, 唯有合乎逻辑方有正确分析. 《基本逻辑学》自身首先就应当是理性分析的实例, 更应当靠合理的假设以及合乎逻辑的判断、推理和分析来确保自身的正确性. 第五原则讲的是所得出的一切有关人的言行的断言都必须能够用以解释自己的言行, 并不是要针对别人. 这五条原则, 在我自己思考数学或者自然科学问题时, 我也会像这些领域的其他思考者那样自觉遵守这些基本原则; 但在思考哲学问题或者社会问题时, 我未必会有这样的自始至终的自觉性. 我在这里将这些基本原则明示读者, 就是希望读者在阅读我的后

6 眼见一种不合理, 对于思考者来说, 往往是一种幸运, 因为它带给思考者的可能会是一种启示. 几乎科学领域里的重大突破都是科学家们从有幸慧眼识得某种不合理或者不足之处的时候开始的 (在第 5 章我们会见到具体的例子).

7 我们每一个人很多时候很多场合都需要一种自以为是, 因为我们需要自信, 只是这种自以为是只是下一步思考的起点, 而不是不加思考的终点, 并且一旦发现原来以为的是并非真是的时候, 就算恋恋不舍, 也不再坚持.

述文字时以这些基本原则来拷问我; 就我自己而言, 将它们明示出来, 在以后的写作过程中, 便可以形成一种明确的自我督促. 换句话说, 这些原则明示于此, 纯粹是为了“自适用”, 因为, 我的确希望自己正确思考, 我的确希望自己在为寻求真理而努力.

本书由中国科学院数学与系统科学研究院资助出版, 谨此深表谢意. 也请允许我借此机会表达对科学出版社和李静科编辑的真诚谢意.

冯　琦
中国科学院数学与系统科学研究院
2019 年 12 月 7 日

目　　录

第 1 章　引子：数

夫风生于地，起于青苹之末.
《风赋》——（战国）宋玉

以此为开篇，旨在说明在观察与思考中，我们可以怎样从观察到的事物现象得到对这些事物现象的比较合适的抽象表示；我们可以怎样从对特定事物认识的观念升华到对特定事物认识的具体概念；我们可以怎样抓住特定事物内在的本质，从具体事实到抽象概括，从而建立起系统认识，再应用抽象理论回归对具体事实的解释；我们可以怎样在这样的思考过程中保持完整、保持一致和保持正确. 也就是说，我们可以怎样在观察和思考中有效地解决一系列自然而然呈现出来的现实问题，而这些问题往往都是逻辑学的问题.

我们就从最熟悉的"数"这个词开始. 因此这个引子的内容都是人所共知或者非常熟悉的. 我们的着眼点并非复习众所周知的内容，而是强调那些众所周知的内容背后的所以然，并以它们作为后面分析时的材料或者例子. 其实，即便是再熟悉不过的事物，当静下心来更为细致地再行琢磨，我们也常常会有新的收获，因为我们的视角或许发生了变化，或许我们的整个认识已经发生升华. 从熟悉中发现新的东西，常常令人感到一种惊奇.

在我们每一个人的日常生活中最常用的一个名词之一就是"数"(shù). 当然，与这个名词直接相关的是动词"数"(shǔ). 自从小学教育在中华民族普及开始，这片土地上的儿童就开始学数数（前者为动词后者为名词）. 因此，可以说几乎每一个人都先接触动词"数"后接触名词"数"，因为我们会掰着手指头数而不必先明白何为数.

作为动词的数是一种求得种种结果（名词数的某些具体实例）的离散的可以在有限时间内完成的过程的总称. 这种过程通常都会借助于一个"计数器"来实现. 这种计数器可以是我们的手指头，可以是由简单横竖笔画所组成的序列，可以是由"正"字中的横竖笔画所组成的序列，可以是我们大脑中的计数系统，可以是计算机（或手机）内置的计数系统，也可以是专门的物理的计数装置（比如乘飞机过程中在登机时某位工作人员用来清点登机人数时手持的那种小型计数装置），等等. 另外，任何一个具体的数的过程（从开始到结束）都会花费一定的时间. 由此可见，作为动词的数既是一个**集合概念**（某一类事物–过程的总称，其外延由那些计数过程构成），又是**动态概念**（涉及实施系统、实施装置和实施方法以及实施时间）.

作为名词的数则只是单纯**静态**的集合概念 (某一类事物的总称, 其外延由那些认识过程的结果组成, 其中任何具体结果都不会随时间变化而发生变化). 在人类认识过程中最先形成的作为名词的数就是那些可以经过具体的数一数就能得到的结果的总称, 也就是事实上的非零**自然数**, 或者**正整数**. 早期, 我们民族的先人们用一系列汉字来抽象地表示某些具体的数的结果, 比如, 一、二、三, 一直到十这十个基本的数, 再加上个、十、百、千、万、亿、兆等位权概念. 后来我们接受了引进来的**阿拉伯数字**, 从而我们可以用 1、2、3 等抽象**符号**来**表示**与汉字一 (壹)、二 (贰)、三 (叁) 等相应的具体的数的结果. 由此可见, 我们实际上社会性地**约定**了一种将每一次具体数的结果用一种标准记号系统性地表示出来, 并且将这种被表示的对象作为用来表示它们的记号的具体解释. 用来表示具体的数的结果的记号的选择对于任何一个社会来说都可以是多样性的, 比如, 我们既可以用 (大小写) 汉字, 也可以用阿拉伯数字, 但是那些数出来的具体结果并不会随着选择的不同而发生变化. 这种不因表示方式的不同而发生变化的具体的数的结果就成为我们大脑中的具体的**数值意念**. 这样, 每一个被表示的对象都在我们的观念中与某种标准事物对应起来, 也就是我们在自己的大脑中的具体解释 —— 具体**数值**. 换句话说, 人类用一系列的记号以及由它们按照一定规则形成的组合序列以及大家心知肚明的与这些记号和记号序列相应的数值完成了对正整数的系统性的抽象. 这便有了正整数这一概念. 在这个基础上, 通过对这些记号所设置的一种运算 —— 加法, 以及对加法的基本性质的规定, 便有了初步的算术. 需要注意的是, 尽管数值是我们所关心的, 尽管这种关心实际上让我们将表示数值的记号当成了数值, 但是数值并不是记号本身, 记号也不是数值本身. 就自然数而言, 具体数值是数这一概念的具体实例的**内涵**, 而记号则是相应的表现**形式**. 我们用自己的理解将这些表现形式与被表现的内涵统一起来. 这就是一种形式与内涵的对立统一. 这就是作为名词的数这一概念的内容: 它的外延由一对对记号与数值构成. 这些成对的记号与数值形成一种多一对应: 记号是表示数值的一种选择; 数值则是这种被选择的表示的单一解释.

数值观念、秩序与后继

为了社会交流的需要, 为了标准起见, 人们提炼出标准的数值表示. 用最现代的方式来展示, 这些标准数值被统一地“收集”成一个标准的**自然数列表**, 不妨先记成 N. 这个列表中的那些元素也就是被认定为标准的数值. 在观念上, 这些数值有着自然的数值大小的比较, 并且将它们从小到大顺序地自左向右 (或者自下而上) **离散**地排列起来. 在这样的排列下, 每一个具体数值都可以与它在此排列中所处的位置等同起来.

这些自然数数值和它们的排列的一种示意图如图 1.1 所示.

$$\bullet, \bullet, \bullet, \bullet, \bullet, \cdots, \bullet, \bullet, \cdots \cdots$$

图 1.1　第一自然数数值示意图

其中的每一个 • 都是某个数值 (我们并不清楚它们到底都是什么)(其中的逗号“,”是纯粹为了阅读而设置的区分符号, 逗号“,”左边的 • 和逗号“,”右边的 • 分别表示着不同的数值). 它们的**数值区别**通过从左到右排列的**先后顺序**以及由这种先后顺序所确定的**位置差别**来实现 (这是我们清楚的). 那么这样顺序排列着的数值之间的大小比较在观念中到底有一些什么样的基本特点呢? 第一, 我们想象这种排列是从左往右 (或者从下往上) 的, 有起点, 无止境; 第二, 排列着的数值之间总是左边的小右边的大 (或者下边的小上边的大); 第三, 总可以从一个数值到紧随其后的下一个数值 (称后者为前者的**后继**), 并且这两个紧相随的数值之间没有别的数值 (离散); 第四, 对于任何一个数值而言, 除了最左端的 (或者最下端的) 起点之外, 都既有左边 (下边)(比较小) 的数值, 又有右边 (上边)(比较大) 的数值; 第五, 对于那些并非端点的数值来说, 它左边 (下边)(比它小) 的所有的数值中有一个最大的数值, 也就是所有左边 (下边) 数值中最右端 (最上端) 的那一个; 它右边 (上边)(比它大) 的所有的数值中有一个最小的数值, 也就是所有右边 (上边) 数值中最左端 (最下端) 的那一个. 这就从观念上确定了一个自然数的**范围**以及它们之间的**大小顺序关系**. 通过这个标准的数值集合和数值**比较关系**, 我们实现了对于“数”这个观念的一种实在的、具体的、被社会公认的解释.

当然, 这些自然数数值和它们的排列完全可以用不同的示意图来展示, 比如, 另外一种示意图如图 1.2 所示.

$$\sqcup, |, ||, |||, ||||, |||||, \cdots, |\cdots|, |\cdots||, \cdots \cdots$$

图 1.2　第二自然数数值示意图

其中的逗号“,”也是为了阅读而设置的区分符号, 第一个符号 $\sqcup$ 表示“空”, 表示不含有竖直线段; 与上面的第一自然数数值示意图 (图 1.1) 不同的是我们在这个示意图中使用了计数功能: 逗号“,”左边的那一组的竖直线段的个数恰好比逗号“,”右边的那一组的竖直线段的个数少一; 其他的, 比如, 数值区别、先后顺序、位置差别等等, 都和上面的第一自然数数值示意图 (图 1.1) 一样.

数值、秩序以及后继之抽象表示

无论使用什么样的示意图来展示, 核心都在于明确自然数的数值区别和大小顺序关系, 并以此来实现对“数”这个观念的一种具体解释. 在这种种解释过程中, 人们还设置了各种各样的具体的系列的专有名词. 比如

$$0, 1, 2, \cdots, 10, 10^2, 10^3, \cdots, 10^{2019}, \cdots$$

(与传统的自然数认知略有差别的是我们将 0 作为最小的自然数的名字, 而不是用 1 作为最小的自然数的名字, 后面我们会清楚这样做的理由) 以及用来表示数值列表中的数值的各种各样的花名册: 变元符号 (名字) 表. 比如, 数字符号串 2019 就是 N 中的第 2020 个数值 (元素); 在 N 中自然顺序地排列着所有比它小的标准数值, 从最小的数值 0 开始, 然后是 1, 再是 2, 3, 4, 5, 等等, 直到 2018, 然后就是 2019, 接下来该是 2020, 等等.

你看, 为了行文或者说话方便, 我们已经不得不将专有名词与它们所表示的标准数值混为一谈或者说等同起来了. 聊到这里, 读者自然可以问: 有没有办法将它们区分一下, 有没有办法将数值与表示它们的记号, 或者名字, 区分一下? 我们不妨一试.

现在我们假定花括弧 $\{\}$ 没有其他用途, 只有下述的**概括作用**. 这一对花括弧 $\{\}$ 所要起到的概括作用就如同一个可以任意膨胀的大口袋; 每一次应用花括弧 $\{\}$ 来概括 (包括) 某些确定事物就如同将一些确定的东西放进一个口袋. 关于花括弧 $\{\}$ (大口袋) 我们有三个基本默认假设: 第一, 左花括弧 $\{$ 和右花括弧 $\}$ 必须一左一右成对使用; 第二, 花括弧 (大口袋) 资源取之不尽用之不竭 (根据需要, 随时可用); 第三, 任何时候都可以根据需要得到一个已经装有东西的口袋的完全复制品 (那个口袋连同它所装的事物).

我们用下述概括记号 $\{\}$ (一个空口袋) 来记 N 中的那个数值最小的元素, 也就是 N 中的最左端的元素, 第一个元素; 用 0 来为它命名, 0 就是 N 中的那个数值最小的元素专有名词 (名字). 概括记号 $\{\}$ (空口袋) 里面是空的, 实际上什么也没有概括进去. 用 $\varnothing$ 来记空口袋 $\{\}$, 所以被它概括进去的只有 0 个事物. 于是, 我们同意用 $\varnothing$ 来记 N 中的最小的数值. 接下来, 我们用概括记号 $\{\varnothing\}$ (将选定的空口袋装进一个新的口袋之中) 来记 N 中的那个排列在紧随最左端的那个数值, 也就是列表 N 中的第二个元素; 用 1 来为它命名, 1 就是 N 中的第二个元素的专有名词 (名字). 概括记号 $\{\varnothing\}$ 中概括进去了一个事物, 这就是 $\varnothing$, 那个空口袋, 那个本身什么也没有概括进去的事物. 因为它里面恰好只包括了一个事物, 所以我们同意用 $\{\varnothing\}$ 来记 N 中的那个比最小的大又比其他的小的那个数值. 由于 $\varnothing$ 被 $\{\varnothing\}$ 概括进去了, 我们就说 $\varnothing$ **属于** $\{\varnothing\}$, 或者说 $\varnothing$ **在** $\{\varnothing\}$ **之内** (**之里**)(**之中**), 或者说 $\{\varnothing\}$ **包括** $\varnothing$ **在内** (**在里**), 记成 $\varnothing \in \{\varnothing\}$, 并且确定由 $\varnothing$ 所记的那个数值比由 $\{\varnothing\}$ 所记的那个数值小, 记成

$$|\varnothing| < |\{\varnothing\}|,$$

其中记号 $|\varnothing|$ 表示由概括表示 $\varnothing$ 所表示的数值; 记号 $|\{\varnothing\}|$ 表示由概括表示 $\{\varnothing\}$ 所表示的数值; 记号 $<$ 表示大小关系: $<$ 左边比 $<$ 右边的小. 接下来, 我们用概括记号 $\{\varnothing, \{\varnothing\}\}$ (将一个空口袋和一个恰恰装有空口袋的口袋一起装进一个新口袋)

来记 N 中的那个数值比概括记号 $\varnothing$ 和 $\{\varnothing\}$ 所记的那两个数值大但又比其他数值小的那个数值, 也就是 N 中的第三个数值; 用 2 来为它命名, 2 就是 N 中的第三个数值的专有名词 (名字). 很清楚, 概括记号 $\{\varnothing,\{\varnothing\}\}$ 概括了两个事物 (一个空口袋和一个装有一个空口袋的口袋), 因为 $\varnothing$ 在 $\{\varnothing,\{\varnothing\}\}$ 里面, $\{\varnothing\}$ 也在 $\{\varnothing,\{\varnothing\}\}$ 里面, 而 $\varnothing$ 与 $\{\varnothing\}$ 又不相同. 这样, 就记成 $\varnothing\in\{\varnothing,\{\varnothing\}\}$ 和 $\{\varnothing\}\in\{\varnothing,\{\varnothing\}\}$; 同时, 我们也确定

$$|\varnothing|<|\{\varnothing,\{\varnothing\}\}| \quad 和 \quad |\{\varnothing\}|<|\{\varnothing,\{\varnothing\}\}|.$$

也就是 $|\{\varnothing,\{\varnothing\}\}|$ 比 $|\varnothing|$ 和 $|\{\varnothing\}|$ 都大, 从而它们三个彼此都互不相同. 聊到这, 读者自然比较清楚我们可以怎样类似地用概括记号来表示 N 中排列第四的那个数值了 (将一个空口袋、一个装有空口袋的口袋以及一个既装有空口袋又装有装着空口袋的那个口袋的口袋一起装进一个新口袋)(是不是觉得用汉语说起来有点拗口或者费劲了?):

$$\{\varnothing,\{\varnothing\},\{\varnothing,\{\varnothing\}\}\}.$$

(比起上面的汉语表述来, 是不是觉得用这样的记号表述简单明了许多?). 换句话说, 就是简单地将到目前为止已经有的那些 (口袋) **数值概括表示**概括起来, (把它们的复制品) 收集起来, 从而得到一个新的 (口袋) **数值概括表示**; 因为在这个新的数值概括表示形成之前我们恰好有三个数值概括表示. 于是, 我们得到了第四个数值概括表示; 它所表示的正好是 N 中排列第四的那个数值; 用记号 3 来作为它的命名, 3 就是 N 中的那个排列第四的数值的专有名词 (名字). 此时我们也很清楚到现在为止最新的这个数值概括表示 $\{\varnothing,\{\varnothing\},\{\varnothing,\{\varnothing\}\}\}$ 比前面先形成的数值概括表示大, 因为它所表示的数值排列在刚才被表示的那三个数值的紧随右边.

小结一下我们完成了什么:

数值:	$\bullet$	$\bullet$	$\bullet$	$\bullet$
概括表示:	$\varnothing$	$\{\varnothing\}$	$\{\varnothing,\{\varnothing\}\}$	$\{\varnothing,\{\varnothing\},\{\varnothing,\{\varnothing\}\}\}$
专有名词:	0	1	2	3

第一行从左到右顺序地排列着 N 中的前四个数值; 第二行从左到右顺序地排列着相应的数值概括表示; 第三行从左到右顺序地排列着相应的专有名词. 在数值概括表示的构造过程中, 我们按照下面的算法实施: 假定已经有了一系列的数值概括表示, 要想得到下一个新的数值概括表示, 那么就将所有已经造就出来的数值概括表示收集起来概括成一个新的数值概括表示; 与数值概括表示相应的专有名词的构造中, 我们就按照我们早就熟悉的给当前最大的数加上 1 的做法来得到新的专有名词. 按照这个想法, 我们来构造三个新的例子. 按照上面的表, 下一个数值概括表示就应当是

$$\{\varnothing,\{\varnothing\},\{\varnothing,\{\varnothing\}\},\{\varnothing,\{\varnothing\},\{\varnothing,\{\varnothing\}\}\}\}.$$

也就是说, 用一个新的口袋将已经有的四个口袋的完全复制品装起来. 这就是下一个数值概括表示; 它所表示的那个数值的专有名词就应当为 4, 因为它里面恰好包括了四个数值概括表示 (四个口袋). 这样, 在数值列表 N 中, 从左向右的第五个数值就有了上面的数值概括表示, 从而数值列表 N 中的前五个数值就都有了自己的数值概括表示和自己的专有名词. 接下来的是列表中的第六个数值. 根据上面的算法, 它的数值概括表示就应当是

$$\{\varnothing,\{\varnothing\},\{\varnothing,\{\varnothing\}\},\{\varnothing,\{\varnothing\},\{\varnothing,\{\varnothing\}\}\},\{\varnothing,\{\varnothing\},\{\varnothing,\{\varnothing\}\},\{\varnothing,\{\varnothing\},\{\varnothing,\{\varnothing\}\}\}\}\},$$

以及它的专有名词就应当是 5. 再接下来的是列表中的第七个数值. 同样应用上面的算法, 它的数值概括表示应当是

$$\left\{\begin{array}{l}\varnothing,\{\varnothing\},\{\varnothing,\{\varnothing\}\},\{\varnothing,\{\varnothing\},\{\varnothing,\{\varnothing\}\}\},\\ \{\varnothing,\{\varnothing\},\{\varnothing,\{\varnothing\}\},\{\varnothing,\{\varnothing\},\{\varnothing,\{\varnothing\}\}\}\},\\ \{\varnothing,\{\varnothing\},\{\varnothing,\{\varnothing\}\},\{\varnothing,\{\varnothing\},\{\varnothing,\{\varnothing\}\}\},\\ \{\varnothing,\{\varnothing\},\{\varnothing,\{\varnothing\}\},\{\varnothing,\{\varnothing\},\{\varnothing,\{\varnothing\}\}\}\}\}\end{array}\right\},$$

以及它的专有名词应当是 6.

我想读者在看到上面的大口袋时有可能开始失去耐心了. 这样反复地完全复制着已经有的所有的口袋并将它们装进一个新的口袋的做法是否不够经济? 因为口袋越来越大, 里面装的东西越来越多, 看起来也越来越复杂. 能不能有一种更为简洁又有同样功能的表示方法? 现在我们来回答这个问题.

一种做法是将上面的这些数值的专有名词与它们的数值概括表示**等同起来**:

$$\begin{aligned}0&=\varnothing;\\1&=\{0\};\\2&=\{0,1\};\\3&=\{0,1,2\};\\4&=\{0,1,2,3\};\\5&=\{0,1,2,3,4\};\\6&=\{0,1,2,3,4,5\};\\7&=\{0,1,2,3,4,5,6\};\\8&=\{0,1,2,3,4,5,6,7\};\\9&=\{0,1,2,3,4,5,6,7,8\};\\10&=\{0,1,2,3,4,5,6,7,8,9\}.\end{aligned}$$

毫无疑问, 这种表示显然比上面的简洁明了, 并且一个简单的代入法就能还原上面的所有的 6 个数值概括表示, 而且我们还能轻易地写出几个新的数值概括表示以及它们的专有名词. 仔细观察不难发现这样的规律: 左边的专有名词就是我们所熟悉的右边那个口袋中装下的事物的个数; 上面所有行的左边的那些数值专有名词全部都在当前这一行的右边的概括之中. 这正是我们上面所实现的要点. 可见, 这种等同之后的表示方法更为有效.

接下来的问题是: 如何继续? 我们当然可以依照这种算法一直写下去, 比如直到 2020, 2021, 等等. 但这是一个永无止境的过程, 而且也毫无必要这样做. 我们需要的是一种抽象的可以有效实现的方法来定义一般性的数值概括表示. 为此, 我们需要借用**代名词**. 比如说, 此时此刻我们已经得到了数值列表中的前十一个数值的数值概括表示以及它们的专有名词. 我们用 a 来作为刚刚完成的数值概括表示 $\{0,1,2,3,4,5,6,7,8,9\}$ 的代名词, 并且将这个代名词与这个数值概括表示**等同起来**, 即有下述等式:

$$a = \{0,1,2,3,4,5,6,7,8,9\}.$$

这个等式告诉我们这样一种信息: 在 a 这个口袋中装有在它形成之前的所有的十个口袋; 而下一个口袋则将由它里面装的所有的口袋以及它这个口袋来组成. 也就是说, 下一个口袋应当是

$$\{0,1,2,3,4,5,6,7,8,9,10\}.$$

让我们也为这个口袋使用一个代名词 b, 并且将这个代名词与上面这个数值概括表示 (这个新口袋) 等同起来, 即令 $b = \{0,1,2,3,4,5,6,7,8,9,10\}$. 现在来看看这个新的口袋 b 里面装的与 a 这个口袋里面装的有什么不同? 不同之处仅在于 b 中比 a 中多装了一个口袋 a 的完全复制品, 别的都一样. 注意到这个差别, 我们不妨将 a 这个口袋的完全复制品单独装进一个口袋: $\{a\}$; 不妨称这个口袋为 c, 并且将这个代名词与口袋 $\{a\}$ 等同起来, 即令 $c = \{a\}$. 于是, 口袋 c 中恰好装着口袋 a. 现在我们将口袋 a 与口袋 c 合并起来, 就像我们将两个书包中的书本合并起来放进一个新的书包那样. 我们用一个记号 $\cup$ 来记这种**合并**. 就是说, 将口袋 a 与口袋 c 合并成一个新的口袋 $a \cup c$. 让我们用 d 来称这个合并之后的新口袋, 并且将这个代名词与这个合并后的新口袋等同起来, 即令

$$d = a \cup c.$$

现在来比较一下这个口袋 d 与刚才的那个口袋 b. 我们发现这两个口袋里面装的完全一样, 都是

$$\{0,1,2,3,4,5,6,7,8,9,10\}.$$

也就是说, 我们有足够的理由将这两个口袋当成一个口袋, 也就是将它们等同起来: $b = d$. 这样做, 我们可以节省一个代名词: $b = a \cup c$, b 就是口袋 a 与口袋 c 合并的结果.

我们不妨用这种口袋合并的简单操作来重新审视一下上面那些等式 (直接将专有名词当成代名词使用):

$$\begin{aligned}
0 &= \varnothing \cup \varnothing = \varnothing;\\
1 &= 0 \cup \{0\} = \{0\};\\
2 &= 1 \cup \{1\} = \{0,1\};\\
3 &= 2 \cup \{2\} = \{0,1,2\};\\
4 &= 3 \cup \{3\} = \{0,1,2,3\};\\
5 &= 4 \cup \{4\} = \{0,1,2,3,4\};\\
6 &= 5 \cup \{5\} = \{0,1,2,3,4,5\};\\
7 &= 6 \cup \{6\} = \{0,1,2,3,4,5,6\};\\
8 &= 7 \cup \{7\} = \{0,1,2,3,4,5,6,7\};\\
9 &= 8 \cup \{8\} = \{0,1,2,3,4,5,6,7,8\};\\
10 &= 9 \cup \{9\} = \{0,1,2,3,4,5,6,7,8,9\}.
\end{aligned}$$

注意, 第一个等式中的 $\varnothing \cup \varnothing = \varnothing$ 说的是将两个空口袋合并起来还是一个空口袋. 由此可见, 我们实际上就是一直在这么做: 将最近得到的口袋的完全复制品装进一个新口袋, 然后再将这两个口袋合并就得到所要的新口袋. 这个方法连同代名词的使用就可以给出有效的数值概括表示的一般性描述或者定义. 首先, 将上面这种特殊的口袋合并方式用一种更为简单的操作来实现: 假设 a 是一个刚刚完成的口袋, 我们将口袋 a 与口袋 $\{a\}$ 的合并 $a \cup \{a\}$ 记成 $\mathbf{S}(a)$, 也就是用记号 $\mathbf{S}(a)$ 来作为新口袋 $a \cup \{a\}$ 的代名词, 并将它们等同起来:

$$\mathbf{S}(a) = a \cup \{a\}.$$

不妨称 $\mathbf{S}(a)$ 为 a 的**后继**. 于是, 利用这个后继操作, 就有

$$\begin{aligned}
1 &= \mathbf{S}(0) = 0 \cup \{0\} = \{0\};\\
2 &= \mathbf{S}(1) = 1 \cup \{1\} = \{0,1\};\\
3 &= \mathbf{S}(2) = 2 \cup \{2\} = \{0,1,2\};\\
4 &= \mathbf{S}(3) = 3 \cup \{3\} = \{0,1,2,3\};\\
5 &= \mathbf{S}(4) = 4 \cup \{4\} = \{0,1,2,3,4\};\\
6 &= \mathbf{S}(5) = 5 \cup \{5\} = \{0,1,2,3,4,5\};\\
7 &= \mathbf{S}(6) = 6 \cup \{6\} = \{0,1,2,3,4,5,6\};\\
8 &= \mathbf{S}(7) = 7 \cup \{7\} = \{0,1,2,3,4,5,6,7\};\\
9 &= \mathbf{S}(8) = 8 \cup \{8\} = \{0,1,2,3,4,5,6,7,8\};\\
10 &= \mathbf{S}(9) = 9 \cup \{9\} = \{0,1,2,3,4,5,6,7,8,9\};\\
11 &= \mathbf{S}(10) = 10 \cup \{10\} = \{0,1,2,3,4,5,6,7,8,9,10\}.
\end{aligned}$$

可见, 这样一来, 从已有的数值概括表示得到下一个数值概括表示就变得十分简单明了: 对给定的当前的数值概括表示 a 施行操作 **S** 就得到 $\mathbf{S}(a) = a \cup \{a\}$. 比如, 假设已经到了 2020, 那么下一个就是

$$2021 = \mathbf{S}(2020) = 2020 \cup \{2020\}.$$

这样一来, 我们就可以如下**递归**地定义数值概括表示:

(i) $0 = \varnothing$ 是数值列表中的最左端 (最小的) 那个数值的数值概括表示以及它的专有名词;

(ii) 给定当前的一个数值概括表示 a, 那么对 a 实施操作 **S** 就得到下一个数值概括表示 $\mathbf{S}(a) = a \cup \{a\}$;

(iii) 对任何一个数值概括表示 a 而言, 要么 a 就是 0, 要么 a 就是另外一个数值概括表示 b 的后继. 也就是说, 非空的 a 一定是对另外一个 (也是唯一的一个) 数值概括表示 b 实施操作 **S** 所得到的结果.

然后, 我们断然规定: 数值列表 N 中的每一数值都由上述数值概括表示完全地表示出来; 不仅如此, 操作 **S** 完全保持着数值列表上的顺序关系: 由 $\mathbf{S}(a)$ 所表示的数值恰好就是在 a 所表示的那个数值的紧随其右的那个数值 (在这两个数值之间没有其他数值); 如果由 a 所表示的数值在由 b 所表示的数值的左边, 那么由 $\mathbf{S}(a)$ 所表示的数值也一定在由 $\mathbf{S}(b)$ 所表示的数值的左边; 反之, 如果由 $\mathbf{S}(a)$ 所表示的数值在由 $\mathbf{S}(b)$ 所表示的数值的左边, 那么由 a 所表示的数值也一定在由 b 所表示的数值的左边; 数值列表中的最左端的数值的数值概括表示 0 不会是任何其他数值的数值概括表示的后继; 除此之外, 每一个其他数值的数值概括表示都一定是所涉及的数值的紧随其左的那个数值的数值概括表示的后继.

秩序特性

在这个基础上, 我们用 $\mathbb{N}$ 来记所有这些数值概括表示的全体, 并且将这些数值概括表示按照它们形成的先后顺序作为它们大小比较的关系 $<$: 数值概括表示 a 比数值概括表示 b 小, 记成 $a < b$, 当且仅当 a 在 b 之前先形成. 根据数值概括表示的形成算法, 如果数值概括表示 a 在数值概括表示 b 之前先形成, 那么 a 一定在 b 之中, 也就像前面所用的记号那样 $a \in b$; 反之, 如果数值概括表示 a 在数值概括表示 b 之中, 也就是 $a \in b$, 那么 a 一定在 b 之前先形成. 于是, 对于两个数值概括表示 a 和 b, $a < b$ 当且仅当 $a \in b$. 因为任何一个数值概括表示不可能在两个不同时刻形成, 所以不存在一个既在自身形成之前已经形成又在自身形成之后才形成的数值概括表示 a, 也就是说不可能有 $a < a$ 的情形出现. 这种特点被称为**反自反性**. 由于每一个时刻最多有一个数值概括表示形成, 所以任给两个数值概括表示 a 和 b, 要么它们同时形成从而为同一个数值概括表示, 即 $a = b$, 要么其中的一个

在另外一个之前先形成, 也就是, 要么 $a < b$, 要么 $b < a$. 这种特点被称为**可比较性**. 先后形成的顺序关系还有第三个重要特点: 如果数值概括表示 a 在数值概括表示 b 之前先形成, 即 $a < b$, 并且数值概括表示 b 在数值概括表示 c 之前先形成, 即 $b < c$, 那么 a 也一定在 c 之前先形成, 即 $a < c$. 这种特点被称为**传递性**. 这种传递性实际上还可以用另外一种**对等**的形式来表述: 如果 a 是一个非空的数值概括表示, 且 b 在 a 之中, 那么 b 一定是一个数值概括表示, b 中除了数值表示之外并无其他, 并且在 b 中的每一个数值概括表示都在 a 之中. 如果 a 是一个非空的数值概括表示, 那么一定有 $\varnothing \in a$, 也就是 $0 < a$; 从而 0 在大小关系 $<$ 下是最小的数值概括表示. 这一特点被称为具有**左端点** (或者**起点**). 由于 $a < \mathbf{S}(a)$ 总成立, 并且在 a 和它的后继 $\mathbf{S}(a)$ 之间又没有其他的数值概括表示, 所以我们就称这种顺序关系是**离散**的. 数值概括表示之间的这种先后顺序, 或者说有"在其中"所确定的关系, 还有一个非常重要的特点 —— 满足**最小反例原理**:

• 假设 P 是关于数值概括表示的一种性质. 如果在所有的数值概括表示中存在一个这种性质 P 的一个反例, 那么一定存在这种性质 P 的一个最小反例.

那么什么是最小反例呢? 称 a 是 P 的一个**最小反例**的充分必要条件是数值概括表示 a 是 P 的一个反例, 并且在 a 之中的任何一个数值概括表示都不是性质 P 的反例. 与这种最小反例原理对等的是**数学归纳法原理**:

• 假设 P 是关于数值概括表示的一种性质. 如果 0 具有性质 P, 并且对于任意一个数值概括表示 a 而言, 由"a 具有性质 P"这个前提就可以得出"a 的后继 $\mathbf{S}(a)$ 也具有性质 P 这个结论", 那么每一个数值概括表示就都具有性质 P.

因为对于任何一个非空的数值概括表示 a 而言, a 一定是一个在它之前形成的数值概括表示 b 的后继, 即一定存在唯一的一个 b 来见证 $a = \mathbf{S}(b)$, 所以, 每一个非空的数值概括表示 a 都一定可以从 0 出发, 经过有限次接连 (迭代) 使用操作 $\mathbf{S}$ 之后得到, 并且这个接连使用 $\mathbf{S}$ 的次数就是 a 所表示的数值 $|a|$. 这种特点表明我们的数值概括表示具有很真实很确切的自动数数功能, 并且这种自动数数功能就是靠一个简单的操作 $\mathbf{S}$ 来实现的.

最后, 根据这些功能和特点, 我们就将 $\mathbb{N}$ 与数值列表 N 完全等同起来; 将 $\mathbb{N}$ 中的数值概括表示 a 与它所表示的数值列表中的 $|a|$ 等同起来, 从而将这些数值概括表示称为**自然数**; 称 $\mathbb{N}$ 就是**自然数**的全体之**集合**. 我们用记号 $a \in \mathbb{N}$ 来表示"a 是一个自然数", 也就是 a 是自然数全体之集合 $\mathbb{N}$ 中的一个**元素**. 记号 $\in$ 在这里就相当于我们汉语中的"是"这个动词中的一种基本意思.

算术运算

自然数之间不仅可以按照上述方式进行大小比较, 还可以按照一定的规则进行数值加法运算 (记号 $+$ 表示加法) 和乘法运算 (记号 $\cdot$ 表示乘法). 比如

$$2 + 3 = 5, \quad 3 + 2 = 5, \quad 3 \cdot 2 = 6, \quad 2 \cdot 3 = 6.$$

如果用代名词来表示计算规则, 那么我们一定很熟悉下面的等式: 假设 $a \in \mathbb{N}, b \in \mathbb{N}, c \in \mathbb{N}$, 即假设 a, b, c 为 $\mathbb{N}$ 中的自然数. 那么

(1) (交换律) $a + b = b + a$; $a \cdot b = b \cdot a$.

(2) (结合律) $a + (b + c) = (a + b) + c$; $a \cdot (b \cdot c) = (a \cdot b) \cdot c$.

(3) (分配律) $a \cdot (b + c) = (a \cdot b) + (a \cdot c)$.

(4) (单位元) $0 + a = a$; $1 \cdot a = a$; $0 \cdot a = 0$.

(5) (保序) 如果 $a < b$, 那么 $a + c < b + c$; 如果 $a < b$ 并且 $c \neq 0$, 那么 $a \cdot c < b \cdot c$.

(6) (后继) $\mathbf{S}(a) = a + 1$.

这些便构成**算术**. 那些算术规则以及具体的用来掌握算术的实例也就通常是小学数学课程的基本内容.

写到这里, 一个自然的问题显现出来: 我们为什么会普遍地认为上面的这些等式是正确的呢? 我们总不能这样来回答这个问题: 因为小学老师就这样教我们的. 我们需要自己找到说服自己的理由. 首先我们可以问自己: 自然数的加法运算以及乘法运算到底都意味着什么呢? 到底与我们实际的日常生活都有什么样的联系? 然后, 我们再来看看我们可以怎样从理论上说服自己.

我们先从具体的等式开始: $2 + 3 = 5$ 与 $3 + 2 = 5$. 比如说, 左边的书包里有 2 本书, 右边的书包里有 3 个本, 将它们合并一处, 书本的总量就是相加的结果. 实际中, 先调换两个书包的位置, 再合并, 不会改变合并一处之后的书本总数. 这就是 $2 + 3 = 3 + 2$ 这个等式中等号的含义: 无论以合种方式合并, 所得到的结果一样. 这就是加法的交换律.

类似地, 现在有三个书包, 左边的有 2 本书, 中间的有 3 本书, 右边的有 5 本书. 现在将它们合并一处. 我们至少有两种方式来合并: 第一种方式是先将左边的和中间的两个书包合并, 然后再和右边的书包合并; 第二种方式是先将中间的和右边的合并, 再和左边的合并. 按照第一种方式合并的结果是 $(2 + 3) + 5$; 按照第二种方式合并的结果是 $2 + (3 + 5)$. 实际结果是这两种方式合并出来的结果一样, 也就是 $(2 + 3) + 5 = 2 + (3 + 5)$. 这就是加法结合律.

在上面关于加法交换律和结合律的等式中, 所涉及的书包中的书或者本的具体数值, 2, 3, 或 5, 在所讨论的等式中其实并不起任何实质性的作用. 比如, 完全可以用 7 来代替 2, 用 11 来代替 3, 用 18 来代替 5. 这种可以任意替换具体数值的现象, 就表现为我们可以用代名词来书写等式. 加法交换律就可以写成 $a + b = b + a$; 结合律就可以写成 $(a + b) + c = a + (b + c)$.

这样的分析或者解释, 从直觉上可以令人接受. 可是这样的规则, 或者等式, 为什么是正确的? 这种疑问并不应当因为合乎我们的直觉就不再存在. 我们必须应用

逻辑学的方式来消除这种疑问, 从而一劳永逸. 那么, 我们可以怎样来实现这样的目标呢?

首先, 需要严格地定义自然数的加法, 我们要求这种加法定义可以给出加法运算在示意图 (图 1.1) 中有确切含义; 然后在此定义的基础上, 证明上述等式, 也就是讲清楚上述等式成立的理由.

我们先来看看加法运算在第 12 页中的自然数加法示意图 (图 1.3) 中可以有怎样合乎我们直觉的解释.

•	•	•	•	•	•	···	•	•	···
0	1	2	3	4	5	···	n	$n+1$	···
0+0	0+1	0+2	0+3	0+4	0+5	···	$0+n$	$0+(n+1)$	···
		1+1	1+2	1+3	1+4	···	$1+(n-1)$	$1+n$	···
			2+1	2+2	2+3	···	$2+(n-2)$	$2+(n-1)$	···
			1+2	2+2	3+2	···	$(n-2)+2$	$(n-1)+2$	···

图 1.3 自然数加法示意图

定义自然数加法的方式可以有很多种. 我们选择其中之一: 在数值排序的基础上应用后继来**递归**地定义加法. 这是由数学家 Hermann Grassman 所给出的定义.

定义 1.1 (1) *如果 x 是一个自然数, 那么 $x+0=x$;*

(2) *如果 x 和 y 是两个自然数, 那么 $x+\mathbf{S}(y)=\mathbf{S}(x+y)$.*

上面的定义是关于如何对两个自然数 (这是事先已经确定了的运算所涉及的范围) 实施**相加运算**的确切规定, 其中, 记号 $+$ 就是用来表示自然数相加运算的. 首先, 这个定义用隐含方式明确相加运算是一个在两个自然数之间的运算. 通常称这样的运算为一个**二元运算**, 因为加法无论何时都一定恰好涉及两个自然数. "二元"可以理解为所涉及的是"两个变元"(比如, 独立变元 x 和 y). 其次, 这个定义是一种**递归**定义. 所谓递归, 就是先明确对于最小的自然数 0 该怎么处理, 比如说这里就规定 0 这个自然数是一个**加法单位元**: 它与任何自然数相加不带来新的自然数, 因为它的数值为**零**. 然后明确以一种事先给定的方式将涉及任意一个自然数的处理问题归结到关于比它小的自然数处理问题上去, 比如说这里事先给定的是自然数的一元后继运算 $\mathbf{S}$, 递归定义就明确将涉及自然数 $\mathbf{S}(y)$ 的怎样与 x 相加的问题归结到 y 该怎样和 x 相加的问题; 一旦知道实施 x 与 y 相加的结果是什么, 我们就用后继运算 $\mathbf{S}$ 来计算这个结果的后继, 并且将这个结果的后继就作为 x 与 $\mathbf{S}(y)$ 相加的结果. 由于我们对自然数排列的顺序是一种**秩序** (就是上面所讲到的, 如果存在一个反例, 那么就一定有一个最小的反例), 并且任何一个自然数都一定会从 0 出发经过有限步的连续 (迭代) 使用后继运算而得到, 所以在经过有限步往前追索之后一定回到 0, 从而完成所要的计算. 比如说, 我们当前所关注的自然数 $y=3$.

那么该怎样实施 x 与 3 的相加运算呢？根据上面关于自然数后继运算的规定, 我们知道 3 其实是从 0 出发经过 3 次连续 (迭代) 使用后继运算的结果, 即

$$3 = \mathbf{S}(\mathbf{S}(\mathbf{S}(0))).$$

根据相加运算的递归定义, 就应当有

$$x + 3 = \mathbf{S}(x + 2) = \mathbf{S}(\mathbf{S}(x + 1)) = \mathbf{S}(\mathbf{S}(\mathbf{S}(x + 0))) = \mathbf{S}(\mathbf{S}(\mathbf{S}(x))).$$

尤其是当 $x = 2$ 时, $2 = \mathbf{S}(\mathbf{S}(0))$, 所以

$$2 + 3 = \mathbf{S}(\mathbf{S}(\mathbf{S}(\mathbf{S}(\mathbf{S}(0))))).$$

另一方面,

$$3 + 2 = \mathbf{S}(3 + 1) = \mathbf{S}(\mathbf{S}(3)) = \mathbf{S}(\mathbf{S}(\mathbf{S}(\mathbf{S}(\mathbf{S}(0))))).$$

因此, 我们就从加法的定义 (定义 1.1) 以及后继函数的定义得到具体的等式事实:

$$2 + 3 = 3 + 2 = 5.$$

完全类似地, 我们有 $x + 5 = \mathbf{S}(\mathbf{S}(\mathbf{S}(\mathbf{S}(\mathbf{S}(x)))))$ 以及

$$x + 7 = \mathbf{S}(\mathbf{S}(\mathbf{S}(\mathbf{S}(\mathbf{S}(\mathbf{S}(\mathbf{S}(x))))))).$$

又比如说, 我们当前所关注的自然数 $y = 100$. 那么该怎样实施 x 与 100 的相加运算呢？根据上面关于自然数后继运算的规定, 我们知道 100 其实是从 0 出发经过 100 次连续 (迭代) 使用后继运算的结果, 即

$$100 = \overbrace{\mathbf{S}(\cdots(\mathbf{S}}^{100}(0))\cdots).$$

所以

$$\begin{aligned}
x + 100 &= \mathbf{S}(x + 99) \\
&= \mathbf{S}(\mathbf{S}(x + 98)) \\
&= \mathbf{S}(\mathbf{S}(\mathbf{S}(x + 97))) \\
&= \mathbf{S}(\mathbf{S}(\mathbf{S}(\mathbf{S}(x + 96)))) \\
&\ \ \vdots \\
&= \overbrace{\mathbf{S}(\cdots(\mathbf{S}}^{100}(x + 0))\cdots)
\end{aligned}$$

$$= \overbrace{\mathbf{S}(\cdots(\mathbf{S}}^{100}(x))\cdots).$$

从这四个, 或者更多个, 具体的例子之中我们**归纳地**发现, 自然数的加法实际上是一种非常巧妙的后继运算的速算方法:

$$x + \mathbf{S}(y) = \overbrace{\mathbf{S}(\cdots(\mathbf{S}}^{\mathbf{S}(y)}(x)\cdots)).$$

(这个等式可以应用数学归纳法来严格证明. 有兴趣的读者不妨一试.) 这个等式告诉我们一个在计算后继的基础上计算加法的**算法**: 假如需要计算 $x + \mathbf{S}(y)$. 我们已经知道这两个给定的自然数 x 和 $\mathbf{S}(y)$. 我们就用 $\mathbf{S}(y)$ 作为一个计数器, 从 x 开始往它的右边连续地一个自然数挨着下一个自然数地走 $\mathbf{S}(y)$ 步, 我们就到达那个和数 $x + \mathbf{S}(y)$. 这个算法令我们相信关于自然数加法的递归定义的确合乎我们关于加法运算的直觉. 这种算法就可以给出一张自然数相加的加法表 (表 1.1). 自然数加法表 (表 1.1) 的最顶端一行 (水平方向的为行) 从第二个方格开始从左到右递增地排列出全体自然数; 表的最左边的一列 (垂直方向的为列) 从第二格开始自上而下递增地排列出全体自然数. 从第二行和第二列开始, 在行线与列线相交的方格中的数就是本行最左方格的数与本列最顶方格的数之和. 这张表真实地记录着全部自然数两两相加之和. 从这张表的左上角到它的右下角的直线被称为表的**主对角线**. 注意到这个主对角线上的方格中的数都恰好是形如 $2k$ 的数; 并且这张表是关于主对角线对称的表, 而这种对称性正好是加法运算的交换律: $a + b = b + a$.

表 1.1　自然数加法表

$+$	0	1	2	3	4	$\cdots$	m	$\cdots$	n	$\cdots$
0	0	1	2	3	4	$\cdots$	m	$\cdots$	n	$\cdots$
1	1	2	3	4	5	$\cdots$	$1+m$	$\cdots$	$1+n$	$\cdots$
2	2	3	4	5	6	$\cdots$	$2+m$	$\cdots$	$2+n$	$\cdots$
3	3	4	5	6	7	$\cdots$	$3+m$	$\cdots$	$3+n$	$\cdots$
4	4	5	6	7	8	$\cdots$	$4+m$	$\cdots$	$4+n$	$\cdots$
$\vdots$	$\vdots$	$\vdots$	$\vdots$	$\vdots$	$\vdots$	$\vdots$	$\vdots$	$\vdots$	$\vdots$	
m	m	$m+1$	$m+2$	$m+3$	$m+4$	$\cdots$	$2m$	$\cdots$	$m+n$	$\cdots$
$\vdots$	$\vdots$	$\vdots$	$\vdots$	$\vdots$	$\vdots$	$\vdots$	$\vdots$	$\vdots$	$\vdots$	
n	n	$n+1$	$n+2$	$n+3$	$n+4$	$\cdots$	$n+m$	$\cdots$	$2n$	$\cdots$
$\vdots$	$\vdots$	$\vdots$	$\vdots$	$\vdots$	$\vdots$	$\vdots$	$\vdots$	$\vdots$	$\vdots$	

在明确了自然数的加法之后, 我们来明确自然数的乘法. 自然数的乘法运算也是一个二元运算. 我们用记号 $\cdot$ 来表示乘法运算. 自然数的乘法运算也可以用递归

定义的方式来定义. 这同样是数学家 Hermann Grassman 所给出的经典定义. 这个递归定义既要用到自然数的后继运算, 也要用到刚刚定义好了的加法运算.

定义 1.2 (1) 如果 x 是一个自然数, 那么 $x \cdot 0 = 0$;

(2) 如果 x 和 y 是两个自然数, 那么 $x \cdot \mathbf{S}(y) = (x \cdot y) + x$.

定义中的 (1) 是说任何数与 0 的乘积总是 0. 这当然是我们所熟悉的事. 接下来的是说, 计算 x 与 $\mathbf{S}(y)$ 的乘积需要归结到计算 x 与 y 的乘积, 然后再将所得到的结果与 x 相加就得到所要的乘积 $x \cdot \mathbf{S}(y)$. 由于 y 恰好就在 $\mathbf{S}(y)$ 紧挨着的左边, 所以乘法就是要往左一步一步地计算怎样与 x 相加, 并且恰好是 x 与 x 自身相加 y 次, 或者说是 y 个 x 相加. 比如, $x \cdot \mathbf{S}(0) = (x \cdot 0) + x = x$. 如果我们用 1 来记 $\mathbf{S}(0)$, 那么 $x \cdot 1 = x$. 因此, 1 就是**乘法单位元**: 它与任何自然数的积还是那个数. 又比如

$$\begin{aligned} x \cdot 3 &= (x \cdot 2) + x = ((x \cdot 1) + x) + x \\ &= (((x \cdot 0) + x) + x) + x = ((0 + x) + x) + x \\ &= x + x + x. \end{aligned}$$

尤其是当 $x = 2$ 时, 有 $2 \cdot 3 = 2 + 2 + 2 = 6$; 同样地有 $3 \cdot 2 = 3 + 3 = 6$. 因此, 我们就得到具体的等式事实:

$$2 \cdot 3 = 3 \cdot 2 = 6.$$

类似地,

$$\begin{aligned} x \cdot 5 &= (x \cdot 4) + x = ((x \cdot 3) + x) + x \\ &= ((x + x + x) + x) + x \\ &= x + x + x + x + x, \end{aligned}$$

以及

$$\begin{aligned} x \cdot 7 &= (x \cdot 6) + x = ((x \cdot 5) + x) + x \\ &= ((x + x + x + x + x) + x) + x \\ &= x + x + x + x + x + x + x. \end{aligned}$$

再比如

$$\begin{aligned} x \cdot 100 &= (x \cdot 99) + x \\ &= ((x \cdot 98) + x) + x \\ &= (((x \cdot 97) + x) + x) + x \end{aligned}$$

$$
\begin{aligned}
&= ((((x\cdot 96)+x)+x)+x)+x \\
&\vdots \\
&= \overbrace{(\cdots(}^{99}(x\cdot 0)+x)+\cdots+x)+x \\
&= \overbrace{x+\cdots+x}^{100}.
\end{aligned}
$$

细心的读者或许已经意识到这样写 100 个 (或者若干个) x 的连加的方法其实不经济. 我们可以换一种写法: 利用**求和符号** $\sum$, 又被称为**连加号**. 这个符号就是用来表示将若干个数连续相加的和. 具体来说, 我们有一组数, $a_1, a_2, \cdots, a_k$, 一共有 $k \geqslant 1$ 个按照这样的顺序给定的数, 那么

$$\sum_{i=1}^{k} a_i = a_1 + a_2 + \cdots + a_k,$$

其中下标变量 i 在正整数 1 到 k 中取遍所有的 k 个值, 并且每一个只取一次. 求和符号 $\sum$ 顶端的 k 是下标变量 i 的最后的取值; 底端的 $i=1$ 表示下标变量 i 从 1 开始. 如果所有的 k 个数 a_i 都等于一个相同的数 a, 即对于每一个 $1 \leqslant i \leqslant k$ 都有 $a_i = a$, 那么就简单地写成

$$\sum_{i=1}^{k} a_i = \sum_{i=1}^{k} a.$$

比如, $k = 100$, 对于每一个 $1 \leqslant i \leqslant 100$, $a_i = x$. 那么

$$\sum_{i=1}^{100} a_i = \sum_{i=1}^{100} x = \overbrace{x+\cdots+x}^{100}.$$

应用求和记号, 就有 $x\cdot 3 = \sum_{i=1}^{3} x$; $x\cdot 5 = \sum_{i=1}^{5} x$; $x\cdot 7 = \sum_{i=1}^{7} x$. 根据这些具体计算的例子, 我们归纳地发现 x 与 y 相乘就是 y 个 x 自身连加 (注意 0 个 x 自身相加就是什么也没有发生, 所以只能是默认为 0):

$$x\cdot y = \sum_{i=1}^{y} x = \overbrace{x+\cdots+x}^{y}.$$

这就是我们小时候所熟知的乘法是加法的一种速算. 同样, 这个等式可以用数学归纳法严格证明. (有兴趣的读者不妨一试.) 这个等式还可以有如下的几何解释 (图 1.4): 沿水平方向排上面积为 1 的 x 个方格; 再沿垂直方向重复 y 次. 这样每一行的面积恰好是 x, 而整个长方块的面积恰好是 y 个这样小方格的面积的和, 也就是 $x\cdot y$.

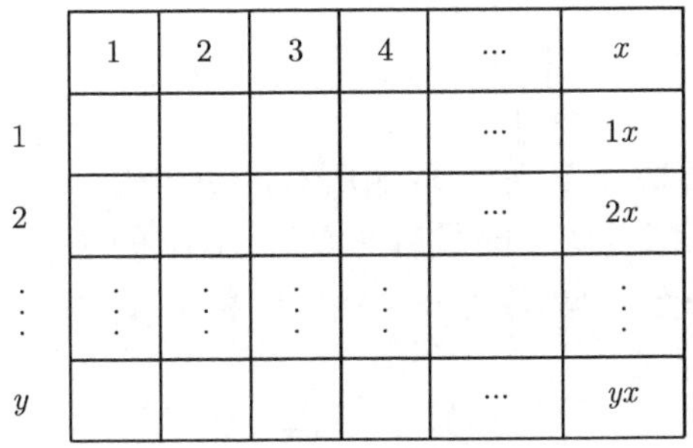

图 1.4 乘法面积示意图

这样一来, 我们也就可以得到自然数乘法运算的乘法表 (第 17 页中的表 1.2) (一个比我们小时候学的九九乘法表大许多的乘法表). 和自然数加法表 (表 1.1) 一样, 自然数乘法表 (表 1.2) 的最顶端一行 (水平方向的为行) 从第二个方格开始从左到右递增地排列出全体自然数; 表的最左边的一列 (垂直方向的为列) 从第二格开始自上而下递增地排列出全体自然数. 不同之处在于自然数乘法表 (表 1.2) 从第二行和第二列开始, 在行线与列线相交的方格中的数就是本行最左方格的数与本列最顶方格的数之积. 这张表真实地记录着全部自然数两两相乘之积 (其中我们采用习惯做法将乘积号 · 省略掉). 注意表 1.2 也是关于主对角线对称的表, 并且它的主对角线元都是平方数. 这种对称性表明乘法也是满足交换律的二元运算.

表 1.2 自然数乘法表

·	0	1	2	3	4	⋯	m	⋯	n	⋯
0	0	0	0	0	0	⋯	0	⋯	0	⋯
1	0	1	2	3	4	⋯	m	⋯	n	⋯
2	0	2	4	6	8	⋯	$2m$	⋯	$2n$	⋯
3	0	3	6	9	12	⋯	$3m$	⋯	$3n$	⋯
4	0	4	8	12	16	⋯	$4m$	⋯	$4n$	⋯
⋮	⋮	⋮	⋮	⋮	⋮	⋮	⋮	⋮	⋮	⋮
m	0	m	$m2$	$m3$	$m4$	⋯	m^2	⋯	mn	⋯
⋮	⋮	⋮	⋮	⋮	⋮	⋮	⋮	⋮	⋮	⋮
n	0	n	$n2$	$n3$	$n4$	⋯	nm	⋯	n^2	⋯
⋮	⋮	⋮	⋮	⋮	⋮	⋮	⋮	⋮	⋮	⋮

类似于连加号 $\sum$, 我们也引进**连乘号** $\prod$. 这个符号就是用来表示将若干个数连续相乘的积. 具体来说, 我们有一组数, $a_1, a_2, \cdots, a_k$, 一共有 $k \geqslant 1$ 个按照这样的顺序给定的数, 那么

$$\prod_{i=1}^{k} a_i = a_1 \cdot a_2 \cdot \cdots \cdot a_k,$$

其中下标变量 i 在正整数 1 到 k 中取遍所有的 k 个值, 并且每一个只取一次. 连乘号 $\prod$ 顶端的 k 是下标变量 i 的最后的取值; 底端的 $i=1$ 表示下标变量 i 从 1 开始. 如果所有的 k 个数 a_i 都等于一个相同的数 a, 即对于每一个 $1 \leqslant i \leqslant k$ 都有 $a_i = a$, 那么就简单地写成

$$\prod_{i=1}^{k} a_i = \prod_{i=1}^{k} a.$$

更进一步地, 我们可以简写成 $a^k = \prod_{i=1}^{k} a$. 这事实上是我们早已熟悉的指数运算: 作为乘法运算的一种速算. 利用乘法运算, 指数运算也可以递归地定义如下.

定义 1.3　设 a 是一个大于 1 的自然数.

(1) $a^0 = 1$ (a 的 0-次幂为 1);

(2) 如果 y 是一个自然数, 那么 $a^{\mathbf{S}(y)} = a^y \cdot a$.

于是, $a^3 = a^2 \cdot a = a \cdot a \cdot a = \prod_{i=1}^{3} a$,

$$a^5 = a^4 \cdot a = \left(a^3 \cdot a\right) \cdot a = \left(\left(\prod_{i=1}^{3} a\right) \cdot a\right) \cdot a = \prod_{i=1}^{5} a,$$

以及

$$a^7 = a^6 \cdot a = \left(a^5 \cdot a\right) \cdot a = \left(\left(\prod_{i=1}^{5} a\right) \cdot a\right) \cdot a = \prod_{i=1}^{7} a.$$

我们会尤其对 $a=2$ 和 $a=10$ 的情形感兴趣:

$$2^0 = 1,\ 2^1 = 2,\ 2^2 = 4,\ 2^3 = 8,\ 2^4 = 16, \cdots, 2^7 = 128, \cdots, 2^{15} = 32768, \cdots,$$

以及

$$10^0 = 1,\ 10^1 = 10,\ 10^2 = 100,\ 10^3 = 1000,\ 10^4 = 10000 = 1\text{万}, \cdots,$$

$$10^8 = 1\overbrace{0\cdots0}^{8} = 1\text{亿}, \cdots, 10^{12} = 1\overbrace{0\cdots0}^{12} = 1\text{兆}, \cdots.$$

需要提醒读者注意的是自然数连加, 连加号的使用, 自然数连乘, 连乘号的使用, 以及指数运算, 都依赖这样的基本事实: 无论是加法还是乘法, 它们都满足结合律. 这就表明我们可以连加、连乘, 而不必担心施行运算的顺序. 同样, 应用乘法运算的结合律, 我们马上就得到如下指数运算的基本等式: 设 a 是严格大于 1 的自然数. 如果 x 和 y 是两个自然数, 那么 $a^x \cdot a^y = a^{x+y}$ 以及 $(a^x)^y = a^{x \cdot y}$. 这两个等式可以应用指数的定义和数学归纳法严格证明 (有兴趣的读者不妨一试).

综合起来, 应用上面关于自然数的抽象表示、自然数的秩序、自然数后继运算的定义、自然数加法的定义、自然数乘法的定义以及自然数指数的定义, 我们应用数学归纳法可以严格地证明下述**定理**.

定理 1.1 (算术性质)　*假设 a, b, c 为任意的三个自然数. 那么下列等式或命题成立:*

(1) $a + b = b + a$; $a \cdot b = b \cdot a$.

(2) $a + (b + c) = (a + b) + c$; $a \cdot (b \cdot c) = (a \cdot b) \cdot c$.

(3) $a \cdot (b + c) = (a \cdot b) + (a \cdot c)$.

(4) $0 + a = a$; $1 \cdot a = a$; $0 \cdot a = 0$.

(5) *如果* $a < b$, *那么* $a + c < b + c$; *如果* $a < b$ *并且* $c \neq 0$, *那么* $a \cdot c < b \cdot c$.

(6) *如果* $a > 1$, *那么* $a^b \cdot a^c = a^{b+c}$ *以及* $\left(a^b\right)^c = a^{b \cdot c}$.

(7) *如果* $a > 1$, *并且* $b < c$, *那么* $a^b < a^c$.

(8) *如果* $a > 0$, *并且* $1 < b < c$, *那么* $b^a < c^a$.

(9) *如果* $a > 1$, *那么无论* b *有多大都一定存在一个自然数* k *来见证不等式* $b < a^k$.

形式与内涵

在这里我们希望指出重要事实: 揭示算术性质的定理 1.1 中的每一个命题都是一条形式命题, 每一个等式都是一个形式等式; 这些形式命题的语义以及这些等式的含义都是经过数值解释之后所得到的; 就算术运算的计算过程而言, 都是在这个定理的形式命题以及形式等式规定下的符号演算过程, 是纯粹的形式推理演算过程, 是机械的推理演算过程, 是可以完全用计算机程序来实现的过程; 只有当我们完成对计算结果进行数值解释之后, 也就是对所涉及的形式等式或者形式命题的语义解释之后, 所论算术运算实例才成为相应的数值计算实例. 正是在这样的意义上, 揭示算术性质的定理 1.1 所给出的是算术运算的形式律; 这些形式律的内涵则完全由对它们的数值解释 (语义解释) 所给出. 后面在第 5 章中我们将会看到“算术理论”会有好多种**模型**, 既有算术**标准模型**, 也有算术**非标准模型**. 这些模型将表明定理 1.1 所给出的是算术运算的形式律所持有的形式与内涵的对立统一特性.

十进制表示

在我们举例说明指数计算时, 我们专门写出过三个等式:

$$2^4 = 16, \quad 2^7 = 128, \quad 2^{15} = 32768.$$

类似地, 我们也用到过 2020, 2021. 毫无疑问, 我们都很清楚, 按照多年来的习惯,

下面这些数字串都表示着什么样的自然数数值:

$$16, 128, 32768, 2020, 2021, \cdots.$$

因为这是我们小学就学过的自然数的**十进制表示**. 所谓十进制表示, 就是用 10 个阿拉伯数字

$$0, 1, 2, 3, 4, 5, 6, 7, 8, 9$$

加上由这些数字所组成的数字串中的**位**、**位权**和各位的**权重**的概念来表示自然数的数值. 具体来说, 由这 10 个阿拉伯数字中的任意有限个从左到右排列组成一系列数字串, 并且要求任何长度大于 1 的**有效**数字串的最左位 (也是最高位) 不得为 0. 有效数字串从左到右位权由高到低自然递减; 倒过来看, 从右到左, 位权则逐位递增, 从而有

个(位), 十(位), 百(位), 千(位), 万(位), 十万(位),

百万(位), 千万(位), 亿(位), $\cdots$, 兆(位), $\cdots$.

那么与这些位相对应的权重到底是什么意思呢? 下面的列表回答这一问题 (图 1.5). 我们需要有一个特殊约定 (免得使用"减去 1"): 我们的序数从 0 开始, 从而从右向左, 第 0 位, 第 1 位, 第 2 位, 等等. 于是, **与第 m 位相对应的权重就是** 10^m. 现在我们假设有一个长度为 $k > 0$ 的由 10 个阿拉伯数字组成的有效数字串:

$$a_k \cdots a_5 a_4 a_3 a_2 a_1 a_0,$$

其中 $0 \leqslant a_i \leqslant 9$, 并且 $a_k > 0$. 这个数字串向我们表明这样的信息: 这个自然数用十进制来表示共有 $k+1$ 位; 第 i 位的位权为 a_i, 因此在第 i 位上共有 a_i 个 10^i.

位	0	1	2	3	4	5	$\cdots$	k
位名	个	十	百	千	万	十万	$\cdots$	未知
权重	1	10	10^2	10^3	10^4	10^5	$\cdots$	10^k
位权	a_0	a_1	a_2	a_3	a_4	a_5	$\cdots$	a_k

图 1.5　十进制数字串数位示意图

根据这些信息, 我们就知道在自然数的十进制表示下, 由有效数字串 $a_k \cdots a_5 a_4 a_3 a_2 a_1 a_0$ 所表示的数为

$$a_k \cdots a_5 a_4 a_3 a_2 a_1 a_0 = \sum_{j=0}^{k} a_j \cdot 10^j$$

$$= a_k \cdot 10^k + \cdots + a_5 \cdot 10^5 + a_4 \cdot 10^4 + a_3 \cdot 10^3 + a_2 \cdot 10^2 + a_1 \cdot 10 + a_0$$

$$= \overbrace{((((((\cdots(}^{k-1} a_k \cdot 10) + \cdots) \cdot 10 + a_5) \cdot 10 + a_4) \cdot 10 + a_3) \cdot 10 + a_2) \cdot 10 + a_1) \cdot 10 + a_0.$$

由此可见, 给定一个由阿拉伯数字 $0,1,\cdots,9$ 所组成的有效数字串所表示的自然数的数值很容易就能计算出来. 事实上, 上面的等式表明有很简单的**算法**, 以给定的有效数字串作为输入, 有效地计算出这个数字串所表示的自然数的数值. 比如, 32768 就是三万两千七百六十八. 反过来呢? 给定一个自然数的数值 x, 我们能否算出它在十进制表示下的有效数字串呢? 比如, 给定 $x = 2^{15}$, 希望求出它的十进制表示. 这个任务也同样可以有一个可以交给计算机或者手机来完成计算的算法. 比如, 下列算法就可以被用来完成这一任务.

定义 1.4 (求十进制表示算法)　输入为自然数 x.

(1) 第一步, 将给定的自然数 x 输入给 b, 如果 $b = 0$, 那么输出 $a_0 = b$, 并且停止. 如果 $b > 0$, 那么执行最高位算法 (见算法定义 1.5) 求得唯一的自然数 k 来见证不等式 $10^k \leqslant b < 10^{k+1}$. 记录此 k 为最高位, 并且对于 $0 \leqslant i \leqslant k$ 初始化置 $a_i = 0$. 如果 $k = 0$, 则输出 $a_0 = b$, 并且停止; 否则, 进入第四步.

(2) 第二步, 如果 $b < 10$, 那么输出 $a_0 = b$, 并且对最高位与最低位之间的所有的空缺位补 0, 然后停止; 任务完成; 如果 $10 \leqslant b$, 那么转入第三步.

(3) 第三步, 执行最高位算法 (见算法定义 1.5) 求得唯一的自然数 k 来见证不等式 $10^k \leqslant b < 10^{k+1}$.

(4) 第四步, 执行带余除法 (见算法定义 1.6) 求得唯一的一对 (c_k, b_k) 来见证等式 $b = c_k \cdot 10^k + b_k$ 与不等式 $0 \leqslant b_k < 10^k$ 同时成立, 进入第五步.

(5) 第五步, 令 $a_k = c_k$ (记录位权); 并且将 b_k 的值输入给 b, 转入到第二步.

定义 1.5 (最高位算法)　输入为自然数 $b \geqslant 10$.

(1) 第一步, 置计数器 $i = 1$, 进入第二步.

(2) 第二步, 如果 $b < 10^i$, 那么输出 $k = i - 1$, 并且停止; 否则, 令计数器 i 增加 1, 进入第二步.

这里的关键是对于输入 $b \geqslant 10$, 最高位算法一定终止, 并且输出唯一满足不等式 $10^k \leqslant b < 10^{k+1}$ 的 $k \geqslant 1$. 这由下述引理保证.

引理 1.1　设 $10 \leqslant b$. 那么如下命题成立:

(1) 一定存在一个 $m > 1$ 来见证不等式 $b < 10^m$.

(2) 对于任意的自然数 $m > 1$, 总有对等式:

$$10 \leqslant b < 10^m \text{ 当且仅当 } \left(\bigvee_{i=1}^{m-1} \left(10^i \leqslant b < 10^{i+1}\right)\right), \tag{1.1}$$

其中, 表达式 $\left(\bigvee_{i=1}^{m-1}\left(10^i \leqslant b < 10^{i+1}\right)\right)$ 是下述表达式的缩写:

$$\left(10 \leqslant b < 10^2\right) \text{ 或者 } \left(10^2 \leqslant b < 10^3\right) \text{ 或者 } \cdots \text{ 或者 } \left(10^{m-1} \leqslant b < 10^m\right).$$

(3) 存在唯一的满足不等式 $10^k \leqslant b < 10^{k+1}$ 以及 $k > 0$ 的自然数 k.

根据算术性质定理 (定理 1.1) 中的 (9), 满足引理 1.1 中的 (1) 的不等式 $b < 10^m$ 要求的 m 一定存在. 引理 1.1 中的 (2) 之所以成立是因为单调递增序列

$$10 < 10^2 < 10^3 < \cdots < 10^i < 10^{i+1} < \cdots < 10^m$$

将半闭半开区间 $[10, 10^m)$ 划分成 $m-1$ 个互不相交的半闭半开区间 $\left[10^i, 10^{i+1}\right)$ (其中 $1 \leqslant i < m$) 的并. 引理 1.1 中的 (3) 则由 (1) 和 (2) 综合起来得到.

推论 1.1 最高位算法 (见算法定义 1.5) 一定会在有限步内终止, 并且成功计算出唯一满足不等式要求的 k.

事实上, 根据引理 1.1 中的 (3), 存在唯一的满足不等式 $10^k \leqslant b < 10^{k+1}$ 以及 $k > 0$ 的 k. 因此, 由定义 1.5 所确定的算法一定会在第 $k+1$ 步停止, 从而输出正确的 k 值. 因此求十进制表示算法 (定义 1.4) 中的第三步总是可以成功执行.

现在我们来讨论定义 1.4 第四步中的带余除法问题. 带余除法的算法如下.

定义 1.6(带余除法) 输入为满足不等式 $1 \leqslant k$ 以及 $10^k \leqslant b < 10^{k+1}$ 的 (k, b).

(1) 第一步, 令 $i = 2$, 进入第二步;

(2) 第二步, 如果 $i \cdot 10^k \leqslant b$, 那么将 i 的值增加 1, 然后进入第二步; 如果 $b < i \cdot 10^k$, 那么令 $c_k = i - 1$ 以及 $b_k = b - c_k \cdot 10^k$, 并且停止.

这里的关键是保证带余除法算法肯定不会超过 9 次循环就一定会停止. 这是因为我们有下述引理.

引理 1.2 下列不等式中必有唯一的一个成立:

(1) $10^k \leqslant b < 2 \cdot 10^k$;

(2) $2 \cdot 10^k \leqslant b < 3 \cdot 10^k$;

(3) $3 \cdot 10^k \leqslant b < 4 \cdot 10^k$;

(4) $4 \cdot 10^k \leqslant b < 5 \cdot 10^k$;

(5) $5 \cdot 10^k \leqslant b < 6 \cdot 10^k$;

(6) $6 \cdot 10^k \leqslant b < 7 \cdot 10^k$;

(7) $7 \cdot 10^k \leqslant b < 8 \cdot 10^k$;

(8) $8 \cdot 10^k \leqslant b < 9 \cdot 10^k$;

(9) $9 \cdot 10^k \leqslant b < 10 \cdot 10^k$.

这个引理之所以成立, 是因为对等式

$$10^k \leqslant b < 10^{k+1} \text{ 当且仅当 } \begin{pmatrix} (10^k \leqslant b < 2\cdot 10^k) \text{ 或者} \\ (2\cdot 10^k \leqslant b < 3\cdot 10^k) \text{ 或者} \\ (3\cdot 10^k \leqslant b < 4\cdot 10^k) \text{ 或者} \\ (4\cdot 10^k \leqslant b < 5\cdot 10^k) \text{ 或者} \\ (5\cdot 10^k \leqslant b < 6\cdot 10^k) \text{ 或者} \\ (6\cdot 10^k \leqslant b < 7\cdot 10^k) \text{ 或者} \\ (7\cdot 10^k \leqslant b < 8\cdot 10^k) \text{ 或者} \\ (8\cdot 10^k \leqslant b < 9\cdot 10^k) \text{ 或者} \\ (9\cdot 10^k \leqslant b < 10\cdot 10^k) \end{pmatrix}, \tag{1.2}$$

以及不等式 $10^k \leqslant b < 10^{k+1}$ 都成立. 因此, 引理 1.2 成立. 这就保证了带余除法算法在经过至多 9 次循环后必定停止, 并且得到

$$b = c_k \cdot 10^k + b_k \ \wedge\ 0 \leqslant b_k < 10^k.$$

具体到给定 $x = 2^{15}$, 令 $b = 2^{15}$. 进入第二步. 由于 $10 < 2^4$, 进入第三步. 由于 $2^3 < 10$, 所以 $2^{15} = \left(2^3\right)^5 < 10^5$; 又由于 $5 \cdot 10^2 < 2^9$, 所以

$$10^3 = 2 \cdot \left(5 \cdot 10^2\right) < 2 \cdot 2^9 = 2^{10}.$$

再因为 $10 < 2^4$, 所以

$$10^4 = 10 \cdot 10^3 < 10 \cdot 2^{10} < 2^4 \cdot 2^{10} = 2^{14} < 2^{15}.$$

于是, 得到 $k = 4$. 进入第四步. 执行带余除法 (见算法定义 1.6), 得到

$$2^{15} = 3 \cdot 10^4 + 2768 \ \wedge\ 0 < 2768 < 10^4,$$

即 $a_4 = 3$, $b_4 = 2768$. 进入第五步. 令 $b = 2768$. 进入第二步. 因为 $10 < b$, 进入第三步. 由于 $10^3 < 2768 < 10^4$, 得到 $k = 3$; 进入第四步. 执行带余除法 (见算法定义 1.6), 得到

$$2768 = 2 \cdot 10^3 + 768 \ \wedge\ 0 < 768 < 10^3,$$

即 $a_3 = 2$, $b_3 = 768$. 进入第五步. 令 $b = 768$. 进入第二步. 由于 $10 < b$, 进入第三步. 由于 $10^2 < 768 < 10^3$, 得到 $k = 2$. 进入第四步. 执行带余除法 (见算法定义 1.6), 得到

$$768 = 7 \cdot 10^2 + 68 \ \wedge\ 0 < 68 < 10^2,$$

即 $a_2 = 7$, $b_2 = 68$. 进入第五步. 令 $b = 68$. 进入第二步. 由于 $10 < b$, 进入第三步. 由于 $10 < 68 < 10^2$, 得到 $k = 1$. 进入第四步. 执行带余除法 (见算法定义 1.6), 得到

$$68 = 6 \cdot 10 + 8 \wedge 0 < 8 < 10,$$

即 $a_1 = 6$, $b_1 = 8$. 进入第五步. 令 $b = 8$. 进入第二步. 因为 $b = 8 < 10$, 所以, 输出 $a_0 = b = 8$, 并且成功停止. 输出如下: 最高位为 4, 并且

$$a_4 = 3, \quad a_3 = 2, \quad a_2 = 7, \quad a_1 = 6, \quad a_0 = 8.$$

于是 $2^{15} = 32768$.

【注意】由于 $2^3 < 10$, 所以 $3 < \log_2(10)$. 因为 $10^3 < 2^{10}$, 所以 $\log_2(10) < \dfrac{10}{3}$. 因此, 欲得 $10^{m_1} \leqslant 2^n < 10^{m_2}$, 只需令 $m_1 \leqslant \dfrac{3n}{10}$ 尽可能大以及 $m_2 \geqslant \dfrac{n}{3}$ 尽可能小. 理由如下: 设 $m_1 \leqslant \dfrac{3n}{10}$, 那么 $\dfrac{10}{3} \leqslant \dfrac{n}{m_1}$, 从而

$$\log_2(10) < \frac{10}{3} \leqslant \frac{n}{m_1}.$$

于是, $m_1 \cdot \log_2(10) < n$, 因此 $10^{m_1} < 2^n$. 再设 $m_2 \geqslant \dfrac{n}{3}$, 那么 $\dfrac{n}{m_2} \leqslant 3$, 从而

$$\frac{n}{m_2} \leqslant 3 < \log_2(10).$$

于是, $n < m_2 \cdot \log_2(10)$, 因此, $2^n < 10^{m_2}$. 据此, 若 $n = 15$, 则取尽可能大的 $m_1 \leqslant 4.5$, 即 $m_1 = 4$; 取尽可能小的 $m_2 \geqslant 5$, 即 $m_2 = 5$. 若 $n = 63$, 则取尽可能大的 $m_1 \leqslant 18.9$, 即 $m_1 = 18$; 取尽可能小的 $m_2 \geqslant 21$, 即 $m_2 = 21$. 剩下的只需确定不等式 $2^{63} > 10^{20}$ 以及 $2^{63} > 2^{19}$ 成立与否的状况, 便能够求出 2^{63} 的十进制表示中的最高位 k 到底是 $18, 19$ 还是 20. 因此, 对于形如 2^n 的自然数输入, 求取它的十进制表示最高位的算法可以先取尽可能大的 $m_1 \leqslant \dfrac{3n}{10}$ 以及尽可能小的 $m_2 \geqslant \dfrac{n}{3}$, 得到一个彼此非常接近的区间

$$10^{m_1} \leqslant 2^n < 10^{m_2},$$

然后逐个检查在 (m_1, m_2) 这个区间内的自然数 m 在不等式 $10^m > 2^n$ 中的表现以确定 2^n 在十进制表示中的最高位 k, 从而得到一种求出这种特殊形式的输入在十进制表示中的最高位的比较快的算法.

当然, 我们并不是对这样的算法感兴趣, 而是对这样的算法中的逻辑判断以及怎样确保算法一定会成功终止这两件事情感兴趣: 比如两个算法中的根据当前的

数据决定何去何从的第二步. 在什么情形下可以停止; 在什么情形下必须继续. 后面我们应当还有机会再回来分析一下这两个算法.

或许读者会说, 这是我们早就熟悉的.

那好, 我们来点有可能某些读者不怎么熟悉的但在现代生活中还非常重要的自然数的另类表示.

二进制表示 [1]

自然数数值不仅可以用十进制数字串来表示, 还可以用二进制数字串来表示. 有了十进制表示的铺垫, 自然数的二进制表示解释起来就简单一些. 首先, 二进制表示中的数字只有两个: 0 和 1, 因为这是比 2 小的仅有的两个自然数. 称一个由 0 和 1 组成的有限长度且长度大于 1 的数字串为**有效二进制表示数字串**当且仅当数字串的最左端数字为 1; 长度为 1 的数字串就是 0 和 1 两个, 从而都自动为有效数字串. 给定一个有效二进制表示数字串

$$a_k a_{k-1} \cdots a_2 a_1 a_0,$$

其中如果 $k > 0$, 那么 $a_k = 1$; 如果 $0 \leqslant i < k$, 那么 a_i 或者是 0 或者是 1. 同样地, k 为最高位; 对于 $0 \leqslant i \leqslant k$, a_i 为第 i 位上的**位权**, 并且这个位上的**权重**为 2^i. 所以, 有效二进制表示数字串的权重也是从左向右严格单调递减的. 于是, 这个有效二进制表示数字串就表示如下自然数数值:

$$\sum_{i=0}^{k} a_i \cdot 2^i = 2^k + a_{k-1} \cdot 2^{k-1} + \cdots + a_2 \cdot 2^2 + a_1 \cdot 2 + a_0.$$

这就自然地给出了一个求取有效二进制表示数字串的数值的算法.

那么该怎样求得一个自然数数值的有效二进制表示数字串呢? 算法与求十进制表示的算法类似, 只是更为简单 (不需要做带余除法).

定义 1.7 (求二进制表示算法)　(1) 第一步, 将给定的自然数 x 输入给 b, 执行最高位算法 (见算法定义 1.8) 求得唯一的自然数 k 来见证不等式 $2^k \leqslant b < 2^{k+1}$. 记录此 k 为最高位. 如果 $k = 0$, 则输出 $a_0 = b$, 并且停止; 否则, 对于 $0 \leqslant i < k$ 初始化置 $a_i = 0$, 进入第四步.

(2) 第二步, 如果 $b < 2$, 那么输出 $a_0 = b$, 然后停止, 任务完成; 如果 $2 \leqslant b$, 那么转入第三步.

(3) 第三步, 执行最高位算法 (见算法定义 1.8) 求得唯一的自然数 k 来见证不等式 $2^k \leqslant b < 2^{k+1}$, 进入第四步.

1 自然数的二进制表示首先由德国哲学家和数学家莱布尼茨所引入. 据称他受到中国易经对 64 种状态用每组六根平行的整体线段或者将整体线段一分为二的两段来表示 (参见第 34 页中的图 1.6) 的做法的影响而引进二进制. 用二进制表示自然数是当代计算机 (或者手机) 内部的基本现实.

(4) 第四步, 令 $a_k = 1$ 以及 $b_k = b - 2^k$, 进入第五步.

(5) 第五步, 将 b_k 的值输入给 b, 转入第二步.

定义 1.8 (最高位算法)　输入为自然数 $b \geqslant 2$.

(A) 置计数器 $i = 1$, 进入 (B).

(B) 如果 $b<2^i$, 那么输出 $k=i-1$, 并且停止; 否则, 令计数器 i 增加 1, 进入 (B).

这里的关键是对于输入 $b \geqslant 2$, 最高位算法一定终止, 并且输出唯一满足不等式 $2^k \leqslant b < 2^{k+1}$ 的 $k \geqslant 1$. 这由下述引理保证.

引理 1.3　设 $2 \leqslant b$. 那么如下命题成立:

(1) 一定存在一个 $m > 1$ 来见证不等式 $b < 2^m$.

(2) 对于任意的自然数 $m > 1$, 总有对等式:

$$2 \leqslant b < 2^m \text{ 当且仅当 } \left(\bigvee_{i=1}^{m-1} \left(2^i \leqslant b < 2^{i+1}\right)\right), \tag{1.3}$$

其中, 表达式 $\left(\bigvee_{i=1}^{m-1} \left(2^i \leqslant b < 2^{i+1}\right)\right)$ 是下述表达式的缩写:

$$\left(2 \leqslant b < 2^2\right) \text{ 或者 } \left(2^2 \leqslant b < 2^3\right) \text{ 或者 } \cdots \text{ 或者 } \left(2^{m-1} \leqslant b < 2^m\right).$$

(3) 存在唯一的满足不等式 $2^k \leqslant b < 2^{k+1}$ 以及 $k > 0$ 的自然数 k.

这个引理成立的理由与引理 1.1 成立的理由是一样的. 我们留给读者去思考, 便不再赘言.

我们来看几个例子.

例 1.1　(1) 令 $b = 2$ 作为求二进制表示算法的输入. 执行最高位算法: (A) 令 $i = 1$, 进入 (B); 因为 $b \geqslant 2^i$, 所以, 置 $i = 2$, 再进入 (B); 此时 $b = 3 < 2^i = 2^2$, 于是, 输出 $k = i - 1 = 2 - 1 = 1$, 最高位为 1; 初始化置 $a_0 = 0$. 进入求二进制表示算法的第四步. 令 $a_k = a_1 = 1$ 以及 $b_1 = b - 2^1 = 0$. 令 $b = b_1 = 0$ 转入第二步. 因为 $b = 0 < 2$, 所以程序输出 $a_0 = b = 0$; 然后输出 $a_1a_0 = 10$, 并且停止. 因此, 2 的有效二进制表示数字串为 10.

(2) 令 $b = 3$ 作为求二进制表示算法的输入. 执行最高位算法: (A) 令 $i = 1$, 进入 (B); 因为 $b \geqslant 2^i$, 所以, 置 $i = 2$, 再进入 (B); 此时 $b = 2 < 2^i = 2^2$, 于是, 输出 $k = i - 1 = 2 - 1 = 1$, 最高位为 1; 初始化置 $a_0 = 0$. 进入求二进制表示算法的第四步. 令 $a_k = a_1 = 1$ 以及 $b_1 = b - 2^1 = 1$. 令 $b = b_1 = 1$ 转入第二步. 因为 $b = 1 < 2$, 所以程序输出 $a_0 = b = 1$; 然后输出 $a_1a_0 = 11$, 并且停止. 因此, 3 的有效二进制表示数字串为 11.

(3) 令 $b = 4$ 作为求二进制表示算法的输入. 执行最高位算法: (A) 令 $i = 1$, 进入 (B); 因为 $b \geqslant 2^i$, 所以, 置 $i = 2$, 再进入 (B); 此时 $b = 4 \geqslant 2^i = 2^2$, 令计数

器 $i=3$, 再次进入 (B); 此时 $b=4<2^i=2^3=8$. 于是, 输出 $k=3-1=2$, 最高位为 2; 初始化置 $a_0=a_1=0$, 进入求二进制表示算法中的第四步. 令 $a_2=1$, $b_2=b-2^2=0$, 进入第五步. 令 $b=b_2=0$, 进入第二步. 此时 $b<2$, 所以输出 $a_0=b$, 然后停止, 任务完成. 得到 $a_2a_1a_0=100$.

(4) 令 $b=9$ 作为求二进制表示算法的输入. 执行最高位算法: (A) 令 $i=1$, 进入 (B); 因为 $b\geqslant 2^i$, 所以, 置 $i=2$, 再进入 (B); 此时 $b=9\geqslant 2^i=2^2$, 令计数器 $i=3$, 再次进入 (B). 此时 $b=9\geqslant 2^i=2^3=8$, 所以, 置 $i=4$, 再次进入 (B). 此时 $b=9<2^4=16$. 于是, 输出 $k=4-1=3$, 最高位为 3; 初始化置 $a_0=a_1=a_2=0$, 进入求二进制表示算法中的第四步. 令 $a_3=1$, $b_3=b-2^3=1$, 进入第五步. 令 $b=b_3=1$, 进入第二步. 此时 $b<2$, 所以输出 $a_0=b$, 然后停止, 任务完成. 得到 $a_3a_2a_1a_0=1001$.

(5) 令 $b=32768$ 作为求二进制表示算法的输入. 执行最高位算法: (A) 令 $i=1$, 进入 (B), 因为 $b\geqslant 2^i$, 所以, 置 $i=2$, 再进入 (B); 此时 $b\geqslant 2^i=2^2$, 置 $i=3$, 再进入 (B); 如此循环往复到 $i=16$, 此时 $b<2^{16}$; 于是, 输出

$$k=i-1=16-1=15,$$

最高位为 15; 初始化置 $a_0=a_1=\cdots=a_{14}=0$, 进入求二进制表示算法的第四步. 令 $a_{15}=1$ 以及 $b_{15}=b-2^{15}=0$, 令 $b=b_{15}=0$ 转入第二步. 因为 $b=0<2$, 所以程序输出 $a_0=b=0$, 然后输出

$$a_{15}a_{14}a_{13}a_{12}a_{11}a_{10}a_9a_8a_7a_6a_5a_4a_3a_2a_1a_0=1000000000000000,$$

并且停止. 因此, 32768 的有效二进制表示数字串为 1000000000000000.

【题外话】同样的一个有效数字串 1000000000000000, 在不同的进制表示体系下, 它表示着不同的数值: 在十进制表示下, 它表示 10^{15}; 在二进制表示下, 它表示 2^{15}; 而这个数在十进制表示下的数值为 32768, 远远小于 10^{15}. 这个例子似乎表明用二进制来表示数未必比十进制表示数来得划算. 或许这也是为什么在莱布尼茨引进二进制表示后的这么多年里这种表示并没有被广泛应用到数学实践之中. 可是, 自二十世纪五十年代起, 随着计算机的诞生和应用, 二进制表示便成为计算机科学理论的一项基本内容. 其根本原因就是 0-1 数字串是计算机逻辑线路可以实现的基本现实. 在计算机内部使用二进制表示的根本理由在于二进制数字 0 和 1 恰好可以用电子线路中的“高电势”和“低电势”(或者“开”与“关”) 这样两种物理状态来实现. 当今 (2020 年) 计算机逻辑线路可以实现并行 64 位 (估计用不了多久, 计算机将可以实现并行 128 位, 甚至更高), 也就是说, 计算机是以长度为 64 位的 0-1 数字串为基本单元来进行信息处理的 (后面我们将详细解释这一点).

如果输入 $b = 32467$, 那么求二进制表示算法将给出输出 111111111111111, 由 15 个 1 组成的数字串. 有耐心的读者不妨模拟求二进制表示算法计算一下, 看看作者的算法是否给出不同的结果 (写算法的人未必不犯很小很愚蠢但有时候甚至致命的错误, 比如波音 737MAX 飞机上的控制软件就因为或者算法错误或者程序设计错误或者程序员的编码错误曾经导致两起令人痛心的空难, 所以判断失误, 有时候会面临严重后果).

当然, 如果希望将一个用十进制表示的自然数转换成二进制表示, 那么可以有一种比较直接的转换方式: 以 2 为除数执行带余除法, 即除 2 写出余数, 然后将得到的余数序列倒过来写就可以了. 具体算法如下.

定义 1.9 (转换算法)　输入为十进制表示下的自然数 x.

(1) 第一步: 如果 $x < 2$, 那么输出 $a_0 = x$, 停止; 否则, 令 $b = x$, 令 $i = 0$, 进入第二步.

(2) 第二步: 如果 b 的末位数或者是 0 或者是 2 或者是 4 或者是 6 或者是 8, 那么令 $a_i = 0$, $q = \frac{b}{2}$, 进入第三步; 如果 b 的末位数或者是 1 或者是 3 或者是 5 或者是 7 或者是 9, 那么令 $a_i = 1$, $q = \frac{b-1}{2}$, 进入第三步.

(3) 第三步: 如果 $q = 0$, 那么输出二进制表示 $a_i a_{i-1} \cdots a_0$, 停止; 否则, 令 $b = q$, 并将 i 增加 1, 进入第二步.

为什么这个算法是正确的? 我们来看看它的工作原理. 我们还是先看一个例子. 设 $m = 127$ 为一个十进制表示的自然数. 设

$$2^k + a_{k-1} \cdot 2^{k-1} + \cdots + a_2 \cdot 2^2 + a_1 \cdot 2 + a_0 = 127,$$

其中 k 是待定的最高位, a_i 是各位待定的位权. 由于 127 是一个奇数, 等式表明 $a_0 = 1$, 因若不然, 左边的是 2 的倍数, 右边的不是, 自然所给等式不成立. 将等式两端都减去 1, 得到

$$2^k + a_{k-1} \cdot 2^{k-1} + \cdots + a_2 \cdot 2^2 + a_1 \cdot 2 = 126.$$

两边同除以 2, 得到

$$2^{k-1} + a_{k-1} \cdot 2^{k-2} + \cdots + a_2 \cdot 2 + a_1 = 63.$$

等式右边的是一个奇数, 于是, $a_1 = 1$. 两边同减去 1, 得到

$$2^{k-1} + a_{k-1} \cdot 2^{k-2} + \cdots + a_2 \cdot 2 = 62.$$

两边同除以 2, 得到

$$2^{k-2} + a_{k-1} \cdot 2^{k-3} + \cdots + a_3 \cdot 2 + a_2 = 31.$$

等式右边的是一个奇数, 于是, $a_2 = 1$. 两边同减去 1, 得到

$$2^{k-2} + a_{k-1} \cdot 2^{k-3} + \cdots + a_3 \cdot 2 = 30.$$

两边同除以 2, 得到

$$2^{k-3} + a_{k-1} \cdot 2^{k-4} + \cdots + a_4 \cdot 2 + a_3 = 15.$$

等式右边的是一个奇数, 故 $a_3 = 1$. 两边同减去 1, 得到

$$2^{k-3} + a_{k-1} \cdot 2^{k-4} + \cdots + a_4 \cdot 2 = 14.$$

两边同除以 2, 得到

$$2^{k-4} + a_{k-1} \cdot 2^{k-5} + \cdots + a_5 \cdot 2 + a_4 = 7.$$

等式右边的是一个奇数, 于是, $a_4 = 1$. 两边同减去 1, 得到

$$2^{k-4} + a_{k-1} \cdot 2^{k-5} + \cdots + a_5 \cdot 2 = 6.$$

两边同除以 2, 得到

$$2^{k-5} + a_{k-1} \cdot 2^{k-6} + \cdots + a_6 \cdot 2 + a_5 = 3.$$

等式右边的是一个奇数, 于是, $a_5 = 1$. 两边同减去 1, 得到

$$2^{k-5} + a_{k-1} \cdot 2^{k-6} + \cdots + a_6 \cdot 2 = 2.$$

两边同除以 2, 得到

$$2^{k-6} + a_{k-1} \cdot 2^{k-7} + \cdots + a_7 \cdot 2 + a_6 = 1.$$

由于等式的右端为 1, 所以 $k = 6$, 上面的等式实际上就是 $a_6 = 1$. 这样, 我们实际上就得到 $1 = 0 \cdot 2 + 1$, 即商 q 为 0, 余数为 1. 因此, 十进制表示的数 127 在二进制表示下就是 1111111, 为 7 个数字 1 组成的数字串.

现在我们来看看一般的情形怎样.

设下面等式的右边 $m > 1$ 是一个十进制表示的自然数, 左边的是待定的二进制展开, 其中 k 是待定的最高位, a_i 是各位待定的位权.

$$2^k + a_{k-1} \cdot 2^{k-1} + \cdots + a_2 \cdot 2^2 + a_1 \cdot 2 + a_0 = m.$$

如果 m 是一个奇数, 那么它一定不会被 2 整除, 所以上面等式的左边待定的 a_0 就肯定不能为 0 (否则左边的数是 2 的倍数), 因而必须是 1, 此时将 m 减去 1, 就得到下面的等式

$$2^k + a_{k-1}\cdot 2^{k-1} + \cdots + a_2\cdot 2^2 + a_1\cdot 2 = m-1.$$

将两边同除以 2, 就得到

$$2^{k-1} + a_{k-1}\cdot 2^{k-2} + \cdots + a_2\cdot 2 + a_1 = \frac{m-1}{2}.$$

令 $m_1 = \dfrac{m-1}{2}$. 此时不妨设 m_1 是一个偶数 (不然我们就又回到 m 为奇数的情形). 于是, 上面等式的右边是 2 的倍数, 左边也必须是 2 的倍数. 因此, 待定的 a_1 就必须是 0. 故两边可以同除以 2. 就得到下述等式

$$2^{k-2} + a_{k-1}\cdot 2^{k-3} + \cdots + a_2 = \frac{m_1}{2}.$$

再回到 m 的等式上去. 如果 m 是一个偶数, 那么它一定被 2 整除, 所以上面等式的左边待定的 a_0 就肯定为 0 (左边的数是 2 的倍数). 于是, 我们事实上有等式

$$2^k + a_{k-1}\cdot 2^{k-1} + \cdots + a_2\cdot 2^2 + a_1\cdot 2 = m.$$

将两边同除以 2, 就得到

$$2^{k-1} + a_{k-1}\cdot 2^{k-2} + \cdots + a_2\cdot 2 + a_1 = \frac{m}{2}.$$

令 $m_2 = \dfrac{m}{2}$. 此时不妨设 m_2 是一个奇数 (不然就回到 m_1 是偶数的情形). 于是, 待定的 a_1 就必须是 1. 两边同减去 1, 然后两边再同除以 2, 得到下述等式

$$2^{k-2} + a_{k-1}\cdot 2^{k-3} + \cdots + a_2 = \frac{m_2-1}{2}.$$

以此类推. 注意到所有这些等式的右端的数值在不断减小, 左边的未定参数的个数也在不断减少. 因此, 最后一定得到 $1 = 0\cdot 2 + 1$, 即商为 0 余数为 1 的等式. 过程也便结束, 所有的待定位权全都得到赋值.

应用这一转换算法, 我们便得到上面小于 64 的自然数的两种进制表示的对照表 (表 1.3). 小于 64 的自然数都可以用长度不超过 6 位的 0-1 数字串来表示. 我们将前 64 个自然数的二进制表示对照地罗列出来的另外一个理由就是将这些数的二进制表示与我们祖先流传下来的古代周易八卦图以及在八卦图基础上发展出来的六十四卦图做一番比较. 这是值得看看的一种比较, 因为它是二进制表示的起源.

表 1.3　十进制–二进制对照表

0	1	2	3	4	5	6	7
0	1	10	11	100	101	110	111
8	9	10	11	12	13	14	15
1000	1001	1010	1011	1100	1101	1110	1111
16	17	18	19	20	21	22	23
10000	10001	10010	10011	10100	10101	10110	10111
24	25	26	27	28	29	30	31
11000	11001	11010	11011	11100	11101	11110	11111
32	33	34	35	36	37	38	39
100000	100001	100010	100011	100100	100101	100110	100111
40	41	42	43	44	45	46	47
101000	101001	101010	101011	101100	101101	101110	101111
48	49	50	51	52	53	54	55
110000	110001	110010	110011	110100	110101	110110	110111
56	57	58	59	60	61	62	63
111000	111001	111010	111011	111100	111101	111110	111111

古代的先人们不用 0 和 1, 而是用三个整体 (实) 或者割裂 (虚) 线段的从上到下平行排列的不同组合来表示八种卦爻: 乾 (实–实–实)、兑 (虚–实–实)、离 (实–虚–实)、震 (虚–虚–实)、巽 (实–实–虚)、坎 (虚–实–虚)、艮 (实–虚–虚)、坤 (虚–虚–虚). 为了形成歌谣以方便记忆, 这八个卦爻又另外有各自的别名. 依次分别为: 天、潭 (泽)、火、雷、风、水、山、地. 用 0-1 数字串 (以从左到右来表示自下而上) 来表示就有

乾 (实–实–实)(111)、兑 (虚–实–实)(110)、离 (实–虚–实)(101)、震 (虚–虚–实)(100)、

巽 (实–实–虚)(011)、坎 (虚–实–虚)(010)、艮 (实–虚–虚)(001)、坤 (虚–虚–虚)(000).

后来人们在这八卦的基础上以它们的成双成对 (将一个线段组合置放在另外一个线段组合的上方的方式所形成的) 的各种组合构建出六十四卦 (参见第 32 页中的表 1.4 和第 32 页中的表 1.5). 读者可以将表 1.5 旋转 180° 之后与十进制–二进制对照表 (表 1.3) 中的二进制表示做一个比较: 如果忽略表 1.5 中二进制数字串中最高位 1 的左边的 0, 那么就得到表 1.3 中的二进制表示.

为了更进一步明确六十四卦中的实–虚线段表示与二进制表示之间的渊源关系, 我们将这六十四卦图以三种不同的形式附上. 它们分别是第 34 页中的按照周易古经所排列的顺序制作的周易古经六十四卦序列图 (图 1.6) 以及第 33 页中的将线段表示翻译成 0-1 数字串表示的六十四卦周易古经序列表 (表 1.6). 注意, 这些表中的整体线段对应数字 1; 割裂线段对应 0; 一卦中的六条线段按照从下往上的顺序

对应一组由六个数字从左到右排列起来的数字串. 第 33 页中的六十四卦周易古经序列表 (表 1.6) 是综合第 32 页中的表 1.4 以及第 32 页中的表 1.5 之后按照周易古经六十四卦序列图 (图 1.6) 的顺序排列出来的结果. 自然, 这里也有一个很有趣的问题: 为什么图 1.6 中的排序与六十四卦生成的自然顺序如此不同? 换句话问, 图 1.6 中的六十四卦是按照什么规律进行排序的? 后面我们会回来讨论这个问题, 但是现在我们先按下不提.

表 1.4　六十四卦线段码生成表

111	110	101	100	011	010	001	000
111111	111110	111101	111100	111011	111010	111001	111000
110111	110110	110101	110100	110011	110010	110001	110000
101111	101110	101101	101100	101011	101010	101001	101000
100111	100110	100101	100100	100011	100010	100001	100000
011111	011110	011101	011100	011011	011010	011001	011000
010111	010110	010101	010100	010011	010010	010001	010000
001111	001110	001101	001100	001011	001010	001001	001000
000111	000110	000101	000100	000011	000010	000001	000000

表 1.5　六十四卦生成表

八卦名	乾	兑	离	震	巽	坎	艮	坤
横线码	111	110	101	100	011	010	001	000
八卦别名	天	潭	火	雷	风	水	山	地
乾 111 天	乾	夬	大有	大壮	小畜	需	大畜	泰
兑 110 潭	履	兑	睽	归妹	中孚	节	损	临
离 101 火	同人	革	离	丰	家人	既济	贲	明夷
震 100 雷	无妄	随	噬嗑	震	益	屯	颐	复
巽 011 风	姤	大过	鼎	恒	巽	井	蛊	升
坎 010 水	讼	困	未济	解	涣	坎	蒙	师
艮 001 山	遁	咸	旅	小过	渐	蹇	艮	谦
坤 000 地	否	萃	晋	豫	观	比	剥	坤

除了前面提到的实现起来的现实性之外, 比起十进制表示来, 二进制表示还有一种很重要的优越性. 正像求二进制表示的算法并不需要额外的带余除法一样, 因为位权只有两种可能, 二进制表示下的数的乘法就变得非常简单. 比如, 给定一个自然数的二进制表示

$$x = \sum_{i=0}^{k} a_i \cdot 2^i = 2^k + a_{k-1} \cdot 2^{k-1} + \cdots + a_2 \cdot 2^2 + a_1 \cdot 2 + a_0,$$

表 1.6　六十四卦周易古经序列表

111111 乾 qián	000000 坤 kūn	100010 屯 zhūn	010001 蒙 méng	111010 需 xū	010111 讼 sòng	010000 师 shī	000010 比 bǐ
111011 小畜 xiǎo xù	110111 履 lǚ	111000 泰 tài	000111 否 pǐ	101111 同人 tóng rén	111101 大有 dà yǒu	001000 谦 qiān	000100 豫 yù
100110 随 suí	011001 蛊 gǔ	110000 临 lìn	000011 观 guān	100101 噬嗑 shì hé	101001 贲 bì	000001 剥 bō	100000 复 fù
100111 无妄 wú wàng	111001 大畜 dà xù	100001 颐 yí	011110 大过 dà guò	010010 坎 kǎn	101101 离 lí	001110 咸 xián	011100 恒 héng
001111 遁 dùn	111100 大壮 dà zhuàng	000101 晋 jìn	101000 明夷 míng yí	101011 家人 jiā rén	110101 睽 kuí	001010 蹇 jiǎn	010100 解 jiě
110001 损 sǔn	100011 益 yì	111110 夬 guài	011111 姤 gòu	000110 萃 cuì	011000 升 shēng	010110 困 kùn	011010 井 jǐng
101110 革 gé	011101 鼎 dǐng	100100 震 zhèn	001001 艮 gèn	001011 渐 jiàn	110100 归妹 guī mèi	101100 丰 fēng	001101 旅 lǚ
011011 巽 xùn	110110 兑 duì	010011 涣 huàn	110010 节 jié	110011 中孚 zhōng fú	001100 小过 xiǎo guò	101010 既济 jì jì	010101 未济 wèi jì

用 2 乘以 x, 那么应用分配律、交换律和结合律, 我们就有

$$2\cdot x=\sum_{i=0}^{k}a_i\cdot 2^{i+1}=2^{k+1}+a_{k-1}\cdot 2^k+\cdots+a_2\cdot 2^3+a_1\cdot 2^2+a_0\cdot 2.$$

由于表示 x 的二进制数字串为 $1a_{k-1}\cdots a_2a_1a_0$, 所以表示 $2\cdot x$ 的二进制数字串就是 $1a_{k-1}\cdots a_2a_1a_00$, 也就是在表示 x 的二进制数字串的最右端添加一个 0 就得到表示 $2\cdot x$ 的二进制数字串. 这个简单的操作在计算机内部实现起来就是一个简单的“左移一位”的操作.

十六进制表示

在古代, 甚至直到二十世纪五十年代, 我国 (至少在计量方面) 基本上使用十六 (2^4) 进制表示 [2]. 这也就是为什么我们在应用十进制表示时是以“万” (10^4) 为大数

2 比如, 一斤为十六两; 一两为十六钱; 一钱为十六毫. 这也是民间“半斤八两”之说的由来.

图 1.6　周易古经六十四卦序列图

单位, 而不是西方人所使用的“千” (10^3) 为大数单位. 在当今的计算机应用中, 十六进制也被广泛使用. 原因很简单, 以 2^4 为单位, 既可以很好地物理实现, 在表示大数时, 又可以具有比二进制表示经济很多的优点, 并且两者相互转换是非常简单的事情. 所谓十六进制表示, 就是以 $2^4 = 16$ 为基数, 正像前面以 10, 或者以 2 为基数, 来表示任何一个自然数数值. 这种表示中的数字为下面的 16 个字符:

$$0, 1, 2, 3, 4, 5, 6, 7, 8, 9, \mathrm{A}, \mathrm{B}, \mathrm{C}, \mathrm{D}, \mathrm{E}, \mathrm{F},$$

其中, 字母 A 的数值为 10; 字母 B 的数值为 11; C 的数值为 12; D 的数值为 13; E

的数值为 14; F 的数值为 15. 这 16 个数值就是十六进制表示中的位权. 同样, 在十六进制表示中, 这 16 个字符的每一个都是一个长度为 1 的有效数字串; 长度至少为 2 的有效数字串就是那些以这 16 个字符中的非 0 字符为开端 (最左) 的数字串; 自左向右, 随着有效数字串的位数增加, 其权重就减小, 直至权重为 0 的末位. 换句话说, 如果 $a_k a_{k-1} \cdots a_2 a_1 a_0$ 是一个十六进制表示有效数字串, 那么 a_k 必然非 0, a_i 的权重为 $(2^4)^i$, 并且这个数字串所表示数值由下面的表达式计算:

$$a_k \cdot (2^4)^k + a_{k-1} \cdot (2^4)^{k-1} + \cdots + a_2 \cdot (2^4)^2 + a_1 \cdot 2^4 + a_0.$$

由此可见, 十六进制表示中的每一位就相当于二进制表示中的一个四位数字串. 比如, 作为个位中的这 16 个字符, 它们所对应的二进制表示中的四位数字串如第 35 页中的表 1.7 (注意前八位为它们各自的二进制表示有效数字串的高位 0 补齐到四位) 所示.

表 1.7 十六进制数字与二进制数字串对应表

0	1	2	3	4	5	6	7
0000	0001	0010	0011	0100	0101	0110	0111
8	9	A	B	C	D	E	F
1000	1001	1010	1011	1100	1101	1110	1111

因此, 给定一个十六进制的有效数字串, $a_k a_{k-1} \cdots a_2 a_1 a_0$, 欲得到它的二进制表示有效数字串, 只需分别写出每一个 a_i 的二进制四位数字串, 再按照它们之间的给定顺序组合起来, 如果需要, 去掉最高位 1 的左边的 0, 就可以. 比如, 给定一个十六进制表示的数为 2CF, 那么应用对应表就得到

$$001011001111,$$

去掉最左边的两个 0 就得到 1011001111. 反过来, 给定一个二进制有效数字串, $b_k b_{k-1} \cdots b_2 b_1 b_0$, 欲得其十六进制表示有效数字串, 只需, 如果有必要, 首先将给定的数字串实施高位用 (至多 3 个) 0 补齐至长度为 4 的倍数的二进制数字串, 再将这个数字串按照从右到左每四位一组, 分别求出各组的十六进制对应字符, 将它们按照分组的顺序组合起来就好. 比如, 给定二进制表示的数 1111010111. 这是一个长度为 10 的有效数字串. 因而需要在最左添加两个 0 以补齐. 补齐之后就得到 001111010111. 将它按照四位一组分组, 得到 0011, 1101, 0111. 因此, 得到各组的十六进制位权序列 3, D, 7. 于是, 得到十六进制表示 3D7.

十六进制表示之所以在计算机中非常有用, 就是因为计算机内部使用“字节”结构来表示数据. 每一个字节刚好为 8 位 0-1 数字串的物理实现. 如果一台计算机

是 16 位的, 那么它的一个"字"就用两个字节; 如果一台计算机是 32 位的, 那么它的一个"字"就是四个字节; 如果一台计算机是 64 位的, 那么它的一个"字"就是八个字节. 英文字母、十进制数字或者计算机键盘上的通用字符, 都用一个字节在计算机内部来实现; 每一个汉字都用两个字节在计算机内部实现 (所以, 每一个汉字都是 16 位, 俗称双字节内部表示). 与十六进制表示相对应, 每一个字节刚好在计算机内部表示两位十六进制字符; 一个 16 位的字就在计算机内部表示四位十六进制字符; 一个 32 位的字就在计算机内部表示八位十六进制字符; 一个 64 位的字就在计算机内部表示十六位十六进制字符. 可见, 这就大大增加了计算机内部的自然数表示能力.

尾声

前面我们在说到自然数的算术运算时只讲了加法和乘法, 特意回避了减法和除法. 这是因为在使用减法运算和除法运算时需要注意适用性问题. 小学算术告诉我们: 只有当被减数大于或等于减数时才可以使用减法; 只有当被除数是除数的正整数倍时才可以使用除法. 简而言之, 是否可以使用减法或者除法有一个判定问题. 减法还好说一些, 因为比较自然数的大小是一种基本功. 可是如何判断被除数是除数的正整数倍就是一个大问题. 事实上如果已经知道被除数是除数的一个正整数倍, 我还用得着使用除法吗? 要求事先判定是否为倍数就是一种几乎不讲理的要求. 但是, 这不是重点. 重点在于自然数存在均分过程中不够分的问题. 比如, 有一个蛋糕, 需要尽可能公平地均分给若干个参加生日晚会的朋友, 这就是一个时常发生的几分之一的问题. 被减数小于减数是一种生活中常发生的事件: 赊账. 当入不敷出时, 借贷或者赊账是临时解决当务之急的手段. 这些问题的经常出现, 就表明我们的自然数的概念不够用. 我们用自然数来解释数这个观念并不能完全满足数这个观念的要求, 所以, 需要扩充关于数这个观念的解释. 首先, 我们不能局限于自然数是数数过程的结果这样一种对数的认识. 赊账问题好解决, 引进**负数**即可. 在引进负数概念后, 原有的数的解释, 自然数, 被延拓到了**整数**. 当然, 相应的运算规则也是必须建立的. 这里我们就不赘言, 因为这些都是在小学中见过的. 这里只是将这种观念解释的扩展当成概念变化的例子. 同样地, 均分问题的解决是引进**分数**. 在建立相应的计算规则之后, 我们就有了**有理数**这一概念. 同样地, 我们在小学期间就完成了有理数四则混合运算的基本训练. 这里也就不多说了.

在结束这个引子之前, 让我们来证明庄子的一条定理. 《庄子 · 天下篇》曾留下"一尺之棰, 日取其半, 万世不竭"的断言. 现在我们来证明这个断言, 从而它就是一条定理.

定理 1.2 (庄子) 设 n 是一个正整数. 那么 $1-\sum_{i=1}^{n}\frac{1}{2^i}=\frac{1}{2^n}$, 其中符号 $\sum$ 是

求和号, 接连将一系列的数相加,

$$\sum_{i=1}^{n}\frac{1}{2^i}=\frac{1}{2}+\frac{1}{2^2}+\cdots+\frac{1}{2^{n-1}}+\frac{1}{2^n}.$$

证明　应用数学归纳法我们来证明庄子定理.

(初始步) 设 $n=1$. 这时, $\sum_{i=1}^{n}\frac{1}{2^i}=\frac{1}{2}$. 于是

$$1-\sum_{i=1}^{n}\frac{1}{2^i}=1-\frac{1}{2}=\frac{1}{2}=\frac{1}{2^n}.$$

(归纳步) 设 $n=k+1$, 并且 $1-\sum_{i=1}^{k}\frac{1}{2^i}=\frac{1}{2^k}$ 成立. 往证

$$1-\sum_{i=1}^{k+1}\frac{1}{2^i}=\frac{1}{2^{k+1}}.$$

首先, 根据加法结合律, $\sum_{i=1}^{k+1}\frac{1}{2^i}=\left(\sum_{i=1}^{k}\frac{1}{2^i}\right)+\frac{1}{2^{k+1}}$. 其次,

$$\begin{aligned}1-\sum_{i=1}^{k+1}\frac{1}{2^i}&=1-\left(\left(\sum_{i=1}^{k}\frac{1}{2^i}\right)+\frac{1}{2^{k+1}}\right)\\&=\left(1-\sum_{i=1}^{k}\frac{1}{2^i}\right)-\frac{1}{2^{k+1}}(\text{结合律})\\&=\frac{1}{2^k}-\frac{1}{2^{k+1}}(\text{归纳假设})\\&=\frac{2}{2^{k+1}}-\frac{1}{2^{k+1}}\\&=\frac{1}{2^{k+1}}.\end{aligned}$$

所以, $1-\sum_{i=1}^{k+1}\frac{1}{2^i}=\frac{1}{2^{k+1}}$ 成立.

根据归纳法原理, 对于任意的正整数 n, 都有 $1-\sum_{i=1}^{n}\frac{1}{2^i}=\frac{1}{2^n}$. □

为什么说上面的这个数学定理是庄子的"一尺之棰, 日取其半, 万世不竭"? 首先, 我们将"一尺之棰"抽象地转化成有理数的乘法单位元 1; 其次, 将"取"抽象为数学的理想的分割, 不是物理意义上的将棰锯断, 因为物理意义上的或者说实际

上的锯的过程必然会有实物意义上的损失, 以及锯必有不可忽视的宽度, 这样, “日取其半”, 就是将单位 1 每天减掉剩下那一部分的一半, 即剩下那一部分的二分之一. 那么, 第一天“取其半”之后就剩下 $\left(1-\frac{1}{2}\right)=\frac{1}{2}$; 第二天再“取其半”, 那么就去掉 $\frac{\left(\frac{1}{2}\right)}{2}=\frac{1}{4}$, 还剩 $\left(\frac{1}{2}-\frac{1}{4}\right)=\frac{1}{4}$. 以此类推, 到第 n 天结束时, 总共去掉的恰好就是 $\sum_{i=1}^{n}\frac{1}{2^i}$, 剩下的就是 $1-\sum_{i=1}^{n}\frac{1}{2^i}$. 上面的定理说, 这剩下的是 $\frac{1}{2^n}$. 所以说, “万世不竭”.

上面庄子定理的证明使用了数学归纳法原理. 这也是应用数学归纳法原理证明命题的比较典型的例子. 那么一般而言, 怎样应用数学归纳法原理来证明一个命题呢? 首先, 这个命题所涉及一定要是关于自然数的一种特殊性质, 不妨暂且将要讨论的性质记为 P. 希望证明的是这样一个命题: 每一个自然数都有这种性质 P. 如何应用数学归纳法原理 (或者简单地, 如何应用数学归纳法) 来证明这个命题呢? 首先验证最小的自然数 0 具有这一性质 P, 也就是要排除 0 是 P 的最小反例, 通常这一步被称为初始步. 其次是验证数学归纳法原理的条件中的第二个语句: 对于任意的一个自然数 a, 由前提“a 具有性质 P”得到结论“a 的后继 $\mathbf{S}(a)$ 也具有性质 P”. 这一步的验证通常被称为归纳步. 归纳步的实施一般来说就是考虑任意给定的自然数 a, 假设 a 具有性质 P (通常称之为归纳假设), 然后在此归纳假设以及给定环境条件之下来推导出 $\mathbf{S}(a)$ 也具有性质 P. 在成功地完成初始步和归纳步的验证之后, 就可以应用归纳法原理来得到结论: 每一个自然数都具有性质 P. 可见, 应用数学归纳法原理证明一个关于全体自然数具有某种性质的命题, 就是要验证命题中涉及的性质 P 满足数学归纳法原理中的条件部分. 一旦性质 P 满足这个条件部分的事实得到验证, 那么数学归纳法原理就保证所要验证的命题一定成立. 而验证性质 P 满足数学归纳法原理中的条件部分的过程又被分成了两个部分: 一个初始步, 一个归纳步. 这两步之中, 各有各的难处 (视具体情形而定).

第2章 命题逻辑

少年风华觅新符，
知音久远释旧梦.

在对客观世界的认识过程中，最基本的认识就是什么存在、什么不存在，以及存在之物具备什么属性、不具备什么属性. 这就既需要判定也需要表达. 那么怎样才能确保我们的判定和表达是正确的？“无规矩难成方圆”. 可以说，基本逻辑学的根本目的在于探讨如何自洽地、系统地 (独立于个人意志地) 规定存在性 (规定何为存在何为不存在)、合理性 (规定孰是孰非)，以及怎样在前提的合理性和结论的合理性之间系统地 (独立于个人意志地)、有效地 (简洁而准确地)、完备地保持一致性和可靠性. 基本逻辑学就是探讨在存在判断和是非判断中关于表达和判定的系统规则的学问；基本逻辑学希望建立起来的关于存在判断和是非判断的规则体系自身又必须简洁、清晰、系统、合理、可靠和完整以实现逻辑能够成为确保思维正确性的有效工具这样一个根本目标.

我们先从关于是非判断的规则体系着手，而将涉及存在判断的规则体系留到下一章. 关于是非判断的规则体系就是命题逻辑. 命题逻辑最早被称为形式逻辑，后来也被称为布尔逻辑. 之所以如此，就在于它所关注的重点只是语句中的逻辑结构，而不是语句的语义关联；之所以如此，就在于它只是希望建立起将复杂的语句的真假判断用可以行之有效的计算方式系统地归结到对一系列最简单的原始命题的真假判断的过程. 先将语句中的语义以及语义关联完全忽略，只将经过这种**简单完全抽象**之后留下来的语句形式作为分析的对象，以确保真假判断的正确性 (系统性、可靠性和完整性)，这便是认识论上的一种里程碑式的思维方法. 如果说原始命题的真假判定需要依赖具体环境中的诸多因素 (各种存在判断)，那么命题逻辑则希望指出所有那些经原始命题规范产生的复杂命题的真假判定对于原始命题真假判定的依赖关系则是完全独立于环境因素的. 如何由原始命题规范地生成各种各样的复杂命题，如何实现复杂命题的真假判断对于原始命题真假判断的依赖关系与环境因素的独立性目标，如何确保真假判断的正确性，这些问题的解答将是命题逻辑部分的核心. 至于原始命题的真假判断怎样依赖具体环境之诸多因素 (各种存在判断)，我们将留到后面的代名词表达式逻辑 (既涉及存在判断又涉及是非判断的规则体系) 部分来解答. 在那里，我们会看到一种**细化完全抽象**；一种将被忽略了的语句的语义关联重新建立起来的抽象；在那里，形式与内涵的对立统一被彻底揭示出来并且解释清楚.

2.1　基本问题

任何系统性分析都由一系列问题牵引, 基本逻辑学也一样. 我们先从两个哲学问题着手.

问题 2.1　1. 什么是认识的正确性? 怎样保证认识的正确性?

2. 什么是认识的完整性? 怎样达到认识的完整性?

将这样的哲学问题转变成下面的基本逻辑学问题, 我们就能够给出比较严格的回答.

问题 2.2　1. 如何系统地、一致地实现是非判断 (基本逻辑学试图回答的一个基本问题)?

(a) 怎样将复杂的是非判断经过一种不混淆是非的途径归结为简单的是非判断?

(b) 如何才能在不混淆是非的原则下将是非判断植入 (或者融合到) 语言表达式的从简单到复杂的构造之中?

2. 语义分析在是非判断中怎样发挥作用? 能否在脱离语义的情形下实现对复杂表达式的是非判断? 如果可以, 那么脱离语义的形式推理和语义分析在是非判断中是否一致? 是否统一 (基本逻辑学试图回答的一个核心问题)?

我们将在这些基本逻辑学问题的牵引下来展开关于是非判断规则体系的建立和分析.

2.2　判　　断

借我一双慧眼吧, 让我把这纷扰
看得清清楚楚、明明白白、真真
切切!　　《雾里看花》— 阎肃

在系统地回答前面的基本问题之前, 我们先来分析一下“判断”这个词通常的基本含义.

相信读者一定使用过手机和手机中的一个名为“微信”的应用程序. 大约自 2011 年起, 腾讯微信这个计算机应用程序被张小龙和他的同事们在手机上开发成功, 很快使用微信实现信息交流就成为大众日常生活的一个重要部分. 这个程序有许多功能. 比方说, 人们可以选择通信交流的对象, 可以用语音留言, 可以用电话直接交流, 可以用文字交谈, 可以定向传递照片, 可以设置供自己的朋友欣赏的资料馆, 可以用视频即时交流, 可以定向分发红包, 可以支付网购或者现场购物的货款,等等. 毫无疑问, 这是自计算机在二十世纪四十年代末出现、互联网在二十世纪九十年代初出现之后真正走进平常百姓之家改变人们日常生活方式的一种应用程序. 这个应用程序所依赖的硬件设备是一部相当于自带无线通信设施的微型计算机的手机. 可以说, 微信这个程序改变了老百姓日常生活. 这种综合性极强的工具恰恰是一种正确地实现各种各样判断的逻辑结构组织. 尽管人们并不需要知道这个工具的工作原理, 但这个工具的的确确就是靠信得过的一系列的逻辑判断和行为处理指令来为使用者服务的. 无论是由手机的硬件设备所实现的逻辑线路组织结构, 还是由这个逻辑线路组织结构所运行的手机 (小型) 操作系统以及微信这样的应用程序, 无一不是由那些隐藏起来的各种各样的逻辑判断和指令所组成. 毫无夸张地说, 一部手机连同安装其上的微信程序就是一部精致的逻辑机器. **之所以这样的逻辑机器能够为使用者提供完善的服务, 就在于这样的逻辑机器的正确性、普遍适用性以及功能完善性已经被严格证明**. 因此, 毫不夸张地说, 逻辑, 已经被用来改变了我们的生活, 也已经成为我们生活的实在的系统性的需要 (从日常生活到航陆航海航空航天, 到涉及人类生存生活的一切复杂控制系统; 从阿尔法狗围棋程序到现在正被搅得热火朝天的人工智能领域中的各种各样的算法与程序).

不仅如此, 逻辑判断从来就隐隐约约地伴随着我们的日常生活. 下面顺手捡来一些日常生活用语以为简要说明.

“大约要走一天的人烟稀少的偏僻山路, 需要多带点干粮和水.”“很饿了, 赶紧弄点吃的吧.”

父亲对孩子说: “如果不算很饿, 那就再坚持一会, 等到了姑姑家就可以有好吃的了.”

“天要下雨, 还是带上雨伞吧.”“下雨了”“下大雨了”“真下大雨了”“今天并没有下雨”.

“明天要降温, 出门前多穿点保暖的衣服”.

这些, 都是我们日常生活中常见的各种各样的具体的**判断**. 有些是**预测性**的判断, 有些是**事实**的陈述. 一种**陈述**, 便是一种**断言**, 也便派生出一种判断. 对于预测性的判断, 自然有待**真假验证**; 但凡真的, 便属期预之中, 倘若不真, 则难免失望. 对于陈述中的事实, 自然要**真假检验**; 但凡真的, 便可相信, 倘若不真, 难免失信. 陈述中的事实, 作为一种断言, 便是一种默认的真实的肯定; 当陈述中的事实被检验不真时, 这个事实的陈述的否定才是真实. 所以, 陈述一种事实, 便自然派生出一种判断.

当有人告诉你“海南岛的夏天也会天寒地冻”, 或者当有人告诉你“二月三十号那天海南岛冰天雪地”, 你便自然不会相信这个人所说, 因为你自有正确的判断.

依据现有的真实事实, 作出对未来的预测性判断, 并且对于未来可能发生的事件的预测判断确定相应的应对措施, 或者选择合适的推进策略, 或者选择合适的行为方式.

人生日常生活, 一个是想, 一个是做, 不过如此而已. 先想明白, 想明白之后, 扎扎实实地按照想明白了的道理把该做的事情做好; 同时只有想得明白, 才有可能抓住明天出现的机会 (几乎所有的机会都只会眷顾那些准备充分的人).

人生之中, 当自身的行为需要一种理性支配时, 各种各样的判断便是难免之事. 面对一系列各种各样的判断, 自己又怎样能够相信自己的判断会是正确的? 尤其是那些直接关乎未来利益的预测判断, 自己又如何自信, 又凭什么充满信心? 基本逻辑学正是为此自信提供关于判断之正确性系统解释的一门学问. 所以, 预立人生, 预谋事情, 当学一点基本逻辑学, 毕竟, 这是人生思考过程中的时时刻刻都不可缺少的正确性的系统保障.

可以这么说, 逻辑被成功应用的结果将人类带到了崭新的信息时代; 生活在这个信息时代的我们每每天天都在和某种逻辑机器打交道; 事实上我们也都无可避免地或多或少自觉或不自觉地使用着逻辑这门人类思考过程中最基本的智慧工具. 还可以这么说, 人类社会的发展还将随着逻辑的更为深入和广泛的使用和应用出现新的令人惊奇的飞跃. 如果希望跟上甚至引领时代前进的步伐, 那么就使用逻辑这门智慧工具而言, 与其不自觉, 不如自觉; 与其无可奈何不可避免, 不如主动积极深思熟虑; 与其少, 不如多.

那么, 到底什么是**逻辑判断**呢? 首先, 逻辑判断被分为**基本判断**与**复合判断**两大类. 由于各种各样的基本判断 (任何一种基本判断都由许许多多**具体事实判断**组成) 都直接涉及分门别类的**基本概念**, 从而都依赖对基本概念的语义解释, 在这里我们暂且按下不提, 留待后面专门讨论. 在这里, 先假定我们已经掌握了全部相关的具体事实判断的结果, 将注意力集中到抽象的形式判断之上, 也就是先来专注地分析在给定基本判断的基础上应用五种**逻辑联结词**所形成的五种 (**布尔式**) **复合判断**. 这五种复合判断是完全独立于语义解释的判断, 因此也被认为是完全的**形式判断**.

2.2.1 否定判断

> 假作真时真亦假,
> 无为有处有还无.
> 《红楼梦》— 曹雪芹

否定判断语句结构

一种**否定**是对一种**肯定**的否定. 否定, 算得上人类思维活动中一种最基本的行

为 [1]. 否定判断也便是人类一切判断之中的最基本的一类判断. 因而, **否定词**也便是基本逻辑学里最基本的一个逻辑联结词, 正如同**非门**是计算机逻辑线路中最基本的一道逻辑门 [2]一样 (参见第 66 页非门示意图 (图 2.1)). 逻辑否定词就如同电源开关, 使用一次, 便改变一种现存状态, 令现状改变成截然相反的另一种状态.

日常生活中常见的否定词包括"非"、"假"、"无", 依次被否定的肯定词就包括"是"、"真"、"有".

真, 既是对自身的肯定, 也是对假的否定; 假, 既是对自身的肯定, 也是对真的否定; 有, 既是对自身的肯定, 也是对无的否定; 无, 既是对自身的肯定, 也是对有的否定. 真假互逆, 有无背反, 彼此分别; 既相生, 又相克; 既相互依存, 又相互对立. 所谓相生, 是指若无彼何来此, 彼此都在对照之中显示自身的含义; 所谓相克, 是指彼此都是对对方的否定, 就如那矛以击盾、盾以攻矛, 天然冲突.

真, 作为肯定; 假, 作为对真的否定; 有, 作为肯定; 无, 作为对有的否定. 凡此四种, 便是基本逻辑学的**基本默认**[3].

于是, 无论何种判断, 在不论其真假时, 就其自身自立而言, 都默认为一种肯定. 对一种肯定判断的否定, 就是一种新的否定判断. 换句话说, **一种否定判断是将一种先前已有的默认为肯定的判断推向其对立面的结果**. 这便是基本逻辑学的**否定判断**.

"事情果然如此这般"这一肯定判断的否定判断便是"事情并非如此这般". "将要下雨", "真要下雨", "这是人迹罕至的地方", 这些都是肯定判断. "不会下雨", "真不会下雨", "这个地方并非人迹罕至", 这些都是否定判断.

---

1 事实上, 否定行为可以大致分为三类, 一种是实事求是的否定 (那种建立在客观事实和对客观事实的正确分析之上的否定), 一种是自以为是的否定 (那种随想象而否定, 那种以自己的主观想象为基础的先入为主式的否定), 还有一种就是随意否定 (那种随意愿而否定). 在我们的日常生活中, 最容易遇到的两种行为就是随意否定和自以为是的否定. 这是因为, 如果没有任何行为后果需要承担的话, 随意否定和自以为是的否定都是最简单的行为. 随意否定和自以为是的否定, 自然很难是正确否定. 建设性的肯定和实事求是的否定几乎都是复杂而困难的. 无论是构筑长江三峡大坝、修建港珠澳大桥, 还是构建人民大会堂, 建造辽宁号航空母舰、制造一部手机, 还是设计控制一艘航天飞船的控制系统程序, 在整个过程中都需要每一位参加设计、管理、实施、编写、检验的工作人员兢兢业业认真负责, 既要把每一个组件做出来, 把每一个步骤做到位, 还要严格把好每一个组件或步骤的质量关 (实事求是的否定就必不可少和至关重要). 建设与破坏, 认真思考与凭空想象甚至随意, 其复杂性是如此不对称以至于在现实生活中常见随意否定.

2 计算机的逻辑线路由一系列的信号传递线路 (信号通道) 和固定的几种按照一定规则接收和处理输入信号并输出信号的特殊物理器件 (逻辑门) 构成; 计算机内置线路经两种不同的物理状态来传递两种不同的信号, 通常这两种信号分别用信号 1 和信号 0 来表示; 一道逻辑门按照设计功能可以同时接收来自一条或两条线路的信号, 然后从一条输出线路发送一个信号 (参见第 65 页 2.3.2 小节).

3 我们也完全可以截然相反地默认: 假, 是一种肯定; 真, 是一种对假的否定; 无, 是一种肯定; 有, 是一种对无的否定. 也就是说, 否定, 其实只是对对方的否定, 绝不是对自身的否定. 到底谁否定谁完全依赖于事先的**默认**.

古时步兵用于进攻的武器中有一种手持的被称为矛的尖锐锋利的兵器, 用于防护的装备中有一种手握的厚厚大大的盾牌. 这在反映秦汉时期步兵战斗场面的影视剧中常见. 当进攻方以矛刺来的时候, 防守方会用盾隔挡以为自身防护. 矛以攻欲置对方于死地, 盾以防欲求自身之存活, 可谓生死存亡之对立冲突. 所以用**矛盾**一词来表明直接冲突和对立. 在基本逻辑学里, 一个矛盾就由一对肯定与它的否定所组成.

对任何事情的判断, 要么肯定, 要么否定, 二者必居其一 (**排中律**, 也称**互补律**); 肯定与其否定, **相互排斥, 相互冲突, 不可同立**(**矛盾律**), 不可既肯定一事又同时否定同一件事; 肯定为**是**, 其否定为**非**; 反之, 是为肯定, 非为否定. 是非分明, 毫不含糊.

否定语句真假确定

应当如何确定一种肯定与对它的否定这两种判断之中哪一种判断是正确的? 应当怎样确定一种肯定判断以及它的否定的真与假才可以算得上一种正确的确定呢? 这是基本逻辑学需要回答的基本问题. 在基本逻辑学里, 真判断与正确判断同义; 假判断与错误判断同义. 一种判断的正确性问题便是该判断的真假问题. 基本逻辑学坚持**任何一种力图反映现实的判断的正确性完全由该判断与实际情况的符合来唯一保证**. 具体而言, 当一种判断**合乎**实际情况时, 这种判断就是一种**真**判断; 当一种判断**不合乎**实际情况时, 这种判断就是一种**假**判断. 我们将这一真假判定准则称为基本逻辑学的**符合性准则**.

比如说, "冬天黑龙江的大兴安岭天寒地冻", "夏天艳阳高照的海南岛十分炎热", 这些就是合乎实际情况的断言, 也就是真判断. "冬天黑龙江的大兴安岭十分炎热", "夏天艳阳高照的海南岛天寒地冻", 这些就不是合乎实际情况的断言, 也就都是假判断.

基本逻辑学关于合乎与否以及真与假的基本假设如下 [4]:

任何一种面向现实的判断, 要么合乎实际情况, 要么不合乎实际情况, 二者必居其一 (**排中律**); 但不能既合乎实际情况, 又不符合实际情况 (**矛盾律**); 凡判断, 或真, 或假, 二者必居其一 (**排中律**); 真假相克, 互不相容 (**矛盾律**).

基本逻辑学将要做的事情便是**明确**逻辑联结词的正确使用以及将正确使用逻辑联结词之后所得到的新的判断的正确性完全**归结到**不带有任何逻辑联结词的**基本判断**的正确性, 从而**保证**依这样的归结所得到的正确性与依照符合性准则所得到的正确性**完全一致**.

---

4 注意, 基本逻辑学不对 "现实, 实在, 实际情况, 抽象, 判断, 反映, 合乎, 不合乎" 这几个词汇作任何词义解释或词义规定. 读者完全可以根据自己通常对这些词的理解来解释它们各自的词义. 基本逻辑学只是对这些词汇, 无论其词义如何, 都应当就逻辑学而言必须遵守的规矩作出假设.

在这里, 我们关注的是否定词. 那么一个否定判断的真假应当怎样依赖原有的肯定判断的真假呢? 基本逻辑学规定: **当一种判断为真时, 它的否定必然为假; 当一种判断为假的时候, 它的否定必然为真**. 称这一真假判定准则为**否定词归结准则**. 按照否定词归结准则, 否定判断的真假恰好与原有的肯定判断的真假截然相反. 于是, 基本逻辑学里的否定词就如同关于真假的取反操作: 将真转变为假, 将假转变为真.

这就如同计算机逻辑线路中的非门: 当接收到的输入信号为 0 时, 经非门输出的信号就为 1; 当接收到的输入信号为 1 时, 经非门输出的信号就为 0.

现在我们来分析否定词归结准则与符合性准则的一致性: 当一种否定判断**合乎**实际情况时, 原有的判断必定不符合实际情况, 从而原有的判断就是一个假判断, 按照否定词归结准则, 这种否定判断就是一个**真**判断; 当一种否定判断**不合乎**实际情况时, 原有的判断必定符合实际情况, 从而原有的判断就是一个真判断, 按照否定词归结准则, 这种否定判断就是一个**假**判断. 由此可见, 按照否定词归结准则所得到的正确性与按照符合性准则所得到的正确性完全一致.

由此可知, 当一种判断的否定为真时, 这种判断自然为假; 当一种判断的否定为假时, 这种判断自然为真.

将上面的分析按照下述顺序重新组合一下. 当一种判断为真时, 它的否定必然为假; 当一种判断的否定为假时, 这种判断自然为真. 当一种判断为假的时候, 它的否定必然为真; 当一种判断的否定为真时, 这种判断自然为假. 在前一句话里, 我们称"它的否定为假"这个判断语句为"这种判断为真"这个判断语句的**必要条件**; 也称"这种判断为真"为"这种判断的否定为假"的**充分条件**. 在第二句话里, 我们称"这种判断的否定为假"为"这种判断为真"的**充分条件**; 也称"这种判断为真"为"这种判断的否定为假"的**必要条件**. 类似地, "一种判断为假"是"它的否定必然为真"的充分条件; "它的否定为真"是"这种判断为假"的必要条件; 等等. 当一句话既是另外一句话的必要条件, 也是这另外一句话的充分条件时, 我们就说这句话的**充分必要条件**就是那另外一句话; 在这种情形之下, 我们也说这句话**当且仅当**那另一句话.

于是, 我们将上面的分析用一句简写语句来表述: 一种判断为真的**充分必要条件**是它的否定为假; 换言之, 一种判断的否定为真的充分必要条件是这一判断为假. 我们还可以用如下简写来表述: 一种判断为真**当且仅当**它的否定为假; 换一种简写说法, 一种判断之否定为真当且仅当这种判断为假.

依照这样的简写约定, "充分必要条件"的两端事实上彼此互为对方的充分必要条件; 同样地, "当且仅当"两端的先后位置也完全可以互换. 在这样的情形下, 我们更会简单地说"当且仅当"两端的说法是两个**逻辑等价**说法, 或者说是两种就逻辑真假而言**无差别**说法. 我们还把使用"当且仅当", 或者"充分必要条件"作为两个语句关联的表达形式称为**对等表达式**. 在这里, 这些词汇都只是为说话方便、为丰富表达方式而添加的词汇.

上面的分析还可以用下面的表达形式表述出来: **如果**一种判断为真, **那么**它的否定必然为假; **如果**一种判断为假, **那么**它的否定必然为真. 反过来, **如果**一种判断的否定为真, **那么**这种判断自然为假; **如果**一种判断的否定为假, **那么**这种判断自然为真. 称这种“**如果**什么什么, **那么**如此这般”的表达形式为**蕴含表达式**. 称紧随“如果”这个词之后的语句“什么什么”为这个蕴含表达式的**前提**, 称紧随“那么”这个词之后的“如此这般”为这个蕴含表达式的**结论**. 按照上面的简写约定, 这里的前提“什么什么”自然就是这里的结论“如此这般”的一个充分条件; 这里的结论“如此这般”就是这里的前提“什么什么”的一个必要条件.

将上面的蕴含表达式重新组合一下: “如果一种判断为真, 那么它的否定为假”, **并且** “如果一种判断的否定为假, 那么这种判断自然为真”; “如果一种判断为假, 那么它的否定为真”, **并且** “如果一种判断的否定为真, 那么这种判断自然为假”. 这样一来, “‘如果一种判断为真, 那么它的否定为假’, 并且‘如果一种判断的否定为假, 那么这种判断自然为真’”这种表达方式就与上面的“一种判断为真当且仅当它的否定为假”具有完全相同的意思.

更进一步地, 由于一个肯定判断的否定, 就其自身而言也是一种肯定, 如果对这个否定再否定一次, 这便得到一种否定之否定. 依据上述, 一种肯定判断与它的否定之否定就真与假来说就是完全相同的. 因为, 如果这种肯定为真, 那么它的否定必为假, 它的否定之否定也就自然为真; 如果这种肯定为假, 那么它的否定就为真, 它的否定之否定也就因此而为假. 反过来, 如果一种肯定的否定之否定为真, 那么这一肯定的否定就一定为假, 于是这一肯定便为真; 如果一种肯定的否定之否定为假, 那么它的否定就一定为真, 于是它便为假. 所以, 得出结论: 一种判断与它的否定之否定就真与假来说两者毫无差别. 人们习惯上将这一结论命名为**否定之否定律**.

应用上面的新词汇, 否定之否定律就可以表述为: 一种判断为真当且仅当它的否定之否定为真; 一种判断为假当且仅当它的否定之否定为假. 一种判断为真的充分必要条件是它的否定之否定为真; 一种判断为假的充分必要条件是它的否定之否定为假.

换另外一种说法, 否定之否定律还可以表述为: 如果一种判断为真, 那么它的否定之否定也为真; 并且, 如果一种判断的否定之否定为真, 那么这种判断自身也就为真.

2.2.2　析取判断

析取判断, 也称选言判断. 选言判断是我们日常生活中经常遇到的一种非常自然的判断形式.

析取判断语句结构

人有悲欢离合,
月有阴晴圆缺,
此事古难全.
《水调歌头》— 苏轼
山重水复疑无路,
柳暗花明又一村.
《游山西村》— 陆游

的确, 从古至今, 日分昼夜, 时有先后; 月有圆缺, 天有阴晴; 地分南北, 向有东西; 情有悲欢, 人有离合; 春夏秋冬, 花开花落, 冷暖交错, 寒来暑往; 山重水复, 柳暗花明; 物有轻重, 事有缓急; 尺有大小, 势分高低; 级分上下, 队列前后, 位排左右; 天壤有别, 黑白分明, 真假相克, 是非冲突, 有无背反, 虚实互逆, 彼此各异, 方圆难合, 水火不容, 阴阳互补. 这些就是先人们在观察客观存在着的彼此相异的自然现象与事物诸过程中自然而然形成的成双成对的互补观念与经典断言, 以准确反映和区分客观现象和事物中的彼此.

"东方不亮西方亮", "黑了南方有北方".

是白天, 还是黑夜? 是先来, 还是后到? 是圆月, 还是半月? 是阴天, 还是晴天? 是南部地区, 还是北国疆域? 是东方的朝霞, 还是西方的晚霞? 是高兴, 还是悲哀? 是离别, 还是相聚? 是冷, 还是热? 是轻, 还是重? 是缓行, 还是急进? 是放大, 还是缩小? 是提高, 还是降低? 是放在上面, 还是放在下面? 孰在前, 孰在后? 哪一位坐左边, 哪一位坐右边? 是真, 还是假? 是有, 还是无? 是实, 还是虚? 是方, 还是圆? 是水, 还是火? 孰是, 孰非?

这些都是日常生活中经常遇到的问题. 这些日常的生活问题都可以有至少两种不同的答案. 面对这些问题中的任何一个具体问题, 两种可能的答案之中的任何一种答案都是一种**判断**. 这两种 (或者多种) 答案之中, 如果一种答案**合乎**实际情况, 那么这种答案就是**正确**答案, 这种判断就是一个**真**判断; 如果一种答案**不符合**实际情况, 那么这种答案就是**错误**答案, 这种判断就是一个**假**判断. 如果两种答案不可能同时合乎实际情况, 各自又都可能有时候合乎某种实际情况, 当一种答案合乎一种实际情况时, 另一种答案必定不符合这种实际情况, 就称这两种答案**相互排斥**, 相应的两种判断就是相互排斥的判断.

如果将问题的几种可能的答案全部以选择性的方式**或选并列**出来, 那么我们就得到一个**选言判断**. 比如, "现在或者是白天, 或者是黑夜". "他或者比她先来, 或者比她后到, 或者和她同时到". "今夜或者看不见月亮, 或者看见一轮圆月, 或者看见一片残月”．“这种水稻或者产于长江以南, 或者产于长江以北”．“这一个月来北京的房价或者上涨了, 或者下跌了, 或者没有变化”．“现在或者满天阴云密布, 或者万里无云艳阳高照”．“今天或者非常热, 或者非常冷”. 在这七种选言判断之中, 前五种选言判断之中, 几种可选的判断之中总有其中之一肯定合乎实际情况. 所以前五种选言判断总是真判断, 也便因此不提供对于回答相应问题的任何有用的信息. 后两种选言判断中, 都有两种可选的判断无一合乎实际的可能. 比如, 现在的实际情况既非满天阴云密布, 也非万里无云艳阳高照, 而是浩瀚天空之中, 北边蓝天之下漂浮着几朵白云; 东南部乌云突起滚滚而来, 还将那太阳严严实实地遮掩起来, 头顶上和西南部倒是一片纯洁的蓝天. 所以, 这第六个选言判断在这种实际情形之下便是一个假判断. 如果现在的实际情况的确是时至正午万里无云, 那么这第六个选言判断自然就是一个真判断; 如果现在的实际情况的确就是满天阴云密布还电闪雷鸣大雨倾盆, 那么这第六个选言判断自然就是一个真判断. 换句话说, 这第六个选言判断是一个可真可假的判断. 这第七个选言判断也是同样的情形. 因为今天的实际情况可以不冷不热, 所以这第七个选言判断可以是一个假判断. 当然, 它也可以是一个真判断. 也就是说, 这第七个判断也是一个可真可假的判断.

这种将所有日常生活中的互补观念与经典断言提炼抽象归纳统一起来, 所得到基本逻辑学里的**选言判断**一说, 就是以一个或选联结词 (也称析取词), **或者**, 将两个或者多个可供选择的判断 (**或选因素**) 并列起来得到一个选言判断: 在适当的范围内, 形成一种二选一或者多选一的判断. **析取词**在基本逻辑学里也是一个基本逻辑联结词, 正如同计算机逻辑线路中的**或门**是一个基本的逻辑门一样 (参见第 66 页或门示意图 (图 2.2)).

所谓二选一, 就是二者之中选一个. 有时候是二者必居其一的选择, 非此即彼. 或者这样, 或者那样, 二者必居其一; 任何肯定与其否定就构成一对二者必居其一的选言判断. 或者天晴, 或者天不晴, 二者必居其一. 有时候, 二选一, 即便是二者相互排斥, 未必是二者必居其一的选言判断. 尽管“天空中乌云密布”与“晴朗天空万里无云”是对可见天空之中两种截然对立相互排斥的天气状态的表述, 不会在极目所望的范围内, 既天空中乌云密布, 还晴朗天空万里无云, 但选言判断“或者天空中乌云密布, 或者晴朗天空万里乌云”并不是一个二者必居其一的选言判断. 还有的时候, 二选一的选言判断不一定是在相互排斥的或选因素之中作出选择的选言判断. 比如, “或者红豆生南国, 或者红豆生广州”, “或者长江以北可耕地很肥沃, 或者黄河以南可耕地很肥沃”, 都是二选一的并非互相排斥的选言判断. 但两者也有明显的差别. 在“或者红豆生南国, 或者红豆生广州”这个选言判断之中, 广州是南国的一部分, 只要在广州能够见到生长的红豆, 在南国就自然而然地能够见到生长的红豆. 在“或者长江以北可耕地很肥沃, 或者黄河以南可耕地很肥沃”这个选言判断之中, 长江以北地区和黄河以南地区彼此互不从属覆盖, 并且长江以北和黄河以南这两个地区存在一个广阔的交汇地带, 那里的可耕地也的确很肥沃, 再者, 长江以南和黄河以北都有着大片的可耕地, 也都很肥沃.

所谓多选一, 就是或选因素的个数多于二. 多种情形之一必定有一种显现, 多种情形也可以无一种必定显现, 存在某种遗漏. 就如同二选一的情形, 有些相互排斥, 有些相辅相成, 有些互补. 比如, 地分东西南北中; 位置分前后左右上下; 颜色分赤橙黄绿青蓝紫. 如此一来, 相应的有关区域的选言判断就可以有多到五个或选因素; 有关位置的选言判断就可以有多到六个或选因素; 有关颜色的选言判断就可以有多到七个或选因素.

如果一个选言判断之中的或选因素必居其一, 就称之为**互补型选言判断**. 比如, “或者生在长江以南, 或者生在长江以北”就是一个互补型选言判断. 再比如, “东方不亮西方亮”, 或者东方亮, 或者西方亮 (天下之大, 总有一处天亮, 总有办法, 总有希望); “黑了南方有北方”, 或者南方天未黑, 或者北方天大亮 (天广地阔, 总有回旋余地). 尽管在语言功用上, 这两句民间慧语另有所图, 但就句法结构而言, 它们依旧是析取判断, 是互补型选言判断. 如果一个选言判断并非所涉及的或选因素必居其一, 就是说, 在该选言判断并列出来的所有的或选因素之外还有遗漏, 还有可能发生的另外的选择, 就称之为**非互补型选言判断**. 比如, “或者天空中乌云密布, 或者天空中万里无云”就是一个非互补型的选言判断, 因为至少还有一种情形被遗漏: “蔚蓝色的天空中飘浮着朵朵白云”. 如果一个选言判断中的或选因素彼此相互排斥, 就称之为**排斥型选言判断**. 比如, “或者这个断言是真的, 或者这个断言是假的”; “或者电闪雷鸣大雨倾盆, 或者晴空万里艳阳高照”; “或者盛夏烈日炎炎, 或者严冬天寒地冻”. 这些都是排斥型选言判断. 如果一个选言判断中有两个并非彼此相互排斥的或选因素, 就称之为**非排斥型选言判断**. 比如, “或者广东有红豆, 或者福建有红豆”; “或者武汉夏天很热, 或者重庆夏天很热, 或者南京夏天很热”, “或者北京今天有雾霾, 或者天津今天有雾霾”. 这些都是非排斥型选言判断.

选言判断真假确定

基本逻辑学的**实际同一与差别假设**.

(1) 客观事物之间, 要么实际同一, 要么实际差别; 自然现象之间, 要么实际同一, 要么实际有区别.

(2) 实际同一事物之间无区别 (不分彼此), 实际有区别事物之间不同一 (彼此差别); 实际同一自然现象之间无区别 (不分彼此), 实际有区别自然现象之间不同一 (彼此差别).

(3) 同一具有自反性、对称性、传递性:

(自反) 本物与本物同一; 本现象与本现象同一.

(对称) 若本物与它物同一, 则它物与本物同一; 若本现象与它现象同一, 则它现象与本现象同一.

(传递) 若本物与它物同一, 且它物与另物同一, 则本物与另物同一; 若本现象与它现象同一, 且它现象与另现象同一, 则本现象与另现象同一.

(4) 当看起来似乎不一样的几种 (两种或者多种) 自然现象可以被事实上区分开来的时候, 相应的不同的实际情况也就事实上被区分开来; 当看起来似乎不一样的两种自然现象没有被事实上区分开来的时候, 相应的实际情况也就事实上没有被区分开来. 在相应的实际情况没有事实上被区分开来的时候, 这看起来似乎不一样的两种自然现象就事实上是同一种自然现象.

(5) 当看起来似乎不一样的几种 (两种或者多种) 事物可以被事实上区分开来的时候, 相应的不同的实际情况也就事实上被区分开来; 当看起来似乎不一样的两种事物没有被事实上区分开来的时候, 相应的实际情况也就事实上没有被区分开来. 在相应的实际情况没有事实上被区分开来的时候, 这看起来似乎不一样的两种事物就事实上是同一种事物.

那么一个选言判断在什么情形下是符合实际情况的, 在什么情形下又是不符合实际情况的呢?

基本逻辑学假设**一个有意义的选言判断一定与某种实际的事物区分或者现象区分相对应, 并且该选言判断旨在反映这种事物区分或者这种现象区分**. 因此, 一个选言判断是合乎实际情况的充分必要条件是它的某一个或选因素是合乎相应的实际情况的; 一个选言判断是不合乎实际情况的充分必要条件是它的任何一个或选因素都不合乎相应的实际情况.

这就如同计算机逻辑线路中的或门, 当且仅当收到来自两条输入线路之一的信号为 1 的时候就会经过或门输出信号 1 (参见第 66 页或门示意图 (图 2.2)).

比如说, 考虑选言判断“或者北京今天有雾霾, 或者天津今天有雾霾”. 如果今天是 2017 年 11 月 6 日, 那么“北京今天有雾霾”是合乎实际情况的, 所以整个选言判断就合乎实际情况 (至于“天津今天有雾霾”是否合乎实际情况并不影响这一结论, 尽管“天津今天有雾霾”也是合乎实际情况的, 因为当天华北无西北风. 当时的华北是, 足够强劲的西北风不到, 雾霾不会自己跑掉). 如果今天是 2017 年 11 月 3 日, 那么“北京今天有雾霾”是不合乎实际情况的, “天津今天有雾霾”也是不合乎实际情况的 (因为 2017 年 11 月 3 日整个华北地区都有四到五级西北风, 整个华北地区雾霾都被那足够强劲的西北风吹得一干二净), 所以整个选言判断就不合乎实际情况.

对于一个选言判断而言, 或选联结词 (析取词)“或者”怎样将该选言判断的真假归结到它的或选因素的真假之上的呢? 基本逻辑学规定如下的**析取词归结准则**:

只要其中之一的或选因素为真便视整个选言判断为真; 如果所涉及的或选因素都为假判断, 那么整个选言判断则为假判断.

于是, 对任何一个选言判断按照符合性准则所得到的正确性与按照析取词归结准则得到的正确性是完全一致的.

据此, 如果今天是 2017 年 11 月 6 日, 选言判断"或者北京今天有雾霾, 或者天津今天有雾霾"就是一个真判断; 如果今天是 2017 年 11 月 3 日, 选言判断"或者北京今天有雾霾, 或者天津今天有雾霾"就是一个假判断.

2.2.3 合取判断

合取判断语句结构

> 一花独放不是春,
> 万紫千红春满园.
> 《古今贤文》
> 单丝难成线,
> 独木不成林.

合取判断, 也称联言判断, 是那种将诸多因素并列合成起来的判断.

"不但要团结和自己意见相同的人, 而且要善于团结那些和自己意见不同的人, 还要善于团结那些反对过自己并且已被实践证明是犯了错误的人."(毛泽东, 1964 年 7 月 14 日《人民日报》). 这是一个由三种判断并联组成的合取判断. "和自己意见相同的人"是一个基本判断, 定语"和自己意见相同"确定本人与他人之间在一个确定范围内的一种特殊关系; "和自己意见不同的人"则是一个否定判断, "和自己意见不同"是在一个确定范围内形成"和自己意见相同"关系的余补; 此合取判断中的第三部分又是一个合取判断, "反对过自己"这个定语确定本人和他人在一个确定范围内的一种特别关系, "已经被实践证明反对错了"这个定语确定在一定范围内对一组人的区分. 这个断言以"不但 ……, 而且 ……, 还 ……"的句式 (语句结构) 表述一种合取判断, 其中三个被联合使用的是对一个确定范围内的人依据三种性质实行区分的概念性判断.

"一行人行进在泥泞而蜿蜒曲折的山间小路上, 天完全黑下来, 几乎伸手不见五指, 再加上风也越来越大, 雨也越来越大, 领导决定停止前行, 原地休息."这段合取判断描述出一个对于行路人来说相当困难的场景: 走在泥泞而蜿蜒曲折的山间小路上, 而且天很黑, 风很大, 雨也很大. 正是在这样一个六种彼此独立的因素都实际发生的状态之下, 这一行人的领导才作出了停止前进、原地休息的决定. 这六种因素中, 泥泞、蜿蜒曲折、山间小路、天很黑、风很大、雨很大, 各自都独立地提高步行的难度, 当这些因素都同时实际发生时, 它们各自的难度就以"乘积"的方式将步行的难度提升到相当困难的地步.

在合取判断的语句结构中, 比较典型的是使用**合取词"并且"**将两种判断或者多种判断 (称之为**合取因素**) **联合起来**构成一种新的判断 (因而也就命名为联言判断). 合取词就如同计算机逻辑线路中的**与门** (参见第 66 页与门示意图 (图 2.3)). 比如说, "北京今天有雾霾, 并且天津今天也有雾霾" 就是一个合取判断.

合取判断真假确定

后面我们会看到, 合取判断事实与析取判断组成一对对偶性判断.

那么一个联言判断在什么情形下是符合实际情况的, 在什么情形下又是不符合实际情况的呢?

一个联言判断是合乎实际情况的充分必要条件是它的每一个合取因素都是合乎相应的实际情况的 (因此而被命名为合取判断); 一个联言判断是不合乎实际情况的充分必要条件是它的某一个合取因素不合乎相应的实际情况.

这就如同计算机逻辑线路中的与门, 当且仅当同时收到的来自两条输入线路的信号都为 1 的时候才会经过与门输出信号 1 (参见第 66 页与门示意图 (图 2.3)).

比如说, 考虑联言判断"北京今天有雾霾, 并且天津今天也有雾霾". 如果今天是 2017 年 11 月 6 日, 那么"北京今天有雾霾" 是合乎实际情况的, "天津今天有雾霾" 也是合乎实际情况的, 所以当"今天" 被确定为 2017 年 11 月 6 日时, 这个合取判断就合乎实际. 与前面选言判断所不同的是这种情形下天津当天是否有雾霾的实际情况对这个合取判断是否合乎实际情况的判定同样起着决定性作用. 如果今天是 2017 年 11 月 3 日, 那么"北京今天有雾霾" 是不合乎实际情况的, 所以整个联言判断就不合乎实际情况 (此种情形下"天津今天有雾霾" 是否合乎实际情况就不重要了).

对于一个联言判断而言, 合取词"并且" 怎样将该联言判断的真假归结到它的判断因素的真假之上的呢? 基本逻辑学规定如下的**合取词归结准则**:

只要其中之一的合取因素为假便视整个联言判断为假; 如果所涉及的合取因素都为真判断, 那么整个联言判断则为真判断.

比较一下析取词归结准则和合取词归结准则, 应用否定词归结准则, 便可以理解为什么说析取词与合取词在判断过程中形成事实上的对偶.

2.2.4 蕴含判断

蕴含判断, 也称假言判断. 假言判断也是日常生活中经常遇见的一种判断形式.

蕴含判断语句结构

洞庭波涌连天雪，
长岛人歌动地诗.
《七律 · 答友人》— 毛泽东

“夫风生于地, 起于青苹之末.”青苹, 因为轻轻地漂浮在水面, 只要有风, 便会被风吹动; 而如果没有风, 也没有任何其他干扰, 那轻轻漂浮在水面上的青苹也就纹丝不动. 当湖面上的青苹开始移动的时候, 那一定是起风了; 只要一起风, 那湖面上的青苹一定会开始移动. 这两句判断所反映的是真实的事实. 所以, 这两句断言是真话. 成语“风起于青苹之末”则正是应用这样一个简单但真实的事实来说明见微知著的道理.

“无风不起浪”, “大风逐浪高”. 这同样是大自然教给我们的常识, 是先人们对一种自然现象 (风) 与另外一种自然现象 (浪) 之间关联的抽象总结. 如果颐和园昆明湖上波涛滚滚, 那么北京一定是在刮大风; 如果北京正在刮七八级西北风, 那么颐和园昆明湖一定波涛滚滚. “大风”是“湖水波涛”的因, “湖水波涛”是“大风”的果. 如果洞庭湖上波涛汹涌, 那一定是强风阵阵; 如果洞庭湖上强风阵阵, 那么洞庭湖上一定波浪滚滚. 如果你被一首诗歌所感动, 那一定是这首诗歌很感人并且在你心中产生了共鸣; 如果一首诗歌很感人并且在你心中产生了共鸣, 那么你一定会被这首诗歌所感动. 当然, 如果一首诗歌在你内心深处产生了共鸣, 那你一定被这首诗歌所感动, 因而这首诗歌也便是一首感人的诗歌, 因为它至少感动了一个人. “诗歌在内心深处产生共鸣”是“被感动”的因, “被感动”是“诗歌在内心深处产生共鸣”的果. 感人的诗歌未必感动每一个人; 就算一首诗歌再感人, 也只能感动那些在其内心深处产生共鸣的人. 如果一首诗歌不能在一个人的内心深处产生共鸣, 那么这首诗歌便不会感动这个人.

“无云的天空不降雨”, 这是大自然教给我们的常识, 是先人们对一种自然现象 (雨) 与另外一种自然现象 (云) 之间关联的抽象总结. 如果天上无云, 那么不会下雨. 这是一句真话. “天上无云”蕴含着“不会下雨”; “天上无云”是一个条件, “不会下雨”是一个结论. “天上无云”是因, “不会下雨”是果. “倘若天上无云, 则不会下雨”这句真话所揭示的便是两种自然现象之间发生**因果关联**. “天上无云”是“不会下雨”的充分条件; “不会下雨”是“天上无云”的必要条件. 换句话说, “有雨必有云”, 如果天上在下雨, 那么那片下雨的天空中一定有雨云. 如果有雨, 那么有云. “有云”是“有雨”的必要条件, 但不是充分条件. “头顶上有一片云”, 这头顶上的一片云未必一定是雨云, 可以是一朵白云, 而白云不是雨云, 不会降下雨来. “有雨云”才是“有雨”的充分必要条件.

“冰冻三尺非一日之寒”. 如果颐和园昆明湖已经结冰三尺, 那一定不是因为昨夜突然降温, 也不会明天就寒意消尽. 如果事物发生实质性变化, 那么相应的花费足够时间的过程必不可少. 这“花费足够时间的相应的过程”就是那“事物发生实质性变化”的必要条件.

蕴含判断常常在决策过程中必不可少. 面对一种局面, 有可能出现不同的多种情形, 人们需要根据不同的情形制定不同的应对措施、采用不同的策略或者应对手段. 比如, 民间慧语“兵来将挡, 水来土掩”, 就是说的这个道理. 又比如, 郭兰英主唱的电影《上甘岭》主题歌中有一句“朋友来了有好酒; 若是那豺狼来了, 迎接它的有猎枪”. 这句歌词就将局面分成两种情形, 一种是朋友到访, 一种是豺狼逼近 (比喻有入侵之敌). 将这句歌词用蕴含判断表述出来, 便是“如果有朋友到访, 自然会用美酒招待; 如果有敌人来犯, 自然严阵以待全民抗战直至胜利”.

又比如, 有一个截断了长江控制着长江水流的长江三峡大坝, 大坝上有一个控制轮船来来往往的闸门系统, 这个闸门系统简单地说由可以控制升降的东西两扇大门, 这两扇大门之间有一个足够大可以装下几艘大船的水池. 西门在上游, 落下关起来时, 隔断上游的流水; 升起打开时, 放江水入池. 东门在下游, 落下关起来时, 隔断池中水下泄; 升起打开时, 放池中水下泄. 整个闸门控制系统按照下面简化了 (显然不是优化了的) 的分情形处理指令操作运行: 默认状态为降落西闸门, 升起打开东闸门, 此为闸门系统等待状态; 如果上游来船需要路过此大坝, 那么降落关闭东闸门, 并缓缓升起西闸门; 当闸门之间的水池的水位平稳与上游水位持平时, 容许来船缓缓进入水池; 待来船稳稳进入水池之中时, 降落关闭西闸门; 在完全关闭西大门之后, 缓缓开启东大门放池中水下泄, 待来船随池中水缓缓落至下游水位时, 完全开放东闸门, 令来船完全通过水池; 然后闸门系统进入等待状态. 如果下游来船需要路过此大坝, 那么令来船缓缓进入水池, 待来船完全进入水池后, 降落关闭东闸门, 并缓缓升起西闸门; 当闸门之间的水池的水位平稳与上游水位持平时, 敞开西闸门, 容许来船缓缓通过水池; 一旦来船完全通过水池, 降落关闭西闸门; 在完全关闭西闸门之后, 开启东闸门放池中水下泄, 然后闸门系统进入等待状态.

再比如, 前面我们提到的手机中的微信应用程序, 在微信使用中, 人们可以选择通信交流的对象, 可以用语音留言, 可以用电话直接交流, 可以用文字交谈, 可以定向传递照片, 可以设置供自己的朋友欣赏的资料馆, 可以用视频即时交流, 可以定向分发红包, 可以支付网购或者现场购物的货款, 等等. 为什么可以这样呢? 微信程序就是将人们需要的服务分成若干个彼此独立的功能模块, 并用一个分情形处理判断控制器来管理这些彼此独立的功能模块. 这个分情形处理判断控制器就是由一系列并行着的彼此独立彼此排斥的前提判断以及 (当前提判断为真时) 发出调入完成功能任务的子程序进入执行系统指令的结论判断的蕴含判断所组成. 每一个功能模块都对应一个激发启动开关. 微信程序自动处于默认空置等待状态, 等待用户发出应用指令. 用户则通过手机的指头触摸激发启动开关, 一旦触摸信号被接收, 微信程序中相应的分情形判断中的唯一的功能执行前提判断就被设置为真状态. 与此真前提判断相应的调入指令 (该蕴含判断中的结论判断) 便会被送到中央处理器解释执行, 由此真前提判断所确定的功能子程序便被调入手机中心系统开始执行早已设置好的算法来为用户服务. 一旦用户要求的服务完成, 微信程序便自动返回默认等待状态, 等待用户新的服务指令. 当然, 任何一个可以在计算机或者手机上执行的非平凡的算法, 事实上都不可避免地使用各种各样的蕴含判断.

蕴含判断真假确定

怎样确定蕴含表达式的真与假才算得上是正确的呢?

首先, 在基本逻辑学里, 一个蕴含判断是合乎实际情况的充分必要条件为, 或者它的前提不符合实际情况, 或者它的结论符合实际情况; 换言之, 一个蕴含判断不合乎实际情况的充分必要条件为它的前提符合实际情况但它的结论不符合实际情况.

在计算机逻辑线路之中, 蕴含门是经过一道逻辑非门和一道或门组合实现的; 这道组合门有两条信号输入线路, 其中的一条线路直接接入或门, 另外一条先接入非门, 再将非门的输出线路接入或门的另一个输入端口, 这个或门的输出线路则为该组合门的输出线路; 输入非门的信号为前提信号, 直接输入或门的信号为结论信号, 经或门输出的信号为蕴含门的输出信号. 当且仅当前提信号为 1 结论信号为 0 时蕴含门的输出信号为 0 (参见第 66 页蕴含门示意图 (图 2.4)).

在基本逻辑学里, 一个蕴含表达式的真假确定遵守下述**蕴含词归结准则**:

一个蕴含判断为一个假判断的充分必要条件是该蕴含判断的前提判断为一个真判断但是该判断的结论判断为一个假判断. 换句话说, 一个蕴含判断为一个真判断的充分必要条件是, 或者该蕴含判断的结论判断为一个真判断, 或者该蕴含判断的前提判断为一个假判断.

比如说, 此时此刻, 你置身旷野, 头顶苍穹, 实际情况是蔚蓝的天空万里无云艳阳高照. 那么, 蕴含判断"如果有雨, 那么有云"就是一个合乎实际情况的判断. 因为实际情况是天晴无雨, 蕴含判断的前提不符合实际情况, 所以整个蕴含判断就合乎实际情况 (尽管该蕴含表达式的结论也不符合实际情况). 因而, 此时此刻此地, "如果有雨, 那么有云"就是一个真判断. 同样的情况之下, 蕴含判断"如果有雨, 那么无云"也是一个合乎实际情况的判断. 因为, 这个判断的前提不符合实际情况, 这个判断的结论符合实际情况, 所以, 此时此刻此地, 这个判断就是一个符合实际情况的判断, 也因此是一个真判断.

再比如说, 此时此刻, 你置身旷野, 头顶苍穹, 实际情况是乌云密布电闪雷鸣暴雨倾盆. 那么, 蕴含判断"如果有雨, 那么有云"就是一个合乎实际情况的判断. 因为, 这个判断的前提符合实际情况, 这个判断的结论也符合实际情况, 所以, 这个判断就是一个符合实际情况的判断, 也因此是一个真判断. 同样的情况之下, 蕴含判断"如果有雨, 那么无云"就是一个不合乎实际情况的判断. 因为, 此时此刻此地, 暴雨倾盆, 空中乌云密布, 这个判断的前提符合实际情况, 而这个判断的结论不符合实际情况, 所以, 这个判断就是一个不符合实际情况的判断, 也因此就是一个假判断.

无论环境如何, "如果有雨, 那么有云"总是一个真判断; 如果实际情况是无雨的环境, 那么在此无雨的环境下, "如果有雨, 那么无云"是一个真判断; 如果实际情况是无云的环境, 那么在此环境下, "如果有雨, 那么无云"也是一个真判断; 如果实际情况是在下雨, 那么在此下雨的环境下, "如果有雨, 那么无云"就是一个假判断.

尽管"如果有雨, 那么有云"与"如果无云, 那么无雨"这两句话看起来大不相同, 但它们实际上是**逻辑等价**的两种说法. 这是因为"无云"是对"有云"的否定, "无雨"是对"有雨"的否定. 在对蕴含表达式"如果有雨, 那么有云"中的前提判断和结论判断都使用否定词之后, 颠倒原来的前提和结论的顺序, 采用截然相反的顺序, 将原来结论的否定判断作为新的前提, 将原来前提的否定作为新的结论, 再构成一个新的蕴含表达式"如果无云, 那么无雨", 于是得到**原命题**的**逆否命题**. 也就是说, "如果无云, 那么无雨"是"如果有雨, 那么有云"的逆否命题. 将一个蕴含判断中的前提与结论对调, 我们便得到该原命题的**逆命题**. 比如, "如果有云, 那么有雨"就是"如果有雨, 那么有云"的逆命题.

就蕴含表达式而言, 之所以说逆否命题和原命题是逻辑等价的, 完全是因为按照蕴含表达式的真与假的正确的确定方式, 无论关于前提和结论的真假确定的结果如何, 逆否命题的真假都和原命题的真假完全一样.

如此, "如果有雨, 那么有云"也就有了另外一种逻辑等价的说法: "如果并非无雨, 那么并非无云". 这是因为"并非无雨"是"有雨"的否定之否定, "并非无雨"与"有雨"是逻辑等价判断; "并非无云"是"有云"的否定之否定, "并非无云"与"有云"是逻辑等价判断. 这样一来, "如果并非无雨, 那么并非无云"便是"如果无云, 那么无雨"的逆否命题; "如果有雨, 那么有云"则逻辑等价于"如果无云, 那么无雨"的逆否命题.

2.2.5 对等判断

对等判断是一种将两种判断因素**对等关联**起来的判断, 是一种由蕴含判断与它的逆命题所组成的联言判断 (参见第 67 页对等门示意图 (图 2.5)).

比如, "北京今天有雾霾当且仅当天津今天有雾霾"就是一个对等判断. 这个对等判断也可以等价地表述为: " '如果北京今天有雾霾, 那么天津今天有雾霾', 并且, '如果天津今天有雾霾, 那么北京今天有雾霾' ".

对等判断的例子在前面我们解释"充分必要条件"和"当且仅当"这些词汇时已经见到. 这一类判断在数学中经常见到, 因为对等判断实际上是揭示事物内在种种特征的判断. 在对等判断语句中, 比较典型的**对等关联词**有“当且仅当”、“充分必要条件”.

一个对等判断是合乎实际的当且仅当它的两个相互对等关联的判断因素, 或者同为合乎实际情况, 或者都不符合实际情况. 一个对等判断是不合乎实际的当且仅当它的两个相互对等关联的判断因素中有一个合乎实际情况而另外一个则不符合实际情况.

对于对等判断, 基本逻辑学所规定**对等关联词归结准则**为:

如果对等判断中的两个判断因素之一为真而另外一个为假, 则该对等判断为假; 否则, 如果两个判断因素或者同为真或者同为假, 那么该对等判断为真.

2.3 真假表示与计算

2.3.1 真假值代数

在前面讨论分别由五种逻辑联结词所给出的五种逻辑判断时, 我们自然而然地涉及真与假, 因为实际上任何逻辑判断的最高形式, 也是最简单形式, 就是真假判断. 五种逻辑联结词归根结底是将逻辑判断归结到关于真和假的计算. 这是从古希腊亚里士多德的形式逻辑到布尔逻辑的飞跃. 这也正是在布尔之后逻辑之所以有如此广泛和强大应用的关键所在. 现在就让我们来专注地探讨最简单也是最基本的真假计算问题.

我们**约定**[5]: 用数值 1 来表示**真**; 用数值 0 来表示**假**.

在这个约定下, 我们来规定两套不同的但是对等的数值计算法则, (A) 与 (B).

规定 (A) $0 \neq 1$, $1 \not< 0$, $0 < 1$, 这样, 我们可以比较它们的大小, 并且可以在它们之间定义出三个数值**计算法则** (这些法则又被称为函数): 求差距、求较小者与求较大者. 这三个数值计算法则具体规定如下.

(A1) (求差距) 设 x 为或者取值为 0 或者取值为 1 的一个**变量**. 那么差距 $1-x$ 的计算由差距计算表 (表 2.1) 确定.

表 2.1 差距计算表

x	$1-x$
1	0
0	1

也就是说, 1 与 1 的差距为 0: $1-1=0$; 0 与 1 的差距为 1: $1-0=1$. 我们还

5 对于基本逻辑学而言, 这种约定并不具有任何特别的实质性作用. 只要遵守这里陈述的规则, 这种约定可以被任何其他约定所取代.

可以换一种说法: 如果变量 x 取值为 1, 那么它与 1 的差距就是 0; 如果变量 x 的取值为 0, 那么它与 1 的差距就是 1.

(A2) (求较小者) 设 x 和 y 分别为或者取值为 0 或者取值为 1 的两个独立**变量**. 那么它们中的较小者 $\min(x,y)$ 的计算由较小者计算表 (表 2.2) 确定.

表 2.2　较小者计算表

min	0	1
0	0	0
1	0	1

其中, 第一列中的数值为变量 x 分别所取; 第一行中的数值为变量 y 分别所取; 从第二行第二列的位置开始的四个值分别为 $\min(x,y)$ 的取值, 即

$$\min(0,0)=\min(0,1)=\min(1,0)=0, \quad \min(1,1)=1.$$

(A3) (求较大者) 设 x 和 y 分别为或者取值为 0 或者取值为 1 的两个独立**变量**. 那么它们中的较大者 $\max(x,y)$ 的计算由较大者计算表 (表 2.3) 确定.

表 2.3　较大者计算表

max	0	1
0	0	1
1	1	1

其中, 第一列中的数值为变量 x 分别所取; 第一行中的数值为变量 y 分别所取; 从第二行第二列的位置开始的四个值分别为 $\max(x,y)$ 的取值, 即

$$\max(0,0)=0, \quad \max(0,1)=\max(1,0)=\max(1,1)=1.$$

规定 (B)　$0\neq 1$, 在 0 和 1 这两个数值上我们规定三种数值计算法则: 置反、加法、乘法. 这三个数值计算法则具体规定如下.

(B1) (置反) 设 x 为或者取值为 0 或者取值为 1 的一个**变量**. 那么 x 的**置反** $\bar{x}$ 的计算由置反计算表 (表 2.4) 确定.

表 2.4　置反计算表

x	$\bar{x}$
1	0
0	1

这个表为我们提供这样的信息: 第一列的顶端为自变量 x, 不妨称自变量 x 为置反函数的输入变量, 它的下面是它的两个可能的取值; 第二列的顶端是因变量 $\bar{x}$, 是置反函数计算出来的结果, 不妨称因变量 $\bar{x}$ 为置反函数的输出变量, 它的下面是它的两个可能的取值. 各自对应着其左边的输入值: 当输入为 1 时, 置反函数的输出值为 0; 当输入为 0 时, 置反函数的输出值为 1. 用等式来写, 也就是说, $\bar{1}=0$, $\bar{0}=1$. 换句话说, 数值 0 和 1 是彼此的置反. 再换一种说法: 如果变量 x 取值为 1, 那么它的置反 $\bar{x}$ 就取值为 0; 如果变量 x 取值为 0, 那么它的置反 $\bar{x}$ 就取值为 1.

(B2) (乘法) 设 x 和 y 分别为或者取值为 0 或者取值为 1 的两个独立**变量**. 那么它们的**积** $x\odot y$ 的计算由乘法计算表 (表 2.5) 确定.

表 2.5 乘法计算表

$\odot$	0	1
0	0	0
1	0	1

其中, 第一列中的数值为变量 x 分别所取; 第一行中的数值为变量 y 分别所取; 从第二行第二列的位置开始的四个值分别为 $x\odot y$ 的取值. 这个表类似于我们小时候见过的九九乘法表, 而且是刚开始的那一部分. 用输入和输出的形式来造表, 有下面的表 (表 2.6).

表 2.6 乘法计算表 (二)

x	y	$x\odot y$
0	0	0
0	1	0
1	0	0
1	1	1

其中, 前两列是自变量 x 和 y 的独立取值的四种可能的组合; 第三列则是相应的函数取值. 用等式来写就有下面的等式:

$$0\odot 0=0\odot 1=1\odot 0=0;\quad 1\odot 1=1.$$

(B3) (加法) 设 x 和 y 分别为或者取值为 0 或者取值为 1 的两个独立**变量**. 那么它们的**和** $x\oplus y$ 的计算由加法计算表 (表 2.7) 确定.

其中, 第一列中的数值为变量 x 分别所取; 第一行中的数值为变量 y 分别所取; 从第二行第二列的位置开始的四个值分别为 $x\oplus y$ 的取值. 用输入和输出的形式来造表, 有下面的表 (表 2.8).

表 2.7 加法计算表

$\oplus$	0	1
0	0	1
1	1	1

表 2.8 加法计算表 (二)

x	y	$x \oplus y$
0	0	0
0	1	1
1	0	1
1	1	1

其中, 前两列是自变量 x 和 y 的独立取值的四种可能的组合; 第三列则是相应的函数取值. 用等式来写就有下面的等式:

$$0 \oplus 0 = 0; \quad 0 \oplus 1 = 1 \oplus 0 = 1 \oplus 1 = 1.$$

前面我们曾经说过两套计算法则是对等的. 事实上, 读者或许已经注意到我们这么说的理由. 比如说, 对照表 2.1 与表 2.4, 可见差距计算与置反计算完全相同. 无论变量 x 在 0 和 1 中取什么值, 都一定有下面的等式:

$$1 - x = \bar{x}.$$

对照表 2.2 与表 2.5, 可见求较小者与乘法运算完全相同. 无论变量 x 和 y 分别独立地在 0 和 1 中取什么值, 都一定有下面的等式:

$$\min(x, y) = x \odot y.$$

对照表 2.3 与表 2.7, 可见求较大者与加法运算完全相同. 无论变量 x 和 y 分别独立地在 0 和 1 中取什么值, 都一定有下面的等式:

$$\max(x, y) = x \oplus y.$$

在 0 和 1 之间, 除了上述三种运算之外, 我们还可以引入另外两种运算: 反和与等积.

(B4) (反和) 设 x 和 y 分别为或者取值为 0 或者取值为 1 的两个独立**变量**. 那么它们的**反和** $x \mp y$ 的计算由反和计算表 (表 2.9) 确定.

其中, 第一列中的数值为变量 x 分别所取; 第一行中的数值为变量 y 分别所取; 从第二行第二列的位置开始的四个值分别为 $x \mp y$ 的取值. 用输入和输出的形式来造表, 有下面的表 (表 2.10).

表 2.9 反和计算表

$\mp$	0	1
0	1	1
1	0	1

表 2.10 反和计算表 (二)

x	y	$x \mp y$
0	0	1
0	1	1
1	0	0
1	1	1

其中, 前两列是自变量 x 和 y 的独立取值的四种可能的组合; 第三列则是相应的函数取值. 用等式来写有下面的等式:

$$0 \mp 0 = 1 = 0 \mp 1 = 1 \mp 1 = 1; \quad 1 \mp 0 = 0.$$

换一种说法 (**断言一**), 即无论 x 和 y 分别独立地在 0 和 1 中取什么值, 都一定有下面的等式:

$$x \mp y = \bar{x} \oplus y.$$

为什么这样说呢? 下面的反和等式穷举表 (第 61 页中的表 2.11) 清晰地表明这一点. 这是一个输入输出对照表. 前两列为自变量 x 和 y 的四种可能的输入取值. 后三列则分别为三个函数 (姑且称之为项) 相应的输出取值. 表中的第一行的每一个小格都是一个项; 对应于这个项的列中的每一个格都是该项相对于所在行的变量 x 和 y 的取值的组合所计算出来的值.

表 2.11 反和等式穷举表

x	y	$\bar{x}$	$x \mp y$	$\bar{x} \oplus y$
0	0	1	1	1
0	1	1	1	1
1	0	0	0	0
1	1	0	1	1

这个表穷举了四种可能的输入组合条件下的项 $x \mp y$ 与项 $\bar{x} \oplus y$ 的各自的输出取值. 表的右边的两列中的数值完全相同. 这就是上面断言一的结论.

(B5) (同与) 设 x 和 y 分别为或者取值为 0 或者取值为 1 的两个独立**变量**. 那么它们的**同与** $x \otimes y$ 的计算由同与计算表 (第 62 页中的表 2.12) 确定.

表 2.12　同与计算表

$\otimes$	0	1
0	1	0
1	0	1

其中, 第一列中的数值为变量 x 分别所取; 第一行中的数值为变量 y 分别所取; 从第二行第二列的位置开始的四个值分别为 $x\otimes y$ 的取值. 用输入和输出的形式来造表, 有下面的表 (表 2.13).

表 2.13　同与计算表 (二)

x	y	$x\otimes y$
0	0	1
0	1	0
1	0	0
1	1	1

其中, 前两列是自变量 x 和 y 的独立取值的四种可能的组合; 第三列则是相应的函数取值. 用等式来写就有下面的等式:

$$0\otimes 0=1=1\otimes 1;\quad 0\otimes 1=0=1\otimes 0.$$

换一种说法: 无论 x 和 y 分别独立地在 0 和 1 中取什么值, 如果它们相等, 那么它们的同与为 1; 如果它们不相等, 那么它们的同与为 0. 我们还可以再换一种说法 (**断言二**), 即无论 x 和 y 分别独立地在 0 和 1 中取什么值, 都一定有下面的等式:

$$x\otimes y=(x\mp y)\odot(y\mp x)=(\bar{x}\oplus y)\odot(x\oplus\bar{y}).$$

为什么这样说呢? 下面的同与等式穷举表 (第 63 页中的表 2.14) 明确地表明这一点. 注意, 同与等式穷举表类似于反和等式穷举表. 变量 x 和 y 在 0 和 1 中独立取值的组合一共有四种可能性, 因此表中有四行对应着所有可能的独立取值组合. 表中的第一行的每一个小格都是一个项; 对应于这个项的列中的每一个格都是该项相对于所在行的变量 x 和 y 的取值的组合所计算出来的值.

这个表穷举了四种可能的输入组合条件下的项 $x\otimes y$ 与项 $(\bar{x}\oplus y)\odot(x\oplus\bar{y})$ 的各自的输出取值. 表的右边的两列中的数值完全相同. 这就是上面断言二的结论.

(B6) (异或) 设 x 和 y 分别为或者取值为 0 或者取值为 1 的两个独立**变量**. 那么它们的**异或** $x\uplus y$ 的计算由异或计算表 (第 63 页中的表 2.15) 确定.

其中, 第一列中的数值为变量 x 分别所取; 第一行中的数值为变量 y 分别所取; 从第二行第二列的位置开始的四个值分别为 $x \uplus y$ 的取值. 用输入和输出的形式来造表, 有第 63 页中的表 2.16.

表 2.14 同与等式穷举表

x	y	$\bar{x}$	$\bar{y}$	$\bar{x} \oplus y$	$x \oplus \bar{y}$	$(\bar{x} \oplus y) \odot (x \oplus \bar{y})$	$x \otimes y$
0	0	1	1	1	1	1	1
0	1	1	0	1	0	0	0
1	0	0	1	0	1	0	0
1	1	0	0	1	1	1	1

表 2.15 异或计算表

$\uplus$	0	1
0	0	1
1	1	0

表 2.16 异或计算表 (二)

x	y	$x \uplus y$
0	0	0
0	1	1
1	0	1
1	1	0

其中, 前两列是自变量 x 和 y 的独立取值的四种可能的组合; 第三列则是相应的函数取值. 用等式来写就有下面的等式:

$$0 \uplus 0 = 0 = 1 \uplus 1; \quad 0 \uplus 1 = 1 = 1 \uplus 0.$$

换一种说法: 无论 x 和 y 分别独立地在 0 和 1 中取什么值, 如果它们不相等, 那么它们的异或为 1; 如果它们相等, 那么它们的异或为 0. 我们还可以再换一种说法 (**断言三**), 即无论 x 和 y 分别独立地在 0 和 1 中取什么值, 都一定有下面的等式:

$$x \uplus y = (\bar{x} \odot y) \oplus (x \odot \bar{y}) .$$

为什么这样说呢? 下面的异或等式穷举表 (第 64 页中的表 2.17) 明确地表明这一点. 注意, 异或等式穷举表类似于同与等式穷举表. 变量 x 和 y 在 0 和 1 中独立取值的组合一共有四种可能性, 因此表中有四行对应着所有可能的独立取值组合. 表中的第一行的每一个小格都是一个项; 对应于这个项的列中的每一个格都是该项相对于所在行的变量 x 和 y 的取值的组合所计算出来的值.

表 2.17　异或等式穷举表

x	y	$\bar{x}$	$\bar{y}$	$\bar{x}\odot y$	$x\odot\bar{y}$	$(\bar{x}\odot y)\oplus(x\odot\bar{y})$	$x\uplus y$
0	0	1	1	0	0	0	0
0	1	1	0	1	0	1	1
1	0	0	1	0	1	1	1
1	1	0	0	0	0	0	0

这个表穷举了四种可能的输入组合条件下的项 $x\uplus y$ 与项 $(\bar{x}\odot y)\oplus(x\odot\bar{y})$ 的各自的输出取值. 表的右边的两列中的数值完全相同. 这就是上面断言三的结论.

思考题 2.1(思考题)　本小节定义的置反计算表 (表 2.4)、乘法计算表 (表 2.5)、加法计算表 (表 2.7)、反和计算表 (表 2.9) 以及同与计算表 (表 2.12) 与前面几个小节中讨论的五种判断的真假确定规则具有什么样的关联?

思考题 2.2　应用本小节定义的置反计算表 (表 2.4)、乘法计算表 (表 2.5) 以及加法计算表 (表 2.7), 用建立等式穷举的方式, 来验证后面的结论: 设自变量 x,y,z 分别独立地在 0 和 1 中取值. 那么无论它们独立地在 0 和 1 中取何值, 下列等式都一定成立:

(1) (交换律) $x\odot y=y\odot x$; $x\oplus y=y\oplus x$.

(2) (结合律) $(x\odot y)\odot z=x\odot(y\odot z)$; $(x\oplus y)\oplus z=x\oplus(y\oplus z)$.

(3) (分配律) $x\odot(y\oplus z)=(x\odot y)\oplus(x\odot z)$; $x\oplus(y\odot z)=(x\oplus y)\odot(x\oplus z)$.

(4) (幂等律) $x\odot(x\oplus y)=x$; $x\oplus(x\odot y)=x$.

(5) (互补律) $\bar{x}\oplus x=1$; $\bar{x}\odot x=0$; $\bar{\bar{x}}=x$; $x\odot 1=x$; $x\oplus 0=x$.

(6) (对偶律 [6]) $\overline{x\odot y}=\bar{x}\oplus\bar{y}$; $\overline{x\oplus y}=\bar{x}\odot\bar{y}$.

这些等式意味着什么?

思考题 2.3　应用本小节定义的置反计算表 (表 2.4)、乘法计算表 (表 2.5)、加法计算表 (表 2.7) 以及反和计算表 (表 2.9), 用建立等式穷举的方式, 来验证后面的结论: 设自变量 x,y 分别独立地在 0 和 1 中取值. 那么无论它们独立地在 0 和 1 中取何值, 下列等式都一定成立:

(1) $x\oplus y=\overline{\bar{x}\odot\bar{y}}$;

(2) $x\odot y=\overline{\bar{x}\oplus\bar{y}}$;

(3) $x\oplus y=\bar{x}\mp y$.

这些等式意味着什么?

思考题 2.4　应用本小节定义的置反计算表 (表 2.4)、乘法计算表 (表 2.5)、加法计算表 (表 2.7) 以及同与计算表 (表 2.12), 用建立等式穷举的方式, 来验证后面的结论: 设自变量 x,y 分别独立地在 0 和 1 中取值. 那么无论它们独立地在 0 和 1

6 对偶律又被称为德摩根 (De Morgan) 律.

中取何值, 下列等式都一定成立:

$$x \otimes y = (\bar{x} \odot \bar{y}) \oplus (x \odot y).$$

思考题 2.5 应用本小节定义的置反计算表 (表 2.4)、乘法计算表 (表 2.5)、加法计算表 (表 2.7)、异或计算表 (表 2.15) 以及同与计算表 (表 2.12), 用建立等式穷举的方式, 来验证后面的结论: 设自变量 x, y 分别独立地在 0 和 1 中取值. 那么无论它们独立地在 0 和 1 中取何值, 下列等式都一定成立:

$$x \uplus y = (\bar{x} \oplus \bar{y}) \odot (x \oplus y),$$

以及 $x \uplus y = \overline{x \otimes y}$.

需要明确指出的是, 在真假值之间引入置反运算、乘法运算以及加法运算正是布尔的想法 (详情请见 2.6 节的历史注记). 毫无疑问, 将观念中的真与假转化成合适的代数对象, 并在这种代数对象之间定义与逻辑联结词完全相合的代数运算以及提炼出这些运算的与逻辑联结词基本特性相合的代数基本等式规律 (见思考题 2.2), 从而为实现对逻辑的精确分析奠定了坚实的基础, 也为后来的逻辑的应用奠定了坚实的理论基础, 这是布尔的了不起的贡献.

2.3.2 抽象逻辑门

前面我们讨论了定义在数值 0 和 1 之上的六种 (逻辑) 代数运算: 单项输入的置反运算、双项输入的乘法运算、加法运算、反和运算、同与运算以及异或运算. 现在来讨论一下这些基本运算是怎样成为现代计算机 (手机) 完成各种满足我们需求的实际工作的理论基础的. 在这里我们仅仅讨论这些代数运算被实现的数学结构原理以及物理实现方式. 后面我们还将系统地讨论在这些实现的基础上的计算机系统工作原理. 但这里的内容是后面建筑的基石.

五种逻辑门示意图

下面是计算机逻辑线路中的五种逻辑门的数学结构示意图.

(1) 计算机逻辑线路非门示意图. 图 2.1 中的三角形为非门物理器件, 符号 $\neg$ 表示取非操作; 左边带箭头的线段为输入通道, i 为输入信号, 取值为 0 或者 1; 右边带箭头的线段为输出通道, $1-i$ 为输出信号, 取值恰好为 1 与输入信号值 i 的算术差.

(2) 计算机逻辑线路或门示意图. 图 2.2 中的三角形为或门物理器件, 符号 $\vee$ 表示析取操作; 左边带箭头的线段为输入通道, i_1, i_2 为输入信号, 取值为 0 或者 1; 右边带箭头的线段为输出通道, $\max(i_1, i_2)$ 为输出信号, 取值恰好为输入信号值 i_1, i_2 中的最大值.

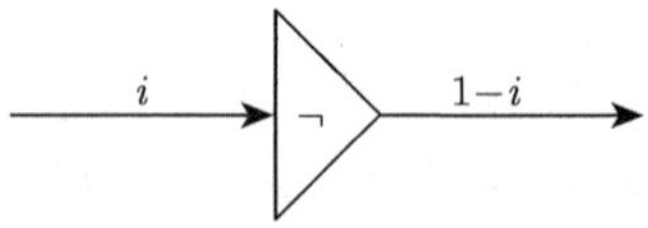

图 2.1　非门示意图

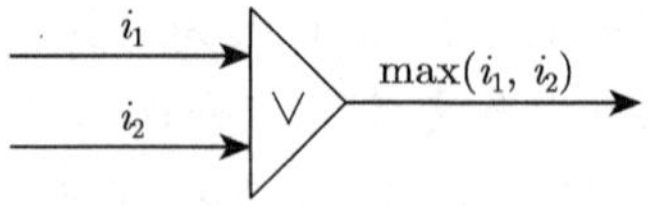

图 2.2　或门示意图

(3) 计算机逻辑线路与门示意图. 第 66 页中的图 2.3 中的三角形为与门物理器件, 符号 ∧ 表示合取操作; 左边带箭头的线段为输入通道, i_1, i_2 为输入信号, 取值为 0 或者 1; 右边带箭头的线段为输出通道, $\min(i_1, i_2)$ 为输出信号, 取值恰好为输入信号值 i_1, i_2 中的最小值.

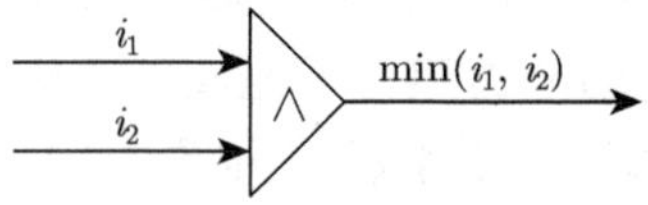

图 2.3　与门示意图

(4) 计算机逻辑线路蕴含门示意图. 第 66 页中的图 2.4 是一个由非门和或门组合起来的逻辑门.

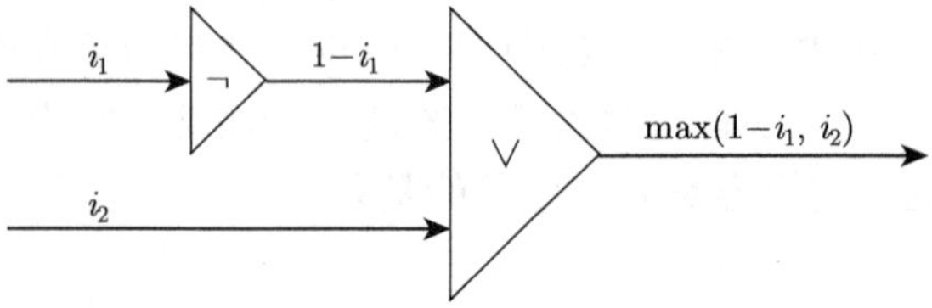

图 2.4　蕴含门示意图

(5) 计算机逻辑线路对等门示意图. 第 67 页中的图 2.5 是一个由两个蕴含门以及一个与门组合起来的逻辑门.

思考题 2.6　*以穷举输入的方式验证下述断言:*

(1) 非门 (图 2.1) 实现置反计算表 (表 2.4);

(2) 或门 (图 2.2) 实现加法计算表 (表 2.7);

(3) 与门 (图 2.3) 实现乘法计算表 (表 2.5);

(4) 蕴含门 (图 2.4) 实现反和计算表 (表 2.9);

(5) 对等门 (图 2.5) 实现同与计算表 (表 2.12).

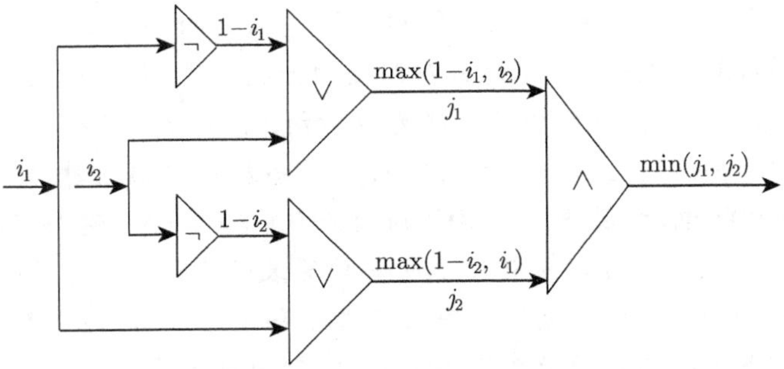

图 2.5 对等门示意图

思考题 2.7 试将与门表示成非门和或门的组合; 将或门表示成非门和与门的组合.

思考题 2.8 利用已有的非门 (图 2.1)、或门 (图 2.2)、与门 (图 2.3) 以及思考题 2.6 中的结论, 试根据思考题 2.4 的等式设计一个新的对等门来实现同与计算表 (表 2.12); 试根据断言三的等式以及思考题 2.5 的等式分别设计一个异或门来实现异或计算表 (表 2.15).

2.3.3 电子逻辑门

由前面的三个断言以及思考题, 我们看到了事实上这些逻辑代数运算中, 在置反运算和乘法运算 (或者置反和加法, 或者置反和反和) 的基础上, 其他四种运算都可以经过这两种运算的迭代复合定义出来. 因此, 我们只需要讨论非门和与门的物理实现. 需要提醒读者注意的是我们不在这里讨论任何固体物理的原理与特性, 也不准备过多解释所涉及的电子学名词, 因为这些完全超出了本书内容的范围. 有兴趣的读者可以通过互联网或者相应的电子学书籍或者计算机硬件结构书籍获得相应的解释. 我们在这里只是借用电子学中的名词来介绍逻辑运算的物理实现方式, 以期表明基础的逻辑学理论正在被实际用来有效地解决许许多多我们日常中的工作和生活问题.

首先, 数值 0 和 1 在物理上可以用两种物理状态来实现. 比如, 用开着的房间门来表示 0; 用关着的房间门来表示 1. 又比如, 用亮着的电灯表示 1; 用熄灭的电灯表示 0. 也可以根据实际需要来规定两种不同的状态来分别表示数值 0 和 1, 诚如下面的例子所展示的那样.

例 2.1 (双联开关) 比如, 一间很大的客厅有相距 6 米远的一个入户的东门和一个进入卧室的西门. 住户希望在东门处和西门处都有控制客厅房顶灯的开关而不至于每天为开或者关客厅房顶灯而来回跑到同一个门. 解决这一问题的办法是对客厅房顶灯安装一个如图 2.6 所示的双联开关 (一个开关系统). 当东西两个门处的开关处于同一种状态时, 客厅房顶灯就通电照明; 当东西两个门处的开关处于不同状态时, 客厅房顶灯就断电熄灭. 不妨称东门处的开关为 A, 称西门处的开关为 B; 又称图中平行的上下两条供电线中的上线为 0 号线, 下线为 1 号线. 当一个开关处于第 i 号线时, 称开关系统的这个开关的输入为 i; 当房顶灯通电时, 称开关系统的输出为 1; 当房顶灯断电时, 称开关系统的输出为 0. 这样一来, 这个双联开关系统就是一个对等门的实现, 或者说就是一个同与计算表的实现. 从图可以看到, 当东西门处的两个开关 A 和 B 各自联结不同的 0 号线和 1 号线时, 电源到房顶灯的电路是断开的; 只有当东西门处的两个开关 A 和 B 都同时联结同一根 0 号线或者 1 号线时, 电源到房顶灯的电路才是导通的. 对应于这两种条件以及每一种条件下的两种可能性, 就有四种可能性: 或者 (开关 A 处于 0 号线并且开关 B 也处于 0 号线); 或者 (开关 A 处于 1 号线并且开关 B 也处于 1 号线); 或者 (开关 A 处于 0 号线, 但是开关 B 处于 1 号线); 或者 (开关 A 处于 1 号线, 但是开关 B 处于 0 号线). 这四种组合涵盖了双联开关系统的所有可能的输入状态; 对应于前面两种组合, 即开关系统的两个输入信号相同, 或者为 00, 或者为 11, 此时开关系统的输出为 1; 对应于后面两种组合, 即开关系统的两个输入信号不同, 或者为 01, 或者为 10, 此时开关系统的输出为 0. 由此可见, 双联开关系统恰好实现逻辑对等门, 或者恰好实现同与计算表的计算.

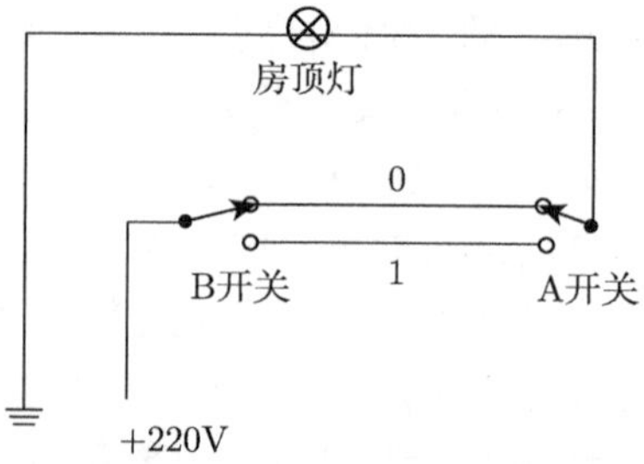

图 2.6　双联开关电路示意图

那么在计算机内部, 这两个数值是怎样表示的呢？一般来说, 计算机内部采用直流电数字线路配电. 因此计算机内部的电子器件的通电状态可分为处于高电势和处于低电势两种基本状态, 比如高电势为 +10V, 低电势为 (接地电势) 0V. 于是, 可用令物理器件处于高电势 (或者处于饱和) 状态来表示 1; 用令物理器件处于低电势 (或者处于截断) 状态来表示 0. 最早期的电子计算机是用真空管 (电子管) 的导电状态来表示 1, 而用真空管的截断状态来表示 0. 半导体器件出现后, 就用半导体二极管和半导体三极管以及电阻来实现逻辑门 (称之为**电阻–晶体管逻辑**). 从电子学我们知道半导体二极管是一种有着广泛用途的具有正负两极的二端无源非线性器件. 晶体管 (半导体三极管)(参见第 69 页中的图 2.7 中的 (b) 以及第 69 页中的图 2.8 中的 (b)) 则有三极: 基极、集电极以及发射集; 晶体管又根据端口电流方向特征分为两种: NPN 型 (当基极通电时, 电流由集电极流向发射极) 与 PNP 型 (当基极通电时, 电流由发射极流向集电极). 利用半导体二极管和半导体三极管以及电阻就可以构建实现逻辑计算的逻辑门.

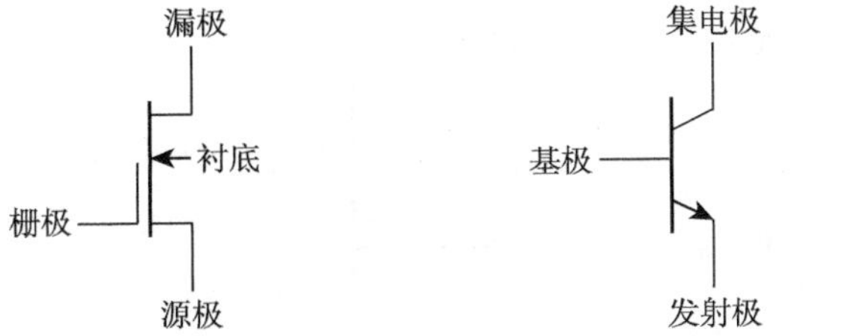

(a) N沟道绝缘栅型场效应管　　(b) NPN型晶体管

图 2.7　场效应管以及晶体管示意图一

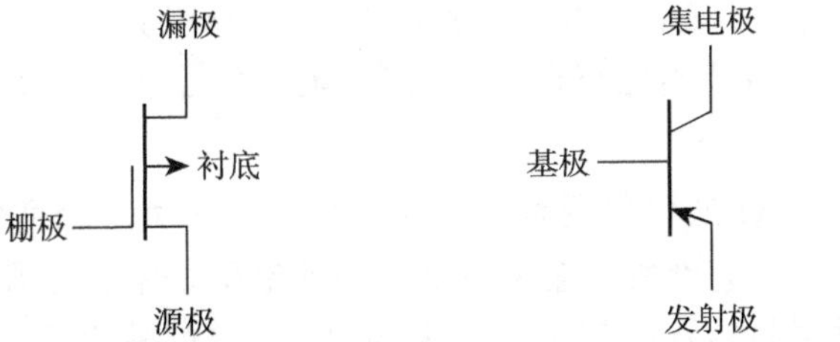

(a) P沟道绝缘栅型场效应管　　(b) PNP型晶体管

图 2.8　场效应管以及晶体管示意图二

比如, 将两个同型号的半导体二极管的负极分别作为输入端, 将它们的正极并联起来与一个电阻串联到电源电路上 (见第 70 页的电阻–二极管与门示意图 (图 2.9)), 那么由这两个二极管的正极组成的输出端就会输出两个输入数值的乘积, 从而这两个二极管与一个 (合适的) 电阻就构成一个与门. 这是因为由半导体二极管的固态物理学原理, 在正常环境下, 二极管是一个理想的单向导体. 如果二极管在电路中有一个 10 mA (毫安) 的电流从它的正极流向负极, 那么它的正极电势只比负极电势高大约 0.5V, 也就是说 “正向压降” 很小; 但是二极管的反向电流在反向击穿 (峰值) 电压以内则以纳安级输入导致二极管两极间的电压巨大变化. 因此, 在如图 2.9 所示的电路中, 当两个输入中的一个为 “低” (表示 0) 时, 输出就为 “低”; 只有当两个输入都为 “高” (表示 1) 时, 输出才为 “高”.

【注意】需要引起读者注意的是, 由于这不是一本电子学教科书, 示意图 (图 2.9) 中的具体电子学参数数值, 以及后面所有的电子学参数数值都只为满足说明需要而设置的, 并不一定具有任何实际电路意义. 换句话说, 示意图, 顾名思义, 只适

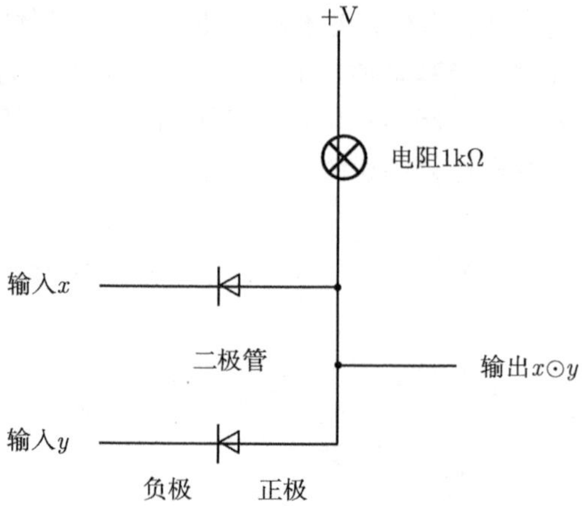

图 2.9　电阻–二极管与门

用于说明, 不是实际电路设计图. 因此建议读者千万不要按照这些示意图来建造实际电路, 以免发生意外; 否则, 本书作者将概不担负任何法律意义上的责任. 如果读者有意自己实践某种逻辑电路设计与制作, 建议读者事先认真读懂相关的电子学书籍.

又比如, 将一个 NPN 型的晶体管的基极接上一个大小合适的电阻之后作为输入端; 将集电极经过一个较输入端电阻小一些的电阻联结到电源之上; 将晶体管的发射极接地; 然后用晶体管的集电极作为输出端. 这样就得到一个电阻–晶体管逻辑的非门 (见第 72 页中的半导体逻辑非门示意图 (图 2.11) 中的 (b) 电阻–晶体管逻辑非门图). 这是因为当输入为“高”时, 基极电势升高, 基极–发射极间二极管处于正向导通, 基极电流流向发射极, 从而激发集电极电流以高倍于基极电流的数值流向发射极, 以至于集电极电势接近它所容许的低电势 (进入**饱和**状态), 因此输出端输出“低”; 而当输入端输入为“低”时, 基极电势降低, 基极–发射极间二极管处于截断状态, 从而集电极电势处于高电势 (处于**截断**状态), 因此输出端输出“高”. 这正是逻辑非门的功能. 如果将基极带同样输入电阻两个 NPN 型晶体管的集电极并联起来作为输出端联结到一个电阻–晶体管逻辑非门的输入端, 如第 71 页的图 2.10 所示, 那么就得到一个电阻–晶体管逻辑或门. 这是因为当它的两个输入中有高电势基极输入时 (至少有一个输入为“高”), 至少令一个晶体管导通, 从而使这两个输入晶体管的集电极并联输出端输出为“低”, 这个低信号又被输入到图 2.10 中右边的非门的输入端, 于是输出端输出“高”; 反之, 当它的两个输入中都只有低电势基极, 图 2.10 中左边的两个晶体管都处于截断状态, 从而它们的集电极并联输出就为“高”, 此“高”信号经过图 2.10 右边的非门置反, 输出就为“低”. 这正好实现逻辑或门的功能.

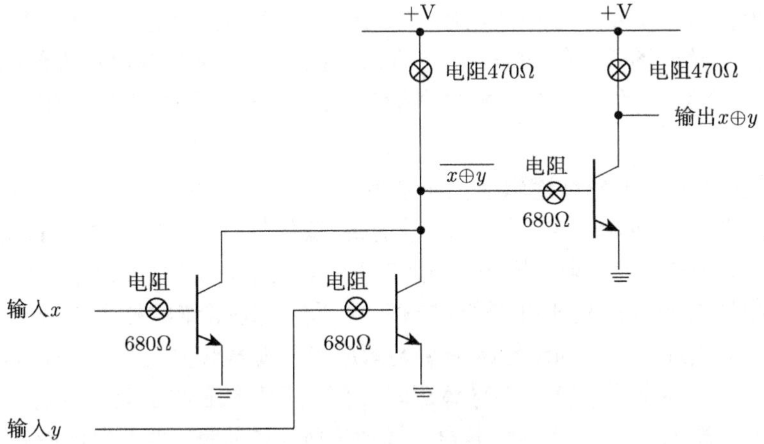

图 2.10 电阻–晶体管逻辑或门

这种电阻–晶体管逻辑电路在二十世纪六十年代非常流行. 现在这种逻辑门技术早已过时. 取而代之的是集成电路以及大规模集成电路. 现在我们就用普通晶体管之后的场效应管为例来说明非门以及与门的数值逻辑电路的实现.

简单来说, 场效应管 (参见第 69 页中的图 2.7 中的 (a) 以及第 69 页中的图 2.8 中的 (a)) 和普通晶体管在电子学上都被分类为**电荷控制器件**. 它们都有三个电极; 两个电极间的导电能力都由载流子 (电子或者空穴) 的浓度决定; 载流子的浓度则由加在另外一个电极上的电压控制. 以 NPN 晶体管为例, 集电极电势必须高于发射极电势; 基极–发射极和基极–集电极分别构成二极管电路; 通常基极–发射极间的二极管正向偏置, 处于导通状态; 基极–集电极间的二极管处于反向偏置, 结电流趋近于零. 因此, 晶体管能够以较小的基极电流来控制较大的集电极电流, 从而成为一种电流放大器. 场效应管则是由栅极电压所产生的电场来控制电流大小的器件. 场效应管工作时没有正向偏置的 PN 结, 所以栅极无电流. 依据载流子特点, 场效应管被分为两大类: 如果载流子为电子 (电子导电), 则称为 N **沟道** (这种场效应管对应于 NPN 型晶体管, 见第 69 页的示意图 (图 2.7) 中的 (a)); 如果载流子为空穴 (空穴导电), 则称为 P **沟道** (这种场效应管对应于 PNP 型晶体管, 见第 69 页中的图 2.8 中的 (a)). 以 N 沟道场效应管 (类似于 NPN 型晶体管) 为例, 当管子正常工作时, 漏极 (集电极) 电势高于源极 (发射极) 电势. 漏极与源极之间一般没有电流, 除非使栅极 (基极) 电势高于源极电势. 一旦栅极–源极正向偏置, 就会出现漏极到源极的电流. 场效应管中有一类特殊的场效应管: **金属–氧化物–半导体场效应管** (又称**绝缘栅型场效应管**). 在这种场效应管中, 栅极区域与导电沟道间通过一层生长在沟道上的非常薄的 SiO_2 层 (玻璃) 隔开, 从而实现栅极与漏–源沟道真正绝缘. 栅极可以是金属或掺杂质的硅. 栅极完全通过它的表面电场来影响沟道的导电特性. 整个场效应管就制造在一块硅片 (**衬底**) 上. 由于衬底与沟道形成 PN 结, 它必须接一个使该 PN 结不导通的电压. 衬底可以直接与源极相连; 对于 N 沟道的金属–氧化物–半导体场效应管而言, 它也可以接在电路中比源极电势更低的一点; 对于 P 沟道的金属–氧化物–半导体场效应管来说, 它也可以接在电路中比源极电势更高的一点.

如第 72 页中的半导体逻辑非门示意图 (图 2.11) 中的 (a) 图 —— 互补金属氧化物半导体非门图所示, 将一个 N 沟道金属–氧化物–半导体场效应管的漏极串联到一个 P 沟道金属–氧化物–半导体场效应管的源极, 并将串联端作为输出端; 将两个绝缘栅型场效应管的栅极并联组成输入端; 将 N 沟道绝缘栅型场效应管的源极以及衬底并联接地; 将 P 沟道绝缘栅型场效应管的漏极以及衬底并联接入电源. 这样就构成一个互补金属氧化物半导体逻辑非门. 其基本工作原理为: 当输入为“低”时, 下面的 N 沟道金属–氧化物–半导体场效应管 (晶体管) 由于接地而处于截断状态, 此时上面的 P 沟道金属–氧化物–半导体场效应管 (晶体管) 被接通, 从而将输出上拉至高电平, 由于下面的晶体管截断, 所以没有电流流动, 故输出为“高”; 当输入为“高”时, 下面的 N 沟道金属–氧化物–半导体场效应管 (晶体管) 被接通, 其输出陡峭地变化至地, 而此时上面的 P 沟道金属–氧化物–半导体场效应管 (晶体管) 处于截断状态, 因而没有电流流过, 故输出为“低”. 这种机制自然实现了逻辑非门的功能.

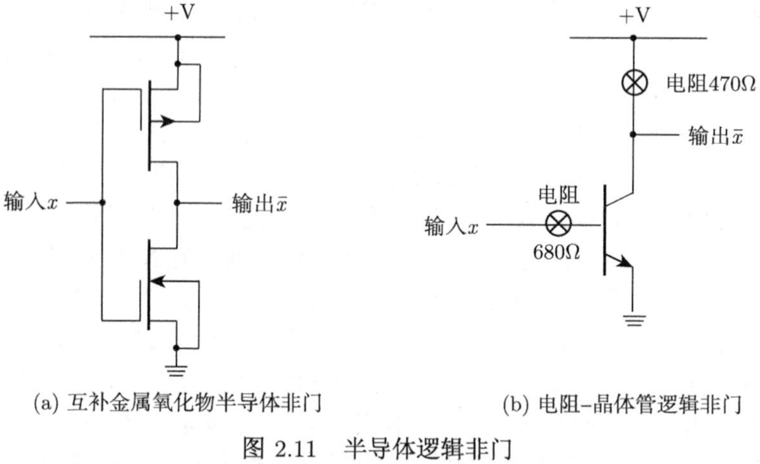

(a) 互补金属氧化物半导体非门　　　(b) 电阻–晶体管逻辑非门

图 2.11　半导体逻辑非门

据说, 如第 72 页中的半导体逻辑非门 (图 2.11) 中的 (a) 图所示的互补金属氧化物半导体逻辑非门是所有的互补金属氧化物半导体逻辑实现的基本结构, 正如下面的互补金属氧化物半导体逻辑与非门和与门所展示的那样. 我们现在来看看由 3 个 N 沟道金属–氧化物–半导体场效应管和 3 个 P 沟道金属–氧化物–半导体场效应管按照如下方式联结而成的逻辑电路: 如第 73 页中的图 2.12 所示, 将三个 P 沟道金属–氧化物–半导体场效应管 Q_4, Q_5, Q_6 的衬底与漏极并联到电源; 将图左边的两个 P 沟道金属–氧化物–半导体场效应管的源极并联到第二个 N 沟道金属–氧化物–半导体场效应管 Q_2 的漏极, 并以此作为第一级逻辑门 (与非门) 的输出端; 将 Q_2 的源极串联到第一个 N 沟道金属–氧化物–半导体场效应管 Q_1 的漏极; 将 Q_1 和 Q_2 以及第三个 N 沟道金属–氧化物–半导体场效应管的衬底并联接地, 并将 Q_1 和 Q_5 的源极也并联接地; 将第二个 N 沟道金属–氧化物–半导体场效应管 Q_2 和第一个 P 沟道金属–氧化物–半导体场效应管 Q_3 的栅极并联作为第一个输入端, 输入 x; 又将第一个 N 沟道金属–氧化物–半导体场效应管 Q_1 和第二个 P 沟道金属–氧化物–半导体场效应管 Q_4 的栅极并联作为第一个输入端, 输入 y; 再将第三个 N 沟道金属–氧化物–半导体场效应管 Q_5 的漏极与第三个 P 沟道金属–氧化物–半导体场效应管 Q_6 的源极串联起来作为输出端, 并且将它们的栅极并联成第二级逻辑门 (非门) 的输入端, 再与第一级的与非门输出端串联起来. 这样就构成一个互补金属氧化物半导体逻辑与门. 这个门由两级逻辑门组成: 第一级由四个绝缘栅型场效应管按照给定的方式联结组成一个互补金属氧化物半导体逻辑与非门 (图 2.12 的左半部分); 第二级 (图 2.12 的右半部分) 则是我们上面已经见到过的互补金属氧化物半导体逻辑非门 (第 72 页中的半导体逻辑非门 (图 2.11) 中的 (a) 图). 我们只需要解释为什么第一级逻辑门实现了逻辑与非门的功能. 事实上, 如果两个输入端 x 和 y 都是“高”, 那么串联在一起的两个 N 沟道金属–氧化物–半导体场效应管 Q_1 和 Q_2 都导通, 输出陡峭地变化至地; 此时两个 P 沟道金

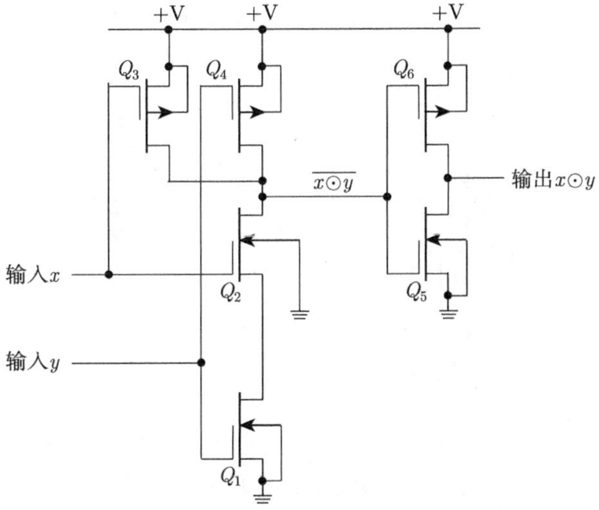

互补金属氧化物半导体与门

图 2.12 互补金属氧化物半导体与非门和与门

属–氧化物–半导体场效应管 Q_3 和 Q_4 同时处于关闭状态, 因此没有电流流过; 从而这第一级的输出为“低”. 另一方面, 如果两个输入端中至少有一个为“低”, 那么这两个串联着的 N 沟道金属–氧化物–半导体场效应管 Q_1 和 Q_2 均处于关闭状态, 从而没有电流流过; 此时两个 P 沟道金属–氧化物–半导体场效应管 Q_3 和 Q_4 处于导通状态, 从而将输出拉至高电平, 从而输出“高”. 综合起来, 第一级输出端输出 $\overline{x \odot y}$. 这正是与非门的计算功能.

思考题 2.9 将第 73 页中图 2.12 的左半部分所示的互补金属氧化物半导体逻辑与非门和第 71 页中的图 2.10 的左半部分所示的电阻–晶体管逻辑或非门; 也将图 2.12 中的与门和图 2.10 中的或门进行一下对比.

最后让我们进一步展示互补金属氧化物半导体逻辑或门 (第 74 页的图 2.13) 以及互补金属氧化物半导体逻辑蕴含门 (第 75 页的图 2.14).

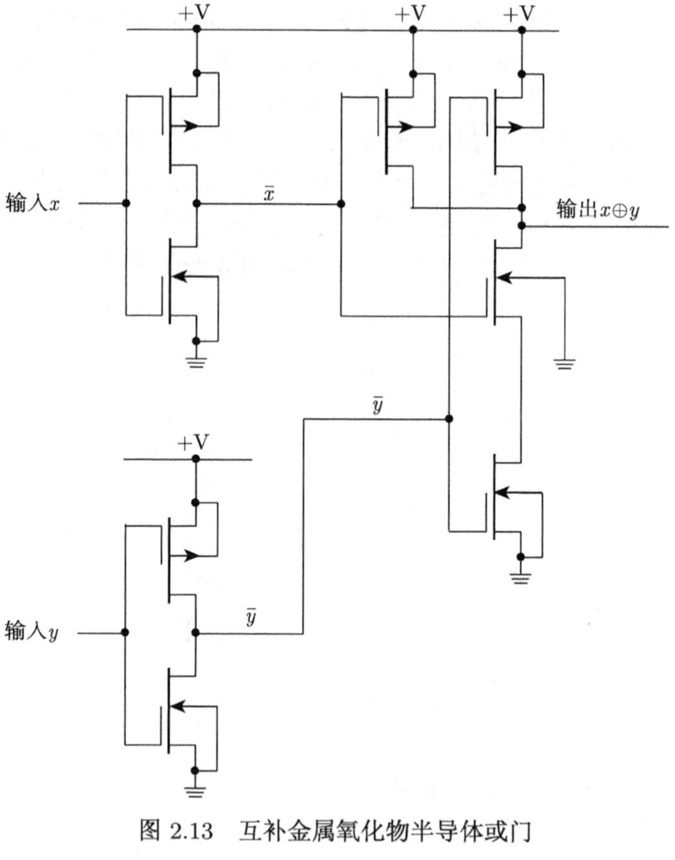

图 2.13 互补金属氧化物半导体或门

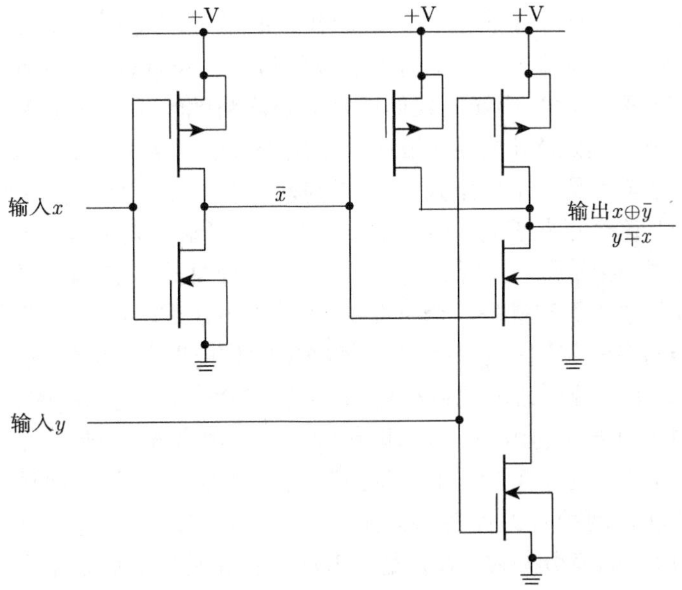

图 2.14 互补金属氧化物半导体蕴含门

2.4 判断分析

从基本逻辑学的角度看, 每一个 (完整的) 汉语语句都由三种要素合成: 它的语法结构、它的语言含义以及它的逻辑结构. 基本逻辑学所关注的是语句的逻辑结构的正确性以及语句的正确的逻辑结构在语句的语言含义正确解释中的作用.

在基本逻辑学看来, 一个语句的逻辑结构的功能是表达一种是非判断或者几种是非判断之间的综合; 任何一种特定的功能都由一种特定的表达方式 (表达形式) 实现; 任何一种特定的表达形式都实现一种特定的功能. 于是, 基本逻辑学将语句的逻辑结构当成该语句所承载的对于是非判断的表达功能以及它对于是非判断的表达方式这两者的统一体. 在统一了表达形式与表达功能之后, 基本逻辑学将语句的逻辑结构分为 (简单的) 命题逻辑结构以及 (复杂的) 涉及代名词的表达式逻辑结构两类. 在这两类逻辑结构中, 基本的共同的逻辑结构又被分成肯定式、否定式、析取式、合取式、蕴含式以及对等式六种. 命题逻辑结构也只含有这六种. 涉及代名词的表达式逻辑结构则不仅含有这六种, 还含有涉及两种有关代名词解释的作用方式. 我们先从有关比较简单的命题逻辑结构的分析开始. 这是本章的内容. 然后, 我们再着重分析比较复杂的涉及代名词的表达式逻辑结构. 之所以分两步走, 一来是遵循自然的由简到繁的思维之路, 二来也是为后面的涉及代名词的表达式逻辑结构分析积累一些具体的例子. 另外在这一章里, 为了简单起见, 我们先不详细解

释何以有六种区分 (此事留待后述), 取而代之的是用不同的简写记号来实现这种区分. 这样做是为了强调或者突出适当的应用简写记号 (或者适当地以符号来实现彻底抽象) 往往事半功倍. 不过, 我们还是需要简略地解释一下读者在阅读本书时已经遇到的以及后面还将继续遇到的语句的不同的逻辑结构. 比如说, "将语句分成两类" 这个语句就是一个肯定式; "命题逻辑结构不含有任何涉及有关代名词解释的作用方式" 这个语句就是一个否定式; "一个汉语语句或者是一个肯定式, 或者是一个否定式, 或者是一个析取式, 或者是一个合取式, 或者是一个蕴含式, 或者是一个对等式" 这个语句就是一个析取式; "关注语句逻辑结构的正确性以及语句正确的逻辑结构在语句的语言含义正确解释中的作用" 这个语句就是一个合取式; "如果我们在这里只分析命题逻辑结构, 那么我们就会完全忽略那些涉及两种有关代名词解释的作用方式的语句" 这个语句就是一个蕴含式 (语句 "我们在这里只分析命题逻辑结构" 是这个蕴含式的 "前提", 或者 "前提条件", 而语句 "我们就会完全忽略那些涉及两种有关代名词解释的作用方式的语句" 是这个蕴含式的 "结论"; 前者是后者的充分条件; 后者是前者的必要条件; 前者蕴含后者); "我们在这里只分析命题逻辑结构当且仅当我们只分析那些不涉及任何有关代名词解释的作用方式的语句" 这个语句就是一个对等式 (语句 "我们在这里只分析命题逻辑结构" 与语句 "我们只分析那些不涉及任何有关代名词解释的作用方式的语句" 互相蕴含; 它们等价; 它们是彼此的充分与必要条件); 同样地, "我们在这里只分析命题逻辑结构的充分必要条件是我们只分析那些不涉及任何有关代名词解释的作用方式的语句" 这个语句也是一个对等式. 这里需要明确的 (或者需要提醒读者注意的) 一点就是无论上述六个例子之中的哪一个语句, 我们都只关注它们的逻辑结构句式, 并不关注它们所表达的是否为真, 因为有关语句的真假判断是完全另外的后面将详细讨论的一个话题.

现在, 假如说我们希望对全部汉语语句进行逻辑分析, 根据某种特别需要, 希望找出其中适合这种需要的一些基本语句, 以及依据这些基本语句按照一定的规则再筛选出 "正确的语句" 出来; 进而可以依据对所选定的基本语句的基本真假判断 (或者是非判断) 得出关于后面筛选出来的正确语句实施 "正确的是非判断". 我们应该从哪里着手? 应当如何展开这样的分析? 首先, 我们的着眼点是全部汉语语句, 这些全部汉语语句将作为我们的基本对象; 其次, 我们将暂时完全忽略这些汉语语句的汉语语法结构以及这些汉语语句的语言含义 (是的, 暂时完全忽略汉语语句的汉语语法结构以及汉语语义). 在这样的假设条件之下, 我们着重分析汉语语句中的逻辑结构, 从而确定汉语语句逻辑结构的正确性, 进而明确语句的这种正确的逻辑结构对于逻辑判断的决定作用. 基本逻辑学的做法是将任务分成具有先后顺序的两大部分. 第一部分是系统而有效地确定语句的逻辑结构的正确性; 第二部分是系统而有效地确定逻辑判断的正确性. 第一部分的具体做法是先添加 5 个逻辑联结

词 (或者称为逻辑联结符号)"$\neg \rightarrow \vee\wedge \leftrightarrow$"以及一对 (为方便阅读而引入的) 断句分隔符号 —— 左右圆括弧 ——"()"以识别逻辑结构正确的语句的起始端和结尾端; 然后逐步一层一层地依照简单明确的规则和步骤构造全体带有这 7 种新添符号的逻辑命题 (具有正确逻辑结构的语句). 我们暂时不提第二部分的具体做法 (等到有效完成第一部分造句任务之后再说). 在先后完成这两大部分任务之后, 我们可以回过头来系统而明确地审查我们的汉语语句, 以确定哪些是逻辑结构正确的, 哪些是逻辑结构不正确的. 可行的做法是, 首先, 筛选出全部既合乎汉语语法, 语义又十分清楚, 逻辑结构还最简单的正式基本语句 (这些基本语句不涉及任何汉语中的逻辑联结词汇, 所以它们只有语法正确性问题, 没有逻辑结构正确性问题); 其次, 根据这些刚刚筛选出来的"正式基本语句"以及逻辑语句造句规则筛选出全部由这些正式基本语句所构造出来的全部"形式逻辑命题"; 再次, 在汉语中的逻辑联结词汇与新引进的逻辑联结词符号之间建立起一种简单明了的对应; 最后, 应用这些被筛选出来的全部"形式逻辑命题"以及前面所确定的汉语逻辑联结词汇与逻辑联结符号之间的对应就可以毫无遗漏毫无偏差地找出全部具有汉语语法正确性、语义清晰性以及逻辑结构正确性的汉语语句. (当然, 在这里, 也在通篇之中, **默认地假设**任何一个复杂的正确的汉语语句都是由有限个语法正确、语义清楚不带有任何逻辑联结词汇的基本语句经过有限次使用汉语逻辑联结词汇按照正确的逻辑规则构造所得的.) 这对应着第一部分的任务. 一旦这一部分毫无歧义地完成了, 第二部分的任务便会水到渠成 (具体做法依旧暂时按下不表). 在这里, 我们需要明确指出的是尽管这里好几处强调"全部", 但事实上在基本逻辑学的系统分析过程中, 一切都是完全局部实现的过程. 换句话说, 一旦完成了一种系统建设, 在具体应用过程中, 所有的具体应用过程都是完全局部的事情, 并不涉及任何无关语句. 这自然是一些后话.

2.4.1 造句

在这一小节里, 我们利用汉语语句造就全部逻辑命题.

让我们想象我们面向朝南, 在我们面前有两条一米宽的可以由北向南无限延展的锦帛长卷. 左手边 (东边) 的锦帛长卷暂时为空白, 右手边 (西边) 的锦帛长卷上罗列着全部汉语语句 (无论语法结构, 无论正确与否, 无论语义如何 [7]; 既包括古人所写的, 也包括当代人和未来人所写的, 当然也就无例外地包括本书中的每一个语句). 假定这些罗列出来的汉语语句彼此互不重复, 彼此无任何干系. 我们简单地称这些被罗列在这条锦帛长卷之上的汉语语句为**命题变元**以及为第 1 层的**逻辑命题**. 让我们相信罗列在这条锦帛长卷上的全部汉语语句可以按照汉语字典顺序用正整

7 后面我们将会回过头来专门探讨与汉语文法结构, 与表述正确性, 以及与语义相关的汉语语句区分的问题, 但在此, 为了突出我们所关注的重点, 我们先完全忽略这些区别.

数既无重复又无遗漏进行编号 (我们只有不到十万个汉字; 每一个汉语语句都只用到其中的有限个汉字; 可以证明这样的编号是完全可行的). 为了说话方便, 因为不必关心这些汉语语句到底说什么 (无论语法结构, 无论正确与否, 无论语义如何; 无非就是汉语词汇的一些随机组合), 我们不妨将这些汉语语句简单地用英文大写字母来标识, 并且将这条锦帛长卷用如下抽象形式展现出来:

$$\langle A_1, A_2, A_3, \cdots, A_n, A_{n+1}, \cdots\rangle,$$

我们称这为命题变元的全部单一列表.

接下来, 我们利用展现在右手边锦帛长卷上的命题变元以及下列还没有在汉语语句中出现过的五个**逻辑符号**

$$\neg,\ \rightarrow,\ \vee,\ \wedge,\ \leftrightarrow,$$

以及两个遥相呼应的语句**开端符号**(与**末尾符号**), 按照下面的规则来造出五种新的语句 (第 2 层的逻辑语句), 并且将所造出来的语句书写在左边的锦帛长卷之上:

(1) 第一种语句为**否定式**, 对于右手边锦帛长卷上的每一个命题变元 A (这个 A 遍历性地代表罗列在右手边锦帛长卷上的每一个汉语语句 A_i), 造出它的否定式 $(\neg A)$, 即以语句开端符号 (起始, 紧接着书写**否定词符号**$\neg$, 然后照抄语句 A, 抄写完语句 A 之后, 以语句末尾符号) 结束;

(2) 第二种语句为**蕴含式**, 对于右手边锦帛长卷上的每一个命题变元 A (这个 A 遍历性地代表罗列在右手边锦帛长卷上的每一个汉语语句 A_i) 以及右手边锦帛长卷上的每一个命题变元 B (这个 B 遍历性地代表罗列在右手边锦帛长卷上的每一个汉语语句 A_j), 按照顺序造出它们的蕴含式 $(A \rightarrow B)$, 即以语句开端符号 (起始, 紧接着照抄语句 A, 抄写完语句 A 之后, 紧接着书写**蕴含词符号**$\rightarrow$, 然后再照抄语句 B, 抄写完语句 B 之后, 以语句末尾符号) 结束;

(3) 第三种语句为**析取式**, 对于右手边锦帛长卷上的每一个命题变元 A (这个 A 遍历性地代表罗列在右手边锦帛长卷上的每一个汉语语句 A_i) 以及右手边锦帛长卷上的每一个命题变元 B (这个 B 遍历性地代表罗列在右手边锦帛长卷上的每一个汉语语句 A_j), 按照顺序造出它们的析取式 $(A \vee B)$, 即以语句开端符号 (起始, 紧接着照抄语句 A, 抄写完语句 A 之后, 紧接着书写**析取词符号**$\vee$, 然后再照抄语句 B, 抄写完语句 B 之后, 以语句末尾符号) 结束;

(4) 第四种语句为**合取式**, 对于右手边锦帛长卷上的每一个命题变元 A (这个 A 遍历性地代表罗列在右手边锦帛长卷上的每一个汉语语句 A_i) 以及右手边锦帛长卷上的每一个命题变元 B (这个 B 遍历性地代表罗列在右手边锦帛长卷上的每一个汉语语句 A_j), 按照顺序造出它们的合取式 $(A \wedge B)$, 即以语句开端符号 (起始, 紧接着照抄语句 A, 抄写完语句 A 之后, 紧接着书写**合取词符号**$\wedge$, 然后再照抄语句 B, 抄写完语句 B 之后, 以语句末尾符号) 结束;

(5) 第五种语句为**对等式**, 对于右手边锦帛长卷上的每一个命题变元 A (这个 A 遍历性地代表罗列在右手边锦帛长卷上的每一个汉语语句 A_i) 以及右手边锦帛长卷上的每一个命题变元 B (这个 B 遍历性地代表罗列在右手边锦帛长卷上的每一个汉语语句 A_j), 按照顺序造出它们的对等式 $(A \leftrightarrow B)$, 即以语句开端符号 (起始, 紧接着照抄语句 A, 抄写完语句 A 之后, 紧接着书写**对等词符号**$\leftrightarrow$, 然后再照抄语句 B, 抄写完语句 B 之后, 以语句末尾符号) 结束.

这样, 我们分别得到了两层逻辑命题: 起始层 (第 1 层) 的为写在右手边的锦帛长卷上的全部汉语语句, 第 2 层的为写在左手边的锦帛长卷上的那些新的逻辑语句.

现在我们向左 (向东) 移位一米, 站到两条锦帛长卷的最左边, 继续朝南站立. 此时, 写满已有的逻辑命题的两条锦帛长卷全部在我们的右手边. 在完成移位之后, 第三条一米宽的空白锦帛长卷在我们面前自北向南无限展开. 和刚造出第 2 层的逻辑语句那样, 我们来造出第 3 层的逻辑语句, 并且将它们书写在面前的第三条锦帛长卷之上.

我们利用展现在右手边两条锦帛长卷上的两层逻辑命题以及下列五个逻辑符号

$$\neg,\ \to,\ \vee,\ \wedge,\ \leftrightarrow$$

和两个遥相呼应的语句开端符号 (与末尾符号), 按照下面的规则来造出五种新的语句, 并且将所造出来的语句书写在左边的空白锦帛长卷之上:

(1) 第一种语句为否定式, 对于右手边两条锦帛长卷上的每一个命题 A (这个 A 遍历性地代表罗列在最右边第一条锦帛长卷上的每一个汉语语句 A_i 以及写在第二条锦帛长卷上的每一个逻辑命题), 造出它的否定式 $(\neg A)$, 即以语句开端符号 (起始, 紧接着书写否定词符号 $\neg$, 然后照抄语句 A, 抄写完语句 A 之后, 以语句末尾符号) 结束;

(2) 第二种语句为蕴含式, 对于右手边两条锦帛长卷上的每一个命题 A (这个 A 遍历性地代表罗列在最右边第一条锦帛长卷上的每一个汉语语句 A_i 以及写在第二条锦帛长卷上的每一个逻辑命题) 以及右手边两条锦帛长卷上的每一个命题变元 B (这个 B 遍历性地代表罗列在最右边第一条锦帛长卷上的每一个汉语语句 A_j 以及写在第二条锦帛长卷上的每一个逻辑命题), 按照顺序造出它们的蕴含式 $(A \to B)$, 即以语句开端符号 (起始, 紧接着照抄语句 A, 抄写完语句 A 之后, 紧接着书写蕴含词符号 $\to$, 然后再照抄语句 B, 抄写完语句 B 之后, 以语句末尾符号) 结束;

(3) 第三种语句为析取式, 对于右手边两条锦帛长卷上的每一个命题变元 A (这个 A 遍历性地代表罗列在最右边第一条锦帛长卷上的每一个汉语语句 A_i 以及写在第二条锦帛长卷上的每一个逻辑命题) 以及右手边两条锦帛长卷上的每一个命题变元 B (这个 B 遍历性地代表罗列在最右边第一条锦帛长卷上的每一个汉语语句 A_j 以及写在第二条锦帛长卷上的每一个逻辑命题), 按照顺序造出它们的析取式 $(A \vee B)$, 即以语句开端符号 (起始, 紧接着照抄语句 A, 抄写完语句 A 之后, 紧接着书写析取词符号 $\vee$, 然后再照抄语句 B, 抄写完语句 B 之后, 以语句末尾符号) 结束;

(4) 第四种语句为合取式, 对于右手边两条锦帛长卷上的每一个命题变元 A (这个 A 遍历性地代表罗列在最右边第一条锦帛长卷上的每一个汉语语句 A_i 以及写在第二条锦帛长卷上的每一个逻辑命题) 以及右手边两条锦帛长卷上的每一个命题变元 B (这个 B 遍历性地代表罗列在最右边第一条锦帛长卷上的每一个汉语语句 A_j 以及写在第二条锦帛长卷上的每一个逻辑命题), 按照顺序造出它们的合取式 $(A \wedge B)$, 即以语句开端符号 (起始, 紧接着照抄语句 A, 抄写完语句 A 之后, 紧接着书写合取词符号 $\wedge$, 然后再照抄语句 B, 抄写完语句 B 之后, 以语句末尾符号) 结束;

(5) 第五种语句为对等式, 对于右手边两条锦帛长卷上的每一个命题变元 A (这个 A 遍历性地代表罗列在最右边第一条锦帛长卷上的每一个汉语语句 A_i 以及写在第二条锦帛长卷上的每一个逻辑命题) 以及右手边两条锦帛长卷上的每一个命题变元 B (这个 B 遍历性地代表罗列在最右边第一条锦帛长卷上的每一个汉语语句 A_j 以及写在第二条锦帛长卷上的每一个逻辑命题), 按照顺序造出它们的对等式 $(A \leftrightarrow B)$, 即以语句开端符号 (起始, 紧接着照抄语句 A, 抄写完语句 A 之后, 紧接着书写对等词符号 $\leftrightarrow$, 然后再照抄语句 B, 抄写完语句 B 之后, 以语句末尾符号) 结束.

如此, 我们得到书写在第三条锦帛长卷上的语句为第三层的逻辑语句. 在此之后, 我们再向东 (向左) 移位一米, 在面前添加一条新的空白锦帛长卷, 利用右手边全部锦帛长卷上的命题, 如法造出第 4 层的逻辑语句, 并且将它们书写在第四条锦帛长卷之上. 依此类推, 以至无穷. 我们便得到我们所需要的全部逻辑命题. 这些逻辑命题全部书写在自西向东无限延展、自北向南无限延展的锦帛矩阵之上 (详见第 81 页中的图 2.15).

在完成上述语句构造之后, 摆在我们面前便是如第 81 页中的图 2.15 所示的一幅宏伟画卷 —— 逻辑命题锦帛矩阵 (以下也简称为锦帛矩阵).

面对上面的逻辑命题锦帛矩阵 (构造过程中我们是站在锦帛矩阵的最上边往下看), 按照地图学上北下南、左西右东的地图方向约定, 上面的锦帛矩阵的第 1 行的正整数从左往右递增, 标识着相应的按照构造顺序逐步展开的锦帛长卷的号数以

1	2	3	4	⋯	⋯	n	$n+1$	⋯	⋯
A_1	A_{12}	A_{13}	A_{14}	⋯	⋯	A_{1n}	$A_{1(n+1)}$	⋯	⋯
A_2	A_{22}	A_{23}	A_{24}	⋯	⋯	A_{2n}	$A_{2(n+1)}$	⋯	⋯
A_3	A_{32}	A_{33}	A_{34}	⋯	⋯	A_{3n}	$A_{3(n+1)}$	⋯	⋯
A_4	A_{42}	A_{43}	A_{44}	⋯	⋯	A_{4n}	$A_{4(n+1)}$	⋯	⋯
A_5	A_{52}	A_{53}	A_{54}	⋯	⋯	A_{5n}	$A_{5(n+1)}$	⋯	⋯
⋮	⋮	⋮	⋮			⋮	⋮		
⋮	⋮	⋮	⋮			⋮	⋮		

图 2.15 逻辑命题锦帛矩阵

及造句中的语句的层次; 越往左层次越低, 越往右层次越高; 每一个正整数所在的自上而下的列便是在相应层次上所构造出来的逻辑命题在那卷锦帛长卷上的全部单一罗列 (准确地讲, 我们需要将本层构造出来的那些已经在左边某一列存在的命题淘汰掉, 只留下那些新的语句, 但这无关紧要, 因为我们可以定义锦帛矩阵中的每一个命题的**层次**就是它出现在锦帛矩阵之中的最左边 (也就是第一次被造出来) 的那条锦帛长卷的编号 (列数)); 第 1 列便是全体汉语语句 (命题变元) 的单一罗列; 列号大于 1 的每一列都是由本列左边的那些语句按照造句法则构造出来的全部逻辑命题.

如此造就的逻辑命题具备下述唯一可读性[8].

定理 2.1 (唯一可读性) 假设 A 是书写在上述锦帛矩阵 (第 81 页图 2.15) 之上的一个逻辑命题. 那么 A 必有唯一的一个层次, 并且下述六种情形之一必定成立, 而且也只有其中的一种情形能够成立:

(1) A 是书写在第一条锦帛长卷上的唯一的某一句汉语语句 (命题变元);

(2) A 是唯一的某个层次较低的逻辑命题 B 的否定式 $(\neg B)$;

(3) A 是唯一的某一对层次较低的逻辑命题 B 和 C 的蕴含式 $(B \to C)$;

(4) A 是唯一的某一对层次较低的逻辑命题 B 和 C 的析取式 $(B \vee C)$;

(5) A 是唯一的某一对层次较低的逻辑命题 B 和 C 的合取式 $(B \wedge C)$;

(6) A 是唯一的某一对层次较低的逻辑命题 B 和 C 的对等式 $(B \leftrightarrow C)$.

这个唯一可读性定理说的是从第 2 列起, 锦帛矩阵 (第 81 页图 2.15) 中的任何

8 这个唯一可读性定理是我们在本书中遇到的第一个定理. 那么"定理"这个词到底具有什么样的含义呢? 具有什么样的作用呢? 在本书中, 所有带有数字标号的以黑体字出现的"定理"这个词, 比如, 这个唯一可读性定理的标号为 2.1, 与它后面的数字标号一起都组成一个标识记号 (标识词), 以标记其后的一段以楷书字出现的文字, 并且意味着紧随这个标识词之后的那一段楷书文字所表述的内容是经过严格论证的, 是在本书被当作真实的结论陈述的, 是一段值得信赖的文字 (尽管本书几乎省略它们的论证).

一列中的任何一个命题 [9]一定可以向左追索到唯一的一列或者两列, 并且在那唯一的一列或者两列中, 一定可以追索到唯一的一个或者一对命题 (低层次命题), 依照对这一个或一对低层次命题按照唯一的一种顺序应用唯一的一个逻辑联结词造就所关注的命题. 简单而言, 锦帛矩阵中从第 2 列起的任何一个命题一定可以向左追根索源, 找出唯一的造句方式. 由此, 我们可以明确刚开始我们所提到的"当逻辑系统被用来解决具体问题时就是一个完全局部的任务, 不涉及任何其他无关命题"这句断言的含义了: 逻辑结构的正确性判断是一个只依赖语句构造自身的完全局部的判断, 因为任何一个逻辑命题都具备唯一可读性.

下面的例子将具体说明语句的构造过程、语句的层次含义以及唯一可读性定理的意思.

例 2.2 设 A_1, A_2 为汉语语句列表中的前两个语句.

(1) 考虑由这两个命题变元构成的命题: $(A_1 \to ((\neg A_1) \to A_2))$. 在这个命题的构造中, 命题 A_1 和 A_2 的层次自然是 1; 命题 $(\neg A_1)$ 的层次是 2; 命题 $((\neg A_1) \to A_2)$ 的层次是 3; 命题 $(A_1 \to ((\neg A_1) \to A_2))$ 的层次则为 4.

(2) 再考虑由这两个命题变元构成的命题: $(A_1 \to ((\neg A_2) \to (\neg(A_1 \to A_2))))$. 在这个命题中, A_1 和 A_2 是层次为 1 的命题; $(\neg A_2)$ 和 $(A_1 \to A_2)$ 是两个层次为 2 的命题; $(\neg(A_1 \to A_2))$ 是一个层次为 3 的命题; $((\neg A_2) \to (\neg(A_1 \to A_2)))$ 是一个层次为 4 的命题; 而命题 $(A_1 \to ((\neg A_2) \to (\neg(A_1 \to A_2))))$ 则是一个层次为 5 的命题.

例 2.3 设 A_1, A_2, A_3 是锦帛矩阵 (第 81 页图 2.15) 中第一列的前 3 个命题 (变元).

(1) 考虑由它们构成的命题: $((A_1 \to (A_2 \to A_3)) \to ((A_1 \to A_2) \to (A_1 \to A_3)))$. 在这个命题之中, $(A_2 \to A_3), (A_1 \to A_2), (A_1 \to A_3)$ 都是层次为 2 的命题; $(A_1 \to (A_2 \to A_3))$ 和 $((A_1 \to A_2) \to (A_1 \to A_3))$ 是两个层次为 3 的命题; $((A_1 \to (A_2 \to A_3)) \to ((A_1 \to A_2) \to (A_1 \to A_3)))$ 则是一个层次为 4 的命题.

(2) 再考虑由这上面的两个命题 A_{23} 和 A_{14} 构成的命题:

$$(A_{23} \to ((\neg A_{14}) \to (\neg(A_{23} \to A_{14})))),$$

其中, A_{23} 是命题 $((A_1 \to A_2) \to (A_1 \to A_3))$ 的简写; A_{14} 是命题

$$((A_1 \to (A_2 \to A_3)) \to ((A_1 \to A_2) \to (A_1 \to A_3)))$$

的简写. 在这个命题中, A_{23} 是一个层次为 3 的命题, A_{14} 是一个层次为 4 的命题; $(\neg A_{14})$ 和 $(A_{23} \to A_{14})$ 是两个层次为 5 的命题; $(\neg(A_{23} \to A_{14}))$ 是一个层次

9 从现在起, 我们将很随意地交换着使用"逻辑命题"和简而言之的"命题"来称呼锦帛矩阵 (第 81 页图 2.15) 中的那些对象.

为 6 的命题; $((\neg A_{14}) \to (\neg(A_{23} \to A_{14})))$ 是一个层次为 7 的命题; 而命题 $(A_{23} \to ((\neg A_{14}) \to (\neg(A_{23} \to A_{14}))))$ 则是一个层次为 8 的命题.

2.4.2 逻辑赋值

现在我们来解决是非判断问题.

面对书写在锦帛矩阵 (第 81 页图 2.15) 之上的全部逻辑命题这样一种理想局面, 我们需要做的事情是对罗列其上的每一个逻辑命题赋予一个 0 或者一个 1. 我们希望这种赋值都是正确的, 也就是说, 我们希望它们能够正确地给出这些逻辑命题的真与假、是与非的正确判断.

首先是赋值**起始规则**: 对每一个汉语语句 (第 1 层逻辑命题), 只能或者赋予 0, 或者赋予 1, 不能既赋予 0, 又赋予 1; 不能有任何遗漏. 除此之外, 我们完全可以随心所欲地对这些罗列出来的汉语语句 (第 1 层逻辑命题) 赋予 0 或 1. 当然, 这里一个基本默认假设是 $0 \neq 1$, 就像我们从来默认 "是" 与 "非" 是两个完全对立完全不同的具体词汇和具体概念.

其次是水平方向由左向右赋值**顺序规则**: 整个赋值过程严格按照逻辑语句造句的层次先低后高 (在锦帛矩阵中先左后右) 的顺序进行.

最后是垂直方向自上而下赋值**计算规则**: 除了第一列之外, 各列赋值必须遵守下述五种计算等式规则.

1. (否定词计算规则) 如果 A 是一个已经被赋值了的较低层次 (来自左边某一列) 的逻辑命题, 那么对 A 的否定式 $(\neg A)$ 的赋值必须满足下述**背反等式**要求: 对 $(\neg A)$ 的赋值为 1 的充分必要条件是对 A 的赋值为 0; 对 $(\neg A)$ 的赋值为 0 的充分必要条件是对 A 的赋值为 1.

背反等式也可以由下面的否定式赋值计算表 (第 83 页表 2.18) 确定.

表 2.18 否定式赋值计算表

命题	A	$(\neg A)$
赋值	1	0
赋值	0	1

否定式赋值计算表 (第 83 页中的表 2.18) 中命题 A 所领头的列中的两行赋值是 A 的两种可能的赋值 1 和 0; 表 2.18 中命题 $(\neg A)$ 所领头的列是对否定式 $(\neg A)$ 的赋值列 (注意, 我们将层次比较高的命题 $(\neg A)$ 安放在命题 A 的右边, 这与这两个命题在锦帛矩阵中各自所处列的位置关系相同); 表 2.18 中的行给出相应的命题的一种赋值: 第一个赋值行表明, A 的赋值为 1, $(\neg A)$ 的赋值为 0; 第二个赋值行表明, A 的赋值为 0, $(\neg A)$ 的赋值为 1. 所以, 对应于 A 的两种可能的赋值, 表 2.18 恰

好有两行, 每一种可能性恰好对应一行, 不多不少. 表 2.18 表明 $(\neg A)$ 的赋值直接依赖于 A 的赋值, 并且两者恰好完全相反.

这些自然令人想起前面第 58 页中的置反计算表 (表 2.4) 以及第 66 页中的逻辑线路中的非门 (图 2.1). 计算机逻辑线路中的非门 (见第 66 页中的非门示意图 (图 2.1)) 恰恰是否定式赋值计算表 (表 2.18) 的物理实现. 把 A 的一个赋值作为非门中的输入值 i 的时候, 非门输出的就是 $(\neg A)$ 的赋值 $1-i$.

这也正是"**非真即假; 非假即真**".

2. (蕴含词计算规则) 如果 A 和 B 是两个已经被赋值了的较低层次 (来自左边某些列) 的逻辑命题, 那么它们的蕴含式 $(A \rightarrow B)$ 的赋值必须满足下述蕴含等式要求: 对 $(A \rightarrow B)$ 的赋值为 0 的充分必要条件是"(对 A 的赋值为 1, 并且对 B 的赋值为 0)".

蕴含词计算规则也可以由下述蕴含式赋值计算表 (表 2.19) 确定.

表 2.19 蕴含式赋值计算表

命题	A	B	$(A \rightarrow B)$
赋值	0	0	1
赋值	0	1	1
赋值	1	0	0
赋值	1	1	1

同样, 在蕴含式赋值计算表 (第 84 页中的表 2.19) 中, 我们将命题 $(A \rightarrow B)$ 安置在命题 A 和 B 的右边, 这是因为命题 $(A \rightarrow B)$ 的层次比 A 和 B 的层次都高, 因而对 $(A \rightarrow B)$ 的赋值依赖于对于 A 和 B 的赋值. 在计算 $(A \rightarrow B)$ 的赋值时, 命题 A 和 B 的这两个命题的赋值必须先给定. 无论是计算出来的, 还是任意给定的, A 和 B 可以被自由独立赋值的组合有四种可能性: 按照先 A 后 B 的排列顺序, 它们分别是 $00, 01, 10, 11$ 四种. 所以, 这四种可能性便完全决定了赋值计算表 (表 2.19) 恰好有四行. 至于这四行按照什么样的顺序排列是一件无关紧要的事情, 重要的是不多不少, 无重复, 无遗漏. 对应着这四种情形之一的每一行里, 由命题 $(A \rightarrow B)$ 所领头的列中本行位置上的值就是与 A 和 B 在本行的赋值相对应的对 $(A \rightarrow B)$ 的赋值. 从表 2.19 可以看出, 只有当 A 和 B 的赋值为 10 组合时, $(A \rightarrow B)$ 的赋值才为 0; 当 A 和 B 的赋值为其他三种组合之一时, $(A \rightarrow B)$ 的赋值都是 1.

自然, 前面第 61 页中的反和计算表 (表 2.10) 直接与表 2.19 相关联, 并且计算机逻辑线路中的蕴含门 (见第 66 页中的蕴含门示意图 (图 2.4)) 恰恰是蕴含式赋值计算表 (表 2.19) 的物理实现. 把 A 和 B 的赋值分别作为蕴含门的输入值 i_1, i_2 的时候, 蕴含门输出的就是 $(A \rightarrow B)$ 的赋值.

由此我们得到这样的结论: "**假**蕴含**假**为**真**, **假**蕴含**真**亦**真**, **真**蕴含**真**还**真**, 唯有**真**蕴含**假**才**假**". 这里的前两句值得引起特别注意: 在"前提蕴含结论"这样的句式中, 如果前提不成立, 那么无论结论是否成立, 这个"前提蕴含结论"的语句本身肯定成立. 比如, 考虑这样两个语句: "如果 $0=1$, 那么一切皆真实"; "如果 $0=1$, 那么一切皆虚幻". 由于我们用 0 和 1 表示两种完全不同的事物, 而等号的作用是表示等号左右两边的事物同一, 所以语句 $0=1$ 自然不会成立, 也就是对它实施是非判断的结果只能是**假**. 因此, 两个结论"一切皆真实"和"一切皆虚幻"的真假如何, 都不会影响对所考虑的两个语句的是非判断的结果: **真**.

3. (析取词计算规则) 如果 A 和 B 是两个已经被赋值了的较低层次 (来自左边某些列) 的逻辑命题, 那么它们的析取式 $(A\vee B)$ 的赋值必须满足下述蕴含等式要求: 对 $(A\vee B)$ 的赋值为 1 的充分必要条件是"(或对 A 的赋值为 1, 或对 B 的赋值为 1)"; 对 $(A\vee B)$ 的赋值为 0 的充分必要条件是"(对 A 的赋值为 0, 并且对 B 的赋值也为 0)".

析取词计算规则也可以由下述析取式赋值计算表 (表 2.20) 确定.

表 2.20 析取式赋值计算表

命题	A	B	$(A\vee B)$
赋值	0	0	0
赋值	0	1	1
赋值	1	0	1
赋值	1	1	1

在析取式赋值计算表 (第 85 页中的表 2.20) 中, 我们将命题 $(A\vee B)$ 安置在命题 A 和 B 的右边, 这也是因为命题 $(A\vee B)$ 的层次比 A 和 B 的层次都高, 因而对 $(A\vee B)$ 的赋值依赖于对于 A 和 B 的赋值. 在计算 $(A\vee B)$ 的赋值时, 命题 A 和 B 的这两个命题的赋值必须先给定. 无论是计算出来的, 还是任意给定的, A 和 B 可以被自由独立赋值的组合也有四种可能性: 按照先 A 后 B 的排列顺序, 它们分别是 $00, 01, 10, 11$ 四种. 所以, 这四种可能性便完全决定了赋值计算表 (表 2.20) 也是恰好有四行. 至于这四行按照什么样的顺序排列是一件无关紧要的事情, 重要的是不多不少, 无重复, 无遗漏. 对应着这四种情形之一的每一行里, 由命题 $(A\vee B)$ 所领头的列中本行位置上的值就是与 A 和 B 在本行的赋值相对应的对 $(A\vee B)$ 的赋值. 从表 2.20 可以看出, 只有当 A 和 B 的赋值为 00 组合时, $(A\vee B)$ 的赋值才为 0; 当 A 和 B 的赋值为其他三种组合之一时, $(A\vee B)$ 的赋值都是 1.

同样, 前面第 60 页中的加法计算表 (表 2.8) 与表 2.20 直接相关联, 并且计算机逻辑线路中的或门 (第 66 页中的或门示意图 (图 2.2)) 恰恰是析取式赋值计算表 (表 2.20) 的物理实现. 把 A 和 B 的赋值分别作为或门的输入值 i_1, i_2 的时候, 或门输出的就是 $(A\vee B)$ 的赋值.

这正是“**真**或**真**为**真**, **假**或**真**亦**真**, **真**或**假**还**真**, **假**或**假**真**假**”.

4. (合取词计算规则) 如果 A 和 B 是两个已经被赋值了的较低层次 (来自左边某些列) 的逻辑命题, 那么它们的合取式 $(A \wedge B)$ 的赋值必须满足下述蕴含等式要求: 对 $(A \wedge B)$ 的赋值为 1 的充分必要条件是“(对 A 的赋值为 1, 且对 B 的赋值也为 1)”; 对 $(A \wedge B)$ 的赋值为 0 的充分必要条件是“(或对 A 的赋值为 0, 或对 B 的赋值为 0)”.

合取词计算规则可以由下述合取式赋值计算表 (表 2.21) 确定.

表 2.21　合取式赋值计算表

命题	A	B	$(A \wedge B)$
赋值	0	0	0
赋值	0	1	0
赋值	1	0	0
赋值	1	1	1

在合取式赋值计算表 (第 86 页中的表 2.21) 中, 我们将命题 $(A \wedge B)$ 安置在命题 A 和 B 的右边, 这也是因为命题 $(A \wedge B)$ 的层次比 A 和 B 的层次都高, 所以对 $(A \wedge B)$ 的赋值依赖于对于 A 和 B 的赋值. 在计算 $(A \wedge B)$ 的赋值时, 命题 A 和 B 的这两个命题的赋值必须先给定. 无论是计算出来的, 还是任意给定的, A 和 B 可以被自由独立赋值的组合也有四种可能性: 按照先 A 后 B 的排列顺序, 它们分别是 $00, 01, 10, 11$ 四种. 所以, 这四种可能性便完全决定了赋值计算表 (表 2.21) 也是恰好有四行. 至于这四行按照什么样的顺序排列是一件无关紧要的事情, 重要的是不多不少, 无重复, 无遗漏. 对应着这四种情形之一的每一行里, 由命题 $(A \wedge B)$ 所领头的列中本行位置上的值就是与 A 和 B 在本行的赋值相对应的对 $(A \wedge B)$ 的赋值. 从表 2.21 可以看出, 只有当 A 和 B 的赋值为 11 组合时, $(A \wedge B)$ 的赋值才为 1; 当 A 和 B 的赋值为其他三种组合之一时, $(A \wedge B)$ 的赋值都是 0.

回过头看, 前面第 59 页中的乘法计算表 (表 2.6) 与表 2.21 直接相关联, 并且计算机逻辑线路中的与门 (第 66 页中的与门示意图 (图 2.3)) 恰恰是合取式赋值计算表 (表 2.21) 的物理实现. 把 A 和 B 的赋值分别作为与门的输入值 i_1, i_2 的时候, 与门输出的就是 $(A \wedge B)$ 的赋值.

这正是“**假**且**假**为**假**, **假**且**真**亦**假**, **真**且**假**还**假**, **真**且**真**才**真**”.

5. (对等词计算规则) 如果 A 和 B 是两个已经被赋值了的较低层次 (来自左边某些列) 的逻辑命题, 那么它们的对等式 $(A \leftrightarrow B)$ 的赋值必须满足下述蕴含等式要求: 对 $(A \leftrightarrow B)$ 的赋值为 1 的充分必要条件是“(对 A 的赋值与对 B 的赋值相等)”; 对 $(A \leftrightarrow B)$ 的赋值为 0 的充分必要条件是“(对 A 的赋值不等于对 B 的赋值)”.

对等词计算规则也可以由下述对等式赋值计算表 (表 2.22) 确定.

表 2.22 对等式赋值计算表

命题	A	B	$(A \leftrightarrow B)$
赋值	0	0	1
赋值	0	1	0
赋值	1	0	0
赋值	1	1	1

在对等式赋值计算表 (表 2.22) 中, 我们将命题 $(A \leftrightarrow B)$ 安置在命题 A 和 B 的右边, 这也是因为命题 $(A \leftrightarrow B)$ 的层次比 A 和 B 的层次都高, 因而对 $(A \leftrightarrow B)$ 的赋值依赖于对于 A 和 B 的赋值. 在计算 $(A \leftrightarrow B)$ 的赋值时, 命题 A 和 B 的这两个命题的赋值必须先给定. 无论是计算出来的, 还是任意给定的, A 和 B 可以被自由独立赋值的组合也有四种可能性: 按照先 A 后 B 的排列顺序, 它们分别是 $00, 01, 10, 11$ 四种. 所以, 这四种可能性便完全决定了赋值计算表 (表 2.22) 也是恰好有四行. 至于这四行按照什么样的顺序排列是一件无关紧要的事情, 重要的是不多不少, 无重复, 无遗漏. 对应着这四种情形之一的每一行里, 由命题 $(A \leftrightarrow B)$ 所领头的列中本行位置上的值就是与 A 和 B 在本行的赋值相对应的对 $(A \leftrightarrow B)$ 的赋值. 从表 2.22 可以看出, 只有当 A 和 B 的赋值分别为 00 组合或者为 11 组合时, $(A \leftrightarrow B)$ 的赋值才为 1; 当 A 和 B 的赋值为其他两种组合之一时, $(A \leftrightarrow B)$ 的赋值都是 0.

如果往回翻到第 67 页, 就会注意到那里的对等门示意图 (图 2.5) 事实上表明计算机逻辑线路中的对等门恰恰是对等式赋值计算表 (表 2.22) 的物理实现. 把 A 和 B 的赋值分别作为或门的输入值 i_1, i_2 的时候, 或门输出的就是 $(A \leftrightarrow B)$ 的赋值. 自然, 第 62 页中的同与计算表 (表 2.13) 就与表 2.22 直接相关联. 又比如, 第 67 页中的例 2.1 所示的双联开关电路就很好地实现了对等式赋值计算表 (表 2.22). 读者或许觉得这个双联开关例子中的 0 号线和 1 号线与逻辑的真与假并没有关系. 这很正常, 事实上任何一个电子逻辑门所实现的两种状态都和逻辑的真与假没有关系, 因为电子逻辑线路并不对输入和输出做任何含义解释, 作出解释的是电子逻辑线路的设计者和使用者. 当然, 在实际生活中, 我们应用对等式命题时自然会关心对等联结词两端的语句在逻辑意义下的真与假. 比如, 考虑语句"白天鹅与黑天鹅完全一样当且仅当天鹅与鸭子完全一样". 这是一个逻辑值为真的对等式命题. 这就是一个"**假** $\leftrightarrow$ **假**"式命题, 所以命题"白天鹅与黑天鹅完全一样当且仅当天鹅与鸭子完全一样"是一个真语句.

由此可见: **真真假假**各相对, 天生对等自然**真**; **真假**本是相异物, 强作对等必然**假**.

从起始赋值规则我们看到对全体汉语语句 (全体命题变元) 的正确赋值其实是一件很随意的事情: 只要对每一个汉语语句在 0 和 1 这两个数中间任取一个就行. 这就意味着有很多很多 (事实上和 0 与 1 之间的全体实数一样多个) 这样的赋值. 但这并不一定意味着我们也一定有对全体逻辑命题的正确赋值. 下面的定理对这一问题给出肯定回答.

为了说话方便, 让我们称合乎起始赋值规则的对全体命题变元的一个 0-1 赋值为一个**基本是非判断**; 比如说, 以下列表就给出一个基本是非判断:

$$\begin{array}{rcccccc} \text{命题变元:} & A_1, & A_2, & A_3, & \cdots, & A_{2018}, & \cdots, \\ \text{对命题变元的赋值:} & 0, & 1, & 0, & \cdots, & 1, & \cdots. \end{array}$$

同样, 下述列表也是基本是非判断:

$$\begin{array}{rcccccc} \text{命题变元:} & A_1, & A_2, & A_3, & \cdots, & A_{2018}, & \cdots, \\ \text{对命题变元的赋值:} & 1, & 0, & 1, & \cdots, & 0, & \cdots. \end{array}$$

$$\begin{array}{rcccccc} \text{命题变元:} & A_1, & A_2, & A_3, & \cdots, & A_{2018}, & \cdots, \\ \text{对命题变元的赋值:} & 0, & 0, & 0, & \cdots, & 0, & \cdots. \end{array}$$

$$\begin{array}{rcccccc} \text{命题变元:} & A_1, & A_2, & A_3, & \cdots, & A_{2018}, & \cdots, \\ \text{对命题变元的赋值:} & 1, & 1, & 1, & \cdots, & 1, & \cdots. \end{array}$$

称遵守上述全部三条正确性规则的对全体逻辑命题赋予 0 或 1 的赋值为一个**正确是非判断**. 我们首先注意到一个重要事实: 当把任意一个正确是非判断限制 (局限) 在全体命题变元 (即全体汉语语句) 时, 它便是一个基本是非判断. 在这种情况下, 我们就说这个正确是非判断是由它在全体命题变元范围内限制所得到的基本是非判断的一种**延拓**.

现在我们正式地将上面关于"正确是非判断"这个词的含义的规定以如下"定义"的形式总结出来 [10].

定义 2.1 (正确是非判断) (1) 一种**真假判断** (简称为判断) 就是既无遗漏又无重复地对锦帛矩阵 (第 81 页图 2.15) 中的每一个逻辑命题赋予唯一的一个 0 或者 1 (不可同时两者兼得).

(2) 一种**基本是非判断**就是既无遗漏又无重复地对锦帛矩阵 (第 81 页图 2.15) 中第一列里的每一个命题变元赋予唯一的一个 0 或者 1 (不可同时两者兼得).

10 这里有关正确是非判断的定义 (定义 2.1) 是读者在本书中正式遇到的第一个定义 (非正式遇到的定义是有关逻辑命题的锦帛矩阵 (见第 81 页图 2.15) 的定义). 在本书中, 当"定义"这个词以黑体字以及紧随其后的一个数字标号一起出现时, 它们一起组成一个具体标识记号, 以标记后面一段规定性楷书文字; 这段规定性文字总是对某些具体名词的具体含义作出恰如其分的规定; 这种规定一旦明确, 在后面任何地方的叙述中, 但凡使用这个名词之处, 都完全意味着这段定义文字所规定的含义所在.

(3) 一种真假判断是一种基本是非判断的一种**延拓**当且仅当它们两者对于每一个命题变元的赋值都是完全相同的.

(4) 一种真假判断被称为一种**正确是非判断**当且仅当它完全遵守三条正确性规则 (即赋值起始规则、赋值顺序规则以及赋值计算规则).

定理 2.2 (正确是非判断存在性和唯一性) (1) 任何一个基本是非判断都可以延拓成一个正确是非判断;

(2) 如果两种正确是非判断是同一个基本是非判断的两种延拓, 那么这两种正确是非判断事实上是同一种正确是非判断, 也就是说它们在每一个命题表达式上的赋值完全相等.

这个定理是说只要确定了对锦帛矩阵中的第一列的赋值, 那么就有而且只有唯一的一种将这第一列的赋值延拓到整个锦帛矩阵上的正确的赋值. 这个定理成立的基本理由就是命题表达式的唯一可读性. 对于任意给定的一个基本是非判断, 我们就可以依据命题表达式的唯一可读性, 依照命题表达式形成过程中的层次, 利用 2.3.1 小节中的置反计算表 (表 2.4)、加法计算表 (表 2.8)、乘法计算表 (表 2.6)、反和计算表 (表 2.10) 以及同与计算表 (表 2.13) 和给定的基本是非判断 (对锦帛矩阵中的第一列的赋值), 依照正确是非判断中的最后一项要求 (逐层) 直接计算出对所给定的命题表达式的正确赋值. 这实际上是一个递归计算的过程. 所谓递归, 就是逐步地将当前的真值计算归结到低一层次的真值计算, 直到可以适用所给定的基本是非判断来确定真值. 比如说, 令 μ 为当前的真值计算过程, 那么下面的六种情形就给出了关于 μ 这个计算过程的递归方式:

(1) 如果被计算真值的命题表达式为 $(\neg A)$, 那么 $\mu[(\neg A)] = \overline{\mu[A]}$;

(2) 如果被计算真值的命题表达式为 $(A \to B)$, 那么 $\mu[(A \to B)] = \mp(\mu[A], \mu[B])$;

(3) 如果被计算真值的命题表达式为 $(A \wedge B)$, 那么 $\mu[(A \wedge B)] = \odot(\mu[A], \mu[B])$;

(4) 如果被计算真值的命题表达式为 $(A \vee B)$, 那么 $\mu[(A \vee B)] = \oplus(\mu[A], \mu[B])$;

(5) 如果被计算真值的命题表达式为 $(A \leftrightarrow B)$, 那么 $\mu[(A \leftrightarrow B)] = \otimes(\mu[A], \mu[B])$;

(6) 如果被计算真值的命题表达式是一个第一层的逻辑命题 A, 并且在所给定的第一列的赋值 ν 之下 A 的赋值为 $\nu[A]$, 那么 $\mu[A] = \nu[A]$.

为了进一步明确正确是非判断对于基本是非判断的直接依赖, 我们还需要下面的局部确定性定理.

定理 2.3 (局部确定性) 假设 B 是一个复合命题, 并且命题 B 是由 m 个命题变元 $A_{i_1}, A_{i_2}, \cdots, A_{i_m}$ 的全体 (既不多也不少) 经过若干次正确应用逻辑联结词得到 (其中 $i_1 < i_2 < \cdots < i_m$ 为 m 个正整数, 分别记录着这些命题变元在第一条锦帛长卷上被罗列的位置). 对于任意的两个正确是非判断而言, 只要它们在这 m 个命题变元上的赋值完全相同, 那么这两个正确是非判断对复合命题 B 的赋值就也相同. 换句话说, 对复合命题 B 的是非判断完全由关于在 B 中出现的那些命

题变元的基本是非判断完全唯一确定. 再换句话说, 一旦确定了一个关于命题变元 $A_{i_1}, A_{i_2}, \cdots, A_{i_m}$ 全体的一组赋值, 那么命题 B 的赋值就可以唯一地依照这一组赋值逐步应用相关的逻辑词规则 (或者五种造句方式赋值计算表) 计算出来.

这两个定理的基本意义就在于只要一个复杂命题的构造过程是合乎逻辑规则的, 那么这样正确的表达式的是非判断就完全依赖于对这个命题表达式所包含的那些命题变元的基本的是非判断.

在这里, 我们先用几个例子来说明这两个定理的基本含义以及它们成立的理由.

在给出具体例子之前, 我们需要明确一下对于任意给定的一个复杂的命题, 我们应当怎样建立正确的赋值计算表. 这是一个方法问题. 明确了这种制表的方法, 也就明确了怎样理解一张别人制出的正确的赋值计算表, 或者怎样去发现别人制出的赋值表的错误所在. 第一件事情就是要明确所有被用来构造这个给定命题的那些层次比较低的命题. 这需要用到命题唯一可读性. 用锦帛矩阵 (第 81 页图 2.15) 来说, 任何一个在右边的层次大于 1 的列中出现的命题都一定是左边的层次比较低的某一个或者两个命题应用一个逻辑联结词构造出来的, 并且这是唯一的. 于是, 如果一个命题一旦给定, 我们需要计算这个命题的正确赋值, 那么, 我们就需要根据这个命题的构造去追根索源, 将所有左边用来构造这个命题的那些层次逐渐变小的命题全部找出来 (这并不是一件很困难的事情, 因为命题构造只有 5 种规则, 并且每一层的命题都由一对遥相呼应的断句分隔符号, 起始端左括弧以及结尾端右括弧, 完全确定), 然后按照由低到高、自左向右的方式将所有这些命题排列出来 (唯一需要遵守的规则便是低层次的在左, 高层次的在右, 相同层次的怎么排列无关紧要). 一旦这件事情做完, 赋值计算表的列数就完全确定: 每一个命题领导一列关于自己的赋值列. 第二件事情需要确定层次最低的那几个命题是否可以自由独立地取得赋值. 这自然是因环境和要求不同会出现相对不同的局面. 但当问题出现在给定环境之下时, 自然会有唯一答案. 在确定了这一组可以独立自由赋值的命题之后, 赋值计算表的行数就确定了: 这些可以独立自由赋值的每一种可能的赋值组合就决定一行, 多少种可能性就意味着多少行, 不多不少, 无重复, 无遗漏. 第三件事情就是自上而下地一行一行地从左到右按照本列的领头命题所规定的命题构造规则, 应用相应的赋值计算表, 逐一计算命题的赋值. (我们在引入五种赋值规则时制定了五种赋值计算表, 有兴趣的读者可以回过头去再浏览一番.)

我们以下面的第一宽容律赋值计算表 (第 92 页中的表 2.23) 为例来说明应当怎样看和理解这些赋值表. 这个赋值计算表有 5 行 5 列. 第 1 列是为了说明用的词汇列; 第 1 行展示的为四个命题, 依照顺序为 $A_1, A_2, (A_2 \to A_1), (A_1 \to (A_2 \to A_1))$; 这四个命题分别领导着四列, 每个命题领导着对自身的正确赋值列; 第 2 列和第 3 列是对可以自由赋值的命题 A_1 和 A_2 的赋值列; 最右边的两列是必须应用五种正确赋值计算规则计算出来的列; “可自由赋值命题” A_1, A_2 的可能的自由赋值组合 (按照顺序 A_1, A_2 和先 0 后 1 的顺序) 一共有 4 种, 即 00, 01, 10, 11, 所以这个赋值计算表共有四个赋值行, 每一行对应着一种可能的自由赋值组合; 在每一行中, 基于左边的本行的赋值 (所以本行之中的赋值计算顺序是从左到右), 再按照本列命题的构成方式, 选择唯一的计算法则, 计算出本行本列的关于本命题的正确赋值. 比如, 第 2 行的自由赋值组合为 00, 那么先计算第 2 行第 4 列处的赋值, 这应当是命题 $(A_2 \to A_1)$ 的赋值, 所以依照对 A_1 的赋值为 0 以及对 A_2 的赋值为 0 的数据, 应用蕴含式赋值计算表 (第 84 页中的表 2.19) 来计算对于命题 $(A_2 \to A_1)$ 的赋值, 得到 1; 接下来, 再计算本行 (第 2 行) 第 5 列中的赋值, 这应当是对命题 $(A_1 \to (A_2 \to A_1))$ 的赋值, 所以依照第 1 列本行关于 A_1 的赋值为 0 以及本行关于 $(A_2 \to A_1)$ 的赋值为 1 的数据, 应用蕴含式赋值计算表 (第 84 页中的表 2.19) 来计算命题 $(A_1 \to (A_2 \to A_1))$ 的赋值, 得到 1. 以下诸行, 依此类推.

一般来说, 这些赋值计算表都是一些由行和列构成的长方形的矩阵. 第 1 行根据命题的构造按照从左到右层次递增的方式展示出需要计算赋值的命题, 第 1 行中的每一个命题领导着对本命题的各种可能的正确计算出来的赋值列, 这些可能的正确赋值从上到下分列在由该命题所领头的本列之中. 一般来说, 第二列或者之后的几列对应着这个表中的几个可以任意赋值的命题, 而自那几列之后的各列必定是最左边的那几个命题的一些逻辑组合命题, 越往右, 层次越高, 并且右边的命题都必定由左边的那些命题依照五种构成法则之一构造出来. 因此, 从上到下的每一行的赋值都具有相同的特点: 最左边的几列的值是那些“可自由赋值命题”的一种自由赋值组合 (因此行数 −1 便是所有可能的这种可自由赋值的组合数); 右边的本行各列的赋值则是根据本列命题的组成方式以及依照本列之左的本行中的那些赋值应用相应的五种正确的赋值计算规则计算得到. 赋值计算表中的各行是相互独立的, 所以, 行序无关紧要, 完全依照那几个可以任意赋值的命题的赋值组合序列的任意确定的顺序来定. 但是, 命题的排列原则上是简单的排在左边, 越是复杂的 (层次越高的) 越排在右边, 因为任何一个命题实际上就给出了对于本命题赋值计算时计算结果对于左边同行数据的使用方式.

例 2.4 设 A_1, A_2 为汉语语句列表中的前两个语句.

(1) 考虑由这两个命题变元构成的命题: $(A_1 \to (A_2 \to A_1))$. 在这个命题的构造中, 命题 A_1 和 A_2 的层次自然是 1; 命题 $(A_2 \to A_1)$ 的层次是 2; 命题 $(A_1 \to (A_2 \to A_1))$ 的层次则为 3. 这个命题的赋值计算表, 第一宽容律赋值计算表 (表 2.23), 将表明如何把关于 A_1 和 A_2 的基本是非判断延拓到关于这几个高层次命题的正确是非判断. 表中第 2 列和第 3 列是关于 A_1 和 A_2 随意赋值的 4 种组合; 第 4 列的结果是依照第 2 列的赋值、第 3 列的赋值应用蕴含式赋值计算表 (第 84 页中的表 2.19) 计算而得; 第 5 列的结果是依照第 2 列的赋值、第 4 列的结果应用蕴

含式赋值计算表 (第 84 页中的表 2.19) 计算而得.

表 2.23　第一宽容律赋值计算表

命题	A_1	A_2	$(A_2 \to A_1)$	$(A_1 \to (A_2 \to A_1))$
赋值	0	0	1	1
赋值	0	1	0	1
赋值	1	1	1	1
赋值	1	0	1	1

(2) 考虑由这两个命题变元构成的命题: $(A_1 \to ((\neg A_1) \to A_2))$. 在这个命题的构造中, 命题 A_1 和 A_2 的层次自然是 1; 命题 $(\neg A_1)$ 的层次是 2; 命题 $((\neg A_1) \to A_2)$ 的层次是 3; 命题 $(A_1 \to ((\neg A_1) \to A_2))$ 的层次则为 4. 这个命题的赋值计算表, 即第二宽容律赋值计算表 (第 92 页中的表 2.24), 将表明如何把关于 A_1 和 A_2 的基本是非判断延拓到关于这几个高层次命题的正确是非判断.

表 2.24　第二宽容律赋值计算表

命题	A_1	A_2	$(\neg A_1)$	$((\neg A_1) \to A_2)$	$(A_1 \to ((\neg A_1) \to A_2))$
赋值	0	0	1	0	1
赋值	0	1	1	1	1
赋值	1	1	0	1	1
赋值	1	0	0	1	1

表 2.24 中第 2 列和第 3 列是关于 A_1 和 A_2 随意赋值的 4 种组合; 第 4 列的结果是依照第 2 列的赋值以及否定式赋值计算表 (第 83 页中的表 2.18) 而得; 第 5 列的结果是依照第 4 列的结果、第 3 列的赋值应用蕴含式赋值计算表 (第 84 页中的表 2.19) 计算而得; 第 6 列的结果是依照第 5 列的结果、第 2 列的赋值应用蕴含式赋值计算表 (第 84 页中的表 2.19) 计算而得.

(3) 再考虑由这两个命题变元构成的命题: $((\neg A_1) \to (A_1 \to A_2))$. 在这个命题的构造中, 命题 A_1 和 A_2 的层次自然是 1; 命题 $(\neg A_1)$ 的层次是 2; 命题 $(A_1 \to A_2)$ 的层次也是 2; 命题 $((\neg A_1) \to (A_1 \to A_2))$ 的层次则为 3. 这个命题的赋值计算表, 第三宽容律赋值计算表 (表 2.25), 将表明如何把关于 A_1 和 A_2 的基本是非判断延拓到关于这几个高层次命题的正确是非判断. 表中第 2 列和第 3 列是关于 A_1 和 A_2 随意赋值的 4 种组合; 第 4 列的结果是依照第 2 列的赋值以及否定式赋值计算表 (第 83 页中的表 2.18) 而得; 第 5 列的结果是依照第 2 列的赋值、第 3 列的赋值应用蕴含式赋值计算表 (第 84 页中的表 2.19) 计算而得; 第 6 列的结果是依照第 4 列的结果、第 5 列的结果应用蕴含式赋值计算表 (见第 84 页中的表 2.19) 计算而得.

表 2.25 第三宽容律赋值计算表

命题	A_1	A_2	$(\neg A_1)$	$(A_1 \to A_2)$	$((\neg A_1) \to (A_1 \to A_2))$
赋值	0	0	1	1	1
赋值	0	1	1	1	1
赋值	1	1	0	1	1
赋值	1	0	0	0	1

(4) 再考虑由这两个命题变元构成的命题: $(A_1 \to ((\neg A_2) \to (\neg(A_1 \to A_2))))$. 在这个命题中, A_1 和 A_2 是层次为 1 的命题; $(\neg A_2)$ 和 $(A_1 \to A_2)$ 是两个层次为 2 的命题; $(\neg(A_1 \to A_2))$ 是一个层次为 3 的命题; $((\neg A_2) \to (\neg(A_1 \to A_2)))$ 是一个层次为 4 的命题; 而命题 $(A_1 \to ((\neg A_2) \to (\neg(A_1 \to A_2))))$ 则是一个层次为 5 的命题. 为了将对这些命题的可能的赋值安放一张表里, 我们按照锦帛矩阵的命题标号约定引进简写记号: 令 A_{12} 记 $(A_1 \to A_2)$; 令 A_{22} 记 $(\neg A_2)$; 令 A_{13} 记 $(\neg(A_1 \to A_2))$; 令 A_{14} 记 $((\neg A_2) \to (\neg(A_1 \to A_2)))$; 令 A_{15} 记 $(A_1 \to ((\neg A_2) \to (\neg(A_1 \to A_2))))$. 在阅读这张表 (表 2.26) 时, 请记住将表中所使用的简写符号分别用它们所替代的命题代回表中. 这对于理解这张表的用意会有益处.

表 2.26 合取律赋值计算表

命题	A_1	A_2	A_{12}	A_{22}	A_{13}	A_{14}	A_{15}
赋值	0	0	1	1	0	0	1
赋值	0	1	1	0	0	1	1
赋值	1	0	0	1	1	1	1
赋值	1	1	1	0	0	1	1

同上面一样, 在合取律赋值计算表 (表 2.26) 里, 第 2 列和第 3 列是关于 A_1 和 A_2 赋值的可能的 4 种组合; 第 4 列的结果是依照第 2,3 列的赋值应用蕴含式计算表 (表 2.19) 计算而得; 第 5 列的结果是依照第 3 列的赋值应用否定式赋值计算表 (第 83 页中的表 2.18) 计算而得; 第 6 列的结果是依照第 4 列的结果应用否定式赋值计算表 (第 83 页中的表 2.18) 计算而得; 第 7 列的结果是依照第 5,6 两列的结果应用蕴含式赋值计算表 (第 84 页中的表 2.19) 计算而得; 第 8 列的结果是依照第 2 列的赋值, 第 7 列的结果应用蕴含式赋值计算表 (第 84 页中的表 2.19) 计算而得.

例 2.5 设 A_1, A_2, A_3 是锦帛矩阵中第一列的前 3 个命题 (变元).

(1) 考虑由它们构成的命题: $((A_1 \to (A_2 \to A_3)) \to ((A_1 \to A_2) \to (A_1 \to A_3)))$. 在这个命题之中, $(A_2 \to A_3), (A_1 \to A_2), (A_1 \to A_3)$ 都是层次为 2 的命题; $(A_1 \to (A_2 \to A_3))$ 和 $((A_1 \to A_2) \to (A_1 \to A_3))$ 是两个层次为 3 的命题; $((A_1 \to (A_2 \to A_3)) \to ((A_1 \to A_2) \to (A_1 \to A_3)))$ 则是一个层次为 4 的命题. 为了将这些命题的赋值计算安放在一张赋值计算表之中, 让我们应用锦帛矩阵的记

号约定来简记这些命题: 令 A_{12} 记命题 $(A_1 \to A_2)$; 令 A_{22} 记命题 $(A_1 \to A_3)$; 令 A_{32} 记命题 $(A_2 \to A_3)$; 令 A_{13} 记命题 $(A_1 \to (A_2 \to A_3))$, 也就是 $(A_1 \to A_{32})$; 令 A_{23} 记命题 $((A_1 \to A_2) \to (A_1 \to A_3))$, 也就是 $(A_{12} \to A_{22})$; 令 A_{14} 记命题 $((A_1 \to (A_2 \to A_3)) \to ((A_1 \to A_2) \to (A_1 \to A_3)))$, 也就是 $(A_{13} \to A_{23})$. 对这个命题的赋值计算表, 蕴含分配律赋值计算表 (第 94 页表 2.27), 将揭示如何把关于 A_1, A_2, A_3 的随意赋值逐步延拓到对各个相应的命题的赋值. 在阅读表 2.27 时, 请记住将表中所使用的简写符号分别用它们所替代的命题代回表中. 这对于理解这张表的用意会有益处.

表 2.27 蕴含分配律赋值计算表

命题	A_1	A_2	A_3	A_{12}	A_{22}	A_{32}	A_{13}	A_{23}	A_{14}
赋值	0	0	0	1	1	1	1	1	1
赋值	0	0	1	1	1	1	1	1	1
赋值	0	1	0	1	1	0	1	1	1
赋值	0	1	1	1	1	1	1	1	1
赋值	1	0	0	0	0	1	1	1	1
赋值	1	0	1	0	1	1	1	1	1
赋值	1	1	0	1	0	0	0	0	1
赋值	1	1	1	1	1	1	1	1	1

在蕴含分配律赋值计算表 (表 2.27) 里, 第 2,3,4 列是关于 A_1, A_2, A_3 的随意赋值的全部 8 种可能的组合; 第 5 列的结果是依照第 2,3 列的赋值应用蕴含式赋值计算表 (第 84 页中的表 2.19) 计算而得; 第 6 列的结果是依照第 2,4 列的赋值应用蕴含式赋值计算表 (第 84 页中的表 2.19) 计算而得; 第 7 列的结果是依照第 3,4 列的赋值应用蕴含式赋值计算表 (第 84 页中的表 2.19) 计算而得; 第 8 列的结果是依照第 2,7 列的赋值应用蕴含式赋值计算表 (第 84 页中的表 2.19) 计算而得; 第 9 列的结果是依照第 5,6 列的结果应用蕴含式赋值计算表 (第 84 页中的表 2.19) 计算而得; 最后一列, 第 10 列的结果是依照第 8,9 列的结果应用蕴含式赋值计算表 (第 84 页中的表 2.19) 计算而得.

(2) 再考虑由这上面的两个命题 A_{23} 和 A_{14} 构成的命题:

$$(A_{23} \to ((\neg A_{14}) \to (\neg(A_{23} \to A_{14})))),$$

其中, A_{23} 是命题 $((A_1 \to A_2) \to (A_1 \to A_3))$ 的简写; A_{14} 是命题

$$((A_1 \to (A_2 \to A_3)) \to ((A_1 \to A_2) \to (A_1 \to A_3)))$$

的简写. 在这个命题中, A_{23} 是一个层次为 3 的命题, A_{14} 是一个层次为 4 的命题; $(\neg A_{14})$ 和 $(A_{23} \to A_{14})$ 是两个层次为 5 的命题; $(\neg(A_{23} \to A_{14}))$ 是一个层次

为 6 的命题; $((\neg A_{14})\to(\neg(A_{23}\to A_{14})))$ 是一个层次为 7 的命题; 而命题 $(A_{23}\to((\neg A_{14})\to(\neg(A_{23}\to A_{14}))))$ 则是一个层次为 8 的命题. 为了将对这些命题的可能的赋值安放一张表里, 我们按照锦帛矩阵的命题标号约定引进简写记号: 令 A_{15} 记 $(A_{23}\to A_{14})$; 令 A_{25} 记 $(\neg A_{14})$; 令 A_{16} 记 $(\neg(A_{23}\to A_{14}))$; 令 A_{17} 记 $((\neg A_{14})\to(\neg(A_{23}\to A_{14})))$; 令 A_{18} 记 $(A_{23}\to((\neg A_{14})\to(\neg(A_{23}\to A_{14}))))$.

命题	A_{23}	A_{14}	A_{15}	A_{25}	A_{16}	A_{17}	A_{18}
赋值	0	1	1	0	0	1	1
赋值	1	1	1	0	0	1	1

同上面一样, 第 2,3 列是关于 A_{23} 和 A_{14} (由第 94 页表 2.27 计算出来的) 赋值的可能的 2 种组合 (因为 A_{14} 的赋值总是 1); 第 4 列的结果是依照第 2,3 列的赋值应用蕴含式赋值计算表 (第 84 页表 2.19) 计算而得; 第 5 列的赋值是依照第 3 列的赋值应用否定式赋值计算表 (第 83 页表 2.18) 计算而得; 第 6 列的结果是依照第 4 列的结果应用否定式赋值计算表 (第 83 页表 2.18) 计算而得; 第 7 列的结果是依照第 5,6 两列的结果应用蕴含式赋值计算表 (第 84 页中的表 2.19) 计算而得; 第 8 列的结果是依照第 2 列的赋值和第 7 列的结果应用蕴含式赋值计算表 (第 84 页中的表 2.19) 计算而得.

(建议读者将本例子中的这张赋值计算表与例 2.4 中的赋值计算表 2.26 比较一下. 这会是一件有趣并有收获的事情.)

2.4.3 逻辑赋值计算例子

在这里我们再计算几个例子. 这些例子将分别揭示出某些特定的命题形式之间的紧密关系.

这里的第一个例子是下面的基本律赋值计算表 (表 2.28). 这张表所展现是如下四条基本律成立的理由 (后面我们会进一步解释这种说法的含义):

(0) 矛盾律: A 总与 $(\neg A)$ 相互矛盾相互冲突;

(1) 互补律 (排中律): 凡事, 要么 A, 要么 $(\neg A)$, 二者必居其一, 二者只居其一;

(2) 同一律: 自身总是自身成立的理由;

(3) 否定之否定律: 否定之否定便是再度肯定.

在基本律赋值计算表 (第 96 页表 2.28) 中, 命题 $(\neg A)$ 和 $(A\to A)$ 的层次比 A 的层次恰好多 1; $(A\wedge(\neg A))$ 和 $((\neg A)\vee A)$ 的层次恰好比 A 的层次多 2; 命题 $(A\leftrightarrow(\neg(\neg A)))$ 的层次恰好比 A 的层次多 3, 因为 $(\neg(\neg A))$ 的层次恰好比 A 的层次多 2. 为了将所涉及的几个命题的赋值计算置放在同一个赋值计算表中, 我们用 B 来记命题 $(\neg(\neg A))$, 用 C 来记 $(A\leftrightarrow(\neg(\neg A)))$. 因此, 在阅读表 2.28 时, 请记住将表中的 B 和 C 分别用它们所替代的命题代回表中. 这对于理解这张表的用意会有益处. 表 2.28 的第 2 列是 A 的赋值的两种可能性; 第 3 列依照第 2 列中的赋值应用否定式赋值计算表 (第 83 页表 2.18) 计算而得; 第 4 列依照第 2 列中的赋值应用蕴含式赋值计算表 (第 84 页中的表 2.19) 计算而得; 第 5,6 列依照第 2,3 列的赋值分别应用合取式赋值计算表 (第 86 页表 2.21) 与析取式赋值计算表 (第 85 页表 2.20) 计算而得; 第 7 列依照第 3 列的赋值应用否定式赋值计算表 (第 83 页表 2.18) 计算而得; 第 8 列依照第 2,7 列的赋值应用对等式赋值计算表 (第 87 页表 2.22) 计算而得.

表 2.28　基本律赋值计算表

命题	A	$(\neg A)$	$(A \to A)$	$(A \wedge (\neg A))$	$((\neg A) \vee A)$	B	C
赋值	1	0	1	0	1	1	1
赋值	0	1	1	0	1	0	1

(4) 接下来的这张赋值计算表 (表 2.29) 所要展示的逆否命题律成立的理由. 首先, 称命题 $(B \to A)$ 为蕴含式 $(A \to B)$ 的逆命题; 称命题 $((\neg A) \to (\neg B))$ 为蕴含式 $(A \to B)$ 的否命题; 称命题 $((\neg B) \to (\neg A))$ 为蕴含式 $(A \to B)$ 的逆否命题. 逆否命题律表明的是后面的这两个断言: 对任何一个蕴含式的逆否命题和该蕴含式同时实施的正确是非判断必然毫无差别; 对任何一个蕴含式的逆命题和该蕴含式的否命题同时实施的正确是非判断必然毫无差别.

表 2.29　逆否命题逆命题否命题赋值计算表

命题	A	B	$(A \to B)$	$((\neg B) \to (\neg A))$	$(B \to A)$	$((\neg A) \to (\neg B))$
赋值	0	0	1	1	1	1
赋值	0	1	1	1	0	0
赋值	1	1	1	1	1	1
赋值	1	0	0	0	1	1

在制作蕴含词析取词赋值计算对照表 (第 97 页表 2.30) 时, 受空间的限制, 我们用 C 来记命题 $((A \to B) \leftrightarrow ((\neg A) \vee B))$; 用 D 来记命题 $((A \to B) \leftrightarrow ((\neg B) \to (\neg A)))$. 因此, 在阅读表 2.30 时, 请记住将表中的 C 和 D 分别用它们所替代的命题代回表中. 这对于理解这张表的用意会有益处. 同时, 在考察表 2.30 时, 请注意将这张表与前面的逆否命题逆命题否命题赋值计算表 (第 96 页表 2.29) 互相参照, 这也会有益处.

接下来, 我们看看两张揭示析取词和合取词可交换性的赋值计算表. 第一张是析取词交换律赋值计算表 (表 2.31).

析取词交换律赋值计算表 (表 2.31) 表明在析取词使用过程中被联结的两个命题的先后顺序在计算赋值时其实无关紧要, 尽管不同的顺序导致不同的命题, 但对它们的正确赋值则完全相同. 这张赋值计算表恰好揭示了析取词在使用中所具有的这种**可交换性** (**交换律**).

表 2.30 蕴含词析取词赋值计算对照表

命题	A	B	$(A \to B)$	$((\neg A) \vee B)$	C	D
赋值	0	0	1	1	1	1
赋值	0	1	1	1	1	1
赋值	1	1	1	1	1	1
赋值	1	0	0	0	1	1

表 2.31 析取词交换律赋值计算表

命题	A	B	$(A \vee B)$	$(B \vee A)$	$((A \vee B) \leftrightarrow (B \vee A))$
赋值	0	0	0	0	1
赋值	0	1	1	1	1
赋值	1	1	1	1	1
赋值	1	0	1	1	1

同前面的析取词交换律赋值计算表 (表 2.31) 一样, 合取词交换律赋值计算表 (表 2.32) 所揭示的是在合取词使用过程中被联结的两个命题的先后顺序在计算赋值时其实无关紧要, 尽管不同的顺序导致不同的命题, 但对它们的正确赋值则完全相同. 这张赋值计算表恰好揭示了合取词的这种**可交换性** (**交换律**).

表 2.32 合取词交换律赋值计算表

命题	A	B	$(A \wedge B)$	$(B \wedge A)$	$((A \wedge B) \leftrightarrow (B \wedge A))$
赋值	0	0	0	0	1
赋值	0	1	0	0	1
赋值	1	1	1	1	1
赋值	1	0	0	0	1

接下来的三张赋值计算表 (表 2.33—表 2.35) 所展示的分别是逻辑联结词 $\vee$(或)、$\wedge$(与) 以及 $\leftrightarrow$(对等) 与逻辑联结词 $\neg$(非) 和 $\to$(蕴含) 的组合之间的紧密联系. 它们所展示的正是这三个逻辑联结词其实可以经过“非”和“蕴含”的简单组合等价地表示出来. 换句话说, 后者 ($\neg$ 与 $\to$ 之组合) 可以独立地圆满地支撑起逻辑分析的整个天地. 实际上, 逻辑联结词“非”和“或”的简单组合, 逻辑联结词“非”和“与”的简单组合, 也可以同样独立和圆满地支撑起逻辑分析的整个天地. 后面我们将进一步解释这里所说的“等价地表示”这个短语的含义.

(5) 在后面展示德摩根律的两张表 (第 98 页表 2.36 和第 98 页表 2.37) 中, 为节省印刷空间, 用 C 来简记命题 $((\neg(A \wedge B)) \leftrightarrow ((\neg A) \vee (\neg B)))$, 以及用 D 来简记

命题 $((\neg(A\vee B))\leftrightarrow((\neg A)\wedge(\neg B)))$. 这两张表展示应当如何正确使用否定词. 也就是揭示逻辑联结词"与"和"或"之间在逻辑联结词"非"作用下的两种**对偶性**.

表 2.33　析取词与蕴含词对照表

命题	A	B	$(A\vee B)$	$((\neg A)\to B)$
赋值	0	0	0	0
赋值	0	1	1	1
赋值	1	1	1	1
赋值	1	0	1	1

表 2.34　合取词与蕴含词对照表

命题	A	B	$(A\wedge B)$	$(\neg(A\to(\neg B)))$
赋值	0	0	0	0
赋值	0	1	0	0
赋值	1	1	1	1
赋值	1	0	0	0

表 2.35　对等词与蕴含词对照表

命题	A	B	$(A\leftrightarrow B)$	$(\neg((A\to B)\to(\neg(B\to A))))$
赋值	0	0	1	1
赋值	0	1	0	0
赋值	1	1	1	1
赋值	1	0	0	0

表 2.36　非与和或非对照表

命题	A	B	$(\neg(A\wedge B))$	$((\neg A)\vee(\neg B))$	C
赋值	0	0	1	1	1
赋值	0	1	1	1	1
赋值	1	1	0	0	1
赋值	1	0	1	1	1

表 2.37　非或和与非对照表

命题	A	B	$(\neg(A\vee B))$	$((\neg A)\wedge(\neg B))$	D
赋值	0	0	1	1	1
赋值	0	1	0	0	1
赋值	1	1	0	0	1
赋值	1	0	0	0	1

2.4.4 布尔函数与真值表

根据前面的唯一可读性定理 (定理 2.1), 任何一个复合命题 B 一定是由唯一的一组命题变元 $A_{i_1}, A_{i_2}, \cdots, A_{i_m}$ 经过若干次正确应用逻辑联结词得到的, 其中 $i_1 < i_2 < \cdots < i_m$ 是 m 个正整数. 现在假设 B 就是任意的这样的一个复合命题. 由唯一可读性定理我们得到关于复合命题 B 的正确是非判断的局部确定性 (见定理 2.3), 也就是说, 对于复合命题 B 的每一个正确是非判断都完全唯一地由关于这些命题变元 $A_{i_1}, A_{i_2}, \cdots, A_{i_m}$ 的某一组是非判断所确定; 反之亦然. 这样, 由关于命题变元 $A_{i_1}, A_{i_2}, \cdots, A_{i_m}$ 的所有可能的 (一共有 2^m 多个) 是非判断, 我们就得到全部的关于复合命题 B 的正确判断 (也是一共有 2^m 多个) 以及正确判断的结果 (同样一共有 2^m 多个). 我们如果将所有这些按照自然顺序罗列出来, 就得到关于 B 的全部 2^m 个正确判断的计算表 (诚如前面见到的那些例子所示意的那样). 我们将这样的关于 B 的正确是非判断的全部列表称为 B 的**真值表**. 前面, 在考虑那些具体的复合命题时, 我们都实际上显式地将真值表展示出来了. 但是就一个一般性的复合命题 B 而言, 我们没有办法那样显式地展示它的真值表, 因为我们既不知道 m 的具体数值, 又不知道在 B 的造句过程中都使用了哪些逻辑联结词以及它们是按照什么样的方式组合的. 但是我们抽象地知道如下事实. 第一, 命题变元组 $A_{i_1}, A_{i_2}, \cdots, A_{i_m}$ 的任何一个是非判断都是一个长度为 m 的 0-1 序列, 并且任何一个长度为 m 的 0-1 序列都唯一地确定了这一组命题变元 $A_{i_1}, A_{i_2}, \cdots, A_{i_m}$ 的一个是非判断. 这样, 我们就可以将关于这一组命题变元 $A_{i_1}, A_{i_2}, \cdots, A_{i_m}$ 的是非判断与这些长度为 m 的 0-1 序列等同起来 (这就是我们说一共有 2^m 多个是非判断的理由). 第二, 对于任意的一个长度为 m 的 0-1 序列 $\langle x_1, x_2, \cdots, x_m\rangle$ (其中变量 x_j 的取值为 0 或者 1), 关于 B 的一个正确是非判断都唯一地确定了一个或者是 0 或者是 1 的结果, 我们称这个结果为由 B 所确定的, 并且为了说话方便将这个结果记成 $\sigma_B(x_1, x_2, \cdots, x_m)$, 因为这一结果, 尽管完全由 B 所确定, 但它是依赖于序列 $\langle x_1, x_2, \cdots, x_m\rangle$ 的, 是在给定这个序列 $\langle x_1, x_2, \cdots, x_m\rangle$ 的基础上才按照 B 的构造方式计算出来的. 进一步地, 为了说话方便, 称这些在 0 和 1 上取值的变量 x_j 为一个**布尔变量**, 而将数值 $\sigma_B(x_1, x_2, \cdots, x_m)$ 称为一个**布尔函数值**, 从而将 σ_B 称为定义**在 m-元布尔变量取值范围上的一个布尔函数**, 简称为一个 **m-元布尔函数**, 并且用记号

$$\langle x_1, x_2, \cdots, x_m\rangle \mapsto \sigma_B(x_1, x_2, \cdots, x_m)$$

来表示这个布尔函数. 这样做, 既简单又明确. 刚开始可能有点抽象, 但是一旦习惯了, 就会体会到这种简洁和明确的美感. 我们还将这个布尔函数 σ_B 与 B 的真值表等同起来, 这样就有了一种一般性地书写复合命题的真值表的方法. 用这种方法, 我们可以将 2.3.1 小节中的六种基本计算表重新书写出来 (其中 x 和 y 为布尔

变量):

(1) 置反运算: $x \mapsto \bar{x}$;

(2) 乘法运算: $\langle x, y\rangle \mapsto x \odot y$;

(3) 加法运算: $\langle x, y\rangle \mapsto x \oplus y$;

(4) 反和运算: $\langle x, y\rangle \mapsto x \mp y$;

(5) 同与运算: $\langle x, y\rangle \mapsto x \otimes y$;

(6) 异或运算: $\langle x, y\rangle \mapsto x \uplus y$.

现在假设 A_1 和 A_2 是两个命题变元. 那么由它们构成的最简单的五种复合命题的真值表就可以如下书写出来 (其中 x 和 y 为布尔变量):

(1) $\sigma_{(\neg A_1)}$: $x \mapsto \bar{x}$;

(2) $\sigma_{(A_1 \wedge A_2)}$: $\langle x, y\rangle \mapsto x \odot y$;

(3) $\sigma_{(A_1 \vee A_2)}$: $\langle x, y\rangle \mapsto x \oplus y$;

(4) $\sigma_{(A_1 \rightarrow A_2)}$: $\langle x, y\rangle \mapsto x \mp y$;

(5) $\sigma_{(A_1 \leftrightarrow A_2)}$: $\langle x, y\rangle \mapsto x \otimes y$.

又比如, 第一宽容律真值表 (表 2.23) 就可以如后书写出来: $\langle x, y\rangle \mapsto x \mp (y \mp x)$.

基于上面的例子, 我们不妨引进下面的五种基本布尔函数: 设 x 和 y 为布尔变量. 那么定义

(1) $H_{\neg}(x) = \bar{x}$;

(2) $H_{\wedge}(x, y) = x \odot y$;

(3) $H_{\vee}(x, y) = x \oplus y$;

(4) $H_{\rightarrow}(x, y) = x \mp y$;

(5) $H_{\leftrightarrow}(x, y) = x \otimes y$.

将前面的分析综合起来我们就知道如果 B 是一个复合命题, 那么 B 的真值表 σ_B 一定是上面这五种基本布尔函数按照一个确定的方式复合得到的, 因为 B 就是由一组命题变元经过这五种逻辑联结词 $\neg, \wedge, \vee, \rightarrow, \leftrightarrow$ 以一种唯一确定的方式构建出来的.

更进一步地, 如果 A 是一个命题变元, 我们用 σ_A 来记 1-元恒等函数, 也就是说, 对于在 0 和 1 中取值的布尔变量 x 而言, $\sigma_A(x) = x$. 这样, σ_A 也就是 A 的真值表: 关于命题变元 A 的是非判断的结果要么是 0, 要么是 1; 恰好就是这两种可能. 注意, 1-元布尔函数恰好有两个: 恒等函数以及置反函数 $H_{\neg}$.

这样一来, 我们知道任何一个命题 B 都唯一地有一个真值表; 如果 B 的构建恰好涉及 m 个命题变元, 那么 B 的真值表 σ_B 就是一个 m-元布尔函数. 一个有趣的也是重要的事实是: 任何一个定义在 m-元布尔变量取值范围上的布尔函数都一定是某一个涉及 m 个命题变元的命题的真值表. 在这里省略这个事实的证明 (严格证明是可能的, 但有点超出本书的范围). 这样, 我们就将布尔函数与命题的真值

表等同起来. 当然, 不少命题会具有相同的真值表, 而任何一个布尔函数都是一个唯一确定的对象.

还有一点值得注意的是: 任何一个命题的真值表都一定可以经过一个电子逻辑门电路来实现; 因此, 每一个 m-元布尔函数都一定可以经过一个电子逻辑门电路来实现 (实现 1-元恒等函数的电子逻辑门被称为**缓冲**). 当然, 任何一个电子逻辑门电路也都在计算一个布尔函数. 这些事实实际上正是现代信息技术的基石.

2.4.5 可受益性与相对真理

从前面的赋值计算例子之中我们注意到三种不同的现象. 比如, 以非或和与非对照表 (第 98 页表 2.37) 为例, 这张赋值计算表的第 4 列表明当对 A 和 B 的赋值都为 0 时, 对命题 $(\neg(A\vee B))$ 的正确赋值便是 1; 当对 A 的赋值为 0 而对 B 的赋值为 1 的时候, 对 $(\neg(A\vee B))$ 的正确赋值便是 0; 同一张表的第 6 列则表明无论对 A 和 B 的赋值如何, 相应的对命题 $((\neg(A\vee B))\leftrightarrow((\neg A)\wedge(\neg B)))$ 的正确赋值总是 1. 又比如, 以基本律赋值计算表 (第 96 页表 2.28) 为例, 这张赋值计算表的第 5 列表明无论对一个命题 A 的赋值是 0 还是 1, 对命题 $(A\wedge(\neg A))$ 的相应的正确赋值只能是 0. 也就是说, 一种情况为相对于组成一个命题的基本命题的不同的赋值而言, 对这个命题的正确赋值可能为 1, 也可能为 0; 第二种情况为相对于组成一个命题的基本命题的不同赋值而言, 对这个命题的正确赋值总是为 1; 第三种情况为相对于组成一个命题的基本命题的不同赋值而言, 对这个命题的正确赋值总是为 0.

为了系统地区分这三种不同的现象, 我们引进三个关于逻辑命题分类的具体概念: 可受益命题、恒真命题 (重言式)、恒假命题 (谬论).

定义 2.2 (可受益性) (1) 一个正确是非判断**有益于**一个命题 A (此时也说这是一个令 A 从中受益的正确是非判断) 当且仅当命题 A 在这个正确是非判断之下的赋值为 1; 一个正确是非判断**有损于**一个命题 A 当且仅当命题 A 在这个正确是非判断之下的赋值为 0.

(2) 一个正确是非判断有益于一个命题集合 Γ (此时也说这是一个令 Γ 从中受益的正确是非判断) 当且仅当这个正确是非判断同时有益于 Γ 中的每一个命题.

(3) 一个命题 A 是一个**可受益命题**当且仅当存在一个有益于 A 的正确是非判断.

(4) 一个命题集合 Γ 是可受益命题集合当且仅当存在一个有益于 Γ 的正确是非判断.

(5) 一个命题 A 是一个**重言式**或**恒真命题**当且仅当每一个正确是非判断都有益于 A.

(6) 一个命题 A 是一个**谬论**或**自相矛盾**或**恒假命题**当且仅当每一个正确是非判断都有损于 A.

例 2.6　1. 所有层次为 1 的命题之集合是一个可受益命题集合. 这是因为对于每一个层次为 1 的命题我们都可以赋予 1 作为它们的赋值, 然后在这个基础上应用五种赋值计算规则, 从左向右, 根据各逻辑命题构成的唯一可读性, 对锦帛矩阵 (第 81 页图 2.15) 中各列的逻辑命题分别计算出各自的正确赋值, 从而得到令层次为 1 的全体命题都受益的一个正确是非判断. (这事实上是正确是非判断存在性和唯一性定理 (第 89 页定理 2.2) 的一个简单应用的结果.)

2. 所有层次为 1 的命题之集合是一个可全体受损的命题集合. 这是因为对于每一个层次为 1 的命题我们都可以赋予 0 作为它们的赋值, 然后在这个基础上应用五种赋值计算规则, 从左向右, 根据各逻辑命题构成的唯一可读性, 对锦帛矩阵 (第 81 页图 2.15) 中各列的逻辑命题分别计算出各自的正确赋值, 从而得到令层次为 1 的全体命题都受损的一个正确是非判断.

3. 由 3 个命题组成的集合 $\{(\neg A), (\neg B), (A \vee B)\}$ 就不是一个可受益命题集合. 这是因为如果一个正确是非判断让两个命题 $(\neg A)$ 和 $(\neg B)$ 同时受益, 那么对命题 A 和 B 的赋值只能都是 0; 当命题 A 和 B 的赋值都是 0 时, 根据析取式赋值计算表 (第 85 页表 2.20), 正确是非判断必定对命题 $(A \vee B)$ 赋予 0, 从而 $(A \vee B)$ 便不会得益于这个正确是非判断. 所以, 同时让集合中的三个命题同时受益的正确是非判断并不存在.

4. 所有层次为 2 的命题之集合不是一个可受益命题集合; 从而整个锦帛矩阵中全体命题所成之集合不是一个可受益命题集合. 这是因为当 A 和 B 是两个层次为 1 的命题时, $(\neg A), (\neg B), (A \vee B)$ 就是三个层次为 2 的命题. 上面的分析表明不存在同时让这三个命题受益的正确是非判断. 因为任何一个同时让层次为 2 的所有命题都受益的正确是非判断必定也让这三个命题也同时受益, 所以, 不存在同时让所有层次为 2 的命题都受益的正确是非判断. 基于同样的理由, 我们知道不存在同时让整个锦帛矩阵中所有命题都受益的正确是非判断.

5. $(A \to A)$ 是一个重言式. 从基本律赋值计算表 (第 96 页表 2.28) 中的第 4 列就可以看出, 无论一个正确是非判断对于 A 赋予何值, 这个正确是非判断都会赋予 $(A \to A)$ 以 1. 所以, 命题 $(A \to A)$ 必定是一个恒真命题.

6. $(\neg(A \to A))$ 是一个谬论. 这是因为命题 $(A \to A)$ 是一个恒真命题, 每一个正确是非判断都会对 $(A \to A)$ 赋予 1, 根据否定式赋值规则 (第 83 页表 2.18), 任何一个正确是非判断都一定对 $(\neg(A \to A))$ 赋予 0.

7. $(\neg((\neg A_1) \to A_2))$ 是可受益命题, 但不是一个重言式. 这是由于命题 A_1 和 A_2 是两个层次为 1 的命题, 我们可以对这两个命题任意赋值. 下面的赋值计算表 (表 2.38) 就表明存在两个分别赋予命题 $(\neg((\neg A_1) \to A_2))$ 为 1 和 0 的正确是非判断.

定义 2.3 (相对真理)　对于一个命题 A 以及一个命题集合 Γ 而言, 命题 A 是

表 2.38 益损对比例 1

命题	A_1	A_2	$(\neg A_1)$	$((\neg A_1)\to A_2)$	$(\neg((\neg A_1)\to A_2))$
赋值	0	0	1	0	1
赋值	0	1	1	1	0

Γ 的一条**相对真理**, 或者一个**逻辑结论**, 或者 Γ **逻辑蕴含** A, 当且仅当对于任意一个正确是非判断来说, 如果 Γ 可以从中受益, 那么 A 也一定从中受益.

我们用记号 $\Gamma\models A$ 来简写"A 是 Γ 的一条相对真理"这一说法.

"相对真理"这一具体概念揭示的是思考者当前所关注的命题 A 与思考者此前自行选择的"起点"Γ 之间的一种必然的逻辑关系. 一旦一个起点被选定, 这个起点的所有的逻辑结论也就完全自动确定. 当然, 这并不意味着这些相对真理会自动地被思考者, 或者任何其他人, 所知晓. 事实上, 去认识这些相对真理, 去排除那些并非相对真理的命题, 恰恰是思考者进一步思考的艰巨任务. 后面, 本书将提出有助于思考者完成这样的认识的系统性建议, 并且自信这种建议是合理与适用的.

下面的例子将表明任何一条"相对真理"的的确确是相对于起点的真理. 这种相对性恰恰强调着思考者在自行选择起点时应有的谨慎所在: 自己所选的起点是否存在令其受益的正确是非判断.

例 2.7 1. 锦帛矩阵 (第 81 页中的图 2.15) 中的每一个命题 A 都是整个锦帛矩阵全体命题之集合的逻辑结论; 同样地, 锦帛矩阵中的每一个命题 A 都是命题集合 $\{(\neg(A_0\to A_0))\}$ 的逻辑结论. 这是因为根本就没有可以让命题集合 $\{(\neg(A_0\to A_0))\}$ 从中受益的正确是非判断, 更没有可以让整个锦帛矩阵中的全体命题从中受益的正确是非判断. 当条件语句"如果 Γ 可以从中受益, 那么 A 也一定从中受益"中的前提"Γ 可以从中受益"无法成立时, 这个条件语句"如果 Γ 可以从中受益, 那么 A 也一定从中受益"也就自动成立了 (至于这个条件语句的结论"A 也一定从中受益"是否成立就是一件完全无关紧要的事情).

2. 一个非空的命题集合 Γ 中的任何一个命题 A 都一定是 Γ 的一个逻辑结论, 尤其是必有 $\{A\}\models A$.

3. $\{\}\models(A\to A)$, 其中记号 $\{\}$ 是空集的一个记号, 有时也用记号 $\varnothing$ 来记空集. 因为没有一个正确是非判断可以让空集中的任何命题受损, 所以每一个正确是非判断都必定让命题空集从中受益. 而命题 $(A\to A)$ 是一个恒真命题 (重言式), 所以每一个正确是非判断都令 $(A\to A)$ 从中受益. 这自然就意味着 $(A\to A)$ 就是命题空集的一个逻辑结论. 事实上, 每一个恒真命题都是命题空集的一个逻辑结论.

4. $\{A,(A\to B)\}\models B$. 这是因为如果一个正确是非判断同时令 A 和 $(A\to B)$ 都从中受益, 那么蕴含式赋值计算表 (表 2.19) 中的第 3 赋值行和第 4 赋值行就一起表明 B 必定也从这个正确是非判断中受益.

2.4.6　逻辑等价与重言式

由于计算机内部的电路都是逻辑门电路, 而任何一种逻辑门电路都事实上在实现一个布尔表达式 (逻辑命题), 因此在计算机门电路的设计中经常遇到的一个问题就是布尔表达式的化简问题: 在保持全部计算功能的前提下简化一个给定的复杂的布尔表达式 (逻辑命题). 这是计算机逻辑电路设计中的优化问题, 因为实现一个比较简单但具有相同的计算功能的逻辑电路的费用会比较低. 简化一个布尔表达式的过程是一个应用各种布尔等式律的过程, 而化简过程结束之后的结果是否正确, 是否真正保持全部计算功能, 就是一个关键问题. 就是在日常的思考和交流中, 我们也有在不改变所要表达的意思的前提下尽可能简化自己的表达方式的愿望, 因为越简单明了越清楚易懂. 那么, 应当如何判断化简所得的结果是正确的? “具有完全相同的计算功能 (保持全部计算功能)” 是什么意思呢? 简单说来, 所说的 “具有完全相同的计算功能” 就是指对于任何输入布尔变量的赋值序列, 作为布尔函数, 它们所计算出来的结果都是相等的. 正规一点的说法就是它们逻辑等价.

定义 2.4 (逻辑等价)　*称两个逻辑命题 A 与 B 是***逻辑等价***的当且仅当, 对于所有的正确是非判断而言, 要么 A 和 B 都同时从中受益, 要么 A 和 B 都同时从中受损.*

由逻辑等价的定义可见判定两个逻辑命题是否逻辑等价的过程就是分别计算它们的真值表然后再比较所得到的两个真值表是否相同这样一个过程. 例如,

1. 所有的重言式都彼此相互逻辑等价; 所有的谬论也都彼此相互逻辑等价. 前者之所以成立, 是因为每一个重言式都从每一个正确是非判断中受益; 后者成立的理由恰恰反过来, 每一个谬论都从每一个正确是非判断中受损.

2. A 逻辑地等价于 $(\neg(\neg A))$. 理由见基本律赋值计算表 (第 96 页表 2.28).

3. $(A \vee B)$ 逻辑地等价于 $(B \vee A)$. 理由见析取词交换律赋值计算表 (第 97 页表 2.31).

4. $(A \wedge B)$ 逻辑地等价于 $(B \wedge A)$. 理由见合取词交换律赋值计算表 (第 97 页表 2.32).

5. $(\neg(A \wedge B))$ 逻辑地等价于 $((\neg A) \vee (\neg B))$. 理由见非与和或非对照表 (第 98 页表 2.36) 第 3 列和第 4 列.

6. $(\neg(A \vee B))$ 逻辑地等价于 $((\neg A) \wedge (\neg B))$. 理由见非或和与非对照表 (第 98 页表 2.37) 第 3 列和第 4 列.

7. $(A \to B)$ 与它的逆否命题 $((\neg B) \to (\neg A))$ 逻辑等价. 理由见逆否命题逆命题否命题赋值计算表 (第 96 页表 2.29).

8. $(A \to B)$ 与 $((\neg A) \vee B)$ 逻辑等价. 理由见蕴含词析取词赋值计算对照表 (第 97 页表 2.30).

9. $(A \vee B)$ 与 $((\neg A) \to B)$ 逻辑等价. 理由见析取词与蕴含词对照表 (第 98 页表 2.33).

10. $(A \wedge B)$ 与 $(\neg(A \to (\neg B)))$ 逻辑等价. 理由见合取词与蕴含词对照表 (第 98 页表 2.34).

11. $(A \leftrightarrow B)$ 与 $(\neg((A \to B) \to (\neg(B \to A))))$ 逻辑等价. 理由见对等词与蕴含词对照表 (第 98 页表 2.35).

我们将下述四个例子成立的理由留给有兴趣的读者去思考 (可以用建立对 A, B 和 C 这 3 个命题独立自由赋值的赋值计算表的方法来验证).

1. $(A \vee (B \vee C))$ 逻辑地等价于 $((A \vee B) \vee C)$.
2. $(A \wedge (B \wedge C))$ 逻辑地等价于 $((A \wedge B) \wedge C)$.
3. $(A \wedge (B \vee C))$ 逻辑地等价于 $((A \wedge B) \vee (A \wedge C))$.
4. $(A \vee (B \wedge C))$ 逻辑地等价于 $((A \vee B) \wedge (A \vee C))$.

下述定理解释对等词的基本功用就是将逻辑等价这个命题之间的具体分类关系植入逻辑命题的构造之中, 从而将对逻辑命题的两种是非判断统一起来. 有关演示这个定理的一些特例, 有兴趣的读者可以在前面的一些例子中找到, 这里就不再一一赘述.

定理 2.4 *两个逻辑命题 A 与 B 逻辑等价当且仅当由 A 与 B 所构成的对等式 $(A \leftrightarrow B)$ 是一个重言式.*

证明[11] 我们先假设逻辑命题 A 与 B 是逻辑等价的. 这就意味着对于任意给定的一个正确是非判断而言, A 和 B 从中得到的赋值相等, 根据对等式赋值计算表 (第 87 页表 2.22) 中 A 与 B 具有相等赋值的两行数据, 命题 $(A \leftrightarrow B)$ 就一定从这个正确是非判断中受益. 所以, $(A \leftrightarrow B)$ 就是一个重言式.

反过来, 我们假设 $(A \leftrightarrow B)$ 是一个重言式. 此时任何一个正确是非判断都必须对 $(A \leftrightarrow B)$ 赋予 1, 同样依据对等式赋值计算表 (第 87 页表 2.22), 令 $(A \leftrightarrow B)$ 赋予 1 的行只有第 1 赋值行和第 4 赋值行, 而在这两行之中, A 和 B 的赋值都相等. 根据我们重言式假设, 对等式赋值计算表就表明令 A 与 B 的赋值不相等的是非判断一定不是正确是非判断. 所以, A 与 B 就是逻辑等价的. □

2.5 演绎推理

前面我们的分析着重回答了什么是语句正确的逻辑结构以及什么是对语句的

11 在本书中, 所有的证明都以左上方的黑体字**证明**作为开端标识, 以出现在右下方的一个 □ 记号作为结束标志. 在这两个标识之间的文字构成对所需要论证的命题或者断言的一种论证. 这里所说的证明, 或者论证, 无非就是讲清楚命题或者断言为什么成立的理由.

正确是非判断这样两个问题. 现在我们来分析什么是正确的演绎推理这个问题. 这个问题也就是更广泛意义上的布尔表达式正确化简问题. 依据逻辑等价可以判定化简结果是否正确; 依据正确演绎推理则可以实现正确化简.

在任何现实的具体思考过程之中, 我们通常所说的分析问题里有很重要的一种就是理清各种 (命题) 语句之间可能存在着的种种正确的逻辑关系, 也就是通常所说的论证. 那么什么样的论证才算得上论证, 或者算得上正确的论证? 语句之间什么样的关系才算得上一种正确的逻辑关系? 面对一组摆在面前的命题语句, 如果有的话, 怎样才能建立起某种所需要的正确的逻辑关系? 如果没有的话, 怎样知道所期望的正确的逻辑关系事实上并不存在? 这些具体的问题就是基本逻辑学试图回答的思维中的**正确演绎问题**.

既然基本逻辑学试图给出有关思维中正确演绎问题的一种答案, 这本身也是思维中的一种分析, 那么这种答案本身的正确性又该怎样得到保证? 换句话说, 基本逻辑学所建议的某种正确演绎方式靠什么令人信服? 基本逻辑学对自己提出的思维中的正确演绎建议有两种最基本的要求: 第一, 思维中的正确演绎或正确论证必须是可靠的, 必须不能在演绎过程之中引进自相矛盾, 就是说, 相对于已知的合理认识, 演绎推理所得到的结论必须是那些已经被接受的认识的逻辑结论; 第二, 思维中的正确演绎必须足够有效, 必须足够完备, 就是说, 相对于已知的合理认识, 任何这些合理认识的逻辑结论或迟或早总应当可以被演绎推理得到. 这就是基本逻辑学对意欲提出的正确演绎推理系统 (一种关于什么是正确演绎的具体解释) 的可靠性和完备性要求. 基本逻辑学正是用证明这种可靠性和完备性来建立自己所提出的演绎推理方案的正确性或者可信性, 换句话说, 基本逻辑学就是靠具有说服力的论证来自圆其说.

在基本逻辑学看来, 首先, 任何一个恒真命题都可以在演绎、分析、推理中当成一种默认理由加以应用, 并且不会因此而增添某种麻烦; 其次, 每一位思考者都应当具有根据自己实际需要选择一些自以为合理的认识作为进一步分析的起点, 基本逻辑学只需要对这些可以自由选择的已知认识的合理性做出适当的规定, 并且令人信服这种关于合理性的规定的的确确是适当的; 再次, 任何一个具体的演绎、分析、推理的过程都必须在有限时间内完成, 并且整个演绎推理过程是一个循序渐进的过程; 最后, 任何一个具体的演绎推理的过程中的每一步都必须简洁明了, 其正确性必须易于检测判断.

基于上述考虑, 第一, 基本逻辑学将从所有的恒真命题中筛选出如下三组七种形式的恒真命题作为统一的逻辑公理 (可以在任何一个具体演绎、分析、推理过程中作为默认理由使用的命题) (详细内容请见后面的定义 2.5); 第二, 基本逻辑学将明示一条极其简单明了的单步推理法则 (详细内容请见后面的定义 2.6); 第三, 基本逻辑学将明确相对于一个给定的命题集合 Γ (思考者自己可以选择的进一步分析的起点) 任何一个具体的论证所应当持有的 (一种) 含义 (详细内容请见后面的定义 2.7); 第四, 基本逻辑学将明确规定思考者可以自己选择的未来分析的起点的合理性 (详情请见后面的定义 2.9 以及定义 2.10); 第五, 基本逻辑学将明确建立这里提出的论证系统的可靠性和完备性, 以及起点合理性规定的合理性 (详情请见后面的定理 2.11 以及定理 2.12).

2.5.1 逻辑公理与推理法则

为了确保演绎推理的系统性、可靠性和正确性, 我们需要确定一组固定的逻辑公理、一个固定的推理法则以及确定论证的含义. 逻辑公理的作用在于实现承前启后、铺垫耦合、化繁为简. 为了不至于导致麻烦, 逻辑公理应当都是恒真逻辑命题. 原则上任何一条恒真逻辑命题都可以作为一条逻辑公理使用 (后面我们会证明这一点), 但是我们需要作出选择, 既要够用, 又要尽可能少一些; 推理法则应当尽可能简洁明了, 以方便检测法则的应用是否正确, 并且确保不会导致任何麻烦; 论证的含义必须确切、必须可以用来明确有效地判定每一个论证的正确性, 并且确保不会导致任何麻烦. 现在我们就来建立这样一个简洁适用可靠完整的演绎推理系统. 需要说明一点的是, 就逻辑公理和推理法则的选取而言, 并非唯一, 演绎推理系统的设计者完全可以根据自己的喜好作出自己的选择, 但是无论如何选择, 只要所选择的演绎系统是完备的 (见后面的完备性定理 (定理 2.11 以及定理 2.12)), 那么它们就都事实上逻辑等价. 我们在这里所建立的演绎推理系统只是许多逻辑等价演绎推理系统中的一个.

逻辑公理

基本逻辑学依据下述定义来确定所选择的逻辑公理.

定义 2.5 (逻辑公理) 设 A, B 和 C 为锦帛矩阵中的任意的三个逻辑命题. 由它们组成的如下形式的每一个逻辑命题都是一条逻辑公理:

(Ⅰ) (第一组公理)

(1) $(A \to A)$ (同一律);

(2) $(((\neg A) \to A) \to A)$ (第一归谬律).

(Ⅱ) (第二组公理)

(1) $(A \to (B \to A))$ (第一宽容律);

(2) $(A \to ((\neg A) \to B))$ (第二宽容律);

(3) $((\neg A) \to (A \to B))$ (第三宽容律);

(4) $(A \to ((\neg B) \to (\neg(A \to B))))$ (合取律);

(Ⅲ) (第三组公理)

$((A \to (B \to C)) \to ((A \to B) \to (A \to C)))$ (蕴含分配律);

现在我们来审视这些被筛选出来的逻辑命题的恒真性.

定理 2.5　对于锦帛矩阵 (第 81 页图 2.15) 中的任意三个命题 A, B, C 而言, 定义 2.5 所展示的由它们组成的每一条逻辑公理都是一个重言式.

证明　有关第一组逻辑公理中同一律的重言式验证参见基本律赋值计算表 (第 96 页表 2.28).

有关第二组逻辑公理的重言式验证分别参见第一宽容律赋值计算表 (第 92 页表 2.23), 第二宽容律赋值计算表 (第 92 页表 2.24), 第三宽容律赋值计算表 (第 93 页表 2.25), 以及合取律赋值计算表 (第 93 页表 2.26).

有关第三组逻辑公理的重言式验证分别参见蕴含分配律赋值计算表 (第 94 页表 2.27).

最后, 第一归谬律赋值计算表 (第 108 页中的表 2.39) 验证了第一组逻辑公理中的第一归谬律为一个重言式. □

表 2.39　第一归谬律赋值计算表

命题	A	$(\neg A)$	$((\neg A) \to A)$	$(((\neg A) \to A) \to A)$
赋值	0	1	0	1
赋值	1	0	1	1

推理法则

基本逻辑学依据下述定义来明确唯一可以使用的一步性推理法则:

定义 2.6 (推理法则)　由 A 以及 $(A \to B)$(或者由 $(A \to B)$ 以及 A) 得出 B.

这条推理法则表明由命题 A 和以 A 为前提的蕴含式命题 $(A \to B)$ 推理得出蕴含式命题 $(A \to B)$ 中的结论命题 B. 换句话说, 在分析推理过程中, 如果已经知道或者相信命题 A, 并且已经知道或者相信命题 $(A \to B)$, 那么就应当也相信命题 B, 并且由此得出 B.

比如, 令 A 为“气温降到摄氏零度以下”, B 为“出门需要穿防寒外衣”. 我们相信“如果气温降到摄氏零度以下, 那么出门需要穿棉袄”这样一个在北京生活的常识. 在 2019 年 11 月 19 日凌晨北京因为刮过一夜的强西北风气温降到摄氏零下两度. 准备出门的我们知道命题 A 成真. 根据我们所持的生活常识以及 A 成真这个事实, 自然而然地得出指导我们行为的命题 B 自然成真. 于是即将出门的我们自然穿上相应的防寒外衣. 这就是一个由 $(A \to B)$ 以及 A 得到 B 的实例.

这条推理法则自然可以被认为简洁、明了, 并且很容易检测出是否发生误用.

现在我们需要回答的问题是这一步看起来很自然的推理法则 (因此也称之为自然推理法则) 是否有保证不会增添任何麻烦, 也就是这样一个简洁的推理法则是否可靠. 事实上, 这一推理法则的可靠性早已在例 2.7 中 (见第 103 页) 的第四个例子处得到建立.

定理 2.6 (推理法则可靠性) *对于锦帛矩阵中的任何两个命题 A 和 B 而言, 命题 B 总是命题集合 $\{A, (A \to B)\}$ 的一个逻辑结论, 即*

$$\{A, (A \to B)\} \models B.$$

依据这个推理法则可靠性, 我们就可以将命题序列 $\langle A, (A \to B), B\rangle$, 或者 $\langle (A \to B), A, B\rangle$, 看成关于命题 B 的一种论证. 也就是说, 当 A 和 $(A \to B)$ 是两个已知的事实, 或者可以被相信的命题, 那么, B 就可以由 A 与 $(A \to B)$(两者的先后顺序无关紧要) 推理得出, 并且可以信赖.

论证

为了明确论证一词的含义, 我们需要先明确**命题序列**这个名词的含义.

我们在构造锦帛矩阵时很自然地确立了命题之间自上而下、从左到右的一种顺序, 尤其是利用从左到右第一次形成的顺序规定了命题的层次. 确立事物之间的某种顺序常常是很必要也是非常有用的. 当我们在思考问题时, 时间自然成为思考结果的一种典型的顺序. 如果忽略速度的差别, 那么一个思考者的思维产物便自然而然地有一个先后顺序. 我们将这种先后顺序用自然数的顺序来表示, 即用给命题添加下标的方式来标记命题的先后顺序, 以较小的自然数下标表示此命题在先, 以较大的自然数下标表示本命题在后, 并且以记号 $\langle$ 表示序列的开端, 以记号 $\rangle$ 表示序列的结尾. 比如

$$\langle B_1, B_2, \cdots, B_{17}\rangle$$

就表示一个长为 17 的命题的序列, 命题 B_1 最先, B_2 其次, B_3 再次, 等等, B_{17} 具有最大的下标, 也便是这个命题序列的最后一个命题.

需要注意的是当强调命题之间的先后顺序时, 我们在命题序列中用带有的自然数下标来标识本命题在当前所谈的序列中所在的相对位置. 同一个命题, 当出现在不同的序列之中 (或者多次出现在同一序列之中) 时, 如果它每一次出现所在的相对位置不同, 则所带的标识下标就会不同. 这就如同一个班的学生在排队, 如果按照两种不同的顺序排列, 在报数时, 同一个学生所报告出来的顺序数就可能不同 (不同之处在于命题序列允许同一命题在同一个序列中多次重复出现). 比如, 给定三个命题 A, B, C, 下面是两种不同的顺序排列:

$$\langle A, B, C, B, A, C, B\rangle$$

和

$$\langle C, A, C, B, C, A, B, C\rangle.$$

在第一个序列里, A 出现的位置分别为 1,5; B 出现的位置分别为 2,4,7; C 出现的位置分别为 3,6. 如果统一标号, 那么在序列

$$\langle B_1, B_2, B_3, B_4, B_5, B_6, B_7\rangle$$

中, B_1, B_5 就是命题 A; B_2, B_4, B_7 就是命题 B; B_3, B_6 就是命题 C. 在第二个序列里, A 出现的位置分别为 2,6; B 出现的位置分别为 4,7; C 出现的位置分别为 1,3,5,8. 如果统一标号, 那么在序列

$$\langle B_1, B_2, B_3, B_4, B_5, B_6, B_7, B_8\rangle$$

中, B_2, B_6 就是命题 A; B_4, B_7 就是命题 B; B_1, B_3, B_5, B_8 就是命题 C.

在明确了命题序列是怎么一回事之后, 我们现在来明确**论证**. 在基本逻辑学看来, 任何一个分析论证过程都可以抽象地用一个具有有限长度的命题序列来表示; 从而, 任何一个合理的分析论证过程就都是合乎下述定义的论证, 反之, 亦然.

定义 2.7 (论证)　对于任意的一个命题集合 Γ 以及任意的一个命题序列

$$\langle B_1, B_2, \cdots, B_n\rangle$$

(其中 n 是某个正整数) 而言, 命题序列 $\langle B_1, B_2, \cdots, B_n\rangle$ 是依赖于 Γ 的 (或者, 由 Γ 所滋生出来的) 一种**论证**充分必要条件是这个序列具备如下特性: 对于在 1 和 n 之间任何一个自然数 i $(1 \leqslant i \leqslant n)$ 来说, 或者 B_i 是一条逻辑公理, 或者 B_i 是 Γ 中的一条命题 (此种可能性表明对于 Γ 的依赖性), 或者在 B_i 之前有两个事先得到的命题 B_j 和 B_k (此处强调命题序列中各命题之间的先后顺序: 自然数下标 j 和 k 必须严格小于自然数 i, 至于 j 和 k 哪个大哪个小则无关紧要), 其中 B_k 恰好就是由 B_j 和 B_i 所组成的蕴含式 $(B_j \rightarrow B_i)$ (此处明确 B_i 是依据事先得到的命题 B_j 和 B_k 应用推理法则一次之后所得到的结果, 准确地讲, 如果 B_i 是某个命题 A 在这个序列中的标识记号, B_j 是某个命题 C 在这个序列中的标识记号, 那么 B_k 则是由 C 和 A 所组成的蕴含式 $(C \rightarrow A)$ 在这个序列中的标识记号, 而 A 则是依据命题 C 和命题 $(C \rightarrow A)$ 应用一次推理法则所得到的结果), 三者必居其一.

需要引起读者注意的是我们对“论证”一词的准确含义由定义 2.7 明确加以限制. 合乎这个定义的, 我们称之为一个论证; 否则, 便不能被称为一个论证. 同时需要在此引起读者注意的是上述论证定义所提供的自动真相: 论证具有天然的持续性. 就是说, 如果 $\langle B_1, B_2, \cdots, B_m, B_{m+1}, \cdots, B_n\rangle$ 是依赖于 Γ 的一种论证, 那么这个命题序列的任何一个前段序列 (即以某个自然数 $1 \leqslant m < n$ 为最大下标的命题序列)$\langle B_1, \cdots, B_m\rangle$ 也都是一种依赖于 Γ 的论证. 比如

$$\langle B_1\rangle,\ \langle B_1, B_2\rangle,\ \langle B_1, B_2, B_3\rangle, \text{等等}$$

都是依赖于 Γ 的论证.

还需要在此引起读者注意的是在上述论证的定义中, 并没有涉及关于 Γ 的任何限制. 之所以不加任何限制, 是因为基本逻辑学不可能对思考者自己根据需要所作出的选择的自由性加以任何限制. 但这并不意味着思考者可以完全随心所欲, 因为基本逻辑学将明确这种选择的完全任性可能面对的后果必然会是什么.

为此, 我们需要引进两个名词: 定理与一致性 (无矛盾性).

定义 2.8(定理) *对于任意的一个命题集合 Γ 以及任意的一个命题 B 而言, B 是 Γ 的一个***定理***, 或者说 B 依 Γ 得到证明, 当且仅当存在一个依赖于 Γ 的论证*

$$\langle B_1, B_2, \cdots, B_n\rangle$$

以至于 B 是这个论证中的最后的那个命题.

作为一种简写, 我们用记号 $\Gamma \vdash B$ 来记 "B 是 Γ 的一个定理"; 当 Γ 为空时, 我们得到的是一条逻辑定理, 并且简单地记成 $\vdash B$.

在常见的分析论证之中, 比较普遍的一种论证形式为"因为 $\cdots$, 所以 $\cdots$", 因为"这些理由", 所以"如此结论". 如果一个这样的论证是一个正确的论证, 那么"(这些理由) 蕴含 (如此结论)"这样的蕴含判断必然被当成默认的事实. 反过来, 如果"(这些理由) 蕴含 (如此结论)"这样的蕴含判断能够被当成一种默认的事实, 那么"因为 (这些理由), 所以 (如此结论)"这一论证就是一个正确的论证. 也正是基于这样的理由, 我们才将蕴含联结词看作**因果关联词**.

作为一个例子, 下面我们给出"否定之否定律"的形式证明.

例 2.8 (否定之否定律) $\vdash ((\neg(\neg\varphi)) \to \varphi)$.

否定之否定律的形式推导:

(1) $\vdash ((\neg(\neg\varphi)) \to ((\neg\varphi) \to \varphi))$ ((II)(3));

(2) $\vdash (((\neg\varphi) \to \varphi) \to \varphi)$ ((I)(2));

(3) $\vdash ((((\neg\varphi) \to \varphi) \to \varphi) \to ((\neg(\neg\varphi)) \to (((\neg\varphi) \to \varphi) \to \varphi)))$ ((II)(1));

(4) $\vdash ((\neg(\neg\varphi)) \to (((\neg\varphi) \to \varphi) \to \varphi))$, 由 (2),(3), 应用推理法则;

(5) $\vdash (((\neg(\neg\varphi)) \to (((\neg\varphi) \to \varphi) \to \varphi)) \to$
$((\neg(\neg\varphi)) \to ((\neg\varphi) \to \varphi) \to ((\neg(\neg\varphi)) \to \varphi)))$((III)(1));

(6) $\vdash ((\neg(\neg\varphi)) \to ((\neg\varphi) \to \varphi) \to ((\neg(\neg\varphi)) \to \varphi))$, 由 (4),(5), 应用推理法则;

(7) $\vdash ((\neg(\neg\varphi)) \to \varphi)$, 由 (1),(6), 应用推理法则.

上述推导表明逻辑定理 $((\neg(\neg\varphi)) \to \varphi)$ 有一个长度为 7 的形式证明, 并且这个证明中有 4 条逻辑公理, 3 次应用自然推理法则.

众所周知否定之否定律还有另外一部分: $\vdash (\varphi \to (\neg(\neg\varphi)))$. 这一部分的形式推导稍微复杂一些, 我们需要先形式推导出一些中间重言式, 然后才可以得到所要的结论. 后面会看到在命题逻辑完备性定理的基础上得到这一结论是轻而易举的事情. 因此, 我们就不在这里多费笔墨了.

在实际的分析和推理中, 下面的将论证、推理法则和定理综合起来的导出引理 [12]常常很有用:

引理 2.1 (导出引理) 对于任意的命题集合 Γ 以及命题 A 和 B 而言, 如果 A 是 Γ 的一个定理 ($\Gamma \vdash A$), 并且蕴含式 $(A \to B)$ 也是 Γ 的一个定理 ($\Gamma \vdash (A \to B)$), 那么 B 就是 Γ 的一个定理 ($\Gamma \vdash B$).

这个导出引理所展示的道理就是可以将两个论证按照某种先后顺序串联起来就得到一个新的论证. 这也是论证这一具体概念所持有的另外一种连续性以及推理法则在使用中的高度灵活性. 比如说, 命题序列

$$\langle B_1, \cdots, B_m \rangle$$

是 Γ 关于 A 的一个论证, 命题序列

$$\langle C_1, \cdots, C_n \rangle$$

是 Γ 关于 $(A \to B)$ 的一个论证, 那么将这两个论证一先一后 (哪个在先哪个在后并不重要) 串联起来, 再将命题 B 添加到序列的最后, 所得到的命题序列

$$\langle B_1, \cdots, B_m, C_1, \cdots, C_n, B \rangle$$

或者

$$\langle C_1, \cdots, C_n, B_1, \cdots, B_m, B \rangle$$

就是 Γ 关于命题 B 的一个论证.

另外一个演绎、分析和推理中经常使用的技巧是增添新的假设作为额外条件. 可以这样做的理由以及这样做的实际效果怎样都概括在下述的演绎引理之中:

引理 2.2 (演绎引理) 对于任意的命题集合 Γ 以及命题 A 和 B 而言, B 是对 Γ 添加了 A 之后的命题集合 $\Gamma \cup \{A\}$ 的一条定理的充分必要条件是由 A 和 B 所组成的蕴含式 $(A \to B)$ 是 Γ 的一条定理.

如果说前面的导出引理揭示的是在论证过程中使用推理法则所具有的高度灵活性, 那么这个演绎引理则揭示出所有的论证都必然是按照某种顺序逐步应用推理法则的结果, 没有其他的路径可寻. 尽管本书不会深究, 但还是需要指出一点: 正是这两条简单的关于论证的引理在揭示命题逻辑系统所持有的完备性中起着关键性的作用 (有关完备性详情见 2.5.2 小节).

12 在本书中, 带有数字标号的引理和带有数字标号的定理本质上具有相同的功能: 标识着一段被严格论证的结论. 选用不同的标识名词只是因为引理的内容通常是在定理的论证之中被多次用到的结论.

例 2.9 $\{A\}\vdash A$. 因为 $(A\to A)$ 是一条逻辑公理, $\langle A,(A\to A),A\rangle$ 就是 $\{A\}$ 的一个关于 A 的证明. 这就是通常人们所说的"因为 A, 所以 A"这样平凡的论证. 另一方面, 人们经常使用的一种论证方式为在一系列的背景假设条件 Γ 之下"因为 A, 所以 B". 这事实上就是 $\Gamma\cup\{A\}\vdash B$. 根据演绎定理, 实际上人们在这里或者已知或者默认了一个重要的事实: $\Gamma\vdash(A\to B)$.

一致性

夫不可陷之盾与无不陷之矛,
不可同世而立.
—《韩非子 · 难一》

现在可以明确思考者可以根据自己需要选择演绎、分析、推理的起点的自由度何在.

我们先将自相矛盾这一成语借来为基本逻辑学所用.

定义 2.9(自相矛盾) 一个命题集合 Γ 是一个**自相矛盾命题集** (或者**矛盾共同体**) 当且仅当存在同为 Γ 的定理的命题 B 和它的否定式 $(\neg B)$, 也就是说存在一个这样的命题 B, 它和它的否定式 $(\neg B)$ 都是 Γ 的定理:

$$\Gamma\vdash B,\ \text{以及}\ \Gamma\vdash(\neg B).$$

自相矛盾这一成语源自《韩非子 · 难一》. 在《难一》中韩非子讲述了一个既卖矛也售盾的兵器商人的故事.

楚人有鬻盾与矛者, 誉之曰: "吾盾之坚, 物莫能陷也." 又誉其矛曰: "吾矛之利, 于物不陷也." 或曰: "以子之矛, 陷子之盾, 何如?" 其人弗能应也. 夫不可陷之盾与无不陷之矛, 不可同世而立. (《韩非子 · 难一》)

在韩非子的描述中, 这位兵器商人一方面号称他所卖的盾没有任何尖锐之物可穿透, 另一方面又断言他所卖的矛无坚不破, 可是当有人问起, 如果用他卖的矛去攻他所卖的盾, 结果会怎样呢? 这位兵器商人无言以对, 尴尬之极. 由此, 韩非子得出"不可陷之盾与无不陷之矛, 不可同世而立"这一结论.

"不可陷之盾与无不陷之矛"便是直接的**自相矛盾**. 如果既有 $\Gamma\vdash B$, 又有 $\Gamma\vdash(\neg B)$, 那么这 Γ 就如同那既卖无不陷之矛又卖不可陷之盾的兵器商人一样, 自相矛盾.

矛盾共同体这个具体概念就明确指出任何一个思考者, 如果想避免自寻尴尬, 就应当避免选用矛盾共同体作为自己演绎、分析、推理的起点. 矛盾共同体有一个很有趣的特点: 它无所不能!

定理 2.7 对于任意一个命题集合 Γ 而言, Γ 是一个矛盾共同体的充分必要条件是锦帛矩阵中的每一个命题都是 Γ 的一条定理.

与自相矛盾这个具体概念对立的具体概念是**一致性**.

定义 2.10 (一致) 一个命题集合 Γ 是**一致的**当且仅当 Γ 并非一个矛盾共同体.

由定义和上面的特征定理可知: 一致的命题集合是那些终究有所不能的命题集合 (必然有它不可证明的命题, 因为它不可能证明一对矛盾).

明确了一致性这个具体概念之后, 我们便清楚每一位思考者无论如何都应当首先关注自己所选择的思考、分析、演绎、推理的起点是否一致这样一个基础性的问题. 尽管选择什么作为进一步思考的起点是基本逻辑学不加任何干涉的思考者自己的自由, 但是, 基本逻辑学还是希望通过明确一致性这样一个具体概念来对理性思考者提出一种忠告: 为了避免迟早会出现的尴尬, 最好不要选择某一个矛盾共同体作为自己进一步思考的起点.

完全性与独立性

对于理性思考者而言, 基本逻辑学还希望指出关于进一步思考的起点选择时可能面临的一种挑战: 所选择的具备一致性的起点是否足够丰富、是否足以借此实现既定的目标. 基本逻辑学将这种挑战凝聚在两个具体概念之中: 完全性与独立性.

定义 2.11 (完全性) 对于一个一致的命题集合 Γ 而言, Γ 是一个**完全理论**当且仅当对于锦帛矩阵中的任何一个命题 A, 或者 A 是 Γ 的一条定理, 或者 $(\neg A)$ 是 Γ 的一条定理.

一个很自然的问题是: 是否一定存在一致的完全的理论? 答案是肯定的.

定理 2.8 任何一个一致的命题集合 Γ 都必然是某个一致完全理论 T 的一部分 (即 $\Gamma \subseteq T$).

对于任意给定的一个一致的命题集合 Γ, 怎样可以获得一个覆盖 Γ 的一致的完全理论 T 呢? 基本的想法就是逐步添加那些与现有的一致命题集合相独立的命题, 直到没有任何可以添加的独立命题为止. 这是可以得到严格论证的事实. 但这种论证超出了本书的范围. 那么这里所说的"独立性"是什么意思呢?

定义 2.12 (独立性) 对于一个一致的命题集合 Γ 和一个命题 A 而言, A 是独立于 Γ 的一个命题当且仅当 A 和 $(\neg A)$ 都不是 Γ 的定理.

对于一个一致完全理论 T 来说, 没有独立于 T 的命题; 对于并非完全的一致理论 Γ 而言, 必定存在于 Γ 独立的命题.

在基本逻辑学看来, 理性思考者意识到可能的独立性以及保持一致性是不断追求进取、不断完善自己理论的一种激励所在.

逻辑上的独立性是一个在我们的日常生活中可以发挥重要作用的概念. 在日常生活的分析中, 尤其是当我们面对多因素问题分析的时候, 要想得到一个结论我们往往强调需要有充分的证据. 有时候我们暂时没有充分的证据来证实所提出的结论, 但可以证实所要结论证据的确存在, 只是暂时还没有找到而已. 如果迟早可以找到足够的证据, 或者迟早可以找到相应的证明, 那么所涉及的结论不算独立于所提出的条件. 我们需要意识到的是有的命题在现有的假设条件之下根本就不存在保证其一定成立或者一定不成立的证据, 或者根本就没有这样的证明, 也就是说面前的这个命题既不能被证明为真, 也不能被证明为假. 也就是说, 面前的这个命题实际上是独立于我们手中的假设条件的命题. 当然, 要想确定一个命题的相对独立性, 我们也必须提供一个证明.

最简单的莫过于如下的例子: 假设 A, B, C 为三个彼此独立 (对它们可以独立地给予真假赋值) 的基本命题表达式. 假设我们知道 A 是真的, 还知道 $(A \to B)$ 也是真的. 那么在这样的假设下, B 是命题集合 $\{A, (A \to B)\}$ 的一条定理, 从而 B 不独立于命题集合 $\{A, (A \to B)\}$; 但是 C 则与命题集合 $\{A, (A \to B)\}$ 相独立: 由命题 A 为真且命题 $(A \to B)$ 也为真的前提得知 A 和 B 都为真, 但是 C 既可以为真, 也可以为假 (此时 $(\neg C)$ 为真), 从而命题集合 $\{A, (A \to B), C\}$ 以及命题集合 $\{A, (A \to B), (\neg C)\}$ 都是一致的.

再让我们来看一个简单的独立性的例子. 考虑这样一个语句: "北京市每年从 11 月 15 日起开始全天供暖, 直到来年的 3 月 15 日停止". 将这个语句记成 A. 又令 E 为语句"12 月 31 日是从 11 月 15 日到来年 3 月 15 日之间的一天"; 令 F 为语句"11 月 14 日比 11 月 15 日早一天". 将语句 A, E, F 当成三条非逻辑公理, 并且用 $\Gamma = \{A, E, F\}$ 来记由这些非逻辑公理所组成的命题集合. 这自然是一个一致的命题集合, 因为北京市的确每年都是这么贯彻落实的, E 和 F 都是常识性命题. 再考虑这样两个语句: 令 B 为语句"12 月 31 日北京市全天供暖"; 令 C 为语句"11 月 14 日北京市全天供暖". 那么命题 B 是 Γ 的一条定理, 即 $\Gamma \vdash B$; 而命题 C 则是与 Γ 独立的一个语句, 因为在 11 月 14 日这一天是否全天供暖, 北京市相关部门需要根据当年的寒冷情形来确定: 如果气候寒冷, 那么北京市相关部门会提前实现全天供暖; 如果气候温暖, 则没有必要提前实现全天供暖. 如果天气寒冷, 北京市提前在 11 月 14 日实现全天供暖, 那么语句 C 就为真, 因此, Γ 与 C 就是一致的; 如果今年天气温暖, 北京市不提前实现全天供暖, 那么 $(\neg C)$ 就是真的, 从而 Γ 与 $(\neg C)$ 就是一致的. 于是, 命题 C 就是一个与 Γ 独立的命题.

2.5.2 可靠性与完备性

现在是时候解决命题逻辑系统本身有关正确表达、正确是非判断、合理论证这些具体概念的合理性问题了. 基本逻辑学将明确在这些具体概念的基础上, ① 论证总是可靠的, 也就是说, 相对于思考者所明确的起点而言, 凡是可以得到论证的结论必定是相对于起点而言的相对真理; ② 论证系统一定是有效的, 就是说, 相对于思考者所明确的起点而言, 任何相对真理都一定可以被论证 (但这并不意味着思考者有生之年或早或晚一定能够找到一种论证); ③ 任何一致的起点都必然从某种正确是非判断中得益; ④ 凡是可以从某种正确是非判断中受益的起点必然是一致的. 这些就表明基本逻辑学所建立的关于表达正确性与思维正确性的理论是合理的; 前面所讨论的有关这些具体概念判断的有效性 (具备行之有效的方法来检测这种正确性) 则表明基本逻辑学所建立的理论是完全适用的.

首先, 任何 (合乎规则的) 论证 (见定义 2.7) 总是可靠的, 即任何一条定理都是一条相对真理.

定理 2.9 (可靠性) *对于任意的逻辑命题集合 Γ 和逻辑命题 A 而言, 如果 A 是 Γ 的一条定理 (即 $\Gamma \vdash A$), 那么 A 必然是 Γ 的一条相对真理 (即 $\Gamma \models A$).*

其次, 论证系统是有效的, 即任何一条相对真理都一定可以被证明.

定理 2.10 (有效性) *对于任意的逻辑命题集合 Γ 和逻辑命题 A 而言, 如果 A 是 Γ 的一条相对真理 (即 $\Gamma \models A$), 那么 A 必然是 Γ 的一条定理 (即 $\Gamma \vdash A$).*

完备性则是可靠性与有效性的一种总称: 换句话说, 相对真理与定理是完全同一的.

定理 2.11 (第一完备性) *对于任意的逻辑命题集合 Γ 和逻辑命题 A 而言, A 是 Γ 的一条定理 (即 $\Gamma \vdash A$) 当且仅当 A 是 Γ 的一条相对真理 (即 $\Gamma \models A$).*

从而任何一条普遍真理都是一条逻辑定理, 因此任何一条普遍真理都可以在论证中被使用而不至于带来任何负面作用. 另一方面, 尽管原则上任何一条普遍真理都应当可以在论证中无条件地作为一种前提来使用, 第一完备性定理 (定理 2.11) 则表明由定义 2.5 所选出来的逻辑公理已经构成一个足够完备的论证体系.

最后, 对于任何由思考者自行选择的起点的一致性与令该起点完全受益的正确是非判断的存在性是完全同一的.

定理 2.12 (第二完备性) *对于任意的逻辑命题集合 Γ 而言, Γ 是一致的当且仅当存在一个有益于 Γ 的正确是非判断.*

第二完备性定理 (定理 2.12) 清楚地表明尽管选择什么作为具体思考的起点完全是思考者的自由, 但是对于力图用思考来成功求解具体实际问题的思考者来说, 保持所作起点选择的一致性则是成功求解具体实际问题的天然限制.

2.5.3 有限性与紧致性

前面我们明确过论证的有限性. 就是说, 任何一个具体的论证首先必须是一个具有有限长度的命题序列. 基于前面的完备性定理, 这种有限性可以更为明确地展示为命题逻辑系统所具备的紧致性.

定理 2.13 (紧致性) *设 Γ 是逻辑命题的一个集合.*

(1) 存在令 Γ 整体受益的正确是非判断当且仅当对于 Γ 的每一个有限部分 E 而言, 都存在令 E 整体受益的正确是非判断.

(2) Γ 是一致的当且仅当 Γ 的每一个有限部分都是一致的.

希望引起读者注意的是命题逻辑的这种紧致性以及由第二完备性定理 (定理 2.12) 所揭示的命题逻辑的完备性恰恰是现代计算机逻辑线路设计的依据和正确性保障.

2.6 附录一: 历史注记

为了给读者提供一幅逻辑学发展的概略图画, 我们在此附录中做一点注记. 这个历史注记将以本书各章的内容为轴线粗略地涵盖逻辑学从古至二十世纪三十年代的发展历程中的主要事件和人物. 由于篇幅所限, 遗漏之处在所难免, 还请读者海涵. 需要指出的是这个附录的内容主要摘自《形式与内涵, 莱布尼茨之梦》[13].

在古希腊哲学里面, 古典逻辑经历了由 (自然语言下的) 非形式逻辑到 (规范语言表达格式下的) 形式逻辑的演变过程. 柏拉图 (Plato) 是使用非形式逻辑的典范. 在思辨 (或者道理分析)(或者道理) 的过程之中, 柏拉图更愿意将重点放在前提的合理之上. 在他看来只要前提合理, 道理之结论的合理性就应当自然而然依据某种方法得到. 追求这样一种思辨过程中保持前提和结论之间的合理性关系的一般方法, 就成为古典哲学中要探讨的一个重要的问题和任务, 尤其是柏拉图学派. 亚里士多德 (Aristotle) 是他的学生. 亚里士多德在柏拉图非形式逻辑的基本思想的基础上提炼出影响整个西方哲学两千年的形式逻辑体系. 这个形式逻辑体系包含在一系列 (6 部) 著作中 [14]. 亚里士多德的形式逻辑体系 [15], 先将表达式的内涵搁置起来, 只关注表达形式之间的逻辑关系, 在很大范围内成功地实现了柏拉图的愿望; 同时也有很大的局限性, 主要表现在常常不能满足欧几里得 (Eulid) 几何论证的需要, 以及系统本身还处在一种多重广延性表述困境.

那么, 什么是亚里士多德形式逻辑的多重广延性表述困境? 古典逻辑规定四种规范表达式: 第一种句式诸如"所有的什么什么一定是什么东西", 比如, 所有的树木都是有用的; 第二种句式诸如"没有什么东西是什么东西", 比如, 没有石头是柔软的; 第三种句式诸如"有些什么是什么", 比如, 有些蘑菇是有毒的; 第四种句式诸如"有些什么不是什么", 比如, 有些东西并不如我们想象的那样. 考虑后面这句话: "有被所有老鼠害怕的猫". 那么这个语句在亚里士多德规范语句里就找不到合乎规矩的表示. 用后面代名词表达式逻辑的说法, 前面的四种句式都只有一个量词, 而后面这句话带有两个相互对偶的量词 (一个存在量词后面紧接着一个全称量词). 韩非子的语句"不可陷之盾"与"无不陷之矛"也是这种类型的语句, 也是在亚

13《数学所讲座 2010》, 席南华主编, 科学出版社, 2012.

14 被后人称为 Organon (工具).

15《形而上学》, 亚里士多德著, 吴寿彭译, 商务印书馆, 1983.

里士多德规范语句里就找不到合乎规矩的表示方式的语句. 所以, 不可能用前述的任何一个规范句式表示出来. 这就是亚里士多德形式逻辑的多重广延性表述困境.

在欧几里得几何还是德国大学课程的年代, 少年莱布尼茨 (Leibniz) 从他的中学老师那里得天独厚地接触到了亚里士多德形式逻辑系统. 莱布尼茨不仅极度欣赏亚里士多德将表达形式与所要表达的内涵分开、将概念分成十个固定范畴的做法, 更是对亚里士多德形式逻辑中规范语句实际上只有四种这件事感到着迷.

正是这种极度欣赏和着迷导致少年莱布尼茨产生出一种“奇思妙想”: 正像五线谱音符可以表现声音那样, 应当有一种特殊的可以用来表达概念的字符表; 他应当去寻找这种字符表, 并且在这个字符表上建立一种语言, 以便经过符号计算就能确定语句之间所具有的逻辑关系, 进而判定句子是否为真.

莱布尼茨希望找到一种字符表, 一种形式表达方式, 一个算法, 可以来计算出语句的真假. 莱布尼茨希望有了这样的形式语言和计算方法之后, 当人们遇到在思辨中争论不清的问题的时候, “让我们来算一算”, 答案就在笔头产生, 其正确性必然是大家都能接受的 [16]. 莱布尼茨的一个终生抱负就是要找到一个真实表现人类思想的字符表、形式表达方式以及相应的处理这些符号的计算方法. 他也是一个一生将自己奇思妙想和抱负付诸探索行动的人.

直接地或者间接地, 莱布尼茨的奇思妙想和抱负启迪着他之后 200 年的哲学家和数学家, 在他们那里引起强烈共鸣, 而这种共鸣又终于成为推动人类逻辑学发展的一股根本力量. 自 1847 年到 1920 年, 从布尔 (Boole) 提出表现思维形式过程的布尔命题逻辑代数理论到希尔伯特提出建立数学之公理化理论的希尔伯特计划, 欧洲的哲学家们和数学家们围绕着莱布尼茨的奇思妙想展开了卓有成效的解释和探讨.

关于数学中适当运用符号所带来的威力, 布尔和莱布尼茨是心灵相通的. 莱布尼茨在少年的时代产生了符号计算的梦想; 布尔, 这位自学成才当时才十六七岁的中学教师, 在一次穿越田野的时候, 突发灵感: 有可能将逻辑关系用代数形式表示出来. 在莱布尼茨看来恰当地使用符号表达式是一种艺术, 而这种艺术是代数的特征和成功的秘诀之一; 布尔则认为代数的威力有两点: 一是用符号表示数量, 二是代数运算只需要遵守几个很少的基本规则. 莱布尼茨企图寻求一种表达概念的字符表; 布尔则简单地用字母符号表示任何一个概念或者概念的外延. 莱布尼茨坚持形式简洁而准确表达的结果可以坐下来算一算; 布尔则将“算一算”的任务用很少的几条“代数”运算规则来实现.

在布尔看来, 与思维过程相对应的有三种运算: 析取 (加法)、合取 (乘法)、取补 (否定), 并且这三种运算又自然而然地遵守一系列简单的规则. 比如说, 当咱们

16 参见 Martin Davis, Engines of Logic, Mathematicians and the Origin of the Computer, W. W. Norton & Company, 2000.

用 X 和 Y 来表示具体事物类的时候, X 与 Y 的合取 (乘积)XY 就表示由那些同在 X 和 Y 中的事物所构成的类, 并且一定有 $XX = X$(任何一种事物类与自身合取的结果总是这一事物类本身, 总是不变的).

布尔详细地列出了怎样的运算应当遵守什么样的代数运算规则. 比如他讲不仅乘法运算对加法运算满足分配律, 加法运算对于乘法运算也满足分配律; 加法和乘法不仅满足结合律, 还满足幂等律; 在取补运算作用下, 加法和乘法形成一对对偶运算; 等等.

布尔将少年时代的灵感和接下来多年的思考集中发表在 1854 年出版的《思维规律》[17]一书之中 (这本书的雏形在 1847 年发表). 在这本书里, 布尔成功地把亚里士多德的古典逻辑演变成了现代我们所称谓的布尔代数和布尔逻辑.

毫无疑问地说, 布尔当时显然相信符号代数在人类思维发展进程中所具有的威力. 但是, 可以想象当时的布尔未必看到了他对逻辑的代数解释会在极大改变人类生活的现代计算机结构中所具有的目前还不可替代的巨大作用.

就在布尔将形式逻辑转换成布尔代数之后的 20 年, 也就是 1874 年, 德国的数学家康托尔 (Cantor) 发表了建立集合论的第一篇文章 (在这篇文章中, 康托尔证明了只有可数 [18]个代数数 [19], 而有不可数个超越数). 1883 年, 康托尔发表了《一般集合论基础》. 几年之后, 康托尔发表了《超限数理论基础》[20]. 可以说, 这标志着康托尔成功地将丰富多彩的无穷集合世界展现在了世人的面前; 数学从此被置放在一个崭新的基础之上; 现代数学的大门被打开了; 而布尔代数, 从此只能作为集合代数的一种特殊情形, 存在于人类认识的长河之中. 有关集合代数的基本内容, 我们将在第 4 章中专门解释. 在那里我们将会看到无论对象是有限的还是无限的, 有关它们的认识都可以经过数理逻辑系统归结于"集合"和"集合之间的属于关系"这两个初始本原, 从而莱布尼茨之梦想在集合代数中得到了淋漓尽致的解释和发挥.

前面我们解释过亚里士多德形式逻辑的多重广延性表述困境. 这一困境在一个漫长的历史期间一直存在. 德国哲学家、数学家弗瑞格 (Frege) 1879 年发表了逻辑史上自亚里士多德以来划时代的著作《概念文字, 一种算术式的纯粹思维之形式

17 An Investigation of the Laws of Thought, George Boole, (Macmillan, 1854), Dover Publications, 1958.

18 如果能够在一个集合与某个自然数的子集合之间建立起一种单一的对应关系, 那么这个集合就被称为可数的; 反之, 如果不存在这样的对应关系, 这个集合就会被称为不可数集合.

19 实数被分为代数数与超越数两种. 代数数是指那些以有理数为系数的多项式的根, 比如, 有理数、$\sqrt{2}$ 和 $\sqrt{3}$, 等等, 都是代数数; 而那些不可能是任何一个以有理数系数为多项式的根的实数都是超越数, 比如, 圆周率 π 就是一个超越数.

20 Contributions to the Founding of the Theory of Transfinite Numbers, Georg Cantor, (Open Court Publishing Company, 1915), English translation, Dover Publications, 1955.

语言》[21](以下简称为《概念文字》). 这本书为朝着系统地实现莱布尼茨抱负方向迈出了奠基性的一步; 在这本书中, 弗瑞格成功地克服了亚里士多德古典形式逻辑所面临的困难, 这包括满足数学演绎推理的需要和解决多重广延性表述难题 [22]; 通过这本书, 弗瑞格为我们打开了数理逻辑时代的大门; 当然, 弗瑞格同时也向数学家们提出了一个崭新的问题: 数学基础问题.

开数学基础研究之先河的是意大利数学家佩亚诺 (Peano). 就在《概念文字》一书出版十年之后, 1889 年佩亚诺出版了《算术原理》[23]. 在《算术原理》中, 佩亚诺明确地给出了关于自然数理论的公理, 尤其是关于数学归纳法的公理, 并且第一次严格地将逻辑符号和算术符号区分开来. 我们通常所讲的哲学领域的东西和数学系统里面的东西, 在他那里第一次被严格地区分开来. 这就标志着关于自然数算术特性的形式表述和内涵的最后分离: 在自然数性质的讨论过程中依赖于直觉的证明从此被完全抛弃.

真正将数学公理化以及系统性探讨数学基础问题摆到数学家面前的是德国数学家希尔伯特 (Hilbert). 1898 年冬季学期, 在哥廷根大学执教的希尔伯特给学生开了一门"欧几里得几何元素"的课程. 1899 年, 希尔伯特出版了这门课的讲义:《几何基础》[24]. 在这本讲义中, 希尔伯特在欧几里得几何理论的基础上提出了新的几何公理系统. 希尔伯特强调这个几何公理体系之中, "点"、"线"、"面" 完全可以被替换成"桌子"、"椅子"、"杯子", 只要这些对象遵守那些明列出来的公理就行. 在这里, 希尔伯特提炼出了探讨数学基础的"公理化方法": 形式和内涵的分离、对立与统一. 在这本书中, 希尔伯特证明了他的新几何公理系统相对于二阶算术系统 [25]的无矛盾性: 只要二阶算术系统是无矛盾的, 那么几何便不会有矛盾. 自然地, 二阶算术系统是否为一个无矛盾的系统呢？这是希尔伯特当时没有给出答案的问题. 事实上, 1900 年, 希尔伯特将证明算术系统的无矛盾性问题作为他 23 个问题中的第二个问题呈现在全世界数学家面前.

谈到数学基础, 就忘不了弗瑞格. 弗瑞格运用自己在《概念文字》中建立起来的形式语言逻辑系统对二阶算术基础进行了认真的探讨. 1893 年他出版了《算术基本律》[26]第一卷; 1903 年, 他完成了《算术基本律》第二卷. 就在 1903 年第二卷

---

21 Begriffsschrift, eine der arithmetischen nachgebildete Formelsprache des reinen Denkens, Gottlob Frege, Halle, 1879.

22 弗瑞格是通过引进存在量词和全称量词来解决多重广延性表述难题的.

23 Arithmetices principia, nova methodo exposita, Giuseppe Peano, Turin, 1889.

24 Grundlagen der Geometrie, David Hilbert, Laipzig, 1899.

25 关于自然数的算术系统被称为一阶算术系统; 关于实数的算术系统, 则被称为二阶算术系统; 数理逻辑学家们按照习惯, 将实数等价地看成自然数的子集合, 所以习惯地有了一阶、二阶, 甚至高阶的说法: 关于基本对象的, 为一阶; 关于基本对象全体的子集合的, 为二阶; 关于基本对象的全体子集合的部分的, 为三阶, 等等.

26 Grundgesetze der Arithmetik, begriffsschriftlich abgeleitet, vol. 1, Gottlob Frege, Jena, 1893.

即将付印的时候, 未曾想象的麻烦出现了. 英国哲学家罗素 (Russell) 发现由弗瑞格第二卷中的第五条"基本律"(概括律 [27]) 可以导出一个矛盾. 也就是说弗瑞格的这些"基本律"是一个"矛盾共同体".

这就是著名的罗素悖论: 不包含自身的对象的全体就难能成为一个对象.

实际上, 罗素悖论并非一个悖论, 而是一阶逻辑的一个定理 [28]:

$$\neg\exists y\,\forall x(x\in y\leftrightarrow x\notin x).$$

也就是说, 不存在一个仅仅以那些不包含自身的对象为全体对象的对象.

罗素悖论完全动摇了弗瑞格的算术系统理论, 也明白无误地将数学基础问题呈现在数学家面前: 数学, 面临着空前的可能矛盾重重的危机.

受到佩亚诺算术公理体系和希尔伯特几何公理体系的影响, 既为了解决希尔伯特第一问题, 即康托尔连续统假设问题, 也为了应对康托尔集合论所面临的罗素悖论的挑战, 策梅洛 (Zermelo) 从 1905 年起开始进行集合论公理化的工作.

尽管没有能够证明自己所提出的公理系统是一个无矛盾的系统, 策梅洛在 1908 年正式发表了现在被称为"策梅洛集合论公理"[29]的文章《集合论基础探讨》[30]. 显然是为了消除罗素悖论, 策梅洛将弗瑞格的"毫无限制的"概括律改变成了具有明确限定范围的"区分律"或者"区分原理":

给定集合 A 和性质 P, A 中那些所有具备性质 P 的元素的全体构成一个集合.

在罗素悖论出现后, 一件进一步解释并且致力实现莱布尼茨奇想和抱负, 在数理逻辑和数学基础探索领域中具有重要影响的工作是罗素和怀特海 (Whitehead) 合作, 分别于 1910 年, 1912 年和 1913 年发表的三卷本《数学原理》[31]. 在弗瑞格《概念文字》基础上,《数学原理》将数学置放在形式语言和严格的逻辑体系的框架之上, 书中的一切定理都按照形式符号计算过程严格推导而得. 换句话讲, 他们希望实现莱布尼茨的梦想, 数学应当形式化, 也可以形式化, 从而可以计算.

显然受到罗素悖论的刺激, 为了解除数学面临的基础性危机, 希尔伯特于 1920 年明确提出了后来被称为"希尔伯特计划"的解决数学基础问题的方案. 希尔伯特计划的主要目的是为所有的数学提供安全牢固的基础. 在希尔伯特看来, 数学应当建立在牢固的完备的逻辑基础之上. 他相信这在原则上是可行的.

---

27 概括律认为可以任意地将一些对象集中起来构成一个对象.

28 比罗素稍早些, 德国数学家策梅洛就发现了这个事实, 他当时和希尔伯特在一起, 他没有公布出来, 他认为这是逻辑本身的结论, 是一个可以被证明的事实, 并不构成任何威胁.

29 策梅洛的公理系统后来被弗莱克尔等进一步完善, 形成了当今的 ZFC 集合理论.

30 E. Zermelo, Untersuchungen über die Grundlagen der Mengenleher. Math. Ann. 65(1908), 261-281.

31 Principia mathematica, Alfred North Whitehead and Bertrand Russell, Cambridge University Press, 1910, 1912, 1913.

希尔伯特计划包含下面这些要点. 第一是形式化. 将所有数学全部形式化, 也就是说, 所有的数学表达式都应当用一种由毫无歧义的形成规则所生成的形式语言严格地写出来. 这就要求形式与内涵分离. 我们曾经开篇发问: 怎样简洁地明确地准确地表达我们的思想? 在数学的范围内, 希尔伯特明确提出了这样的解释和要求. 第二是完备性与完全性. 在数学中, 可以证明"所有为真的数学命题都能够形式地被证明". 这就是要求形式与内涵的统一. 虽然"证明'所有为真的数学命题能够形式地被证明'"中的证明是同一个词, 其实它有两个完全不同的含义. 一个涉及数理逻辑系统的完备性, 一个涉及系统之下给定具体数学理论的完全性. 第三是无矛盾性. 可以证明"没有矛盾会被形式地证明出来", 并且这种无矛盾证明应以具备有限特征的为好. 第四是保守性. 可以证明"凡是由'理想对象'(比如不可数集合) 所导出的关于'现实对象'的结论都一定能够有不涉及理想对象的证明存在". 对象的有限特征, 应当由具备有限特征的证明导出. [32]最后是可判定性. 应当有一个可以被用来判定任何一个给定的数学命题之真或假的算法. 也就是莱布尼茨所希望的"坐下来算一算".

希尔伯特计划可以说是关于莱布尼茨抱负和梦想在数学范围内非常精美的解释. 之前我们见到过布尔的《思维规律》、弗瑞格的《概念文字》、康托尔的《一般集合论基础》、佩亚诺的《算数原理》、弗瑞格《算术基础律》、希尔伯特的《几何基础》、策梅洛的《集合论基础探讨》、罗素和怀特海的《数学原理》. 这些深具影响力的工作, 都可以说是对莱布尼茨奇思妙想和抱负的各自不同的解释和实现. 真可谓"睿智解抱负, 妙想竟萦绕".

现代逻辑学的发展因希尔伯特计划以及哥德尔的出现而进入高潮. 哥德尔在 1929 年的博士论文中对希尔伯特 1928 年的完备性问题所给出的肯定回答: 一阶逻辑是完备的; 凡是相对真理一定可以被证明. 我们将在后面的"代名词逻辑"一章中解释与此相关的内容. 另一方面, 哥德尔在 1931 年发表了否定希尔伯特关于证明数论完全性愿望的论文 [33]. 在这篇论文中, 哥德尔证明了**哥德尔第一不完全性定理**: 关于自然数的基本算术理论和佩亚诺算术理论都是不完全的理论; 事实上, 任何佩亚诺算术理论的和谐的行之有效的扩展理论都不会是一个完全理论. 我们将在第 5 章详细解释这一定理.

---

32 注意, 这里涉及两个不同的"证明". 前一个证明是形式系统外部的证明, 在哲学领域里面我们所谈的证明, 后一个证明是形式系统内部的证明, 是经过演算能够计算的证明. 这是两个不同的东西. 恰恰是这两个看起来一样, 本质上不一样, 但又根本关联着的地方, 产生了哥德尔的工作: 将外部的东西有机地转化成内部的东西, 实现并保持外部逻辑关系, 从而证明一种不可能性.

33 Kurt Gödel, Über formal unentscheidbare Sätze der Principia Mathematica und verwandter Systeme, Monatsh. Math. Phys. 38(1931), 173-198.

希尔伯特在 1928 年国际数学家大会上 [34] 提出的三个数学基础问题中的第三个问题, 判定问题 (Entscheidunggsproblem), 问是否存在一个机械过程来区分数学中的真、假命题. 这是希尔伯特再次强调可判定性.

什么叫可判定? 可判定就是莱布尼茨可计算之梦的核心.

一个和谐的理论 T 是一个可判定的理论当且仅当存在一个行之有效的方法来判断任意一个给定的语句 θ 是否为 T 的一个定理.

一个可判定的理论要求有一个行之有效的方法来判定任意给定的语句是否为一个定理. 这不光是被证明或不被证明的问题, 还得行之有效地给出答案, 有一种机械的方法来给出答案. 要能写一个程序出来进行判断, 判断哪些语句是定理, 哪些不是定理.

当然任何一个不和谐的理论都是可以非常简单做到的, 因为任何一个表达式都可以被证明, 什么都可以被证明出来. 所以这个判定很简单, 统统都是. 所以谈可判定问题的时候, 理论本身首先一定要是和谐一致的, 然后才有可判定问题, 否则, 没有什么意义. 判定问题, 何难之有? 难就难在一个和谐一致的理论可以不是万能的. 给定一个语句, 它是一个定理吗? 有时候是, 有的时候不是. 而这个时候你必须告诉人们你的选择是什么, 到底是, 还是不是. 并且, 你可能并非胸有成竹, 并没有一个用来回答这一类问题的蓝图. 不仅你没有, 任何人都没有. 这个时候你会发现这真有点叫人犯难, 除非你开口说不管.

这里我们遇到了一个很基本的概念: 行之有效, 判断的过程一定要行之有效. 什么是行之有效?

这是我们该回答的问题. 就是可计算. 什么叫可计算? 典型的计算问题, 自然是算术计算问题, 自然是关于自然数函数的计算问题. 在自然数函数中, 什么函数是可计算函数? 关于这个问题的答案就是一种关于"计算"的解释. 这种解释由英国数学家图灵 (Turing) 给出. 我们将在第 6 章中详细解释图灵的工作. 在那里我们将明确递归函数、图灵机以及通用图灵机的概念.

图灵机由英国数学家图灵引入. 图灵 1936 年发表在《伦敦数学会会刊》上的文章 [35] 引进了图灵机和通用图灵机的概念; 并且将哥德尔的不完全性定理转变成图灵机停机问题; 在证明了图灵机停机问题算法不可解之后, 哥德尔的不完全性定理也就顺理成章了.

所谓图灵机停机问题就是: 是否能够行之有效地判断任给一台图灵机对于任给的输入都是否停机?

---

34 D. Hilbert, Probleme der Grundlegung der Mathematik, in Atti del Congresso Internationale dei Mathematici, Bologna 1928, Tomo I, Zanichelli, 1929, 135-141.

35 A. Turing, On Computable Numbers with An Application to the Entscheidungsproblem, Proc. London Math Soc, 2. 42(1936-37), 230-265.

图灵引进图灵机以明确什么是“算法”或者什么是“计算”这种直觉概念, 从而解决希尔伯特 1928 年提出的“判定问题”. 希尔伯特的判定问题分别由丘吉[36]和图灵[37]独立地否定了.

应当看到, 无论是递归函数, 还是图灵机、通用图灵机, 都是对莱布尼茨的“计算”做出的最好解释. 可以说, 既在一定程度上实现了莱布尼茨“算一算”的梦想, 也在一定程度上表明并非什么数学问题都可以如莱布尼茨想象的那样可以通过“算一算”就能解决问题的.

2.7 附录二: 有限与无穷

基本逻辑学无论如何都需要一种关于“有限”和“无穷”的实在解释. 比如, 前面我们引入的命题锦帛矩阵 (第 81 页图 2.15) 事实上已经应用了一种这样的解释. 在那里, 我们说可以将所有的汉语语句顺序地写在一条无限展开的锦帛长卷之上, 并且可以用正整数作为下标将它们单一地罗列出来; 然后再应用逻辑联结词造出新的逻辑命题, 再将它们也按照某种顺序写在具有“同样长度”的一条无限展开的锦帛长卷之上, 并且它们也可以用正整数作为下标罗列出来, 等等. 再比如, 我们常说一个汉语语句一定由有限多个汉字组成; 命题逻辑的论证都由有限个逻辑命题按照特定规则构成 (因而只有有限长度), 等等. 再比如, 在论证命题逻辑中的许多事实时, 我们总需要使用数学归纳法 (尽管在本书我们并没有给出这样的论证), 而数学归纳法的核心是建立在关于无限的一种特有的实在解释之上的. 那么, 我们到底关于“有限”和“无限 (无穷)”默认了一个什么样的实在解释? 在这种解释之下, 为什么我们可以那样制作所需要的列表? 在这个附录之中, 我们对此略作说明.

第一个以一种原始数学概念的方式给出关于“无穷”和“有限”实在解释的人是一位德国数学家. 他姓康托尔 (Cantor), 名乔治 (Georg). 根据解决一个数学分析中的难题的需要, 康托尔在 1893 年左右引进了两个具体的原始数学概念, “集合”(其中的对象完全由代名词来指代的一个基本概念) 与集合之间的“属于”关系 (一个涉及两个代名词的基本概念), 并且在这两个原始概念的基础上建立起关于实在无穷对象和有限对象的统一的 (朴素的) 数学理论. 康托尔建立 (朴素) 集合论的专著于 1915 年出版[38]. 后来, 德国数学家, 策梅洛 (Zermelo), 将康托尔的 (朴素)

36 A. Church, A note on the Entscheidungsproblem, J. Sym. Logic 1(1936), 40-41.

37 A. Turing, On Computable Numbers with An Application to the Entscheidungsproblem, Proc. London Math Soc, 2. 42(1936-37), 230-265.

38 Contributions to the founding of the theory of transfinite numbers, Georg Cantor, (Open Court Publishing Company, 1915), Dover Publications, 1955.

集合论置放在由德国哲学家和数学家弗雷格 (Frege) 所建立的代名词逻辑系统 [39] (这是本书将依赖和展现的主要内容, 详情见后面的第 3 章和第 4 章) 之上 [40], 为现代数学 (包括数理逻辑学以及关于实在无穷对象的数学理论) 奠定了一种坚实的基础.

与本书相关的集合论的基本事实就是自然数集合作为最小的无穷对象存在而且唯一; 应用自然数集合可以严格区分有限与无穷, 可以应用数学归纳法以及可以递归定义无穷序列; 从而所有由汉字生成的有限序列的全体可以作为一个对象来看待, 可以将所有这些汉字有限序列用正整数作为下标罗列出来, 并且可以从中有效地区分汉语语句与非语句, 从而可以构造出逻辑命题; 由所有自然数集合的子集合的全体所组成的集合也存在并且唯一, 从而可以将所有逻辑命题的是非判断的全体作为一个对象来看待, 进而可以有效地区分正确是非判断与非正确是非判断.

下面, 我们用一张列表 (表 2.40) 来扼要地说明为什么可以将所有汉语语句用正整数为下标罗列出来 (其核心就是这张表), 等等.

表 2.40 自然数格子点与自然数对应表

$\vdots$	$\vdots$	$\vdots$	$\vdots$	$\vdots$	$\vdots$		$\vdots$		
n	a_{0n}	a_{1n}	a_{2n}	a_{3n}	a_{4n}	$\cdots$	a_{mn}	$\cdots$	$\cdots$
$\vdots$	$\vdots$	$\vdots$	$\vdots$	$\vdots$	$\vdots$		$\vdots$		
4	10	16	23	31	40	$\cdots$	a_{m4}	$\cdots$	$\cdots$
3	6	11	17	24	32	$\cdots$	a_{m3}	$\cdots$	$\cdots$
2	3	7	12	18	25	$\cdots$	a_{m2}	$\cdots$	$\cdots$
1	1	4	8	13	19	$\cdots$	a_{m1}	$\cdots$	$\cdots$
0	0	2	5	9	14	$\cdots$	a_{m0}	$\cdots$	$\cdots$
	0	1	2	3	4	$\cdots$	m	$\cdots$	$\cdots$

这个自然数格子点阵由沿水平直线从左向右按照由小到大递增顺序置放全体自然数, 以及沿垂直直线自下而上按照由小到大递增顺序置放全体自然数. 这样, 由水平线上的 m (垂直向上) 和垂直线上的 n (水平向右) 两者共同决定一个格子点 (m,n) (比如, 当 $m=0$ 和 $n=1$ 时, 由它们共同决定的格子点为 $(0,1)$, 等等), 在这个格子点上置放上与这个格子点相对应的唯一的一个自然数 a_{mn}, 其中, 这个

39 Begriffsschrift, eine der arithmetischen nachgebildete Formelspache des reinen Denkens, Gottlob Frege, Halle, 1879.

40 Untersuchungen über die Grundlagen der Mengenlehre I, Mathematische Annalen, 261-281, 1908.

唯一的自然数由下述等式计算出来:

$$a_{mn} = \frac{(m+n)(m+n+1)}{2} + m.$$

有兴趣的读者可以用这个计算公式来检验置放在表中的前 5×5 方块之内的各个格子点上的自然数数值的正确性. 这张自然数格子点与自然数对应表所展示的正好是自然数平面上的全体格子点与全体自然数之间的一种既不重复又无遗漏的对应. 这当然是实在无穷对象的一个差别于实在有限对象的本质区别: 一个初看起来"多得多"的对象全体可以和初看起来"少得不得了"的对象之间建立起一种通常在数学上称之为"一一对应"的对应.

关于这个对应关系的建立过程, 可以这样理解: 在第一个格子点 $(0,0)$ 处置放 0; 沿左边的垂直直线往上进一格, 置身在格子点 $(0,1)$ 处, 置放最小的还没有用到的自然数 1 于此处; 然后沿着与左边边线成 45° 夹角的直线 (由西北向东南的直线) 向最下面的水平直线运动, 每遇到一个格子点, 就置放比刚才置放的数大 1 的自然数, 直到在这条斜直线与底边水平线相交的格子点也置放了一个自然数; 然后再重新沿最左边的垂直直线向上找到第一个还没有置放自然数的格子点, 并从这个格子点开始, 沿着由西北向东南的斜直线下行之底边的水平直线, 并沿途遇格子点就置放比刚刚用掉的自然数大 1 的自然数. 依此类推, 以至在整个格子点平面上放满自然数. 这是置放算法. 那么, 上面那个计算表达式又是怎样得来的? 何以值得信赖? 事实上, 刚才的算法告诉我们, 每完成一次完整的沿由西北向东南的斜直线旅行和沿途在遇到的格子点上置放自然数, 就实际上完成了关于一个等腰直角三角形所覆盖的格子点个数的数数. 直角是左边的垂直直线与底边的水平直线相交的角; 两条直角边分别由左边的垂直直线相应的线段和底边的水平直线相应的线段所给出; 等腰直角三角形的底边恰好就是刚刚走完的由西北向东南的斜直线线段. 另外, 每一次重新开始的旅行, 实际上只是在刚才的基础上将等腰直角三角形的底边向右也动了一个格子点 (同时分别往上和往右移动一步). 所以, 由格子点 (m,n) 所在的由西北向东南的斜直线所确定的等腰直角三角形所覆盖的三角形内部的格子点 (不包含这条直线上的格子点) 的个数正好可以利用求三角形面积的公式 $\dfrac{(m+n)(m+n+1)}{2}$ 来计算, 而沿这条斜直线从起点走到格子点 (m,n) 所跨过的格子点数正好是 m. 于是便有了上面的计算公式.

还有一点需要简单说明一下的: 在这张对应表中, 我们将格子点的位置用双下标来标识的时候是将水平指标 m 放在第一, 而将垂直指标 n 放在第二. 这与通常数学中的平面坐标标识的方式一致. 但是, 与我们前面对锦帛矩阵中位置标识的约定看起来并不一致, 因为在那里, 我们将"行"指标放在第一, 而将"列"指标放在第二; 而在这里, "行"应当是与水平直线平行的, "列"应当是与垂直直线平行的,

所以水平指标 m 应当是“列”指标, 垂直指标 n 应当是“行”指标. 我们想说的是, 其实还是一致的. 理由? 因为前面的锦帛矩阵是从上到下以及自左向右, 而这里的自然数格子点平面是自下而上以及从左向右. 如果我们将自然数格子点平面顺时针旋转 $90°$, 那么, 左下角的顶点就移动到左上角, 现在左边的垂直直线就变成了上边的水平直线; 现在的底下的水平直线就变成了左边的垂直直线, 于是刚才的“列”就是现在的“行”, 刚才的“行”就变成了现在的“列”.

第 3 章　代名词表达式逻辑

以名举实, 以辞抒意, 以说出故.
—《墨子 · 小取》(战国)
名也者, 所以期累实也.
辞也者, 兼异实之名以论一意也.
辨说也者, 不异实名以喻动静之道也.
—《荀子 · 正名》

上一章中我们完全忽略了关于存在判断的规则体系问题, 只展开了关于是非判断规则体系的分析. 现在我们来探讨既包含存在判断又包含是非判断的规则体系. 这既合乎由简入繁由浅及深的原则又合乎逻辑学发展历史的过程. 历史上先有形式逻辑后有代名词表达式逻辑. 后者正是为了摆脱前者所处的“多重广延表述”困境应运而生.

上一章结尾部分我们得到了命题逻辑的紧致性定理. 这个定理的第一个结论是下面的语句:

“存在令 Γ 整体受益的正确是非判断当且仅当对于 Γ 的每一个有限部分 E 而言, 都存在令 E 整体受益的正确是非判断. ”

考虑逻辑联结词“当且仅当”左边的语句“存在令 Γ 整体受益的正确是非判断”, 以及逻辑联结词“当且仅当”右边的语句“对于 Γ 的每一个有限部分 E 而言都存在令 E 整体受益的正确是非判断”. 根据我们的假设, 这两个语句自然都在锦帛矩阵的第一列之中. 但是, 它们都不可能被锦帛矩阵 (第 81 页图 2.15) 中的层次大于 1 的逻辑命题“等价”地表达出来. 事实上,“正确是非判断”这一具体概念就不能够在第 81 页的锦帛矩阵中反映出来; 当成起点来用的这个 Γ 也不能在那个逻辑命题锦帛矩阵中得到合适的反映; “令整体受益”以及“存在”这样的断言也不能够在那个锦帛矩阵中反映出来. 因此, 我们无法从那个逻辑命题锦帛矩阵中找到它们的等价的替代之物. 这就意味着开篇之中我们为自己设置的宏大的工程任务仅靠命题逻辑是无法完成的. 这不能不归咎于逻辑命题在表达能力上有着天然的缺陷: 在命题逻辑里, 我们并不能够有效地表达任何一个有实际意义的具体概念; 也无法探讨深层次的存在性问题以及是非判断诸如“存在令 Γ 整体受益的正确是非判断”以及“对于 Γ 的每一个有限部分 E 而言都存在令 E 整体受益的正确是非判断”的真假与否. 为了克服命题逻辑的这种表达能力缺陷[1], 我们需要引进“代名词表达式逻辑”, 或者“谓词逻辑”, 或者“代名词谓词逻辑”(相应于数理逻辑中的“一阶逻辑”). 这便是本章的内容: 代名词表达式逻辑.

一切重新开始.

3.1 问题与假设

基本逻辑学试图解决什么样的问题? 基本逻辑学试图解决思考者思维正确性问题.

当我们在思考的时候, 我们总需要对自己的思维过程充满自信, 总需要对自己思维过程产生的结果充满自信, 总相信自己是正确的. 那么, 我们凭什么持有这样的自信? 凭什么我们自己以为正确的也一定会被别人当成正确的所接受? 当两个人面对同一事物却出现两种不同看法时, 尽管两个人都心平气和地试图解决两个人看法上的分歧, 寻求一种统一的看法, 但就是谁也说服不了谁, 并且谁都觉得自己有道理, 对方也有其道理. 那么这样的分歧是否一定可以消除? 分歧的关键在哪里? 究竟是否一定有谁是正确的, 另一个人一定不正确? 这便是思维正确性问题. 这个思维正确性问题便是基本逻辑学试图解决的**中心问题**. 基本逻辑学将在一系列合理的基本假设之下首先对思考者的思维结果进行标准化简写处理, 然后再对思考者的思维结果展开分析, 从而解决思维正确性问题.

基本逻辑学对思考者理性思维的正确性以及思考者如何建立与保持自己理性思维的正确性提供一种系统性解释方案, 并且系统性地分析并建立这种解释方案的合理性. 也就是说, 基本逻辑学不仅仅提供系统性解释方案, 还需要建立起所提供的系统性解释方案的正确性. 如果说帮助消除思维中 (自辩过程中) 或者辩论中出现的分歧是基本逻辑学的一个基本目的的话, 那么基本逻辑学就必须防止自带或者滋生分歧. 基本逻辑学也是许许多多思考者在漫长的时间区间上理性思考的结晶. 这些思考者正是在建立这种解释方案的过程中坚持自省和自适用的基本原则以植入的方法成功地解决了自己所面临的问题. 对于愿意接受这种基本逻辑学的思考者而言, 基本逻辑学便提供了一种十分有效的有助于自己理性思维的系统性辅助工具.

基本逻辑学假定思考者 (理性) 思维的目的在于寻求真理 (基本逻辑学之**目的假设**). 因而, 对真理这个名词的基本含义提供系统性合理解释自然而然的是基本逻辑学的**根本任务**. 基本逻辑学非常清楚这种有关真理一词基本含义的解释首先必须尊重思考者自己对于真理一词基本含义的解释, 并且在尊重的基础上实现基本逻辑学系统解释的合理性. 在基本逻辑学里, 真理是一个范畴 (综合类) 名词, 并且这

1 克服命题逻辑表达能力缺陷问题曾经是举世闻名的多重广延表述难题. 此难题由德国哲学家弗雷格于 1879 年解决. 当年弗雷格发表划时代著作《概念文字》, 建立起代名词表达式逻辑.

个范畴包含着普遍真理这个子范畴 (这个子范畴包括一条条普遍 —— 被所有理性思考者都普遍认同的 —— 真理) 和相对真理这个子范畴 (这个子范畴包括一条条相对于思考者而言的基本真理和导出真理), 而任何一条真理都或者是一条普遍真理, 或者是一条相对真理, 也就是说普遍真理子范畴和相对真理子范畴联合 (合并) 起来完全覆盖了整个真理范畴. 基本逻辑学的根本任务就是明确解释这两个子范畴的含义. 真理、普遍真理、相对真理、基本真理和导出真理, 这几个名词都是基本逻辑学的元词 —— 基本逻辑学用来表述自己分析的词汇. 至于一位思考者在思考时可能使用的那些词汇, 则不是基本逻辑学所直接关注的对象.

基本逻辑学假定每一位思考者在任何一个时间区间上从事理性思维时必然都有自己关注的重点所在, 总是将自己理性思维的注意力完全集中于一处. 基本逻辑学相信在一定的时间段上, 思考者注意力高度集中是富有成效思考的必要条件. 没有思考者可以同时关注一切还能富有成效地思考; 没有注意力的高度集中, 便不可能有富有成效的思考. 在基本逻辑学看来, 同时关注一切 (或者漫无边际) 的思维是发散性思维, 而发散的过程是不收敛的过程. 因此, 基本逻辑学将发散性思维排除在外. 在这个假设之下, 基本逻辑学将思考者暂时关注的事物范围用**论域**这个 (范畴) 名词来统称. 基本逻辑学假定每一位思考者都在专门地认识自己所关注的论域中的对象事物. 基本逻辑学的这个假设被称为**论域假设**.

在基本逻辑学里, 论域的内涵就是划定思考者认识事物对象的总体范围; 论域的外延就是被认识的事物对象的全体; 论域之外便不是基本逻辑学意义下思考者的关注所在. 善于思考者用自己的思维认识论域中那些自己感兴趣的事物对象. 被认识的事物对象相对于思考者是客体, 而思考者是认识事物的主体; 每一位思考者也同时是某些论域中被认识的事物对象中的一个客观个体, 有可能既是自己的认识对象, 也是别人认识的对象. 被认识的事物, 或者事物对象, 是客观的存在; 论域便是概括某些存在着的客观事物的总体. 论域并不是一种被认识的事物对象, 一切被认识的事物对象都在某个论域之中. 思考者通过对自己的专门的论域中的某些类事物 (思考者所感兴趣的那些事物) 的认识来感知论域, 或者按照通俗的说法, 认识论域. 思考者在自己的思维之中建立自己的论域观念, 并且自己相信自己建立起来并在继续建立之中的论域观念反映论域. 思考者自己的论域观念由一系列的有关事物认识的概念、依据这些概念所形成的对所认识事物的假设与结论以及对这些假设与结论的判断所组成. 思考者在自己的思维 (过程) 中开始、进行和完成对事物的认识. 这是一个个包括观察、实验、分析、抽象、推理、再观察、实验、检验、分析、矫正等一系列循环往复的过程. 思考者相信自己的认识是正确的. 思考者相信自己论域观念中的结论是反映论域中自己所关注的事物的客观事实, 合乎实际 (与论域中自己所关注的事物之存在、变化、发展过程在容许误差范围内相吻合), 是真理. 思考者因为相信自己的正确性和得到的真理而自信和感觉高尚与荣耀. 思考者的观察、实验和检验是种种实践; 而分析与推理, 发问与解答则便是纯粹思维中的事情. 思考者总是会不断地和其他思考者交流自己的认识. 这既是一种获得承认与矫正自己的需要, 也是激励和促进人类总体认识的需要. 交流者之间各自按照自己的真理观和正确观进行判断. 那么, 什么可以保证自己的真理观和正确观不至于和他人的真理观和正确观出现根本性分歧? 什么可以保证由自己的真理观和正确观所支撑的自信不会出现坍塌? 这种保证的基础由逻辑学所提供.

基本逻辑学假定: 每一位思考者对于自己感兴趣的具体论域中的事物的认识结果隶属于某一门**专门学问**; 各专门学问都有自身的各种各样的**专门型具体概念**; 各种各样的专门型具体概念都分别隶属于某一门专门学问之中; 各专门学问的专门型具体概念都分为**专门型具体基本概念**和**专门型具体复合概念两种**; 专门型具体基本概念是思考者对认识结果各种表达的**基本承载体**, 并且别无其他基本承载体; 每一个专门型复合概念都是由一系列 (有限个) 专门型具体基本概念按照特定的方式组合起来的产物; 每一个专门型具体概念都有一个**专有具体概念名词**以及一种明确的无歧义的关于这个概念名词的**语义解释**, 并且这种语义解释自立地恰到好处地对论域中的对象实现有效的明确无误的**符合性区分**[2]. 基本逻辑学的这个假设为基本逻辑学的**概念假设**. 在这个概念假设之下, 用**基本概念**这个名词来涵盖、概括、包括所有的分属于各专门学问之中的专门型具体基本概念; 用**基本概念名词**这个名词来涵盖、概括、包括所有的分属于各专门学问之中的专门型具体基本概念名词; 用**复合概念**这个名词来涵盖、概括、包括所有的分属于各专门学问之中的专门型具体复合概念; 用**概念含义**这个名词来涵盖、概括、包括所有的分属于各专门学问之中的对专门型具体概念名词所作的语义解释. 为了区分起见, 基本逻辑学将自身学问中的专门型具体概念称为**元概念**, 专门型具体基本概念名词称为**元词**. 这样一来, **论域**这个名词就是基本逻辑学的一个元词; **符合**这个名词也是基本逻辑学的一个元词. 需要在这里明确指出的是, 基本逻辑学回避使用抽象的**概念**这个名词. 基本逻辑学不讨论诸如, 概念是什么, 或者什么是概念, 或者概念这个一般性词汇的含义是什么, 这样的问题. 也就是说, **基本逻辑学不把概念作为一个探讨的对象**. 基本逻辑学只把基本概念、复合概念、具体概念作为探讨对象的分类名词来使用. 在不至于引起误会的语言环境中, 基本逻辑学将"基本概念"、"基本概念名词"和"专门型具体基本概念名词"等同起来使用.

思维正确性问题有两个侧面, 一个是思维过程本身的, 一个是用语言所表达的思维结果. 思考者的思维结果就是用语言所表达出来的一系列的代名词表达式. 所以, 代名词表达式将是基本逻辑学分析的基本对象. 基本逻辑学对于代名词表达式

2 论域中的每一个事物都要么符合这种语义解释, 要么不符合这种语义解释, 二者必居其一, 二者也只居其一; 如果论域中的任何一个事物都符合这种语义解释, 那么这个专门具体概念便是一种**平凡概念**; 如果论域中的任何一个事物都不符合这种语义解释, 那么这个专门具体概念便是一个**矛盾概念**; 如果论域中既有符合这种语义解释的事物, 又有不符合这种语义解释的事物, 那么这个专门具体概念便是一个**有意义概念**.

的分析主要在于揭示这些代名词表达式之间的各种各样的逻辑关系. 为了有效地展开对于代名词表达式的分析, 基本逻辑学需要进行一系列标准化和规范化处理, 这包括思考者所使用语言的基本构成, 也就是代名词表达式的基本语法结构, 以及适当引进一些简写符号和这些简写符号的使用规范. 基本逻辑学对于代名词表达式的分析主要分为两大部分, 第一部分是代名词表达式的形式分析, 第二部分是代名词表达式的语义分析. 基本逻辑学先将代名词表达式的形式与内容分离开来, 再将它们统一起来. 基本逻辑学所要展示的一个重要内容就是思想表达方式的形式与内容的对立统一. 基本逻辑学并不特别关注代名词表达式的具体内容, 只是关注代名词表达式的具体内容对于代名词表达式的真假判断的影响和决定作用, 因为基本逻辑学需要回答的**根本问题**是什么是真理, 而不是任何真理的具体内容. 基本逻辑学的分析将复杂的代名词表达式的真理性完全归结到思考者对于基本概念、基本谓词表达式以及由一些基本谓词表达式所组成的基本理论所做的**根本选择**的真理性以及思考者的**语言表达**的 (可以有效检测的) 正确性和演绎推理**分析过程**的 (可以有效检测的) 正确性. 基本逻辑学的分析将表明尽管一条条真理的具体内容可以千差万别, 但它们的真理性事实上直接由思考者所做的根本选择的真理性、思考者语言表达的正确性以及思考者分析过程的正确性所完全确定. 因而在基本逻辑学里, 真理被分为**普遍真理**和**相对真理**. 普遍真理是那些可以被思考者在任何分析过程中当成默认来使用的代名词表达式, 因为它们的真实性与任何一位思考者的根本选择无关; 相对真理则是思考者真正力图发现并论证的内容, 它们的真实性直接依赖于思考者的根本选择. 普遍真理并不对思考者所关注的论域以及建立在论域之上的上层建筑提供任何特别信息, 但它们在思考者所关注的论域以及建立在论域之上的上层建筑之中都具有无可否认的真实性. 相对真理直接依赖思考者所做的根本选择以及代名词表达式的实质内容, 也实实在在地为思考者就所关注的论域以及建立在论域之上的上层建筑提供清晰和准确的信息. 基本逻辑学从全体普遍真理中选择出一系列普遍真理作为最基本的思维分析的基石, 这些基石连同正确分析所应当也必须遵从的推理法则一起构成一个正确思维的完整体系. 正是在这样的体系之下, 基本逻辑学明确给出思考者分析过程的正确性解释. 因此, 粗略地说, 基本逻辑学是关于思考者思维结果的逻辑分析学, 这种分析关注思考者的根本选择的真理性、语言表达的正确性以及演绎分析的正确性[3].

基本逻辑学假定任何一个思考者在任何一个时间区间上思维 (过程) 中自己大

3 注意, 对于命题表达式的真理性判断是一种自立的局部的但是涉及并相关于整个论域以及具体内容的真实判断; 对于命题表达式的语言表达正确性的判断是一种自立的局部的独立于内容的系统规则判断; 对于演绎推理分析过程的判断则是一种独立于内容的依赖系统全局的程序判断. 尽管真理性与正确性是围绕同一事物紧密关联着的两个方面, 真理性判断是一个 (可以相当) 复杂的过程, 正确性判断是一个可以机械计算的过程. 基本逻辑学的全部意义就在于揭示出 (能够由有效执行过程来判断的) 两种正确性为 (更多的时候只能由极其复杂的过程来判断的) 真理性提供保障这样一个基本事实.

脑中所使用的语言和自己用来表达所使用的语言是同一种语言 —— 包含语言的语法和语义解释. 尽管思考者可能思考时的确使用着不同的只有思考者自己明白的语言, 但思考者必须使用交流时大家公用的语言来表达, 因而思考者必须自己建立起内部语言和外部语言的等价翻译. 在这个基础上, 基本逻辑学还假定思考者使用的语言词汇包括一系列的基本概念名词 —— 谓词, 一系列 (用以对论域中特殊具体事物命名的) 专有名词, 一系列的 (用以指代论域中的单个事物的) 代名词 (或者个体变元词). 这个假设被称为基本逻辑学的**基本语言假设**.

3.2 表达式构造篇

3.2.1 基本概念与基本判断

在基本逻辑学里, 任何一个具体概念都分属两大范畴中的某一个, 要么是一个 (具体) **基本概念**, 要么是一个 (具体) **复合概念**.

每一个具体基本概念都是一段时期某种思维过程的一个**起点**或者**出发点**. 之所以被划分为基本概念, 之所以作为思维过程的一个起点, 就在于对它们的表述并不依赖于 (并不涉及) 任何其他具体概念. 任何一个具体基本概念都是某个思考者根据自己的需要所引入, 其功用在于 (被用来) 直接区分论域中的个体对象或者个体对象组. 任何一个**具体基本判断**都是依赖某个具体基本概念对论域中的具体的个体对象或者具体的个体对象组贯彻该具体基本概念所确定的区分的一个实现. 对于一个具体基本概念而言, 对于任意给定的一个个体对象或者个体对象组, 这个具体基本概念需要明确所论个体对象或者个体对象组在什么**状态**下是**合乎**该具体基本概念的 (与该具体基本概念**相符**), 在什么状态下是**不合乎**该具体基本概念的 (与该具体基本概念**不相符**). 换句话说, 任何一个具体基本概念都必须携带一个明确的可以被用来检测的关于论域中的个体对象或者个体对象组是否合乎该具体基本概念的**判定标准**. 给定一个具体基本概念, 给定论域中的一个个体对象或者个体对象组, 按照这个具体基本概念所携带的是否**相符**的判定标准实施**实事求是**的判定, **合乎者为真**, **不合乎者为假**. 无论判定结论如何 (无论是否合乎), 都是一种具体**真相**, 都是一个具体**事实**. 也就是说, 对于是否相合乎的判定与真假判定可以被认为是同一回事. 对于一个固定的具体基本概念而言, 不需要任何代名词表达式来定义, 需要的只是说明**如何实现所期望的确切的区分**以及**什么是确定与之相应的每一次具体判断的真与假的标准**. 这两种必备的说明都由思考者在引入具体的基本概念时所确定. 基本逻辑学将这种依赖具体基本概念而实施的对于论域中的个体对象或者个体对象组是否相合乎的判定称为**事实判定**. 据此, 任何一个具体基本判断就是一个事实判定; 反之, 任何一个事实判定就是一个具体基本判断.

每一个具体复合概念都由涉及一系列具体基本概念的一个代名词表达式所**定义**. 与一个具体复合概念相应的是对论域中的个体对象或者个体对象组是否**合乎**该具体复合概念的具体复合判断. 合乎者为真, 不合乎者为假. 因而对于是否合乎的判定与真假判定可以被认为是同一回事. 基本逻辑学将这种依据具体代名词表达式定义来实施的具体复合判断称为**逻辑判定**. 据此, 任何一个具体复合判断就是一个逻辑判定; 反之, 任何一个逻辑判定就是一个具体复合判断. 那么确定一个具体复合判断的真与假的标准又是什么呢? 基本逻辑学将会明确具体复合判断的真假确定将由定义表达式的逻辑结构归结到相应的具体基本判断的真假确定. 也就是说, 基本逻辑学将明确逻辑判定对于事实判定的 (由代名词表达式构成的逻辑规则完全确定的) 系统性依赖的归结方案.

上面我们说过具体基本概念具有某种时效特点. 就是说, 在一定时间区间上, 一个具体概念是一个具体基本概念, 而在后来的一个时间区间上, 这个具体概念可能会变成一个由其他具体基本概念定义出来的复合概念. 比如说, "点"曾经是几何学的一个具体基本概念, "数"曾经是算术的一个具体基本概念, 而在集合论出现之后, "点"和"数"便成为可以被定义的具体复合概念. 事实上, 恰恰是这种对于某些具体 (基本的或者复合的) 概念的引入或者更新 (包括替代或者重新释义) 标志着人类认识的某种实质性的飞跃.

关于事实判定与逻辑判定有两点需要进一步明确. 第一, 基本逻辑学明确主张或者明确假设**任何思维过程都一定是从一个或者一系列具体基本概念出发逐步展开的, 也就是说一定可以追溯到一个或者一系列的该思维过程发生的起点**. 尽管随着时间的推移, 随着一代一代新的思考者的加入, 原有的具体基本概念可能被更新或者被新的具体基本概念所取代, 但是在任何具体确定的时间区间上, 不应当出现所有的具体概念都是被定义出来的具体复合概念这样一种局面. 因为这将意味着一种永无休止的循环定义的状态, 而这种循环定义的状态在基本逻辑学看来不会带来任何实质性的认识论上的进步, 所以应当努力避免. 第二, 所有的事实判定过程都必须自始至终坚守实事求是原则, 以及所有的逻辑判定过程都必须自始至终坚守依据事实判定结果 (真相基本原则) 按照逻辑规则来计算判定结果的原则. 这两点假设分别是基本逻辑学的**起点假设**以及**实事求是假设**[4].

3.2.2 词汇表与表达式

制名以指实.

名无固宜, 约之以命, 约定俗成谓之宜, 异于约则谓之不宜.

名无固实, 约之以命实, 约定俗成谓之实名. —《荀子 · 正名》

4 在事实判定中, 什么是相符, 什么是不相符, 是思考者必须自己面对的**基本真实性问题**, 绝非基本逻辑学所能面对的问题. 基本逻辑学只能**假定**思考者秉持**真相**基本原则以及**实事求是**基本原则来回答是否真实相符的问题.

基本逻辑学将所用的词汇分成**原始词汇**和**逻辑词汇**两类; 而原始词汇又被分为彼此功能不同的专有名词和基本概念名词两类, 逻辑词汇也同样地被分为彼此功能不同的代名词和逻辑联结词两类. 逻辑词汇是所有思考者一般都会使用的那些词汇的规范性综合; 原始词汇则是各思考者根据自己需要所选择使用的特殊个体名词与具体基本概念名词的规范化总汇.

代名词 (个体变元) 是基本逻辑学的一个元词. 在这个词典 (列表) 里, 一个个代名词都是被思考者用来指代论域中的任何一个单个对象事物的一般性名字. 当一个代名词被指定论域中的一个具体事物时, 也只有在这个时候, 这个代名词便有了一个具体的语义. 代名词的使用正是代名词表达式逻辑差别于命题逻辑的核心所在. 一个个具体代名词都将作为逻辑联结词中的具体量词的一部分, 所以代名词是逻辑词汇的一部分. 需要进一步强调的是任何一个代名词都是作为论域中的任何一个具体事物对象的一般性名字来抽象地使用的. 简而言之, 代名词是论域中具体个体事物的抽象指代名字.

专有名词是基本逻辑学的一个元词. 在这个词典 (列表) 里, 任何一个专有名词都被思考者用来指定论域中的某一个特定的特殊事物对象. 哪些具体专有名词会被使用是思考者自己的选择.

基本概念名词——谓词—— 是基本逻辑学的一个元词. 在基本逻辑学里, 基本概念名词词典 (列表) 所包括的就是所有那些被思考者用来分划、区分和识别论域中那些被认识的具体事物的思维结晶的表达形式. 每一个这样的思维结晶都由一个被选定的专门型具体基本概念名词以及赋予这个名词的词义来共同表示. 可以说, 在基本逻辑学里, 基本概念就是一系列的基本概念名词及其词义的综合类 (范畴). 这一个个名词连同其词义就被称为一个个具体基本概念. 基本逻辑学将基本概念的基本概念名词与它们的语义分离, 以基本概念名词作为基本判断的承载物, 将基本概念名词的含义规定留给思考者. 为了说话方便, 基本逻辑学统称专有名词和代名词为**个体名词**. 为了确定起见, 基本逻辑学按照基本概念名词所涉及的个体名词的个数进行分类, 并把相应的个数称为该类基本概念名词 (谓词) 的**元数**. 比如说, 这一基本概念是一个三元谓词指的就是这个谓词涉及 3 个个体名词. 比如, 用以标识颜色的赤、橙、黄、绿、青、蓝、紫就都是涉及一个个体名词的基本概念名词; 用以表示两个人曾经见过面或者彼此有一点熟悉这样事实的关系词“谁与谁相识”就是涉及两个个体名词的基本概念名词; 用以表示第三者在另外两者之间这样事实的关系词“什么在什么什么与什么什么什么之间”就是涉及三个个体名词的基本概念名词; 等等. 为了规范起见, 从现在起, 我们用下列彼此互不相同的符号来记基本概念名词 (谓词)(表 3.1).

我们称上面的这个表为**谓词字符表**, 或者**基本概念字符表**. 关于表中这些谓词符号的元数我们约定: 每一个谓词符号所在行的行数规定为该谓词所含个体名词的个数. 比如, 第一行的都是一元谓词符号, 第二行的都是二元谓词符号, 等等, 依此类推. 由于表中符号的双下标的第一个正整数标识它所在的行数, 第二个正整数标识它所在的列数, 可见表中符号双下标的第一个正整数就表明该谓词符号的元数. 这样一来, 对于每一个正整数 n, 都会有任意下标 k 的 n 元谓词 P_{nk} 供思考者使用 (思考者不会面临基本概念字符不够用的困难). 我们需要强调, 任何一位思考者都可以根据自己的喜好来为自己的具体基本概念选择自己喜欢的概念名词, 而不必使用这里所列出来的谓词符号. 之所以用这些纯粹简单抽象的谓词符号作为基本概念的表达方式, 只是为了对所有思考者所提出的基本概念进行纯粹抽象的**符号化**统一规范处理, 因为具体使用什么样的名词来表示具体基本概念并不带来任何本质区别. 当然, 在具体的应用中, 思考者需要将自己喜欢的名词与这里的某一个谓词符号建立起一种合适的对应.

表 3.1　谓词符号表

一元谓词	P_{11}	P_{12}	P_{13}	P_{14}	$\cdots$	$\cdots$	P_{1n}	$P_{1(n+1)}$	$\cdots$	$\cdots$
二元谓词	P_{21}	P_{22}	P_{23}	P_{24}	$\cdots$	$\cdots$	P_{2n}	$P_{2(n+1)}$	$\cdots$	$\cdots$
三元谓词	P_{31}	P_{32}	P_{33}	P_{34}	$\cdots$	$\cdots$	P_{3n}	$P_{3(n+1)}$	$\cdots$	$\cdots$
$\vdots$	$\vdots$	$\vdots$	$\vdots$	$\vdots$			$\vdots$	$\vdots$		
k 元谓词	P_{k1}	P_{k2}	P_{k3}	P_{k4}	$\cdots$	$\cdots$	P_{kn}	$P_{k(n+1)}$	$\cdots$	$\cdots$
$\vdots$	$\vdots$	$\vdots$	$\vdots$	$\vdots$			$\vdots$	$\vdots$		

基本命题, 或者基本命题表达式, 是基本逻辑学的一个元词. 在这个列表里, 每一个基本命题都是由一个可能涉及一些专有名词或者代名词的具体基本概念名词来承载一定语义的表达形式. 这是一些关于论域的分划或者论域中事物彼此区分的基本表达形式. 每一个基本命题都是由一个基本概念名词和相应元数个个体名词构成, 反之亦然.

为了阅读方便, 基本逻辑学还假定遥相呼应的一对左右圆括弧"("")"作为构建复合命题表达式时的必用构件, 并且假定在任何使用处必定左先右后, 从左圆括弧开始到与之对应的右圆括弧结束, 由两者括起来的全部为一个整体 (这便规定了正确的书写法则); 检测左右圆括弧之正确对应则依照由里向外检测的法则: 最里层的一对遥相呼应的左右圆括弧之中必没有其他圆括弧, 然后再依次向外层扫描检测新一层的一对对遥相呼应的左右圆括弧. 这是基本逻辑学的**圆括弧假设**.

基本逻辑学假定每一位思考者在任何思考期间, 在由基本命题构建复合命题时, 都按照特定顺序使用, 并且仅仅如此使用, 下列逻辑 (关联) 词: 相等词 (等号)、否定词、蕴含词、析取词、合取词、对等词 (等蕴词)、全称量词, 以及选称量词 (存在量词). 这个假设被称为基本逻辑学的**逻辑关联词假设**.

在基本逻辑学里, 基本命题表达式有两类, 一类是由思考者自己选定的由谓词、专有名词和代名词所构成的基本命题, 另一类则是由相等词, 或者等号, 与专有名词和代名词所构成的基本命题. 相等词用来表示论域中的个体之间同一性的**二元逻辑谓词**. 比如说, 如果"某某"是一个专有名词, "什么"是一个代名词, "什么什么"也是一个代名词, 那么以下六个表达式就都是基本命题: "(某某与什么相等)", "(某某与什么什么相等)", "(什么什么与什么相等)", 以及将它们的顺序颠倒过来的结果. 同样地, "(某某等于什么)", "(某某等于什么什么)", "(什么什么等于什么)", 以及将它们的顺序颠倒过来的结果, 也都是基本命题. 称由相等词所构建的基本命题为**等式**.

相信此时读者或许已经感到如果老用"某某"等来表示任意一个专有名词, 用"什么"或者"什么什么"等等来表示任意一个代名词, 写起来会诸多不便, 读起来也会过于啰唆. 那就让我们试一试用字符来一般性地记这些专有名词或者代名词, 并且假设每一位思考者都愿意这样使用以及明确思考者自己使用的专有名词和代名词与这些字符之间的对应与互译. 比如, 我们用 c_1 这个字符来记专有名词"某某", c_2 来记专有名词"某某某某", 等等, 当然, 这只是一种可以想象得到的最简单也是最不聪敏的专有名词的解释 (我们又何必在用什么来当作专有名词这个问题上浪费时间呢). 我们约定, 从现在起, 就用下列彼此互不相同的字符来记专有名词 (思考者可以根据自己的需要从中选取一部分):

$$c_1, c_2, c_3, \cdots, c_{17}, c_{18}, \cdots, c_n, c_{n+1}, \cdots.$$

类似地, 我们可以用字符 x_1 来记代名词"什么", 用 x_2 来记代名词"什么什么", 用 x_3 来记代名词"什么什么什么", 等等. 也就是说, 我们约定从现在起, 用下列彼此互不相同的字符来记代名词:

$$x_1, x_2, x_3, \cdots, x_{2017}, x_{2018}, \cdots, x_n, x_{n+1}, \cdots$$

我们将上述**专有名词符号表**, **代名词符号表**, **谓词符号表**当成本书的**原始符号约定**. 从此以后, 我们将用而且只用这三张表里的符号来分别记专有名词、代名词和谓词. 这三张表里的那些正整数下标就是对应的符号在列表中所处位置的编号, 就如同电影院中的座位标号.

我们还进一步约定用符号"="(等号) 来记相等词. 在这样的约定之下, 前面提到的几个等式, "(某某等于什么)", "(某某等于什么什么)", "(什么什么等于什么)", 以及将它们的顺序颠倒过来的结果, 就可以写成如下等式:

$$(c_1 = x_1), \quad (c_1 = x_2), \quad (x_2 = x_1), \quad (x_1 = c_1), \quad (x_2 = c_1), \quad (x_1 = x_2).$$

很清楚, 无论是书写效率, 还是清晰度, 使用这些符号来写等式都是一件令人愉快的事情 (只不过在我们内心深处或许需要明白这些符号标识什么, 而通常这只需要制作一张对应表就可以一劳永逸).

在基本逻辑学里, 任何一个基本命题表达式, 或者后面将要明确的复合命题表达式, 都默认为**自肯定式**. 在一个自肯定表达式之前 (之左) 添加上一个否定词, 并且在添加否定词之后的左端添置左圆括弧以及在其右端添置右圆括弧, 如此所得的结果便成为一个**否定式**. 比如, 如果用"并非"来表示否定词, 一个自肯定式为"如此这般", 那么这个自肯定式的否定式为"(并非如此这般)"; 如果只用"非"来表示否定词, 那么自肯定式"如此这般"的否定式就是"(非如此这般)". 需要注意的是, 否定词只对一个 (自肯定) 命题表达式 (基本的或复合的) 作用, 所以通常称之为一个 (也是唯一的) **一元逻辑词**. 任何一个否定式一定从一个左圆括弧开始, 并且紧随其后的是否定词, 否定词之后必是一个 (自肯定) 命题表达式, 这个自肯定式之后便是一个右圆括弧. 这是否定式的顺序结构. 还需要注意的是, "(非如此这般)"这个命题表达式, 尽管它是一个否定式, 当需要对它添加否定词时, 它又是一个自肯定式. 比如, "(并非 (非如此这般))"也是一个否定式. 换句话说, 连续多次使用否定词是正常的. 为什么使用否定词呢? 对于思考者而言, 是非判断是最基本的一种判断. 首先, "是"与"非"彼此不同; "是"当作肯定, "非"当作对于"是"的否定, 即"不是". 将"是"与"非"的判断植入命题表达式之中, 就是通过对于自肯定式添加否定词来实现的.

在这里, 我们用"如此这般"来表示一个非常一般的毫无内容的 (基本或复合) 命题表达式. 我们并不知道这个命题到底说什么, 我们其实也不需要知道它到底说什么, 因为它的确可以是任何一个具体命题表达式. 在日常生活中, 当我们想说一件很一般的具体内容本身一点都不重要的事情时就可能这样表达, 因为到底是什么并不重要, 对方也未必感兴趣知道, 所以很自然地就使用这种无关内容的表达方式. 既然这样, 我们约定在本书中用大写英文字母 P 以及给它添加数字下标的方式来表示各种各样的基本命题表达式.

在这里, 我们还约定用符号 $\neg$ 来记否定词. 这样一来, 上面的否定式"(并非如此这般)"或者"(非如此这般)"就可以如下改写: 比如说, 假设由一个三元谓词 P_{37} 与 3 个个体名词 $t_{i_1}, t_{i_2}, t_{i_3}$ 所构成的基本命题表达式 $P_{37}(t_{i_1}, t_{i_2}, t_{i_3})$ 对应着基本命题表达式"如此这般", 那么否定式"(并非如此这般)"就成为 $(\neg P_{37}(t_{i_1}, t_{i_2}, t_{i_3}))$.

我们还约定用大写英文字母 A, B, C, D 以及为它们添加下标的字符, 比如, $\mathrm{A}_1, \mathrm{A}_2, \mathrm{A}_3$, 等等来记一般的命题表达式. 由此, 如果 A 表示命题表达式"如此这般", 那么"(并非如此这般)"就可以写成 $(\neg\mathrm{A})$.

在基本逻辑学里, 蕴含词是用来表明两个命题表达式之间的必然联系的联结词. 蕴含词是将所认识到的事物间的必然联系植入逻辑系统之中的逻辑联结词. 这是一个**二元逻辑词**. 在汉语中, 蕴含词以下述方式使用: 如果假定"如此这般"和"怎样怎样"是两个已有的命题表达式, 那么"(如果如此这般, 那么怎样怎样)"就是一个**蕴含表达式**. 紧跟在"如果"这个词的后面的命题表达式"如此这般"被称为这个蕴含表达式的**前提式** (或者**前提**). 紧跟在"那么"这个词的后面的命题表达式"怎样怎样"被称为这个蕴含表达式的**结论式** (或者**结论**). 因此, 蕴含表达式的汉语形式便可写成: "(如果前提, 那么结论)"或者, 直接写成: "(前提蕴含结论)", 即"(如此这般蕴含怎样怎样)". 比如, "(如果长时间身处冰天雪地, 那么体感温度一定很低)"就是一个蕴含表达式. 有时候也用"充分条件"或者"必要条件"来陈述命题表达式之间的蕴含关系. 比如, "前提是结论的充分条件", 或者, "结论是前提的必要条件". 需要注意的是, 蕴含表达式是一个顺序定向表达式. 前提与结论之间的顺序是不可以交换的, 一定是前提在先 (在左), 结论在后 (在右). 一旦顺序颠倒, 那就是完全不同的命题表达式了. 比如, "(如此这般蕴含怎样怎样)"与"(怎样怎样蕴含如此这般)"是两个完全不同的命题表达式. 为什么使用蕴含词呢? 对于一个思考者而言, 发现或者揭示两条真理之间存在着的必然联系常常是发现真理的一个重要环节. 比如说, 三九天里你准备到北极村去看北极光, 你很清楚你"需要在冰天雪地里待很长时间", 你也同样清楚"(如果长时间身处冰天雪地, 那么体感温度一定很低)", 于是出门前你一定全副武装穿好保暖防寒的衣服, 因为你相信到时候体感温度一定很低. 更一般地, 如果一位思考者完全相信"如此这般"这条真理已经确确实实地被建立起来, 同时, 这位思考者还知道命题表达式"如此这般"与命题表达式"怎样怎样"有着一种必然联系, 也就是说, 这位思考者完全相信蕴含表达式"(如此这般蕴含怎样怎样)"也是一条真理, 那么这位思考者便会自然而然地相信命题表达式"怎样怎样"也是一条真理.

我们在这里也约定用符号 $\rightarrow$ 来记蕴含词. 这样一来, 上面的蕴含表达式"(如果长时间身处冰天雪地, 那么体感温度一定很低)"就可以适当改写: 如果我们用字母 A 来记命题"长时间身处冰天雪地", 用字母 B 来记命题"体感温度一定很低", 那么蕴含式"(如果长时间身处冰天雪地, 那么体感温度一定很低)"就变成了"$(A\rightarrow B)$". 这样的简写对于我们讨论逻辑学的内容会非常有用, 会非常节省时间和书写空间.

在基本逻辑学里, 析取词是用来表明两个命题表达式之间的兼收并蓄的联结词. 这是一个**二元逻辑词**. 在汉语中, 析取词用"或者"一词来标识, 并且以下述方式使用: 如果假定"如此这般"和"怎样怎样"是两个已有的命题表达式, 那么"(如此这般或者怎样怎样)"就是一个**析取表达式**. 需要注意的是, 析取表达式是一个顺序定向表达式. 所涉及的两个命题表达式的先 (左) 后 (右) 顺序是固定的. 一旦顺序颠倒, 那就是完全不同的命题表达式了. 比如, "(如此这般或者怎样怎样)"与"(怎样怎样或者如此这般)"是两个完全不同的表达式. 为什么使用析取词呢? 对于思考者而言, 分情形处理问题是一种最基本的策略, 因为不同的环境下, 不同的地域中, 情形自然不同, 所得出的结论自然相应地会不同. 要想准确地刻画整体状态, 应用析取词将各种情形兼收并蓄就是思维中自然而然的选项. 这便将具体情况具体分析所得出的不同的结论统一植入成为单一结论.

我们约定用符号 $\vee$ 来记析取词“或者”. 比如, 如果用 A 来记命题“如此这般”, 用 B 来记命题“怎样怎样”, 那么析取表达式“(如此这般或者怎样怎样)”就写成“$(A \vee B)$”. 同样, 后者是前者的一种简写.

在基本逻辑学里, 合取词是用来表明两个命题表达式之间的同存共处的联结词. 这是一个**二元逻辑词**. 在汉语中, 合取词用“并且”(“且”“而且”) 一词来标识, 并且以下述方式使用: 如果假定“如此这般”和“怎样怎样”是两个已有的命题表达式, 那么“(如此这般并且怎样怎样)”就是一个**合取表达式**. 需要注意的是, 合取表达式是一个顺序定向表达式. 所涉及的两个命题表达式的先 (左) 后 (右) 顺序是固定的. 一旦顺序颠倒, 那就是完全不同的命题表达式了. 比如, “(如此这般并且怎样怎样)”与“(怎样怎样并且如此这般)”是两个完全不同的表达式. 为什么使用合取词呢? 对于思考者而言, 常常需要寻求同时具有多重良好性质的事物对象, 将一系列命题表达式经合取词联结起来就可以用单一命题表达式来表达同时应当具备的多重良好性质, 从而将多重判断植入为单一判断.

我们约定用符号 $\wedge$ 来记合取词“并且”. 比如, 如果用 C 来记命题“如此这般”, 用 D 来记命题“怎样怎样”, 那么合取表达式“(如此这般并且怎样怎样)”就写成“$(C \wedge D)$”. 这里, 后者是前者的一种简写.

在基本逻辑学里, 对等词是用来表明两个命题表达式之间的相互依存的联结词. 对等词将逻辑等价的观念植入逻辑系统之中. 这是一个**二元逻辑词**. 在汉语中, 对等词用“当且仅当”一词来标识, 并且以下述方式使用: 如果假定“如此这般”和“怎样怎样”是两个已有的命题表达式, 那么“(如此这般当且仅当怎样怎样)”就是一个**对等表达式**. 有时候也用“··· 是 ··· 充分必要条件”来陈述对等关系: 比如, “(如此这般是怎样怎样的充分必要条件)”. 同样需要注意的是, 对等表达式也是一个顺序定向表达式. 所涉及的两个命题表达式的先 (左) 后 (右) 顺序是固定的. 一旦顺序颠倒, 那就是完全不同的命题表达式了. 比如, “(如此这般当且仅当怎样怎样)”与“(怎样怎样当且仅当如此这般)”是两个完全不同的表达式.

我们约定用符号 $\leftrightarrow$ 来记对等词“当且仅当”. 比如, 如果用 A 来记命题“如此这般”, 用 B 来记命题“怎样怎样”, 那么对等表达式“(如此这般当且仅当怎样怎样)”就写成“$(A \leftrightarrow B)$”. 后者自然也是前者的一种简写.

在基本逻辑学里, 全称量词是用来涵盖论域中的全部个体的作用词[5]. 经过全

5 汉语中的“尽”自战国时代起就具有全称作用词的功能. 比如, “宝物尽在此”, “并非尽然”. 《墨子 · 经上》说“尽莫不然也”. 《墨子 · 小取》中有“或也者, 不尽也”一说, 用“或”来否定“尽”.

称量词作用, 思考者"全体都有"的观念被植入逻辑系统之中. 既然是作用词, 全称量词就必有作用对象. 被全称量词所作用的对象有两个, 一个是代名词, 一个是命题表达式. 比如说, 如果"什么什么"是一个代名词, "如此这般"是一个命题表达式 (在"如此这般"这个命题表达式中可能有代名词"什么什么"出现, 也可能没有代名词"什么什么"的出现), 那么"(每一个什么什么都如此这般)"就是一个在全称量词作用下的命题表达式; "(任何一个什么什么都无一例外地如此这般)"也是一个在全称量词作用下的命题表达式; "(所有的什么什么都如此这般)"还是一个在全称量词作用下的命题表达式. 又比如说, "(中国科学院大学 2016 级全体同学在线性代数第一学期课程期末考试中都考得不错)"就是一个在全称量词作用下的命题表达式. 在这个命题表达式中, "全体"是一个全称量词, 被这个全称量词所作用的是代名词"同学"和命题表达式"在第一学期线性代数课程期末考试中考得不错". "同学"这个代名词含义变化的范围在"中国科学院大学 2016 级学生"之内. 如果"同学"这个代名词含义变化范围是整个"中国科学院大学在籍学生"的话, 那么上面的这个全称量词命题就应当事实上表述如下: "(对于所有同学而言, (如果这位同学是 2016 级的, 那么这位同学就考得不错))". 这里需要强调的是, 被全称量词所作用的代名词的含义变化范围必须是整个论域. 如果只限定"每一个"或者"所有的"作为汉语中的全称量词, 那么前面的这个表达式就变成"(所有的同学 (如果这位同学是 2016 级的, 那么这位同学就考得不错))"; 或者变成"(每一位同学 (如果这位同学是 2016 级的, 那么这位同学就考得不错))". 还需要强调的是全称量词作用的**辖域**: 从所用的全称量词左边的左括弧开始到与这个左括弧遥相呼应的右括弧止, 整个这个区间中的被这个全称量词作用的命题表达式所在的区间就是所论全称量词作用的辖域. 在前面这个例子中, 全称量词的辖域就是命题表达式"(如果这位同学是 2016 级的, 那么这位同学就考得不错)"所在的区间. 称带有全称量词作用的表达式为**全体化表达式**, 或者**全域化表达式**.

我们约定用符号 $\forall$ 来记全称量词. 比如, 如果我们用 x_1 来记代名词"同学", 用 P_{17} 来记基本概念"中国科学院大学 2016 级", 用 $P_{17}(x_1)$ 来记基本命题"x_1 是中国科学院大学 2016 级的", 用 $A(x_1)$ 来记命题"同学考得不错", 那么全体化表达式"(对于所有同学而言, (如果这位同学是 2016 级的, 那么这位同学就考得不错))"就写成

$$(\forall x_1(P_{17}(x_1) \to A(x_1))).$$

在基本逻辑学里, 选称量词 (存在量词) 是用来选择性地特指论域中的某个个体的作用词. 经过存在量词作用, 思考者将"个别具有"的观念被植入逻辑系统之中. 既然是作用词, 存在量词就必有作用对象. 被存在量词所作用的对象也有两个, 一个是代名词, 一个是命题表达式. 比如说, 如果"什么什么"是一个代名词, "如此

这般”是一个命题表达式 (在“如此这般”这个命题表达式中可能有代名词“什么什么”出现, 也可能没有代名词“什么什么”的出现), 那么“(存在什么什么如此这般)”就是一个在存在量词作用下的命题表达式; “(有某一个什么什么如此这般)”也是一个在存在量词作用下的命题表达式; “(个别的什么什么如此这般)”还是一个在存在量词作用下的命题表达式. 再比如说, “(个别同学 (这位同学是中国科学院大学 2016 级的, 并且这位同学在线性代数第一学期课程期末考试中没考好))”就是一个在存在量词作用下的命题表达式. 在存在量词作用下的代名词含义变化范围也是整个论域; 和全称量词一样, 存在量词也有作用的**辖域**. 称带有存在量词作用的表达式为**个体化表达式**, 或者**存在表达式**.

我们约定用符号 $\exists$ 来记存在量词. 比如, 如果我们用 x_2 来记代名词“同学”, 用 P_{17} 来记基本概念“中国科学院大学 2016 级”, 用 $P_{17}(x_2)$ 来记基本命题“x_2 是中国科学院大学 2016 级的”, 用 $A(x_2)$ 来记命题“同学考得不错”, 那么全体化表达式“(个别同学 (这位同学是中国科学院大学 2016 级的并且这位同学没考好))”就写成

$$(\exists x_2(P_{17}(x_2) \wedge (\neg A(x_2)))).$$

当论域之中的每一个个体都具有某种性质的时候, 用全称量词来显示这样的状态; 当并非论域中的每一个个体都具有某种性质但某些个体又具有这种性质时, 就用选称量词来显示这样的状态. 换句话说, 全称量词显示“论域之中全体个体都具有所论性质”这样一种状态; 选称量词显示“论域之中有某些个体具有所论性质”这样一种状态. 由于已经假设论域并非一无所有, 以及全体包括部分, 直观上, 如果论域之中全体个体都具有所论性质, 那么论域之中自然有某些个体具有所论性质, 所以, 由全称量词所显示的状态蕴含着由选称量词所显示的状态. 反过来则未必. 因为论域之中可以同时既存在某些具有所论性质的个体又存在不具有所论性质的个体.

我们将上面所谈的有关逻辑词、基本概念等的约定成为**标准化简写约定**. 在有了这份标准化简写约定之后, 我们可以有效地回答下述问题:

问题 3.1 *在基本逻辑学里, 到底什么是正确的表达方式? 到底什么是正确的代名词逻辑表达式?*

3.2.3 代名词表达式锦帛矩阵

仿照第 2 章中的逻辑命题锦帛矩阵 (第 81 页图 2.15), 我们也在这里将上一节中引进的代名词表达式用一张代名词矩阵锦帛矩阵展现出来.

现在我们按照下面的步骤来构造代名词表达式锦帛矩阵.

第一, 固定一个**基本概念名词** (谓词) 列表, 固定一系列**专有名词**列表 (这是由基本逻辑学所提供的供思考者根据自己思考问题的需要从中选择的规范而丰富的

基本概念名词和专有名词集合, 至于各个基本概念名词的具体含义是什么, 基本逻辑学不作任何规定, 完全由思考者根据自己的需要确定; 同样地, 各个专有名词用于何处, 也完全由思考者根据自己的需要确定), 固定一个取之不尽用之不竭的**代名词**列表 (这是由基本逻辑学所提供的供所有思考者共同使用的标准代名词词典). 这就是上面我们所约定的谓词字符表, 专有名词字符表, 代名词字符表.

第二, 固定构建命题表达式所需要的一对**左右圆括弧**"(,)", 一个**相等词** (等号), 一个**否定词**, 一个**蕴含词**, 一个**析取词**, 一个**合取词**, 一个**对等词**, 一个**全称量词**, 一个**存在量词**. 并且约定这些由基本逻辑学所固定的逻辑词与所有思考者用以表达所使用的逻辑词完全吻合. 这些就是上面我们分别约定的逻辑符号:

$$(, =, \neg, \rightarrow, \vee, \wedge, \leftrightarrow, \forall, \exists,).$$

基本逻辑学将由上述基本概念名词、专有名词、代名词, 以及逻辑词所构成的名词列表称为**符号词汇总表**; 并且将由代名词和逻辑词构成的名词表称为**逻辑词汇表**, 而将由基本概念名词和专有名词所构成的名词表称为**非逻辑词汇表**. 逻辑词汇表是每一位思考者都使用的词汇表, 非逻辑词汇表是思考者根据自己需要可以从中取舍的词汇总表.

为了明确起见, 我们将代名词字符表、专有名词字符表以及谓词符号表统一起来以符号词汇总表 (表 3.2) 的形式展现如下.

表 3.2 符号词汇总表

逻辑符号	(	=	$\neg$	$\rightarrow$	$\vee$	$\wedge$	$\leftrightarrow$	$\forall$	$\exists$	)
代名词	x_1	x_2	x_3	x_4	$\cdots$	$\cdots$	x_n	x_{n+1}	$\cdots$	$\cdots$
专有名词	c_1	c_2	c_3	c_4	$\cdots$	$\cdots$	c_n	c_{n+1}	$\cdots$	$\cdots$
一元谓词	P_{11}	P_{12}	P_{13}	P_{14}	$\cdots$	$\cdots$	P_{1n}	$P_{1(n+1)}$	$\cdots$	$\cdots$
二元谓词	P_{21}	P_{22}	P_{23}	P_{24}	$\cdots$	$\cdots$	P_{2n}	$P_{2(n+1)}$	$\cdots$	$\cdots$
三元谓词	P_{31}	P_{32}	P_{33}	P_{34}	$\cdots$	$\cdots$	P_{3n}	$P_{3(n+1)}$	$\cdots$	$\cdots$
$\vdots$	$\vdots$	$\vdots$	$\vdots$	$\vdots$			$\vdots$	$\vdots$		
k 元谓词	P_{k1}	P_{k2}	P_{k3}	P_{k4}	$\cdots$	$\cdots$	P_{kn}	$P_{k(n+1)}$	$\cdots$	$\cdots$
$\vdots$	$\vdots$	$\vdots$	$\vdots$	$\vdots$			$\vdots$	$\vdots$		

第三, 构造**代词符号表**以及**代词符号序列表**.

为了有效地构造出全部基本谓词表达式, 我们需要引进一系列**代词符号**并建立起这些代词符号与它们所指代的个体名词 (专有名词或者代名词) 之间的对应表. 我们约定: 表 3.3 中第一列里的每一个代词符号 t_k (在第 $k+1$ 行中出现) 都可以被用来指代它右边两行之中的任何一个代名词或者一个专有名词, 并且在使用这些

代词符号时 t_k 也只能用来代替它右边两行之中的某一个确定的专有名词或者代名词. 由此表可见, 每一个代词 t_k 都具有完全等同的功能.

表 3.3 代词符号表

代词符号	指代个体名词对象						
t_1	x_1	x_2	x_3	$\cdots$	x_n	$\cdots$	$\cdots$
	c_1	c_2	c_3	$\cdots$	c_n	$\cdots$	$\cdots$
t_2	x_1	x_2	x_3	$\cdots$	x_n	$\cdots$	$\cdots$
	c_1	c_2	c_3	$\cdots$	c_n	$\cdots$	$\cdots$
t_3	x_1	x_2	x_3	$\cdots$	x_n	$\cdots$	$\cdots$
	c_1	c_2	c_3	$\cdots$	c_n	$\cdots$	$\cdots$
$\vdots$	$\vdots$	$\vdots$	$\vdots$		$\vdots$		
t_k	x_1	x_2	x_3	$\cdots$	x_n	$\cdots$	$\cdots$
	c_1	c_2	c_3	$\cdots$	c_n	$\cdots$	$\cdots$
$\vdots$	$\vdots$	$\vdots$	$\vdots$		$\vdots$		

将代词符号表中的第一列中的代词按照从上到下的顺序重新按照从左到右的顺序再书写出来, 我们就得到下述代词符号序列表 (表 3.4).

表 3.4 代词符号序列表

1	2	3	4	$\cdots$	$\cdots$	n	$n+1$	$\cdots$	$\cdots$
t_1	t_2	t_3	t_4	$\cdots$	$\cdots$	t_n	t_{n+1}	$\cdots$	$\cdots$

我们说一个长度为正整数 k 的**代词符号序列**是指从上述列表之中顺序地取出前 k 个代词符号, 并用它们组成一个序列: $\langle t_1, t_2, \cdots, t_k\rangle$. 根据上面的约定, 这个代词符号序列, 根据具体需要, 就一定被解释为含有某些专有名词或者代名词的序列. 需要意识到的是任何一个由一些专有名词或者代名词所组成的有限序列都可以由唯一的这样的代词符号序列来表示.

具体一点说, 比如 $k=3$, 根据某种具体需要, 令 t_1 为专有名词 c_{2017} 的代词符号, 令 t_2 为代名词 x_{2022} 的代词符号, 以及令 t_3 为代名词 x_1 的代词符号. 这就给出了根据 "具体需要" 所得到的关于代词符号序列 $\langle t_1, t_2, t_3\rangle$ 的实在个体名词的解释 $\langle c_{2017}, x_{2022}, x_1\rangle$. 换句话说, 就是在代词符号序列 $\langle t_1, t_2, t_3\rangle$ 中分别用它们各自所指代的或者一个专有名词, 或者一个代名词, 来替代这些代名词所得到的个体名词序列 (这里分别用 c_{2017} 替代 t_1, 用 x_{2022} 代替 t_2, 用 x_1 代替 t_3). 再比如说, 根据某种具体需要, 令 t_1 为专有名词 c_2 的代词符号, 令 t_2 为专有名词 c_2 的代词符号, 以及令 t_3 为专有名词 c_1 的代词符号. 那么代词序列 $\langle t_1, t_2, t_3\rangle$ 的实在个体名词的**解释**就是 $\langle c_2, c_2, c_1\rangle$. 类似地, 我们还可以根据某种需要得到这个代词符号序列的另外一种解释 $\langle x_1, x_2, x_3\rangle$, 等等. 事实上, 任何一个由 3 个个体名词 (其中可能有专有名词, 也可能没有专有名词; 可能有代名词, 也可能没有代名词; 某些可能相同, 也可能彼此互不相同) 所组成的序列都是这个代词序列 $\langle t_1, t_2, t_3\rangle$ 的一种实在个体名词的解释, 因此也都由这个代词序列所表示.

将上面的代词符号表和代词符号序列表以及代词符号序列这个词的含义综合起来说, 我们实际上关注的 (真正感兴趣的) 是所有可能的由代名词和专有名词所组成的有限序列: 在代词符号表中从第一大行 (t_1 所在的行) 开始自上而下往下走, 走到第 k 大行 (t_k 所在的行), 在走的过程中, 每经过一个大行时便在右边的个体名词的两小行中随意地取出一个名词 (必须取一个而且只能取一个; 无论是代名词还是专有名词, 取一个便好), 由此便得到一个个体名词的长度为 k 的序列, 我们就把这个个体名词序列称为代词符号序列 $\langle t_1, \cdots, t_k\rangle$ 的一个实在个体名词的**解释**; 任何一个长度为 k 的个体名词的序列都可依此方式得到, 也就是说, 所有关于代词符号序列 $\langle t_1, \cdots, t_k\rangle$ 的实在个体名词的解释就完全覆盖了所有长度为 k 的个体名词的序列.

第四, 根据上述符号词汇总表、代词符号表以及代词符号序列表, 我们现在来构造基本谓词表达式图 (图 3.1).

$\langle t_1\rangle$		$P_{11}(t_1)$	$P_{12}(t_1)$	$\cdots$	$\cdots$
$\langle t_1, t_2\rangle$	$(t_1 = t_2)$	$P_{21}(t_1, t_2)$	$P_{22}(t_1, t_2)$	$\cdots$	$\cdots$
$\langle t_1, t_2, t_3\rangle$		$P_{31}(t_1, t_2, t_3)$	$P_{32}(t_1, t_2, t_3)$	$\cdots$	$\cdots$
$\vdots$		$\vdots$	$\vdots$		
$\langle t_1, \cdots, t_k\rangle$		$P_{k1}(t_1, \cdots, t_k)$	$P_{k2}(t_1, \cdots, t_k)$	$\cdots$	$\cdots$
$\vdots$		$\vdots$	$\vdots$		

图 3.1 基本谓词表达式图

第五, 依照基本谓词表达式图以及有关代词符号序列的解释之规定, 我们便得到全体基本谓词表达式: 对于基本谓词表达式图中代词符号序列 $\langle t_1, \cdots, t_k\rangle$ 所在的行, 对于这个代词符号序列的任何一个实在个体代词解释, 用这个解释中的代名词或者专有名词对本行的每一个 $P_{kn}(t_1, \cdots, t_k)$ 进行代词符号 t_i 与其指代的对象的替换, 所得到的结果的全体就是所有的 k 元基本谓词表达式; 每一个 k 元基本表达式都只能依此方式得到; 对于符号序列 $\langle t_1, t_2\rangle$, 对于它的任何一个实在个体代词解释, 用这个解释中的代名词或者专有名词对 $(t_1 = t_2)$ 分别进行代词符号 t_1 和 t_2 与它们各自所指代的对象的替换, 所得到的结构就是一个**等式**; 任何一个等式都只能依此方式得到. 所有的这些 k (k 为一个正整数) 元基本谓词表达式, 以及所有的等式, 就是全体**基本表达式**.

基本表达式 (依照基本概念名词所得到的种种可能的基本判断) 的全体还可以由如下 (解析) 定义唯一确定: 先将代名词列表和专有名词列表合并成一个个体名词的单一列表, 并且以 s 序列展现. 具体做法如下面的个体名词列表 (表 3.5) 所示, s 序列的奇数位上为代名词, 偶数位上为专有名词.

表 3.5　个体名词列表

1	2	3	4	$\cdots$	$\cdots$	$2n-1$	$2n$	$\cdots$	$\cdots$
x_1	c_1	x_2	c_2	$\cdots$	$\cdots$	x_n	c_n	$\cdots$	$\cdots$
s_1	s_2	s_3	s_4	$\cdots$	$\cdots$	s_{2n-1}	s_{2n}	$\cdots$	$\cdots$

(1) 如果 s_i 和 s_j 是取自个体名词列表中的两个个体名词 (其中下标 i 和 j 是它们各自在列表中所处的位置编号) 以及它们按照这个自然的顺序相排列, 那么 $(s_i = s_j)$ 是一个基本表达式 (等式);

(2) 如果 k 是一个正整数, P_{ki} 是一个 k 元谓词, $s_{j_1}, \cdots, s_{j_k}$ 是 k 个个体名词 (其中下标 j_m 是个体名词 s_{j_m} 在个体名词列表中所在的位置编号), 并且对这一组个体名词按照展现的正整数下标进行有序排列, 那么 $P_{ki}(s_{j_1}, \cdots, s_{j_k})$ 是一个基本谓词表达式[6] (其中谓词符号 P_{ki} 取自符号词汇总表 (表 3.2));

(3) 每一个基本表达式都只能由 (1) 或者 (2) 给出.

需要意识到的是上述有关基本表达式的定义是完全等同的. 用个体名词列表定义基本表达式的方式虽然简洁一些, 但比较抽象; 在那之前的基本表达式定义虽然冗长一些, 但相比较而言似乎形象一些.

需要进一步明确的关于基本表达式的根本性质就是这些基本表达式所具备的**唯一可读性**:

定理 3.1 (基本表达式唯一可读性)　*任何一个基本表达式都或者由唯一的一对个体名词 s_{i_1} 和 s_{i_2} 与等号符 $=$ 形式地构成 "$(s_{i_1} = s_{i_2})$", 或者由唯一的一个谓词符号 P_{ki} 以及唯一的一个个体名词序列 $\langle s_{j_1}, \cdots, s_{j_k}\rangle$ 形式地构成 "$P_{ki}(s_{j_1}, \cdots, s_{j_k})$", 别无其他.*

这里的唯一可读性是基本表达式所具备的根本性质, 是一种最基本的表达方式正确性. 这是消除阅读二义性和准确定义语义解释的基石. 因此, 无论思考者选择什么样的词汇来表达自己的基本表达式, 严格保持这样一种唯一可读性就是一种需

6 这里需要强调的是一个基本表达式不仅依赖于一个谓词以及一组与这个谓词的元数相同的那么多个个体名词, 还依赖于这些个体名词的排列顺序; 一旦改变这些个体名词的排列顺序, 其结果就是一个新的基本表达式.

要坚持的根本要求.

最后, 我们终于可以着手构造代名词表达式锦帛矩阵了.

我们需要做的第一件事就是将前面定义出来的全部基本表达式按照正整数的顺序单一地罗列出来, 其中每一个 A_i 就如同基本表达式唯一可读性定理所明确的那样, 并且任何一个如基本表达式唯一可读性定理所明确的基本表达式都在这个列表之中, 不同的下标意味着不同的基本表达式 (表 3.6).

表 3.6　基本表达式列表

1	2	3	4	$\cdots$	$\cdots$	n	$n+1$	$\cdots$	$\cdots$
A_1	A_2	A_3	A_4	$\cdots$	$\cdots$	A_n	A_{n+1}	$\cdots$	$\cdots$

就像在构造逻辑命题的锦帛矩阵那样, 让我们想象我们面向朝南在我们面前有两条一米宽的可以由北向南无限延展的锦帛长卷. 左手边 (东边) 的锦帛长卷暂时为空白, 右手边 (西边) 的锦帛长卷上罗列着全部基本表达式 (将基本表达式列表中从左向右的顺序变成自上而下的顺序).

接下来, 我们利用展现在右手边锦帛长卷上的基本表达式以及下列还没有在那些基本表达式中出现过的七个**逻辑符号**

$$\neg,\ \rightarrow,\ \vee,\ \wedge,\ \leftrightarrow,\ \forall,\ \exists,$$

以及两个遥相呼应的表达式**开端符号** (与**末尾符号**), 按照下面的规则来造出七种新的代名词表达式 (第 2 层的代名词表达式), 并且将所造出来的代名词表达式书写在左边的锦帛长卷之上.

(1) 第一种代名词表达式为**否定式**, 对于右手边锦帛长卷上的每一个基本表达式 A (这个 A 遍历性地代表罗列在右手边锦帛长卷上的每一个基本表达式 A_i), 造出它的否定式 $(\neg A)$, 即以表达式开端符号 (起始, 紧接着书写**否定词符号**$\neg$, 然后照抄基本表达式 A, 抄写完基本表达式 A 之后, 以表达式末尾符号) 结束.

(2) 第二种代名词表达式为**蕴含式**, 对于右手边锦帛长卷上的每一个基本表达式 A (这个 A 遍历性地代表罗列在右手边锦帛长卷上的每一个基本表达式 A_i) 以及右手边锦帛长卷上的每一个基本表达式 B (这个 B 遍历性地代表罗列在右手边锦帛长卷上的每一个基本表达式 A_j), 按照顺序造出它们的蕴含式 $(A \rightarrow B)$, 即以表达式开端符号 (起始, 紧接着照抄基本表达式 A, 抄写完基本表达式 A 之后, 紧接着书写**蕴含词符号**$\rightarrow$, 然后再照抄基本表达式 B, 抄写完基本表达式 B 之后, 以表达式末尾符号) 结束.

(3) 第三种代名词表达式为**析取式**, 对于右手边锦帛长卷上的每一个基本表达式 A (这个 A 遍历性地代表罗列在右手边锦帛长卷上的每一个基本表达式 A_i) 以及右手边锦帛长卷上的每一个基本表达式 B (这个 B 遍历性地代表罗列在右手边锦帛长卷上的每一个基本表达式 A_j), 按照顺序造出它们的析取式 $(A \vee B)$, 即以表达式开端符号 (起始, 紧接着照抄基本表达式 A, 抄写完 A 之后, 紧接着书写**析取词符号**$\vee$, 然后再照抄基本表达式 B, 抄写完基本表达式 B 之后, 以表达式末尾符号) 结束.

(4) 第四种代名词表达式为**合取式**, 对于右手边锦帛长卷上的每一个基本表达式 A (这个 A 遍历性地代表罗列在右手边锦帛长卷上的每一个基本表达式 A_i) 以及右手边锦帛长卷上的每一个基本表达式 B (这个 B 遍历性地代表罗列在右手边锦帛长卷上的每一个基本表达式 A_j), 按照顺序造出它们的合取式 $(A \wedge B)$, 即以表达式开端符号 (起始, 紧接着照抄基本表达式 A, 抄写完基本表达式 A 之后, 紧接着书写**合取词符号**$\wedge$, 然后再照抄基本表达式 B, 抄写完 B 之后, 以代名词表达式末尾符号) 结束.

(5) 第五种代名词表达式为**对等式**, 对于右手边锦帛长卷上的每一个基本表达式 A (这个 A 遍历性地代表罗列在右手边锦帛长卷上的每一个基本表达式 A_i) 以及右手边锦帛长卷上的每一个基本表达式 B (这个 B 遍历性地代表罗列在右手边锦帛长卷上的每一个基本表达式 A_j), 按照顺序造出它们的对等式 $(A \leftrightarrow B)$, 即以表达式开端符号 (起始, 紧接着照抄基本表达式 A, 抄写完 A 之后, 紧接着书写**对等词符号**$\leftrightarrow$, 然后再照抄基本表达式 B, 抄写完 B 之后, 以表达式末尾符号) 结束.

(6) 第六种代名词表达式为**全体式**, 对于右手边锦帛长卷上的每一个基本表达式 A (这个 A 遍历性地代表罗列在右手边锦帛长卷上的每一个基本表达式 A_i), 以及对于每一个代名词符号 x_j, 按照顺序造出由全称量词 $\forall x_j$ 引导的全体式 $(\forall x_j A)$, 即以表达式开端符号 (起始, 紧接着书写全称量词符号 $\forall$ 以及代名词符号 x_j, 然后紧接着照抄基本表达式 A, 抄写完 A 之后, 以表达式末尾符号) 结束. 这一对括弧确定了全称量词 $\forall x_j$ 的**作用辖域** (**作用范围**) 为基本表达式 A 中的所有的代名词 x_j 的出现, 即如果代名词 x_j 在 A 中出现, 那么这个代名词 x_j 的每一个出现就都被全称量词 $\forall x_j$ **约束**起来, 因而, 代名词 x_j 在基本表达式 A 中的每一个出现就在代名词表达式 $(\forall x_j A)$ 中成为一个**受约束出现**, 代名词 x_j 在全体式 $(\forall x_j A)$ 中就成为一个**受约束代名词**; 另一方面, 如果与 x_j 不相同的代名词 x_k 也在 A 中出现, 那么代名词 x_k 就**不被**量词 $\forall x_j$**所约束**, 从而代名词 x_k 在全体式 $(\forall x_j A)$ 中的每一个出现就都是一个**自由出现**, 代名词 x_k 也因此是全体式 $(\forall x_j A)$ 中的一个**自由代名词**.

(7) 第七种代名词表达式为**存在式** (也可称为**个体式**), 对于右手边锦帛长卷上的每一个基本表达式 A (这个 A 遍历性地代表罗列在右手边锦帛长卷上的每一个基本表达式 A_i), 以及对于每一个代名词符号 x_j, 按照顺序造出由存在量词 $\exists x_j$ 引导的存在式 $(\exists x_j A)$, 即以表达式开端符号 (起始, 紧接着书写存在量词符号 $\exists$ 以

及代名词符号 x_j, 然后紧接着照抄基本表达式 A, 抄写完 A 之后, 以表达式末尾符号) 结束. 这一对括弧确定了存在量词 $\exists x_j$ 的**作用辖域** (**作用范围**) 为基本表达式 A 中的所有的代名词 x_j 的出现, 即如果代名词 x_j 在 A 中出现, 那么这个代名词 x_j 的每一个出现就都被存在量词 $\exists x_j$ **约束**起来, 因而, 代名词 x_j 在基本表达式 A 中的每一个出现就在代名词表达式 $(\exists x_j A)$ 中成为一个**受约束出现**, 代名词 x_j 在个体式 $(\exists x_j A)$ 中就成为一个**受约束代名词**; 另一方面, 如果与 x_j 不相同的代名词 x_k 也在 A 中出现, 那么代名词 x_k 就**不被**量词 $\exists x_j$ **所约束**, 从而代名词 x_k 在个体式 $(\exists x_j A)$ 中的每一个出现就都是一个**自由出现**, 代名词 x_k 也因此是存在式 $(\exists x_j A)$ 中的一个**自由代名词**.

【注意】希望引起读者注意的是这样一个重要事实: 由于基本表达式 A 并不涉及任何全称量词符号或者存在量词符号, A 中的任何代名词的出现 (如果有的话) 就都是一个**自由出现**, 从而在基本表达式 A 中出现的任何一个代名词就都是 A 的一个**自由代名词**; 基本表达式 A 中就没有**受约束代名词**.

这样, 我们分别得到了两层代名词表达式: 起始层 (第 1 层) 的为写在右手边的锦帛长卷上的全部基本表达式, 第 2 层的为写在左手边的锦帛长卷上的那些新的代名词表达式.

现在我们向左 (向东) 移位一米, 站到两条锦帛长卷的最左边, 继续朝南站立. 此时, 写满已有的代名词表达式的两条锦帛长卷全部在我们的右手边. 在完成移位之后, 第三条一米宽的空白锦帛长卷自我们面前向南无限展开. 和我们刚造出第 2 层的代名词表达式那样, 我们来造出第 3 层的代名词表达式, 并且将它们书写在面前的第三条锦帛长卷之上.

我们利用展现在右手边两条锦帛长卷上的代名词表达式以及下列七个逻辑符号

$$\neg,\ \rightarrow,\ \vee,\ \wedge,\ \leftrightarrow,\ \forall,\ \exists,$$

以及两个遥相呼应的表达式开端符号 (与末尾符号), 按照下面的规则来造出七种新的代名词表达式 (层次不超过 3 的代名词表达式), 并且将所造出来的代名词表达式书写在左边的锦帛长卷之上.

(1) 第一种代名词表达式为否定式, 对于右手边两条锦帛长卷上的每一个代名词表达式 A (这个 A 遍历性地代表罗列在右手边两条锦帛长卷上的每一个代名词表达式), 造出它的否定式 $(\neg A)$, 即以表达式开端符号 (起始, 紧接着书写否定词符号 $\neg$, 然后照抄代名词表达式 A, 抄写完 A 之后, 以表达式末尾符号) 结束.

(2) 第二种代名词表达式为蕴含式, 对于右手边两条锦帛长卷上的每一个代名词表达式 A (这个 A 遍历性地代表罗列在右手边两条锦帛长卷上的每一个代名词表达式) 以及右手边两条锦帛长卷上的每一个代名词表达式 B (这个 B 遍历性地代表罗列在右手边两条锦帛长卷上的每一个代名词表达式), 按照顺序造出它们的蕴含式 $(A \to B)$, 即以表达式开端符号 (起始, 紧接着照抄代名词表达式 A, 抄写完 A 之后, 紧接着书写蕴含词符号 $\to$, 然后再照抄代名词表达式 B, 抄写完 B 之后, 以代名词表达式末尾符号) 结束.

(3) 第三种代名词表达式为析取式, 对于右手边两条锦帛长卷上的每一个代名词表达式 A(这个 A 遍历性地代表罗列在右手边两条锦帛长卷上的每一个代名词表达式) 以及右手边两条锦帛长卷上的每一个代名词表达式 B(这个 B 遍历性地代表罗列在右手边两条锦帛长卷上的每一个代名词表达式), 按照顺序造出它们的析取式 $(A \vee B)$, 即以表达式开端符号 (起始, 紧接着照抄代名词表达式 A, 抄写完 A 之后, 紧接着书写析取词符号 $\vee$, 然后再照抄代名词表达式 B, 抄写完 B 之后, 以表达式末尾符号) 结束.

(4) 第四种代名词表达式为合取式, 对于右手边两条锦帛长卷上的每一个代名词表达式 A(这个 A 遍历性地代表罗列在右手边两条锦帛长卷上的每一个代名词表达式) 以及右手边两条锦帛长卷上的每一个表达式 B(这个 B 遍历性地代表罗列在右手边两条锦帛长卷上的每一个代名词表达式), 按照顺序造出它们的合取式 $(A \wedge B)$, 即以表达式开端符号 (起始, 紧接着照抄代名词表达式 A, 抄写完 A 之后, 紧接着书写合取词符号 $\wedge$, 然后再照抄代名词表达式 B, 抄写完 B 之后, 以代名词表达式末尾符号) 结束.

(5) 第五种代名词表达式为对等式, 对于右手边两条锦帛长卷上的每一个代名词表达式 A(这个 A 遍历性地代表罗列在右手边两条锦帛长卷上的每一个代名词表达式) 以及右手边两条锦帛长卷上的每一个代名词表达式 B(这个 B 遍历性地代表罗列在右手边两条锦帛长卷上的每一个代名词表达式), 按照顺序造出它们的对等式 $(A \leftrightarrow B)$, 即以表达式开端符号 (起始, 紧接着照抄代名词表达式 A, 抄写完 A 之后, 紧接着书写对等词符号 $\leftrightarrow$, 然后再照抄代名词表达式 B, 抄写完 B 之后, 以代名词表达式末尾符号) 结束.

(6) 第六种代名词表达式为全体式, 对于右手边两条锦帛长卷上的每一个代名词表达式 A(这个 A 遍历性地代表罗列在右手边两条锦帛长卷上的每一个代名词表达式), 以及对于每一个代名词符号 x_j, 按照顺序造出由全称量词 $\forall x_j$ 引导的全体式 $(\forall x_j A)$, 即以表达式开端符号 (起始, 紧接着书写全称量词符号 $\forall$ 以及代名词符号 x_j, 然后紧接着照抄表达式 A, 抄写完 A 之后, 以表达式末尾符号) 结束. 这一对括弧确定了全称量词 $\forall x_j$ 的**作用辖域** (**作用范围**) 为代名词表达式 A 中的所有的代名词 x_j 的自由出现, 即如果代名词 x_j 在 A 中有自由出现 (x_j 有可能在 A 中有受约束出现但没有自由出现, 就一般而言, 也可能两者都有, 既有受约束出现, 也有自由出现), 那么这个代名词 x_j 的每一个自由出现就都被全称量词 $\forall x_j$ **约束**起来, 因而, 代名词 x_j 在代名词表达式 A 中的每一个自由出现就在代名词表达

式 $(\forall x_j A)$ 中成为一个**受约束出现**, 代名词 x_j 在全体式 $(\forall x_j A)$ 中就成为一个**受约束代名词**; 另一方面, 如果与 x_j 不相同的代名词 x_k 也在 A 中自由出现, 那么代名词 x_k 在 A 中的那些自由出现就**不被**量词 $\forall x_j$ **所约束**, 从而代名词 x_k 在 A 中的每一个自由出现就仍然在全体式 $(\forall x_j A)$ 中还是一个**自由出现**, 代名词 x_k 也因此是全体式 $(\forall x_j A)$ 中的一个**自由代名词**.

(7) 第七种代名词表达式为存在式 (也可称为个体式), 对于右手边两条锦帛长卷上的每一个代名词表达式 A(这个 A 遍历性地代表罗列在右手边两条锦帛长卷上的每一个表达式), 以及对于每一个代名词符号 x_j, 按照顺序造出由存在量词 $\exists x_j$ 引导的存在式 $(\exists x_j A)$, 即以表达式开端符号 (起始, 紧接着书写存在量词符号 $\exists$ 以及代名词符号 x_j, 然后紧接着照抄代名词表达式 A, 抄写完 A 之后, 以表达式末尾符号) 结束. 这一对括弧确定了存在量词 $\exists x_j$ 的**作用辖域** (**作用范围**) 为表达式 A 中的所有的代名词 x_j 的自由出现, 即如果代名词 x_j 在 A 中有自由出现 (x_j 有可能在 A 中有受约束出现但没有自由出现, 就一般而言, 也可能两者都有, 既有受约束出现, 也有自由出现), 那么这个代名词 x_j 的每一个自由出现就都被存在量词 $\exists x_j$ **约束**起来, 因而, 代名词 x_j 在代名词表达式 A 中的每一个自由出现就在代名词表达式 $(\exists x_j A)$ 中成为一个**受约束出现**, 代名词 x_j 在个体式 $(\exists x_j A)$ 中就成为一个**受约束代名词**; 另一方面, 如果与 x_j 不相同的代名词 x_k 也在 A 中有自由出现, 那么代名词 x_k 在 A 中的那些自由出现就**不被**量词 $\exists x_j$ **所约束**, 从而代名词 x_k 在 A 中的每一个自由出现就仍然在个体式 $(\exists x_j A)$ 中还是一个**自由出现**, 代名词 x_k 也因此是存在式 $(\exists x_j A)$ 中的一个**自由代名词**.

如此, 我们得到书写在第三条锦帛长卷上的代名词表达式. 并且称写在第三条锦帛长卷上的那些第一次被构造出来的代名词表达式为第三层的代名词表达式. 那些在第三条锦帛长卷中第一次出现的代名词表达式的层次就为 3(第三条锦帛长卷中有已经在第二条锦帛长卷中出现了的代名词表达式, 因为我们并没有采取淘汰它们的措施).

现在我们用几个例子来解释一下上面出现的几个名词的含义.

考虑第一条锦帛长卷中的两个基本表达式, 等式 $(x_1 = x_7)$ 和谓词表达式

$$P_{31}(x_3, x_5, x_7).$$

不妨将等式 $(x_1 = x_7)$ 想象成 "张三 (x_1) 认识李四 (x_7)" (将等号解释为 "认识"), 将 $P_{31}(x_3, x_5, x_7)$ 想象成 "x_5(王五) 在 x_3(张三) 与 x_7(李七) 之间". 那么,

(I) 如下的代名词表达式就都在第二条锦帛长卷之中 (它们的层次都为 2):

1. $(\neg(x_1 = x_7))$, $(\neg P_{31}(x_3, x_5, x_7))$;
2. $((x_1 = x_7) \to P_{31}(x_3, x_5, x_7))$, $(P_{31}(x_3, x_5, x_7) \to (x_1 = x_7))$;
3. $((x_1 = x_7) \vee P_{31}(x_3, x_5, x_7))$, $(P_{31}(x_3, x_5, x_7) \vee (x_1 = x_7))$;

4. $((x_1 = x_7) \wedge P_{31}(x_3, x_5, x_7))$, $(P_{31}(x_3, x_5, x_7) \wedge (x_1 = x_7))$;

5. $((x_1 = x_7) \leftrightarrow P_{31}(x_3, x_5, x_7))$, $(P_{31}(x_3, x_5, x_7) \leftrightarrow (x_1 = x_7))$, 注意, 到此为止的所有十个代名词表达式中都没有量词出现, 所以它们中出现的所有代名词就都是各自其中的自由代名词;

6. $(\forall x_1(x_1 = x_7))$, 在这个表达式中, 代名词 x_1 是一个受约束代名词, 而代名词 x_7 不受量词 $\forall x_1$ 的管束 (约束), 而且这个表达式中只有这一个量词, 所以 x_7 仍然还是一个自由代名词;

7. $(\forall x_1 P_{31}(x_3, x_5, x_7))$, 这个表达式中的量词 $\forall x_1$ 不对代名词 x_3, x_5, x_7 作用, 所以其中的代名词 x_3, x_5, x_7 就依旧还是自由代名词;

8. $(\exists x_1(x_1 = x_7))$, 同上面的 6, x_1 是受约束代名词, x_7 是自由代名词;

9. $(\exists x_5 P_{31}(x_3, x_5, x_7))$, 其中 x_5 是受约束代名词, x_3 和 x_7 则是自由代名词;

10. $(\forall x_7(x_1 = x_7))$, 其中 x_1 是自由代名词, x_7 是受约束代名词;

11. $(\forall x_3 P_{31}(x_3, x_5, x_7))$, 其中 x_3 是受约束代名词, 但 x_5 和 x_7 则是自由代名词;

12. $(\exists x_3(x_1 = x_7))$, 其中 x_1 和 x_7 都是自由代名词, 因为量词 $\exists x_3$ 的作用范围内没有代名词 x_3 的任何出现;

13. $(\exists x_2 P_{31}(x_3, x_5, x_7))$, 同上面的例子, x_3, x_5, x_7 都是自由代名词, 量词 $\exists x_2$ 在这个表达式中的作用范围内没有代名词 x_2 的任何出现.

(Ⅱ) 如下的代名词表达式就都在第三条锦帛长卷之中 (它们的层次都为 3):

1. $(\neg(\neg(x_1 = x_7)))$, 这是一个不带量词的表达式, 所以其中所有出现的代名词都是自由代名词;

2. $(\forall x_1(\neg P_{31}(x_3, x_5, x_7)))$, 其中在量词 $\forall x_1$ 作用范围内的三个代名词都是自由代名词 (它们不受本量词的作用);

3. $(\exists x_7((x_1 = x_7) \to P_{31}(x_3, x_5, x_7)))$, 在这个表达式中, 在量词 $\exists x_7$ 的作用范围内, x_1, x_3, x_5 各有一次自由出现, 因为不受量词 $\exists x_7$ 的约束, 它们在这个表达式中依旧是自由代名词, 而代名词 x_7 在表达式

$$((x_1 = x_7) \to P_{31}(x_3, x_5, x_7))$$

中的量词自由出现都在量词 $\exists x_7$ 的作用范围之内, 所以, x_7 就变成了一个受约束代名词;

4. $(\forall x_5(P_{31}(x_3, x_5, x_7) \to (x_1 = x_7)))$, 其中, x_5 是唯一一个受约束代名词;

5. $(((x_1 = x_7) \wedge P_{31}(x_3, x_5, x_7)) \to (P_{31}(x_3, x_5, x_7) \vee (x_1 = x_7)))$, 本表达式以及接下来的另外两个表达式都不带任何量词;

6. $(((x_1 = x_7) \to P_{31}(x_3, x_5, x_7)) \wedge (P_{31}(x_3, x_5, x_7) \to (x_1 = x_7)))$;

7. $(((x_1 = x_7) \leftrightarrow P_{31}(x_3, x_5, x_7)) \vee (P_{31}(x_3, x_5, x_7) \leftrightarrow (x_1 = x_7)))$;

8. $(\exists x_7(\forall x_1(x_1 = x_7)))$, 这个表达式中有代名词 x_1 和 x_7 的出现, 但没有它们的自由出现, 也没有任何其他代名词的自由出现;

9. $(\forall x_1(\exists x_7(x_1 = x_7)))$, 同样, 这个表达式中有代名词出现, 但没有自由代名词出现, 注意上面的和这里的两个表达式中量词出现的交错现象, 一般而言, 它们表示着相当不同的含义;

10. $(\forall x_7(\forall x_7 P_{31}(x_3, x_5, x_7)))$, 这个表达式中的两个全称量词都只对代名词 x_7 有作用, 所以代名词 x_3 和 x_5 就都是自由代名词, 而 x_7 在层次为 2 的表达式 $(\forall x_7 P_{31}(x_3, x_5, x_7))$ 中并没有自由出现 (在其中已经是一个受约束代名词), 所以, 在最外层的全称量词 $\forall x_7$ 的作用范围内并没有代名词 x_7 的自由出现;

11. $(\forall x_6(\exists x_1 P_{31}(x_3, x_5, x_7)))$, 这是一个两个量词各自在自己的作用范围内都不产生任何作用的表达式;

12. $(P_{31}(x_3, x_5, x_7) \wedge (\forall x_7(x_1 = x_7)))$, 在这个表达式中, 代名词 x_7 既有一次自由出现 (在基本表达式 $P_{31}(x_3, x_5, x_7)$ 的出现是一次自由出现), 又有受约束出现 (在全体式 $(\forall x_7(x_1 = x_7))$ 中的出现是一次受约束出现), 表达式 $P_{31}(x_3, x_5, x_7)$ 和表达式 $(\forall x_7(x_1 = x_7))$ 是表达式 $(P_{31}(x_3, x_5, x_7) \wedge (\forall x_7(x_1 = x_7)))$ 的**子表达式**, 其中带一个全称量词 $\forall x_7$, 它的作用范围是 $(x_1 = x_7)$ 所在的“区间”, 所以在这个表达式中出现的四个代名词 x_1, x_3, x_5, x_7 就都是自由代名词 (尽管 x_7 在其中有一次受约束出现, 它仍然是一个自由代名词, 因为它在其中有一次不受量词 $\forall x_7$ 约束的出现);

13. $((x_1 = x_7) \vee (\forall x_3 P_{31}(x_3, x_5, x_7)))$, 这个表达式中只有 x_3 是一个受约束代名词, 其他的三个代名词都是自由代名词;

14. $((\neg(x_1 = x_7)) \leftrightarrow (\exists x_3(x_1 = x_7)))$, 在这个表达式中, x_1 和 x_7 都是自由代名词, 没有其他自由代名词;

15. $((x_1 = x_7) \rightarrow (\exists x_5 P_{31}(x_3, x_5, x_7)))$, 在这个表达式中, 代名词 x_5 是一个受约束代名词, 而代名词 x_1, x_3, x_7 都是自由代名词, 没有其他自由代名词.

在明白这个例子之后, 我们继续构造代名词表达式锦帛矩阵.

我们再向东 (向左) 移位一米, 在面前添加一条新的空白锦帛长卷, 利用右手边全部锦帛长卷上的代名词表达式, 如法造出第四层的代名词表达式, 并且将它们书写在第四条锦帛长卷之上. 依此类推, 以至无穷. 我们便得到需要的全部代名词表达式. 这些代名词表达式全部书写在自西向东无限延展、自北向南无限延展的代名词表达式锦帛矩阵之上.

在完成上述代名词表达式构造之后, 摆在我们面前便是如图 3.2 所示的一幅宏伟画卷 —— 代名词表达式锦帛矩阵.

面对下面的代名词表达式锦帛矩阵 (构造过程中我们是站在代名词表达式锦帛矩阵的最上边往下看), 按照地图学上北下南、左西右东的地图方向约定, 下面的代名词表达式锦帛矩阵的第 1 行的正整数从左往右递增, 标识着相应的按照构造顺序逐步展开的锦帛长卷的号数以及构造中的代名词表达式的层次; 越往左层次越低, 越往右层次越高; 每一个正整数所在的自上而下的列便是在相应层次上所构造出来的代名词表达式在那卷锦帛长卷上的全部单一罗列 (准确地讲, 我们需要将本层构造出来的那些已经在左边某一列存在的代名词表达式淘汰掉, 只留下那些新的代名词表达式, 但这无关紧要, 因为我们可以定义代名词表达式锦帛矩阵中的每一个表达式的**层次**就是它出现在代名词表达式锦帛矩阵之中的最左边 (也就是第一次被造出来) 的那条锦帛长卷的编号 (列数)); 第 1 列便是全体基本表达式的单一罗列; 列号大于 1 的每一列都是由本列左边的那些表达式按照表达式构造法则构造出来的全部代名词表达式.

1	2	3	4	⋯	⋯	n	$n+1$	⋯	⋯
A_1	A_{12}	A_{13}	A_{14}	⋯	⋯	A_{1n}	$A_{1(n+1)}$	⋯	⋯
A_2	A_{22}	A_{23}	A_{24}	⋯	⋯	A_{2n}	$A_{2(n+1)}$	⋯	⋯
A_3	A_{32}	A_{33}	A_{34}	⋯	⋯	A_{3n}	$A_{3(n+1)}$	⋯	⋯
A_4	A_{42}	A_{43}	A_{44}	⋯	⋯	A_{4n}	$A_{4(n+1)}$	⋯	⋯
A_5	A_{52}	A_{53}	A_{54}	⋯	⋯	A_{5n}	$A_{5(n+1)}$	⋯	⋯
⋮	⋮	⋮	⋮			⋮	⋮		
⋮	⋮	⋮	⋮			⋮	⋮		

图 3.2　代名词表达式锦帛矩阵

如此造就的代名词表达式具备下述唯一可读性.

定理 3.2 (表达式唯一可读性)　*假设 A 是书写在代名词表达式锦帛矩阵 (第 154 页图 3.2) 之上的一个代名词表达式. 那么 A 必有唯一的一个层次, 并且下述八种情形之一必定成立, 而且也只有其中的一种情形能够成立:*

1. *A 是书写在第一条锦帛长卷上的唯一的某一个基本表达式;*
2. *A 是唯一的某个层次较低的代名词表达式 B 的否定式 $(\neg B)$;*
3. *A 是唯一的某一对层次较低的代名词表达式 B 和 C 的蕴含式 $(B \to C)$;*
4. *A 是唯一的某一对层次较低的代名词表达式 B 和 C 的析取式 $(B \vee C)$;*
5. *A 是唯一的某一对层次较低的代名词表达式 B 和 C 的合取式 $(B \wedge C)$;*
6. *A 是唯一的某一对层次较低的代名词表达式 B 和 C 的对等式 $(B \leftrightarrow C)$;*
7. *A 是由唯一的某个层次较低的代名词表达式 B 和唯一的某个代名词 x_j 所构成的全体式 $(\forall x_j B)$;*
8. *A 是由唯一的某个层次较低的代名词表达式 B 和唯一的某个代名词 x_j 所*

构成的个体式 $(\exists x_j B)$.

这个唯一可读性定理说的是从第 2 列起, 代名词表达式锦帛矩阵 (第 154 页图 3.2) 中的任何一列中的任何一个代名词表达式[7] 一定可以向左追索到唯一的一列或者两列, 并且在那唯一的一列或者两列中, 一定可以追索到唯一的一个或者一对表达式 (低层次表达式), 依照对这一个或一对低层次表达式按照唯一的一种顺序应用唯一的一个逻辑联结词造就所关注的表达式, 或者应用唯一的一个量词得到. 简单而言, 代名词表达式锦帛矩阵中从第 2 列起的任何一个表达式一定可以向左追根索源, 找出唯一的代名词表达式构造方式.

最后, 我们给出代名词的简洁的“解析”定义.

代名词表达式的全体也可以由如下定义唯一确定:

(1) 每一个基本表达式都是一个代名词表达式;

(2) 如果 A 是一个代名词表达式, 那么 $(\neg A)$ 是一个代名词表达式;

(3) 如果 A 和 B 是两个代名词表达式, 那么 $(A \to B)$ 是一个代名词表达式;

(4) 如果 A 和 B 是两个代名词表达式, 那么 $(A \vee B)$ 是一个代名词表达式;

(5) 如果 A 和 B 是两个代名词表达式, 那么 $(A \wedge B)$ 是一个代名词表达式;

(6) 如果 A 和 B 是两个代名词表达式, 那么 $(A \leftrightarrow B)$ 是一个代名词表达式;

(7) 如果 A 是一个代名词表达式, x 是一个代名词, 那么 $(\forall x\, A)$ 是一个代名词表达式;

(8) 如果 A 是一个代名词表达式, x 是一个代名词, 那么 $(\exists x\, A)$ 是一个代名词表达式;

(9) 任何一个代名词表达式都只能唯一地由上述 8 种之一获得.

代名词表达式的这个“解析”定义以前面所确定的基本表达式为基础, 以完全行之有效的 7 种构造方式由已有的代名词表达式构造出新的更为复杂的代名词表达式. 这是一种每一步都以事先完全确定的行之有效的方式由简到繁的逐步构造的递归定义. 上面的代名词表达式锦帛矩阵 (第 154 页图 3.2) 的构造恰恰是这种递归定义的形象的表述. 在图 3.2 中, 从第 2 列起, 每一列左边的代名词表达式都是已有的相对而言比较简单的代名词表达式, 而所有这些比较简单的已经被构造出来的代名词表达式恰好都是进一步按照 7 种完全确定的行之有效的构造方式构造出一批新的稍微复杂一些 (层次高一级) 的代名词表达式的部件. 这一递归定义也就完全规定了什么是代名词逻辑中的“正确的表达方式”: 凡是合乎这一递归定义的就是正确的表达方式, 凡是不符合这一递归定义的就不是正确的表达方式; 并且这种判断过程是完全可以由一个算法经过计算机来实现的过程.

7 从现在起, 我们将很随意地交换着使用“代名词表达式”和简而言之的“表达式”来称呼代名词表达式锦帛矩阵 (第 154 页图 3.2) 中的那些对象.

上面, 我们已经开始使用一些简写符号来替代汉语的一些词汇. 这样做有三方面的好处, 一是可以节省时间, 二是可以减少命题表达式的二义性 (事实上上面讲到的两个唯一可读性在完全使用这些简写符号的前提下是可以严格证明的定理), 三是由这些符号所构成的代名词表达式具有在解释过程中的极大灵活性和一般性. 从实用的角度看, 适当地引进一些简写符号, 或者适当的语言符号化, 既可以提高思考的效率, 也可以提高表达的效率和准确性. 往后, 我们还会使用一些简写符号来提高本书的表述效率和准确性. 当然, 是否很快适应这些简写符号的使用会因人而异, 因为阅读和思考的习惯无论是形成还是改变都是经过一定过程的 (有时也是不知不觉的) 结果. 这些简写符号也就如同阅读之中可能遇到的新的汉字一样, 有一个从初次见到时的陌生到逐步熟悉的过程.

3.2.4　替换与可替换性

在基本逻辑学的分析之中, 有一种会经常使用的简单的以一些个体名词替换另外一些个体名词的替换操作 (就如同改变一个人的姓名那样), 以从一个代名词表达式得到另一个代名词表达式, 从而满足某种特定的需要. 基本逻辑学需要十分明确的一点是在什么情形下可以替换, 在什么情形下不可以替换. 换句话说, 替换本身是一个十分机械的简单的过程, 但是在实施这个替换过程之前, 必须很谨慎地明确所希望实施的替换是否不被容许. 后面我们会看到, 替换是否被容许关键在于替换是否有可能改变代名词表达式的含义. 在如何系统地明确一个代名词表达式的含义应当如何解释之前, 我们需要做的是根据代名词表达式的形式结构来判定一种替换是否容许.

我们先来看看什么是替换.

设 A 是一个代名词表达式. 我们用记号 $A(x_1,\cdots,x_n)$ 来表示在 A 中出现的所有的自由代名词都在这个列表 $x_1,\cdots,x_n$ 之中 (准确地说, 如果代名词 x_j 是 A 的一个自由代名词, 那么 x_j 必定是 $x_1,\cdots,x_n$ 中的某一个)(这并不意味着这些代名词 $x_1,\cdots,x_n$ 都是 A 的自由代名词, A 中甚至可以没有任何自由代名词). 又设 $u_1,\cdots,u_n$ 是任意的 n 个个体名词 (它们中可能有些是专有名词, 有些是代名词). 我们说在 $A(x_1,\cdots,x_n)$ 中用 u_1 替换 x_1 指的是在 A 中用 u_1 替换 x_1 的每一个自由出现 (如果没有的话, 这便是一个什么也没有实际实施的空操作), 即在 A 中在 x_1 的每一处自由出现的地方将 x_1 改写成 u_1; 类似地, 对于 $1\leqslant i\leqslant n$, 说在 $A(x_1,\cdots,x_n)$ 中用 u_i 替换 x_i 指的是在 A 中用 u_i 替换 x_i 的每一个自由出现 (如果没有的话, 这便是一个什么也没有实际实施的空操作), 即在 A 中在 x_i 的每一处自由出现的地方将 x_i 改写成 u_i; 说在 $A(x_1,\cdots,x_n)$ 中同时用 $u_1,\cdots,u_n$ 替换 $x_1,\cdots,x_n$ 指的是在 A 中同时实施用 u_i 替换 x_i 的操作. 具体而言, 先将 $A(x_1,\cdots,x_n)$ 中各个自由代名词的自由出现用 n 种不同的记号标识 (每一个自由代名词用同一种记号, 不遗漏任何自由出现的地方) 出来, 然后再完成相应的改写操作. 需要注意的是, "同时" 的含义就是不能出现再次被替换的事情, 因为这些用来替换代名词的个体名词中可能有代名词 $x_1, \cdots, x_n$ 中的某一个. 我们用记号 $A(x_1, \cdots, x_n; u_1, \cdots, u_n)$ 来表示在 $A(x_1, \cdots, x_n)$ 中同时用 $u_1, \cdots, u_n$ 替换 $x_1, \cdots, x_n$ 之后所得到的结果. 这依旧还是一个代名词表达式.

在明确了什么是替换以及同时替换之后, 我们需要明确什么情形下什么样的替换是禁止的.

设 A 是一个代名词表达式, x_i 是 A 中的一个自由代名词, u 是一个个体名词. 如果 u 是一个专有名词, 那么 u 可以在 A 中替换 x_i; 如果 u 是一个代名词 x_j, 并且在 A 中没有量词 $\forall x_j$ 或者量词 $\exists x_j$ 的出现, 那么 u 可以在 A 中替换 x_i; 如果 u 是一个代名词 x_j, 并且在 A 中有量词 $\forall x_j$ 或者 $\exists x_j$ 的出现, 那么 u 可以在 A 中替换 x_i 的充分必要条件是在所有出现在 A 中的量词 $\forall x_j$ 或者 $\exists x_j$ 任何一个辖域内都没有 x_i 的自由出现. 换句话说, 如果 x_i 的某一次自由出现是在 A 的某一个量词 $\forall x_j$ 或者 $\exists x_j$ 的辖域之内, 那么 x_j 就被禁止在 A 中替换 x_i; 反之, 如果 x_j 被禁止在 A 中替换 x_i, 那么一定是因为 x_i 的某一次自由出现是在 A 的某一个量词 $\forall x_j$ 或者 $\exists x_j$ 的辖域之内.

一个很简单的例子可以说明规定这种禁止的意图所在, 考虑一个简单的代名词表达式 $A(x_1)$: $(\forall x_2(x_1 = x_2))$. 在这个代名词表达式里, 代名词 x_1 有一次自由出现, 所以是 A 的一个自由代名词; 而代名词 x_2 则是一个受约束代名词. 根据可替换性规定, 代名词 x_2 就被禁止在 A 中替换 x_1; 而任意的其他代名词 $x_j(j \neq 2)$ 就都可以在 A 中替换 x_1. 我们如果强行在 A 中用 x_2 替换 x_1, 那么得到的结果就是 $(\forall x_2(x_2 = x_2))$. 在后面我们明确了语义解释之后, 会很清楚这两个代名词表达式有天壤之别. 同样的分析也适用于 $(\exists x_2(x_1 = x_2))$.

上面的例子也提醒我们有必要区分以下含有自由代名词的代名词表达式与不含任何自由代名词的代名词表达式: 称一个代名词表达式 A 为一个**语句**当且仅当 A 中没有自由代名词. 依此区分, $(\forall x_2(x_2 = x_2))$ 和 $(\exists x_2(x_2 = x_2))$ 就是两个语句, 而 $(\forall x_2(x_1 = x_2))$ 和 $(\exists x_2(x_1 = x_2))$ 则不是语句.

3.3 损 益 篇

且将形式赋内涵,
巧得完备成系统.

现在我们 (规范地) 假设一个思考者当前关注的论域为被完全界定了的由一些固定个体对象所组成的集合 M (并且称 M 之中的那些个体对象为 M 中的元素),

以及这位思考者已经选定所需要的一系列专有名词和一系列谓词 (具体基本概念). 同样, 为了规范和简化起见, 我们用记号 $\mathcal{S}$ 来标识这些专有名词和谓词的全体. 这样一来, 被这位思考者所选定的专有名词和谓词就都在 $\mathcal{S}$ 之中; 反之, 短语 "$\mathcal{S}$ 中的一个专有名词" 就意味着被这位思考者所选定的一个专有名词, 短语 "$\mathcal{S}$ 中的一个谓词" 就意味着被这位思考者所选定的一个谓词. 我们称 $\mathscr{S}$ 为当前关注的一个**非逻辑符号词汇表**, 并且将依据词汇表 $\mathscr{S}$ 中的字符以及全体代名词和逻辑联结符号按照代名词表达式锦帛矩阵 (第 154 页图 3.2) 构造的方式构造出全部仅仅使用词汇表 $\mathcal{S}$ 中的非逻辑符号的代名词表达式. 我们称如此依据 $\mathscr{S}$ 得到的代名词表达式锦帛矩阵为 **$\mathscr{S}$-锦帛矩阵**. 有时候也称 $\mathscr{S}$-锦帛矩阵为**建立在 $\mathcal{S}$ 之上的语言**, 并且简记为 $\mathcal{L}_{\mathscr{S}}$.

3.3.1　名词含义解释

我们现在来确定专有名词和代名词在论域 M 中的可能的含义解释.

对于每一位思考者而言, 当这位思考者确定一个专有名词的时候这位思考者也就同时唯一地确定了用这个专有名词来标识的个体对象. 因此, 对于 $\mathcal{S}$ 中的每一个专有名词 c(就是专有名词列表中的某个 c_i, 因为这个专有名词在列表中的位置已经不重要, 我们便忽略这个下标), 我们用记号 $J(c)$ 来记专有名词 c 所标识的论域 M 中的那个个体对象, 并且称 $J(c)$ 为**专有名词 c 的含义**(解释). 事实上, 每一位思考者都根据自己当前的需要制定了一张形如表 3.7 所示的唯一的一张 M-专有名词 J-释义表 (根据需要可能思考者制定的只是其中的一部分, 不失一般性, 我们用整个专有名词列表来说明).

表 3.7　M-专有名词 J-释义表

专有名词	c_1	c_2	c_3	c_4	$\cdots$	c_j	$\cdots$
J-含义	$J(c_1)$	$J(c_2)$	$J(c_3)$	$J(c_4)$	$\cdots$	$J(c_i)$	$\cdots$

在固定论域 M 之后, 按照我们关于代名词的假设, 每一个代名词 x_j 都可以与其他代名词 x_i 一样毫无差别地被用来作为 M 中任何一个元素的名字[8]. 我们说一种对应关系是 M 中元素的一本**花名册**当且仅当这种对应关系**毫无遗漏**地对每一个代名词 x_j 指定**唯一**的 M 中的一个元素作为以 x_j 为命名的个体对象. 注意, 任何一本花名册都是确定在整个代名词列表之上具有在 M 中唯一取值的对应关系; 反之, 亦然. 在这种命名方案之下, 一本花名册可以对同一个个体对象赋予重名 (重名是允许的), 但不可以一名多用 (不同的个体对象不能使用相同的名字, 异体同名是

8 注意, 这句话中有三个关键短语: "每一个代名词"、"任何一个元素" 以及 "毫无差别". 这三个短语在代名词表达式的语义解释中至关重要. 那么, 我们应当怎样做才能准确地实现这个语句的要求呢?

不允许的); 一本花名册必须使用代名词列表中所有的代名词为个体对象命名 (遗漏一个代名词是不允许的), 但是允许有些个体对象在这个花名册中没有名字 (遗漏个体对象是允许的). 还需要注意的是, 如果论域 M 中至少有两个元素, 那么就会有非常多 (多到不可数) 张花名册. 我们约定从现在起用 (带下标或者不带下标) 小写的 m 来记一本花名册, 以及用记号 $m(x_i)$ 来标识 M 中在花名册 m 中以 x_i 为其名字的个体对象, 并且称 $m(x_i)$ 为在花名册 m 之下**代名词 x_i 的含义**(解释); 进一步地, 我们用记号 $\mathscr{M}$ 来记全体花名册所成的集合, 从而每一本花名册 m 就都是 $\mathscr{M}$ 中的一个元素, 以及 $\mathscr{M}$ 中的任何元素就都是一本花名册. 有时候为了说话方便, 我们就称对 M 中个体对象命名的花名册为 M-花名册. 事实上, 任何一本 M-花名册 m 的确就是形如表 3.8 那样的一张表.

表 3.8 M-花名册 m

代名词	x_1	x_2	x_3	x_4	$\cdots$	x_i	$\cdots$
m-含义	$m(x_1)$	$m(x_2)$	$m(x_3)$	$m(x_4)$	$\cdots$	$m(x_i)$	$\cdots$

我们需要强调的是: 在具体的分析例子中, 对于固定的论域 M 来说, 我们对代名词表达式的语义解释需要考虑**所有可能的花名册**, 不仅仅是一本, 几本, 若干本, 而是全部的 M-花名册. 为什么需要这样做呢? 因为在代名词表达式中有量词作用, 既有全称量词作用又有存在量词作用. 因此, 在进行基本事实判断的时候, 我们需要检测基本事实判断的每一个实例.

接下来, 我们需要明确 $\mathscr{S}$ 中各个谓词在什么情形下应当持有什么样的含义.

3.3.2 基本表达式语义及其损益

首先, 根据思考者的选择, 我们得到唯一一张有关这位思考者所使用的谓词与这位思考者所确定的具体基本概念之间的对应表. 为了说话方便, 对于 $\mathscr{S}$ 中的每一个谓词 P_z (其中下标 z 是谓词符号 P_z 在谓词符号列表 (表 3.1) 中的具体格子点矩阵中的位置坐标[9]), 我们用记号 $\mathscr{I}(P_z)$ 来标识谓词符号 P_z 所对应的具体基本概念. 于是, 思考者所用的谓词符号与具体基本概念对应表就形如表 3.9.

表 3.9 谓词符号与基本概念对应表

格子点坐标	z_1	z_2	z_3	$\cdots$	z_i	$\cdots$
谓词	P_{z_1}	P_{z_2}	P_{z_3}	$\cdots$	P_{z_i}	$\cdots$
具体基本概念	$\mathscr{I}(P_{z_1})$	$\mathscr{I}(P_{z_2})$	$\mathscr{I}(P_{z_3})$	$\cdots$	$\mathscr{I}(P_{z_i})$	$\cdots$

9 比如, 当 $z=(3,1)$ 时, P_z 就是该列表中的第 3 行中的第一个谓词符号, 并且这个谓词符号是一个带 3-因素的谓词符号, 以及在所有 3-因素谓词符号之中它被排在第一.

我们称论域 M、专有名词语义解释 J 和谓词符号与基本概念对应表 $\mathscr{I}$ 这三要素组 $(M, J, \mathscr{I})$ 构成语言 $\mathcal{L}_{\mathscr{I}}$ 的一个**组织结构**.

在这个组织结构 $(M, J, \mathscr{I})$ 的基础上, 我们来建立**与一本花名册相应的基本表达式语义解释**, 或者说**与一本花名册相应的具体基本概念语义解释**.

设 m 是一本 M-花名册.

设 k 为谓词符号 P_z 的元数 (相应的具体基本概念的因素个数). 设

$$P_z(s_{i_1}, \cdots, s_{i_k})$$

为一个基本表达式, 其中 s_{i_ℓ} 是个体名词列表 (第 146 页表 3.5) 中的处在位置 i_ℓ 处的个体名词.

对于这样一组个体名词 $\langle s_{i_1}, \cdots, s_{i_k}\rangle$, 我们按照下列规定引进一组特别记号 $\langle m^*(s_{i_1}), \cdots, m^*(s_{i_k})\rangle$: 对于每一个在 1 和 k 之间的自然数 $\ell(1 \leqslant \ell \leqslant k)$, 如果个体名词 s_{i_ℓ} 是一个专有名词 c, 那么就用记号 $m^*(s_{i_\ell})$ 来标识 M 中的个体对象 $J(c)$; 如果个体名词 s_{i_ℓ} 是一个代名词 x_n, 那么就用记号 $m^*(s_{i_\ell})$ 来标识 M 中的个体对象 $m(x_n)$. 这样一来, 特别记号组 $\langle m^*(s_{i_1}), \cdots, m^*(s_{i_k})\rangle$ 就是 M 中的一个元素组 (一个个体对象组). 因此, 根据个体名词组 $\langle s_{i_1}, \cdots, s_{i_k}\rangle$ 和 M-花名册 m, 我们就能够计算出 M 中的唯一的一个个体对象组 $\langle m^*(s_{i_1}), \cdots, m^*(s_{i_k})\rangle$.

我们称由此得出的下述具体事实[10]判断

$$\mathscr{I}(P_z)[m^*(s_{i_1}), \cdots, m^*(s_{i_k})]$$

为基本表达式[11] $P_z(s_{i_1}, \cdots, s_{i_k})$ 在 M-花名册 m 下的**语义解释**.

定义 3.1 (事实判断) *设 $(M, J, \mathscr{I})$ 为一个组织结构, 设 P_z 为一个 k-因素谓词, $\mathscr{I}(P_z)$ 是这个组织结构上相应的具体基本概念. 设 $\langle a_1, \cdots, a_k\rangle$ 是论域 M 上的 k 个个体对象组.*

(1) 称具体事实判断 $\mathscr{I}(P_z)[a_1, \cdots, a_k]$ 为真实当且仅当个体对象组 $\langle a_1, \cdots, a_k\rangle$ 事实上合乎具体基本概念 $\mathscr{I}(P_z)$ 的全部要求 (经得起独立的事实检验);

(2) 称具体事实判断 $\mathscr{I}(P_z)[a_1, \cdots, a_k]$ 为不真实 (虚假) 当且仅当个体对象组

$$\langle a_1, \cdots, a_k\rangle$$

事实上并不合乎具体基本概念 $\mathscr{I}(P_z)$ 的全部要求 (经得起独立的事实检验, 至少不合乎某一项具体基本要求).

合乎实际的事实判断是我们思考者解决具体问题进行分析判断的基础. 逻辑学是在假定基本事实判断合乎实际情形的前提下来保证分析的正确性. 因此, 怎样

10 注意, 我们在这里使用方括弧将个体对象组界定起来, 以示区分事实与事实的抽象表述.

11 注意, 我们在这里使用圆括弧将代名词词组界定起来, 以明确这是事实的抽象表述.

才能实现基本事实判断合乎实际是我们在基本逻辑学的应用中不能回避的基础性问题. 在数学中, 所有的事实判断基本上都可以归结到集合论中对于属于关系的事实判断以及实际的模型检验. 在自然科学领域, 事实判断直接依赖实验数据的吻合度以及学界可以接受的系统误差范围. 简而言之, 事实判断因解决实际问题各有不同. 在这里, 我们只强调两点: 第一, 基本概念必须清晰明确以至于我们能够有可以有效准确进行事实判断的标准; 第二, 对于可以准确进行事实判断的基本概念以及论域中的个体对象组, 我们在进行任何一次具体事实判断时都能够尊重事实本身, 每一次的具体事实判断结构都能够经得起独立事实检验. 这就是我们前面提到过的**真相原则**以及**实事求是**原则. 基本逻辑学则只能在对事实判断的实事求是假设下来展开分析和讨论.

在明确了具体基本事实判断之后, 我们来定义基本表达式在 M-花名册 m 下的损益状态.

定义 3.2 (基本表达式损益状态) (1) 基本表达式 $P_z(s_{i_1},\cdots,s_{i_k})$ 在 M-花名册 m 下**受益**, 简单地记成

$$(M,J,\mathscr{I},m)\models P_z(s_{i_1},\cdots,s_{i_k}),$$

当且仅当由 m 所计算出来的具体基本判断 $\mathscr{I}(P_z)[m^*(s_{i_1}),\cdots,m^*(s_{i_k})]$ 为真, 也就是说, 个体对象组 $\langle m^*(s_{i_1}),\cdots,m^*(s_{i_k})\rangle$ 合乎具体基本概念 $\mathscr{I}(P_z)$ 的要求; 基本表达式 $P_z(s_{i_1},\cdots,s_{i_k})$ 在 M-花名册 m 下**受损**, 简单地记成

$$(M,J,\mathscr{I},m)\not\models P_z(s_{i_1},\cdots,s_{i_k}),$$

当且仅当由 m 所计算出来的具体基本判断 $\mathscr{I}(P_z)[m^*(s_{i_1}),\cdots,m^*(s_{i_k})]$ 为假, 也就是说, 个体对象组 $\langle m^*(s_{i_1}),\cdots,m^*(s_{i_k})\rangle$ 不合乎具体基本概念 $\mathscr{I}(P_z)$ 的要求.

(2) 设 $\langle s_{i_1},s_{i_2}\rangle$ 是一对个体名词. 等式 $(s_{i_1}=s_{i_2})$ 在 M-花名册 m 下**受益**, 简单地记成

$$(M,J,\mathscr{I},m)\models(s_{i_1}=s_{i_2}),$$

当且仅当由 m 所计算出来的两个个体对象 $m^*(s_{i_1})$ 和 $m^*(s_{i_2})$ 的确是同一个个体对象; 等式 $(s_{i_1}=s_{i_2})$ 在 M-花名册 m 下**受损**, 简单地记成

$$(M,J,\mathscr{I},m)\not\models(s_{i_1}=s_{i_2}),$$

当且仅当由 m 所计算出来的两个个体对象 $m^*(s_{i_1})$ 和 $m^*(s_{i_2})$ 确确实实不是同一个个体对象.

依照同样的计算, 如果 m_1 和 m_2 也是两本 M-花名册, 那么由个体名词组

$$\langle s_{i_1},\cdots,s_{i_k}\rangle$$

我们就能分别计算出 M 中的两个个体对象组

$$\langle m_1^*(s_{i_1}),\cdots,m_1^*(s_{i_k})\rangle \text{ 与 } \langle m_2^*(s_{i_1}),\cdots,m_2^*(s_{i_k})\rangle,$$

等等. 一个比较有趣而且重要的现象如下: 尽管两个 M-花名册 m_1 和 m_2 可以很不相同 (它们对某些代名词所确定的个体对象不同), 但它们完全有可能对个体名词组 $\langle s_{i_1},\cdots,s_{i_k}\rangle$ 中的所有的代名词分别赋予相同的个体对象. 于是, 为了说话方便, 我们引进一个说法: 说"两本 M-花名册 m_1 和 m_2 就基本表达式 $P_z(s_{i_1},\cdots,s_{i_k})$ 而言是无差别的" (简而言之, m_1 与 m_2 就 $P_z(s_{i_1},\cdots,s_{i_k})$ 而言**无差别**) 当且仅当这两本 M-花名册 m_1 和 m_2 对个体名词组 $\langle s_{i_1},\cdots,s_{i_k}\rangle$ 中的所有的代名词分别赋予相同的个体对象, 即对于每一个在 1 和 k 之间的自然数 $\ell(1\leqslant\ell\leqslant k)$, 如果个体名词 s_{i_ℓ} 是一个代名词 x_n, 那么 $m_1^*(s_{i_\ell})$ 与 $m_2^*(s_{i_\ell})$ 就是 M 中的同一个个体对象.

同样地, 说"两本 M-花名册 m_1 和 m_2 就等式 $(s_{i_1}=s_{i_k})$ 而言**无差别**"当且仅当这两本 M-花名册 m_1 和 m_2 对一对个体名词 $\langle s_{i_1},s_{i_2}\rangle$ 中的所有的代名词分别赋予相同的个体对象, 即对于自然数 $\ell=1$ 或者 $\ell=2$, 如果个体名词 s_{i_ℓ} 是一个代名词 x_n, 那么 $m_1^*(s_{i_\ell})$ 与 $m_2^*(s_{i_\ell})$ 就是 M 中的同一个个体对象.

由此, 对于一个基本表达式 A 而言, 所有那些无差别的 M-花名册都对它计算出完全相同的损益结论. 这是下述引理的结论.

引理 3.1 (局部确定性引理)　对于一个基本表达式 $P_z(s_{i_1},\cdots,s_{i_k})$ 来说, 如果 m_1 和 m_2 就 $P_z(s_{i_1},\cdots,s_{i_k})$ 而言无差别, 那么

$$(M,J,\mathscr{I},m_1)\models P_z(s_{i_1},\cdots,s_{i_k}) \text{ 当且仅当 } (M,J,\mathscr{I},m_2)\models P_z(s_{i_1},\cdots,s_{i_k}),$$

以及

$$(M,J,\mathscr{I},m_1)\not\models P_z(s_{i_1},\cdots,s_{i_k}) \text{ 当且仅当 } (M,J,\mathscr{I},m_2)\not\models P_z(s_{i_1},\cdots,s_{i_k}).$$

对于等式, 同样的结论也成立.

3.3.3　基本概念与基本判断范例

例 3.1　先确定论域为自然数全体, 我们将这个论域记成 $\mathbb{N}$, 0 是论域 $\mathbb{N}$ 中的最小自然数零. 现在令符号 c_1 为一个专有名词符号, $P_+,P_\times$ 为两个三元谓词符号, $P_<,P_S$ 为两个二元谓词符号. 我们使用这些符号的意图分别为:

(甲) 用专有名词符号 c_1 来表示自然数"零", 也就是说, J 为专有名词 c_1 的含义解释, 并且 $J(c_1)=0$.

(乙) 用符号 P_+ 来表示自然数加法表 (第 14 页中的表 1.1) 中的内容, 并且用

$$\mathscr{I}(P_+)[a,b,c]$$

来明确 c 为表 1.1 中的行号为 a 列号为 b 的方格中的内容, 比如, $\mathscr{I}(P_+)[1,2,3]$.

(丙) 用符号 $P_\times$ 来表示自然数乘法表 (第 17 页中的表 1.2) 中的内容, 并且用

$$\mathscr{I}(P_\times)[a,b,c]$$

来明确 c 为表 1.2 中的行号为 a 列号为 b 的方格中的内容, 如 $\mathscr{I}(P_\times)[2,3,6]$.

(丁) 用 $P_<$ 来表示自然数平面 (或者自然数格子点阵)(见第 124 页中的附录) 对角线上方的那些点的全体, 即用 $\mathscr{I}(P_<)[a,b]$ 来确定在自然数平面上的在主对角线上方的点 (a,b) (此时它在自然数平面的主对角线上方当且仅当自然数 a 严格小于自然数 b). 比如, $\mathscr{I}(P_<)[2,3]$. 注意, 自然数平面的主对角线上的点都是形如 (a,a) 的点, 而这样的点的全体恰恰构成自然数"相等"这一具体基本概念的外延.

(戊) 用 P_S 来表示自然数的后继函数图中的点的全体, 也就是说, 用 $\mathscr{I}(P_S)[a,b]$ 来确定自然数 b 是自然数 a 的后继, 即 $b=a+1$. 也就是用 $\mathscr{I}(P_S)[a,b]$ 来确定这样一个事实: 自然数 b 是自然数加法表 (第 14 页中的表 1.1) 中的行号为 a 列号为 1 的方格中的内容. 比如, $\mathscr{I}(P_S)[4,5]$.

这样, 我们就得到自然数算术组织结构 $M=(\mathbb{N},J,\mathscr{I})$. 这个组织结构的五个基本概念、基本判断与具体事实判断如下:

1. 二元 (二因素) 基本概念"相等": "x 和 y 相等"就是一种表述依照"相等"这个基本概念对论域中由代名词"x"和"y"所命名的个体之间的基本判断的基本表达式; "x 与零相等"("x 等于零", "x 是零") 就是一种表述依照"相等"这个基本概念对论域中由代名词 x 所命名的个体与由专有名词"零"所命名的个体之间的基本判断的基本表达式. 如果 m_1 和 m_2 是两个 $\mathbb{N}$-花名册, 并且 $m_1(x)=2, m_1(y)=2$, $m_2(x)=3, m_2(y)=4$, 那么

$$(\mathbb{N},J,\mathscr{I},m_1)\models(x=y),\ \text{但是}\ (\mathbb{N},J,\mathscr{I},m_2)\not\models(x=y),$$

以及 $(\mathbb{N},J,\mathscr{I},m_1)\not\models(x=c_1)$, 因为的确有 $2=2$, $3\neq4$, 以及 $2\neq0$. 一般来说, 设 m 是一个 $\mathbb{N}$-花名册, 那么

$$(\mathbb{N},J,\mathscr{I},m)\models(x=y)\ \text{当且仅当等式}\ m(x)=m(y)\ \text{事实上成立}.$$

这里的等式 $m(x)=m(y)$ 是否成立就是一个基本 (事实) 判断.

2. 三元 (三因素) 基本概念"和": "z 是 x 与 y 的和"就是一种表述依照"和"这个基本概念对论域中由代名词"x"、"y"和"z"所命名的个体之间的基本判断的基本表达式. 如果 m_1 和 m_2 是两个 $\mathbb{N}$-花名册, 并且

$$m_1(x)=2,\quad m_1(y)=3,\quad m_1(z)=6,\quad m_2(x)=3,\quad m_2(y)=4,\quad m_2(z)=7,$$

那么

$$(\mathbb{N}, J, \mathscr{I}, m_1) \not\models P_+(x, y, z),\ 以及\ (\mathbb{N}, J, \mathscr{I}, m_2) \models P_+(x, y, z),$$

因为根据第 14 页中的表 1.1 的确有 $2+3 \neq 6$ 以及 $3+4=7$. 一般而言, 如果 m 是一个 $\mathbb{N}$-花名册, 那么

$$(\mathbb{N}, J, \mathscr{I}, m) \models P_+(x, y, z)\ 当且仅当等式\ m(z) = m(x) + m(y)\ 事实上成立.$$

3. 三元 (三因素) 基本概念"积". "z 是 x 与 y 的积"就是一种表述依照"积"这个基本概念对论域中由代名词"x"、"y"和"z"所命名的个体之间的基本判断的基本表达式. 如果 m_1 和 m_2 是两个 $\mathbb{N}$-花名册, 并且 $m_1(x)=2, m_1(y)=3, m_1(z)=6$, $m_2(x)=3, m_2(y)=4, m_2(z)=7$, 那么

$$(\mathbb{N}, J, \mathscr{I}, m_1) \models P_\times(x, y, z),\quad 以及\ (\mathbb{N}, J, \mathscr{I}, m_2) \not\models P_\times(x, y, z),$$

因为根据第 17 页中的表 1.2 的确有 $2 \cdot 3 = 6$ 以及 $3 \cdot 4 \neq 7$. 一般而言, 如果 m 是一个 $\mathbb{N}$-花名册, 那么

$$(\mathbb{N}, J, \mathscr{I}, m) \models P_\times(x, y, z)\ 当且仅当等式\ m(z) = m(x) \cdot m(y)\ 事实上成立.$$

4. 二元 (二因素) 基本概念"比较小": "x 比 y 小"就是一种表述依照"比较小"这个基本概念对论域中由代名词"x"和"y"所命名的个体之间的基本判断的基本表达式. 如果 m_1 和 m_2 是两个 $\mathbb{N}$-花名册, 并且 $m_1(x)=2, m_1(y)=2$, $m_2(x)=3, m_2(y)=4$, 那么

$$(\mathbb{N}, J, \mathscr{I}, m_1) \not\models P_<(x, y),\ 但是\ (\mathbb{N}, J, \mathscr{I}, m_2) \models P_<(x, y),$$

以及 $(\mathbb{N}, J, \mathscr{I}, m_1) \not\models P_<(x, c_1)$, 因为的确有 $2 \not< 2$, $3 < 4$, 以及 $2 \not< 0$. 一般而言, 如果 m 是一个 $\mathbb{N}$-花名册, 那么

$$(\mathbb{N}, J, \mathscr{I}, m) \models P_<(x, y)\ 当且仅当不等式\ m(x) < m(y)\ 事实上成立.$$

5. 二元 (二因素) 基本概念"后继": "x 是 y 的后继"就是一种表述依照"后继"这个基本概念对论域中由代名词"x"和"y"所命名的个体之间的基本判断的基本表达式. 如果 m_1 和 m_2 是两个 $\mathbb{N}$-花名册, 并且 $m_1(x)=2, m_1(y)=2$, $m_2(x)=3, m_2(y)=4$, 那么

$$(\mathbb{N}, J, \mathscr{I}, m_1) \not\models P_S(x, y),\ 但是\ (\mathbb{N}, J, \mathscr{I}, m_2) \models P_S(x, y),$$

以及 $(\mathbb{N}, J, \mathscr{I}, m_1) \not\models P_S(x, c_1)$, 因为的确 2 不是 2 的后继, 4 是 3 的后继, 0 也不是 2 的后继. 一般而言, 如果 m 是一个 $\mathbb{N}$-花名册, 那么

$$(\mathbb{N}, J, \mathscr{I}, m) \models P_S(x, y)\ 当且仅当等式\ m(y) = m(x) + 1\ 事实上成立.$$

例 3.2 整数算术的五个基本概念与基本判断.

1. 论域: 整数全体.
2. 二元 (二因素) 基本概念“相等”: “x 和 y 相等”.
3. 三元 (三因素) 基本概念“和”: “z 是 x 与 y 的和”.
4. 三元 (三因素) 基本概念“积”: “z 是 x 与 y 的积”.
5. 二元 (二因素) 基本概念“比较大”: “x 比 y 大”.
6. 一元 (单因素) 基本概念“壹”: “x 是壹”.

我们将这个整数算术组织结构以及相应的基本概念与基本判断的确立留作练习. 有兴趣的读者可以参照自然数组织结构例子以及对整数算术的理解来完成这一练习. 应当说, 这是一个可以共读者细细品味“从具体到抽象, 再回到具体”之过程的很好的练习.

现在我们将注意力转向关于复合概念以及复合命题的语义解释以及真假判断问题上去.

3.3.4 代名词表达式语义及其损益

为了后面说话方便, 我们先将上面关于基本表达式无差别花名册的说法推广到所有表达式. 设 A 是一个代名词表达式. 说“两本 M-花名册 m_1 和 m_2 就表达式 A 而言是无差别的”(简而言之, m_1 与 m_2 就 A 而言**无差别**) 当且仅当对于所有的代名词 x_j, 如果代名词 x_j 是 A 的一个自由代名词, 那么 $m_1(x_j)$ 与 $m_2(x_j)$ 就是 M 中的同一个个体对象.

注意, 按照这一说法, 如果 A 是一个代名词语句 (其中没有任何自由代名词出现), 那么所有的 M-花名册就 A 而言都彼此无差别; 如果 A 是一个基本表达式, 那么这里的就 A 而言无差别的说法和上面的就 A 而言无差别的说法同一.

现在我们来应用第 154 页的代名词表达式锦帛矩阵 (图 3.2) 来定义代名词在一本 M- 花名册 m 下的语义解释以及损益状态.

前面的基本表达式损益状态定义已经就所有的基本表达式在 M-花名册 m 下的损益状态完全确定. 这就将代名词表达式锦帛矩阵 (图 3.2) 中的最左边的一列中的基本表达式的损益状态完全确定. 现在我们来定义代名词表达式锦帛矩阵的第 2 列中的代名词表达式的损益状态.

按照构造的七种情形, 我们依次来定义. 设 A 和 B 是两个基本表达式.

第一, 否定式 $(\neg A)$. 定义 m 令 $(\neg A)$ **受益**, 记成 $(M, J, \mathscr{I}, m) \models (\neg A)$, 当且仅当 m 令 A 受损, 即 $(M, J, \mathscr{I}, m) \not\models A$. 定义 m 令 $(\neg A)$ **受损**, 记成

$$(M, J, \mathscr{I}, m) \not\models (\neg A),$$

当且仅当 m 令 A 受益, 即 $(M, J, \mathscr{I}, m) \models A$.

第二, 蕴含式 $(A \to B)$. 定义 m 令 $(A \to B)$ **受益**, 记成

$$(M, J, \mathscr{I}, m) \models (A \to B),$$

当且仅当或者 m 令 A 受损, 或者 m 令 B 受益, 即

$$(M, J, \mathscr{I}, m) \not\models A \text{ 或者 } (M, J, \mathscr{I}, m) \models B.$$

定义 m 令 $(A \to B)$ **受损**, 记成 $(M, J, \mathscr{I}, m) \not\models (A \to B)$, 当且仅当 m 令 A 受益并且 m 令 B 受损, 即

$$(M, J, \mathscr{I}, m) \models A \text{ 并且 } (M, J, \mathscr{I}, m) \not\models B.$$

第三, 析取式 $(A \vee B)$. 定义 m 令 $(A \vee B)$ **受益**, 记成 $(M, J, \mathscr{I}, m) \models (A \vee B)$, 当且仅当或者 m 令 A 受益, 或者 m 令 B 受益, 即

$$(M, J, \mathscr{I}, m) \models A \text{ 或者 } (M, J, \mathscr{I}, m) \models B.$$

定义 m 令 $(A \vee B)$**受损**, 记成 $(M, J, \mathscr{I}, m) \not\models (A \vee B)$, 当且仅当 m 令 A 受损并且 m 令 B 也受损, 即

$$(M, J, \mathscr{I}, m) \not\models A \text{ 并且 } (M, J, \mathscr{I}, m) \not\models B.$$

第四, 合取式 $(A \wedge B)$. 定义 m 令 $(A \wedge B)$ **受益**, 记成 $(M, J, \mathscr{I}, m) \models (A \wedge B)$, 当且仅当 m 令 A 受益并且 m 令 B 也受益, 即

$$(M, J, \mathscr{I}, m) \models A \text{ 并且 } (M, J, \mathscr{I}, m) \models B.$$

定义 m 令 $(A \wedge B)$ **受损**, 记成 $(M, J, \mathscr{I}, m) \not\models (A \wedge B)$, 当且仅当或者 m 令 A 受损, 或者 m 令 B 受损, 即

$$(M, J, \mathscr{I}, m) \not\models A \text{ 或者 } (M, J, \mathscr{I}, m) \not\models B.$$

第五, 对等式 $(A \leftrightarrow B)$. 定义 m 令 $(A \leftrightarrow B)$ **受益**, 记成

$$(M, J, \mathscr{I}, m) \models (A \leftrightarrow B),$$

当且仅当 A 和 B 由 m 带来的损益状态完全相同, 即

$$(M, J, \mathscr{I}, m) \models A \text{ 当且仅当 } (M, J, \mathscr{I}, m) \models B.$$

定义 m 令 $(A \leftrightarrow B)$ **受损**, 记成 $(M,J,\mathscr{I},m) \not\models (A \leftrightarrow B)$, 当且仅当 A 与 B 由 m 带来的损益状态恰好相反, 即

$$(M,J,\mathscr{I},m) \models A \text{当且仅当} (M,J,\mathscr{I},m) \not\models B.$$

第六, 全体式 $(\forall x_j A)$. 定义 m 令 $(\forall x_j A)$ **受益**, 记成 $(M,J,\mathscr{I},m) \models (\forall x_j A)$, 当且仅当, 对于所有的 M-花名册 m_1, 如果 m 与 m_1 就 $(\forall x_j A)$ 而言无差别, 那么 m_1 必定令 A 受益.

定义 m 令 $(\forall x_j A)$ **受损**, 记成 $(M,J,\mathscr{I},m) \not\models (\forall x_j A)$, 当且仅当, 存在一本与 m 就 $(\forall x_j A)$ 而言无差别但令 A 受损的 M-花名册 m_1.

第七, 存在式 $(\exists x_j A)$. 定义 m 令 $(\exists x_j A)$ **受益**, 记成 $(M,J,\mathscr{I},m) \models (\exists x_j A)$, 当且仅当, 存在一本与 m 就 $(\exists x_j A)$ 而言无差别并且令 A 受益的 M-花名册 m_1.

定义 m 令 $(\exists x_j A)$ **受损**, 记成 $(M,J,\mathscr{I},m) \not\models (\exists x_j A)$, 当且仅当, 对于所有的 M-花名册 m_1, 如果 m 与 m_1 就 $(\exists x_j A)$ 而言无差别, 那么 m_1 必定令 A 受损.

这样, 我们就完成了对代名词表达式锦帛矩阵 (图 3.2) 中的第二列的全体代名词表达式相对于所有的 M-花名册的语义解释和损益状态的定义 (因为我们**任意地**固定了一个 M-花名册 m 来实施定义, 由 m 的**任意性**—— 定义过程中不使用任何有关 m 的特殊性, 我们便得到相对于所有的 M-花名册的一般性结论).

依此类推, 我们按照代名词表达式锦帛矩阵 (图 3.2) 中代名词表达式的层次 (第一次出现在锦帛矩阵之中所在的列数) 递归地定义如下: 假设对于代名词表达式锦帛矩阵 (图 3.2) 中所有层次不超过 n 的代名词表达式在 M-花名册 m 下的语义解释和损益状态都已经定义好了 (比如 $n=2$). 前往定义层次为 $n+1$ 的代名词表达式在 M-花名册 m 下的语义解释和损益状态.

定义 3.3 (代名词表达式损益状态) 设 A 和 B 是两个层次不超过 n 的代名词表达式 (不妨设 A 的层次恰好为 n). 现在来考虑由它们构造出来的层次为 $n+1$ 的代名词表达式的语义解释和损益状态定义问题. 同样, 依次考虑七种情形. 注意, 根据层次假设, 相对于所有的 M-花名册, A 和 B 的语义解释和损益状态都已经定义好了.

第一, 否定式 $(\neg A)$. 定义 m 令 $(\neg A)$ **受益**, 记成 $(M,J,\mathscr{I},m) \models (\neg A)$, 当且仅当 m 令 A 受损, 即 $(M,J,\mathscr{I},m) \not\models A$. 定义 m 令 $(\neg A)$ **受损**, 记成

$$(M,J,\mathscr{I},m) \not\models (\neg A),$$

当且仅当 m 令 A 受益, 即 $(M,J,\mathscr{I},m) \models A$.

第二, 蕴含式 $(A \to B)$. 定义 m 令 $(A \to B)$ **受益**, 记成

$$(M,J,\mathscr{I},m) \models (A \to B),$$

当且仅当或者 m 令 A 受损, 或者 m 令 B 受益, 即

$$(M, J, \mathscr{I}, m) \not\models A \text{ 或者 } (M, J, \mathscr{I}, m) \models B.$$

定义 m 令 $(A \to B)$ **受损**, 记成 $(M, J, \mathscr{I}, m) \not\models (A \to B)$, 当且仅当 m 令 A 受益并且 m 令 B 受损, 即

$$(M, J, \mathscr{I}, m) \models A \text{ 并且 } (M, J, \mathscr{I}, m) \not\models B.$$

第三, 析取式 $(A \vee B)$. 定义 m 令 $(A \vee B)$ **受益**, 记成 $(M, J, \mathscr{I}, m) \models (A \vee B)$, 当且仅当或者 m 令 A 受益, 或者 m 令 B 受益, 即

$$(M, J, \mathscr{I}, m) \models A \text{ 或者 } (M, J, \mathscr{I}, m) \models B.$$

定义 m 令 $(A \vee B)$ **受损**, 记成 $(M, J, \mathscr{I}, m) \not\models (A \vee B)$, 当且仅当 m 令 A 受损并且 m 令 B 也受损, 即

$$(M, J, \mathscr{I}, m) \not\models A \text{ 并且 } (M, J, \mathscr{I}, m) \not\models B.$$

第四, 合取式 $(A \wedge B)$. 定义 m 令 $(A \wedge B)$ **受益**, 记成 $(M, J, \mathscr{I}, m) \models (A \wedge B)$, 当且仅当 m 令 A 受益并且 m 令 B 也受益, 即

$$(M, J, \mathscr{I}, m) \models A \text{ 并且 } (M, J, \mathscr{I}, m) \models B.$$

定义 m 令 $(A \wedge B)$ **受损**, 记成 $(M, J, \mathscr{I}, m) \not\models (A \wedge B)$, 当且仅当或者 m 令 A 受损, 或者 m 令 B 受损, 即

$$(M, J, \mathscr{I}, m) \not\models A \text{ 或者 } (M, J, \mathscr{I}, m) \not\models B.$$

第五, 对等式 $(A \leftrightarrow B)$. 定义 m 令 $(A \leftrightarrow B)$ **受益**, 记成

$$(M, J, \mathscr{I}, m) \models (A \leftrightarrow B),$$

当且仅当 A 和 B 由 m 带来的损益状态完全相同, 即

$$(M, J, \mathscr{I}, m) \models A \text{ 当且仅当 } (M, J, \mathscr{I}, m) \models B.$$

定义 m 令 $(A \leftrightarrow B)$ **受损**, 记成 $(M, J, \mathscr{I}, m) \not\models (A \leftrightarrow B)$, 当且仅当 A 与 B 由 m 带来的损益状态恰好相反, 即

$$(M, J, \mathscr{I}, m) \models A \text{ 当且仅当 } (M, J, \mathscr{I}, m) \not\models B.$$

第六, 全体式 $(\forall x_j A)$. 定义 m 令 $(\forall x_j A)$ **受益**, 记成 $(M, J, \mathscr{I}, m) \models (\forall x_j A)$, 当且仅当, 对于所有的 M-花名册 m_1, 如果 m 与 m_1 就 $(\forall x_j A)$ 而言无差别, 那么 m_1 必定令 A 受益.

定义 m 令 $(\forall x_j A)$ **受损**, 记成 $(M, J, \mathscr{I}, m) \not\models (\forall x_j A)$, 当且仅当, 存在一本与 m 就 $(\forall x_j A)$ 而言无差别但令 A 受损的 M-花名册 m_1.

第七, 存在式 $(\exists x_j A)$. 定义 m 令 $(\exists x_j A)$ **受益**, 记成 $(M, J, \mathscr{I}, m) \models (\exists x_j A)$, 当且仅当, 存在一本与 m 就 $(\exists x_j A)$ 而言无差别并且令 A 受益的 M-花名册 m_1.

定义 m 令 $(\exists x_j A)$ **受损**, 记成 $(M, J, \mathscr{I}, m) \not\models (\exists x_j A)$, 当且仅当, 对于所有的 M-花名册 m_1, 如果 m 与 m_1 就 $(\exists x_j A)$ 而言无差别, 那么 m_1 必定令 A 受损.

由此, 我们完成了所有层次为 $n+1$ 的代名词表达式相对于 M-花名册 m 的语义解释和损益状态. 由 m 的任意性 (定义过程中并未使用任何有关 m 的特殊性, 事实上我们也不知道 m 有什么特殊性), 我们就得到层次不超过 $n+1$ 的所有的代名词表达式相对于所有的 M-花名册的语义解释和损益状态的定义. 当然, 这些定义都直接默认和依赖了代名词表达式的唯一可读性. 如果没有这样的唯一可读性, 我们会遇到很多麻烦. 这也表明, 就语义解释而言, 坚守表达方式的逻辑构造上的正确性是非常必要的.

从上面的代名词表达式损益状态的定义 (定义 3.3) 第六和第七可见为什么我们需要考虑所有可能的 M-花名册, 就是因为在检测涉及全称量词语句的真假时, 我们必须对论域中的每一个元素检测相关事实的真相.

前面的局部确定性引理自然而然地可以推广到整个代名词表达式.

定理 3.3 (局部确定性定理) 对于一个代名词表达式 A 来说, 如果 m_1 和 m_2 就 A 而言无差别, 那么

$$(M, J, \mathscr{I}, m_1) \models A \text{ 当且仅当 } (M, J, \mathscr{I}, m_2) \models A,$$

以及

$$(M, J, \mathscr{I}, m_1) \not\models A \text{ 当且仅当 } (M, J, \mathscr{I}, m_2) \not\models A.$$

这个定理实际上是说, 对于任意的一个代名词表达式 A, 对于任意的一本 M-花名册 m, m 所带给 A 的损益状态完全由 m 对 A 中的自由代名词所指定的个体对象完全确定 (当然这种确定性又直接依赖 A 所涉及的基本表达式以及思考者所确定的这些基本表达式在这些个体对象上的基本判断的真与假).

根据代名词表达式损益状态的定义, 我们得到下述推论.

推论 3.1 设 A 为语言 $\mathcal{L}_{\mathscr{S}}$ 的一个语句, $(M, J, \mathscr{I})$ 是语言 $\mathcal{L}_{\mathscr{S}}$ 的一个组织结构. 那么,

(1) "存在一本令 A 受益的 M-花名册 m" 当且仅当 "任何一本 M-花名册 m 都令 A 受益".

(2) 当 A 是一个全体式语句 $(\forall x_j B)$ 时, "任何一本 M-花名册 m 都令 A 受益" 当且仅当 "任意一本 M-花名册 m 都令 B 受益".

定义 3.4 (语句真假)　设 $(M, J, \mathscr{I})$ 为语言 $\mathcal{L}_{\mathscr{I}}$ 的一个组织结构以及 A 为语言 $\mathcal{L}_{\mathscr{I}}$ 的一个语句.

(1) 定义 "A 在组织结构 $(M, J, \mathscr{I})$ 中为真, 记成 $(M, J, \mathscr{I}) \models A$" 当且仅当 "存在一本令 A 受益的 M-花名册 m".

(2) 定义 "A 在组织结构 $(M, J, \mathscr{I})$ 中为假, 记成 $(M, J, \mathscr{I}) \not\models A$" 当且仅当 "不存在任何令 A 受益的 M-花名册 m".

"A 在组织结构 $(M, J, \mathscr{I})$ 中为真" 也可以说成 "A 在组织结构 $(M, J, \mathscr{I})$ 中成立"; "A 在组织结构 $(M, J, \mathscr{I})$ 中为假" 也可以说成 "A 在组织结构 $(M, J, \mathscr{I})$ 中不成立". 注意, 当 A 为一个语句时, 它的否定式 $(\neg A)$ 也是一个语句, 并且 "A 在组织结构 $(M, J, \mathscr{I})$ 中不成立" 当且仅当 "$(\neg A)$ 在组织结构 $(M, J, \mathscr{I})$ 中成立"; 要么 "A 在组织结构 $(M, J, \mathscr{I})$ 中成立", 要么 "$(\neg A)$ 在组织结构 $(M, J, \mathscr{I})$ 中成立", 二者必居其一, 而且只居其一.

例 3.3　设 $(M, J, \mathscr{I})$ 为语言 $\mathcal{L}_{\mathscr{I}}$ 的一个组织结构. 那么下述三个语句都在

$$(M, J, \mathscr{I})$$

中成立:

(1) $(\forall x_1 (x_1 = x_1))$;

(2) $(\forall x_1 (\forall x_2 ((x_1 = x_2) \to (x_2 = x_1))))$;

(3) $(\forall x_1 (\forall x_2 (\forall x_3 ((x_1 = x_2) \to ((x_2 = x_3) \to (x_1 = x_3))))))$.

证明　根据推论 3.1 中的 (2), 我们只需分别验证下面的事实:

(1) 对于任意一本 M-花名册 m 都有 $(M, J, \mathscr{I}, m) \models (x_1 = x_1)$;

(2) 对于任意一本 M-花名册 m 都有 $(M, J, \mathscr{I}, m) \models ((x_1 = x_2) \to (x_2 = x_1))$;

(3) 对于任意一本 M-花名册 m 都有

$$(M, J, \mathscr{I}, m) \models ((x_1 = x_2) \to ((x_2 = x_3) \to (x_1 = x_3))).$$

设 m 是任意的一本 M-花名册.

(a) 因为 $m(x_1)$ 肯定与 $m(x_1)$ 是 M 中的同一个个体对象, 根据关于等式损益状态的定义, M-花名册 m 自然令等式 $(x_1 = x_1)$ 受益.

(b) 根据蕴含式损益状态之定义, $(M, J, \mathscr{I}, m) \models ((x_1 = x_2) \to (x_2 = x_1))$ 当且仅当, 或者 $(M, J, \mathscr{I}, m) \not\models (x_1 = x_2)$, 或者 $(M, J, \mathscr{I}, m) \models (x_2 = x_1)$.

因为 $m(x_1)$ 和 $m(x_2)$ 是 M 中的两个个体对象, 它们无非或者是同一个个体对象, 或者彼此不相同, 二者必居其一, 而且只能有一个成立. 如果后者成立, 那么根

据定义, $(M, J, \mathscr{I}, m) \not\models (x_1 = x_2)$; 如果前者成立, 那么根据定义,

$$(M, J, \mathscr{I}, m) \models (x_2 = x_1).$$

(c) 同样根据蕴含式损益状态之定义,

$$(M, J, \mathscr{I}, m) \models ((x_1 = x_2) \rightarrow ((x_2 = x_3) \rightarrow (x_1 = x_3)))$$

当且仅当, 或者 $(M, J, \mathscr{I}, m) \not\models (x_1 = x_2)$, 或者

$$(M, J, \mathscr{I}, m) \models ((x_2 = x_3) \rightarrow (x_1 = x_3)).$$

因为 $m(x_1), m(x_2)$ 是 M 中的两个个体对象, 要么 (i) $m(x_1)$ 与 $m(x_2)$ 互不相同; 要么 (ii) $m(x_1)$ 与 $m(x_2)$ 相同.

当 (i) 成立时, 根据等式损益状态之定义, $(M, J, \mathscr{I}, m) \not\models (x_1 = x_2)$.

现在假设 (ii) 成立. 我们来验证 $(M, J, \mathscr{I}, m) \models ((x_2 = x_3) \rightarrow (x_1 = x_3))$. 此时, 要么 (iii) $m(x_1)$ 与 $m(x_3)$ 是同一个个体对象, 要么 (iv) 它们互不相同. 当 (iii) 成立时, 自然 $(M, J, \mathscr{I}, m) \models (x_1 = x_3)$; 当 (iv) 成立时, 由于 $m(x_1)$ 与 $m(x_2)$ 为同一个个体对象, 自然 $m(x_2)$ 与 $m(x_3)$ 互不相同, 因而 $(M, J, \mathscr{I}, m) \not\models (x_2 = x_3)$. 因此, 无论两种情形中的哪一种成立, 我们都有"或者 $(M, J, \mathscr{I}, m) \not\models (x_2 = x_3)$, 或者 $(M, J, \mathscr{I}, m) \models (x_1 = x_3)$". 由此, 根据蕴含式损益状态之定义,

$$(M, J, \mathscr{I}, m) \models ((x_2 = x_3) \rightarrow (x_1 = x_3)).$$ □

下面的自由代名词替换定理表明在表达事物的客观性质时, 一个表达式所展示的客观性质的真假完全独立于思考者在表达式中选择什么样的代名词来指代那些个体对象. 这自然揭示出在表达自己思想的时候, 思考者有着随意选择用以指代那些个体对象的自由代名词的自由. 所以, 选择什么样的自由代名词完全根据怎么方便怎么选, 这样做既不增加益处, 也不增加损害; 表达思想的关键完全在于正确把握具体基本概念和表达方式的逻辑结构.

定理 3.4 (自由代名词替换定理) 设 $(M, J, \mathscr{I})$ 为语言 $\mathcal{L}_{\mathscr{S}}$ 的一个组织结构. 设

$$A(x_1, \cdots, x_n)$$

是一个所含自由代名词不超出 $\{x_1, \cdots, x_n\}$ 这个范围之外的表达式, 以及在

$$A(x_1, \cdots, x_n)$$

中个体名词 $s_{i_1}, \cdots, s_{i_n}$ 里的每一个 s_{i_ℓ} 都可以替换 $x_\ell (1 \leqslant \ell \leqslant n)$. 如果两本 M-花名册 m_1 和 m_2 具备下述等式特性: 对于每一个 $1 \leqslant \ell \leqslant n$,

$$m_1(x_\ell) = m_2^*(s_{i_\ell}).$$

那么,

(1) m_1 令 $A(x_1,\cdots,x_n)$ 受益当且仅当 m_2 令 $A(x_1,\cdots,x_n;s_{i_1},\cdots,s_{i_n})$ 受益;

(2) m_1 令 $A(x_1,\cdots,x_n)$ 受损当且仅当 m_2 令 $A(x_1,\cdots,x_n;s_{i_1},\cdots,s_{i_n})$ 受损.

3.3.5　复合判断范例

例 3.4　自然数算术的五个复合概念与复合判断.

1. 一元 (单因素) 复合概念“壹”: “x 是壹”就是一种表述依照“壹”这个复合概念对论域中由代名词“x”所命名的个体的复合判断的代名词表达式.

2. 二元 (二因素) 复合概念“比较大”: “x 比 y 大”就是一种表述依照“比较大”这个复合概念对论域中由代名词“x”和“y”所命名的个体之间的复合判断的代名词表达式.

3. 三元 (三因素) 复合概念“差”: “z 是 x 与 y 的差”就是一种表述依照“差”这个复合概念对论域中由代名词“x”、“y”和“z”所命名的个体之间的复合判断的代名词表达式.

4. 二元 (二因素) 复合概念“整除”: “y 整除 x”就是一种表述依照“整除”这个复合概念对论域中由代名词“x”和“y”所命名的个体之间的复合判断的代名词表达式.

5. 三元 (三因素) 复合概念“商”: “z 是 y 整除 x 的商”, 或者, “z 是 x 除以 y 的商”, 就是一种表述依照“商”这个复合概念对论域中由代名词“x”、“y”和“z”所命名的个体之间的复合判断的代名词表达式.

为什么在自然数这个论域中“壹”是一个复合概念呢? 因为“壹”是一个可以由二因素基本概念“后继”与双因素基本概念“相等”按照如下方式定义出来:

$$\begin{aligned}(x\ \text{是壹}) &\leftrightarrow (x\ \text{是零的后继})\\ &\leftrightarrow (x\ \text{是与零相等的那个}\ y\ \text{的后继})\\ &\leftrightarrow (\exists y((y\ \text{与零相等})\text{并且}(x\ \text{是}\ y\ \text{的后继}))).\end{aligned}$$

上述表达式中对等符号 $\leftrightarrow$ 的右边的代名词表达式“(x 是零的后继)”被称为复合概念“壹”的一个**定义式**[12], $\leftrightarrow$ 左边的命题表达式“(x 是壹)”就是依照复合概念“壹”对论域中由代名词“x”所命名的个体的复合判断. 复合概念“壹”则表明这种复合判断与依照定义式“(x 是零的后继)”所给出的复合判断同一, 或者等价.

“比较大”这个概念可以由“比较小”这个基本概念按照下述方式定义出来:

$$((x\ \text{比}\ y\ \text{大}) \leftrightarrow (y\ \text{比}\ x\ \text{小})).$$

12 由于任何一个定义式都是一种复合判断, 一个复合概念实际上是对由定义式所给出的复合判断在整个论域上的一种确定.

上述表达式中对等符号 $\leftrightarrow$ 的右边的代名词表达式“(y 比 x 小)”被称为复合概念“比较大”的一个定义式, $\leftrightarrow$ 左边的代名词表达式“(x 比 y 大)”就是依照复合概念“比较大”对论域中由代名词“x”和“y”所命名的个体有序对 (x,y)(x 在右 y 在左) 的复合判断. 由基本表达式“(y 比 x 小)”所给出的基本判断是关于论域中由代名词“y”和“x”所命名的个体有序对 (y,x)(y 在左 x 在右) 的基本判断. 这两个表达式的差别就是两个代名词之间的顺序差别和“大”“小”两个字的差别. 复合概念“比较大”则表明这种复合判断“(x 比 y 大)”与依照定义式“(y 比 x 小)”所给出的基本判断同一, 或者等价.

在自然数这个论域之中, “差”这个概念可以由“和”这个基本概念按照如下方式定义出来:

$$((z \text{ 是 } x \text{ 与 } y \text{ 的差}) \leftrightarrow (x \text{ 是 } z \text{ 与 } y \text{ 的和})).$$

和前面一样, 代名词表达式“(x 是 z 与 y 的和)”是定义式, 这个基本判断实施于三因素有序组 (x,z,y); 代名词表达式“(z 是 x 与 y 的差)”则是关于三因素有序组 (z,x,y) 的一种复合判断. 这两种判断的差别在于代名词 x 和 z 的顺序差别和概念“和”与“差”的差别. 复合概念“差”则表明这两种按照上述代名词表达式明确呈现出来的差别所实施的判断同一.

在自然数这个论域之中, “整除”和“商”这两个具体概念可以由“积”和“相等”这两个基本概念按照如下方式定义出来:

$$y \text{ 整除 } x \leftrightarrow \text{存在一个见证后述等式的 } z\text{: } (x \text{ 等于 } y \text{ 和 } z \text{ 的积}),$$

以及

$$((z \text{ 是 } y \text{ 整除}x\ (x \text{ 除以 } y)\text{的商}) \leftrightarrow ((y \text{ 不是零})\text{并且}(x \text{ 是 } z \text{ 与 } y \text{ 的积}))).$$

这里, 代名词表达式“((y 不是零) 并且 (x 是 z 与 y 的积))”是定义式; 依照“商”所做的每一个具体判断具有统一的规范的判断形式“(z 是 x 除以 y 的商)”, 或者, “(z 是 y 整除 x 的商)”. 复合概念“商”则表明按照代名词表达式“((y 不是零) 并且 (x 是 z 与 y 的积))”所实施的判断与按照代名词表达式“(z 是 x 除以 y 的商)”所实施的判断同一.

例 3.5 整数算术的八个复合概念与复合判断.

1. 三元 (三因素) 复合概念“差”: “z 是 x 与 y 的差”.

2. 二元 (二因素) 复合概念“后继”: “x 是 y 的后继”.

3. 二元 (二因素) 复合概念“比较小”: “x 比 y 小”.

4. 二元 (二因素) 复合概念“整除”: “y 整除 x”就是一种依照“整除”这个复合概念对论域中由代名词“x”和“y”所命名的个体之间的复合判断.

5. 三元 (三因素) 复合概念“商”:“z 是 x 除以 y 的商”,“z 是 y 整除 x 的商”.

6. 一元 (单因素) 复合概念“自然数”:“x 是一个自然数”.

7. 一元 (单因素) 复合概念“正整数”:“x 是一个正整数”.

8. 一元 (单因素) 复合概念“负整数”:“x 是一个负整数”.

在整数这个论域之中,“差”这个概念可以由“和”这个基本概念按照如下方式定义出来:

((z 是 x 与 y 的差) $\leftrightarrow$ (x 是 z 与 y 的和)).

同样, 在整数这个论域之中,“后继”这个概念可以由“壹”这个基本概念与“和”这个概念按照如下方式定义出来:

((x 是 y 的后继) $\leftrightarrow$ (存在一个具备后述性质的 z ((z 是壹)并且(x 是 z 与 y 的和)))).

从这里也可以看出, 如果在自然数论域之中, 将“壹”作为一个基本概念, 那么“后继”这个概念就可以变成一个复合概念.

在整数这个论域之中,“整除”和“商”这两个具体概念可以由“积”和“零”这两个基本概念按照如下方式定义出来:

y 整除 $x \leftrightarrow$ 存在一个见证后述等式的 z: (x 等于 y 和 z 的积),

以及

((z 是 x 除以y (y 整除 x)的商) $\leftrightarrow$ ((y 不是零)并且(x 是 z 与 y 的积))).

在整数这个论域之中,“自然数”这个概念可以由“零”这个基本概念、“相等”这个基本概念和“比较大”这个基本概念按照下述方式定义出来:

(x是一个自然数)$\leftrightarrow$(存在一个 z 来见证((z是零)并且((x与 z 相等)或者(x 比 z 大)))).

“正整数”这个概念可以由“零”和“比较大”这两个基本概念按照下述方式定义出来:

((x 是一个正整数) $\leftrightarrow$ (存在一个具备后述性质的) z ((z 是零)并且(x 比 z 大))).

“负整数”这个概念可以由“零”和“比较大”这两个基本概念按照下述方式定义出来:

((x 是一个负整数) $\leftrightarrow$ (存在一个具备后述性质的) z ((z 是零)并且(x 比 z 小))).

其中,“比较小”是一个由“比较大”定义出来的复合概念.

如果我们将“零”和“壹”是作为整数这个论域中的专有名词引入, 而不是作为基本概念引入, 那么上述四个定义就可以分别改写如下:

$$((x\text{ 是 }y\text{ 的后继})\leftrightarrow(x\text{ 是 }y\text{ 与壹的和})),$$

$$((x\text{ 是一个自然数})\leftrightarrow((x\text{ 是零})\text{或者}(x\text{ 比零大}))),$$

$$((x\text{ 是一个正整数})\leftrightarrow(x\text{ 比零大})),$$

以及

$$((x\text{ 是一个负整数})\leftrightarrow(x\text{ 比零小})).$$

“自然数”和“负整数”还可以按照下述方式定义:

$$((x\text{ 是一个自然数})\leftrightarrow(x\text{ 不比零小})),$$

以及

$$((x\text{ 是一个负整数})\leftrightarrow(x\text{ 并非一个自然数})).$$

需要引起注意的是, 上述定义是否合理, 是否定义出恰如我们期望中的概念, 依赖于我们关于相应的基本概念所持有的基本假设, 也就是我们所坚信的关于相应的基本概念的基本的真实性质. 这些, 我们将在后面专门讨论.

例 3.6 有理数算术的六个基本概念与基本判断.

1. 论域: 有理数全体.
2. 二元 (二因素) 基本概念“相等”: “x 和 y 相等”.
3. 三元 (三因素) 基本概念“和”: “z 是 x 与 y 的和”.
4. 三元 (三因素) 基本概念“积”: “z 是 x 与 y 的积”.
5. 二元 (二因素) 基本概念“比较大”: “x 比 y 大”.
6. 一元 (单因素) 基本概念“零”: “x 是零”.
7. 一元 (单因素) 基本概念“壹”: “x 是壹”.

有理数算术的三个复合概念与复合判断.

1. 三元 (三因素) 复合概念“差”: “z 是 x 与 y 的差”.
2. 三元 (三因素) 复合概念“商”: “z 是 x 与 y 的商”.
3. 二元 (二因素) 复合概念“比较小”: “x 比 y 小”.

在有理数这个论域之中, “差”这个概念可以由“和”这个基本概念按照如下方式定义出来:

$$((z\text{ 是 }x\text{ 与 }y\text{ 的差})\leftrightarrow(x\text{ 是 }z\text{ 与 }y\text{ 的和})).$$

在有理数这个论域之中, “商”这个概念可以由“积”和“零”这两个基本概念按照如下方式定义出来:

$$((z\text{ 是 }x\text{ 除以 }y\ (y\text{ 除 }x)\text{的商})\leftrightarrow((y\text{ 不是零})\text{并且}(x\text{ 是 }z\text{ 与 }y\text{ 的积}))).$$

相信读者已经注意到我们没有在有理数论域上引入“后继”这个概念. 这是因为在有理数这个论域上, 我们原本在整数或者自然数论域中赋予“后继”概念所持有的含义在有理数论域之上完全没有任何特别意义. 同样相信读者已经注意到在自然数、整数和有理数这三个论域上我们都有“差”、“商”以及“比较大”和“比较小”这几个概念, 并且其中的几个复合概念的定义都是一样的. 那么它们是否在不同的论域之上表现有本质的不同? 这个问题, 我们将留在后面讨论.

例 3.7　实数算术的六个基本概念与基本判断.

1. 论域: 实数全体.
2. 二元 (二因素) 基本概念“相等”: “x 和 y 相等”.
3. 三元 (三因素) 基本概念“和”: “z 是 x 与 y 的和”.
4. 三元 (三因素) 基本概念“积”: “z 是 x 与 y 的积”.
5. 二元 (二因素) 基本概念“比较大”: “x 比 y 大”.
6. 一元 (单因素) 基本概念“零”: “x 是零”.
7. 一元 (单因素) 基本概念“壹”; “x 是壹”.

实数算术的三个复合概念和复合判断.

1. 三元 (三因素) 复合概念“差”: “z 是 x 与 y 的差”.
2. 三元 (三因素) 复合概念“商”: “z 是 x 与 y 的商”.
3. 二元 (二因素) 复合概念“比较小”: “x 比 y 小”.

例 3.8　考虑下述命题: 每一个时刻在某一个地方上的每一个人都能看到太阳从东方缓缓升起, 也在某一个地方上的每一个人都能看到太阳从西方慢慢落到地平线之下. 我们来分析一下这个命题在什么样的环境下成立以及在什么样的环境下不成立. 将这个命题写成形式语句, 我们可以有下述形式语句:

$$\forall x_1 \left(S(x_1) \to \left(\begin{array}{l} (\exists x_2\,(D(x_2) \wedge \forall x_3\,((R(x_3) \wedge A(x_1,x_3,x_2)) \to B(x_3)))) \wedge \\ (\exists x_4\,(D(x_4) \wedge \forall x_5\,((R(x_5) \wedge A(x_1,x_5,x_4)) \to C(x_5)))) \end{array} \right) \right).$$

这是一个涉及五个一元谓词 (S,D,R,B,C) 和一个三元谓词 (A) 的语句. 那么这个形式语句在什么样的语义解释下表达上面的命题? 这个语句在什么样的组织结构中成立? 又会在什么样的组织结构中不成立?

为了准确起见, 我们假设“时刻”以五分钟为一个单位 (因为太阳从开始上切地平线到开始下切地平线, 即完成升起的过程, 大约为两分钟), 从而表示时刻的变元在时间轴上的每一个取值都为五分钟; 我们也假设“地方”为地球球面上的一个东西长 100 千米、南北长 100 千米的球面矩形, 从而表示地方的变元在地球球面上的取值就为这样大小的一个球面矩形.

在继续之前, 先解释一下我们为什么这样假设. 根据地球绕太阳运转以及地球自转的规律, 在同一个地方, 随一年四季的变化, 日出的时间也会发生变化; 在同一天里, 由东向西, 由北向南, 日出的时间各地方都不相同. 比如, 在北京, 冬至那天日出的时间就比夏至那天日出的时间晚; 同一天里, 尽管北京与新加坡之间没有时差, 但北京日出的时间比新加坡日出的时间早. 但是, 在东西 100 千米、南北 100 千米的地方人们不会因为所处的位置不同观察到日出的时间有大的差别. 因此, 在我们的假定之下, 在同一个地方上的观察者都会在同一时刻观察到日出与日落.

那么例子中的命题涉及什么样的对象呢? 换句话问, 我们所关注的论域中应当至少有些什么呢? 在我们的论域中, 一定有一些时刻, 有一些地方, 以及有一些人. 于是, 我们至少有三个基本概念: 时刻、地方以及人. 然后我们还需要表示"什么时刻什么人在什么地方"、"谁看到太阳从东方缓缓升起"以及"谁看到太阳从西方慢慢落下".

现在我们用 S 来表示 (一元) 时刻谓词, x_1 为代名词, 初始表达式 $S(x_1)$ 就为"x_1 是一个时刻"; 用 D 来表示 (一元) 地方谓词, x_2 为代名词, 初始表达式 $D(x_2)$ 就为"x_2 是一个地方"; 用 R 来表示 (一元) 人谓词, x_3 为代名词, 初始表达式 $R(x_3)$ 就为"x_3 是一个人"; 用 A 来表示 (三元) 此时此地此人谓词, x_1, x_2, x_3 分别为代名词, 初始表达式 $A(x_1, x_3, x_2)$ 就为"在时刻 x_1 此人 x_3 在 x_2 这个地方"; 用 B 来表示 (一元) 谓词"看到太阳从东方缓缓升起", x_3 为代名词, 初始表达式 $B(x_3)$ 就为"此人 x_3 看到太阳从东方缓缓升起"; 用 C 来表示 (一元) 谓词"看到太阳从西方慢慢落下", x_5 为代名词, 初始表达式 $C(x_5)$ 就为"此人 x_5 看到太阳从西方慢慢落下". 需要注意的是这里所用到的字母完全可以用其他的符号来替换, 也就是说, 这些符号并没有任何选择它们的特别的理由或者喜好, 因为我们需要的只是一些可以承载某种含义的抽象符号, 而它们所承载的含义是在组织结构中靠具体解释来实现的, 不是它们天然就持有的.

应用这些谓词, 我们来将命题"每一个时刻在某一个地方上的每一个人都能看到太阳从东方缓缓升起, 也在某一个地方上的每一个人都能看到太阳从西方慢慢落到地平线之下"翻译成形式表达式:

$$\forall x_1 \left(S(x_1) \to \left(\begin{array}{l} (\exists x_2\,(D(x_2)\ \wedge\ \forall x_3\,((R(x_3)\ \wedge\ A(x_1, x_3, x_2)) \to B(x_3)))) \wedge \\ (\exists x_4\,(D(x_4)\ \wedge\ \forall x_5\,((R(x_5)\ \wedge\ A(x_1, x_5, x_4)) \to C(x_5)))) \end{array} \right) \right).$$

这就是我们所考虑的语句. 这个形式表达式力图表达这样的命题: 对于每一个 x_1 而言, 如果 x_1 是一个时刻, 那么一定存在一个地方以至于这个地方上的每一个人都能看到日出, 也一定存在一个地方以至于这个地方上的每一个人都能看到日落. 再详细一点, 比如

$$(\exists x_2\,(D(x_2)\ \wedge\ \forall x_3\,((R(x_3)\ \wedge\ A(x_1, x_3, x_2)) \to B(x_3))))$$

力图表达"此刻一定存在一个地方以至于这个地方上的每一个人都能看到日出",

也就是说, "此刻 x_1 存在一个地方 x_2 以至于对于任意的 x_3 而言, 如果 x_3 是一个人, 并且此刻就在这个地方 x_2, 那么此人 x_3 一定看到日出". 但就形式表达式来说, 上面的就是一个涉及五个一元谓词 (S, D, R, B, C) 和一个三元谓词 (A) 的语句. 在什么意义上我们可以接受上述形式表达式的确正确地表达了我们所期望的意思? 这就需要对这个表达式找到一个合适的语义解释.

首先我们需要确定一个论域, 然后再对语句所涉及的五个一元谓词和一个三元谓词给出合适的解释.

简单地说, 我们赖以生存的地球总是绕以北极在上南极在下的转动轴逆时针均匀自转, 并且同时在一个特定的平面上围绕着太阳按照逆时针方向做圆周运动. 我们将地球绕太阳运动的轨迹离散化, 以地球在运动轨迹上的位置作为我们论域中的时刻, 忽略年复一年的周期性; 然后将地球球面分割成若干个地方; 最后, 将地球上所有可以自由行动的人收集起来. 这些就组成我们论域中的对象. 用 M 来记由这些对象所成的论域 (具体用什么来表示时刻、地方以及个体的人并不重要). 由于我们的语言中没有专有名词, 关于专有名词的解释 J 就被忽略, 也就是空. 对于五个一元谓词以及一个三元谓词的解释就算它们的自然期望解释: S 就是那些时刻; D 就是那些地方; R 就是那些人; B 就是看日出的全部记录; C 就是看日落的全部记录; A 就是此时此地此人的全程记录. 这就实现了我们所需要的具体基本概念 $\mathscr{I}$. 因此就有了一个组织结构 $(M, J, \mathscr{I})$.

在这个组织结构中, 我们来明确最基本的具体事实判断:

定义 3.5　在组织结构 $(M, J, \mathscr{I})$ 中, 令 x, y, z 为论域 M 中的任意固定的三个对象.

(1) 称具体事实判断 $\mathscr{I}(S)[x]$ 为真当且仅当 x 的确事实上就是地球的运动轨迹的一个具体位置.

(2) 称具体事实判断 $\mathscr{I}(D)[x]$ 为真当且仅当 x 的确事实上就是地球球面上的一个地方.

(3) 称具体事实判断 $\mathscr{I}(R)[x]$ 为真当且仅当 x 的确事实上就是地球上的一个可以自由行动的人.

(4) 称具体事实判断 $\mathscr{I}(B)[x]$ 为真当且仅当 x 的确事实上是地球上的一个可以自由行动的人, 并且此人事实上正看到日出.

(5) 称具体事实判断 $\mathscr{I}(C)[x]$ 为真当且仅当 x 的确事实上是地球上的一个可以自由行动的人, 并且此人事实上正看到日落.

(6) 称具体事实判断 $\mathscr{I}(A)[x, y, z]$ 为真当且仅当下述事实的确都成立:

(a) x 的确事实上就是地球的运动轨迹的一个具体位置;

(b) y 的确事实上就是地球上的一个可以自由行动的人;

(c) z 的确事实上就是地球球面上的一个地方;

(d) **此人 y 的确在此时刻 x 事实上就恰好在地方 z.**

固定论域 M 中的三个具体对象 x, y, z, 上述六种具体事实判断的结果为真还是为假, 都必须经得起独立的思考者的事实检验. 比如, 问题是否 x 的确事实上就是地球的运动轨迹的一个具体位置, 一定有一个独立的经得起检验的唯一正确的答案, “是”就是“是”, “不是”就是“不是”, 由事实本身确定答案. 问题是否 x 的确事实上就是地球球面上的一个地方, 也是由事实本身确定答案: 当它是一个具体的地方时, 就是“是”; 当它或者是一个人, 或者是一个时刻, 那么就是“不是”. 问题 x 的确事实上就是地球上的一个可以自由行动的人, 同样是由事实本身确定答案: 当它是一个人时, 就是“是”; 当它是一个时刻, 或者是一个地方, 那么就是“不是”. 对于具体事实判断 $\mathscr{I}(B)[x]$, 情况变得略微复杂一些, 因为这取决于两件事情的真实状况: 当“x 的确事实上是地球上的一个可以自由行动的人, 并且此人事实上正看到日出”这两件事情都真实时, 这一具体事实判断才是真实的; 这两件事情中, 只要有一件非真实, 比如, x 是一个时刻, 或者是一个地方, 或者 x 并不是事实上看到日出, 那么这一具体事实判断就不是真实的; 同样的分析适用于具体事实判断 $\mathscr{I}(C)[x]$. 这六种具体事实判断中, 第六种最为复杂. 具体事实判断 $\mathscr{I}(A)[x, y, z]$ 涉及三个个体以及四件事情. 只有当这些个体与这些事情的组合恰好就是定义中所列出来的 (a)—(d) 都为真实的组合时, 这个具体事实判断才是真; 任何其他的组合都一定为假, 比如, 当 x 不是一个具体位置时, 或者当 y 不是一个人时, 或者当 z 不是一个地方时, 或者当此人 y 在时刻 x 不在地方 z 时, 这个具体事实判断就一定为假. (当然, 我们这里有一个基本的社会的假设: 面对这样的基本事实检验, 我们的思考者都保持着尊重事实本身的实事求是的基本态度, 因而不会出现因个人喜好而出现差异的结论.)

在事实认定之定义 3.5 的基础上, 再应用基本表达式损益状态的定义 (定义 3.2)、代名词表达式损益状态定义 (定义 3.3) 以及语句的真假定义 (定义 3.4), 我们来验证下述结论: $(M, J, \mathscr{I}) \models \theta_1$. 其中 θ_1 为下述语句:

$$\left(\forall x_1 \left(S(x_1) \to \left(\begin{array}{l} \left(\exists x_2 \left(D(x_2) \wedge \forall x_3 \left(\begin{array}{l} (R(x_3) \wedge A(x_1, x_3, x_2)) \\ \to B(x_3) \end{array}\right)\right)\right) \\ \wedge \\ \left(\exists x_4 \left(D(x_4) \wedge \forall x_5 \left(\begin{array}{l} (R(x_5) \wedge A(x_1, x_5, x_4)) \\ \to C(x_5) \end{array}\right)\right)\right) \end{array}\right)\right)\right).$$

这里所关注的语句是一个全称式. 根据推论 3.1 中的 (2), 设 m 是任意一本 M-花名册, 我们只需要验证下述结论: $(M, J, \mathscr{I}, m) \models \theta_2$, 其中 θ_2 是下述语句:

$$\left(S(x_1) \to \left(\begin{array}{l}\left(\exists x_2 \left(D(x_2) \wedge \forall x_3 \left(\begin{array}{l}(R(x_3) \wedge A(x_1,x_3,x_2)) \\ \to B(x_3)\end{array}\right)\right)\right) \\ \wedge \\ \left(\exists x_4 \left(D(x_4) \wedge \forall x_5 \left(\begin{array}{l}(R(x_5) \wedge A(x_1,x_5,x_4)) \\ \to C(x_5)\end{array}\right)\right)\right)\end{array}\right)\right).$$

根据定义 3.3 中的第二, 关于蕴含式受益的定义, 如果 $S[m(x_1)]$ 不真, 那么上述结论成立; 现在假设 $S[m(x_1)]$ 为真, 我们需要验证下述结论:

$$(M, J, \mathscr{I}, m) \models \left(\begin{array}{l}(\exists x_2\,(D(x_2) \wedge \forall x_3\,((R(x_3) \wedge A(x_1,x_3,x_2)) \to B(x_3)))) \wedge \\ (\exists x_4\,(D(x_4) \wedge \forall x_5\,((R(x_5) \wedge A(x_1,x_5,x_4)) \to C(x_5))))\end{array}\right).$$

为此, 根据定义 3.3 的第四, 关于合取式受益的定义, 我们只需验证下述两个结论:

$$(M, J, \mathscr{I}, m) \models (\exists x_2\,(D(x_2) \wedge \forall x_3\,((R(x_3) \wedge A(x_1,x_3,x_2)) \to B(x_3)))),$$

以及

$$(M, J, \mathscr{I}, m) \models (\exists x_4\,(D(x_4) \wedge \forall x_5\,((R(x_5) \wedge A(x_1,x_5,x_4)) \to C(x_5)))).$$

根据定义 3.3 的第七, 关于存在式的受益定义, 我们需要找到两个分别对于

$$(\exists x_2\,(D(x_2) \wedge \forall x_3\,((R(x_3) \wedge A(x_1,x_3,x_2)) \to B(x_3))))$$

和

$$(\exists x_4\,(D(x_4) \wedge \forall x_5\,((R(x_5) \wedge A(x_1,x_5,x_4)) \to C(x_5))))$$

与 m 无差别的 M-花名册 m_1 和 m_2 来保证下述结论成立:

$$(M, J, \mathscr{I}, m_1) \models (D(x_2) \wedge \forall x_3\,((R(x_3) \wedge A(x_1,x_3,x_2)) \to B(x_3))),$$

以及

$$(M, J, \mathscr{I}, m_2) \models (D(x_4) \wedge \forall x_5\,((R(x_5) \wedge A(x_1,x_5,x_4)) \to C(x_5))).$$

令 $t = m(x_1)$ 为 M-花名册所给定的时刻. 根据地球自转的均匀连续性以及绕太阳做圆周运动的均匀连续性, 太阳光对地球的照射区域为小半球面, 因此这个光亮区域在地球表面有一个圆周边界 L, 而且这个边界均匀连续地向与地球自转方向相反的方向移动. 现在考虑在地球球面上以北纬 40° 纬线为中线的高 100 千米的柱面 K. 我们可以取到 L 与 K 的两个相交的地方, 比如, 东边的为 d_1, 西边的为 d_2. 于

是, 令 $m_1(x_1) = m_2(x_1) = m(x_1)$, 以及 $m_1(x_2) = d_1$ 和 $m_2(x_4) = d_2$, 其他的代名词处令它们与 m 相同. 也就是说, m_1 与 m 的差别只在 x_2 处, m_2 与 m 的差别只在 x_4 处. 我们来验证下面的两个结论:

$$(M, J, \mathscr{I}, m_1) \models (D(x_2) \wedge \forall x_3\,((R(x_3) \wedge A(x_1, x_3, x_2)) \to B(x_3))),$$

以及

$$(M, J, \mathscr{I}, m_2) \models (D(x_4) \wedge \forall x_5\,((R(x_5) \wedge A(x_1, x_5, x_4)) \to C(x_5))).$$

根据 M-花名册 m_1 和 m_2 的选取, $D[m_1(x_2)]$ 和 $D[m_2(x_4)]$ 为真, 因此有

$$(M, J, \mathscr{I}, m_1) \models D(x_2) \text{ 以及 } (M, J, \mathscr{I}, m_2) \models D(x_4).$$

因此, 根据定义 3.3 中的第四, 关于合取式受益的定义, 我们只需验证下面的结论:

$$(M, J, \mathscr{I}, m_1) \models (\forall x_3\,((R(x_3) \wedge A(x_1, x_3, x_2)) \to B(x_3))),$$

以及

$$(M, J, \mathscr{I}, m_2) \models (\forall x_5\,((R(x_5) \wedge A(x_1, x_5, x_4)) \to C(x_5))).$$

根据这两个结论的相似性, 我们主要验证第一个结论, 而将第二个结论的验证留着练习. 根据定义 3.3 中的第六, 关于全称式受益的定义, 现在任取一个相对于

$$(\forall x_3\,((R(x_3) \wedge A(x_1, x_3, x_2)) \to B(x_3)))$$

而言与 M-花名册 m_1 无差别的 M-花名册 m_3, 即满足等式

$$m_3(x_1) = m_1(x_1) \text{ 和 } m_3(x_2) = m_1(x_2)$$

的任意的一个 M-花名册. 我们需要验证

$$(M, J, \mathscr{I}, m_3) \models ((R(x_3) \wedge A(x_1, x_3, x_2)) \to B(x_3)).$$

这里所关注的是一个蕴含式. 上面的结论成立的充分必要条件是下述结论成立:

如果 $(M, J, \mathscr{I}, m_3) \models (R(x_3) \wedge A(x_1, x_3, x_2))$, 那么 $(M, J, \mathscr{I}, m_3) \models B(x_3)$.

如果 $R[m_3(x_3)]$ 不真, 那么 $(M, J, \mathscr{I}, m_3) \not\models (R(x_3) \wedge A(x_1, x_3, x_2))$, 从而上述结论成立. 于是, 假设 $R[m_3(x_3)]$ 为真. 也就是说, 假设 $m_3(x_3)$ 是地球上的一个可以自由行动的人. 就花名册 m_3 而言, 我们知道 $S[m_3(x_1)]$ 为真, 以及 $D[m_3(x_2)]$ 也为真,

因为 $m_3(x_1) = m(x_1)$ 以及 $m_3(x_2) = m_1(x_2)$. 现在如果 $A[m_3(x_1), m_3(x_3), m_3(x_2)]$ 不真, 也就是说此人 $m_3(x_3)$ 此时刻 $m_3(x_1)$ 并不在此地方 $D[m_3(x_2)]$, 那么

$$(M, J, \mathscr{I}, m_3) \not\models (R(x_3) \wedge A(x_1, x_3, x_2)).$$

因此上述蕴含式结论自然成立. 于是, 假设 $A[m_3(x_1), m_3(x_3), m_3(x_2)]$ 为真, 也就是说此人 $m_3(x_3)$ 此时刻 $m_3(x_1)$ 就在此地方 $D[m_3(x_2)]$. 由于 $m_3(x_2) = d_1$, 而 d_1 是环面带 K 与圆周 L 在东面的相交处, 也就是在时刻 $m_3(x_1)$ 正好是能够看见太阳升起的地方. 此时刻 $m_3(x_1)$ 此人 $m_3(x_3)$ 恰好就在此地 $d_1 = m_3(x_2)$, 所以此人能够看到日出. 也就是说, $B[m_3(x_3)]$ 成立, 即

$$(M, J, \mathscr{I}, m_3) \models B(x_3).$$

这就完成了我们所需要的验证工作. □

在上面的分析中, 我们实际上默认地假设了地球上空没有云层在太阳升起或者落下的地方遮挡人们的视线. 作为例子, 可以根据需要简化实际情形, 但当需要分析实际问题时, 我们还是需要明确我们默认了哪些事实. 那么在上面的分析中我们该怎样解决云层遮挡的问题呢? 一种简单的办法就是对三元谓词 A 添加一种含义.

(6) 称具体事实判断 $\mathscr{I}(A)[x, y, z]$ 为真当且仅当下述事实的确都成立:

(a) x 的确事实上就是地球的运动轨迹的一个具体位置;

(b) y 的确事实上就是地球上的一个可以自由行动的人;

(c) z 的确事实上就是地球球面上的一个地方;

(d) 此人 y 的确在此时刻 x 就事实上恰好在地方 z;

(e) 此时刻 x 在此地方 z 的上空或者没有太阳或者没有云层遮挡住太阳.

这样, 不用默认地假设地球上空没有云层在太阳升起或者落下的地方遮挡人们的视线, 上面的分析依旧有效.

现在我们试着改变一下我们的论域. 上面我们的论域中包含全体时刻, 地球上的全体地方以及地球上的全体可以自由行动的人. 现在收缩一下我们的地方范围以及相应的可以自由行动的人的范围: 令 N 为由 M 中的全体时刻和处于地球的东半球上的地方以及生活在东半球上的可以自由行动的人; 相应地, 我们也收缩各个谓词 S, D, R, B, C 以及 A 的解释范围到 N, 并且还用 $\mathscr{I}$ 来记相应的限制或者收缩之后的解释. 这样, 我们就得到组织结构 $(M, J, \mathscr{I})$ 的一个**子组织结构** $(N, J, \mathscr{I})$. 我们来验证下述结论:

$$(N,J,\mathscr{I}) \models \left(\exists x_1 \left(\begin{array}{l} S(x_1)\wedge \\ \left(\begin{array}{l} \left(\forall x_2 \left(\begin{array}{l} D(x_2) \rightarrow \\ \forall x_3 \left(\begin{array}{l} (R(x_3)\wedge A(x_1,x_3,x_2)) \\ \rightarrow (\neg B(x_3)) \end{array}\right) \end{array}\right)\right) \\ \vee \\ \left(\forall x_4 \left(\begin{array}{l} D(x_4) \rightarrow \\ \forall x_5 \left(\begin{array}{l} (R(x_5)\wedge A(x_1,x_5,x_4)) \\ \rightarrow (\neg C(x_5)) \end{array}\right) \end{array}\right)\right) \end{array}\right) \end{array}\right)\right).$$

根据定义 3.3 中的第七, 存在式受益定义, 令 $m(x_1)$ 为夏至日的北京时间上午 11 点. 在此时刻, 正好是在欧洲的人可以在天气晴朗的条件下看日出的时刻以及在美国加州的人在天气晴朗的条件下看日落的时刻. 从而, 在整个东半球上就没有地方可以看到日出, 也没有地方可以看到日落. 因此

$$(N,J,\mathscr{I},m) \models \left(\begin{array}{l} (\forall x_2\,(D(x_2)\ \rightarrow\ \forall x_3\,((R(x_3)\ \wedge\ A(x_1,x_3,x_2)) \rightarrow (\neg B(x_3))))) \\ \vee \\ (\forall x_4\,(D(x_4)\ \rightarrow\ \forall x_5\,((R(x_5)\ \wedge\ A(x_1,x_5,x_4)) \rightarrow (\neg C(x_5))))) \end{array}\right).$$

(我们把上述结论的详细论证留给读者.)

注意, 子组织结构 $(N,J,\mathscr{I})$ 所具备的这个性质并不是组织结构 $(M,J,\mathscr{I})$ 所具备的上述性质的否定, 尽管看起来很像. 原因是在这个子组织结构中, “所有的地方”之中也包括东半球上的海洋上的地方, 那里可能没有人烟, 因此, 对于这样的地方, 代名词表达式

$$\exists x_3\,(R(x_3)\ \wedge\ A(x_1,x_3,x_2))$$

就有可能得不到满足. 为了确保得到恰好与组织结构 $(M,J,\mathscr{I})$ 所具备的上述性质相反的性质的子组织结构, 我们可以进一步限制地方的范围, 比如将地方限制在覆盖东起北京市、西至四川省成都市的整个区域内 (从而这个区域上夏至日各个地方到处都有人). 将这个进一步限制了地方和人口的论域记成 N_1. 这样, 就有

$$(N_1,J,\mathscr{I}) \models \left(\exists x_1 \left(\begin{array}{l} S(x_1)\wedge \\ \left(\begin{array}{l} \left(\forall x_2 \left(\begin{array}{l} D(x_2) \rightarrow \\ \exists x_3 \left(\begin{array}{l} R(x_3)\wedge(\neg B(x_3)) \\ \wedge A(x_1,x_3,x_2) \end{array}\right) \end{array}\right)\right) \\ \vee \\ \left(\forall x_4 \left(\begin{array}{l} D(x_4) \rightarrow \\ \exists x_5 \left(\begin{array}{l} R(x_5)\wedge(\neg C(x_5)) \\ \wedge A(x_1,x_5,x_4) \end{array}\right) \end{array}\right)\right) \end{array}\right) \end{array}\right)\right).$$

换句话说, 这个子组织结构 $(N_1, J, \mathscr{I})$ 恰好与组织结构 $(M, J, \mathscr{I})$ 具备上述性质相反的性质. 我们将详细的论证也留给读者作为练习. □

上面的例子表明同样的语句所描述的性质在有些组织结构中成立, 在另外的组织结构中不成立. 换句话说, 通常所讲的因地制宜就是这个道理. 凡事, 需要根据当时当地的具体情况来讨论和分析. 换一个角度看, 事物之间之所以彼此不同, 就在于它们之间存在差别, 这种差别就在于某种特性为其中之一所具备, 而另外的却不具备. 找出这种性质就是我们就事论事进行分析的目的所在. 在进行具体分析时, 必须首先解决那些基本具体事实的真假问题. 一旦这些基本具体事实的真相确定了, 剩下的分析就是逻辑规则的正确应用过程.

3.4 真 理 篇

在《相对论》[13] 一书的开篇中, 爱因斯坦写下了如下一段将欧几里得几何内容与几何真理区别开来的简练文字: “我们不应当 (在欧几里得几何中) 问经过两点的直线只有唯一一条这一断言是否真. 我们仅仅应当说欧几里得几何处理那些被称为‘直线’的事物, 将每一个这样的事物描绘成如若置放在两点之上便会被唯一确定下来的一种特性. ‘真’这个概念并非与纯几何的断言完全相符合, 因为就‘真’这个词而言我们终究喜好与某种‘现实’对象对应起来; 可是几何并不考虑它所涉及的想法与经验中的客观事物之间的关系, 而仅仅只是这些想法自身之间的逻辑联系.” 爱因斯坦以欧几里得几何理论为例揭示了形式理论与对形式理论中断言的真假判定这两者间的差别.

在这一节里我们来解决在代名词逻辑中何为普遍真理以及何为相对真理的问题. 在命题逻辑中我们解决同样问题的工具是真值表. 在这里我们将应用的工具是组织结构以及花名册. 我们依旧先从逻辑等价这个代名词逻辑的元概念开始.

3.4.1 逻辑等价

设 $\mathscr{S}$ 为一个非逻辑词汇表. 考虑依据 $\mathscr{S}$ 所得到的代名词表达式语言 $\mathcal{L}_{\mathscr{S}}$.

对于 $\mathscr{S}$-锦帛矩阵中的两个代名词表达式 A 与 B 而言, 称 A 与 B **逻辑等价**(**逻辑对等**) 当且仅当对于语言 $\mathcal{L}_{\mathscr{S}}$ 的任意的一个组织结构 $(M, J, \mathscr{I})$, 对于任意的一本 M-花名册 m, m 带给 A 与 B 的损益状态完全相同 (一损俱损, 一荣俱荣).

定理 3.5 (逻辑等价基本律) *设 A, B, C 是 $\mathscr{S}$-锦帛矩阵中的三个代名词表达式. 那么*

1. A 与 A 总是逻辑等价的;

---

13 A. Einstein, Relativity, the special and the general theory, (English translation by R. W. Lawson), Three Rivers Press, 1961.

2. 如果 A 与 B 逻辑等价, 那么 B 与 A 也逻辑等价;
3. 如果 A 与 B 逻辑等价, 并且 B 与 C 逻辑等价, 那么 A 与 C 逻辑等价;
4. A 与它的否定之否定 $(\neg(\neg A))$ 逻辑等价;
5. 析取式 $(A \vee B)$ 与 $((\neg A) \to B)$ 逻辑等价;
6. 蕴含式 $(A \to B)$ 与 $((\neg A) \vee B)$ 逻辑等价;
7. 蕴含式 $(A \to B)$ 与 $(\neg(A \wedge (\neg B)))$ 逻辑等价;
8. 合取式 $(A \wedge B)$ 与 $(\neg(A \to (\neg B)))$ 逻辑等价;
9. 对等式 $(A \leftrightarrow B)$ 与 $(\neg((A \to B) \to (\neg(B \to A))))$ 逻辑等价;
10. 存在式 $(\exists x_i A)$ 与 $(\neg(\forall x_i(\neg A)))$ 逻辑等价;
11. 蕴含式 $(A \to B)$ 与它的逆否命题 $((\neg B) \to (\neg A))$ 逻辑等价;
12. 否定式 $(\neg(A \to B))$ 与合取式 $(A \wedge (\neg B))$ 逻辑等价;
13. 否定式 $(\neg(A \wedge B))$ 与析取式 $((\neg A) \vee (\neg B))$ 逻辑等价;
14. 否定式 $(\neg(A \vee B))$ 与合取式 $((\neg A) \wedge (\neg B))$ 逻辑等价;
15. 否定式 $(\neg(\forall x A))$ 与存在式 $(\exists x(\neg A))$ 逻辑等价;
16. 否定式 $(\neg(\exists x A))$ 与全体式 $(\forall x(\neg A))$ 逻辑等价;
17. 析取式 $(A \vee B)$ 与析取式 $(B \vee A)$ 逻辑等价;
18. 合取式 $(A \wedge B)$ 与合取式 $(B \wedge A)$ 逻辑等价;
19. 表达式 $(A \vee (B \vee C))$ 与 $((A \vee B) \vee C)$ 逻辑等价;
20. 表达式 $(A \wedge (B \wedge C))$ 与 $((A \wedge B) \wedge C)$ 逻辑等价;
21. 表达式 $(A \wedge (B \vee C))$ 与 $((A \wedge B) \vee (A \wedge C))$ 逻辑等价;
22. 表达式 $(A \vee (B \wedge C))$ 与 $((A \vee B) \wedge (A \vee C))$ 逻辑等价.

我们选择性地给出定理中的四个断言的证明, 而将剩下断言的论证留给读者作为练习. 这会有助于理解代名词逻辑的"逻辑等价"这个名词的含义.

先看断言 7 : 蕴含式 $(A \to B)$ 与 $(\neg(A \wedge (\neg B)))$ 逻辑等价.

设 $(M, J, \mathscr{I})$ 是语言 $\mathcal{L}_{\mathscr{I}}$ 的任意的一个组织结构, m 是任意的一本 M-花名册. 我们需要验证断言 7 中涉及的两个代名词表达式 $(A \to B)$ 与 $(\neg(A \wedge (\neg B)))$ 在 $(M, J, \mathscr{I}, m)$ 中一损俱损、一荣俱荣.

先设 $(M, J, \mathscr{I}, m) \models (A \to B)$. 那么根据第 167 页的定义 3.3 的第二条, 我们有或者 m 令 A 受损, 即 $(M, J, \mathscr{I}, m) \not\models A$, 或者 m 令 B 受益, 即 $(M, J, \mathscr{I}, m) \models B$.

假如说 $(M, J, \mathscr{I}, m) \not\models A$, 那么根据定义 3.3 的第一条, $(M, J, \mathscr{I}, m) \models (\neg A)$. 于是, 根据定义 3.3 的第三条,

$$(M, J, \mathscr{I}, m) \models ((\neg A) \vee (\neg(\neg B))).$$

因此, 根据定义 3.3 的第四条, $(M, J, \mathscr{I}, m) \not\models (A \wedge (\neg B))$, 从而

$$(M, J, \mathscr{I}, m) \models (\neg(A \wedge (\neg B))).$$

假如说 $(M, J, \mathscr{I}, m) \models B$, 那么根据定义 3.3 的第一条, $(M, J, \mathscr{I}, m) \models (\neg(\neg B))$; 再根据定义 3.3 的第三条,

$$(M, J, \mathscr{I}, m) \models ((\neg A) \vee (\neg(\neg B))).$$

因此, 根据定义 3.3 的第四条, $(M, J, \mathscr{I}, m) \not\models (A \wedge (\neg B))$, 从而

$$(M, J, \mathscr{I}, m) \models (\neg(A \wedge (\neg B))).$$

再设 $(M, J, \mathscr{I}, m) \not\models (A \to B)$. 那么根据第 167 页的定义 3.3 的第二条, 有

$$(M, J, \mathscr{I}, m) \models A \text{ 并且 } (M, J, \mathscr{I}, m) \not\models B.$$

于是, 根据定义 3.3 的第一条,

$$(M, J, \mathscr{I}, m) \models A \text{ 并且 } (M, J, \mathscr{I}, m) \models (\neg B).$$

从而根据定义 3.3 的第四条, $(M, J, \mathscr{I}, m) \models (A \wedge (\neg B))$. 因此, 根据定义 3.3 的第一条, $(M, J, \mathscr{I}, m) \not\models (\neg(A \wedge (\neg B)))$.

这就完成了断言 7 的论证.

次看断言 10: 存在式 $(\exists x_i A)$ 与 $(\neg(\forall x_i(\neg A)))$ 逻辑等价.

设 $(M, J, \mathscr{I})$ 是语言 $\mathcal{L}_{\mathscr{I}}$的任意的一个组织结构, 设 m 是任意的一本 M-花名册. 我们需要验证断言 10 中涉及的两个代名词表达式

$$(\exists x_i A) \text{ 与 } (\neg(\forall x_i(\neg A)))$$

在 $(M, J, \mathscr{I}, m)$ 中一损俱损、一荣俱荣.

先设 $(M, J, \mathscr{I}, m) \models (\exists x_i\, A)$. 根据定义 3.3 的第七条, 令 m_1 为一本就 $(\exists x_i\, A)$ 而言与 m 无差别并且令 A 受益的花名册. 于是, $(M, J, \mathscr{I}, m_1) \models A$. 因此

$$(M, J, \mathscr{I}, m_1) \not\models (\neg A).$$

由于 m 和 m_1 就 $(\exists x_i\, A)$ 无差别, 它们就 $(\forall x_i\, (\neg A))$ 而言也无差别. 根据定义 3.3 的第六条, $(M, J, \mathscr{I}, m) \not\models (\forall x_i\, (\neg A))$. 再根据定义 3.3 的第一条,

$$(M, J, \mathscr{I}, m) \models (\neg(\forall x_i\, (\neg A))).$$

再设 $(M, J, \mathscr{I}, m) \models (\neg(\forall x_i\, (\neg A)))$. 根据定义 3.3 的第一条,

$$(M, J, \mathscr{I}, m) \not\models (\forall x_i\, (\neg A)).$$

根据定义 3.3 的第六条, 令 m_1 为一本就 $(\forall x_i\,(\neg A))$ 而言与 m 无差别但是令 $(\neg A)$ 受损的花名册. 于是, $(M, J, \mathscr{I}, m_1) \models A$. 由于 m_1 与 m 就 $(\forall x_i\,(\neg A))$ 而言无差别, 它们就 $(\exists x_i\, A)$ 而言也无差别. 根据定义 3.3 的第七条,

$$(M, J, \mathscr{I}, m) \models (\exists x_i\, A).$$

这就完成了断言 10 的论证.

继看断言 15: 否定式 $(\neg(\forall x\, A))$ 与存在式 $(\exists x\,(\neg A))$ 逻辑等价.

断言 15 事实上是断言 10 的另外一种翻版. 首先断言 10 对于所有的代名词表达式都成立, 尤其是对表达式 $(\neg A)$ 也成立, 也就是说, 根据断言 10, 有

$$(\exists x\,(\neg A)) \text{ 与 } (\neg(\forall x\,(\neg(\neg A)))) \text{ 逻辑等价.}$$

根据定理 3.5 中的断言 4, A 与 $(\neg(\neg A))$ 逻辑等价. 由此以及根据定义 3.3 的第六条, 我们就得到

$$(\forall x\,(\neg(\neg A))) \text{ 与 } (\forall x\, A) \text{ 逻辑等价.}$$

因此, $(\neg(\forall x\,(\neg(\neg A))))$ 与 $(\neg(\forall x\, A))$ 逻辑等价. 于是, 应用逻辑等价的传递性, 我们就得到断言 15.

最后看断言 16: 否定式 $(\neg(\exists x\, A))$ 与全体式 $(\forall x\,(\neg A))$ 逻辑等价.

根据断言 15, 我们有 $(\neg(\forall x\,(\neg A)))$ 与存在式 $(\exists x\,(\neg(\neg A)))$ 逻辑等价. 因此

$$(\forall x\,(\neg A)) \text{ 与 } (\neg(\exists x\,(\neg(\neg A)))) \text{ 逻辑等价.}$$

因为 $(\exists x\,(\neg(\neg A)))$ 与 $(\exists x\, A)$ 逻辑等价, 所以 $(\neg(\exists x\,(\neg(\neg A))))$ 与 $(\neg(\exists x\, A))$ 逻辑等价. 将上述逻辑等价关系结合起来就得到

$$(\neg(\exists x\, A)) \text{ 与 } (\forall x\,(\neg A)) \text{ 逻辑等价.}$$

这就完成了断言 16 的论证.

3.4.2 合理性与真实性

在探讨实际问题时, 总需要选择一些合理假设作为整个探讨过程的开端, 比如, 需要对作为出发点的具体基本概念施加适当的必备性质的确定. 那么, 什么是假设的合理性呢?

定义 3.6 (合理性) 设 Γ 是语言 $\mathcal{L}_{\mathscr{P}}$ 的一个代名词表达式的集合 (用以作为探讨过程开端的基本假设或者非逻辑公理).

(1) 设 $(M, J, \mathscr{I})$ 为语言 $\mathcal{L}_{\mathscr{P}}$ 的一个组织结构以及 m 为一本 M-花名册. 称这个组织结构 $(M, J, \mathscr{I})$ 与 M-花名册 m 一起构成一个**实现机构** $(M, J, \mathscr{I}, m)$.

(2) 称实现机构 $(M, J, \mathscr{I}, m)$ **实现** Γ, 或者说实现机构 $(M, J, \mathscr{I}, m)$ 是**满足** Γ 中的所有要求的一个**实例**, 当且仅当对于 Γ 中的每一个代名词表达式 A, 都有

$$(M, J, \mathscr{I}, m) \models A.$$

(3) 称 Γ 是**合理**的, 或者说 Γ 是**可实现**的, 当且仅当存在一个满足 Γ 中的所有要求的一个实例, 当且仅当存在一个实现 Γ 的实现机构 $(M, J, \mathscr{I}, m)$, 当且仅当存在语言 $\mathcal{L}_{\mathscr{S}}$的一个组织结构 $(M, J, \mathscr{I})$ 以及一本令 Γ 中的每一个代名词表达式都受益的 M-花名册 m.

(4) 称 Γ 是**不合理**的, 或者说 Γ 是**不可实现**的, 当且仅当不存在一个满足 Γ 中的所有要求的一个实例, 当且仅当不存在一个实现 Γ 的实现机构 $(M, J, \mathscr{I}, m)$, 当且仅当语言 $\mathcal{L}_{\mathscr{S}}$的任何一个组织结构 $(M, J, \mathscr{I})$ 都没有一本令 Γ 中的每一个代名词表达式都受益的 M-花名册 m.

由此合理性定义可见, 代名词逻辑事实上规定了求解问题时思考起点的合理性. 当我们需要选择一些假设作为我们求解问题的出发点或者起点时, 我们需要注意所选择的假设的合理性, 也就是说, 所有的假设必须同时在一个具体的实例中得到实现. 这种实现所选择的全部假设的实例 (其存在性) 就表明所选择的假设是合理的. 简单地说, 所选择的假设的合理性至少得有一个例子来佐证.

代名词逻辑还需要规定代名词表达式所反映的性质的真实性. 这由下述定义给出.

定义 3.7 (真实性) 设 A 是语言 $\mathcal{L}_{\mathscr{S}}$的一个代名词表达式以及设 Γ 是语言 $\mathcal{L}_{\mathscr{S}}$的一个代名词表达式的集合.

(1) 说 "A 在语言 $\mathcal{L}_{\mathscr{S}}$的一个组织结构 $(M, J, \mathscr{I})$ 中是**真实**的" (用记号

$$(M, J, \mathscr{I}) \models A$$

来简写这一说法), 当且仅当每一本 M-花名册 m 都令 A 受益.

(2) 说 "Γ 在语言 $\mathcal{L}_{\mathscr{S}}$的一个组织结构 $(M, J, \mathscr{I})$ 中是**真实**的" (用记号

$$(M, J, \mathscr{I}) \models \Gamma$$

来简写这一说法), 当且仅当每一本 M-花名册 m 都令 Γ 中的每一个代名词表达式 A 受益.

(3) 说 "A 是**普遍真实**的 (用记号 $\models A$ 来简写这一说法)", 当且仅当 A 在语言 $\mathcal{L}_{\mathscr{S}}$的任何一个组织结构 $(M, J, \mathscr{I})$ 中都是**真实**的.

(4) 说 "Γ 是**普遍真实**的 (用记号 $\models \Gamma$ 来简写这一说法)", 当且仅当 Γ 中的每一个代名词表达式 A 在语言 $\mathcal{L}_{\mathscr{S}}$的任何一个组织结构 $(M, J, \mathscr{I})$ 中都是**真实**的.

例 3.9 令

$$\Gamma = \{(x_1 = x_1),\ ((x_1 = x_2) \to (x_2 = x_1)),\ ((x_1 = x_2) \to ((x_2 = x_3) \to (x_1 = x_3)))\}.$$

那么由例 3.3 可知 Γ 是普遍真实的.

定义 3.8 (相对真实性) 设 A 是语言 $\mathcal{L}_{\mathscr{S}}$ 的一个代名词表达式以及设 Γ 是语言 $\mathcal{L}_{\mathscr{S}}$ 的一个代名词表达式的集合. 说"A 是 Γ 的一个**逻辑结论**", 记成 $\Gamma \models A$, 当且仅当对于语言 $\mathcal{L}_{\mathscr{S}}$ 的任何一个实现机构 $(M, J, \mathscr{I}, m)$ 而言, 如果 $(M, J, \mathscr{I}, m) \models \Gamma$, 那么必有 $(M, J, \mathscr{I}, m) \models A$.

对于普遍真实的代名词表达式 A, 我们也称之为一条**普遍真理**; 当 A 是 Γ 的一条逻辑结论时, 我们也说"A 是 Γ 的一条**相对真理**".

例 3.10 1. 如果 Γ 是语言 $\mathcal{L}_{\mathscr{S}}$ 的一个不可实现的代名词表达式集合, 那么任何一个代名词表达式 A 都是 Γ 的逻辑结论.

2. 如果 A 和 $(A \to B)$ 是语言 $\mathcal{L}_{\mathscr{S}}$ 的两个代名词表达式, $\Gamma = \{A, (A \to B)\}$, 那么

$$\Gamma \models B.$$

这个例子中的 1 清楚地表明如果我们选择了不合理的假设, 那么就没有区分真理与谬误的可能, 因为任何矛盾的命题都会是我们所选择的不合理假设的逻辑结论. 这个例子提醒我们尽管在设置思考的起点时有充分的自由, 但是为了求真务实我们就必须确保所选择的起点是合理的, 不然会南辕北辙, 与我们欲求的相去甚远. 我们将这个论点的论证留作练习, 因为通过对这一论点的论证可以加深对合理性的认识. 这个例子中的 2 则清晰地表明当我们确信代名词表达式 A 以及 $(A \to B)$ 都同时为真时, 我们会自然而然地得出 B 也为真的结论, 因为 B 就是它们的一个逻辑结论 (B 是它们的相对真理). 这个例子将成为我们选择自然推理法则的依据. 为此, 我们也将对于这个论点的论证留作练习, 以加深对这一未来演绎推理法则的认识.

3.4.3 普遍真理范例

在列举一些普遍真理的范例之前, 让我们将前面所引入的逻辑等价这样一个基本逻辑学的元概念植入代名词逻辑体系之中. 这对于我们理解代名词逻辑的自洽特性有益.

定理 3.6 设 A 和 B 是语言 $\mathcal{L}_{\mathscr{S}}$ 的两个代名词表达式.

(1) 如果 A 与 B 逻辑等价, 那么对等式 $(A \leftrightarrow B)$ 就是一条普遍真理.

(2) 如果对等式 $(A \leftrightarrow B)$ 就是一条普遍真理, 那么 A 与 B 逻辑等价.

证明 (1) 设 A 与 B 逻辑等价. 设 $(M, J, \mathscr{I}, m)$ 为一个实现机构. 那么

$$(M, J, \mathscr{I}, m) \models A$$

当且仅当 $(M, J, \mathscr{I}, m) \models B$. 由对等式损益状态之定义,

$$(M, J, \mathscr{I}, m) \models (A \leftrightarrow B).$$

由于 $(M, J, \mathscr{I}, m)$ 是语言 $\mathcal{L}_{\mathscr{S}}$的任意的一个实现机构, 对等式 $(A \leftrightarrow B)$ 就是普遍真实的.

(2) 设对等式 $(A \leftrightarrow B)$ 就是一条普遍真理. 设 $(M, J, \mathscr{I}, m)$ 为一个实现机构. 根据普遍真理这个具体概念的定义, $(M, J, \mathscr{I}, m) \models (A \leftrightarrow B)$. 再根据蕴含式受益的定义, 我们得到 $(M, J, \mathscr{I}, m) \models A$ 当且仅当 $(M, J, \mathscr{I}, m) \models B$. 由于 $(M, J, \mathscr{I}, m)$ 是语言 $\mathcal{L}_{\mathscr{S}}$的任意一个实现机构, 这就表明 A 与 B 逻辑等价. □

根据这个定理以及上面的逻辑等价基本律 (定理 3.5), 我们就有下述普遍真理的例子. 我们也将详细论证留作练习.

推论 3.2 (逻辑基本律)　设 A, B, C 是 $\mathscr{S}$-锦帛矩阵中的三个代名词表达式. 又设 Γ 是 $\mathscr{S}$-锦帛矩阵中的代名词表达式的一个集合. 那么,

1. 对称律: 如果 $\Gamma \models (A \leftrightarrow B)$, 那么 $\Gamma \models (B \leftrightarrow A)$.
2. 传递律: 如果 $\Gamma \models (A \leftrightarrow B)$, 并且 $\Gamma \models (B \leftrightarrow C)$, 那么 $\Gamma \models (A \leftrightarrow C)$.
3. $\Gamma \models (A \leftrightarrow B)$ 当且仅当 $[\Gamma \models (A \to B)$ 并且 $\Gamma \models (B \to A)]$.

以及

1. 自反律: $\models (A \leftrightarrow A)$.
2. 否定之否定律: $(\models A \leftrightarrow (\neg(\neg A)))$.
3. 组合表示律:

(a) $\models ((A \vee B) \leftrightarrow ((\neg A) \to B))$;

(b) $\models ((A \to B) \leftrightarrow ((\neg A) \vee B))$;

(c) $\models ((A \to B) \leftrightarrow (\neg(A \wedge (\neg B))))$;

(d) $\models ((A \wedge B) \leftrightarrow (\neg(A \to (\neg B))))$;

(e) $\models ((A \leftrightarrow B) \leftrightarrow (\neg((A \to B) \to (\neg(B \to A)))))$;

(f) $\models ((\exists x_i A) \leftrightarrow (\neg(\forall x_i(\neg A))))$;

(g) $\models ((\forall x A) \leftrightarrow (\neg(\exists x(\neg A))))$.

4. 逆否律: $\models (A \to B) \leftrightarrow ((\neg B) \to (\neg A))$.
5. 恰当否定律:

(a) $\models ((\neg(A \to B)) \leftrightarrow (A \wedge (\neg B)))$;

(b) $\models ((\neg(A \wedge B)) \leftrightarrow ((\neg A) \vee (\neg B)))$;

(c) $\models ((\neg(A \vee B)) \leftrightarrow ((\neg A) \wedge (\neg B)))$;

(d) $\models ((\neg(A \leftrightarrow B)) \leftrightarrow ((A \wedge (\neg B)) \vee ((\neg A) \wedge B)))$;

(e) $\models ((\neg(\forall x A)) \leftrightarrow (\exists x(\neg A)))$;

(f) $\models ((\neg(\exists x A)) \leftrightarrow (\forall x(\neg A)))$.

6. 交换律:

(a) $\models ((A \vee B) \leftrightarrow (B \vee A))$;

(b) $\models ((A \wedge B) \leftrightarrow (B \wedge A))$.

7. 结合律:

(a) $\models ((A \vee (B \vee C)) \leftrightarrow ((A \vee B) \vee C))$;

(b) $\models ((A \wedge (B \wedge C)) \leftrightarrow ((A \wedge B) \wedge C))$.

8. 分配律:

(a) $\models ((A \wedge (B \vee C)) \leftrightarrow ((A \wedge B) \vee (A \wedge C)))$;

(b) $\models ((A \vee (B \wedge C)) \leftrightarrow ((A \vee B) \wedge (A \vee C)))$.

定理 3.6 还为我们提供了一种实施对等替换简化表达式以及简化论证的方法.

定理 3.7 (对等替换律) 设 $A, B_1, \cdots, B_n, C_1, \cdots, C_n$ 是一系列代名词表达式. 又设 D 是一个在表达式 A 中分别用某些 C_j 替换了 B_j 所得到的表达式. 如果对于每一个 $1 \leqslant i \leqslant n$, 都有 $\Gamma \models (B_i \leftrightarrow C_i)$, 那么 $\Gamma \models (A \leftrightarrow D)$.

这个对等替换律事实上是我们在前面关于定理 3.5 中的断言 15 和断言 16 的论证中已经用过的那些对等替换事实的一般化. 重要的是这个定理 (定理 3.7) 保证了实施对等替换不会改变所求之结论的相对真理属性. 这对于简化论证以及简化表达式会大有益处.

现在让我们来看看普遍真理的一些典型例子.

普遍真理基本系列

(1) (逻辑运算律) 设 A, B, C 为语言 $\mathcal{L}_{\mathscr{S}}$ 的代名词表达式. 那么下述代名词表达式是普遍真理:

(a) $((A \rightarrow (B \rightarrow C)) \rightarrow ((A \rightarrow B) \rightarrow (A \rightarrow C)))$ (蕴含分配律);

(b) $(A \rightarrow A)$ (同一律);

(c) $(A \rightarrow (B \rightarrow A))$ (第一宽容律);

(d) $(A \rightarrow ((\neg A) \rightarrow B))$ (第二宽容律);

(e) $(((\neg A) \rightarrow A) \rightarrow A)$ (第一归谬律);

(f) $((\neg A) \rightarrow (A \rightarrow B))$ (第三宽容律);

(g) $(A \rightarrow ((\neg B) \rightarrow (\neg (A \rightarrow B))))$ (合取律).

(2) (特化原理) 设 A 为一个代名词表达式, τ 为一个个体名词, 而且 τ 在 A 中可以替换代名词 x_i. 那么

$$((\forall x_i A) \rightarrow A(x_i; \tau))$$

是一条普遍真理.

(3) (全称量词分配律) 设 A,B 为两个代名词表达式. 那么

$$((\forall x_i (A \rightarrow B)) \rightarrow ((\forall x_i A) \rightarrow (\forall x_i B)))$$

是普遍真理.

(4) (无关量词引入法则) 设 A 为一个表达式, x_i 不是 A 中的自由变元, 那么

$$(A \to (\forall x_i A))$$

是普遍真理.

(5) (恒等律) 等式 $(x_i = x_i)$ 是普遍真理.

(6) (等同律) 设 A 和 B 为两个代名词表达式, 而且在 A 和 B 中 x_j 可以替换 x_i. 如果分别在 A 和 B 中用 x_j 同时替换 x_i 的每一次自由出现之后所得到的两个表达式是同一个表达式, 那么

$$((x_j = x_i) \to (A \to B))$$

是一个普遍真理.

(7) (全域化法则) 若 A 是普遍真理, 那么 $(\forall x_i A)$ 也是普遍真理.

我们来验证上述都是普遍真理. 设 $(M, J, \mathscr{I})$ 是语言 $\mathcal{L}_{\mathscr{I}}$的一个组织结构. 我们需要验证上述都在 $(M, J, \mathscr{I})$ 中是真实的.

(1) 根据定义 3.7, 我们来验证每一本 M-花名册 m 都令从 (a) 到 (g) 中的表达式受益.

断言 (a): $(M, J, \mathscr{I}, m) \models ((A \to (B \to C)) \to ((A \to B) \to (A \to C)))$.

根据定义 3.3 中的第二条,

$$\begin{aligned}
&(M, J, \mathscr{I}, m) \models ((A \to (B \to C)) \to ((A \to B) \to (A \to C))) \\
&\text{当且仅当} \left[\begin{array}{l} (M, J, \mathscr{I}, m) \not\models (A \to (B \to C)) \\ \text{或者 } (M, J, \mathscr{I}, m) \models ((A \to B) \to (A \to C)) \end{array}\right] \\
&\text{当且仅当} \left[\begin{array}{l} [((M, J, \mathscr{I}, m) \models A) \text{ 且 } ((M, J, \mathscr{I}, m) \models B) \text{ 且 } (M, J, \mathscr{I}, m) \not\models C] \\ \text{或者 } [((M, J, \mathscr{I}, m) \models A) \text{ 且 } ((M, J, \mathscr{I}, m) \not\models B)] \\ \text{或者 } (M, J, \mathscr{I}, m) \not\models A \text{ 或者 } (M, J, \mathscr{I}, m) \models C \end{array}\right].
\end{aligned}$$

如果 $(M, J, \mathscr{I}, m) \models C$, 那么上式最后一行保证了

$$(M, J, \mathscr{I}, m) \models ((A \to (B \to C)) \to ((A \to B) \to (A \to C))).$$

如果 $(M, J, \mathscr{I}, m) \not\models A$, 那么上式最后一行也保证了

$$(M, J, \mathscr{I}, m) \models ((A \to (B \to C)) \to ((A \to B) \to (A \to C))).$$

现在假设 $(M, J, \mathscr{I}, m) \not\models C$ 并且 $(M, J, \mathscr{I}, m) \models A$. 此时分两种情形:

第一种情形: $(M, J, \mathscr{I}, m) \not\models B$. 那么上式第二行保证了

$$(M, J, \mathscr{I}, m) \models ((A \to (B \to C)) \to ((A \to B) \to (A \to C))).$$

第二种情形: $(M, J, \mathscr{I}, m) \models B$. 那么上式第一行保证了

$$(M, J, \mathscr{I}, m) \models ((A \to (B \to C)) \to ((A \to B) \to (A \to C))).$$

因此, 无论如何我们都有

$$(M, J, \mathscr{I}, m) \models ((A \to (B \to C)) \to ((A \to B) \to (A \to C))).$$

断言 (b): $(M, J, \mathscr{I}, m) \models (A \to A)$.
根据定义 3.3 中的第二条,

$(M, J, \mathscr{I}, m) \models (A \to A)$
当且仅当 $(M, J, \mathscr{I}, m) \not\models A$ 或者 $(M, J, \mathscr{I}, m) \models A$.

于是, 无论如何都有 $(M, J, \mathscr{I}, m) \models (A \to A)$.
断言 (c): $(M, J, \mathscr{I}, m) \models (A \to (B \to A))$.
根据定义 3.3 中的第二条,

$(M, J, \mathscr{I}, m) \models (A \to (B \to A))$
当且仅当 $(M, J, \mathscr{I}, m) \not\models A$ 或者 $(M, J, \mathscr{I}, m) \models (B \to A)$
当且仅当 $(M, J, \mathscr{I}, m) \not\models A$ 或者 $(M, J, \mathscr{I}, m) \not\models B$ 或者 $(M, J, \mathscr{I}, m) \models A$.

于是总有 $(M, J, \mathscr{I}, m) \models (A \to (B \to A))$.
断言 (d): $(M, J, \mathscr{I}, m) \models (A \to ((\neg A) \to B))$.
根据定义 3.3 中的第二条,

$(M, J, \mathscr{I}, m) \models (A \to ((\neg A) \to B))$
当且仅当 $(M, J, \mathscr{I}, m) \not\models A$ 或者 $(M, J, \mathscr{I}, m) \models ((\neg A) \to B)$
当且仅当 $(M, J, \mathscr{I}, m) \not\models A$ 或者 $(M, J, \mathscr{I}, m) \not\models (\neg A)$ 或者 $(M, J, \mathscr{I}, m) \models B$
当且仅当 $(M, J, \mathscr{I}, m) \not\models A$ 或者 $(M, J, \mathscr{I}, m) \models A$ 或者 $(M, J, \mathscr{I}, m) \models B$.

因此总有 $(M, J, \mathscr{I}, m) \models (A \to ((\neg A) \to B))$.
断言 (e): $(M, J, \mathscr{I}, m) \models (((\neg A) \to A) \to A)$.
根据定义 3.3 中的第二条,

$(M, J, \mathscr{I}, m) \models (((\neg A) \to A) \to A)$
当且仅当 $(M, J, \mathscr{I}, m) \not\models ((\neg A) \to A)$ 或者 $(M, J, \mathscr{I}, m) \models A$
当且仅当 $(M, J, \mathscr{I}, m) \not\models A$ 或者 $(M, J, \mathscr{I}, m) \models A$,

因为 $(M, J, \mathscr{I}, m) \models ((\neg A) \to A)$ 当且仅当 $(M, J, \mathscr{I}, m) \models A$. 于是, 总有

$$(M, J, \mathscr{I}, m) \models (((\neg A) \to A) \to A).$$

断言 (f): $(M, J, \mathscr{I}, m) \models ((\neg A) \to (A \to B))$.

根据定义 3.3 中的第二条,

$(M, J, \mathscr{I}, m) \models ((\neg A) \to (A \to B))$
当且仅当 $(M, J, \mathscr{I}, m) \not\models (\neg A)$ 或者 $(M, J, \mathscr{I}, m) \models (A \to B)$
当且仅当 $(M, J, \mathscr{I}, m) \models A$ 或者 $(M, J, \mathscr{I}, m) \not\models A$ 或者 $(M, J, \mathscr{I}, m) \models B$.

于是总有 $(M, J, \mathscr{I}, m) \models ((\neg A) \to (A \to B))$.

断言 (g): $(M, J, \mathscr{I}, m) \models (A \to ((\neg B) \to (\neg(A \to B))))$.

根据定义 3.3 中的第二条,

$(M, J, \mathscr{I}, m) \models (A \to ((\neg B) \to (\neg(A \to B))))$
当且仅当 $(M, J, \mathscr{I}, m) \not\models A$ 或者 $(M, J, \mathscr{I}, m) \models ((\neg B) \to (\neg(A \to B)))$
当且仅当 $\left[\begin{array}{l} (M, J, \mathscr{I}, m) \not\models A \text{ 或者 } (M, J, \mathscr{I}, m) \not\models (\neg B) \\ \text{或者 } (M, J, \mathscr{I}, m) \models (\neg(A \to B)) \end{array}\right]$
当且仅当 $\left[\begin{array}{l} (M, J, \mathscr{I}, m) \not\models A \text{ 或者 } (M, J, \mathscr{I}, m) \models B \\ \text{或者 } (M, J, \mathscr{I}, m) \not\models (A \to B) \end{array}\right]$
当且仅当 $\left[\begin{array}{l} (M, J, \mathscr{I}, m) \not\models A \text{ 或者 } (M, J, \mathscr{I}, m) \models B \\ \text{或者 } [(M, J, \mathscr{I}, m) \models A \text{ 且} (M, J, \mathscr{I}, m) \not\models B] \end{array}\right]$.

于是, 总有 $(M, J, \mathscr{I}, m) \models (A \to ((\neg B) \to (\neg(A \to B))))$.

(2) (特化原理) 设 A 为一个代名词表达式, τ 为一个个体名词, 而且 τ 在 A 中可以替换代名词 x_i. 那么

$$((\forall x_i A) \to A(x_i; \tau))$$

是一条普遍真理.

如果 $(M, J, \mathscr{I}, m) \not\models (\forall x_i\, A)$, 那么根据定义 3.3 中的第二条我们有

$$(M, J, \mathscr{I}, m) \models ((\forall x_i A) \to A(x_i; \tau)).$$

于是假设 $(M, J, \mathscr{I}, m) \models (\forall x_i\, A)$. 依照定义 3.3 中的第六条, 对于每一本 M-花名册 m_1, 如果 m_1 与 m 就 $(\forall x_i\, A)$ 而言无差别, 那么一定有 $(M, J, \mathscr{I}, m_1) \models A$. 考虑如下确定的花名册 m_1: 对于在表达式 $(\forall x_i\, A)$ 中出现的每一个代名词 (变元) x_j, 令 $m_1(x_j) = m(x_j)$; 再令 $m_1(x_i) = m^*(\tau)$; 在其他的代名词处, 为了确定

起见, 也令 m_1 与 m 相同. 这样一来, m_1 与 m 就 $(\forall x_i\, A)$ 而言就无差别. 因此, $(M, J, \mathscr{I}, m_1) \models A$. 根据自由代名词替换定理 (定理 3.4), 我们就得到

$$(M, J, \mathscr{I}, m_1) \models A(x_i; \tau).$$

于是

$$(M, J, \mathscr{I}, m) \models ((\forall x_i A) \to A(x_i; \tau)).$$

这就论证了特化原理.

(3) (全称量词分配律) 设 A,B 为两个代名词表达式. 那么

$$((\forall x_i (A \to B)) \to ((\forall x_i A) \to (\forall x_i B)))$$

是普遍真理.

根据定义 3.3 中的第二条, 我们不妨假设:

$$(M, J, \mathscr{I}, m) \models (\forall x_i\, (A \to B)) \text{ 以及 } (M, J, \mathscr{I}, m) \models (\forall x_i\, A).$$

在这样的假设下我们来验证 $(M, J, \mathscr{I}, m) \models (\forall x_i\, B)$.

根据定义 3.3 中的第六条以及假设, 对于任意一本花名册 m_1, 只要 m_1 与 m 就 $(\forall x_i (A \to B))$ 而言无差别, 一定有 $(M, J, \mathscr{I}, m_1) \models B$.

现在是 m_1 是一本 M-花名册, 并且就 $(\forall x_i\, B)$ 而言与 m 无差别. 我们来验证 $(M, J, \mathscr{I}, m_1) \models B$. 为此, 考虑以如下方式确定的 M-花名册 m_2: 对于 B 中的每一个自由代名词 x_j, 令 $m_2(x_j) = m_1(x_j)$; 对于 $(\forall x_i\, (A \to B))$ 中的每一个自由代名词 x_j, 只要 x_j 不是 B 中的自由代名词, 就令 $m_2(x_j) = m(x_i)$. 这里的关键点是当 m_1 与 m 对于 $(\forall x_i\, A)$ 中的某个自由代名词有分歧的时候就用新的花名册 m_2 的命名来取代 m_1 的命名. 这样一来, 就可以保证 m_2 与 m 就 $(\forall x_i\, (A \to B))$, 而言也无差别. 从而一定有 $(M, J, \mathscr{I}, m_2) \models B$. 再根据局部确定性引理 (引理 3.1), 我们就得到 $(M, J, \mathscr{I}, m_1) \models B$.

(4) (无关量词引入法则) 设 A 为一个表达式, x_i 不是 A 中的自由变元, 那么

$$(A \to (\forall x_i A))$$

是普遍真理.

根据定义 3.3 中的第二条, 我们不妨假设 $(M, J, \mathscr{I}, m) \models A$.

根据局部确定性引理 (引理 3.1), 对于任意一本 M-花名册 m_1, 只要 m_1 与 m 就 A 而言无差别, 就一定有 $(M, J, \mathscr{I}, m_1) \models A$. 由于 x_i 不是 A 中的自由代名词, A 与 $(\forall x_i\, A)$ 有完全相同的自由代名词, 所以, 对于任意的一本 M-花名册 m_1, 如

果 m_1 与 m 就 $(\forall x_i\, A)$ 而言无差别, 那么 m_1 与 m 就 A 而言也无差别, 从而必有 $(M, J, \mathscr{I}, m_1) \models A$.

(5) (恒等律) 等式 $(x_i = x_i)$ 是普遍真理.

这是例 3.3 中的第一个结论, 详细论证已经在那里给出, 这里就不再重复.

(6) (等同律) 设 A 和 B 为两个代名词表达式, 而且在 A 和 B 中 x_j 可以替换 x_i. 如果分别在 A 和 B 中用 x_j 同时替换 x_i 的每一次自由出现之后所得到的两个表达式是同一个表达式, 那么

$$((x_j = x_i) \to (A \to B))$$

是一个普遍真理.

根据定义 3.3 中的第二条, 我们不妨假设 $(M, J, \mathscr{I}, m) \models (x_j = x_i)$, 并且

$$(M, J, \mathscr{I}, m) \models A.$$

由于 $m^*(x_j) = m^*(x_i)$, 根据自由代名词替换定理 (定理 3.4), 我们就得到

$$(M, J, \mathscr{I}, m) \models A(x_i; x_j).$$

所以, $(M, J, \mathscr{I}, m) \models B(x_i; x_j)$. 再应用自由代名词替换定理 (定理 3.4), 我们就得到

$$(M, J, \mathscr{I}, m) \models B(x_i; x_j).$$

这样, $(M, J, \mathscr{I}, m) \models ((x_j = x_i) \to (A \to B))$.

(7) (全域化法则) 若 A 是普遍真理, 那么 $(\forall x_i A)$ 也是普遍真理.

假设 A 是普遍真理, 我们来验证 $(\forall x_i\, A)$ 也是普遍真理. 任给一个组织结构 $(M, J, \mathscr{I})$, 任给一本 M-花名册 m, 我们来验证 $(M, J, \mathscr{I}, m) \models (\forall x_i\, A)$.

根据定义 3.3 中的第六条, 我们只需要验证如下事实: 对于任意一本 M-花名册 m_1, 如果 m_1 与 m 就 $(\forall x_i\, A)$ 而言无差别, 那么 $(M, J, \mathscr{I}, m_1) \models A$. 现在设 m_1 是任意一本 M-花名册, 并且就 $(\forall x_i\, A)$ 而言与 m 无差别. 由于 A 是一个普遍真理, 依照普遍真理的定义 (定义 3.7), $(M, J, \mathscr{I}, m_1) \models A$. 所以, $(M, J, \mathscr{I}, m) \models (\forall x_i\, A)$.

3.5 推 理 篇

在《相对论》[14] 一书的开篇中, 爱因斯坦还写下了如下一段关于几何证明与几何真理的简练文字: (就欧几里得几何而言)“人们或许会问你: ‘当你断言这些命题

14 A. Einstein, Relativity, the special and the general theory, (English translation by R. W. Lawson), Three Rivers Press, 1961.

为真的时候你到底是什么意思?’”“(欧几里得) 几何设立一定的诸如‘平面’、‘点’和‘直线’(对于它们我们或多或少能够赋予确切含义) 的概念, 以及选定一组确定的 (依据我们对于那些概念的直觉我们会倾向于接受它们为‘真理’的) 简单命题 (公理) 为出发点. 然后, 以逻辑过程 (就是那种我们有着强烈接受之感的论证) 为基础, 所有其他命题都被验证由那些公理所导出, 即它们都被证明. 于是, 当一个命题在经过由这些公理出发以一种清晰的方式推导出来的时候, 它便是正确的 (‘真的’). 因此, 具体的几何命题的‘真理性’问题就如此归结到这些公理的‘真理性’.”很清楚, 爱因斯坦的这段文字以欧几里得几何为例高度概括了选择具体基本概念和非逻辑公理的理由以及逻辑推理 (证明) 的基本功用.

简单地说, 推理就是讲道理. 我们不仅要知道什么是真的, 而且还要知道它为什么是真的. 也就是通常所说的, 我们不仅知其然, 还知其所以然. 推理的过程就是讲道理的过程. 任何一个具体的分析或者推理过程都是由一系列的前提按照一种既定规则来获得一种结论的过程. 我们现在来确定代名词逻辑的推理这一具体概念的内涵. 类似于命题逻辑的推理, 我们确定可以根据推理过程中的需要自由选择使用的逻辑公理. 原则上任何一条普遍真理都可以在任何推理过程中被使用. 为了确定起见, 我们选出其中的一组作为选定的逻辑公理, 后面将表明这种选择是一种具有完备性的选择. 同样地, 这样的选择不是唯一的.

3.5.1 逻辑公理

前面关于普遍真理的例子讨论中, 我们罗列出了普遍真理基本系列, 并且论证了它们的普遍真理属性. 现在将那个普遍真理基本系列定义为我们的代名词逻辑体系的逻辑公理.

定义 3.9 (逻辑公理) (1) (逻辑运算律) 设 A, B, C 为语言 $\mathcal{L}_{\mathscr{S}}$ 的代名词表达式. 那么下述代名词表达式是逻辑公理:

(a) $((A \to (B \to C)) \to ((A \to B) \to (A \to C)))$ (蕴含分配律);

(b) $(A \to A)$ (同一律);

(c) $(A \to (B \to A))$ (第一宽容律);

(d) $(A \to ((\neg A) \to B))$ (第二宽容律);

(e) $(((\neg A) \to A) \to A)$ (第一归谬律);

(f) $((\neg A) \to (A \to B))$ (第三宽容律);

(g) $(A \to ((\neg B) \to (\neg(A \to B))))$ (合取律);

(2) (特化原理) 设 A 为一个代名词表达式, τ 为一个个体名词, 而且 τ 在 A 中可以替换代名词 x_i. 那么

$$((\forall x_i A) \to A(x_i; \tau))$$

是一条逻辑公理.

(3) (全称量词分配律) 设 A,B 为两个代名词表达式. 那么

$$((\forall x_i(A \to B)) \to ((\forall x_i A) \to (\forall x_i B)))$$

是逻辑公理.

(4) (无关量词引入法则) 设 A 为一个表达式, x_i 不是 A 中的自由变元, 那么

$$(A \to (\forall x_i A))$$

是逻辑公理.

(5) (恒等律) 等式 $(x_i = x_i)$ 是逻辑公理.

(6) (等同律) 设 A 和 B 为两个代名词表达式, 而且在 A 和 B 中 x_j 可以替换 x_i. 如果分别在 A 和 B 中用 x_j 同时替换 x_i 的每一次自由出现之后所得到的两个表达式是同一个表达式, 那么

$$((x_j = x_i) \to (A \to B))$$

是一条逻辑公理.

(7) (全域化法则) 若 A 是逻辑公理, 那么 $(\forall x_i A)$ 也是逻辑公理.

在这一组选定的逻辑公理中, 逻辑运算律部分事实上是我们前面的命题逻辑的逻辑公理在代名词逻辑语言下的自然翻版, 只不过是在命题逻辑中的命题表达式被翻译成了代名词逻辑语言中的代名词表达式. 全域化法则表明对任何一条逻辑公理实施添加全称量词以至于令它们转化成语句的过程不会改变它们本质属性. 这在许多实际的应用中具有灵活简化的便利作用. 比如, 恒等律表明表达式 $(x_i = x_i)$ 是一条逻辑公理. 这样依据全域化法则, 语句 $(\forall x_i\,(x_i = x_i))$ 就是一条逻辑公理. 同样地, 当 $i \neq j$ 时表达式 $(\forall x_j\,(x_i = x_i))$ 也会是一条逻辑公理. 等同律则清楚地表明就全部代名词而言, 不存在某一个代名词会比其他的代名词具有任何特殊地位. 换句话说, 在使用什么作为一种代名词的时候, 思考者具有完全的自由, 因为名称或者对事物的命名, 不会改变事物的属性, 更不会改变事实的真实性. 无关量词引入法则进一步表明全称量词的根本性作用: 只有对一个表达式中的自由代名词实施全称量词限制的时候才可能影响表达式的逻辑属性, 因为全称量词的使用就完全明确了所限定的代名词必须遍及整个论域, 而在实施全称量词限定之前, 所涉及的代名词的语义解释依旧仍有可以选择的余地. 或许读者会以为奇怪, 为什么要对一个表达式实施无关量词限定. 一般来说, 没有人会做无关痛痒的事情. 实际情形是在复合表达式中, 常常是在不同的子表达式中出现的自由代名词并不相同, 当需要对整个表达式实施全称量词限定的时候就会对某一个子表达式出现无关量词引入的问题. 此时无关量词引入法则就可以保证这样做不会对无关部分带来特别影响.

全称量词分配律则清晰地揭示了对于蕴含表达式实施全称量词限定 (全域化) 所可以产生的影响. 它表明对整个蕴含式实施全域化的真实性足以保证分别对前提和结论单独全域化之后形成的蕴含式的真实性. 这就揭示出全称量词使用中的某种灵活性. 特化原理是一个很有趣的原理. 这在处理日常事务的分析中很有用. 它所揭示的就是怎样从一般性到特殊性的保持真实性的原理. 比如说, 我们将论域规定为所有地球上的动物的全体, 用 x 作为这个论域中的每一个个体 (动物) 的代名词, 用 $M(x)$ 来表达"x 是一匹马"这一断言 (也就是说, 用 M 表示"马"这一具体概念), 用 $B(x)$ 来表达"x 是一匹白马"这一断言 (也就是说, 用 B 表示"白马"这一具体概念), 又用 a 来作为电视剧《西游记》拍摄中所用的那一匹具体的白马的专有名词. 特化原理在这样一种环境下就是下面的语句:

$$((\forall x\,(B(x) \to M(x))) \to (B(x;a) \to M(x;a))).$$

我们知道"对于每一个动物 x 而言, 如果 x 是一匹白马, 那么它一定是一匹马"这句话是真实的. 也就是说, 语句 $(\forall x\,(B(x) \to M(x)))$ 是真实的. 于是我们得出一个具体的结论: "电视剧《西游记》拍摄中所用的那一匹具体的白马是一匹马". 也就是说, 语句 $(B[a] \to M[a])$ 是真实的. 我们大家都不会质疑这样得到的结论, 因为我们从一个非常一般的真实命题出发得到一个非常具体的特殊真实命题. 但是, 从逻辑推理的角度看, 我们恰恰默认了背后的一条普遍真理, 一条具体的特化原理:

$$((\forall x\,(B(x) \to M(x))) \to (B(x;a) \to M(x;a))),$$

因为依据此特化原理的具体语句, 以及我们认可的真实事实 $(\forall x\,(B(x) \to M(x)))$, 应用类似于命题逻辑中的自然推理规则, 就得到结论 $(B(x;a) \to M(x;a))$. 由此可见特化原理在我们日常的分析中可能扮演什么样的角色.

那么在代名词逻辑中, 自然推理法则又将是怎样的呢? 论证又是怎样的呢? 下面我们来回答这两个问题.

3.5.2 非逻辑公理

在具体分析过程中, 我们总是面临一个开端问题: 我们对所专门关注的事物应当从哪里开始? 如何建立正确的开端?

处理具体事物时, 总是在一个具体的环境中进行的. 我们需要对特殊事物的具体认识, 从那些最基本的认识出发来系统地解决具体问题. 因此, 我们需要首先确定相关的基本概念与基本判断; 然后确立基于基本概念和基本判断之上的基本认识, 形成对所关注的事物的最初的**非逻辑公理**. 这是一个选择、检验、修正、再选择、再检验、再丰富的过程. 或许经过几次迭代, 就可以形成相对稳定的理论体系.

这些被选定的非逻辑公理就是那些被思考者作为自己分析的起点或者开端的条件或者假设, 就是为清晰地解释或者限定思考者所选用的具体基本概念的内涵而专门设置或者选择的. 说它们是非逻辑公理, 是因为它们一般来说并非普遍真理, 而是一些依赖具体环境依赖具体事物对象的特有性质, 因而在一定条件下是真的, 在另外一些条件下是假的. 这些被选定的非逻辑公理往往为思考者提供与所关注的对象密切相关的最基本的前提或者出发点. 在现实生活中基于什么样的合适的假设 (选择什么作为非逻辑公理) 来展开技术设计, 常常是人命关天的大事.

例 3.11 (公共卫生事件应急假设)　现在让我们来设想一种环境. 假设在我国某个地方某个医院在两三天之内接诊了 7 个病人. 这 7 个病人都有共同的病症. 但是这些病症都不同于任何已知病症, 因为按照已知病症的各种测试都不吻合. 因此医生们判定这极有可能是一种不明原因的初次被发现疾病 (简称不明原因初现疾病). 于是, 极具职业敏感性的医生们迅速将这种不明原因初现疾病上报给医院领导; 医院领导在认同医生们的判断后迅速上报给上级主管卫生部门; 上级主管卫生部门立即上报给国家卫生部门. 在接到这份不明原因初现多例疾病报告之后, 国家卫生部门迅速组织国家疾病控制中心的高级专家以及医疗部门的高级专家组成高级专家组迅速赶到事发医院进行实地考察, 包括对病例的进一步诊断、对病发环境的勘探、展开流行病调查等合乎专业要求的调查研究. 在进一步核实了这种疾病的确是一种初现疾病之后, 这些高级专家们需要对这种初现疾病尽快地做出涉及公共卫生问题的判断. 这种判断的核心问题就是这种初现疾病是否有可能导致公害, 也就是说这种初现疾病是否是一种传染病; 如果是, 那么这种初现疾病的传染源是什么? 传染途径是什么? 传染效率如何? 等等. 由于这种疾病是一种初次被发现的疾病, 人们对这种疾病的认识可以被认为一无所知或者所知甚少. 这个时候这些高级专家们就需要迅速达成共识, 也就是需要提出尽可能合乎实际的基本假设. 这些基本假设就是当前需要处理的公共卫生问题的非逻辑公理. 那么这些高级专家们有什么样的基本假设可供选择呢? 第一种假设是“这种初现疾病不人传人”; 第二种假设是“这种初现疾病会人传人”. 由于语句“这种初现疾病要么人传人, 要么不人传人”是一个恒真命题, 这些高级专家们需要从这两者中选取一个. 现在这些高级专家们面临一种困难: 首先现有认识无法“确保这种初现疾病不人传人”; 其次现有病例又不能为“这种初现疾病一定人传人”提供任何证据. 如果选择假设“这种初现疾病不人传人”作为处理所面临的公共卫生问题的出发点从而用不着采取任何防范措施, 那么风险将是一旦这种初现疾病最终被证实为一种传播效率极高的传染病, 这将是一个致命的错误; 如果选择“这种初现疾病会人传人”作为处理所面临的公共卫生问题的出发点从而采取一些断然措施以防范人传人现象发生, 那么风险将是一旦这种初现疾病最终被证实完全不具有任何传染性, 或者传染效率极其低, 这将被认为小题大做、浪费资源. 为了确保自己不犯错误, 这些高级专家们还有一种行为选择: 那就是再等等, 看看是否还有新的病例出现, 看看是否那些新的病例可以提供人传人的证据, 也就是说, 等证据出现. 我们都知道, 对任何一种疾病而言, 它是一种人传人的疾病当且仅当在某些时刻、某个地方有某个生这种病的人将这种疾病传染给另外一个人. 所以, 这种初现疾病是一种传染病的充分必要条件是在某个时刻、某个地方出现这种初现疾病人传人的证据. 因此, 这些高级专家们认定事实“目前没有发现这种初现疾病人传人的证据”, 并将这个事实公布于众, 而不对这种初现疾病是否具有传染性作出任何具有犯错风险的判断. 在人传人证据没有出现之前不对这种初现疾病贸然作出传染性判定看起来是一种稳妥的行为. 可是问题在于: 等证据出现需要时间! 如果这种初现疾病真的具有高效传染特性, 那么在坐等人传人证据出现的时间区间上就极有可能出现大规模人传人现象以至于等到人传人证据出现时这种初现疾病已经演变成一个不可能简单收拾的公共卫生突发事件. 这种分析表明, 当一种不明原因初现疾病在一个地方出现多例之时, 处理公共卫生事务的高级专家们事实上面临这样两种困难选择: 要么**确保**这种不明原因初现疾病**不人传人**, 要么**假定**这种不明原因初现疾病**具有很超强的传染性**. 对公共卫生最为有利的一种基本假设 (一条非逻辑公理) 就是“这种不明原因初现疾病具有很强的传染性”, 并且在这种基本假设之下采取适当规模的断然防范措施. 如果这样选择了, 那么有可能犯“小题大做”之错; 反之, 如果不这样选择, 那么有可能犯“坐等错过最佳防范时机”之错. “小题大做”之错是小错; “坐等错过最佳防范时机之错”则是大错. 两害相权取其轻. 宁可犯“小题大做”之错, 也不可犯“坐等错过最佳防范时机”之错. 这就是前面所说的, 在现实生活中基于什么样的合适的假设来展开后续工作常常会是人命关天的大事.

当然, 这里有一种价值观上的极其不对称的现象: 假如说真的选择“这种不明原因初现疾病具有很强的传染性”作为基本假设, 进而采取了适当的有效的防范措施, 并且事后确定这种不明原因初现疾病的确有超强的传染性 (可以通过某种实验验证), 那么本来大功一件, 但是未必会真的得到社会大众承认, 因为人们很难看到如果不这样做所导致的危害; 然而, 假如说真的选择“这种不明原因初现疾病具有很强的传染性”作为基本假设, 并且还采取了一定的防范措施, 但是最后证实这种不明原因初现疾病并不具有任何传染性, 那么那些被当时的措施所影响的人们必定怨声载道, 抱怨高级专家们当初的自以为是、小题大做. 换句话说, 选取“这种不明原因初现疾病具有很强的传染性”作为基本假设, 进而采取相应的措施, 对于决策者来说, 做对了, 未必有功; 做错了, 必然是过. 这是社会价值观对这种选择行为价值判定的极其不对称的特点.

在数学中, 这些因对象而异的非逻辑公理有时候会以定义的形式出现, 有时候也以明确的公理形式出现. 后面我们将看到几个具体的例子. 比如, 在第 4 章中我们将引进关于集合代数的非逻辑公理; 在 5.1.1 小节中我们将引进关于自然数算术理论的非逻辑公理; 在 5.1.2 小节中我们将引进关于整数环的非逻辑公理; 在 5.1.3 小节中我们将引进关于有理数域的非逻辑公理以及后面的有理数线性序的非逻辑公理; 在 5.5 节中我们将引进一系列力学中的非逻辑公理; 等等. 又比如, 直接被用来解决许多现实问题的生物学的两个基本假设事实上就是来自实际生活中的一组经常使用中的非逻辑公理.

例 3.12　*生物学中有三条基本假设:*

1. 同一个时期没有两片不同的树叶是一模一样的.

2. 同一个时期没有两个不同的人的指纹是完全吻合的.

3. 同一个时期没有任何血缘关系的两个人之间的 DNA 结构一定存在巨大差异; 具有亲子关系的两个人之间的 DNA 结构一定高度相似.

这里我们有"树叶"、"人"、"血缘关系"、"亲子关系"四个具体基本概念. 我们可以将"一模一样"和"完全吻合"以及"高度相似"当成具体的基本概念, 尽管在实际应用中, 相应的基本判断则是一个复杂的过程. 不妨称两个物体是**现实相同**的当且仅当它们之间的差别是利用一切现存设备、技术和方法都不可反复有效识别的. 物体之间的现实相同关系是物体之间的一种等价关系. 那么前面所说的"一模一样"和"完全吻合"以及"高度相似"都可以由"现实相同"来统一代替. 这样我们就可以对给定两个样本进行相应的基本判断并根据事实来确定是否现实相同.

第一个假设对于人类的现实生活的影响远远没有第二个假设和第三个假设对于人类现实生活的影响来的大. 利用计算机与摄像机或者扫描仪, 不少国家都已经开发出极其先进的指纹识别程序以及建立起庞大的指纹信息库, 以区分人们之间的彼此. 同样, 对于 DNA 结构的测定以及分类已经广泛地应用到亲子鉴定和犯罪行为判定过程之中. 由于树叶、人的指纹以及生物的 DNA 结构在生物学、几何学和拓扑学意义下的相对于现实差别识别过程的极其复杂性, 可以说, 这三个假设迄今为止还没有带给人类任何现实的困惑. 也就是说, 迄今为止, 这三个假设还没有被任何现实的反例所证伪. 尽管人体指纹或者 DNA 结构的高度复杂性可以让我们相信这样的反例并不具有现实意义上的存在性, 但这种相信远远不是建立在更为牢靠的理论之上的相信. 当然, 什么样的更为牢靠的理论可以被用来证明这两个假设, 就理所当然的是极具挑战的大问题.

另外在日常生活中, 在技术设计领域中, 工程师们在进行自己的项目设计时, 事实上是在现有的设计理论的基础上, 针对具体项目的条件和需求对现有的设计理论进行适当的解释之后形成具体项目设计的非逻辑公理, 因为任何设计理论的都需要根据实际情况进行合乎实际的解释, 并且在理论误差的基础上确定实际误差以及修正方案, 其中相当重要的一部分就是面向实际的"容错度假设". 因此, 每一次具体的重大工程设计都有一套与具体工程项目直接相关的具体的非逻辑公理.

实际上, 每一位理性行为者都有一套自己选择的有效指导自己言论和行为的人生目标、行为理念、行为动机、行为处事的态度和行为准则. 这其中也包括自己所选择的政治立场. 这些就是当事者自己思维系统中选择的实实在在指导自己思考和行为的非逻辑公理. 尽管这种自己选择的自己管理自己的非逻辑公理可能因为自己身处环境的变化以及个人诸多新因素的滋生而发生变化, 但无论何时总是有这样或那样的一套自己用来支配自己的非逻辑公理. 这种纯粹个人的选择是当事人自己的自由. 尽管可能受到社会的影响, 但是这种个人选择的自由绝非逻辑学所需要关注或者能够干涉的.

总而言之, 非逻辑公理, 可以自行根据需要而选择的基本部分, 在求解具体系统性问题过程中作为求解过程的出发点是相当重要的. 需要强调的是在应用逻辑这门智慧工具的过程中, 对于具体论域的选择, 对于基本概念的选择以及对于非逻辑公理的选择, 都是由思考者根据具体问题完全自行确定的. 这就如同一个工程师在使用圆规来画圆的时候可以完全自由地选择作图纸、圆心和半径 (或者在使用直角板尺来画直线的时候可以完全自由地选择任意一条直线的起点和终点) 一样.

3.5.3 论证

定义 3.10 (自然推理法则) 由代名词表达式 A 与蕴含式 $(A \to B)$ 推理得到代名词表达式 B.

代名词自然推理法则与命题逻辑的自然推理法则在形式上完全一样, 所不同的是这里涉及的是代名词表达式, 那些具有更为丰富表达内容的表达式. 自然推理法则的确有着极其自然的一面. 它无非是说, 当一个条件语句 $(A \to B)$ 成为真实以及这个条件语句的条件 A 也成为真实的时候, 这个条件语句的结论 B 就自然而然地成为真实. 比如, 在阳春三月的时节, 由"阳春三月, 江南春暖花开, 百花齐放, 桃花自然盛开"以及"阳春三月, 江南春暖花开, 百花齐放"这两句, 我们自然地得到结论"江南桃花盛开". 这就是一种很自然的推理.

定义 3.11 (论证) 设 Γ 是语言 $\mathcal{L}_{\mathscr{S}}$ 的一个代名词表达式的集合 (用以作为论证过程之开端的基本假设或者非逻辑公理). 称一个代名词表达式的序列

$$\langle B_1, \cdots, B_n \rangle$$

为一个**基于 Γ 的论证**, 简而言之为一个 Γ-论证, 或者说是一个 **Γ-证明** 当且仅当这个表达式序列满足下述要求:

(1) 该序列中的第一个表达式 B_1 或者是一条逻辑公理, 或者是 Γ 中的一条非逻辑公理.

(2) 对于该序列中的任何一个下标为 $i (1 \leqslant i \leqslant n)$ 的代名词表达式 B_i 而言, 下列二者必居其一:

(a) 或者 B_i 是一条逻辑公理, 或者 B_i 是 Γ 中的一条非逻辑公理;

(b) 或者该序列中有具备后述特点的两个下标严格小于 i 的代名词表达式 B_j 和 $B_k(1 \leqslant j, k < i)$, 其中 B_k 是蕴涵式 $(C \to D)$, 并且蕴含式 B_k 的前提式 C 恰好就是表达式 B_j, 而 B_k 的结论式 D 恰好就是表达式 B_i.

注意根据论证的上述定义立即可得的两个简单而有趣的事实: 如果

$$\langle B_1, \cdots, B_n \rangle$$

是一个基于 Γ 的论证, 那么该论证序列的下标到 $k(1 \leqslant k \leqslant n)$, 为止的前段序列

$$\langle B_1, \cdots, B_k \rangle$$

也是一个 Γ-论证; 如果 $\langle B_1, \cdots, B_n \rangle$ 是一个基于 Γ 的论证,

$$\langle C_1, \cdots, C_m \rangle$$

也是一个基于 Γ 的论证, 那么由这两个论证序列首尾相连合并而成的表达式序列

$$\langle B_1, \cdots, B_n, C_1, \cdots, C_m \rangle, \quad \langle C_1, \cdots, C_m, B_1, \cdots, B_n \rangle$$

还是 Γ-论证. 这在实际的分析论证或者检察一系列的分析是否合乎论证的要求时很有用处.

和命题逻辑一样, 我们称那些经过推理得到的结论统统称为**定理**. 需要注意的是, 定理未必是真理, 因为定理与假设或者条件或者出发点的选择有关.

定义 3.12 (定理) 设 Γ 是语言 $\mathcal{L}_{\mathscr{S}}$ 的一个代名词表达式的集合 (一个分析论证之开端). 设 B 为语言 $\mathcal{L}_{\mathscr{S}}$ 的一个代名词表达式. 称 B 为 Γ 的一条**定理**, 记成 $\Gamma \vdash B$, 当且仅当表达式 B 是某个 Γ-论证 (序列) 的最后一个表达式.

下面的两条代名词逻辑定理在证明代名词逻辑体系的完备性定理中有用. 我们将省略它们的证明.

定理 3.8 (演绎定理) 设 Γ 为一组表达式. 又设 A 和 B 为表达式. 那么

$$(\Gamma \cup \{A\} \vdash B) \iff (\Gamma \vdash (A \to B)).$$

定理 3.9 (全体化定理) 设 Γ 为一组表达式, A 是一个表达式. 又设

$$\Gamma \vdash A,$$

以及代名词 x_i 不是 Γ 里的任何一个表达式中的自由代名词. 那么 $\Gamma \vdash (\forall x_i A)$.

3.5.4 一致性

现在可以明确思考者可以根据自己需要选择演绎、分析、推理的起点的自由度何在.

定义 3.13 (一致性) 设 Γ 是语言 $\mathcal{L}_{\mathscr{S}}$ 的一个分析论证之开端. 称 Γ 为一个**一致开端**, 当且仅当对于语言 $\mathcal{L}_{\mathscr{S}}$ 的任何一个代名词表达式 B 而言, 如果 B 是一条 Γ-定理, 那么 B 的否定式 $(\neg B)$ 就必然不是 Γ 的一条定理. 于是, Γ 并非一个一致开端当且仅当必有一个它与它的否定式同为 Γ 的定理的代名词表达式 B 存在. 一个一致开端也会被称为一个**无矛盾开端**; 一个非一致开端也会被称为一个**矛盾共同体**.

下面的归谬法原理是我们通常应用的"反证法"的依据.

定理 3.10 (归谬法原理) 设 Γ 是一个表达式集合, A 是一个表达式. 那么,

(i) $\Gamma \cup \{(\neg A)\}$ 是非一致的当且仅当 $\Gamma \vdash A$;

(ii) $\Gamma \cup \{A\}$ 是非一致的当且仅当 $\Gamma \vdash (\neg A)$.

定理 3.11 如果 Γ 是一个矛盾共同体, 那么语言 $\mathcal{L}_{\mathscr{S}}$ 的任何一个表达式 B 都是 Γ 的一条定理. 反之, 如果语言 $\mathcal{L}_{\mathscr{S}}$ 的任何一个表达式 B 都是 Γ 的一条定理, 那么 Γ 必定是一个非一致开端.

这就是前面我们提到的, 定理与真理不相同. 相对于一个矛盾共同体来说, 任何命题都是一条定理, 而任何矛盾本身绝对不会是真理.

矛盾共同体这个具体概念就明确指出任何一个思考者, 如果想避免自寻尴尬, 就应当避免选用矛盾共同体作为自己演绎、分析、推理的起点. 矛盾共同体有一个很有趣的特点: 它无所不能!

明确了一致性这个具体概念之后, 我们便清楚每一位思考者无论如何都应当首先关注自己所选择的思考、分析、演绎、推理的起点是否一致这样一个基础性的问题. 尽管选择什么作为进一步思考的起点是基本逻辑学不加任何干涉的思考者自己的自由, 但是, 基本逻辑学还是希望通过明确一致性这样一个具体概念来对理性思考者提出一种忠告: 为了避免迟早会出现的尴尬, 最好不要选择某一个矛盾共同体作为自己进一步思考的起点.

3.5.5 尴尬兵器商与韩非子定理

如前所引述的, 在《难一》中韩非子讲述了一个既卖矛也售盾的兵器商人的故事. 在韩非子的描述中, 这位兵器商人一方面号称他所卖的盾没有任何尖锐之物可穿透, 另一方面又断言他所卖的矛无坚不破. 可是当有人问这位兵器商, 如果用他卖的矛去攻他所卖的盾, 结果会怎样呢? 这位兵器商人无言以对, 尴尬之极. 由此, 韩非子得出"不可陷之盾与无不陷之矛, 不可同世而立"这一结论.

韩非子的论证很简单: "以子之矛, 陷子之盾." 要么他的某一块盾被他的某一

支矛刺破, 要么他的某一支矛刺不破他的某一块盾, 二者必居其一. 但无论哪一种情形成为事实, 兵器商所宣称的“吾盾之坚, 物莫能陷”与“吾矛之利, 于物不陷”之一必定被否定. 所以, 面对“以子之矛, 陷子之盾”之诘难, 兵器商自然感到尴尬.

当然, 这个令兵器商尴尬的诘难式的论证是在一种特定场合下进行的. 一般来说, 特殊场景下的具体讨论是否可以上升到抽象的论证, 取决于讨论中对具体场景的依赖程度. 看得出, 韩非子明白上述讨论事实上与这位兵器商关系不大. 关键在于“此盾之坚, 物莫能陷”与“此矛之利, 于物不陷”这两句话存在着不可调和的冲突. 因为, **在任何一个具有矛和盾存在的场景之下, 任取一支矛, 任取一快盾, ① 要么此盾可以被此矛刺破, 要么此矛不可以刺破此盾, 二者必居其一; ② 如果此矛刺破彼盾, 那么此矛就刺破彼盾; ③ 如果此矛不可以刺破彼盾, 那么此矛就不可以刺破彼盾; ④ 不能同时既有此矛可以刺破彼盾又有此矛不可以刺破彼盾**. (这句包含四个结论联立的话自然是韩非子的默认假设. 我们称之为**韩非子默认事实**.) 依此, 可以证明不可能同时存在“不可陷之盾”和“无不陷之矛”. 假设不然, 取一块不可陷之盾, 再取一支无不陷之矛. 由上述默认假设, 要么此盾可以被此矛刺破, 要么此矛不可以刺破此盾, 二者必居其一. 如果前者成立, 这与此盾为不可陷之盾不符; 如果后者成立, 这又与此矛为无不陷之矛不符. 因此, 无论哪一种情形成立, 都表明不可能同时存在“不可陷之盾”和“无不陷之矛”. 所以, “不可陷之盾与无不陷之矛, 不可同世而立”.

我们希望在此强调的是在韩非子简短的陈述和论证之中, 韩非子其实默认了基本逻辑学所表述的同一律、排中律以及矛盾律. 没有这些基本的逻辑假设, 韩非子的结论就难以得到有效支撑.

还注意, 要想令韩非子的分析论证真正有意义, 还需要假设: **存在一支可以刺破某一块盾的矛; 也存在一块不被某一支矛刺破的盾; 矛不是盾, 盾也不是矛; 如果此物可以刺破彼物, 那么此物必是一支矛, 彼物必是一块盾**. 我们将上面的韩非子默认事实和这个假设一起称为**韩非子假设**.

后面我们将会看到韩非子假设是一个一致的假设. 于是, 可以说韩非子证明了“‘不可陷之盾与无不陷之矛’之否定”是相对于韩非子假设而言的一条相对真理.

思考题 3.1　*(1) “矛与盾互不相同”是否为韩非子假设的一个推论 (定理)?*

(2) 在韩非子假设之下, “有此矛可以刺破彼矛”成立吗?

(3) 在韩非子假设之下, “有此盾可以刺破彼盾”成立吗?

现在我们来证明在韩非子假设之下, 韩非子笔下的兵器商人的宣言是一个矛盾共同体.

首先, 不失一般性, 将要讨论的问题限定在当时的古兵器中的全体矛与盾的范围之内. 就是说, 我们的论域由当时古兵器中的全部的矛与盾组成. 在这样的论域的基础上, 韩非子的这个故事涉及四个基本概念: 古兵器之矛, 古兵器之盾, 矛与盾之可刺穿关系, 以及兵器商所卖之物 (矛与盾).

对这四个基本概念, 我们引进下述代名词、专有名词, 以及五个谓词符号来表述: 两个代名词符号 x, y; 两个专有名词符号 x_0, y_0; 三个一元谓词符号 M, D, P; 两个二元谓词符号 B, C. 符号 M 用以表示矛这个具体概念; 符号 D 用以表示盾这个具体概念; 符号 P 用以表示兵器商所卖之物这个具体概念; 符号 C 用以表示可刺穿关系这个具体概念; 符号 B 用以表示不可刺穿关系这个具体概念; 专有名词以及代名词自然都是用来表示论域中的个体对象.

由这些具体基本概念, 我们得到当前关注的下述基本表达式: $M(x)$, 这个表达式断言以 x 为代名词之物是一支矛, 即"x 是一支矛"; $D(y)$, 这个表达式断言以 y 为代名词之物是一块盾, 即"y 是一块盾"; $C(x, y)$, 这个表达式断言"x 可以刺穿 y"; $M(x_0)$, 这个表达式断言"x_0 是一支矛"; $D(y_0)$, 这个表达式断言"y_0 是一块盾"; $C(x_0, y_0)$, 这个表达式断言"x_0 可以刺穿 y_0"; 以及 $(\neg C(x_0, y_0))$, 这个表达式断言"x_0 不可以刺穿 y_0".

令 Γ_0 为下述九个语句的集合:

$$(\forall x(M(x) \to (\neg D(x)))); \quad (\forall y(D(y) \to (\neg M(y))));$$

$$(\forall x(\forall y(C(x, y) \to (M(x) \wedge D(y)))));$$

$$(\exists x(\exists y(M(x) \wedge D(y) \wedge C(x, y))));$$

$$(\exists x(\exists y(M(x) \wedge D(y) \wedge (\neg C(x, y)))));$$

$$(\forall x(\forall y((M(x) \wedge D(y)) \to (C(x, y) \vee (\neg C(x, y))))));$$

$$(\forall x(\forall y((M(x) \wedge D(y)) \to (C(x, y) \to C(x, y)))));$$

$$(\forall x(\forall y((M(x) \wedge D(y)) \to ((\neg C(x, y)) \to (\neg C(x, y))))));$$

$$(\forall x(\forall y((M(x) \wedge D(y)) \to (\neg(C(x, y) \wedge (\neg C(x, y))))))).$$

第一句话说: 没有矛是盾; 第二句话说: 没有盾会是矛; 第三句话说: 如果此物被彼物刺破, 那么此物必为盾彼物必为矛; 第四句话说: 存在可以刺破某块盾的矛; 第五句话: 说存在不可以刺破某块盾的矛; 第六句话说: 任给一对矛与盾, 要么此矛可以刺破此盾, 要么此矛不可以刺破此盾, 二者必居其一; 第七句话说: 如果此矛可以刺破彼盾, 那么此矛可以刺破彼盾; 第八句话说: 如果此矛不可以刺破彼盾, 那么此矛不可以刺破彼盾; 第九句话说: 不可能既有此矛可以刺破彼盾又有此矛不可以刺破彼盾.

Γ_0 就是前面所说的韩非子假设.

这样一来, 兵器商的宣言就为下述四个语句所组成的语句集合 Γ:

$(P(x_0) \wedge M(x_0))$ (兵器商卖矛);

$(P(y_0) \wedge D(y_0))$ (兵器商卖盾);

$(\forall x((M(x) \wedge P(x)) \rightarrow (\forall y(D(y) \rightarrow C(x, y)))))$ (兵器商宣称所卖之矛无盾不破);

$(\forall y((D(y) \wedge P(y)) \rightarrow (\forall x(M(x) \rightarrow (\neg C(x, y))))))$ (兵器商宣称所卖之盾无矛可破).

定理 3.12 (尴尬兵器商) 在韩非子假设成立条件下, 兵器商的宣言 Γ 是一个矛盾共同体.

证明 首先, 根据逻辑公理之特化原理,

$$\vdash \begin{pmatrix} (\forall y((D(y) \wedge P(y)) \rightarrow (\forall x(M(x) \rightarrow (\neg C(x, y)))))) \rightarrow \\ ((D(y_0) \wedge P(y_0)) \rightarrow (\forall x(M(x) \rightarrow (\neg C(x, y_0))))) \end{pmatrix}, \tag{3.1}$$

以及

$$\vdash \begin{pmatrix} (\forall x((M(x) \wedge P(x)) \rightarrow (\forall y(D(y) \rightarrow C(x, y))))) \rightarrow \\ ((M(x_0) \wedge P(x_0)) \rightarrow (\forall y(D(y) \rightarrow C(x_0, y)))) \end{pmatrix}. \tag{3.2}$$

由于兵器商宣称所卖之盾无矛可破,

$$\Gamma \vdash (\forall y((D(y) \wedge P(y)) \rightarrow (\forall x(M(x) \rightarrow (\neg C(x, y)))))), \tag{3.3}$$

以及兵器商也宣称所卖之矛无盾不破,

$$\Gamma \vdash (\forall x((M(x) \wedge P(x)) \rightarrow (\forall y(D(y) \rightarrow C(x, y))))), \tag{3.4}$$

由特化原理 (3.1) 以及兵器商宣言 (3.3), 应用推理法则, 得到

$$\Gamma \vdash ((D(y_0) \wedge P(y_0)) \rightarrow (\forall x(M(x) \rightarrow (\neg C(x, y_0))))), \tag{3.5}$$

以及由特化原理 (3.2) 以及兵器商宣言 (3.4), 应用推理法则, 得到

$$\Gamma \vdash ((M(x_0) \wedge P(x_0)) \rightarrow (\forall y(D(y) \rightarrow C(x_0, y)))). \tag{3.6}$$

又因为 y_0 是兵器商所卖之盾,

$$\Gamma \vdash (D(y_0) \wedge P(y_0)), \tag{3.7}$$

以及 x_0 是兵器商所卖之矛,

$$\Gamma \vdash (M(x_0) \wedge P(x_0)), \tag{3.8}$$

由结论 (3.7) 和结论 (3.5), 应用推理法则, 得到

$$\Gamma \vdash (\forall x(M(x) \rightarrow (\neg C(x, y_0)))), \tag{3.9}$$

以及由结论 (3.8) 和结论 (3.6),

$$\Gamma \vdash (\forall y(D(y) \to C(x_0, y))). \tag{3.10}$$

下述两个语句也是逻辑公理之特化原理的特例,

$$\vdash ((\forall y(D(y) \to C(x_0, y))) \to ((D(y_0) \to C(x_0, y_0)))), \tag{3.11}$$

以及

$$\vdash ((\forall x(M(x) \to B(x, y_0))) \to (M(x_0) \to (\neg C(x_0, y_0)))). \tag{3.12}$$

由结论 (3.10) 以及结论 (3.11), 应用推理法则, 得到

$$\Gamma \vdash ((D(y_0) \to C(x_0, y_0))), \tag{3.13}$$

以及由结论 (3.9) 以及结论 (3.12), 应用推理法则, 得到

$$\Gamma \vdash (M(x_0) \to (\neg C(x_0, y_0))). \tag{3.14}$$

应用逻辑公理的命题演算部分, 可以得到对于任意两个代名词表达式 A 和 B, 一定有

$$\vdash ((A \wedge B) \to A).$$

于是

$$\vdash ((D(y_0) \wedge P(y_0)) \to D(y_0)), \tag{3.15}$$

以及

$$\vdash ((M(x_0) \wedge P(x_0)) \to M(x_0)), \tag{3.16}$$

由结论 (3.7) 以及结论 (3.15), 应用推理法则, 得到

$$\Gamma \vdash D(y_0), \tag{3.17}$$

以及由结论 (3.8) 以及结论 (3.16), 应用推理法则, 得到

$$\Gamma \vdash M(x_0). \tag{3.18}$$

由结论 (3.17) 以及结论 (3.13), 应用推理法则, 得到

$$\Gamma \vdash C(x_0, y_0), \tag{3.19}$$

又由结论 (3.18) 以及结论 (3.14), 应用推理法则, 得到

$$\Gamma \vdash (\neg C(x_0, y_0)). \tag{3.20}$$

上述结论 (3.19) 以及结论 (3.20) 一起表明 Γ 是一个矛盾共同体. □

由兵器商之尴尬, 韩非子得出“不可陷之盾与无不陷之矛, 不可同世而立”. 这一结论是上述语言环境下的一条定理.

定理 3.13 (韩非子) *若韩非子假设成立, 则“不可陷之盾与无不陷之矛, 不可同世而立”.*

这里, 韩非子假设形式地表述为上面的 Γ_0 中的九句话. “不可陷之盾”可以形式地表述如下:

$$(\exists y(D(y) \wedge (\forall x(M(x) \rightarrow (\neg C(x,y)))))).$$

“无不陷之矛”可以形式地表述如下:

$$(\exists x(M(x) \wedge (\forall y(D(y) \rightarrow C(x,y))))).$$

“不可同世而立”就是说将上述两句话添加到 Γ_0 就得到一个矛盾共同体.

我们将在后面的完备性定理的基础上再给出韩非子定理的证明.

思考题 3.2 *如果那位兵器商如后宣言: “吾盾之坚, 非吾矛者莫能陷; 吾矛之坚, 于物不陷”, 或者, “吾盾之坚, 物莫能陷; 吾矛之利, 非吾盾者必陷”, 情形将怎样呢?*

思考题 3.3 *如果那位兵器商只如后宣言: “吾盾之坚, 物莫能陷”, 情形将怎样?*

思考题 3.4 *如果那位兵器商只如后宣言: “吾矛之利, 于物不陷”, 情形将怎样?*

思考题 3.5 *从韩非子的尴尬兵器商以及韩非子定理之中可以看出在使用全称量词表达思想时应当注意什么?*

3.5.6 完全性与独立性

对于理性思考者而言, 基本逻辑学还希望指出关于进一步思考的起点选择时可能面临的一种挑战: 所选择的具备一致性的起点是否足够丰富、是否足以借此实现既定的目标、是否足以胜任通览全局的责任. 基本逻辑学将这种挑战凝聚在两个具体概念之中: 完全性与独立性.

定义 3.14 (完全性) *对于一个一致的代名词表达式语句集合 Γ 而言, Γ 是一个***完全理论***当且仅当对于锦帛矩阵中的任何一个语句 A, 或者 A 是 Γ 的一条定理, 或者 $(\neg A)$ 是 Γ 的一条定理.*

将完全性的否定自然就是不完全性: Γ 是不完全的当且仅当在锦帛矩阵之中有一个语句 A, 无论是 A 还是它的否定 $(\neg A)$, 都不是 Γ 的一条定理. 在这种情形下, 足以证明 Γ 不完全的这个证据 A 就被称为一个与 Γ **独立**的语句.

定义 3.15 (独立性) 对于一个一致的表达式集合 Γ 和一个表达式 A 而言, A 是独立于 Γ 的一个表达式当且仅当 A 和 $(\neg A)$ 都不是 Γ 的定理.

对于一个一致完全理论 T 来说, 没有独立于 T 的语句; 对于并非完全的一致理论 Γ 而言, 必定存在与 Γ 独立的语句.

所以, 一种完全理论是对一类事物圆满认识的结果, 尤其是当这种完全理论是一个有限理论的时候. 比如说, 我们比较熟悉的有理数之间的大小比较理论就是一个关于大小比较的圆满认识的结果. 首先, 只关注两相大小比较这样一种带有两个代名词的关系, 不涉及任何其他的基本概念, 所以所使用的语言只有一个二元谓词和等号. 其次, 在这种语言限制之下, 有关大小比较的认识包含如下几条: 第一, 没有任何个体会比自身小 (不会有任何一个有理数比它自身小); 第二, 大小比较关系具备传递性, 就是说, 如果张三比李四小, 李四又比王五小, 那么张三就比王五小; 第三, 任何两个不相同 (相等) 的个体中一定有一个比另外一个小 (任何两个有理数总是可以相互比出一个大小来的); 第四, 没有最大的个体 (无论一个有理数有多大, 给它加上 1 的结果就比它还大); 第五, 也没有最小的个体 (无论一个有理数有多小, 将它减去 0.1 就比它小); 第六, 任何两个不相等的个体之间一定有比其中的一个小但比另外一个大的个体存在 (比如, 任何两个不同的有理数的算术平均值就在这两个有理数之间). 注意到这六句话是对有理数大小比较的一种总结, 由这六句话组成的理论是一致的, 因为这一理论有一个模型, 根据后面的完备性定理得知这一理论是一致的. 就这么简单的六句话, 就构成一种关于大小比较的圆满认识: 任何一个在有关大小比较语言之下的语句要么可以从这六句话出发被证明, 要么它的否定可以从这六句话出发被证明. 换一种说法, 这六句话组成一个一致的完全的理论. 这一理论的完全性也是被严格证明了的. 只是这一证明超出了本书准备涵盖的范围, 也就不再赘言. 但是, 如果我们在这一基础之上, 添加有关对于有理数算术运算的认识, 局面就会发生巨大变化. 比如, 在讨论问题的语言中, 添加用以表示 0 和 1 的专有名词, 添加用以表示有理数加法、减法、乘法和除法这四则算术运算的谓词 (我们将函数当成特殊的谓词来处理). 这样我们得到一种扩张了的新语言. 然后我们在原有的数值大小比较理论的基础上添加关于有理数算术运算的基本认识, 得到数学上称之为有关有理数的“特征零有序域理论” (我们不在这里解释这个理论具体是什么, 因为这无关紧要). 这依旧是一个只含有有限条语句的理论. 这个理论依旧是从有关有理数的认识中总结出来的, 所以有理数还是这个新理论的一个模型. 所以这也是一个一致的理论. 但它不再是一个完全理论. 比如说, 我们所熟知的语句“存在一个其平方是 $1+1$ 的个体”就是一个既不可以被这个理论所证明, 又不可以被这个理论所否定的语句. 语句“存在一个其平方是 $1+1$ 的个体”就是一个独立于“特征零有序域理论”的语句. 这一独立性就是通常所说的“$\sqrt{2}$ 不是一个有理数, 但是一个实数”, 因为实数有序域也是特征零有序域理论的一个模型. 因此, 特征零有序域理论不是一个完全理论. 可是, 如果我们不添加乘法和除法运算, 只添加 0 以及加减法运算, 我们得到一个有关有理数的“有序加法群理论”. 这个有序加法群理论还是以相应的有理数结构为一个模型, 所以是一致的. 这个理论也是完全的 (至少很明显的是语句“存在一个其平方是 $1+1$ 的个体”不可以在这个只有 0 没有 1, 只有加减没有乘法的语言之中表达出来).

上面关于有理数的几种认识的例子表明一种理论是否完全与理论所依赖的语言直接关联. 在一种语言之下, 一种理论可以是完全的. 但是, 当这种语言变得丰富起来, 在新语言的表达能力具备实质性提升, 原有的理论假设往往难以胜任通览全局的责任, 不完全性就自然而然地产生.

当我们对一类事物的认识有一个良好的开端 (得到了一个一致的开端) 时, 也许并不完美, 并不圆满, 我们是否可以将认识逐步深化从而逐步圆满起来? 原则上讲, 这是可能的, 但有时候必须放弃追求行之有效. 比如, 特征零有序域理论就可以是一个完全理论的一部分, 并且这一覆盖了特征零有序域理论的完全理论可以经过一种行之有效的方法得到, 但是, 有关自然数算术 (包含大小比较、加法和乘法, 以及数学归纳法) 的认识的总结理论就是一致的非完全的理论, 并且不可能经过任何行之有效的方法得到一种一致完全覆盖. 这是著名的哥德尔不完全性定理的内容.

就数论而言, 哥德尔不完全性定理所强调的是数论不可能经过任何行之有效的方法得到一种一致完全覆盖. 这里的“用行之有效的方法”是关键. 如果没有这样的关键性要求, 那么我们就有下面的定理:

定理 3.14　*任何一个一致的语句集合 Γ 都必然是某个一致完全理论 T 的一部分 (即 $\Gamma \subseteq T$).*

对于任意给定的一个一致的语句集合 Γ, 怎样可以获得一个覆盖 Γ 的一致的完全理论 T 呢? 基本的想法就是逐步添加那些与现有的一致集合相独立的语句, 直到没有任何可以添加的独立语句为止 (整个逐步添加的过程一般来说不是一个行之有效的过程). 这是可以得到严格论证的事实. 但这种论证超出了本书的范围.

在基本逻辑学看来, 当面临一种相当复杂局面时, 理性思考者有必要既保持一致也保持一种警醒, 清醒地意识到可能存在某种独立性 (认识的缺陷未必马上被消除是一件十分自然的事情), 并将这种警醒当成自己不断追求进取、不断完善自己理论的一种激励.

下面我们用来自现实生活中的一个实例来说明逻辑上的独立性概念在现实生活中的重要性.

例 3.13　*现在我们来考虑一个来自现实生活中的实例. 话说某年某月某日在南京市的某个公交车站, 发生了如下事情: 有一位老太太下一辆公交车之后摔倒了 (摔倒这一结果是真实的事实, 至于摔倒的原因尚不清楚); 此时此地有一位停下自*

行车的年轻人将摔倒在地的老太太扶起 (这是真实的); 由于老太太受了伤, 这位年轻人将老太太送到某医院就医, 并且垫付 200 元作为挂号费和诊疗费 (这也是真实的). 当然, 这里的真实性是根据媒体报道所确定的, 我们姑且相信媒体报道的真实性. 后来, 又据媒体报道, 这位摔倒受伤的老太太的家人以撞伤老人的责任人的名义将这位年轻人告上南京的某个民事法庭; 这个民事法庭的法官判定这位年轻人担负撞伤老人的责任. 这一判决在当时的互联网上引起轰动. 之所以引起轰动, 据媒体报道, 是因为该法官实际上是在没有关于撞与被撞的任何事实证据的情况下做出判决, 并且法官给出了这样的理由: "如果不是你撞的, 你为什么去将她扶起, 并且送她去医院, 还垫付 200 元?" 将这个反问句对等地转换成假言判断句式 (蕴含式) 就有 "因为是你将摔倒在地的老人扶起, 并且送医以及垫付 200 元, 所以老人一定是你撞倒负伤的". 我们就知道法官是在缺少事实证据的情形下以推理的方式, 应用这一蕴含语句, 得到 "是这位年轻人撞伤老人" 这一结论的.

现在我们就来分析一下为什么互联网上的群众会对这位法官的这一判决表示异议. 是这一判决合理? 还是这种异议合理?

我们先来看看法官是怎样得出结论的: 第一, 这位年轻人的确将摔倒在地的老人扶起, 并且送医以及垫付 200 元; 第二, "因为是年轻人将摔倒在地的老人扶起, 并且送医以及垫付 200 元, 所以老人一定是这位年轻人撞倒负伤的"; 第三, 根据推理法则, 由第一和第二, 得到结论 "老人一定是这位年轻人撞倒负伤的".

从形式推理法则的应用角度看, 这似乎没有问题. 其实不然, 推理法则 "由 A 以及 $(A \to B)$ 得到 B" 在实际分析中应用时必须保证 A 是真的, 并且 $(A \to B)$ 也是真的, 然后才能得出 B 是真的. 这里的 A, "年轻人的确将摔倒在地的老人扶起, 并且送医以及垫付 200 元", 根据媒体报道的事件中的真实性, 可以认定为真. 但是, $(A \to B)$, "因为是年轻人将摔倒在地的老人扶起, 并且送医以及垫付 200 元, 所以老人一定是这位年轻人撞倒负伤的", 这位法官主观拟定的蕴含式命题并不一定是真的. 所以, 并不能依据推理法则得出 B, "老人一定是这位年轻人撞倒负伤的", 是真的.

那么, 为什么说断言 "因为是年轻人将摔倒在地的老人扶起, 并且送医以及垫付 200 元, 所以老人一定是这位年轻人撞倒负伤的" 并不一定是真的呢? 因为这一断言既可以是真的, 也可以不是真的. 结论 "老人摔倒在地并且受伤了" 是真实的. "这位年轻人将摔倒在地的老人扶起, 并且送医以及垫付 200 元" 也是真实事实. 但是, 这两个真实事实之间存在着一种逻辑上的**独立性** (参见第 211 页的定义 3.15). "老人摔倒在地" 既可以是因为纯粹自身与他人无关的缘故也可以是他人碰撞的结果; 就算老人摔倒在地的确是他人碰撞的结果, 将老人撞倒在地的主体当事人既可以是这位年轻人也可以是已经肇事逃逸的他人. 实际发生的事情既可以是 "这位年轻人将老人撞倒在地, 并且将摔倒在地的老人扶起, 并且送医以及垫付 200 元", 也可以是"在他人将老人撞倒在地并且肇事逃逸的情况下, 年轻人出自自己的好心将摔倒在地的老人扶起, 并且送医以及垫付 200 元", 还可以是"老人自己摔倒在地, 年轻人出自自己的好心将摔倒在地的老人扶起, 并且送医以及垫付 200 元". 这三种情形都是实际上可能彼此独立发生的, 因此它们之间具有实际上的逻辑上的独立性. 我们知道, 现实生活中, 有: 老人自己摔倒在地的例子; 将人撞倒之后肇事逃逸的例子; 事发与己有关并且在事发后主动承担责任以及对受伤者主动提供帮助的例子; 虽然事发与己无关但是出于好心主动帮助他人的例子. 这些现实生活中发生的实际的各种各样的例子就表明实际发生的事情具有真实的三种可能性. 这些就表明上述两件真实事实之间具有逻辑上的独立性. 这种独立性就表明断言"因为是年轻人将摔倒在地的老人扶起, 并且送医以及垫付 200 元, 所以老人一定是这位年轻人撞倒负伤的"并不一定是真的.

3.5.7 可靠性与完备性

成如命题逻辑具备可靠性和完备性那样, 代名词逻辑系统也具备可靠性和完备性.

定理 3.15 (可靠性定理) *设 Γ 是语言 $\mathcal{L}_{\mathscr{S}}$ 的一个代名词表达式的集合 (一个分析论证之开端). 设 B 为语言 $\mathcal{L}_{\mathscr{S}}$ 的一个代名词表达式. 如果 B 是 Γ 的一条定理, 那么 B 必定是 Γ 的一个逻辑结论 (一条 Γ 的相对真理). 简而言之, 如果 $\Gamma \vdash B$, 那么 $\Gamma \models B$.*

这个定理是说凡是经过正确的分析论证所得到的结论必定揭示出 Γ 的任何一个实现机构的一种性质. 因而, 由基本逻辑学所选择的逻辑公理和自然推理法则所构成的分析、推理、论证系统是一个完全可靠的系统: 正确的分析论证不会带来任何相对而言不合理的结论.

定理 3.16 (第一完备性定理) *设 Γ 是语言 $\mathcal{L}_{\mathscr{S}}$ 的一个代名词表达式的集合 (一个分析论证之开端). 设 B 为语言 $\mathcal{L}_{\mathscr{S}}$ 的一个代名词表达式. 那么, B 是 Γ 的一条定理当且仅当 B 是 Γ 的一条相对真理. 简而言之, $\Gamma \vdash B$ 当且仅当 $\Gamma \models B$.*

代名词逻辑的第一完备性定理的一个简单推论就是如果一个代名词表达式 B 是一条普遍真理，那么它一定是一条定理. 也就是说, 任何一条普遍真理都是一条逻辑定理, 因此任何一条普遍真理都可以在论证中被使用而不至于带来任何负面作用. 另一方面, 尽管原则上任何一条普遍真理都应当可以在论证中无条件地作为一种前提来使用, 代名词逻辑的第一完备性定理 (定理 3.16) 则表明由定义 3.9 所选出来的逻辑公理已经构成一个足够完备的论证体系.

定理 3.17 (第二完备性定理) *设 Γ 是语言 $\mathcal{L}_{\mathscr{S}}$ 的一个代名词表达式的集合 (一个分析论证之开端). 那么, Γ 是一个一致开端的充分必要条件是 Γ 是合理的.*

代名词逻辑的第二完备性定理 (定理 3.17) 清楚地表明尽管选择什么作为具体

基本概念以及选择什么作为具体思考的起点完全是思考者的自由, 但是对于力图用思考来成功求解具体实际问题的思考者来说, 保持所作起点选择的一致性则是成功求解具体实际问题天然限制. 这种天然限制就自然而然地要求思考者在选择具体基本概念和具体基本判断作为自己的出发点的时候自觉地遵守事实判定原则、遵守真相原则以及遵守实事求是原则.

同样地, 代名词逻辑具备紧致性. 这对于我们后面建立自然数理论的非标准模型很有用.

定理 3.18 (紧致性定理) 设 Γ 是语言 $\mathcal{L}_{\mathscr{S}}$ 的一个代名词表达式的集合 (一个分析论证之开端). 那么, Γ 是一个一致开端的充分必要条件是 Γ 的任何一个有限部分都是一致的.

3.5.8 逻辑基本定理

下面我们罗列出一系列的逻辑基本定理. 这些逻辑基本定理都是完备性定理的简单推论, 但是在我们的逻辑分析中经常扮演有用的角色.

定理 3.19 设 A, B, C 是 $\mathscr{S}$-锦帛矩阵中的三个代名词表达式. 又设 Γ 是 $\mathscr{S}$-锦帛矩阵中的代名词表达式的一个集合. 那么:

1. 对称律: 如果 $\Gamma \vdash (A \leftrightarrow B)$, 那么 $\Gamma \vdash (B \leftrightarrow A)$.
2. 传递律: 如果 $\Gamma \vdash (A \leftrightarrow B)$, 并且 $\Gamma \vdash (B \leftrightarrow C)$, 那么 $\Gamma \vdash (A \leftrightarrow C)$.
3. $\Gamma \vdash (A \leftrightarrow B)$ 当且仅当 $[\Gamma \vdash (A \to B)$ 并且 $\Gamma \vdash (B \to A)]$.
4. 自反律: $\vdash (A \leftrightarrow A)$.
5. 否定之否定律: $\vdash (A \leftrightarrow (\neg(\neg A)))$.
6. 组合表示律:

(a) $\vdash ((A \vee B) \leftrightarrow ((\neg A) \to B))$;

(b) $\vdash ((A \to B) \leftrightarrow ((\neg A) \vee B))$;

(c) $\vdash ((A \to B) \leftrightarrow (\neg(A \wedge (\neg B))))$;

(d) $\vdash ((A \wedge B) \leftrightarrow (\neg(A \to (\neg B))))$;

(e) $\vdash ((A \leftrightarrow B) \leftrightarrow (\neg((A \to B) \to (\neg(B \to A)))))$;

(f) $\vdash ((\exists x_i A) \leftrightarrow (\neg(\forall x_i(\neg A))))$;

(g) $\vdash ((\forall x A) \leftrightarrow (\neg(\exists x(\neg A))))$.

7. 逆否律: $\vdash ((A \to B) \leftrightarrow ((\neg B) \to (\neg A)))$.
8. 恰当否定律:

(a) $\vdash ((\neg(A \to B)) \leftrightarrow (A \wedge (\neg B)))$;

(b) $\vdash ((\neg(A \wedge B)) \leftrightarrow ((\neg A) \vee (\neg B)))$;

(c) $\vdash ((\neg(A \vee B)) \leftrightarrow ((\neg A) \wedge (\neg B)))$;

(d) $\vdash ((\neg(A \leftrightarrow B)) \leftrightarrow ((A \wedge (\neg B)) \vee ((\neg A) \wedge B)))$;

(e) $\vdash ((\neg(\forall x A)) \leftrightarrow (\exists x(\neg A)))$;

(f) $\vdash ((\neg(\exists x A)) \leftrightarrow (\forall x(\neg A)))$.

9. 交换律:

(a) $\vdash ((A \vee B) \leftrightarrow (B \vee A))$;

(b) $\vdash ((A \wedge B) \leftrightarrow (B \wedge A))$.

10. 结合律:

(a) $\vdash ((A \vee (B \vee C)) \leftrightarrow ((A \vee B) \vee C))$;

(b) $\vdash ((A \wedge (B \wedge C)) \leftrightarrow ((A \wedge B) \wedge C))$.

11. 分配律:

(a) $\vdash ((A \wedge (B \vee C)) \leftrightarrow ((A \wedge B) \vee (A \wedge C)))$;

(b) $\vdash ((A \vee (B \wedge C)) \leftrightarrow ((A \vee B) \wedge (A \vee C)))$.

定理 3.20 (对等替换律)　设 $A, B_1, \cdots, B_n, C_1, \cdots, C_n$ 是一系列代名词表达式. 又设 D 是一个在表达式 A 中分别用某些 C_j 替换了 B_j 所得到的表达式. 如果对于每一个 $1 \leqslant i \leqslant n$, 都有 $\Gamma \vdash (B_i \leftrightarrow C_i)$, 那么 $\Gamma \vdash (A \leftrightarrow D)$.

下面是经常听说的逻辑三大基本律. 作为例子, 我们将应用完备性定理给出它们之所以成立的语义分析证明.

定理 3.21 (三大基本律)　设 A 为语言 $\mathscr{S}$-锦帛矩阵的一个代名词表达式. 那么由 A 所给出的同一律、排中律和矛盾律都是逻辑定理:

1. 同一律: $\vdash (A \rightarrow A)$;

2. 排中律: $\vdash ((\neg A) \vee A)$, $\vdash (A \vee (\neg A))$;

3. 矛盾律: $\vdash (\neg(A \wedge (\neg A)))$, $\vdash (\neg((\neg A) \wedge A))$.

证明　根据完备性定理, 只需验证如下结论:

1. 同一律: $\models (A \rightarrow A)$;

2. 排中律: $\models ((\neg A) \vee A)$, $\models (A \vee (\neg A))$;

3. 矛盾律: $\models (\neg(A \wedge (\neg A)))$, $\models (\neg((\neg A) \wedge A))$.

任取一个实现机构 $(M, J, \mathscr{I}, m)$. 由定义, 或者 $(M, J, \mathscr{I}, m) \models A$, 或者

$$(M, J, \mathscr{I}, m) \not\models A,$$

二者必居其一, 而且最多只有一种成立. 根据实现否定式的定义,

$$(M, J, \mathscr{I}, m) \models (\neg A) \text{ 当且仅当 } (M, J, \mathscr{I}, m) \not\models A.$$

所以, 或者 $(M, J, \mathscr{I}, m) \models A$, 或者 $(M, J, \mathscr{I}, m) \models (\neg A)$, 二者必居其一, 而且最多只有一种成立. 因此, 根据定义, 必有:

(a) $(M, J, \mathscr{I}, m) \models (A \rightarrow A)$;

(b) $(M, J, \mathscr{I}, m) \models ((\neg A) \vee A)$ 以及 $(M, J, \mathscr{I}, m) \models (A \vee (\neg A))$;

(c) $(M, J, \mathscr{I}, m) \models (\neg(A \wedge (\neg A)))$ 以及 $(M, J, \mathscr{I}, m) \models (\neg((\neg A) \wedge A))$. □

3.5.9 韩非子定理之证明

作为完备性定理的一个应用, 我们来证明韩非子定理 (定理 3.13).

韩非子定理: 在韩非子假设成立的条件下, 不可陷之盾与无不陷之矛, 不可同世而立.

回顾一下韩非子假设 Γ_0. 令 Γ_0 为下述九个语句的集合:

$$(\forall x(M(x) \to (\neg D(x)))); \quad (\forall y(D(y) \to (\neg M(y))));$$

$$(\forall x(\forall y(C(x,y) \to (M(x) \wedge D(y)))));$$

$$(\exists x(\exists y(M(x) \wedge D(y) \wedge C(x,y))));$$

$$(\exists x(\exists y(M(x) \wedge D(y) \wedge (\neg C(x,y)))));$$

$$(\forall x(\forall y((M(x) \wedge D(y)) \to (C(x,y) \vee (\neg C(x,y))))));$$

$$(\forall x(\forall y((M(x) \wedge D(y)) \to (C(x,y) \to C(x,y)))));$$

$$(\forall x(\forall y((M(x) \wedge D(y)) \to ((\neg C(x,y)) \to (\neg C(x,y))))));$$

$$(\forall x(\forall y((M(x) \wedge D(y)) \to (\neg(C(x,y) \wedge (\neg C(x,y))))))).$$

第一句话说: 没有矛是盾; 第二句话说: 没有盾会是矛; 第三句话说: 如果此物被彼物刺破, 那么此物必为盾彼物必为矛; 第四句话说: 存在可以刺破某块盾的矛; 第五句话: 说存在不可以刺破某块盾的矛; 第六句话说: 任给一对矛与盾, 要么此矛可以刺破此盾, 要么此矛不可以刺破此盾, 二者必居其一; 第七句话说: 如果此矛可以刺破彼盾, 那么此矛可以刺破彼盾; 第八句话说: 如果此矛不可以刺破彼盾, 那么此矛不可以刺破彼盾; 第九句话说: 不可能既有此矛可以刺破彼盾又有此矛不可以刺破彼盾. 韩非子假设 Γ_0 就是韩非子分析论证的开端.

定理 3.22 (韩非子默认事实) 韩非子假设 Γ_0 中的后四个语句都是逻辑定理:

$$\vdash (\forall x(\forall y((M(x) \wedge D(y)) \to (C(x,y) \vee (\neg C(x,y))))));$$

$$\vdash (\forall x(\forall y((M(x) \wedge D(y)) \to (C(x,y) \to C(x,y)))));$$

$$\vdash (\forall x(\forall y((M(x) \wedge D(y)) \to ((\neg C(x,y)) \to (\neg C(x,y))))));$$

$$\vdash (\forall x(\forall y((M(x) \wedge D(y)) \to (\neg(C(x,y) \wedge (\neg C(x,y))))))).$$

证明　证明的第一部分应用三大基本律定理 (定理 3.21); 第二部分应用第一宽容律以及全体化定理 (定理 3.9).

(1) 因为 "$(C(x,y) \to C(x,y))$" 以及 "$((\neg C(x,y)) \to (\neg C(x,y)))$" 都是同一律的具体例子, 所以

$$\vdash (C(x,y) \to C(x,y)), \tag{3.21}$$

以及

$$\vdash ((\neg C(x,y)) \to (\neg C(x,y))). \tag{3.22}$$

(2) 因为 $(C(x,y) \vee (\neg C(x,y)))$ 是排中律的一个例子, 所以

$$\vdash (C(x,y) \vee (\neg C(x,y))). \tag{3.23}$$

(3) 因为 $(\neg(C(x,y) \wedge (\neg C(x,y))))$ 是矛盾律的一个例子, 所以

$$\vdash (\neg(C(x,y) \wedge (\neg C(x,y)))). \tag{3.24}$$

(4) 由逻辑公理中的第一宽容律, $\vdash (A \to (B \to A))$, 将 B 取为表达式

$$(M(x) \wedge D(y)),$$

将 A 分别取为上述结论 (3.21), 结论 (3.22), 结论 (3.23), 以及结论 (3.24) 中的表达式, 再分别应用上述结论以及推理法则, 就得到

$$\vdash ((M(x) \wedge D(y)) \to (C(x,y) \to C(x,y))), \tag{3.25}$$

$$\vdash ((M(x) \wedge D(y)) \to ((\neg C(x,y)) \to (\neg C(x,y)))), \tag{3.26}$$

$$\vdash ((M(x) \wedge D(y)) \to (C(x,y) \vee (\neg C(x,y)))), \tag{3.27}$$

$$\vdash ((M(x) \wedge D(y)) \to (\neg(C(x,y) \wedge (\neg C(x,y))))). \tag{3.28}$$

(5) 对上述结论 (3.25), 结论 (3.26), 结论 (3.27), 以及结论 (3.28) 中的表达式分别两次应用全体化定理 (定理 3.9), 就得到

$$\vdash (\forall x(\forall y((M(x) \wedge D(y)) \to (C(x,y) \to C(x,y)))));$$

$$\vdash (\forall x(\forall y((M(x) \wedge D(y)) \to (C(x,y) \vee (\neg C(x,y))))));$$

$$\vdash (\forall x(\forall y((M(x) \wedge D(y)) \to ((\neg C(x,y)) \to (\neg C(x,y))))));$$

$$\vdash (\forall x(\forall y((M(x) \wedge D(y)) \to (\neg(C(x,y) \wedge (\neg C(x,y))))))).$$

□

事实 3.5.1　Γ_0 是一个一致的语句集合.

因为根据完备性定理, 只需找到 Γ_0 的一个模型. 事实上将时间区间固定在秦国大战其东方六国统一华夏的期间, 收集整个战争期间所有的被使用过的矛与盾, 由它们组成一个论域, 然后用事实上的矛的全体作为"矛"这个基本概念的外延, 用事实上的盾的全体作为"盾"这个基本概念的外延, 用事实上的"此矛刺破此盾"的所有矛与盾所成的序对的全体作为"可以刺破"这个概念 (二元关系) 的外延. 那么, 由所有可能的矛与盾的序对所组成的集合减去"可以刺破"这个概念的外延之后的结果一定非空. 这样得到一个组织结构 $(X, J, \mathscr{I})$. 这个组织结构就是 Γ_0 的一个模型. (思考题: 为什么? 请补足详细的论证.)

实际上, 我们还可以构造出 Γ_0 的一个简单得多的模型.

令 $X = \{0, 1, 2, 3, 4, 5, 6, 7, 8, 9\}$; $M = \{0, 2, 4, 6, 8\}$; $D = \{1, 3, 5, 7, 9\}$;

$$M \times D = \left\{ \begin{array}{l} (0,1),(0,3),(0,5),(0,7),(0,9), \\ (2,1),(2,3),(2,5),(2,7),(2,9), \\ (4,1),(4,3),(4,5),(4,7),(4,9), \\ (6,1),(6,3),(6,5),(6,7),(6,9), \\ (8,1),(8,3),(8,5),(8,7),(8,9) \end{array} \right\};$$

$$C = \{(0,3),(0,5),(0,7),(0,9),(2,3),(4,5),(6,7),(8,9)\};$$

$$\neg C \supset B = \left\{ \begin{array}{l} (0,1),(2,1),(4,1),(6,1),(8,1), \\ (2,5),(2,7),(2,9),(4,3),(4,7),(4,9), \\ (6,3),(6,5),(6,9),(8,3),(8,5),(8,7) \end{array} \right\};$$

在论域 X 之中, 偶数为矛的编号, 奇数为盾的编号. 所以, 这个论域中有五支矛, 五块盾. 集合 M 是论域中矛的编号的全体; 集合 D 是论域中盾的编号的全体; 集合 $M \times D$ 是 X 上的所有矛与盾的编号所成的编号序对; 集合 C 是那些矛可以刺穿盾的相应的编号序对, 一共有 8 对, 比如说, 编号为 0 的矛非常锋利, 除了编号为 1 的盾之外, 它可以刺穿所有其他的盾; 集合 B 则是 C 在 $M \times D$ 中的补集, 即 $B = (M \times D) - C$, 注意, 集合 B 不等于 $\neg C = X \times X - C$.

我们来验证这个组织结构 $(X, J, \mathscr{I}) \models \Gamma_0$. 应用前面的韩非子默认事实定理 (定理 3.22), 我们得到

$$(X, J, \mathscr{I}) \models (\forall x(\forall y((M(x) \wedge D(y)) \to (C(x,y) \vee (\neg C(x,y))))));$$

$$(X, J, \mathscr{I}) \models (\forall x(\forall y((M(x) \wedge D(y)) \to (C(x,y) \to C(x,y)))));$$

$$(X, J, \mathscr{I}) \models (\forall x(\forall y((M(x) \wedge D(y)) \to ((\neg C(x,y)) \to (\neg C(x,y))))));$$

$$(X, J, \mathscr{I}) \models (\forall x(\forall y((M(x) \wedge D(y)) \to (\neg(C(x,y) \wedge (\neg C(x,y))))))).$$

也可以直接讨论如下, 比如说, (1) 对于任意的花名册 m, 只要 $m(x)$ 在集合 M 之中, 并且 $m(y)$ 在集合 D 之中, 必有

$$(X, J, \mathscr{I}, m) \models (M(x) \wedge D(y)).$$

(2) 由于 C 与 B 在 $M \times D$ 之中互补, 对于任意的花名册 m, 只要 $m(x)$ 在集合 M 之中, 并且 $m(y)$ 在集合 D 之中, 必有

$$(X, J, \mathscr{I}, m) \models (C(x, y) \vee (\neg C(x, y))).$$

(3) 综合 (1) 和 (2) , 对于任意的花名册 m, 只要 $m(x)$ 在集合 M 之中, 并且 $m(y)$ 在集合 D 之中, 必有

$$(X, J, \mathscr{I}, m) \models ((M(x) \wedge D(y)) \rightarrow (C(x, y) \vee (\neg C(x, y)))).$$

因此

$$(X, J, \mathscr{I}) \models (\forall x(\forall y((M(x) \wedge D(y)) \rightarrow (C(x, y) \vee (\neg C(x, y)))))).$$

从而, 我们只需验证 Γ_0 的前五句话在 $(X, J, \mathscr{I})$ 中成立.

(4) 令 $m(x)=0, m(y)=3$, 因为事实上 $(0,3)$ 在集合 C 中, 所以

$$(X, J, \mathscr{I}, m) \models (M(x) \wedge D(y) \wedge C(x, y)),$$

于是

$$(X, J, \mathscr{I}) \models (\exists x(\exists y(M(x) \wedge D(y) \wedge C(x, y))));$$

(5) 令 $m(x)=0, m(y)=1$, 因为事实上 $(0,1)$ 在集合 $(\neg C)$ 中, 所以

$$(X, J, \mathscr{I}, m) \models (M(x) \wedge D(y) \wedge (\neg C(x, y))),$$

于是

$$(X, J, \mathscr{I}) \models (\exists x(\exists y(M(x) \wedge D(y) \wedge (\neg C(x, y)))));$$

(6) 对于任意的花名册 m, 只要 $m(x)$ 在集合 M 之中, 必有

$$(X, J, \mathscr{I}, m) \models (M(x) \rightarrow (\neg D(x))).$$

因此

$$(X, J, \mathscr{I}) \models (\forall x(M(x) \rightarrow (\neg D(x)))).$$

(7) 对于任意的花名册 m, 只要 $m(x)$ 在集合 D 之中, 必有

$$(X, J, \mathscr{I}, m) \models (D(x) \rightarrow (\neg M(x))).$$

因此

$$(X, J, \mathscr{I}) \models (\forall x(D(x) \to (\neg M(x)))).$$

(8) 由于 $C \subset M \times D$ (即 C 中的任何一个有序对的第一个分量都在 M 中, 其第二个分量都在 D 中), 对于任意的花名册 m, 如果

$$(X, J, \mathscr{I}, m) \models C(x, y),$$

那么必有 $m(x) \in M$ (即 $m(x)$ 是 M 中的一个元素) 以及 $m(y) \in D$ (即 $m(y)$ 是 D 中的一个元素). 所以

$$(X, J, \mathscr{I}) \models (\forall x(\forall y(C(x, y) \to (M(x) \wedge D(y)))));$$

综上所述, $(X, J, \mathscr{I}, m) \models \Gamma_0$.

思考题 3.6 语句 $(\exists y(D(y) \wedge (\forall x(M(x) \to (\neg C(x, y))))))$ 在上述 Γ_0 的模型之中是否为真? 为什么?

思考题 3.7 如果楚商只卖 0 号矛和 1 号盾, 并且他宣称"吾盾之坚, 物莫能陷; 吾矛之利, 非吾盾者必陷", 可否在上述 Γ_0 的模型的基础上得到一个扩展结构来验证这次该楚商之宣言并无矛盾?

思考题 3.8 如果楚商只卖 0 号矛和 1 号盾, 试问楚商此时的宣言"吾盾之坚, 非吾矛者莫能陷; 吾矛之坚, 于物不陷"是否无矛盾? 可否在上述组织结构上略作修改而得到这个宣言以及 Γ_0 的一个模型?

现在我们以两种方式来证明韩非子定理.

证明 (一) 令 Γ_1 为下述语句的集合:

$$(\exists x(M(x) \wedge (\forall y(D(y) \to C(x, y))))).$$

这句话说: 存在一支"无不陷之矛". 考虑下面的语句:

$$(\exists y(D(y) \wedge (\forall x(M(x) \to (\neg C(x, y)))))).$$

这句话说: 存在一块"不可陷之盾". 将这句话用 θ 来简记. 那么 $(\neg\theta)$ 就对等于下面的语句:

$$(\forall y(D(y) \to (\exists x(M(x) \wedge C(x, y))))).$$

这样, 韩非子的结论"在韩非子假设成立的条件下, 不可陷之盾与无不陷之矛, 不可同世而立"就可以等价地陈述为"$\Gamma_0 \cup \Gamma_1 \cup \{\theta\}$ 是非一致的".

根据归谬法原理, 欲证 $\Gamma_0 \cup \Gamma_1 \cup \{\theta\}$ 是非一致的, 只需证明: $\Gamma_0 \cup \Gamma_1 \vdash (\neg\theta)$. 根据演绎定理, 这事实上等价于证明:

$$\Gamma_0 \vdash \left(\begin{array}{c} (\exists x(M(x) \wedge (\forall y(D(y) \to C(x, y))))) \to \\ (\forall y(D(y) \to (\exists x(M(x) \wedge C(x, y))))) \end{array} \right).$$

现在我们应用完备性定理来证明上述定理. 设 $(X, J, \mathscr{I})$ 为一个本语言的组织结构, 并且它是 Γ_0 的一个模型. 假设在这个组织结构中上述语句之前提成立, 即语句

$$(\exists x(M(x) \wedge (\forall y(D(y) \to C(x, y)))))$$

是 $(X, J, \mathscr{I})$ 的一个真语句. 令 x_0 是一个证据, 即 x_0 是 X 中的一支无不陷之矛.

欲证语句 $(\forall y(D(y) \to (\exists x(M(x) \wedge C(x, y)))))$ 为真. 任取 X 中的一块盾牌 y, 需要在 X 中找到一支可以刺穿盾 y 的矛以验证断言 $(\exists x(M(x) \wedge C(x, y)))$. 事实上, 矛 x_0 就具备刺穿盾 y 的功能, 因为在模型 $(X, J, \mathscr{I})$ 看来, x_0 可以刺穿 X 中的任何一块盾牌. 所以, 语句 $(\neg\theta)$ 在模型 $(X, J, \mathscr{I})$ 之中为真.

于是, $\Gamma_0 \cup \Gamma_1 \vdash (\neg\theta)$, 从而, "不可陷之盾与无不陷之矛, 不可同世而立". □

还可以如下的方式来证明韩非子定理.

证明 (二) 令 Γ 为向 Γ_0 添加如下两个语句后所得到的结果:

$$(\exists x(M(x) \wedge (\forall y(D(y) \to C(x, y))))); \quad (\exists y(D(y) \wedge (\forall x(M(x) \to (\neg C(x, y)))))).$$

我们希望证明 Γ 是非一致的.

用反证法. 假设不然, 那么, Γ 是一致的. 根据完备性定理, Γ 一定有一个模型 $(X, J, \mathscr{I})$.

根据模型的定义, 令 m 为一个见证下述两个表达式在 $(X, J, \mathscr{I}, m)$ 中为真的 X 花名册:

$$(M(x) \wedge (\forall y(D(y) \to C(x, y)))); \quad (D(y) \wedge (\forall x(M(x) \to (\neg C(x, y))))).$$

由于下述表达式都是逻辑公理之特化原理的例子 (练习题: 验证它们的确是特化原理之特例.),

$$((\forall y(D(y) \to C(x, y))) \to (D(y) \to C(x, y))),$$

以及

$$((\forall x(M(x) \to (\neg C(x, y)))) \to (M(x) \to (\neg C(x, y)))),$$

必有

$$(X, J, \mathscr{I}, m) \models ((\forall y(D(y) \to C(x, y))) \to (D(y) \to C(x, y))),$$

以及

$$(X, J, \mathscr{I}, m) \models ((\forall x(M(x) \to (\neg C(x, y)))) \to (M(x) \to (\neg C(x, y)))).$$

又根据 m 的选择, 应用 $\models$ 中关于合取式为真的定义, 有

$$(X,J,\mathscr{I},m)\models M(x) \text{ 并且 } (X,J,\mathscr{I},m)\models(\forall y(D(y)\to C(x,y))),$$

以及

$$(X,J,\mathscr{I},m)\models D(y) \text{ 并且 } (X,J,\mathscr{I},m)\models(\forall x(M(x)\to(\neg C(x,y)))).$$

于是, 根据 $\models$ 中关于蕴含式为真的定义, 应用上述相关的事实, 有

$$(X,J,\mathscr{I},m)\models(D(y)\to C(x,y)),$$

$$(X,J,\mathscr{I},m)\models(M(x)\to(\neg C(x,y))).$$

再根据 $\models$ 中关于蕴含式为真的定义, 应用上述相关的事实, 就有

$$(X,J,\mathscr{I},m)\models C(x,y) \text{ 并且 } (X,J,\mathscr{I},m)\models(\neg C(x,y)).$$

但根据 $\models$ 中关于否定式为真的定义, 这种局面不可能出现. □

思考题 3.9 可否应用完备性定理, 给出尴尬楚商定理 (定理 3.12) 的一个类似于上述韩非子定理的证明的语义型证明?

思考题 3.10 有人说: "语句 $(\exists y(D(y)\wedge(\forall x(M(x)\to(\neg C(x,y))))))$ 是一个与韩非子假设 Γ_0 独立的语句; 同样地, 语句 $(\exists x(M(x)\wedge(\forall y(D(y)\to C(x,y)))))$ 也是与韩非子假设 Γ_0 独立的语句. " 这种说法成立吗? 理由何在?

思考题 3.11 无论是在给出尴尬楚商定理 (定理 3.12) 的证明中, 还是在上面给出韩非子定理的证明中, 有没有什么地方涉及任何具体的矛或者具体的盾, 或者有关矛与盾的任何物理特性? 换一种问法, 在这些论证中, 在人们关于矛这个具体基本概念与盾这个具体基本概念的理解中的哪些性质被用到?

思考题 3.12 假设 M 和 D 是任意的两个一元谓词符号, C 是任意的一个二元谓词符号. 令 Γ 为下述五个语句的集合:

$$(\forall x(M(x)\to(\neg D(x))));\quad(\forall y(D(y)\to(\neg M(y))));$$

$$(\forall x(\forall y(C(x,y)\to(M(x)\wedge D(y)))));$$

$$(\exists x(\exists y(M(x)\wedge D(y)\wedge C(x,y))));$$

$$(\exists x(\exists y(M(x)\wedge D(y)\wedge(\neg C(x,y))))).$$

下面的断言是否成立?

$$\Gamma\vdash\left(\neg\left(\begin{array}{c}(\exists x(M(x)\wedge(\forall y(D(y)\to C(x,y)))))\wedge\\(\exists y(D(y)\wedge(\forall x(M(x)\to(\neg C(x,y))))))\end{array}\right)\right).$$

如果上述断言成立, 那么韩非子定理事实上就是一个不仅仅只涉及矛与盾的定理, 而是一个更一般的定理. 这样的更一般的韩非子定理可以怎样表述呢?

思考题 3.13　综合对上面的两道思考题的思考, 你对于“现实具体事物”、对现实具体事物的“抽象认识”以及“公理化表述”这三个短语以及它们之间的关联可有新的理解? 在这种关联中, 基本逻辑学所提供的逻辑系统到底发挥了什么样的作用?

第4章 集合代数

道根既建, 自无生有.
宇之表无极, 宙之端无穷.
—《灵宪》(东汉) 张衡
先贤著玄机, 智慧启后人.

毫无疑问, 植入了代名词逻辑的集合代数所提供的精湛的概念文字体系已经成为当今数学的基本语言体系. 在这里我们引进集合代数的基本内容, 以期说明具体基本概念以及具体复合概念的引进和具体基本判断的实现方式, 并且将确切回答第 2 章附录中 (见第 124 页) 所提出的关于“有限”与“无穷”的解释问题. 同时, 集合代数还将为第 5 章中解释在数学领域中如何实现基本真假判定做好准备.

4.1 集合代数语言

现在我们来考虑一种可以用来有效表达人类思想的最精湛的概念文字理论. 它不仅具有极其简单而优美的语言, 而且它还有着非常丰富的内涵 (只要我们接受它的基本理论或者基本假设). 可以说, 集合代数是一门融合代名词逻辑体系与概念分析于一体的基础学问. 经过一百多年的发展, 它已经成为整个数学的基础部分. 笔者相信, 假以时日, 它也会成为众多科学领域和众多社会科学领域的基础部分, 因为它可以被用来以极其精练的方式表达深刻的思想.

集合代数的语言非常简单. 首先, 我们有任意多个代名词, 而且代名词只代表一类对象: 集合. 比如说, 设 x 为一个代名词. 那么在集合代数表达式中, 无论什么时候, 代名词 x 就自动表示一个集合, 而不表示任何其他事物. 有时候为了强调, 我们也使用这样的短语: “集合 x”, 或者“设 x 为一个集合”, 等等. 总之, 在集合代数中, 集合是唯一关注的对象; 代名词只指代集合之用. 尽管后面我们会在所有的集合之中划分出一些特别的集合出来, 从而有专门表达那些特别的集合的代名词, 但它们首先是集合, 然后才是那些特别对象. 除了代名词之外, 它只有两个二元谓词符号. 一个是等号 $=$; 一个是“属于”关系符号 $\in$. 等号 $=$ 用以明确“什么与什么相等 (相同)”. 比如说, 设 x 和 y 是两个代名词, 表达式 $x = y$ 就表示“集合 x 等于集合 y”, 或者说, “集合 x 与集合 y 相等”. 属于号 $\in$ 用以明确“什么是什么的一员 (一个元素)”. 比如说, 设 x 和 y 是两个代名词, 表达式 $x \in y$ 就表示“集合 x

属于集合 y”, 或者说, “集合 x 是集合 y 中的一个元素”. 这两个符号本身就暗示我们集合代数是将概念的内涵与外延统一起来的学问 (自然后面我们需要足够的假设来明确这一点).

那么, 到底“集合 x 与集合 y 相等”, 这个代名词表达式, 或者, $x=y$, 这个代名词等式, 是什么意思呢? 我们需要明确这个等式的含义. 为此, 我们需要一个基本假设. 这个基本假设就是下面的**同一性假设**, 或者又可称其为**同一性公理**.

公理 1 (同一性) 如果 x 和 y 是两个集合, 那么集合 x 与集合 y 相等的充分必要条件是它们具有完全相同的元素 (集合), 也就是说, 对于任意的一个集合 z, 集合 z 是 x 的一个元素当且仅当 z 是集合 y 的一个元素. 用代名词逻辑形式表达式的方式来写就有下面的形式表达式:

$$(x=y) \leftrightarrow (\forall z\,(z \in x \leftrightarrow z \in y)).$$

上面的对等表达式中, 第一个对等联结词 $\leftrightarrow$ 是用来定义它左边的等式 $(x=y)$ 的 (被定义者); 它的右边的代名词形式表达式

$$(\forall z\,(z \in x \leftrightarrow z \in y))$$

则是用来定义等式 $(x=y)$ 的 (定义者). 定义者是一个全称式, 由全称量词 $\forall z$ 开始, 这个全称量词管辖后面关于三个代名词 x, y, z 的对等式

$$(z \in x \leftrightarrow z \in y),$$

意思表明“对于每一个集合 z 而言, $z \in x$ 的充分必要条件是 $z \in y$”. 也就是说, 对于任意的一个集合 z 而言 (如果 z 是 x 的一个元素, 那么 z 也是 y 的一个元素; 反之, 如果 z 是 y 的一个元素, 那么 z 也是 x 的一个元素).

同一性假设很清楚地明确了“两个集合相等”这个短语的含义. 这个假设其实是一个归结性命题: 把两个集合 x 和 y 是否相等的问题归结到这两个集合 x 和 y 是否具有相同的元素. 这后一个问题则涉及整个集合代数的论域: 对论域中的每一个集合 z, 所涉及的两个问题, z 是否为集合 x 的元素以及 z 是否为集合 y 的元素, 都必须有完全相同的答案. 这就能够看得出, 两个集合 x 和 y 是否相等的问题是一个相当于全局性的问题; 而 z 是否属于 x 或者 z 是否属于 y 这样的问题都是事实检验问题: 要么在里面, 要么不在里面, 这些结论都是简单的事实检测之后就可以得到. 因此, 集合代数没有对所有形如 $z \in x$ 的初始表达式有任何规定, 而只依赖事实本身到底怎样来确定. 在这种意义上讲, 集合代数实际上只有一类初始表达式: 所有形如 $a \in b$ 这样的表达式.

另外, 同一性假设本身实际上也是一个全称式, 只是我们将代名词 x 和 y 作为未知变元显式地呈现在表达式之中, 并且以蕴含句式的方式呈现. 事实上同一性假

设可以直接对等地用如下全称式写出来: 对于任意的集合 x 和集合 y, 它们相等的充分必要条件是它们具有完全相同的元素 (集合). 形式地, 我们有

$$(\forall x \forall y ((x = y) \leftrightarrow (\forall z (z \in x \leftrightarrow z \in y)))).$$

这样一个全称式就显式地明确了关于等号的含义覆盖整个集合代数的论域.

思考题 4.1 验证下述结论: 设 x, y 和 z 是集合.

(1) $x = x$;

(2) 如果 $x = y$, 那么 $y = x$;

(3) 如果 $x = y$ 并且 $y = z$, 那么 $x = z$.

属于关系 $\in$ 是对我们的"是"动词的第一种含义 (**一个具体事物是一个概念外延中的一个特例**) 的精确限定: "这一匹白马是一匹马". 现在我们假设 M 是某一时刻全世界 (整个地球上) 的马所组成的集合. 又假设 a 是拍摄电视剧《西游记》中的那匹白马. 命题 $a \in M$ 就是断言"a 这匹白马是一匹马".

可是如果我们想说, "每一匹白马都是一匹马" (这就是人们经常说的"白马也是马"), 仅仅依靠属于关系我们就难以表述我们想说的. 当然, 我们可以这样来说: "对于每一个 x 而言, 如果 x 是一匹白马, 那么 x 一定是一匹马". 于是, 为了将这个命题形式地表述出来, 我们需要假设另外一个集合存在: 令 B 为该时刻全世界 (整个地球上) 的白马所组成的集合. 在这样的假设下, "对于每一个 x 而言, 如果 x 是一匹白马, 那么 x 一定是一匹马" 这个命题就可以如下表述:

$$(\forall x (x \in B \to x \in M)).$$

在我们关于 M 和 B 的假设下, 这个全称式命题就表明"每一匹白马都是一匹马", 或者"白马也是马". 或许读者已经意识到, 这实际上是我们的"是"动词的第二种含义 (**一个概念是另外一个概念的部分**). 为了适应这种表述的需要, 也为了 (很多时候) 证明两个集合相等的需要, 我们引进下述表述两个集合之间的**部分**关系的二元谓词: **子集合关系**, 用记号 $\subseteq$ 来表示.

定义 4.1 (子集合) 如果 x 和 y 是两个集合, 那么集合 x 是集合 y 的一部分 (子集合) 当且仅当对于每一个集合 z 而言, 如果 z 是 x 的元素, 那么 z 一定也是 y 的一个元素. 形式地写, 我们有

$$x \subseteq y \leftrightarrow (\forall z (z \in x \to z \in y)).$$

此时我们也称 y 是 x 的**覆盖集合**, 记成 $y \supset x$.

和同一性假设一样, 上面的对等式中对等联结词的左边 $x \subseteq y$ 是被定义者, 而对等联结词右边的全称式

$$(\forall z (z \in x \to z \in y))$$

则是定义者.

同样, 这也是一个全称式:

$$(\forall x\,\forall y\,(x \subseteq y \leftrightarrow (\forall z\,(z \in x \rightarrow z \in y)))).$$

也就是说子集关系是一个涉及整个集合代数论域的二元关系.

思考题 4.2 *设 C, D, E 是三个集合. 如果 $C \subseteq D$ 以及 $D \subseteq E$, 那么 $C \subseteq E$. 也就是说, 子集合关系 $\subseteq$ 具有传递性.*

应用这个“子集合”关系来表述“白马也是马”这种说法, 我们就得到一个简单的表达式: $B \subseteq M$. 我们也知道并非所有的马都是白马. 也就是说“存在一匹黑马”这句话是真的 (有一部专门拍摄一匹黑马的电影《黑骏马》(Black Beauty)). 于是, 有下述真语句:

$$\exists z\,(z \in M \wedge (\neg(z \in B))).$$

以对等的方式写出来, 有

$$(\neg(\forall z\,(z \in M \rightarrow z \in B))).$$

引用子集合的定义 (定义 4.1), 我们得到 $(\neg(M \subseteq B))$. 因此, 有

$$(B \subseteq M) \wedge (\neg(M \subseteq B)).$$

这个合取式恰好就是公孙龙所断言的: “白马非马”, 换句话说, 全体白马并非所有的马. 这里被否定的“是”其实就是“是”动词的第三种含义: 等同或者相等, **一个概念与另外一个概念重合**[1]. 就是说, 公孙龙很清楚, 白马这个概念, 是马这个概念的一个**真部分**. 这两个概念并不重合. 如此一来, “白马也是马”与“白马非马”并非如有人所认为的那样相互矛盾, 它们只是各自从不同的角度在谈论事情.

从这个例子中, 我们还可以得到这样一个结论:

事实 4.1.1 *如果 x 和 y 是两个集合, 那么集合 x 与集合 y 相等的充分必要条件就是不仅 x 是 y 的一部分, 而且 y 也是 x 的一部分. 形式地写:*

$$(x = y) \leftrightarrow ((x \subseteq y) \wedge (y \subseteq x)).$$

为了简写的需要, 我们用记号 $\subset$ 来表示**真子集合**关系.

---

1 在两个概念之间使用“是”动词的时候一定要确保这两个概念之间的确存在逻辑上的蕴含或者覆盖关系, 就如同子集合关系的验证那样. 否则就比较容易出现“是”动词的使用错误. 比如, 断言某一个动态名词是某一个静态名词的说法就是错误使用“是”动词的例子, 因为所涉及的两个名词的状态不同, 根本不具有逻辑上的蕴含或者覆盖关系.

定义 4.2 (真子集合) 如果 x 和 y 是两个集合, 那么集合 x 是集合 y 的一个**真部分**(**真子集合**) 当且仅当 x 是 y 的一部分, 但是 y 并非 x 的一部分. 形式地写, 我们有

$$x \subset y \leftrightarrow ((\exists z\,(z \in y \wedge (\neg(z \in x)))) \wedge (\forall z\,(z \in x \to z \in y))).$$

此时也称 y 是 x 的**一个真覆盖集合**, 记成 $y \supset x$.

思考题 4.3 设 C, D, E 是三个集合. 如果 $C \subset D$ 以及 $D \subset E$, 那么 $C \subset E$. 也就是说, 真子集合关系 $\subset$ 也具有传递性.

用这个记号, $B \subset M$ 就将"白马也是马"以及"白马非马"统一起来了.

可见引进适当的记号, 我们可以以很经济的方式来严格地表述我们的思想. 进一步地, 我们用 $x \notin y$ 来简写 $(\neg(x \in y))$; 用 $x \nsubseteq y$ 来简写 $(\neg(x \subseteq y))$; 用 $x \not\subset y$ 来简写 $(\neg(x \subset y))$; 以及用 $x \neq y$ 来简写 $(\neg(x = y))$.

4.2 集合存在性

尽管同一性假设本身是一个关于集合代数整个论域中集合的同一律 (由思考题 4.1 所揭示), 但我们并不清楚这个论域中是否有集合存在. 因此, 我们需要一个基本假设: **第一存在性假设**.

公理 2 (第一存在性假设) 存在一个集合. 形式地, $(\exists x\,(x = x))$.

第一存在性假设保证在集合代数论域之中有供我们分析的对象. 这一点自然很重要, 不然我们可能只是在面对一个空洞高谈阔论. 有了第一存在性假设的保证, 当我们再说形如"如果 x 是一个集合, 那么必然如何如何"这样的一句话时, 不会因为前提不成立而得到平凡的结论 (在实际应用中, 这总是令人尴尬的). 尽管如此, 第一存在性假设却不能够为我们提供后述子集合关系是否平凡这一问题的解答: 给定一个集合 A, 它是否有很多子集合?

下面我们来引进集合**分离原理**以确保许多集合都会有很多子集合.

为了准确无误地表达我们希望表达的含义, 我们引入一个技术性规定: 我们说一个集合论语言的代名词表达式 $\varphi(x_1, \cdots, x_n)$ 是一个**彰显自由代名词**的表达式当且仅当代名词表达式 $\varphi(x_1, \cdots, x_n)$ 中所有出现的自由代名词变元都在代名词 $x_1, \cdots, x_n$ 之中 (但这并不意味所有这些代名词都在这个表达式中出现, 只是说如果这个表达式中有一个自由代名词出现那么它必在这明显罗列出来的代名词之中).

公理 3 (分离原理) 设 A 和 $a_1, \cdots, a_m$ 是 $m+1$ 个集合. 设 $\varphi(x_0, x_1, \cdots, x_m)$ 是集合论语言的一个彰显自由代名词的表达式. 那么

$$\exists y\,\forall u\,(u \in y \leftrightarrow (u \in A \wedge \varphi[u, a_1, \cdots, a_m])),$$

其中记号 $\varphi[u, a_1, \cdots, a_m]$ 是在代名词表达式 $\varphi(x_0, x_1, \cdots, x_m)$ 中用 u 替换 x_0 以及用 a_i 替换 $x_i(1 \leqslant i \leqslant m)$ 之后的结果.

分离原理明确这样的存在性: 任意给定一个集合 A, 任意给定一组 (参数) 集合 $a_1, \cdots, a_m$, 任意给定由集合论语言所描述的一种性质 $\varphi(x_0, x_1, \cdots, x_m)$, 那么这种性质就能够利用这些参数来确定集合 A 的一个子集合: 将那些具有这种性质的元素从集合 A 中**分离**出来组成一个新的集合. 当然, 在同一性假设下, 这样的子集合必然唯一. 这由下述事实来确认.

事实 4.2.1 设 A 和 $a_1, \cdots, a_m$ 是 $m+1$ 个集合. 设 $\varphi(x_0, x_1, \cdots, x_m)$ 是集合论语言的一个彰显自由代名词的表达式. 设 y 和 z 分别具备下述性质:

$$\forall u\,(u \in y \leftrightarrow (u \in A \wedge \varphi[u, a_1, \cdots, a_m])),$$

以及

$$\forall u\,(u \in z \leftrightarrow (u \in A \wedge \varphi[u, a_1, \cdots, a_m])).$$

那么 $y = z$.

集合分离原理为我们提供一个非常简单又很基本的集合, **空集**, 一个不含有任何元素的集合.

推论 4.1 存在唯一的一个不含有任何元素的集合; 用记号 $\varnothing$ 来表示这个唯一的不含有任何元素的集合, 并称之为**空集**.

事实上, 设 A 为任意一个集合 (根据第一存在性假设, 存在一个集合), 令 $\varnothing = \{u \mid u \subseteq A \wedge (u \neq u)\}$. 根据集合分离原理, 这个集合存在; 根据事实 4.2.1, 它唯一. 为什么它不含有任何元素? 因为同一性假设蕴含 $\forall u\,(u = u)$, 所以在 A 的子集合中, 不可能有满足 $(u \neq u)$ 的集合. 于是, $\varnothing$ 就是一个不含有任何元素的空集.

思考题 4.4 空集是所有集合的子集合, 即 $\forall x\,(\varnothing \subseteq x)$; 如果 $x \subseteq \varnothing$, 那么 $x = \varnothing$.

这里, 我们正式在集合代数中引入**概括记号**: 设 A 和 $a_1, \cdots, a_m$ 是 $m+1$ 个集合. 设 $\varphi(x_0, x_1, \cdots, x_m)$ 是集合论语言的一个彰显自由代名词的表达式. 设 y 是唯一的具备下述性质的集合:

$$\forall u\,(u \in y \leftrightarrow (u \in A \wedge \varphi[u, a_1, \cdots, a_m])),$$

那么我们用下述概括记号来记这个集合 y:

$$y = \{u \mid (u \in A \wedge \varphi[u, a_1, \cdots, a_m])\}.$$

也就是说, 在集合代数中, 一对花括弧 $\{,\}$ 被用来专门表示**将某些特定的集合按照某种特定的方式概括起来所得到的新的集合**.

应用集合分离原理以及概括记号, 我们来证明罗素[2]定理 (史称**罗素悖论**): 不存在所有集合的集合.

定理 4.1 (罗素) 集合代数的论域不能是它自身的元素 (不能是一个集合), 即

$$(\neg(\exists x\,\forall y\,(y \in x \leftrightarrow y = y))).$$

证明 我们用反证法: 假设不然, 从而推理得到一个矛盾. 反证法所依赖的理论基础的是第 205 页中的归谬法原理 (定理 3.10).

假设罗素定理的结论不成立. 也就是说, $x = \{y \mid y = y\}$ 是一个集合. 由此, 根据集合分离原理 (公理 3), 下述为一个集合:

$$A = \{u \in x \mid (\neg(u \in u))\}.$$

根据同一律, $A = A$, 所以, $A \in x$. 现在问: A 是否属于 A? 如果 $A \in A$, 那么根据 A 的定义, $(\neg(A \in A))$ 必须成立; 如果 $(\neg(A \in A))$, 那么同样根据 A 的定义, $A \in A$. 于是, 有

$$(A \in A) \leftrightarrow (\neg(A \in A)).$$

这就是一个矛盾. □

罗素定理的证明导致一个关于属于关系 $\in$ 的很自然的基本问题跃然纸上: 是否有自己也是自身的元素的集合存在? 换一种方式问: 存在具备特性 $x \in x$ 的集合吗? 为了杜绝这样的事情在我们的集合代数论域中发生, 我们引进下面的**根基假设**.

公理 4(根基假设) 如果 A 是一个集合, 并且 A 包含至少一个元素, 即 $(\exists x\,(x \in A))$, 那么 A 中必然包含一个具备下述特性的元素 b: 或者 b 不包含任何元素, 或者 b 中的任何元素都不属于 A. 形式地写出来就有

$$\begin{aligned}&(\exists x\,(x \in A))\\ &\to (\exists x\,(x \in A \wedge \forall y\,(y \in x \to y \notin A))).\end{aligned}$$

基于根基假设以及集合分离原理, 我们来论证: 不存在自己是自身的元素的集合, 就是说, $(\neg(\exists x\,(x \in x)))$.

我们用反证法: 假设不然, 从而推理得到一个矛盾. 反证法所依赖的理论基础的是第 205 页中的归谬法原理 (定理 3.10).

现假设 $(\exists x\,(x \in x))$. 令 A 是这样一个例子, 即 A 是一个集合, 并且 $(A \in A)$. 考虑代名词表达式 $(x_0 \in x_0)$. 这是一个彰显一个自由代名词 x_0 的初始表达式. 对集合 A 应用由表达式 $(x_0 \in x_0)$ 所兑现的集合分离原理: 令

$$D = \{u \in A \mid (x_0 \in x_0)[u]\}.$$

2 罗素, Bertrand Russell, 英国哲学家和数学家.

那么 D 是一个集合, 并且是 A 的一个子集合. 由于 $A \in A$, 所以 A 是集合 A 中具备表达式 $(x_0 \in x_0)$ 所描述的性质的一个特例. 根据集合 D 的定义, $A \in D$. 于是, D 至少包含一个元素 (A 就是一个证据). 根据根基假设, 令 $b \in D$ 具备如下性质:

$$\text{或者 } b = \varnothing, \text{或者 } b \cap D = \varnothing.$$

首先, $b \neq \varnothing$. 这是因为 $b \in D \subseteq A$, 从而 $b \in b$. 其次, $b \cap D \neq \varnothing$. 这同样是因为 $b \in D \subseteq A$, 以及 $b \in b$, 所以 $b \in D \cap b$. 这就是一个矛盾: 我们已经验证了 $(b \neq \varnothing \wedge b \cap D \neq \varnothing)$, 但这与 b 所持有的特性不符. 根据归谬法原理, 本段开端的假设 $(\exists x\,(x \in x))$ 必不能成立. 于是, $(\forall x\,(x \notin x))$ 就由集合分离原理以及根基原理推导而得. □

思考题 4.5 验证: $(\neg(\exists x\,\exists y\,(x \in y \wedge y \in x)))$.

现在我们来添加一些新的存在性假设以丰富我们的论域.

对于我们来说, 现在最自然的是利用子集合关系 $\subseteq$ 从已有集合出发去获得新的集合. 比如, 根据第一存在性假设 (公理 2), 设 A 是一个集合. 根据集合分离原理 (公理 3), A 可能有很多子集合. 一个自然的问题是我们可否将 A 的所有的子集合收集起来得到一个新的集合? 如果可以, 那么当谈论 A 的子集合时我们就有了一个确切的范围, 而不是一种漫谈 (漫无边际的谈论). 为此, 引进如下假设: **幂集公理**.

公理 5 (幂集公理) *如果 A 是一个集合, 那么存在一个恰好以所有 A 的子集合为其元素的集合. 形式地写, 就有*

$$(\exists x\,(\forall y\,(y \in x \leftrightarrow y \subseteq A))).$$

幂集公理保证了可以将一个给定集合的所有子集合收集起来成为一个新的集合. 自然的问题是这样的收集结果是否具有唯一性? 同一性假设保证了这样收集的结果具有唯一性.

事实 4.2.2 *设 A 是一个集合. 设 C 和 D 是两个各自具有下述特性的集合:*

$$(\forall y\,(y \in C \leftrightarrow y \subseteq A)),$$

以及

$$(\forall y\,(y \in D \leftrightarrow y \subseteq A)).$$

那么 $C = D$.

让我们来论证一下. 首先注意事实中的条件命题关于 C 和 D 是完全对称的; 其次我们知道

$$C = D \leftrightarrow (C \subseteq D \wedge D \subseteq C).$$

因此, 我们只需证明 $(C \subseteq D)$. 也就是说, 只需要证明下述命题:

$$(\forall y\,(y \in C \to y \in D)).$$

这是一个全称式. 我们需要做的是假设 y 是任意一个集合, 在此基础上验证蕴含式命题: 如果 $y \in C$, 那么 $y \in D$. 现在我们假设 y 是一个集合, 并且假设 $y \in C$. 由 C 所持有的特性, $y \in C \to y \subseteq A$, 应用自然推理法则 (定义 3.10), 我们得到 $y \subseteq A$; 再由 D 所持有的特性, $y \subseteq A \to y \in D$, 并且应用自然推理法则, 我们得到 $y \in D$. 于是, 形式地我们就有如下情形: 对于任意的一个集合 y, 下述代名词表达式序列

$$\langle (y \in C), ((y \in C) \to (y \subseteq A)), (y \subseteq A), ((y \subseteq A) \to (y \in D)), (y \in D) \rangle$$

就是在假设条件 $(y \in C)$ 之下 $(y \in D)$ 的一个论证 (定义 3.11). 根据演绎定理 (定理 3.8), 这就验证了 $((y \in C) \to (y \in D))$. 也就是验证了

$$(\forall y\,(y \in C \to y \in D)).$$

□

在幂集公理以及上面的唯一性事实, 我们引进下述 (一元) **幂集运算**:

定义 4.3 (幂集运算) 对于任意的一个集合 x, 令 $\mathfrak{P}(x)$ 为恰好由 x 的所有子集合所组成的集合, 即

$$(\forall u\,(u \in \mathfrak{P}(x) \leftrightarrow u \subseteq x)).$$

幂集运算可以用概括记号如下表述: 如果 x 是一个集合, 那么

$$\mathfrak{P}(x) = \{u \mid u \subseteq x\}.$$

思考题 4.6 如果 C 是一个集合, 那么 $C \in \mathfrak{P}(C)$.

思考题 4.7 设 C 和 D 是两个集合. 验证: 如果 $C \subseteq D$, 那么 $\mathfrak{P}(C) \subseteq \mathfrak{P}(D)$.

思考题 4.8 如果 A 是一个集合, 那么 $\varnothing \in \mathfrak{P}(A)$, 并且 $\varnothing \neq \mathfrak{P}(A)$; 尤其是, $\varnothing \in \mathfrak{P}(\varnothing)$ 以及 $\varnothing \neq \mathfrak{P}(\varnothing)$. 如果 A 是一个非空集合, 那么 $\mathfrak{P}(A)$ 中至少有两个元素: $\varnothing$ 和 A 自身.

在集合代数中, 幂集运算是最为丰富也是最为令人费解的一种集合运算. 在这里, 我们只关注它的丰富性, 而不去关心它的复杂性. 后面我们将看到一系列应用幂集运算来表示我们思想的例子. 为此, 我们还需要引进几个简单一些的集合运算, 从而丰富集合代数的内容.

前面我们用 M 来表示某一时刻全世界的马的全体, 又用 B 来表示该时刻全世界的白马的全体; 我们还认为 $B \subset M$, 也就是任何一匹白马都是一匹马. 这是因为无论我们关于马的任何非颜色属性的其他属性的认识是什么, 一匹白色的马, 除了

它的白色之外, 也一定持有那种属性. 不仅如此, 我们还能够在所有的马中, 以其颜色是否为白色, 将白色的马和其他颜色 (比如, 黑色, 棕色, 等等) 的马区分开来, 并且将所有的白颜色的马收集起来组成 B, 而将所有那些非白颜色的马也同样收集起来组成 $M-B$ (我们暂且用这个记号来记所有那些非白颜色的马的全体). 自然, $(M-B)\subset M$, 就是说, 任何非白色的马也是马, 但是非白色的马并非所有的马. 还有, 无论什么马, 要么是一匹白马, 要么是一匹非白色的马; 而白马的颜色与非白色的马的颜色不同, 从而 B 与 $M-B$ 之间不会有同一匹马. 这些简单的常识为我们在集合之间引进下述基本集合运算的启示.

定义 4.4 设 C 和 D 是两个集合.

(1) (并) 集合 C 和集合 D 的**并**, 记成 $C\cup D$, 是恰好由集合 C 的元素和集合 D 的元素所组成的集合; 就是说, 形式地写, 我们有

$$\forall u\,((u\in C\cup D)\leftrightarrow(u\in C\ \vee\ u\in D)).$$

(2) (交) 集合 C 和集合 D 的**交**, 记成 $C\cap D$, 是恰好由那些既是集合 C 的元素又是集合 D 的元素所组成的集合; 就是说, 形式地写, 我们有

$$\forall u\,((u\in C\cap D)\leftrightarrow(u\in C\ \wedge\ u\in D)).$$

(3) (差) 集合 C 和集合 D 的**差**, 记成 $C-D$, 是恰好由那些在集合 C 中但不在集合 D 中的元素所组成的集合; 就是说, 形式地写, 我们有

$$\forall u\,((u\in C-D)\leftrightarrow(u\in C\ \wedge\ u\notin D)).$$

(4) (对称差) 集合 C 和集合 D 的**对称差**, 记成 $C\triangle D$, 是恰好由集合 $C-D$ 和集合 $D-C$ 中的元素所组成的集合; 就是说, 形式地写, 我们有

$$\forall u\,((u\in C\triangle D)\leftrightarrow((u\in C\ \wedge\ u\notin D)\ \vee\ (u\notin C\ \wedge\ u\in D))).$$

应用这个定义, 我们就可以将上面的记号 $M-B$ 看成 M 与 B 的差; 而 M 则是 B 与 $(M-B)$ 的并.

注意在上面定义中的四个形式表达式中的共同之处. 首先它们都是全称式; 其次在全称量词的辖域中的表达式都是对等式, 具体排列如下:

$$\begin{aligned}
&(u\in C\cup D)\leftrightarrow(u\in C\ \vee\ u\in D),\\
&(u\in C\cap D)\leftrightarrow(u\in C\ \wedge\ u\in D),\\
&(u\in C-D)\leftrightarrow(u\in C\ \wedge\ u\notin D),\\
&(u\in C\triangle D)\leftrightarrow((u\in C\ \wedge\ u\notin D)\ \vee\ (u\notin C\ \wedge\ u\in D)).
\end{aligned}$$

在上述对等式中, 它们又有一种共同之处: 对等联结词的左边是被定义者, 右边的则是定义者.

由定义 4.4 所给出的四种基本集合运算具有下述性质:

事实 4.2.3 设 C 和 D 是两个集合. 那么

(1) $C\cup D$ 存在当且仅当 $D\cup C$ 存在; 如果 $C\cup D$ 存在, 那么它必然唯一, 并且

$$C\cup D=D\cup C.$$

(2) $C\cap D$ 存在当且仅当 $D\cap C$ 存在; 如果 $C\cap D$ 存在, 那么它必然唯一, 并且

$$C\cap D=D\cap C.$$

(3) $C\triangle D$ 存在当且仅当 $D\triangle C$ 存在; 如果 $C\triangle D$ 存在, 那么它必然唯一, 并且

$$C\triangle D=D\triangle C.$$

思考题 4.9 试试验证事实 4.2.3.

事实 4.2.3 为我们提供一个问题: 定义 4.4 所给出的四种集合运算的结果到底是否还是集合? 也就是问它们各自的存在性如何.

首先, 根据集合分离原理 (公理 3), 任意两个集合的交和差就都存在:

推论 4.2 设 C 和 D 是两个集合. 那么 $C\cap D$, $D\cap C$, $C-D$, $D-C$ 都是集合, 并且

$$\begin{aligned}C\cap D&=\{u\in C\mid u\in D\};\\D\cap C&=\{u\in D\mid u\in C\};\\C-D&=\{u\in C\mid u\notin D\};\\D-C&=\{u\in D\mid u\notin C\}.\end{aligned}$$

但是集合分离原理却没有解答并集的存在性问题. 我们需要单独的二元并集存在性假设.

公理 6 (二元并集) 如果 C 和 D 是两个集合, 那么 $C\cup D$ 也是一个集合.

用概括记号, 我们就有

$$C\cup D=\{u\mid (u\in C\vee u\in D)\}.$$

如此一来, 我们还可以得到对称差的存在性: 如果 C 和 D 是两个集合, 那么它们的对称差 $C\triangle D$ 也是一个集合, 因为

$$C\triangle D=(C-D)\cup(D-C).$$

将幂集运算、并、交、差、对称差以及空集综合起来, 我们得到一个很有趣的定理:

定理 4.2　设 A 是一个集合. 那么

(1) $\varnothing \in \mathfrak{P}(A)$ 以及 $A \in \mathfrak{P}(A)$.

(2) 如果 $C \in \mathfrak{P}(A)$ 以及 $D \in \mathfrak{P}(A)$, 那么

(a) $(C \cup D) \in \mathfrak{P}(A)$;

(b) $(C \cap D) \in \mathfrak{P}(A)$;

(c) $(C - D) \in \mathfrak{P}(A)$;

(d) $C \triangle D \in \mathfrak{P}(A)$.

(3) 设 $a_1, \cdots, a_m$ 是 m 个集合. 设 $\varphi(x_0, x_1, \cdots, x_m)$ 是集合论语言的一个彰显自由代名词的表达式. 那么

$$\{u \in A \mid \varphi[u, a_1, \cdots, a_m]\} \in \mathfrak{P}(A).$$

(4) 设 $a_1, \cdots, a_m$ 是 m 个集合. 设 $b_1, \cdots, b_n$ 是 n 个集合. 设 $\varphi(x_0, x_1, \cdots, x_m)$ 和 $\psi(x_0, x_1, \cdots, x_n)$ 是集合论语言的两个彰显自由代名词的表达式. 设

$$C = \{u \in A \mid \varphi[u, a_1, \cdots, a_m]\},$$

以及

$$D = \{u \in A \mid \psi[u, b_1, \cdots, b_n]\}.$$

那么

(a) $A - C = \{u \in A \mid (\neg\varphi)[u, a_1, \cdots, a_m]\}$;

(b) $C \cup D = \{u \in A \mid (\varphi[u, a_1, \cdots, a_m] \vee \psi[u, b_1, \cdots, b_n])\}$;

(c) $C \cap D = \{u \in A \mid (\varphi[u, a_1, \cdots, a_m] \wedge \psi[u, b_1, \cdots, b_n])\}$.

我们将这个定理的论证留作练习. 这个定理告诉我们一个集合的幂集是一个关于集合的并运算、交运算、差集运算以及对称差运算**封闭**的集合. 不仅如此, 这些运算还具有很好的代数学性质 (称之为**布尔代数律**), 诚如下面的定理所结论的那样.

定理 4.3　设 X 是一个集合. 设 C, D, E 为 X 的子集合, 即它们都是 $\mathfrak{P}(X)$ 中的元素. 那么:

(1) (交换律) $C \cup D = D \cup C$, $C \cap D = D \cap C$;

(2) (结合律) $C \cup (D \cup E) = (C \cup D) \cup E$, $C \cap (D \cap E) = (C \cap D) \cap E$;

(3) (分配律)

(3a) $C \cap (D \cup E) = (C \cap D) \cup (C \cap E)$,

(3b) $C \cup (D \cap E) = (C \cup D) \cap (C \cup E)$;

(4) (互补律) $(X - C) \cap C = \varnothing$, $(X - C) \cup C = X$, $X - (X - C) = C$;

(5) (德摩根律) $X - (C \cup D) = (X - C) \cap (X - D)$, $X - (C \cap D) = (X - C) \cup (X - D)$;

(6) (吸收律) $C \cup D = D \leftrightarrow C \subseteq D$, $C \cap D = C \leftrightarrow C \subseteq D$.

证明 (1) 这两个等式分别由下面的两个逻辑对等式以及二元并和二元交的定义得到:

$$(x \in C \vee x \in D) \leftrightarrow (x \in D \vee x \in C); \quad (x \in C \wedge x \in D) \leftrightarrow (x \in D \wedge x \in C).$$

(2) 这两个等式也分别由下面的两个逻辑对等式以及二元并和二元交的定义得到:

$$\begin{aligned}(x \in C \vee (x \in D \vee x \in E)) &\leftrightarrow (x \in C \vee x \in D \vee x \in E)\\ &\leftrightarrow ((x \in C \vee x \in D) \vee x \in E);\\ (x \in C \wedge (x \in D \wedge x \in E)) &\leftrightarrow (x \in C \wedge x \in D \wedge x \in E)\\ &\leftrightarrow ((x \in C \wedge x \in D) \wedge x \in E).\end{aligned}$$

(3a) 我们先来论证不等式: $C \cap (D \cup E) \subseteq (C \cap D) \cup (C \cap E)$.

设 $u \in (C \cap (D \cup E))$. 那么 $u \in C$ 并且 $u \in (D \cup E)$. 如果 $u \in D$, 那么 $u \in C \cap D$; 如果 $u \in E$, 那么 $u \in C \cap E$. 因此, 无论如何一定有 $u \in ((C \cap D) \cup (C \cap E))$.

我们再来论证不等式: $(C \cap D) \cup (C \cap E) \subseteq C \cap (D \cup E)$.

设 $u \in ((C \cap D) \cup (C \cap E))$. 如果 $u \in (C \cap D)$, 那么 $u \in C$ 并且 $u \in D$, 从而 $u \in C$ 并且 $u \in (D \cup E)$; 如果 $u \in (C \cap E)$, 那么 $u \in C$ 并且 $u \in E$, 从而 $u \in C$ 并且 $u \in (D \cup E)$. 因此, 无论如何都有 $u \in C \cap (D \cup E)$.

(3b) 我们先来论证不等式: $C \cup (D \cap E) \subseteq (C \cup D) \cap (C \cup E)$.

设 $u \in (C \cup (D \cap E))$. 如果 $u \in C$, 那么 $u \in (C \cup D)$ 并且 $u \in (C \cup E)$, 从而 $u \in (C \cup D) \cap (C \cup E)$; 如果 $u \in (D \cap E)$, 那么 $u \in D$ 以及 $u \in E$, 从而 $u \in (C \cup D)$ 以及 $u \in (C \cup E)$, 从而 $u \in (C \cup D) \cap (C \cup E)$. 因此, 无论怎样都有 $u \in (C \cup D) \cap (C \cup E)$.

我们再来论证不等式: $(C \cup D) \cap (C \cup E) \subseteq C \cup (D \cap E)$.

设 $u \in ((C \cup D) \cap (C \cup E))$. 那么 $u \in (C \cup D)$ 并且 $u \in (C \cup E)$. 如果 $u \in C$, 那么 $u \in C \cup (D \cap E)$; 如果 $u \notin C$, 那么必有 $u \in D$ 并且 $u \in E$, 从而 $u \in (D \cap E)$. 因此, 必有 $u \in C \cup (D \cap E)$.

(4) 先论证等式: $(X - C) \cap C = \varnothing$. 如果 $u \in (X - C)$, 那么 $u \notin C$; 如果 $u \in C$, 那么 $u \notin (X - C)$. 所以 $(X - C) \cap C = \varnothing$.

再来论证等式: $(X - C) \cup C = X$. 由于 $(X - C) \subseteq X$ 和 $C \subseteq X$, 所以 $((X - C) \cup C) \subseteq X$; 反之, 设 $u \in X$, 如果 $u \in C$, 那么 $u \in ((X - C) \cup C)$; 如果 $u \notin C$, 那么 $u \in (X - C)$, 从而 $u \in ((X - C) \cup C)$.

最后来论证等式: $X - (X - C) = C$. 设 $u \in (X - (X - C))$. 那么 $u \in X$ 并且 $u \notin (X - C)$, 由前面的等式知 $u \in C$. 也就是 $(X - (X - C)) \subseteq C$. 反之, 设 $u \in C$. 那么 $u \notin (X - C)$, 因而 $u \in (X - (X - C))$. 也就是 $C \subseteq (X - (X - C))$.

(5) 先来论证等式: $X-(C\cup D)=(X-C)\cap(X-D)$. 设 $u\in(X-(C\cup D))$. 那么 $u\in X$ 并且 $u\notin C$ 以及 $u\notin D$. 根据 (4), $u\in(X-C)$ 并且 $u\in(X-D)$. 于是, $u\in(X-C)\cap(X-D)$. 反之, 设 $u\in(X-C)\cap(X-D)$. 那么 $u\in(X-C)$ 并且 $u\in(X-D)$, 从而 $u\in X$ 并且 $u\notin C$ 以及 $u\notin D$, 即 $u\notin(C\cup D)$. 因此, $u\in(X-(C\cup D))$.

再来论证等式: $X-(C\cap D)=(X-C)\cup(X-D)$.

先论证不等式: $(X-(C\cap D))\subseteq(X-C)\cup(X-D)$. 设 $u\in(X-(C\cap D))$. 那么 $u\in X$ 并且 $u\notin(C\cap D)$. 由于 $X=C\cup(X-C)$, 或者 $u\in C$, 或者 $u\in(X-C)$. 如果 $u\in(X-C)$, 那么 $u\in((X-C)\cup(X-D))$; 如果 $u\notin(X-C)$, 那么 $u\in C$, 由此以及 $u\notin(C\cap D)$ 得到 $u\notin D$. 又由于 $X=D\cup(X-D)$ 以及 $u\in X$, 我们得到 $u\in(X-D)$. 因此, $u\in((X-C)\cup(X-D))$.

再来论证不等式: $(X-C)\cup(X-D)\subseteq(X-(C\cap D))$. 设 $u\in((X-C)\cup(X-D))$. 如果 $u\in(X-C)$, 那么 $u\in X$ 并且 $u\notin C$, 因此 $u\in X$ 以及 $u\notin(C\cap D)$, 从而 $u\in(X-(C\cap D))$; 如果 $u\in(X-D)$, 那么 $u\in X$ 并且 $u\notin D$, 因此 $u\in X$ 以及 $u\notin(C\cap D)$, 从而 $u\in(X-(C\cap D))$.

(6) 先来论证对等式: $C\cup D=D\leftrightarrow C\subseteq D$. 设 $C\cup D=D$. 欲证 $C\subseteq D$. 设 $u\in C$. 那么 $u\in(C\cup D)$; 由于 $C\cup D=D$, 所以, $u\in D$. 于是 $C\subseteq D$. 再设 $C\subseteq D$. 因为 $D\subseteq D$, 所以如果 $u\in(C\cup D)$, 那么 $u\in D$. 这就表明 $C\cup D\subseteq D$. 由于 $D\subseteq D$, 所以 $D\subseteq(C\cup D)$. 故 $C\cup D=D$.

再来论证对等式: $C\cap D=C\leftrightarrow C\subseteq D$. 设 $C\cap D=C$. 设 $u\in C$. 那么前面的等式表明 $u\in D$. 因此, $C\subseteq D$. 现在设 $C\subseteq D$. 欲证 $C\subseteq C\cap D$ (自然地有 $C\cap D\subseteq C$). 设 $u\in C$. 因为 $C\subseteq D$, 所以 $u\in D$, 从而 $u\in C\cap D$. 这表明 $C\subseteq C\cap D$. □

上面的定理启发我们考虑一种特殊形式的差: 集合的**求补**运算.

定义 4.5 (补) *设 X 是一个集合, $D\subseteq X$. 称 X 与 D 的差 $(X-D)$ 为 D 在 X 上的**补集**, 并且在 X 固定的时候, 我们简单地用在头顶上加一个小横杠记号 $\overline{\ }$ 来表示**求补运算**. 即在 $D\subseteq X$ 的条件下, 对 D 在 X 上的求补就是计算 X 与 D 的差, 用等式表示就是*

$$\overline{D}=X-D.$$

应用这个记号约定, 定理 4.3 中的互补律和德摩根律就可以表示成下述形式:

(4) (互补律) $\overline{C}\cap C=\varnothing$, $\overline{C}\cup C=X$, $\overline{\overline{C}}=C$;

(5) (德摩根律) $\overline{C\cup D}=\overline{C}\cap\overline{D}$, $\overline{C\cap D}=\overline{C}\cup\overline{D}$.

上面我们引进了一个二元并集运算. 实际上还有一个更为有效的并集假设可以引进来. 在中小学时期, 我们往往会交班费用以组织某些班级活动. 所谓交班费就是将我们每一个人的口袋中的钱包中的钱拿出来交给班长或者生活委员, 由班长或者生活委员统一收集起来. 那么将班上的每一个 (同学的) 钱包中的钱集中起来的操作就可以当成一种集合的并集运算: (一元) 并集运算. 由此, 我们引进下述**并集存在假设**.

公理 7 (并集公理) *如果 A 是一个集合, 那么存在一个恰好以集合 A 中的某个元素的元素为其元素的集合, 即*

$$\exists x\,\forall u\,(u\in x\leftrightarrow(\exists y\,(y\in A\,\wedge\,u\in y))).$$

比如, A 是一个班级的同学的钱包的集合; x 就是所收到的班费; u 是班费中的一块钱当且仅当它来自某个同学的钱包之中. 这就是并集公理所说的. 当然, 一旦由集合 A 所确定的恰好以它的元素的元素为其元素的集合存在, 那么根据同一性公理, 这个集合必定唯一 (为什么?). 我们也为这个由 A 所得到的唯一的集合引进一个记号:

定义 4.6 (并集运算) *设 A 是一个集合. 将恰好以 A 的元素的元素为其元素的集合记成 $\bigcup A$, 即*

$$\left(\bigcup A\right)=\{u\mid\exists y\,(y\in A\,\wedge\,u\in y)\}.$$

我们知道 $\mathfrak{P}(\varnothing)$ 与 $\varnothing$ 是两个不同的集合, 并且两者都是 $\mathfrak{P}(\mathfrak{P}(\varnothing))$ 的元素. 由于 $\varnothing$ 是 $\mathfrak{P}(\varnothing)$ 的唯一元素, 我们自然想知道集合 $\mathfrak{P}(\mathfrak{P}(\varnothing))$ 中到底都有一些什么元素. 为了满足我们的这一点点好奇心, 我们不妨引进集合的另外一种简单的运算: 双子集合运算.

将两件或者多件物品收集起来放在一个包裹里, 是我们日常生活中常做的一件事情. 在集合代数的论域之中, 我们也同样可以将任意给定的两个集合收集起来构成一个新的集合. 这是下面的**双子集合假设**.

公理 8 (双子集合) *如果 x 和 y 是两个集合, 那么一定存在一个恰好以集合 x 和集合 y 为其全部元素的集合 (称之为以 x 和 y 为双子的集合). 形式地, 我们有*

$$(\exists z\,(\forall u\,(u\in z\leftrightarrow(u=x\,\vee\,u=y)))).$$

双子集合假设保证了将两个集合收集成一个集合的可能性. 不仅如此, 连同同一性假设, 我们还可以得到以任意两个集合为双子的集合是唯一的.

事实 4.2.4 *如果 x 和 y 是两个集合, a 和 b 是两个分别具有下述性质的集合:*

$$(\forall u\,(u\in a\leftrightarrow(u=x\,\vee\,u=y))),$$

以及

$$(\forall u\,(u\in b\leftrightarrow(u=x\,\vee\,u=y))),$$

那么 $a = b$.

我们不妨来试着来论证这个事实.

因为

$$(a = b) \leftrightarrow ((a \subseteq b) \wedge (b \subseteq a)),$$

从事实的条件和结论看, 事实关于 a 和 b 是完全对称的, 所以只需证明 $a \subseteq b$ 就可以了. 根据子集关系的定义 (定义 4.1), 我们只需要证明下述命题:

$$\forall u\,(u \in a \rightarrow u \in b).$$

任取一个集合 u. 假设 $u \in a$. 根据关于 a 的假设, u 必然是集合 x 和集合 y 中的一个 (这是 $u \in a$ 的必要条件). 这个必要条件为

$$((u \in a) \rightarrow (u = x \vee u = y)).$$

于是, 我们得到代名词表达式的一个序列

$$\langle (u \in a), ((u \in a) \rightarrow (u = x \vee u = y)), (u = x \vee u = y) \rangle.$$

这是一个合乎第 203 页中的定义 3.11 的证明: $(u \in a)$ 是假设;

$$((u \in a) \rightarrow (u = x \vee u = y))$$

是给定的必要条件; $(u = x \vee u = y)$ 则是依据前面两个表达式应用自然推理法则 (见第 203 页的定义 3.10) 所得到的结果. 于是, 根据假设 $u \in a$ 以及关于 a 的性质, 我们得到结论 $(u = x \vee u = y)$.

如果 $u = x$, 那么根据关于 b 的假设, $u \in b$. 更具体一点说, 因为条件

$$u = x \vee u = y$$

是 $u \in b$ 的充分条件: $((u = x \vee u = y) \rightarrow (u \in b))$; 又因为

$$(u = x) \rightarrow (u = x \vee u = y)$$

总成立; 所以, 表达式序列

$$\left\langle \begin{array}{l} (u = x), ((u = x) \rightarrow (u = x \vee u = y)), (u = x \vee u = y), \\ ((u = x \vee u = y) \rightarrow (u \in b)), (u \in b) \end{array} \right\rangle$$

就是一个合乎第 203 页中的定义 3.11 的证明. 而这个证明的第一个表达式是我们的假设 $(u = x)$, 最后一个表达式是 $(u \in b)$; 第三个表达式是对第一个表达式和第

二个表达式应用自然推理法则 (见第 203 页的定义 3.10) 得到的结果; 第四个表达式是给定的条件; 最后的表达式则是对第三个和第四个表述式应用自然推理法则得到的结果.

以同样的讨论, 我们可以得到: 如果 $u=y$, 那么 $u\in b$.

综合起来, 我们就有: $((u\in a)\to(u\in b))$. 由所取的 u 的任意性, 我们得到结论: $a\subseteq b$. □

于是, 根据双子集合存在性假设 (公理 8) 以及双子集合唯一性 (事实 4.2.4), 我们知道对于任意的两个集合 x 和 y, 都可以得到唯一的一个恰好以 x 和 y 为其元素的集合. 基于此, 我们可以引进一个由两个任意给定的集合得到一个新的集合的运算, **双子集运算**:

定义 4.7 (双子集运算) 对于任意两个集合 x 和 y, 令 $\{x,y\}$ 为唯一的恰好以 x 和 y 为其元素的集合; 称集合 $\{x,y\}$ 为由 x 和 y 组成的**双子集合**; 并且以记号 $\{x\}$ 来记 $\{x,x\}$, 称之为由 x 所给出的**单子集合**.

使用概括记号, 我们有

$$\{x,y\}=\{u\mid(u=x\vee u=y)\}.$$

思考题 4.10 $\mathfrak{P}(\mathfrak{P}(\varnothing))$ 恰好含有两个元素, 并且事实上我们有下述等式:

$$\mathfrak{P}(\mathfrak{P}(\varnothing))=\{\varnothing,\mathfrak{P}(\varnothing)\}.$$

而 $\mathfrak{P}(\varnothing)=\{\varnothing\}$.

思考题 4.11 $\mathfrak{P}(\mathfrak{P}(\mathfrak{P}(\varnothing)))$ 恰好含有四个元素, 并且事实上我们有下述等式:

$$\mathfrak{P}(\mathfrak{P}(\mathfrak{P}(\varnothing)))=\{\varnothing,\mathfrak{P}(\varnothing),\{\mathfrak{P}(\varnothing)\},\mathfrak{P}(\mathfrak{P}(\varnothing))\}.$$

让我们来看看一个具体例子中的集合交、并、补运算.

例 4.1 让我们用 0 来记空集 $\varnothing$; 用 1 来记 $\mathfrak{P}(0)=\{\varnothing\}$; 用 2 来记 $\mathfrak{P}(\mathfrak{P}(0))=\{0,1\}$; 用 3 来记集合 $\{0,1,2\}$. 让我们来考虑集合 $\mathfrak{P}(3)$ 上面的集合交、并、补运算. 集合 3 有 3 个元素, 因此它的幂集 $\mathfrak{P}(3)$ 就有 $8=2^3$ 个元素. 具体罗列如下:

$$\mathfrak{P}(3)=\{\varnothing,\ \{0,1,2\},\ \{0\},\ \{1,2\},\ \{1\},\ \{0,2\},\ \{2\},\ \{0,1\}\}.$$

为了说话方便, 让我们来为这 8 个元素用两种方式命名. 第一种方式用集合中的元素在子集合中是否出现来标识: 固定集合 3 中的元素从 0 到 2 排列的自然顺序, 如果一个元素在一个子集合中出现, 则用 1 来表示; 如果一个元素不在一个子集合中出现, 则用 0 来表示; 这样就得到一个长度为 3 的 0-1 序列. 这样就得到

$$000=\varnothing,\quad 111=\{0,1,2\},\quad 100=\{0\},\quad 011=\{1,2\},$$
$$010=\{1\},\quad 101=\{0,2\},\quad 001=\{2\},\quad 110=\{0,1\}.$$

现在让我们来看看在 3 的幂集上集合的并、交的结果如何. 下面表中的第一行 (列) 中的 8 个数字串分别表示着 8 个子集合; 从第 2 行和第 2 列起, 行列相交的位置上的方格中置放的是将本行最左的那个子集合与本列最上的那个子集合按照左上角给出的运算计算出来的结果.

$\cup$	000	100	010	001	110	101	011	111
000	000	100	010	001	110	101	011	111
100	100	100	110	101	110	101	111	111
010	010	110	010	011	110	111	011	111
001	001	101	011	001	111	101	011	111
110	110	110	110	111	110	111	111	111
101	101	101	111	101	111	101	111	111
011	011	111	011	011	111	111	011	111
111	111	111	111	111	111	111	111	111

$\cap$	000	100	010	001	110	101	011	111
000	000	000	000	000	000	000	000	000
100	000	100	000	000	100	100	000	100
010	000	000	010	000	010	000	010	010
001	000	000	000	001	000	001	001	001
110	000	100	010	000	110	100	010	110
101	000	100	000	001	100	101	001	101
011	000	000	010	001	010	001	011	011
111	000	100	010	001	110	101	011	111

我们罗列 3 的幂集中元素的顺序是有意如此安排的, 因为这很容易看到求补运算的结果:

$$000 = \overline{111}, \quad 111 = \overline{000}, \quad 100 = \overline{011}, \quad 011 = \overline{100},$$
$$010 = \overline{101}, \quad 101 = \overline{010}, \quad 001 = \overline{110}, \quad 110 = \overline{001}.$$

就是说, 我们将两两彼此互补的两个子集合编排在左右一对. 我们也可以用另外的方式来为 3 的幂集中的元素命名. 比如, 可以采用的第二种方式是用汉语名词天、地、风、雷、水、火、山、潭来为这 8 个元素命名:

$$地 = \varnothing, \quad 天 = \{0,1,2\}, \quad 雷 = \{0\}, \quad 风 = \{1,2\},$$
$$水 = \{1\}, \quad 火 = \{0,2\}, \quad 山 = \{2\}, \quad 潭 = \{0,1\}.$$

(将邻近一对子集合的互补关系与这些汉语词汇的含义比较联想起来也不失为一件乐事.) 或者用汉语名词乾、坤、兑、艮、离、坎、震、巽来为这 8 个元素命名:

$$\text{坤} = \varnothing, \quad \text{乾} = \{0,1,2\}, \quad \text{震} = \{0\}, \quad \text{巽} = \{1,2\},$$
$$\text{坎} = \{1\}, \quad \text{离} = \{0,2\}, \quad \text{艮} = \{2\}, \quad \text{兑} = \{0,1\}.$$

这大约就是古人所说的, 乾为天, 坤为地, 兑为潭, 艮为山, 离为火, 坎为水, 震为雷, 巽为风.

【题外话】在上面的例子中, 我们用了不同的方式为 3 的幂集中的元素命名. 尤其是第二种方式中, 我们还用古人所用过的两种方式. 用不相同但意思类似的名词来为相应的对象命名, 并且通过这些命名将个人的意愿或者想法寄托在这些被命名的对象之上. 这自然与第一种命名方式有着哲学上的差异. 第一种命名方式只携带一种固定的排序以及在其中或者不在其中的简单信息. 这便构成完全的抽象, 可以应用到任意的由三个元素组成的集合之上. 从逻辑学的角度看, 这种不同的命名方式表明对事物的命名有很大的任意性. 这也就是说, 客观事物的内涵独立于我们的愿望. 同时这也表明从形式到内涵有很大的解释空间或者余地. 我们的解释是否合乎实际总是有待检验的问题. 这也是逻辑学需要明确的形式与内涵的对立统一之处, 并且这种对立统一正是由完备的逻辑系统来揭示和实现的.

下面的思考题表明由定义 4.6 给出的并集运算的确是比二元并集运算更为有效的一种集合运算.

思考题 4.12 如果 C 和 D 是两个集合, 那么

$$C \cup D = \bigcup \{C, D\}.$$

现在我们将二元并集运算和单子集合运算以如下方式联合起来使用, 从而引入一个新的一元集合运算: **集合后继运算 $\mathbf{S}$**.

定义 4.8 (后继运算) 设 A 是一个集合. 令 A 的集合后继为 $A \cup \{A\}$, 并将记成

$$\mathbf{S}(A) = A \cup \{A\}.$$

这样, 我们就可以从空集 $\varnothing$ 出发, 任意次使用这个后继运算而得到一系列集合:

$$\varnothing, \mathbf{S}(\varnothing), \mathbf{S}(\mathbf{S}(\varnothing)), \mathbf{S}(\mathbf{S}(\mathbf{S}(\varnothing))), \cdots.$$

(读者可有某种似曾相识的感觉?)

一个很自然的问题是: 能否将上述所得到的这一系列集合也收集起来? 我们现有的假设不足以回答这个问题. 我们需要如下假设: **无穷集合存在性假设**.

公理 9 (无穷集合存在性假设) (1) $(\exists x\,(\varnothing \in x \wedge \forall y\,(y \in x \to \mathbf{S}(y) \in x)))$;

(2) $(\exists x\,(\varnothing \in x \wedge \forall y\,(y \in x \to \mathfrak{P}(y) \in x)))$.

需要注意的是这条无穷集合存在性假设并没有涉及任何什么是无穷或者什么是有穷的含义; 它只是表明一个包含空集为其元素并且关于一元后继运算封闭的集合存在. 这也正是集合代数的巧妙之处: 它将以此来定义何为无限 (无穷) 何为有限 (有穷), 而不是事先确定何为无穷, 何为有穷.

无穷集合存在性假设可以有如下形式的加强版, 从而上述形式只是下述形式的特例. 但就本书的需求而言, 那些特例已经足够.

公理 10 (1a) $(\forall z\,(\exists x\,(z \in x \wedge \forall y\,(y \in x \to \mathbf{S}(y) \in x))))$;

(2a) $(\forall z\,(\exists x\,(z \in x \wedge \forall y\,(y \in x \to \mathfrak{P}(y) \in x))))$;

(3a) $(\forall z\,(\exists x\,(z \in x \wedge \forall y\,(y \in x \to (y \cup (\bigcup y)) \in x))))$.

本书所需要的无穷集合存在性假设是更多无穷集合存在性假设的特例. 就集合代数而言, 还有另外一条存在性原理. 这条存在性原理可以用来在 (1) 的基础上导出更为一般的无穷集合存在性假设, 甚至更多. 因为超出本书范围太多, 我们就不在这里涉及.

4.3 集合 $\mathbb{N}$ 与序数

应用无穷集合存在性假设, 我们来定义两个具体的典型的无穷集合. 一个用来在集合代数中解释自然数概念; 一个用来在集合代数中解释整数概念、有理数概念以及一些其他的由纯粹有限对象组成的事物概念.

在这里我们先定义一个具体而特殊的集合 $\mathbb{N}$ 以由此得到一个自然推广的概念: 序数. 集合 $\mathbb{N}$ 将是我们解释自然数概念的载体.

为了说话方便, 我们称一个集合 A 是**后继封闭的**当且仅当

(a) $\varnothing \in A$, 以及

(b) $\forall u\,(u \in A \to \mathbf{S}(u) \in A)$.

无穷集合存在性假设 (公理 9) 中的 (1) 保证后继封闭集合存在. 有趣的是下面的事实:

事实 4.3.1 *任意两个后继封闭集合的交集还是一个后继封闭集合.*

何以见得? 设 C 和 D 是两个后继封闭集合. 令 $E = C \cap D$. 我们来论证 E 也是一个后继封闭集合. 首先, 因为 $\varnothing \in C$ 和 $\varnothing \in D$, 所以 $\varnothing \in E = C \cap D$. 其次, 假设 $u \in E$ 为 E 中任意的元素. 我们需要验证 $\mathbf{S}(u) \in E$. 由于 $u \in E = C \cap D$, C 和 D 都是后继封闭的, 所以 $\mathbf{S}(u) \in C$ 以及 $\mathbf{S}(u) \in D$. 于是, $\mathbf{S}(u) \in C \cap D = E$. 因此, E 是一个后继封闭集合. □

现在令 A 为一个后继封闭集合. 令

$$E = \{X \in \mathfrak{P}(A) \mid X \text{ 是后继封闭的}\}.$$

根据幂集公理 (公理 5), A 的幂集 $\mathfrak{P}(A)$ 存在; 根据集合分离原理 (公理 3), E 是 $\mathfrak{P}(A)$ 的一个子集合; 由于 $A \in \mathfrak{P}(A)$ 是一个后继封闭集合, $A \in E$, 尤其是, E 非空. 利用这个非空集合 E, 我们来定义下述 A 的子集合:

定义 4.9 $\mathbb{N} = \{u \in A \mid (\forall X\,(X \in E \to u \in X))\}$.

根据集合分离原理, 这样定义的 $\mathbb{N}$ 的确是 A 的一个子集合. 这个集合 $\mathbb{N}$ 有很好的性质:

引理 4.1 (1) $\mathbb{N} \in E$;

(2) 如果 $X \in E$, 那么 $\mathbb{N} \subseteq X$;

(3) 如果 Y 是一个后继封闭集合, 那么 $\mathbb{N} \subseteq Y$.

证明 (1) 由于 $\mathbb{N} \subseteq A$, 所以 $\mathbb{N} \in \mathfrak{P}(A)$. 我们需要验证它是一个后继封闭集合. 首先, $\varnothing \in \mathbb{N}$. 这是因为下述命题成立:

$$(\varnothing \in A) \ \wedge \ (\forall X\,(X \in E \to \varnothing \in X)).$$

其次, 假设 $u \in \mathbb{N}$ 为任意一个元素. 我们来验证 $\mathbf{S}(u) \in \mathbb{N}$. 第一, $\mathbf{S}(u) \in A$, 因为 $u \in A$ 以及 A 是后继封闭的; 第二, 设 $X \in E$ 为 E 的任意一个元素, 那么 $u \in X$ (因为 $u \in \mathbb{N}$), 于是, $\mathbf{S}(u) \in X$, 因为 X 是后继封闭的. 由此得到 $\mathbf{S}(u) \in \mathbb{N}$. 综上所述, $\mathbb{N}$ 是 A 的一个后继封闭的子集合. 所以, $\mathbb{N} \in E$.

(2) 设 $X \in E$. 设 $u \in \mathbb{N}$. 根据定义 4.9, 这就意味着 $(\forall Y\,(Y \in E \to u \in Y))$. 以此, 根据逻辑公理中的特化原理 (第 197 页中的定义 3.9 之 (2)), 我们就有 $u \in X$. 所以, $\mathbb{N} \subseteq X$.

(3) 设 Y 为任意的一个后继封闭集合. 根据事实 4.3.1, $Y \cap A \in E$. 根据本引理的 (2), $\mathbb{N} \subseteq Y \cap A$. 所以, $\mathbb{N} \subseteq Y$. □

这个引理表明 $\mathbb{N}$ 是在子集合 $\subseteq$-关系下最小的后继封闭集合 (如引理中的 (3) 所断言的).

集合 $\mathbb{N}$ 的定义还可以启发我们引进一个与 (一元) 并集运算 $\bigcup$ 对偶的 (一元) **交集运算**.

定义 4.10 (交集运算) 设 X 是一个非空集合. 令 X 的交集, 记成 $\bigcap X$, 为下述集合:

$$\bigcap X = \{u \mid \forall y\,(y \in X \to u \in y)\}.$$

注意, 交集运算只对非空集合有定义, 对于空集没有定义. 这一点很重要. 实际上, 完全依照交集运算的定义, $\bigcap \varnothing$ 就是集合代数的整个论域, 而不能是这个论域

中的一个元素 (思考: 为什么?). 对于非空的集合 X, $\bigcap X$ 的定义是合理的. 理由如后: 令 $A \in X$. 那么根据集合分离原理 (公理 3), 下述是一个集合:

$$\{u \in A \mid \forall y\,(y \in X \to u \in y)\}.$$

因为 $A \in X$, 所以对于任意集合 u 总有

$$(\forall y\,(y \in X \to u \in y)) \leftrightarrow (u \in A \wedge (\forall y\,(y \in X \to u \in y))).$$

因此

$$\bigcap X = \{u \in A \mid \forall y\,(y \in X \to u \in y)\} = \{u \mid \forall y\,(y \in X \to u \in y)\}.$$

现在我们希望用这个具体的集合 $\mathbb{N}$ 来实现对自然数概念的确切解释, 也就是要用 $\mathbb{N}$ 的元素来表示具体的自然数数值, 并且实现它们之间的大小比较以及加法运算和乘法运算.

我们先来看看集合 $\mathbb{N}$ 以及它的元素都具有一些什么样的性质.

定理 4.4 (1) *如果* $a \in \mathbb{N}$ *和* $b \in \mathbb{N}$, *那么* $((a \in \mathbf{S}(b)) \leftrightarrow (a \in b \vee a = b))$.

(2) *如果* $a \in \mathbb{N}$, *那么或者* $a = \varnothing$, *或者* $\varnothing \in a$.

(3) *如果* $a \in \mathbb{N}$, *那么* $a \subseteq \mathbb{N}$.

(4) *如果* $a \in \mathbb{N}$, $b \in \mathbb{N}$ *以及* $c \in \mathbb{N}$, *那么* $((a \in b \wedge b \in c) \to a \in c)$.

(5) *如果* $a \in \mathbb{N}$ *和* $b \in \mathbb{N}$, *那么* $(a \in b \to b \notin a)$.

(6) *如果* $a \in \mathbb{N}$ *和* $b \in \mathbb{N}$, *那么* $(a \in b \to (b = \mathbf{S}(a) \vee \mathbf{S}(a) \in b))$.

(7) *如果* $a \in \mathbb{N}$ *和* $b \in \mathbb{N}$, *那么或者* $a \in b$, *或者* $a = b$, *或者* $b \in a$.

(8) *如果* $a \in \mathbb{N}$ *并且* $a \neq \varnothing$, *那么* $\exists b\,(b \in a \wedge a = \mathbf{S}(b))$.

证明 (1) 设 $a \in \mathbb{N}$ 以及 $b \in \mathbb{N}$. 因为 $\mathbf{S}(b) = b \cup \{b\}$, 所以如果 $a \in \mathbf{S}(b)$, 那么或者 $a \in b$ 或者 $a \in \{b\}$; 如果 $(a \in b \vee a = b)$, 那么 $a \in \mathbf{S}(b)$.

(2) 令 $Y = \{a \in \mathbb{N} \mid (a = \varnothing \vee \varnothing \in a)\}$. 根据集合分离原理 (公理 3), Y 是 $\mathbb{N}$ 的一个子集合, 即 $Y \subseteq \mathbb{N}$. 现在我们来验证 $\mathbb{N} \subseteq Y$, 从而 $Y = \mathbb{N}$. 由此 (2) 得证. 为了验证 $\mathbb{N} \subseteq Y$, 根据引理 4.1 中的 (3), 我们只需验证 Y 是一个后继封闭集合就够了.

首先, 由 Y 的定义, $\varnothing \in Y$. 其次, 设 $a \in Y$. 欲证 $\mathbf{S}(a) \in Y$. 根据假设 $a \in Y$ 以及 Y 的定义, 要么 $a = \varnothing$, 要么 $\varnothing \in a$. 无论如何都有

$$\varnothing \in (a \cup \{a\}) = \mathbf{S}(a) \in \mathbb{N}.$$

所以, $\mathbf{S}(a) \in Y$.

(3) 令 $Y = \{a \in \mathbb{N} \mid a \subseteq \mathbb{N}\}$. 基于 (2) 的论证所依赖的理由, 我们只需验证 Y 是一个后继封闭集合.

因为 $\varnothing \in \mathbb{N}$ 以及 $\varnothing \subseteq \mathbb{N}$, 所以 $\varnothing \in Y$. 现在任意地设 $a \in Y$, 欲证 $\mathbf{S}(a) \in Y$. 由假设 $a \in Y$ 得到 $a \in \mathbb{N}$ 以及 $a \subseteq \mathbb{N}$. 于是 $a \cup \{a\} \subseteq \mathbb{N}$. 从而 $\mathbf{S}(a) \in \mathbb{N}$ 以及 $\mathbf{S}(a) \subseteq \mathbb{N}$. 因此, $\mathbf{S}(a) \in Y$.

(4) 令 $Y = \{c \in \mathbb{N} \mid (\forall a \forall b\,((a \in \mathbb{N} \wedge b \in \mathbb{N} \wedge a \in b \wedge b \in c) \to a \in c))\}$. 基于 (2) 的论证所依赖的理由, 我们只需验证 Y 是一个后继封闭集合.

首先 $\varnothing \in \mathbb{N}$ 并且当 $c = \varnothing$ 时, Y 的定义式很平凡地被满足, 所以 $\varnothing \in Y$. 其次, 设 $c \in Y$, $a \in b$, $b \in \mathbb{N}$ 以及 $b \in \mathbf{S}(c)$. 欲证 $a \in \mathbf{S}(c)$. 由给定假设条件以及 Y 的定义, 如果 $b \in c$, 那么我们有 $a \in c$. 如果 $b \notin c$, 那么 $b = c$, 此时 $a \in b = c$, 所以 $a \in c$. 因此, $a \in \mathbf{S}(c)$.

(5) 假设 $\mathbb{N}$ 中有一对反例: $a \in b \wedge b \in a$. 根据 (4), 我们必有 $a \in a$. 但这与第 231 页紧随根基假设 (公理 4) 之后的结论不符.

(也可以用类似于 (2) 的论证的方式来直接论证如果 $a \in \mathbb{N}$, 那么 $(a \notin a)$: 考虑 $Y = \{a \in \mathbb{N} \mid a \notin a\}$. 验证 Y 是一个后继封闭集合.)

(6) 任意固定一个 $a \in \mathbb{N}$. 令 $Y = \{u \in \mathbb{N} \mid (a \in u \to (u = \mathbf{S}(a) \vee \mathbf{S}(a) \in u))\}$. 我们来验证 Y 是一个后继封闭集合.

首先, $\varnothing \in Y$ (因为 $a \in \varnothing$ 不成立). 现在假设 $u \in Y$, 欲得 $\mathbf{S}(u) \in Y$. 不妨设 $a \in \mathbf{S}(u)$ (否则自动就有我们所要的). 因此, 或者 $a \in u$ 或者 $a = u$. 如果 $a \in u$, 那么根据 $u \in Y$ 这一假设, 必有或者 $u = \mathbf{S}(a)$ 或者 $\mathbf{S}(a) \in u$, 因而无论如何都有 $\mathbf{S}(a) \in \mathbf{S}(u)$, 从而 $\mathbf{S}(u) \in Y$; 如果 $a = u$, 那么 $\mathbf{S}(u) = \mathbf{S}(a)$, 从而 $\mathbf{S}(u) \in Y$.

这样, 我们就证明了: $\forall a \forall b\,((a \in \mathbb{N} \wedge b \in \mathbb{N} \wedge a \in b) \to (b = \mathbf{S}(a) \vee \mathbf{S}(a) \in b))$.

(7) 令 $Y = \{u \in \mathbb{N} \mid \forall a\,(a \in \mathbb{N} \to (u \in a \vee u = a \vee a \in u))\}$. 我们来论证 $Y = \mathbb{N}$. 为此, 我们来论证 Y 是一个后继封闭集合.

由 (2), 我们有 $\varnothing \in Y$. 现在设 $x \in Y$, 欲证 $\mathbf{S}(x) \in Y$. 任取 $a \in \mathbb{N}$. 因为 $x \in Y$, 所以

$$或者\ x \in a,\ 或者\ x = a,\ 或者\ a \in x.$$

如果 $x \in a$, 根据 (6), 或者 $a = \mathbf{S}(x)$, 或者 $\mathbf{S}(x) \in a$; 如果 $x = a$, 那么 $a \in \mathbf{S}(x)$; 如果 $a \in x$, 那么 $a \in \mathbf{S}(x)$. 于是

$$或者\ \mathbf{S}(x) \in a,\ 或者\ \mathbf{S}(x) = a,\ 或者\ a \in \mathbf{S}(x).$$

由取 a 的任意性, 这就表明 $\mathbf{S}(x) \in Y$.

(8) 令 $Y = \{a \in \mathbb{N} \mid (a \neq \varnothing \to (\exists b\,(b \in a \wedge a = \mathbf{S}(b))))\}$. 我们来论证 Y 是一个后继封闭集合.

首先, $\varnothing \in Y$. 其次, 设 $x \in Y$. 因为 $\mathbf{S}(x) = x \cup \{x\}$, 所以

$$\exists b\,(b \in \mathbf{S}(x) \wedge \mathbf{S}(x) = \mathbf{S}(b)).$$

因此, $\mathbf{S}(x) \in Y$. □

可以说定理 4.4 的论证依据就是“集合 $\mathbb{N}$ 是在 $\subseteq$-关系下最小的后继封闭集合”这一基本性质. 而定理本身又为我们展示了区分集合的几种内涵. 现在我们来应用这些内涵引进关于集合的几个基本而重要的概念. 这不仅有益于我们加深对 $\mathbb{N}$ 及其作用的认识, 也会有益于我们对从具体到一般的思维方式的感悟.

首先, 定理 4.4 的 (3) 为我们揭示了集合的一种基本而重要的性质: 属于关系对某些集合而言具有**传递性**. 其次, 定理 4.4 的 (4), (5) 和 (7) 为我们揭示了集合的另外一种基本而重要的性质: 属于关系对某些集合而言具有**线性**.

我们先来看看传递性.

定义 4.11 (传递集合)　一个集合 A 是一个**传递集合**当且仅当它的每一个元素都是它的一个子集合. 形式地写就有

$$(\forall x\,(x \in A \to x \subseteq A)).$$

例 4.2　(1) 集合 $\mathbb{N}$ 是一个传递集合.

(2) 空集是一个传递集合; 事实上集合 $\mathbb{N}$ 的每一个元素也都是传递集合.

(3) 单点集合 $\{\{\varnothing\}\}$ 不是传递集合; 双子集合 $\{\varnothing, \{\varnothing\}\}$ 是一个传递集合.

本例之 (1) 由定理 4.4 的 (3) 所揭示. 之所以空集是一个传递集合是因为它没有任何元素, 蕴含式 $(x \in \varnothing \to x \subseteq \varnothing)$ 很平凡地为真. 欲证 (2) 的第二个结论, 设 $x \in \mathbb{N}$ 以及 $y \in x$. 我们来论证 $y \subseteq x$. 为此, 设 $a \in y$. 需要验证 $a \in x$. 因为 $x \in \mathbb{N}$, 所以 $x \subseteq \mathbb{N}$, 从而 $y \in \mathbb{N}$, 由此得知 $y \subseteq \mathbb{N}$, 因而 $a \in \mathbb{N}$. 根据定理 4.4 中的 (4), 我们就得到 $a \in x$. (3) 的第一个结论之所以成立就在于它的唯一的元素 $\{\varnothing\}$ 并非它的子集合, 因为 $\varnothing$ 并非它的元素; (3) 的第二个结论之所以成立就在于它的两个元素都是它的子集合.

思考题 4.13　应用根基假设 (公理 4) 论证: 如果 X 是一个非空传递集合, 那么 $\varnothing \in X$.

下面的事实展示出传递性被集合之交、之后继、之幂集这三种运算保持.

事实 4.3.2　(1) 如果 A 和 B 是两个传递集合, 那么 $A \cap B$ 也是一个传递集合;

(2) 如果 A 是一个传递集合, 那么 $\mathbf{S}(A)$ 还是一个传递集合;

(3) 如果 A 是一个传递集合, 那么 $\mathfrak{P}(A)$ 也还是一个传递集合.

证明　(1) 设 A 和 B 是两个传递集合. 不妨设 $A \cap B$ 非空. 设 $a \in A \cap B$. 因为 A 和 B 都是传递集合, 所以 $a \subseteq A$ 以及 $a \subseteq B$, 从而 $a \subseteq A \cap B$.

(2) 设 A 是一个传递集合. 设 $a \in \mathbf{S}(A) = A \cup \{A\}$. 如果 $a \in A$, 那么 $a \subseteq A \subseteq \mathbf{S}(A)$; 如果 $a \notin A$, 那么 $a = A$, 因此 $a \subseteq \mathbf{S}(A)$.

(3) 设 A 是一个传递集合. 设 $a \in \mathfrak{P}(A)$ 以及 $b \in a$. 因为 $a \subseteq A$, $b \in a$, A 是一个传递集合, 所以 $b \subseteq A$, 从而 $b \in \mathfrak{P}(A)$. □

传递集合这一概念在集合代数中是一个非常基本而重要的概念. 尽管不会过多地在本书中涉及, 我们还是希望指出传递集合也是在集合代数论域中广泛存在的一类集合: 任何一个集合都是某一个传递集合的子集合; 并且在所有覆盖它的传递集合中有一个在子集合关系下最小的传递集合 (见定理 4.14).

我们再回过头来看看线性.

定义 4.12 设 A 是一个传递集合. 称属于关系 $\in$ 在 A 上是一个**线性序**当且仅当

(1) (反自反性) 如果 $x \in A$, 那么 $x \notin x$;

(2) (传递性) 如果 $a \in A$, $b \in A$, $c \in A$, $a \in b$ 以及 $b \in c$, 那么 $a \in c$;

(3) (可比较性) 如果 $a \in A$ 和 $b \in A$, 那么或者 $a \in b$, 或者 $a = b$, 或者 $b \in a$, 三者必居其一.

当属于关系在一个传递集合上是一个线性序的时候, 为了强调线性特点, 我们用经典的记号 $<$ 来表示这种线性序: 设 A 是一个传递集合, 并且 $\in$ 在 A 上是一个线性序, 那么对于 $a \in A$ 和 $b \in A$, 令

$$a < b \leftrightarrow a \in b,$$

以及

$$a \leqslant b \leftrightarrow (a \in b \vee a = b),$$

并且当 $a < b$ 时, 称 a **小于** b; 当 $a \leqslant b$ 时, 称 a **小于等于** b.

例 4.3 属于关系在 $\mathbb{N}$ 上是一个线性序; 属于关系在 $\mathbb{N}$ 的每一个元素上也是一个线性序.

本例中的结论有定理 4.4 中的 (4), (5) 和 (7) 给出. 需要明确的一点是反自反特性的保证并不需要根基假设来提供, 定理 4.4 中的 (5) 论证中已有说明: 直接用类似该定理的 (2) 的论证方式来论证如果 $a \in \mathbb{N}$, 那么 $a \notin a$. 这只需要用到 $\mathbb{N}$ 是 $\subseteq$-关系下最小的后继封闭集合这一特性.

这些表明集合 $\mathbb{N}$ 中的元素可以按照属于关系排成一条离散 (在 a 与 $\mathbf{S}(a)$ 之间没有其他) 的长长 (比如从左向右排列就可以向右无限延长) 的直线. 我们来看几个更具体些的例子.

例 4.4 为了简便, 我们用简明记号来记 $\mathbb{N}$ 的前 11 个元素.

$$\begin{aligned}
&0 = \varnothing;\\
&1 = \mathbf{S}(0) = 0 \cup \{0\} = \{0\};\\
&2 = \mathbf{S}(1) = 1 \cup \{1\} = \{0, 1\};\\
&3 = \mathbf{S}(2) = 2 \cup \{2\} = \{0, 1, 2\};
\end{aligned}$$

$$
\begin{aligned}
4 &= \mathbf{S}(3) = 3 \cup \{3\} = \{0,1,2,3\};\\
5 &= \mathbf{S}(4) = 4 \cup \{4\} = \{0,1,2,3,4\};\\
6 &= \mathbf{S}(5) = 5 \cup \{5\} = \{0,1,2,3,4,5\};\\
7 &= \mathbf{S}(6) = 6 \cup \{6\} = \{0,1,2,3,4,5,6\};\\
8 &= \mathbf{S}(7) = 7 \cup \{7\} = \{0,1,2,3,4,5,6,7\};\\
9 &= \mathbf{S}(8) = 8 \cup \{8\} = \{0,1,2,3,4,5,6,7,8\};\\
10 &= \mathbf{S}(9) = 9 \cup \{9\} = \{0,1,2,3,4,5,6,7,8,9\}.
\end{aligned}
$$

这个阵列从上往下展示出属于关系在 $\mathbb{N}$ 上的传递性、(离散) 线性. 这个阵列我们在第 1 章见过. 所不同的是在那里我们是凭直觉为了方便引进这样的记号, 并且当时这些记号的内容得靠我们的记忆; 而在这里我们对记号所表示的内容有着严格定义, 从而它们的内涵与我们的记忆或者主观愿望独立出去了.

$\mathbb{N}$ 上的线性序还有一个更为重要的特性, 诚如下面的定理所揭示的. 注意, 下面的分析不假定根基假设, 只依赖 $\mathbb{N}$ 这个集合的定义.

定理 4.5 (1) 如果 $a \in \mathbb{N}$, $x \subseteq a$, 并且 $x \neq \varnothing$, 那么 $(\exists b\,(b \in x \wedge b \cap x = \varnothing))$;

(2) 如果 $A \subseteq \mathbb{N}$ 非空, 那么 $(\exists a\,(a \in A \wedge (\forall x\,(x \in A \rightarrow (a \leqslant x)))))$;

(3) 如果 $a \in \mathbb{N}$, $x \subseteq a$, 并且 $x \neq \varnothing$, 那么

$$(\exists b\,(b \in x \wedge (\forall y\,(y \in x \rightarrow (y \leqslant b)))));$$

(4) 如果 $A \subseteq \mathbb{N}$ 非空, 并且

$$(\exists b\,(b \in \mathbb{N} \wedge (\forall y\,(y \in A \rightarrow (y \leqslant b))))),$$

那么 $(\exists a\,(a \in A \wedge (\forall x\,(x \in A \rightarrow (x \leqslant a)))))$.

证明 (1) 考虑集合 $X = \{a \in \mathbb{N} \mid \forall x\,((\varnothing \neq x \subseteq a) \rightarrow (\exists b\,(b \in x \wedge b \cap x = \varnothing)))\}$. 我们来论证 X 是一个后继封闭集合, 从而 $X = \mathbb{N}$.

首先, $\varnothing \in X$. 其次, 设 $u \in X$, 欲证 $\mathbf{S}(u) \in X$. 设 $x \subseteq \mathbf{S}(u)$ 非空. 那么或者 $x \cap u \neq \varnothing$ 或者 $x = \{u\}$. 如果 $x \cap u \neq \varnothing$, 那么, 因为 $u \in X$,

$$\exists b\,(b \in x \cap u \wedge b \cap x \cap u = \varnothing).$$

取出这样一个 $b \in x \cap u$. 由于 $b \in u$, $b \subseteq u$, 所以 $b \cap u = b$. 于是 $b \cap x = (b \cap u) \cap x = \varnothing$. 如果 $x = \{u\}$, 那么 $b = u$ 即为所求 (因为 $u \notin u$, $b \cap x = u \cap x = \varnothing$).

(2) 设 $A \subseteq \mathbb{N}$ 非空. 令 $a \in A$. 如果 $a \cap A = \varnothing$, 那么此 a 即满足要求:

$$(a \in A \wedge (\forall x\,(x \in A \rightarrow (a \leqslant x)))).$$

如果 $a \cap A \neq \varnothing$, 那么根据 (1), 令 $b \in a \cap A$ 来见证 $(b \cap a \cap A = \varnothing)$. 因为 $b \subseteq a$, 所以 $b \cap a = b$, 从而 $\varnothing = b \cap a \cap A = b \cap A$. 此 b 即满足要求:

$$(b \in A \wedge (\forall x\,(x \in A \rightarrow (b \leqslant x)))).$$

(3) 令 $X = \{a \in \mathbb{N} \mid (\forall x\,((\varnothing \neq x \subseteq a) \rightarrow (\exists b\,(b \in x \wedge (\forall y\,(y \in x \rightarrow (y \leqslant b)))))))\}$. 我们来论证 X 是一个后继封闭集合, 从而 $X = \mathbb{N}$.

首先, $\varnothing \in X$. 其次, 设 $a \in X$, $x \subseteq \mathbf{S}(a)$, 并且 $x \neq \varnothing$. 因为 $x \subseteq \mathbf{S}(a)$ 非空, 所以或者 $a \in x$ 或者 $x = x \cap a$ 非空. 如果 $a \in x$, 那么此 a 满足要求:

$$(\forall y\,(y \in x \rightarrow (y \leqslant a))).$$

如果 $x = x \cap a$, 那么 $(\exists b\,(b \in x \wedge (\forall y\,(y \in x \rightarrow (y \leqslant b)))))$ (因为 $a \in X$). 因此, 无论如何, 对此非空的 x 都有

$$(\exists b\,(b \in x \wedge (\forall y\,(y \in x \rightarrow (y \leqslant b))))).$$

由此, $\mathbf{S}(a) \in X$.

(4) 设 $A \subseteq \mathbb{N}$ 非空, 并且设 $b \in \mathbb{N}$ 见证 $(\forall a\,(a \in A \rightarrow (a \leqslant b)))$. 于是, $A \subseteq \mathbf{S}(b)$ 非空. 根据 (3),

$$(\exists c\,(c \in A \wedge (\forall y\,(y \in A \rightarrow (y \leqslant c))))).$$

□

根据定理 4.5, 为了说话方便, 我们引进三个术语.

定义 4.13 设 $A \subseteq \mathbb{N}$ 非空.

(1) 如果 $a \in A$ 满足要求 $(\forall x\,(x \in A \rightarrow (a \leqslant x)))$, 那么就称 a 为 A 的 $<$-**最小元**, 并且记成 $a = \min(A)$;

(2) 如果 $a \in A$ 满足要求 $(\forall x\,(x \in A \rightarrow (a \geqslant x)))$, 那么就称 a 为 A 的 $<$-**最大元**, 并且记成 $a = \max(A)$;

(3) 如果有 $b \in \mathbb{N}$ 来见证 $(\forall a\,(a \in A \rightarrow (a \leqslant b)))$, 那么就称 A 在 $\mathbb{N}$ 中**有界**.

应用这些述语, 定理 4.5 其实就是断言集合 ℕ 的任何非空子集合都有 $<$- 最小元; 集合 ℕ 的任何非空有界子集合都有 $<$- 最大元. "集合 ℕ 的任何非空子集合都有 $<$- 最小元" 这一性质是集合 ℕ 的一个非常本质的特性: 它表明属于关系 $\in$ 在这个传递集合 ℕ 上不仅是一个线性序, 而且是一个**秩序** (就是说任何非空子集合都有 $<$- 最小元). ℕ 的这种秩序性质是一种很强的**离散性**. 它表明的不仅仅是在 a 与 $\mathbf{S}(a)$ 之间没有其他元素, 而且表明任何非空的子集合都有最小元. 这是一种很强的离散性. ℕ 的这种秩序特性是数学归纳法的基础, 诚如下述定理所表明的.

定理 4.6 (数学归纳法原理) 设 $\varphi(x_0, x_1, \cdots, x_m)$ 是集合代数语言的一个彰显自由变元的代名词表达式. 设 $a_1, \cdots, a_m$ 是 ℕ 中的 m 个元素. 假设

(1) $\varphi[0, a_1, \cdots, a_m]$ 成立;

(2) 对于任意的 $x \in \mathbb{N}$, 由归纳假设条件 $\varphi[x, a_1, \cdots, a_m]$ 可以推导出结论

$$\varphi[\mathbf{S}(x), a_1, \cdots, a_m].$$

那么, 对于任意的 $a \in \mathbb{N}$ 都必然有 $\varphi[a, a_1, \cdots, a_m]$ 成立.

证明 我们在这里给出两种不同的论证方式.

(I) 应用 $\mathbb{N}$ 的秩序特性.

假设归纳法原理的结论对于 φ 和 $a_1, \cdots, a_m$ 并不成立. 就是说

$$(\exists a\,(a \in \mathbb{N} \wedge (\neg\varphi[a, a_1, \cdots, a_m]))).$$

令 $X = \{a \in \mathbb{N} \mid (\neg\varphi[a, a_1, \cdots, a_m])\}$. X 是 $\mathbb{N}$ 的一个非空子集合. 由定理 4.5 之 (2), $\mathbb{N}$ 具有秩序特性, X 必有一个 $<$-最小元 $a \in X$. 因为 $\varphi[0, a_1, \cdots, a_m]$ 成立, 所以 $0 \in a$. 于是, $a = \mathbf{S}(b)$ 是某个 $b \in \mathbb{N}$ 的后继 (根据定理 4.4 之 (8)). 由于 $b < a$, a 是 X 的 $<$-最小元, 所以, $b \notin X$. 因此,

$$\varphi[b, a_1, \cdots, a_m]$$

一定成立. 可是, 根据假设条件 (2), $\varphi[b, a_1, \cdots, a_m] \to \varphi[\mathbf{S}(b), a_1, \cdots, a_m]$ 成立; 应用自然推理法则 (定义 2.6), 我们就得到结论 $\varphi[\mathbf{S}(b), a_1, \cdots, a_m]$ 成立, 而 $a = \mathbf{S}(b)$. 因此 $\varphi[a, a_1, \cdots, a_m]$ 成立. 这就是一个矛盾, 因为 $a \in X$.

(II) 应用 $\mathbb{N}$ 的基本性质: $\mathbb{N}$ 是在子集合关系 $\subseteq$-下的最小的后继封闭集合.

令 $X = \{a \in \mathbb{N} \mid \varphi[a, a_1, \cdots, a_n]\}$. 根据我们已经有的经验, 我们只需论证 X 是一个后继封闭集合.

首先, 根据假设条件 (1), $\varnothing \in X$. 其次, 设 $a \in X$, 也就是说, $\varphi[a, a_1, \cdots, a_n]$ 成立. 根据假设条件 (2), 我们有 $\varphi[a, a_1, \cdots, a_m] \to \varphi[\mathbf{S}(a), a_1, \cdots, a_m]$ 成立; 应用自然推理法则 (定义 2.6), 我们就得到结论 $\varphi[\mathbf{S}(a), a_1, \cdots, a_m]$ 成立. 于是, $\mathbf{S}(a) \in X$. 这就验证了 X 的确是一个后继封闭集合. □

基于 $\mathbb{N}$ 和它的元素所持有的传递性、线性以及秩序, 我们可以将这三者结合起来引进集合代数中的一个非常基本的概念: **序数**.

定义 (1) 称 a 是集合 A 的 $\in$-最小元当且仅当 $a \in A$, 并且 $(\forall x\,(x \in A \to (a = x \vee a \in x)))$.

(2) 称非空集合 A 有 $\in$-最小元当且仅当

$$\exists a\,(a \in A \wedge (\forall x\,(x \in A \to (a = x \vee a \in x)))).$$

(3) 称 a 是集合 A 的 $\in$-最大元当且仅当 $a \in A$, 并且 $(\forall x\,(x \in A \to (a = x \vee x \in a)))$.

定义 4.14 (序数) *称一个集合 X 是一个***序数***当且仅当*

(1) X 是一个传递集合;

(2) 属于关系 $\in$ 在 X 上是一个线性序;

(3) X 的任何非空子集都有 $\in$-最小元.

从现在起我们约定: 如果 X 是一个传递集合, 并且属于关系 $\in$ 在 X 上是一个线性序, 那么对于 X 中的任意两个元素 a 和 b, 称 a 小于 b, 记成 $a < b$, 当且仅当 $a \in b$.

注意, 序数概念定义中的 (3) 是为了在不假定根基假设的基础上仍旧可以应用序数这个概念; 如果在根基假设的基础上应用序数概念, 定义中的 (3) 则自然得到保证, 因而成为多余的条件.

例 4.5 (1) 如果 $a \in \mathbb{N}$, 那么 a 是一个序数, 并且如果 $a \neq \varnothing$, 那么 a 中有一个 $<$-最大元 (比其他元素都大).

(2) $\mathbb{N}$ 是一个序数; 但是 $\mathbb{N}$ 中没有 $<$-最大元 (其中总有更大的元素); 如果 $a \in \mathbb{N}$, 那么没有 $\mathbb{N}$ 中的元素可以满足既比 a 大又比 $\mathbf{S}(a)$ 小的元素.

(3) $\mathbf{S}(\mathbb{N})$, $\mathbf{S}(\mathbf{S}(\mathbb{N}))$, $\mathbf{S}(\mathbf{S}(\mathbf{S}(\mathbb{N})))$ 也都是序数, 也都有 $<$-最大元.

(4) 假定无穷集合存在性 (公理 10) 之 (1a). 那么我们可以有任意大的其中没有 $<$-最大元的序数.

本例之 (1) 的第二个结论由定理 4.4 中的 (8) 保证. (2) 的第二个结论则由 $\mathbb{N}$ 是后继封闭的以及 $a < \mathbf{S}(a)$ 来保证; 第三个结论则由定理 4.4 中的 (6) 保证. (3) 则由后继运算保持传递性以及直接计算得到. (4) 可以这样论证: 从任意给定的一个序数 X 出发, 考虑所有在 X 基础上的后继封闭集合 ($\mathbb{N}$ 是考虑所有在 $\varnothing$ 基础上的后继封闭集合的结果), 得到一个包括了 X 为其元素又后继封闭的 $\subseteq$-关系下最小的集合. 这便是一个比 X 大而且其中没有 $<$-最大元的序数. (我们将对此详细的分析留给读者.)

现在我们来对序数展开一点基本分析. 这些分析不应用根基假设, 只应用序数的定义本身. 下面的事实表明任何序数的后继还是一个序数, 从而在我们的集合代数论域中不会存在"最后"一个序数.

事实 4.3.3 设 A 是一个序数. 那么 $A \notin A$ 并且 $(\forall a\,(a \in A \to a \notin a))$, 以及 $\mathbf{S}(A)$ 是一个序数.

证明 设 A 是一个序数.

因为如果 $A \in A$, 那么 $(\exists a\,(a \in A \wedge a \in a))$, 所以, 我们只需要证明 $(\forall a\,(a \in A \to a \notin a))$ 就能够得到 $A \notin A$.

假设不然, 即假设 $(\exists a\,(a \in A \wedge a \in a))$. 令 $X = \{a \in A \mid a \in a\}$. 那么根据假设 X 非空. 由于 $X \subseteq A$, A 是一个序数, 根据序数定义 4.14 之 (3), X 必有一个 $<$-最小元 b. 此时一方面由 $b \in X$ 必有 $b \in b$; 另一方面作为 X 的 $<$-最小元必有 $b \cap X = \varnothing$. 这便是一个矛盾.

根据事实 4.3.2, $\mathbf{S}(A)$ 是一个传递集合; 由于 $\mathbf{S}(A) = A \cup \{A\}$, $\in$ 在 A 上又是一个线性序, 所以 $\in$ 在 $\mathbf{S}(A)$ 上也是一个线性序; 设 $x \subseteq \mathbf{S}(A)$ 非空, 如果 $x \cap A$ 非空, 那么由 A 是序数得知 x 有 $<$-最小元; 否则, $x = \{A\}$, 由于 $A \notin A$, 所以 A 是 x 的 $<$-最小元. 这些就表明 $\mathbf{S}(A)$ 也是一个序数. □

下面的事实表明任何一个序数的元素也是一个序数:

事实 4.3.4 如果 a 是一个序数, 并且 $b \in a$, 那么 b 也是一个序数.

证明　设 a 是一个序数, 并且 $b \in a$.

我们先来论证 b 是一个传递集合. 因为 a 是传递的, 所以 $b \subseteq a$. 设 $c \in b$ 以及 $d \in c$. 那么 $c \in a$ 并且 $c \subseteq a$, 从而 $d \in a$. 因此, 对于在 a 中这三个元素, 有

$$d \in c \wedge c \in b.$$

由于 $\in$ 在 a 上是传递的, 所以 $d \in b$. 由 d 的取法的任意性, 我们就得到 $c \subseteq b$; 再由 c 的取法的任意性, 我们就得到 b 是传递集合这一结论.

我们再来验证 $\in$ 在 b 上是线性的. 设 $x \in b$. 那么 $x \in a$, 所以 $(x \notin x)$(依据事实 4.3.3). 再设 x, y, z 为 b 中的三个元素, 并且 $x \in y$ 以及 $y \in z$. 那么它们也都是 a 中的元素, 并且 $x \in y$ 以及 $y \in z$, 由于 $\in$ 在 a 上是传递的, 所以 $x \in z$. 最后设 x 和 y 为 b 中的两个元素. 那么也都是 a 的两个元素, 于是或者 $x \in y$, 或者 $x = y$, 或者 $y \in x$, 三者必居其一. 因此, $\in$ 在 b 上也是线性的.

b 满足序数定义 4.14(3) 的要求是自然的, 因为如果 $x \subseteq b$ 非空, 那么 $x \subseteq a$ 非空, 而 a 是一个序数. □

下面的事实表明一个序数的真子集合中只有它的元素才是序数.

事实 4.3.5　*设 A 是一个序数以及 $x \subseteq A$. 如果 x 是一个序数, 那么或者 $x = A$, 或者 $x \in A$.*

证明　设 A 和 x 都是序数, 并且 $x \subset A$. 于是 $(A - x) \neq \varnothing$. 因为 A 是一个序数, 非空的 $(A - x)$ 必有一个 $<$-最小元 a. 我们断言 $a = x$.

由于 $A = x \cup (A - x)$, 而 $a \in A$, 并且 $a \cap (A - x) = \varnothing$, 所以

$$a = a \cap A = a \cap (x \cup (A - x)) = (a \cap x) \cup (a \cap (A - x)) = (a \cap x) \cup \varnothing = a \cap x.$$

因此, $a \subseteq x$.

往证 $x \subseteq a$. 假设不然. 那么 $(x - a)$ 非空. 因为 $(x - a) \subset A$, A 是一个序数, 所以非空的 $(x - a)$ 必有一个 $<$-最小元 b. 由于 $b \in A$, $a \in A$, A 又是一个序数, 所以

或者 $a \in b$, 或者 $a = b$, 或者 $b \in a$, 三者必居其一.

因为 $b \in (x - a)$, 所以只有两种可能: 或者 $a \in b$, 或者 $a = b$. 如果 $a \in b$, 那么由 $b \in x$ 以及 x 是一个序数, 我们就得到 $a \in x$, 可是 $a \in (A - x)$, 得到一个矛盾; 如果 $a = b$, 那么 $a \in x$, 还是一个矛盾. 由此可见, $(x - a)$ 一定是一个空集. □

现在我们来证明关于序数的一个基本定理: 属于关系 $\in$ 在序数之间也具有线性和秩序特性.

定理 4.7　(1) *如果 a 和 b 是两个序数, 那么或者 $a \in b$, 或者 $a = b$, 或者 $b \in a$, 三者必居其一, 且只居其一.*

(2) *如果 X 是序数的一个非空集合, 那么 X 必有一个 $\in$-最小元.*

证明 (1) 设 a 和 b 是两个序数. 根据序数的定义 4.14 马上得知它们的交集 $c = a \cap b$ 也是一个序数. 根据事实 4.3.5, 或者 $c = a$, 或者 $c \in a$; 以及或者 $c = b$, 或者 $c \in b$. 如果 $c = a$ 且 $c = b$, 那么 $a = b$; 如果 $c = a$ 但是 $c \neq b$, 那么 $a \in b$; 如果 $c = b$ 但是 $c \neq a$, 那么 $b \in a$. 最后一种组合 $c \in a$ 并且 $c \in b$ 不可能发生: 否则, $c \in a \cap b = c$, 因为 a 和 b 都是序数, 根据事实 4.3.3, 它们中不会有这样的 c.

(2) 设 X 是序数的一个非空集合. 令 $a \in X$. 令 $y = a \cap X$. 如果 $y = \varnothing$, 那么我们很幸运, a 就是 X 的 $\in$-最小元. 故不妨设 $y \neq \varnothing$. 那么 $y \subseteq a$ 是一个非空集合. 因为 a 是一个序数, y 有一个 $\in$-最小元 b. 于是, $b \subset a$ 以及 $b \cap y = \varnothing$. 从而

$$b \cap X = (b \cap a) \cap X = b \cap (a \cap X) = b \cap y = \varnothing.$$

因为 $b \in y \subseteq X$, 所以 b 是 X 的 $\in$-最小元. □

如此一来, 序数实际上可以分为三类: 空集 $\varnothing$; 包括 $<$-最大元的序数; 没有 $<$-最大元的序数. 为了说话方便和准确, 我们以如下定义的形式将这种分类明确下来.

定义 4.15 (1) 称空集为序数零, 并以 0 来记, 即 $0 = \varnothing$;

(2) 称一个包括最大元的序数为一个**后继序数**, 并且如果 a 是一个后继序数, b 是 a 的最大元, 那么就用 $a = b + 1$ 来记这个事实: 序数 b 是序数 a 的最大元.

(3) 称一个既非空又没有最大元的序数为一个**非零极限序数**.

思考题 4.14 设 a 是一个序数. 验证: a 是一个后继序数当且仅当

$$(\exists b\, (b \in a \wedge a = \mathbf{S}(b))).$$

例 4.6 (1) 如果 $a \in \mathbb{N}$ 非零, 那么 a 是一个后继序数;

(2) $\mathbb{N}$ 是一个非零极限序数;

(3) $\mathbf{S}(\mathbb{N})$, $\mathbf{S}(\mathbf{S}(\mathbb{N}))$, $\mathbf{S}(\mathbf{S}(\mathbf{S}(\mathbb{N})))$ 都是后继序数;

(4) 如果 X 是在 $\mathbb{N}$ 的基础上的在 $\subseteq$-关系下最小的后继封闭集合, 那么 X 是一个比 $\mathbb{N}$ 大的非零极限序数.

4.4 笛卡尔乘积与函数

前面我们引进了集合 $\mathbb{N}$ 并且分析了属于关系 $\in$ 在它上面的表现. 我们的目标是希望这个集合 $\mathbb{N}$ 可以作为我们对自然数概念的可靠解释的载体. 集合的后继运算 $\mathbf{S}$ 在 $\mathbb{N}$ 的作用完全可以被用来解释自然数的后继运算. 这一点从上面的分析似乎已经很清楚了. 换句话说, 我们可以考虑用 $\mathbb{N}$ 中的元素来表示自然数的数值; 用 $\mathbb{N}$ 的元素间的属于关系 $\in$ 来作为数值大小的比较. 剩下的问题是我们该如何定义 $\mathbb{N}$ 的元素之间的加法、乘法、指数等算术运算以至于这种解释的确合乎我们关于自然数的直觉认识.

欲达此目的, 我们需要从一个新的或者说是抽象的角度来看待自然数的加法、乘法等算术运算. 自然数的加法和乘法有两个共同点: 都是二元运算, 即都需要有两个自然数作为运算的对象; 都对给定的运算对象计算出唯一的结果. 尽管它们的计算过程很不相同, 但这两点却是一样的. 类似地, 自然数的后继运算也有一个类似的特点: 虽然它只需要一个自然数作为运算对象 (因此是一元运算), 但是它也是对给定的运算对象计算出唯一的结果. 数学上将这样的运算用一个概念概括起来: **函数**. 通俗地讲, 一个函数的功能就是对固定个数的运算对象总给出唯一的结果. 函数与函数之间的差别就在于它们各自的运算对象的总体可能不同, 就算运算对象的总体相同, 所给出的唯一结果可能不同. 为了将这些想法在集合代数中简洁地实现, 我们需要从更为基本和具体的事情做起.

如果说集合 $\mathbb{N}$ 中的元素可以用来解释自然数的数值, 从而以具体的方式来解答**什么是数**这样的问题, 那么我们该怎样回答几何上的**什么是点**这样的问题呢? 我们需要回答这样的问题, 因为需要将运算对象, 比如说加法对象, 看成一个点, 再将运算的结果与这些点关联起来, 从而以一种一般的方式来确定什么是**函数**. 下面的定义就以非常具体的方式很一般地明确了什么是平面上的点.

定义 4.16 (有序对) 设 a 和 b 是两个集合. 由 a 与 b 组成的**有序对**, 记成 (a,b), 是如下集合:

$$(a,b)=\{\{a\},\{a,b\}\}.$$

称 a 为有序对 (a,b) 的**左分量**; 称 b 为有序对 (a,b) 的**右分量**.

由定义可见由 a 和 b 组成的有序对事实上是一个双子集合, 它的两个元素分别是由 a 组成的单点集合以及由 a 和 b 共同组成的双子集合. 由此可见, 如果 a 和 b 不同, 那么由 a 和 b 组成的有序对 (a,b) 与由 b 和 a 组成的有序对 (b,a) 是两个不同的集合. 就是说, 有序对中的这个“序”字很本质, 我们不能随意交换它们的左右位置, 因为一般而言, 一旦交换它们的左右位置, 由它们组成的对象就变成另外一个对象了.

我们希望用有序对来表示平面上的点 [3]. 上面的定义明确了有序对是什么. 但是否可以用来当成平面上的点还有一个基本问题需要解决: 是否会出现不同的双子集合给出相同的有序对? 如果这样的话, 上述定义所给出的有序对就不能被用来当成平面上的点, 因为我们知道笛卡尔的平面上的点是完全由它的两个坐标分量确定的. 下面的命题正面地回答了这个问题: 任何一个有序对都完全由它的左、右两个分量完全确定.

命题 4.1 对于任意的集合 x,y,u,v, 总有下述对等式:

$$((x,y)=(u,v)\leftrightarrow(x=u\wedge y=v)).$$

3 用有序对来表示平面上的点从而将几何问题转化成代数问题是法国哲学家和数学家笛卡尔的贡献.

证明 如果 $(x = u \wedge y = v)$, 自然就有 $(x,y) = (u,v)$. 我们需要验证: 如果 $(x,y) = (u,v)$, 那么一定有 $x = u$ 以及 $y = v$. 为此, 我们分两步走.

第一步, 验证: 如果 $\{z,a\} = \{z,b\}$, 那么 $a = b$.

设 $\{z,a\} = \{z,b\}$. 如果 $a \neq z$, 因为 $a \in \{z,b\}$, 所以 $a = b$; 如果 $a = z$, 那么 $\{z,a\} = \{a\}$, 从而 $\{z,b\}$ 也是一个单点集合, 从而 $z = b$, 于是 $a = z = b$. 因此, 无论如何都有 $a = b$.

第二步, 假设 $(x,y) = (u,v)$. 由于 $\{x\} \in (x,y)$, 我们有 $\{x\} \in (u,v)$. 因此, 或者 $\{x\} = \{u\}$, 或者 $\{x\} = \{u,v\}$. 无论如何都有 $x = u$. 于是, 等式 $(x,y) = (u,v)$ 就成为 $(x,y) = (x,v)$. 由此得到

$$\{x,y\} \in (x,v) = \{\{x\},\{x,v\}\}.$$

如果 $\{x,y\} = \{x\}$, 那么 $y = x$, 从而 $(x,y) = \{\{x\}\}$; 由于 $\{x,v\} \in (x,y)$, 所以 $\{x,v\} = \{x\}$, 即 $x = v$, 于是 $y = v$; 如果 $\{x,y\} \neq \{x\}$, 那么 $\{x,y\} = \{x,v\}$, 根据第一步的结果, 我们就得到 $y = v$. □

下面的事实表明形如 $z = (a,b)$ 的等式是集合代数语言中的一个代名词表达式. 这在后面有用处.

事实 4.4.1 $z = (a,b) \leftrightarrow (\exists u\, \exists v\, (u \in z \wedge v \in z \wedge z = \{u,v\} \wedge u = \{a\} \wedge v = \{a,b\}))$.

现在我们可以在集合之间定义笛卡尔乘积, 从而就有笛卡尔平面.

定义 4.17 (笛卡尔乘积) 集合 C 与集合 D 的笛卡尔乘积, 记成 $C \times D$, 定义为

$$C \times D = \{(a,b) \mid (a \in C \wedge b \in D)\}.$$

我们需要保证上述定义是合理的, 也就是说, 我们需要保证上述定义等式中等号的右边是一个集合, 并且是唯一的 (即需要存在性与唯一性).

定理 4.8 如果 C 和 D 是两个集合, 那么它们的笛卡尔乘积是一个集合, 并且唯一地由 C 和 D 所确定.

证明 给定集合 C 和 D, 令 $X = C \cup D$. 那么根据二元并集假设 (公理 6) X 是一个集合. 再令 $Y = \mathfrak{P}(\mathfrak{P}(X))$. 那么根据幂集公理 (公理 5) Y 也是一个集合. 然后令

$$Z = \{z \in Y \mid (\exists a\, \exists b\, (a \in C \wedge b \in D \wedge z = (a,b)))\}.$$

那么根据集合分离原理 (公理 3) Z 是一个集合.

设 $z \in Z$. 令 $a \in C$ 以及 $b \in D$ 来见证等式 $z = (a,b)$. 那么 $z \in C \times D$. 设 $a \in C$ 以及 $b \in D$. 那么 $\{a\} \in \mathfrak{P}(C \cup D)$ 以及 $\{a,b\} \in \mathfrak{P}(C \cup D)$. 因此

$$\{\{a\},\{a,b\}\} \in \mathfrak{P}(\mathfrak{P}(C \cup D)).$$

于是, $(a,b)\in Z$. 由此我们得到 $Z=C\times D$. □

例 4.7　令 $0=\varnothing$, $1=\{0\}$, $2=\{0,1\}$, $3=\{0,1,2\}$, $4=\{0,1,2,3\}$. 再令 $A=\{0,1,2,3,4\}$. 那么 $A\times A$ 就是下述平面上的点的集合:

4	•(0,4)	•(1,4)	•(2,4)	•(3,4)	•(4,4)
3	•(0,3)	•(1,3)	•(2,3)	•(3,3)	•(4,3)
2	•(0,2)	•(1,2)	•(2,2)	•(3,2)	•(4,2)
1	•(0,1)	•(1,1)	•(2,1)	•(3,1)	•(4,1)
0	•(0,0)	•(1,0)	•(2,0)	•(3,0)	•(4,0)
	0	1	2	3	4

例 4.8　令 $C=\{0,1,2\}$, 令 $D=\{3,4,5\}$, 令 $A=\{0,1,2,3,4,5\}$. 那么 $A=C\cup D$, $C\cap D=\varnothing$, 以及

$$\mathfrak{P}(A)=\{a\cup b\mid (a,b)\in\mathfrak{P}(C)\times\mathfrak{P}(D)\}.$$

这是因为: 如果 $x\subseteq A$, 那么 $x\cap C\in\mathfrak{P}(C)$ 以及 $x\cap D\in\mathfrak{P}(D)$, 并且这种分解是唯一的. 用类似于例 4.1 中用 0-1 序列命名方式来给 A 的幂集 $\mathfrak{P}(A)$ 中的元素命名. 将 A 中的元素按照固定的从 0 到 5 严格递增的顺序排列. 对于 A 的每一个子集, 如果一个元素在其中, 那么相应的位置上的值就是 1; 否则就是 0. 比如, 子集合 C 的名字就是 111000, 而 D 的名字就是 000111. 由于 C 的子集合与 D 无关, 我们便只用六位 0-1 数字串的前三位来命名, 忽略后三位中的 0; 同样地, 对于 D 的子集合, 我们只用六位 0-1 数字串中的后三位来命名, 忽略掉前三位中的 0. 于是, 对于 $a\in\mathfrak{P}(C)$, 我们有前三位; 对于 $b\in\mathfrak{P}(D)$, 我们有后三位, 那么 $a\cup b$ 的名字就由 a 的名字和 b 的名字按照自然顺序联结而得到. 下面的表就完成了对 $\mathfrak{P}(A)$ 的元素的命名, 其中, 表的第一行是 $\mathfrak{P}(D)$ 的元素的名字的排列; 表的第一列为 $\mathfrak{P}(C)$ 的元素的名字的排列; 行列交叉处的名字是将行头的名字与列头的名字按照从左到右联结的结果.

∪	000	100	010	001	110	101	011	111
000	000000	000100	000010	000001	000110	000101	000011	000111
100	100000	100100	100010	100001	100110	100101	100011	100111
010	010000	010100	010010	010001	010110	010101	010011	010111
001	001000	001100	001010	001001	001110	001101	001011	001111
110	110000	110100	110010	110001	110110	110101	110011	110111
101	101000	101100	101010	101001	101110	101101	101011	101111
011	011000	011100	011010	011001	011110	011101	011011	011111
111	111000	111100	111010	111001	111110	111101	111011	111111

(有兴趣的读者可以将这张表与第 32 页中的表 1.4 做一下比较.)

定义 4.18 (关系) (1) 当一个集合 R 的每一个元素都是一个有序对时, 我们称集合 R 为一个**二元关系**.

(2) 对于一个二元关系 R, 我们规定其**定义域**, 记成 $\mathrm{dom}(R)$, 是如下的集合:

$$\mathrm{dom}(R) = \{x \mid \exists y\ (x, y) \in R\} = \{(z)_0 \mid z \in R\},$$

其中 $(z)_0$ 是有序对 z 的左分量. 我们也规定其**值域**, 记成 $\mathrm{rng}(R)$, 是如下的集合:

$$\mathrm{rng}(R) = \{y \mid \exists x\ (x, y) \in R\} = \{(z)_1 \mid z \in R\},$$

其中 $(z)_1$ 是有序对 z 的右分量. 我们称集合 $\mathrm{dom}(R) \cup \mathrm{rng}(R)$ 为关系 R 的**作用域**.

(3) 对于一个二元关系 R, 我们规定它的**逆关系**, 记成 R^{-1}, 为如下的集合:

$$R^{-1} = \{(x, y) \mid (y, x) \in R\}.$$

例 4.9 令 $A = \{0, 1, 2, 3, 4\}$. 那么 $R = A \times A$ 是一个二元关系;

$$E = \{(0,0), (1,1), (2,2), (3,3), (4,4)\}; \quad P = \{(1,0), (2,1), (3,2), (4,3), (3,1)\}$$

也都是二元关系; 并且 $\mathrm{dom}(R) = \mathrm{dom}(E) = A$; $\mathrm{rng}(R) = \mathrm{rng}(E) = A$; $\mathrm{dom}(P) = \{1, 2, 3, 4\}$, $\mathrm{rng}(P) = \{0, 1, 2, 3\}$; 以及 $R^{-1} = R$; $E^{-1} = E$;

$$P^{-1} = \{(0,1), (1,2), (2,3), (3,4), (1,3)\}.$$

它们的作用域都是 A.

在所有的二元关系中, 有一类关系很重要. 这就是等价关系. 等价关系是"相等"或者"等同"这样的观念的概念化结果. 在日常生活中, 我们经常会把那些彼此间的差别可以忽略不计或者察觉不到的事物看成相同或者一样或者无差别, 尽管它们事实上并非完全相同或者并非完全一样或者有着细微差别. 这便是在那些事物之间确定了一种等价关系. 为了在集合代数中表现这种"无差别归类", 我们引进等价关系.

定义 4.19 (等价关系) 设 A 为一集合. 我们称一个二元关系 E 为 A 上的一个**等价关系**当且仅当 $E \subseteq A \times A$ 并且 E 满足如下三个条件:

(1)(自反) $\forall x\ (x \in A \to (x, x) \in E)$;

(2)(对称) $\forall x\ \forall y\ ((x \in A \wedge y \in A \wedge (x, y) \in E) \to (y, x) \in E)$;

(3)(传递) $\forall x\ \forall y\ \forall z\ \left(\left(\begin{array}{c} x \in A \wedge y \in A \wedge z \in A \wedge \\ (x, y) \in E \wedge (y, z) \in E \end{array} \right) \to (x, z) \in E \right)$.

例 4.10　令 $A=\{0,1,2,3,4\}$.

(1) $R=A\times A$, $E=\{(0,0),(1,1),(2,2),(3,3),(4,4)\}$ 以及

$$F=\{(0,0),(1,1),(2,2),(3,3),(4,4),(0,1),(1,0)\}$$

都是 A 上的等价关系.

(2) 尽管二元关系

$$P=\{(1,0),(2,1),(3,2),(4,3),(3,1)\}$$

的作用域也是 A, 但它不是 A 上的等价关系: 它不是自反的, 比如, $(0,0)\notin P$; 也不是对称的, 比如, $(1,0)\in P$ 但是 $(0,1)\notin P$; 还不是传递的, 比如, $(2,1)\in P$, $(1,0)\in P$, 但是 $(2,0)\notin P$.

(3) 二元关系

$$Q=\{(0,0),(1,1),(2,2),(3,3),(4,4),(1,2)\}$$

的作用域也是 A, 但它不是 A 上的等价关系. 它是自反的, 但不是对称的, 因为 $(1,2)\in Q$, 但是 $(2,1)\notin Q$.

(4) 二元关系

$$S=\{(0,0),(1,1),(2,2),(3,3),(4,4),(1,2),(2,1),(2,3),(3,2)\}$$

的作用域是 A, 但也不是 A 上的等价关系. 它是自反的; 也是对称的; 但不是传递的, 因为 $(1,2)\in S$ 以及 $(2,3)\in S$, 但是 $(1,3)\notin S$.

例 4.11　设 A 为一个集合. 对任意的 $x\in A$, $y\in A$, 我们说 $(x,y)\in E_=$ 当且仅当 $x=y$. 那么, $E_=$ 就是 A 上的一个等价关系. 我们称这一等价关系为 A 上的等同关系.

例 4.12　令 $<=\{(a,b)\in\mathbb{N}\times\mathbb{N}\mid a\in b\}$. 那么 $<$ 的作用域是 $\mathbb{N}$, 其定义域是 $\mathbb{N}$, 但是它的值域不是 $\mathbb{N}$ 而是 $\mathbb{N}-\{0\}$. 我们知道这个二元关系是一个传递关系; 是反自反关系; 但不是对称关系.

例 4.13　令 $A=\{0,1,2,3,4,5,6,7,8,9\}$ 以及

$$R=\left\{\begin{array}{l}(0,0),(1,1),(2,2),(3,3),(4,4),(4,0),(0,4),(5,5),(1,5),(5,1),(9,1),\\(6,6),(6,2),(2,6),(7,7),(3,7),(7,3),(8,8),(8,0),(0,8),(9,9),(1,9)\end{array}\right\}.$$

R 是 A 上的一个等价关系.

例 4.14　令 $A=\{0,1,2,3,4,5,6,7,8,9,10,11,12,13,14,15,16\}$ 以及

$$R = \left\{ \begin{array}{l} (0,0),(1,1),(2,2),(3,3),(4,4),(5,0),(0,5),(5,5),(10,10), \\ (15,15),(0,15),(15,0),(16,16),(16,1),(1,16),(0,10),(10,0), \\ (6,6),(6,1),(1,6),(7,7),(2,7),(7,2),(8,8),(8,3),(3,8), \\ (9,9),(4,9),(9,4),(11,11),(1,11),(11,1),(12,12),(12,2), \\ (13,13),(13,3),(3,13),(14,14),(14,4),(4,14),(2,12) \end{array} \right\}.$$

R 是 A 上的一个等价关系.

思考题 4.15 设 $A = \{0,1,2,3,4,5\}$. 令 $X = \mathfrak{P}(A)$. 定义 X 上的一个二元关系 (互补关系) 如下:

$$R = \{(a,b) \in X \times X \mid b = \bar{a}\}.$$

验证: R 是一个对称关系 (即 $(a,b) \in R \leftrightarrow (b,a) \in R$); 但它既不是自反关系, 也不是传递关系. 利用例 4.8 中集合 $\mathfrak{P}(A)$ 的元素列表, 找出 R 中的元素.

让我们再来看两个例子: 自然数之间的赊账问题所带来的"等差关系"以及整数之间的等分问题所带来的"同比关系".

例 4.15 我们假设 $\mathbb{N}$ 是全体自然数的集合 (后面我们会解决这个集合的数学含义解释问题), 并且假设在它上面定义了我们所熟悉的加法运算, 而且用 $+$ 来表示自然数加法运算 (具体的加法定义将在后面给出). 我们还假设我们所熟悉的加法运算的基本性质 (比如交换律, 结合律, 等等) 都已经建立起来. 在这些基础上, 我们在 $\mathbb{N} \times \mathbb{N}$ 上定义一个二元关系 $\equiv$ 如下: 对于 $(a,b) \in \mathbb{N} \times \mathbb{N}$ 以及 $(c,d) \in \mathbb{N} \times \mathbb{N}$, 令

$$(a,b) \equiv (c,d) \leftrightarrow (a+d = c+b).$$

让我们来看看这的确定义了 $\mathbb{N} \times \mathbb{N}$ 上的一个等价关系.

首先, 它的自反的: $(a,b) \equiv (a,b)$, 因为 $a+b = a+b$.

其次, 它是传递的: 设 $(a,b) \equiv (c,d)$, 以及 $(c,d) \equiv (e,f)$. 那么

$$(a+d = c+b) \wedge (c+f = e+d).$$

从而

$$(a+f)+d = (a+d)+f = (c+b)+f = (c+f)+b = (e+d)+b = (e+b)+d.$$

因此 $a+f = e+b$. 于是 $(a,b) \equiv (e,f)$.

最后, 它是对称的: 设 $(a,b) \equiv (c,d)$. 那么 $a+d = c+b$. 于是, $c+b = a+d$, 也就是 $(c,d) \equiv (a,b)$.

这些就表明上面所定义的 $\equiv$ 的确是 $\mathbb{N} \times \mathbb{N}$ 上的一个等价关系. 上述论证中我们用到了加法 $+$ 所满足的结合律、交换律以及消去律. 这些是我们关于自然数加法所熟悉的.

现在有一个有趣的问题: 这个等价关系 $\equiv$ 内在的含义是什么？假如说我们有了自然数之间差的概念, 那么我们不妨将 $\mathbb{N}\times\mathbb{N}$ 上的点 (a,b) 想象成这两个自然数之差: $a-b$, 以及不妨将具有等差的有序对看成等价的点. 这样一来我们就有如下对等式:

$$(a,b)\equiv(c,d)\leftrightarrow(a-b=c-d)\leftrightarrow(a+d=c+b).$$

将中间的等式藏起来, 我们就得到我们的定义式.

闲话　自然数平面按照直线 $x\mapsto x+c$(其中 c 是一个整数) 进行分划, 在一条直线上的有序对恰好等差; 我们称这样的一条直线上的点为一个等差类; 关系 $(a,b)\equiv(c,d)$ 则表明它们恰好就是自然数平面上某条直线 $x\mapsto x+c$ 上的两个格子点 (其中 c 是一个整数) (图 4.1).

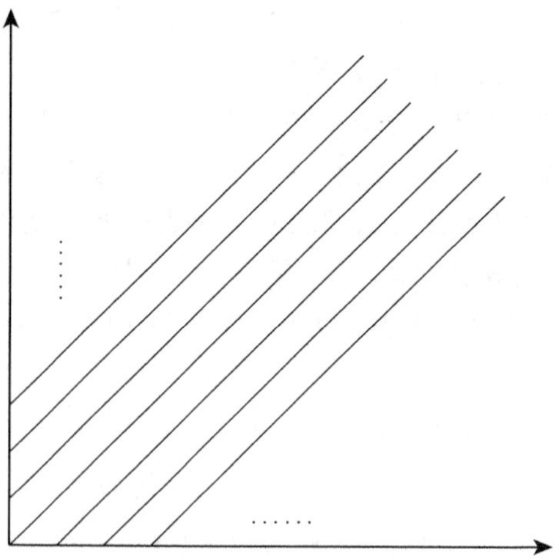

图 4.1　等差等价类划分示意图

我们知道整数这个概念的引入可以解决赊账问题, 但它没有能够解决等分问题. 等分问题的解决需要引进有理数概念. 这里我们将等分作为一种等价关系的例子给出如下.

闲话　形如 $x\mapsto ax$ 的映射在平面上就是一条固定斜率的直线. 在自然数平面 $\mathbb{N}^2$ 上, 如果 $0<k\in\mathbb{N}$, 那么下面的集合

$$L_k=\{(kn,n)\mid 0<n\in\mathbb{N}\}$$

中的点就都在一条固定斜率的直线上. 也就是说, 对于 $(m_1,m_2),(n_1,n_2)\in L_k$,

$$\frac{m_1}{m_2}=k=\frac{n_1}{n_2}.$$

因为 L_k 中的点都满足整除关系, 这个等式等价于

$$m_1 \cdot n_2 = n_1 \cdot m_2.$$

这个等式本身并不涉及斜率, 也不涉及整除关系. 这恰好给了我们一种启示: 以此并不涉及斜率的等式为基本将平面 $\mathbb{Z} \times (\mathbb{N} - \{0\})$ 上的所有具有相同的斜率的点当成等比的“分数”.

例 4.16 我们假设 $\mathbb{Z}$ 是全体整数的集合 (后面我们会解决这个集合的存在性问题), 并且假设在它上面定义了我们所熟悉的加法运算和乘法运算, 而且用 $+$ 来表示整数加法运算以及用 $\cdot$ 来表示整数乘法运算 (具体的加法和乘法定义将在后面给出). 我们还假设我们所熟悉的加法运算以及乘法运算的基本性质 (比如交换律, 结合律, 分配律, 等等) 都已经建立起来. 在这些基础上, 我们在 $\mathbb{Z} \times (\mathbb{N} - \{0\})$ 上定义一个二元关系 $\approx$ 如下: 对于 $(a, b) \in \mathbb{Z} \times (\mathbb{N} - \{0\})$ 以及 $(c, d) \in \mathbb{Z} \times (\mathbb{N} - \{0\})$, 令

$$(a, b) \approx (c, d) \leftrightarrow (a \cdot d = c \cdot b).$$

我们将验证上面所定义的二元关系 $\approx$ 是 $\mathbb{Z} \times (\mathbb{N} - \{0\})$ 上的一个等价关系的工作留给读者.

在二元关系中, 还有另外一类很特殊的二元关系, 这就是**函数**, 或者**运算**. 早期, 作为“计算”这一观念的一般化, 人们意识到函数的重要性, 但是依旧只能是如同关于“计算”的理解, 只能是将函数这一观念理解为由此及彼的一系列规则. 真正将观念的函数转化为函数概念, 将它严格定义出来, 还是集合代数成为数学基础之后的事情. 当然, 在集合代数中, 函数这一概念是一种完全抽象的结果, 因为这种抽象完全忽略了“过程”, 也就是说, 这一概念并不关注如何从“输入”到“输出”. 只关注由此及唯一之彼, 而不关心怎样到达彼处. 至于对于“计算”或者那许许多多“一系列规则”应当如何解释, 那就留待在函数这一概念的基础之上进一步讨论. 这也正是本书所采取的方案. 我们将在后面专门讨论怎样将“计算”以及“可计算”这种古老的观念转化成概念.

定义 4.20 (函数) (1) 我们称一个关系 F 为一个**函数**当且仅当 F 满足如下要求:

$$\forall x \, \forall y \, \forall z \, (((x, y) \in F \wedge (x, z) \in F) \rightarrow y = z).$$

也就是说, 对于任意一个 $x \in \mathrm{dom}(F)$, 仅有唯一一个 $y \in \mathrm{rng}(F)$ 满足 $(x, y) \in F$.

(2) 对于一个函数 F, 我们将 $(x, y) \in F$ 也写成 $y = F(x)$, 即

$$y = F(x) \iff (x, y) \in F.$$

并称 y 为函数 F 在 x 处的值, 或者 y 是 x 在 F 下的映像.

(3) 我们说 F 是从集合 A 到集合 B 上的一个**映射**, 记成 $F: A \to B$, 当且仅当 F 是一个函数, 而且 $\mathrm{dom}(F) = A$, $\mathrm{rng}(F) \subseteq B$. 这种情形下, 称 A 为函数 F 之**定义域**; 称 B 为 F 的**值域**; 称 $\mathrm{rng}(F)$ 为 F 的**像集**.

(4) 对于一个从 A 到 B 的映射, $F: A \to B$, 我们称 F 是一个**满射**当且仅当 $\mathrm{rng}(F) = B$; 称 F 为一个**单射**当且仅当对于任意的 $y \in \mathrm{rng}(F)$, 只有唯一的 $x \in A$ 是方程 $y = F(x)$ 的解, 我们也称单射为一对一的映射; 如果 F 既是一个满射又是一个单射, 我们就称 $F: A \to B$ 为一个**双射**, 或者为一个**一一对应**, 或者**可逆函数**.

例 4.17　令 $f = \{(a, \mathbf{S}(a)) \mid a \in \mathbb{N}\}$. 那么, f 是一个定义在 $\mathbb{N}$ 上的函数, 或者说是一个从 $\mathbb{N}$ 到 $\mathbb{N}$ 的映射; $\mathbb{N}$ 既是 f 的定义域也是 f 的值域; 但是, 根据定理 f 的像集则是 $\mathbb{N} - \{0\}$, 所以它不是一个满射, 而只是一个单射.

证明　由定义可见 $f \subset \mathbb{N} \times \mathbb{N}$, 因此 f 是 $\mathbb{N}$ 上的一个二元关系. 我们需要验证 f 满足函数定义的要求: 如果 $a \in \mathbb{N}$, 那么必有 $b \in \mathbb{N}$ 来见证 $(a, b) \in f$; 并且, 这样的 b 是唯一的, 也就是说, 如果 $(a, b) \in f$ 以及 $(a, c) \in f$, 那么 $b = c$.

对于 $a \in \mathbb{N}$, 令 $b = \mathbf{S}(a) = a \cup \{a\}$, 因为 $\mathbb{N}$ 关于后继封闭, $b \in \mathbb{N}$, 从而

$$(a, b) \in f \subset \mathbb{N} \times \mathbb{N}.$$

现在设 $(a, b) \in f$ 以及 $(a, c) \in f$. 由定义, $(a, b) = (a, \mathbf{S}(a))$ 以及 $(a, c) = (a, \mathbf{S}(a))$. 于是, $(a, b) = (a, c)$. 根据命题 4.1, 我们就得到 $b = c$. 这些就表明 f 的确是一个定义在 $\mathbb{N}$ 上的函数, 并且 $f: \mathbb{N} \to \mathbb{N}$.

由于对于每一个 $b \in \mathbb{N}$ 总有 $b \in \mathbf{S}(b)$, 而 $\varnothing$ 不包括任何元素, 所以对于每一个 $b \in \mathbb{N}$, $\varnothing \neq f(b) = \mathbf{S}(b)$. 就是说, $\varnothing$ 不在 f 的像集之中. 这表明 f 不是从 $\mathbb{N}$ 到 $\mathbb{N}$ 的满射.

我们来论证 f 是一个单射. 设 $a \in \mathbb{N}$ 以及 $b \in \mathbb{N}$, 并且 $f(a) = f(b)$. 我们来验证 $a = b$. 根据定理 4.4 中的 (7), 或者 $a \in b$, 或者 $a = b$, 或者 $b \in a$. 先证 $a \notin b$. 假设不然, $a \in b$. 此时根据定理 4.4 中的 (6), 我们就有或者 $b = \mathbf{S}(a)$, 或者 $\mathbf{S}(a) \in b$. 由假设

$$\mathbf{S}(a) = f(a) = f(b) = \mathbf{S}(b),$$

如果 $b = \mathbf{S}(a)$, 那么 $b = \mathbf{S}(b) = b \cup \{b\}$, 从而 $b \in b$, 但这与定理 4.4 中的 (5) 相矛盾; 如果 $\mathbf{S}(a) \in b$, 那么 $f(a) \in b \subset f(b) = f(a)$, 这同样定理 4.4 中的 (5) 相矛盾. 这种矛盾表明 $a \notin b$. 依据对称性, 同样的讨论表明 $b \notin a$. 于是, $a = b$.

根据定理 4.4 中的 (8), 如果 $b \in \mathbb{N}$ 非空集, 那么 $(\exists a\,(a \in \mathbb{N} \wedge b = \mathbf{S}(a)))$. 所以, f 的像集是 $\mathbb{N} - \{0\}$. □

例 4.18　设 A 是一个集合. 令 $X = \mathfrak{P}(A) \times \mathfrak{P}(A)$. 定义

$$f = \{((a, b), c) \in X \times \mathfrak{P}(A) \mid c = a \cup b\},$$

$$g = \{((a,b),c) \in X \times \mathfrak{P}(A) \mid c = a \cap b\},$$

以及

$$h = \{(a,b) \in X \mid b = \overline{a}\}.$$

那么 $f : X \to \mathfrak{P}(A)$, $g : X \to \mathfrak{P}(A)$, $h : \mathfrak{P}(A) \to \mathfrak{P}(A)$; 它们都是满射; h 是双射; 如果 A 中至少有两个不同元素, 那么 f 和 g 都不是单射.

证明 由定义可见它们都是函数, 因为 $a \cup b$ 和 $a \cap b$ 都是由 (a,b) 唯一确定的集合; $\overline{a}$ 是由 a 唯一确定的集合.

对于 $c \in \mathfrak{P}(A)$, $c \cup \varnothing = c$; $c = A \cap c$; $\overline{\overline{c}} = c$; 因此它们都是满射.

如果 $a \neq c$, 那么 $\overline{a} \neq \overline{c}$. 所以 h 是一个单射, 从而它是一个双射.

设 $a \in \mathfrak{P}(A)$, $b \in \mathfrak{P}(A)$, 并且 $a \neq b$ (因为 A 中至少有两个元素). 那么

$$(a,b) \neq (b,a).$$

但是 $f(a,b) = f(b,a)$ 以及 $g(a,b) = g(b,a)$. 所以它们不是单射. □

例 4.19 令 $A = \{0,1,2,3\}$. 图 4.2 分别定义 A 上的加法函数 $+ : A \times A \to A$ 以及 A 上的乘法函数 $\cdot : A \times A \to A$.

+	0	1	2	3
0	0	1	2	3
1	1	2	3	0
2	2	3	0	1
3	3	0	1	2

·	0	1	2	3
0	0	0	0	0
1	0	1	2	3
2	0	2	0	2
3	0	3	2	1

图 4.2 A 上的加法表和乘法表

在表 4.2 中, 从各表的第二行第二列起的每一个小格中的数是本行最左的数与本列最上面的数经本表最左上角运算所得的结果.

例 4.20 令 $A = \{0,1,2,3,4\}$. 图 4.3 分别定义 A 上的加法函数 $+ : A \times A \to A$ 以及 A 上的乘法函数 $\cdot : A \times A \to A$.

+	0	1	2	3	4
0	0	1	2	3	4
1	1	2	3	4	0
2	2	3	4	0	1
3	3	4	0	1	2
4	4	0	1	2	3

·	0	1	2	3	4
0	0	0	0	0	0
1	0	1	2	3	4
2	0	2	4	1	3
3	0	3	1	4	2
4	0	4	3	2	1

图 4.3 A 上的加法表和乘法表

与前面一样, 从各表的第二行第二列起的每一个小格中的数是本行最左的数与本列最上面的数经本表最左上角运算所得的结果.

思考题 4.16　根据表 4.2 以及表 4.3 所给出的数据, 论证两个例子中所定义的加法和乘法都满足交换律、结合律以及乘法对加法的分配律.

思考题 4.17　令 $A^+ = \{1, 2, 3, 4\}$. 利用表 4.3 中的乘法数据依据下述等式来定义从 A^+ 到 A^+ 的函数 $h : A^+ \to A^+$:

$$h(x) = y \leftrightarrow x \cdot y = 1.$$

验证: h 的定义没有二义性, 它的确是一个函数 (要求显式地写出作为二元关系的 h), 并且它是一个双射, 并且它也是它自身的逆函数, 即 $h^{-1} = h$. (另一方面, 表 4.2 表明那里的乘法有“零因子”: $2 \cdot 2 = 0$, 从而不能定义类似的函数.)

例 4.21　设 A 是一个至少有两个不同元素的集合. 令

$$E = \{(a, a) \mid a \in A\}.$$

那么 E 不仅是 A 上的一个等价关系, 还是一个从 A 到 A 上的双射 (称之为 A 上的**恒等映射**); 如果 R 是 A 上的不同于 E 的等价关系, 那么 R 一定不是一个函数. 理由如后: 由于 $R \neq E$, $E \subset R$; 令 $(a, b) \in (R - E)$, 那么 $(a, a) \in R$ 以及 $(a, b) \in R$. 因为 $a \neq b$, 所以 R 不是一个函数.

例 4.22　设 $A = \{0, 1\} (= 2)$. 定义如下四个关系:

$$\begin{aligned}
H_\neg &= \{(0,1), (1,0)\}, \\
H_\vee &= \{((0,0),0), ((0,1),1), ((1,0),1), ((1,1),1)\}, \\
H_\to &= \{((0,0),1), ((0,1),1), ((1,0),0), ((1,1),1)\}, \\
H_\wedge &= \{((0,0),0), ((0,1),0), ((1,0),0), ((1,1),1)\}.
\end{aligned}$$

那么 $H_\neg : A \to A$; $H_\vee : A \times A \to A$; $H_\wedge : A \times A \to A$ 以及 $H_\to : A \times A \to A$. 用表的形式来展示后面三个二元函数, 我们就有如下表.

$H_\vee$	0	1
0	0	1
1	1	1

$H_\wedge$	0	1
0	0	0
1	0	1

$H_\to$	0	1
0	1	1
1	0	1

这四个函数 $H_\neg, H_\vee, H_\wedge, H_\to$ 被称为**基本布尔函数**. 当然, 上面的计算表我们在前面早已经见到过, 只是此时此刻它们是作为集合代数论域中的一种对象, 函数, 而存在.

不仅如此, 每一个真值表事实上都是某一个甚至某些个布尔函数的直接表现形式. 什么是布尔函数呢? 一个有 n 个布尔值输入的**布尔函数** ($n \geqslant 1$ 是自然数), 称

为 n-元布尔函数, 就是一个定义在集合 $\{0,1\}^n$ 之上并且在集合 $\{0,1\}$ 中取值的函数. 因此, 我们在第 2 章中见到过的每一个真值表都是布尔函数的例子. 更为详细的理由将由后面的例子 (例 4.26) 给出.

前面在第 3 章中我们见到过的花名册事实上也都是一种特殊的函数. 回顾一下在第 159 页中我们对一个给定的组织结构 $(M, J, \mathscr{I})$ 用一张表 (表 3.8) 的形式确定了什么是花名册. 现在我们在集合代数的环境下重新解释花名册这个名词的含义. 首先将组织结构的论域 M 解释为集合代数意义下的一个集合 (还用记号 M 来表示); 其次将代名词的全体也用集合代数意义下的一个集合来表示, 并且用记号 N 来记包括了表示代名词的那些集合的全体所成的集合 (具体用什么样的集合来表示代名词并不重要, 我们也因此将这种表示留给读者去想象). 那么, 一本花名册 m 就事实上变成了一个定义在集合 N 上的在集合 M 中取值的函数, 并且每一个这样的函数就都是组织结构 $(M, J, \mathscr{I})$ 上的一本花名册. 由此, 组织结构 $(M, J, \mathscr{I})$ 上的所有花名册的全体 $\mathscr{M}$ 就可以解释为从 N 到 M 的函数的全体所成的集合. 由此可见函数这个概念具有很广泛的外延. 在一定意义上讲, 函数这一概念是对许许多多实用的"对应规则"完全抽象的结果, 而这种完全的抽象在集合代数中又变成十分具体的概念. 这既是集合代数之所以有着广泛用途的一个根本性的理由, 也是我们愿意称集合代数为一种精湛的概念文字的原因.

很多时候, 两个不同的函数满足子集合关系, 即一个函数 f 是另一个函数 g 的真子集合. 在这种情形下, 我们会认为 f 是 g 的一种**限制**; g 是 f 的一种**延拓**.

引理 4.2 设 X 和 Y 是两个非空集合. 如果 $f: X \to Y$ 是一个双射, 那么 $f^{-1}: Y \to X$ 是一个双射.

我们将这个引理的论证留给读者思考. 很多时候, 我们需要考虑一个函数在它的定义域上的某个局部的表现. 为此, 我们引入下述词汇.

定义 4.21 设 $f: A \to B$ 且 $D \subseteq A, C \subseteq B$. 我们将 f 到 D 上的**限制**, 记成 $f \restriction D$, 定义为如下的一个集合:

$$f \restriction D = \{(a, b) \in f \mid a \subset D\}.$$

此时也称 f 是 $f \restriction D$ 到 A 上的**延拓**. 又定义

$$f[D] = f''D = \{b \in B \mid \exists a \in D\ ((a, b) \in f)\}$$

为 D 在映射 f 下的**像集**. 再定义

$$f^{-1}[C] = \{a \in A \mid \exists b \in C\ ((a, b) \in f)\}$$

为 C 在映射 f 下的**源像集**. (注意, 记号 f^{-1} 只是表示一种关系, 它并不意味 f 是一个可逆函数; 只有当 f 可逆时, f^{-1} 才是一个函数.)

例 4.23　设 A 为一个非空集合.

(1) 设 $f:\mathbb{N}\to A$. 对于每一个非零的 $b\in\mathbb{N}$, 由于 $b\subset\mathbb{N}$, f 在 b 上的限制 $f\restriction_b: b\to A$ 也就是一个函数. 在数学中或者在计算机科学中, 我们常常称定义在集合 $\mathbb{N}$ 上的函数为一个**无穷序列**; 而称定义在 $\mathbb{N}$ 中的元素上的函数为**有穷序列**; 如果是定义在 $b\in\mathbb{N}$ 上的函数, 则称之为**长度为** b **的序列**. (至于这样称呼的合理性, 我们将在下一节中讨论.) 对于这样的序列, 人们也很愿意使用表现序列的特殊写法: 直接将函数值按照 $\mathbb{N}$ 或者 $b\in\mathbb{N}$ 的自然顺序排列出来. 比如, 一个长度为 5 的序列, 我们就可以直接写成

$$\langle a_0, a_1, a_2, a_3, a_4\rangle.$$

类似地也可以将定义在 $\mathbb{N}$ 上的函数写成长度为 $\mathbb{N}$ 的函数值的排列表:

$$\langle a_0, a_1, a_2, \cdots, a_x \cdots\rangle$$

或者写成 $\langle a_x \mid x\in\mathbb{N}\rangle$.

(2) 设 $C\in\mathbb{N}$, $D\in\mathbb{N}$ 都非零. $M: C\times D\to A$. 人们也经常称函数 M 为一个**矩阵** (方阵或者长方阵), 并且将 M 的值按照 C 行乘 D 列方式排列成一个显式矩阵. 比如

$$\begin{pmatrix} a_{11} & a_{12}\\ a_{21} & a_{22}\\ a_{31} & a_{32}\end{pmatrix};\quad \begin{pmatrix} 1 & 2 & 3\\ 4 & 5 & 6\\ 7 & 8 & 9\end{pmatrix};\quad \begin{pmatrix} b_{11} & b_{12} & b_{13} & b_{14}\\ b_{21} & b_{22} & b_{23} & b_{24}\\ b_{31} & b_{32} & b_{33} & b_{34}\end{pmatrix}.$$

这些矩阵都可以看成定义在 $\mathbb{N}\times\mathbb{N}$ 上的函数的某种限制.

函数之间有一种很重要的由两个给定函数在合适的情形下获取一种新函数的基本操作: **复合**. 这就如同在一个组装车间中将一道工序完成后的半产品输送到下一道工序继续加工直到完成一件产品的组装. 每一道工序从半成品 (或者原材料) 输入到 (半) 成品输出, 就如同完成一个函数的一次具体计算; 而函数复合就如同从一道工序进入下一道工序这样一个过程. 更简单的类比可以是小时候玩的击鼓传花的游戏. 在鼓声中, 每一个从上家接过花朵的同学必须尽快传给下一家; 从接过来到传出去, 就是经过一个函数的计算过程; 紧挨着的两个同学之间的交接, 就是两个函数的复合. (田径场上的接力赛也类似.) 下面在集合代数中我们给出函数复合的严格定义.

定义 4.22 (复合)　(1) 设 S 和 T 是两个二元关系. 我们定义这两个关系的**复合关系**为如下的集合:

$$S\circ T = \{(a,b)\mid \exists c\ (a,c)\in S\wedge(c,b)\in T\}.$$

(2) 设 $F : A \to B$ 和 $G : B \to C$ 是两个函数. 我们定义这两个函数的**复合函数**为如下的集合:

$$F \circ G = \{(a,c) \mid \exists b\, (a,b) \in F \wedge (b,c) \in G\}.$$

函数的复合会保持函数的许多基本性质, 诚如下述引理所表明的.

引理 4.3　设 X, Y 和 Z 是三个集合.

(1) 如果 $f : X \to Y$ 是一个双射, $g : Y \to Z$ 是一个双射, 那么 $g \circ f : X \to Z$ 也是一个双射;

(2) 如果 $f : X \to Y$ 是一个单射, $g : Y \to Z$ 是一个单射, 那么 $g \circ f : X \to Z$ 也是一个单射;

(3) 如果 $f : X \to Y$ 是一个满射, $g : Y \to Z$ 是一个满射, 那么 $g \circ f : X \to Z$ 也是一个满射.

我们将这个引理的论证留给读者思考.

例 4.24　假设 C 和 D 是两个集合, 并且 $X = \{((a,b), \{a,b\}) \mid (a,b) \in C \times D\}$ 是一个集合, $Y = \{(x, \bigcup x) \mid x \in X\}$ 也是一个集合. 那么 X 和 Y 都是函数, 并且

$$f = \{((a,b), a \cup b) \mid (a,b) \in C \times D\}$$

就是由 X 和 Y 复合而成的函数: $f = Y \circ X$, 即对于任意的 $(a,b) \in C \times D$ 都有

$$f(a,b) = (Y \circ X)(a,b) = Y(X(a,b)) = \bigcup(\{a,b\}).$$

上面的例子中我们应用了两种额外假设. 实际上我们需要这样的假设, 因为我们现有的假设并不能保证所需要的 X 和 Y 一定存在. 这便是我们曾经提到过的集合代数中“另外的存在性假设”. 由于它在表述中的固有的复杂性, 我们在本书中采取了回避的态度. 现在我们可以引进三个具体 (并非更一般) 的假设.

公理 11 (基本映像存在原理)　(1) 如果 C 和 D 是两个集合, 那么

$$\{\{a,b\} \mid (a,b) \in C \times D\}$$

是一个集合;

(2) 如果 C 是一个集合, 那么 $\{\bigcup x \mid x \in C\}$ 是一个集合;

(3) 如果 X 是一个集合, 那么 $\{a \times b \mid a \in X \wedge b \in X\}$ 还是一个集合.

有了这些基本映像存在原理, 集合代数理论就可以满足我们的基本逻辑学的需要.

例 4.25　例 4.22 中的三个二元基本布尔函数中的任意两个都是另外一个与 $H_\neg$ 的复合. 事实上, 对于 $(x,y) \in \{0,1\} \times \{0,1\}$, 总有下列等式:

(1) $H_\wedge(x,y) = H_\neg(H_\vee(H_\neg(x), H_\neg(y)))$, $H_\to(x,y) = H_\vee(H_\neg(x), y)$;

(2) $H_\vee(x,y) = H_\neg(H_\wedge(H_\neg(x), H_\neg(y)))$, $H_\to(x,y) = H_\neg(H_\wedge(x, H_\neg(y)))$;

(3) $H_\vee(x,y) = H_\to(H_\neg(x), y)$, $H_\wedge(x,y) = H_\neg(H_\to(x, H_\neg(y)))$.

前面我们已经看到当需要给出二元函数的元素列表时, 我们事实上应用了有序对的复合: $((a,b),c)$; 对一个集合 A 上的二元函数而言, 这个有序对是 $(A\times A)\times A$ 中的一个点. 这也表明我们在对笛卡尔乘积 $\times$ 应用复合. 需要注意的是, 集合 $(A\times A)\times A$ 与集合 $A\times(A\times A)$ 是两个不相等的集合; 集合 $((a,b),c)$ 与集合 $(a,(b,c))$ 也是不相等的集合. 有时候为了表示一个集合 A 上的多元关系, 或者多元函数, 我们采用如下简略记号.

定义 4.23 设 A 是一个非空集合. $n\geqslant 3$ 是任意固定的自然数. 我们规定:

(1) $A^2 = A\times A$, $A^3 = A^2\times A = (A\times A)\times A$, 以及 $A^{n+1} = A^n\times A$;

(2) $(a_1,a_2,a_3) = ((a_1,a_2),a_3)$, $(a_1,\cdots,a_n,a_{n+1}) = ((a_1,\cdots,a_n),a_{n+1})$;

(3) 如果 $A_1,\cdots,A_n,A_{n+1}$ 是非空集合, 那么

$$\begin{aligned}&A_1\times\cdots A_n\times A_{n+1} = (A_1\times\cdots\times A_n)\times A_{n+1}\\ =&\{(a_1,\cdots,a_n,a_{n+1})\mid a_1\in A_1\wedge\cdots\wedge a_n\in A_n\wedge a_{n+1}\in A_{n+1}\}.\end{aligned}$$

就是说, 我们约定采用"左结合"方式来简写多元组以及多元笛卡尔乘积和乘幂.

例 4.26 固定一个自然数 $n\geqslant 1$. 称从集合 $\{0,1\}^n$ 到集合 $\{0,1\}$ 上的函数为 n-元**布尔函数**. 1-元布尔函数只有两个, 一个恒等函数, 一个置反函数 $H_\neg$; 2-元布尔函数有 16 个 (上面我们看到了 3 个基本布尔函数); 3-元布尔函数有 256 个; 4-元布尔函数有 32768 个. 尽管有非常丰富的多元布尔函数, 但它们都可以分别由一系列例 4.22 所给出的基本布尔函数复合而成. 因此, 每一个布尔函数都可以由数字逻辑组合电路来实现. 这自然也是当今计算机硬件设计或者各种芯片设计的逻辑理论基础.

4.5 有限集合与无限集合

有了函数, 尤其是单值函数 (单射) 以及双射 (一一对应), 这样的概念之后, 我们就可以在集合代数中引入集合中元素的"多"和"少"的比较. 这种比较实际上应用了我们最原始的数量比较意识. 当小孩子们还没有任何数数的本事, 或者还没有数的基本知识的时候, 小孩子们还是可以简单地比较两堆糖果的多和少. 小孩子们需要做的是在两堆糖果之间建立起一种单射 (对应), 看看哪一堆中还有剩余的糖果. 如果都没有剩余, 那么它们一样多; 否则, 有剩余的那一堆比没有剩余的那一堆多. 集合代数中的多和少的比较也如此. 在集合代数中, 我们将这种多与少的比较称之为**势**比较, 从而有**大势**与**小势**, 或者**强势**与**弱势**, 之分.

定义 4.24 (势比较) 设 X 和 Y 是两个集合.

(1) 称 X 的势**小于等于** Y 的势, 记成 $|X| \leqslant |Y|$, 当且仅当存在一个从 X 到 Y 的单射;

(2) 称 X 与 Y **等势**, 记成 $|X| = |Y|$, 当且仅当存在一个从 X 到 Y 的双射;

(3) 称 X 比 Y **弱势**, 记成 $|X| < |Y|$ (或者 Y 比 X **强势**, 记成 $|Y| > |X|$), 当且仅当存在一个从 X 到 Y 的单射, 但是不存在从 X 到 Y 的满射.

例 4.27 (1) 空集比所有的非空集合都弱势, 即如果 X 非空, 那么 $|\varnothing| < |X|$;

(2) $|\{0\}| < |\{0,1\}| < |\{0,1,2\}| < |\{0,1,2,3\}|$.

势比较有下述基本性质.

定理 4.9 设 X, Y, Z 是三个非空集合. 那么

(1) $|X| = |X|$;

(2) 如果 $|X| = |Y|$, 那么 $|Y| = |X|$;

(3) 如果 $|X| = |Y|$ 并且 $|Y| = |Z|$, 那么 $|X| = |Z|$;

(4) 如果 $|X| < |Y|$ 并且 $|Y| \leqslant |Z|$, 那么 $|X| < |Z|$;

(5) 如果 $|X| \leqslant |Y|$ 并且 $|Y| < |Z|$, 那么 $|X| < |Z|$;

(6) 如果 $|X| \leqslant |Y|$ 并且 $|Y| \leqslant |Z|$, 那么 $|X| \leqslant |Z|$;

(7) 如果 $|X| = |U|$ 并且 $|Y| = |W|$, 那么 $|X \times Y| = |U \times W|$;

(8) 如果 $|X| = |U|$, $|Y| = |W|$, $X \cap Y = U \cap W = \varnothing$, 那么 $|X \cup Y| = |U \cup W|$.

证明 (1) X 上的恒等映射就是一个从 X 到 X 的双射.

(2) 设 $|X| = |Y|$. 令 $f : X \to Y$ 为一个双射. 由引理 4.2, $f^{-1} : Y \to X$ 也是一个双射. 故 $|Y| = |X|$.

(3) 设 $|X| = |Y|$ 并且 $|Y| = |Z|$. 令 $f : X \to Y$ 为一个双射; 令 $g : Y \to Z$ 为一个双射. 根据引理 4.3 中的 (1),

$$g \circ f : X \to Z$$

是一个双射. 所以 $|X| = |Z|$.

(4) 设 $|X| < |Y|$ 并且 $|Y| \leqslant |Z|$. 令 $f : X \to Y$ 为一个单射; 令 $g : Y \to Z$ 为一个单射. 根据引理 4.3 中的 (2),

$$g \circ f : X \to Z$$

是一个单射. 所以 $|X| \leqslant |Z|$. 如果 $|X| = |Z|$, 令 $h : X \to Z$ 为一个双射. 令 $D = g[Y] \subseteq Z$. 那么, $g : Y \to D$ 是一个双射. 令 $C = h^{-1}[D]$. 那么 $h\restriction_C : C \to D$ 是一个双射, 从而 $g^{-1} \circ h\restriction_C : C \to Y$ 是一个双射. 这就意味着存在从 X 到 Y 的满射. 这与 $|X| < |Y|$ 的假设不符.

(5) 论证与 (4) 的论证类似. 我们留给读者思考.

(6) 由引理 4.3 中的 (2) 即得.

(7) 设 $f : X \to U$ 是一个双射, $g : Y \to W$ 是一个双射. 对于 $(a, b) \in X \times Y$, 令

$$G(a, b) = (f(a), g(b)).$$

那么 $G : X \times Y \to U \times W$ 是一个双射.

(8) 设 $f : X \to U$ 是一个双射, $g : Y \to W$ 是一个双射. 对于 $a \in X \cup Y$, 令

$$G(a) = \begin{cases} f(a), & a \in X, \\ g(a), & a \in Y. \end{cases}$$

由于 $X \cap Y = \varnothing$, G 的定义没有歧义; 由于 $U \cap W = \varnothing$, f 和 g 是双射, G 是一个双射. □

在集合的势比较中有一个很基本的定理: 下述的本迪克森与康托尔定理. 为了圆满, 我们只叙述这个定理, 而将它的证明略去. 有兴趣的读者可以参考一般集合论的教科书.

定理 4.10　*设 X 和 Y 是两个非空集合. 如果 $|X| \leqslant |Y|$, 并且 $|Y| \leqslant |X|$, 那么 $|X| = |Y|$.*

生活经验告诉我们, 当我们将三件东西放到两个抽屉之中时, 肯定会在一个抽屉里放进至少两件东西. 这就是一种抽屉原理. 应用数学归纳法原理, 可以证明下述抽屉原理:

定理 4.11 (抽屉原理)　*如果 $a \in \mathbb{N}$ 非空, $f : \mathbf{S}(a) \to a$, 那么 f 一定不是单射, 即一定*

$$(\exists x\, \exists y\, (x \in \mathbf{S}(a) \,\wedge\, y \in \mathbf{S}(a) \,\wedge\, x \neq y \,\wedge\, f(x) = f(y))).$$

证明　设 $a = \{\varnothing\} = 1$. 那么 $\mathbf{S}(a) = \{\varnothing, \{\varnothing\}\} = \{0, 1\}$. 如果 $f : \{0, 1\} \to \{0\}$, 那么 $f(0) = f(1) = 0$.

现在设 $0 \in b \in a = \mathbf{S}(b)$ 并且没有 $g : a \to b$ 是单射. 现在设 $f : \mathbf{S}(a) \to a$.

情形一　$(\exists c\, (c \in a \,\wedge\, f(a) = f(c)))$.

这种情形下, f 不会是单射, 我们完成任务.

情形二　$(\forall c\, (c \in a \to f(a) \neq f(c)))$.

因为 $a = \mathbf{S}(b) = b \cup \{b\}$, 如果 $f(a) = b$, 那么 $f\restriction_a : a \to b$, 从而根据归纳假设, $f\restriction_a$ 不会是单射; 如果 $f(a) \neq b$, 那么 $f(a) \in b$. 此时, 如果 $\forall c\, (c \in a \to f(c) \in b)$, 那么 $f\restriction_a : a \to b$, 从而根据归纳假设, $f\restriction_a$ 不会是单射; 否则, $(\exists c\, (c \in a \,\wedge\, f(c) = b))$, 如果有两个不相等的 $c_1 \in a$ 和 $c_2 \in a$ 满足 $f(c_1) = f(c_2) = b$, 那么 f 就已经不是

单射, 因此, 不妨设只有唯一的这样的 c, 并取之. 如下定义 $g : a \to b$: 对于 $x \in a$, 令

$$g(x) = \begin{cases} f(a), & x = c, \\ f(x), & x \neq c. \end{cases}$$

根据关于 f 的假设, 对于 $x \in a$, 如果 $x \neq c$, 那么 $g(x) \neq g(c)$. 此时 $g : a \to b$, 根据归纳假设, g 不会是单射. 由于在 a 上, 除了 c 之外, f 与 g 相同, 所以 f 也就不是单射.

这就完成了归纳步的论证.

根据归纳法原理, 定理的结论对于所有的非零 $a \in \mathbb{N}$ 就都成立. □

与 $\mathbb{N}$ 中的元素遵循抽屉原理形成鲜明对比的是下面的例子: 抽屉原理对于 $\mathbb{N}$ 及其后继都失效.

例 4.28 $|\mathbb{N}| = |\mathbf{S}(\mathbb{N})|$ *以及* $|\mathbb{N}| = |\mathbf{S}(\mathbf{S}(\mathbb{N}))|$

证明 定义 $f : \mathbf{S}(\mathbb{N}) = \mathbb{N} \cup \{\mathbb{N}\} \to \mathbb{N}$ 如下: 对于 $x \in \mathbf{S}(\mathbb{N})$, 令

$$f(x) = \begin{cases} \mathbf{S}(x), & x \in \mathbb{N}, \\ \varnothing, & x = \mathbb{N}. \end{cases}$$

那么 $f : \mathbf{S}(\mathbb{N}) \to \mathbb{N}$ 是一个双射.

再定义 $g : \mathbf{S}(\mathbf{S}(\mathbb{N})) \to \mathbb{N}$ 如下: 对于 $x \in \mathbf{S}(\mathbf{S}(\mathbb{N}))$, 令

$$g(x) = \begin{cases} \mathbf{S}(\mathbf{S}(x)), & x \in \mathbb{N}, \\ \varnothing, & x = \mathbb{N}, \\ \{\varnothing\}, & x = \mathbf{S}(\mathbb{N}). \end{cases}$$

那么 $g : \mathbf{S}(\mathbf{S}(\mathbb{N})) \to \mathbb{N}$ 是一个双射. □

由此可见是否遵循抽屉原理可以被用来区分 $\mathbb{N}$ 和它的元素. 不仅如此, 我们还可以走得更远一些. 比如, 应用抽屉原理, 我们就有下面的例子:

例 4.29 (1) *设* $a \in \mathbb{N}$, $b \in \mathbb{N}$. *如果* $a < b\,(a \in b)$, *那么* $|a| < |b|$.

(2) *如果* $a \in \mathbb{N}$, *那么* $|a| < |\mathbb{N}|$.

证明 (1) 如果 $a < b$, 那么自然就有 $|a| \leqslant |b$, 因为 $a \subset b$, a 上的恒等函数就是从 a 到 b 的一个单射. 由于 $a \in b$, 所以或者 $b = \mathbf{S}(a)$, 或者 $\mathbf{S}(a) \in b$. 因此, 如果 $f : b \to a$, 那么 $f \restriction \mathbf{S}(a) : \mathbf{S}(a) \to a$. 于是, f 不会是一个双射. 从而, 不会有从 a 到 b 的双射.

(2) 对于 $a \in \mathbb{N}$, 由 (1), $|a| < |\mathbf{S}(a)|$; 因为 $\mathbf{S}(a) \subset \mathbb{N}$, 所以 $|\mathbf{S}(a)| \leqslant |\mathbb{N}|$; 于是 $|a| < |\mathbb{N}|$. □

由此可见, $\mathbb{N}$ 中的每一个元素都有着自己单独的势, 并且势的强弱关系完全与它们之间的属于关系相同; $\mathbb{N}$ 的元素的势都弱于 $\mathbb{N}$ 的势. 这就表明势的比较不是

一件平凡的事情, 但是对于 $\mathbb{N}$ 和它的后继, 后继的后继, 情形却又大不相同. 这种不同的情形本质上便构成有限与无限的差别. 为此, 我们在集合代数中正式引进有限与无限这两个概念.

定义 4.25　设 X 为一个集合.

(1) 称 X 是一个**有限**集合当且仅当 $(\exists a\,(a \in \mathbb{N} \wedge |a| = |X|))$;

(2) 称 X 是一个**无限**集合当且仅当 $|\mathbb{N}| \leqslant |X|$;

(3) 称 X 是一个**可数无限**集合当且仅当 $|\mathbb{N}| = |X|$;

(4) 称 X 是一个**不可数**集合当且仅当 $|\mathbb{N}| < |X|$;

(5) 称 X 是一个**可数**集合当且仅当 $|X| \leqslant |\mathbb{N}|$.

例 4.30　(1) 每一个 $a \in \mathbb{N}$ 都是有限集合;

(2) $\mathbb{N}$ 是一个可数无限集合, $\mathbf{S}(\mathbb{N})$ 和 $\mathbf{S}(\mathbf{S}(\mathbb{N}))$ 也都是可数无限集合.

那么是否有不可数集合呢? 这个问题的肯定答案是令集合代数成为一门基础学问的奠基性结果.

定理 4.12 (康托尔)　$|\mathbb{N}| < |\mathfrak{P}(\mathbb{N})|$, 即 $\mathbb{N}$ 的幂集是一个不可数的集合.

证明　设 $f: \mathbb{N} \to \mathfrak{P}(\mathbb{N})$ 是一个函数. 我们来论证 f 不可能是一个满射 (从而不可能是双射). 令

$$A = \{a \in \mathbb{N} \mid a \notin f(a)\}.$$

这样定义的 A 是 $\mathbb{N}$ 的一个子集合. 于是 $A \in \mathfrak{P}(A)$. 我们来验证:

$$A \notin \mathrm{rng}(f) = \{f(a) \mid a \in \mathbb{N}\}.$$

用反证法. 假设不然. 假设 $a \in \mathrm{rng}(f)$. 令 $a \in \mathbb{N}$ 来见证事实 $A = f(a)$. 现在问: $a \in A$ 吗?

如果 $a \in A = f(a)$, 那么 $(a \notin f(a))$ 不能成立, 所以, 按照 A 的定义, $a \notin A$; 如果 $a \notin A = f(a)$, 那么 $a \notin f(a)$ 成立, 所以, 按照 A 的定义, $a \in A$. 总之, 无论问题的答案是什么, 我们都得到一个矛盾.

由此可见, $A \notin \mathrm{rng}(f)$. 这就表明 $\mathrm{rng}(f) \subset \mathfrak{P}(\mathbb{N})$, f 不是一个满射.

由于 f 是从 $\mathbb{N}$ 到 $\mathfrak{P}(\mathbb{N})$ 上的任意一个函数, 所以, 不存在从 $\mathbb{N}$ 到 $\mathfrak{P}(\mathbb{N})$ 的满射. □

思考题 4.18　验证康托尔定理的一般形式: 如果 X 是一个集合, 那么 $|X| < |\mathfrak{P}(X)|$.

【题外话】康托尔定理的证明中用到的方法被称为康托尔的**对角线法**. 这种方法在逻辑中有着非常基本而重要的应用, 比如, 罗素定理的证明、哥德尔不完全性定理的证明、图灵的停机问题不可解定理的证明, 都是应用康托尔的对角线法来完成的.

前面我们用长度为 3 的 0-1 序列来为集合 $\mathfrak{P}(3)$ 中的元素命名, 也用长度为 6 的 0-1 序列来为集合 $\mathfrak{P}(6)$ 中的元素命名. 这样做的一个前提就是这些序列与用它们来为之命名的对象之间存在一种一一对应, 因若不然, 就可能出现重名, 或者遗漏. 这种一一对应关系的存在实际上是一种普遍现象, 诚如下述例子所表明的.

例 4.31 设 X 是一个非空集合, $A \subseteq X$ 是 X 的一个子集合. 称一个从 X 到 $\{0,1\}$ 上的函数 f 为集合 A 的**特征函数**当且仅当下述命题成立:

$$(\forall a\,(a \in X \to (a \in A \leftrightarrow f(a) = 1))).$$

(这里我们用取值为 1 来表示"属于"; 用取值为 0 来表示"不属于". 自然, 我们也可以正好反过来约定. 至于采用哪一种方式, 是可以随意的事情, 并且都会无伤大雅, 也不存在一种方式比另一种方式优越的事情.) 之所以称之为 A 的一个特征函数是因为上面的定义式表明这样的函数完全由 A 所唯一确定, 并且它也明确无误地计算出 X 中的哪些元素属于 A 以及哪些元素不属于 A. 因而它们是相互确定对方的. 于是, 我们用记号 χ_A 来记这个由 A 唯一确定的特征函数. 现在令

$$^X\{0,1\} = {}^X2 = \{f \subset X \times \{0,1\} \mid f : X \to \{0,1\}\}$$

为所有从 X 到 $\{0,1\}(=2)$ 上的函数的全体. 根据幂集公理 (公理 5) 以及集合分离公理 (公理 3), 这是一个集合. 由于 A 与其特征函数 χ_A 之间的对应 $A \mapsto \chi_A$ 是一种一一对应, 所以

$$|\mathfrak{P}(X)| = \left|{}^X\{0,1\}\right|.$$

在集合代数中, 还有一个有趣的事实: 这就是序数之间总是可以比较势的大小的; 并且与一个给定序数等势的全体序数构成一个集合; 这个集合中一定有一个最小的序数; 这个最小的序数就被认定为一个**基数**. $\mathbb{N}$ 中的每一个元素都是一个 (有限) 基数; $\mathbb{N}$ 是一个 (可数无限的) 基数 (最小的无穷基数). 关于基数, 我们就不在这里展开讨论了. 有兴趣的读者可以找一本集合论的教科书来看.

我们虽然已经定义了集合之间的势的比较, 可是有一个很基本的问题并没有解决: 任给两个集合 X 和 Y, 是否一定可以比较它们的势的大小? 也就是问, 是否一定有或者 $|X| < |Y|$ 或者 $|X| = |Y|$ 或者 $|X| > |Y|$, 三者必居其一?

尽管对于很多例子我们都可以有效地比较它们的势的大小, 但是一般而言, 这不是一个可以简单回答的问题, 除非我们添加一个假设: 是的, 任何两个集合的势的大小总是可以比较的.

公理 12 (势可比较) 如果 X 和 Y 是两个集合, 那么或者 $|X| < |Y|$ 或者 $|X| = |Y|$ 或者 $|X| > |Y|$, 三者必居其一.

当然, 在集合代数中, 真正引入的公理是**选择公理**, 上面的势可比较公理是 (我们不在这里引入的) 选择公理的一个对等形式. 选择公理的另外一种对等形式是如下的**秩序原理**:

公理 13 (秩序原理)　*如果 X 是一个集合, 那么一定存在一个与它等势的序数.*

由于序数之间的势总是可比较的, 所以上面的势可比较公理 (公理 12) 与秩序原理是对等的.

4.6　递归定义以及自然数算术运算

应用函数以及函数复合的概念, 我们可以引进在数学和计算机科学中经常用到的集合 $\mathbb{N}$ 上的递归定义方法. 递归定义法与数学归纳法是集合 $\mathbb{N}$ 的两种平行的基本应用特性, 就如同一辆自行车上的两个轮子, 各自都有自己的功能, 不能取代对方. 就算在数学界, 也有不少人将递归定义法误解为数学归纳法. 所以我们在此略费笔墨地提醒读者注意它们之间的关联与区别. 递归定义的想法其实很简单, 就是利用一个已经有的函数或者计算过程, 利用自然数的离散秩序, 从起步开始, 在每一步新的计算中应用计算过程中前此已经完成的那些步骤的结果作为输入信息的一部分来完成当前的计算. 这是一种很基本的计算方法, 也是计算机程序设计中的一种很常用很基本的程序设计技巧或者设计方法. 递归定义的理论基础是下述递归定义定理.

定理 4.13 (递归定义)　*设 A 是一个非空集合, $a \in A$, 以及 $G : A \times \mathbb{N} \to A$ 是一个函数. 那么一定存在唯一的一个函数 $f : \mathbb{N} \to A$ 来满足下述递归定义等式:*

(1) $f(0) = a$ (*初始步计算*);

(2) *对于任意的* $x \in \mathbb{N}$, $f(\mathbf{S}(x)) = G(f(x), x)$ (*后继步计算*).

递归定义定理表明一旦一种计算规则已经确定 (定理中的函数 G), 那么我们就可以采用回溯步骤从给定的初始值 (定理中的参数 $a \in A$) 开始, 依次逐步复合迭代地应用所确定的计算规则来计算一个特定函数 (定理中的 f) 在后继步上的函数值 (定理中的 $f(\mathbf{S}(x))$). 比如, 欲得 $f(1)$, 递归定义表明, 计算 $G(a, 0)$ 便可得到; 欲得 $f(2)$, 按照顺序计算出长度为 2 的序列 $\langle f(0), f(1)\rangle$, 然后计算 $G(f(1), 1)$; 欲得 $f(3)$, 按照顺序计算出长度为 3 的序列 $\langle f(0), f(1), f(2)\rangle$, 然后再计算 $G(f(2), 2)$, 等等. 这样, 欲计算 $f(\mathbf{S}(x))$, 就按照顺序计算出长度为 $\mathbf{S}(x)$ 的序列 $\langle f(0), f(1), \cdots, f(x)\rangle$, 然后再计算 $G(f(x), x)$. 下面展示出这种递归计算的依赖关系:

$$f(0) = a,$$
$$f(0) = a, \quad f(1) = G(f(0), 0),$$

$$f(0)=a,\quad f(1)=G(f(0),0),\quad f(2)=G(f(1),1),$$
$$\vdots$$
$$f(0)=a,\quad f(1)=G(f(0),0),\quad f(2)=G(f(1),1),\quad \cdots,\quad f(\mathbf{S}(x))=G(f(x),x).$$

在这些序列的计算中, 前一个值是后一个值计算的输入值. 这种利用同一个给定计算规则不断重复回溯计算方式以求得后续输出值的方法就是递归定义 (计算) 法.

我们省略递归定义定理的证明, 但希望指出这个定理的证明包含两个主要部分: 存在性和唯一性; 它们的证明都需要应用数学归纳法. 但是对我们来说不应当将递归定义误解为数学归纳法, 因为它们各自保证的对象和应用范围完全不同.

在后面的应用中, 我们还需要递归定义定理的一个推论 (看起来像一种更强的递归定义形式): 我们容许带"参数"的递归定义.

推论 4.3 *设 A 和 P 为两个非空集合. 又设 $a:P\to A$ 和 $G:P\times A\times\mathbb{N}\to A$ 为两个函数. 那么存在唯一一个满足如下要求的函数 $f:P\times\mathbb{N}\to A$:*

(1) $\forall p\,(p\in P\to f(p,0)=a(p))$;

(2) $\forall p\,\forall n\,((n\in\mathbb{N}\wedge p\in P)\to f(p,\mathbf{S}(n))=G(p,f(p,n),n))$.

应用递归定义定理, 我们来论证 $\mathbb{N}$ 的子集合要么是有限的, 要么是可数无限的.

例 4.32 *设 $X\subseteq\mathbb{N}$ 非空. 那么*

(1) 如果 X 是有限的, 那么一定存在唯一的一个 $a\in\mathbb{N}$ 以及唯一的一个从 a 到 X 的满足下述对等式的双射 t:

$$(\forall b\,\forall c\,((b\in a\ \wedge\ c\in a)\to(b\in c\leftrightarrow t(b)\in t(c)))).$$

*我们将满足要求的这个唯一的双射称为 X 的长度为 a 的***自然单调递增列表**.

(2) 如果 X 是无限的, 那么一定存在唯一的一个从 $\mathbb{N}$ 到 X 的满足下述对等式的双射 f:

$$(\forall b\,\forall c\,((b\in c\ \wedge\ c\in\mathbb{N})\to(b\in c\leftrightarrow f(b)\in f(c)))).$$

*我们将满足要求的这个唯一的双射称为 X 的***自然单调递增列表**.

证明 (1) 对于 $X\in\mathfrak{P}(\mathbb{N})$, 由定义 X 是有限的当且仅当在 X 与某个 $n\in\mathbb{N}$ 之间存在一个双射. 因此, 欲论证 (1), 我们应用数学归纳法来证明下述结论:

事实 4.6.1 *如果 $|X|=|n|$, 那么一定存在唯一的一个从 n 到 X 的满足对等式*

$$\forall a\,\forall b\,((a\in n\ \wedge\ b\in n)\to(a\in b\leftrightarrow t(a)\in t(b)))$$

的双射 t.

如果 $n=1$, 那么结论自然成立, 因为在它们之间只有一个双射, 并且这个双射自然满足要求.

现在假设 $n = \mathbf{S}(m)$ 以及结论对于 m 成立. 令 $X \in \mathfrak{P}(\mathbb{N})$ 以及 $f : n \to X$ 为一个双射. 设 $z \in X$ 满足 $f(m) = z$. 依据定理 4.5 中的 (3), X 有最大元. 令 $w = \max(X)$ 为 X 的最大元. 不失一般性, 我们不妨假设 $z \neq w$. 设 $i \in m$ 满足 $f(i) = w$. 重新定义一个从 n 到 X 的双射 g 如下: 对于 $j \in n$, 令

$$g(j) = \begin{cases} w, & j = m, \\ z, & j = i, \\ f(j), & j \notin \{i, m\}. \end{cases}$$

由于 g 是对 f 交换了在 i 和 m 处的值的结果, $g : n \to X$ 也是一个双射. 与 f 不同的地方是 $g(m) = \max(X)$. 此时 $g\restriction_m : m \to (X - \{w\})$ 是一个双射. 根据归纳假设, 令 $h : m \to (X - \{w\})$ 为满足下述对等式的双射:

$$\forall a \forall b\,((a \in m \wedge b \in m) \to (a \in b \leftrightarrow h(a) \in h(b))).$$

现在定义 $t : n \to X$ 如下: 对于 $j \in n$, 令

$$t(j) = \begin{cases} w, & j = m, \\ h(j), & j \in m. \end{cases}$$

那么 $t : n \to X$ 是一个双射, 并且满足下述对等式:

$$\forall a \forall b\,((a \in n \wedge b \in n) \to (a \in b \leftrightarrow t(a) \in t(b))).$$

这就完成了归纳步骤. 依据数学归纳法 (定理 4.6), 事实 4.6.1 得到论证.

(2) 令 $A = \mathfrak{P}(\mathbb{N}) - \{\varnothing\}$. 令 $G : A \to \mathbb{N}$ 为由下述等式规定的函数: 对于 $Y \in A$,

$$G(Y) = \min(Y).$$

根据定理 4.5 中的 (2), 非空的 $Y \subseteq \mathbb{N}$ 都有最小元, 所以 G 的定义是合理的.

现在设 $X \in \mathfrak{P}(\mathbb{N})$ 为一个无限集合. 我们递归地定义一个 $f : \mathbb{N} \to X$ 如下:

(i) $f(0) = \min(X)$;

(ii) 对于 $a \in \mathbb{N}$, 令 $f(\mathbf{S}(a)) = \min(X - f[a])$, 其中 $f[a] = \{f(j) \mid i \in a\}$.

可以验证这样定义的 f 是唯一的一个从 $\mathbb{N}$ 到 X 的双射, 并且满足下述要求:

$$\forall a \forall b\,((a \in \mathbb{N} \wedge b \in \mathbb{N}) \to (a \in b \leftrightarrow f(a) \in f(b))).$$ □

作为递归定义定理的另外一个应用, 我们来证明每一个集合都被一个最小的传递集合所覆盖. 这里我们需要无穷集合存在性公理 (公理 10) 中的 (3a).

定理 4.14 设 X 是一个集合. 那么存在具有下述特性的集合 $Y \supseteq X$:

(1) Y 是传递集合;

(2) 如果 Z 是传递集合, 并且 $Z \supseteq X$, 那么 $Y \subseteq Z$.

这样的 Y 被称为 X 的**传递闭包**, 并且记成 $\mathrm{TC}(X)$.

证明 设 X 是一个集合. 根据无穷集合存在性公理 (公理 10) 中的 (3a), 令 W 为具备下述特性的集合:

$$X \in W \land \forall y \left(y \in W \to \left(y \cup \left(\bigcup y\right)\right) \in W\right).$$

定义 $G : W \times \mathbb{N} \to W$ 如下: 对于 $(y, n) \in W \times \mathbb{N}$, 令

$$G(y, n) = y \cup \left(\bigcup y\right).$$

由于 W 关于映射 $y \mapsto (y \cup (\bigcup y))$ 是封闭的, 所以 G 的定义是合理的, 并且 G 是一个函数. 应用递归定义 (定理 4.13), 我们得到唯一的一个满足下述要求的函数 $f : \mathbb{N} \to W$:

(i) $f(0) = X$;

(ii) 对于 $n \in \mathbb{N}$, $f(\mathbf{S}(n)) = G(f(n), n) = f(n) \cup (\bigcup f(n))$.

令 $D = \mathrm{rng}(f)$; 再令 $Y = \bigcup D$. 那么

(1) Y 是传递集合; $X \subseteq Y$; 并且

(2) 如果 Z 是传递集合, 并且 $Z \supseteq X$, 那么 $Y \subseteq Z$.

(1) 因为 $X = f(0) \in \mathrm{rng}(f) = D$, 所以 $X \subseteq Y = \bigcup D$. 设 $y \in Y$. 令 $n \in \mathbb{N}$ 来见证 $y \in f(n)$. 此时 $y \subseteq f(\mathbf{S}(n))$. 由于 $f(\mathbf{S}(n)) \subseteq Y$, 所以 $y \subseteq Y$. 这就表明 Y 是传递的.

(2) 现在设 Z 是传递集合, 并且 $X \subseteq Z$. 应用数学归纳法, 我们来验证每一个 $f(n) \subseteq Z$.

因为 $f(0) = X$, 所以 $f(0) \subseteq Z$. 现在假设 $f(n) \subseteq Z$. 由于

$$f(\mathbf{S}(n)) = f(n) \cup \left(\bigcup f(n)\right),$$

以及 $(\bigcup Z) \subseteq Z$, 所以

$$\left(\bigcup f(n)\right) \subseteq \left(\bigcup Z\right) \subseteq Z.$$

因此, $f(\mathbf{S}(n)) \subseteq Z$.

这样一来, $Y = (\bigcup D) \subseteq Z$. □

现在我们再来看几个涉及 $\mathbb{N}$ 上的算术的递归定义的例子.

首先, 我们来定义 $\mathbb{N}$ 上的加法. $\mathbb{N}$ 上的加法函数是一个二元函数. 因此, 我们应用推论 4.3 来实现加法的定义.

定理 4.15 (加法) 在集合 $\mathbb{N}$ 上存在满足下述递归定义式的唯一加法函数

$$+:\mathbb{N}\times\mathbb{N}\to\mathbb{N}:$$

对于任意的 $m\in\mathbb{N}$,

$+(m,0)=m$;

对于任意的 $n\in\mathbb{N}$, 令 $+(m,\mathbf{S}(n))=\mathbf{S}(+(m,n))$.

证明 令 $A=P=\mathbb{N}$, $\forall x\in\mathbb{N}\,(a(x)=x)$ 以及

$$\forall a,x,n\in\mathbb{N}\;(G(p,x,n)=\mathbf{S}(x)).$$

再应用推论 4.3. □

按照传统, 依旧将 $+(m,n)$ 写成 $m+n$. 所以

$m+0=m$;

对于 $n\in\mathbb{N}$, 总有 $m+\mathbf{S}(n)=\mathbf{S}(m+n)$.

可以证明这样定义的加法具有下述我们所熟悉的基本性质. 尽管这些性质的数学归纳法证明会是很好的逻辑推理演练, 但由于篇幅限制, 我们决定省略这些证明.

定理 4.16 (1) $\forall m\in\mathbb{N}\,\forall n\in\mathbb{N}\;(m+n=n+m)$.

(2) $\forall m\in\mathbb{N}\,\forall n\in\mathbb{N}\,\forall k\in\mathbb{N}\;(m+(n+k)=(m+n)+k)$.

(3) $\forall m\in\mathbb{N}\,\forall n\in\mathbb{N}\,\forall k\in\mathbb{N}\;((m+n=m+k)\leftrightarrow n=k)$.

(4) $\forall m\in\mathbb{N}\,\forall n\in\mathbb{N}\,\forall k\in\mathbb{N}\;(m<n\leftrightarrow(m+k<n+k))$.

更为有趣的是我们这样定义的加法与前面关于有限集的势的比较紧密关联.

定理 4.17 设 $n,m\in\mathbb{N}$. 那么

(1) $n+m=n\cup\{i\in\mathbb{N}\mid n\leqslant i<(n+m)\}$.

(2) 如果 A 和 B 是两个集合, 并且 $|A|=|n|$, $|B|=|m|$, $A\cap B=\varnothing$, 那么 $|A\cup B|=|n+m|$. 由此可见, 两个有限集合的并还是一个有限集合; 并且两个不相交的有限集合的并的元素个数恰好就是它们各自元素个数之和.

(3) $\forall m\in\mathbb{N}\,\forall n\in\mathbb{N}\;(m\leqslant n\leftrightarrow(\exists k\in\mathbb{N}\,(n=m+k\wedge\text{此 }k\text{ 唯一})))$. 因此, 任何一个有限集合的子集合也是一个有限集合.

利用 $\mathbb{N}$ 上的加法以及递归定义, 我们可以得到下述斐波那契序列 [4]

$$1,\,1,\,2,\,3,\,5,\,8,\,13,\,21,\,34,\,\cdots$$

4 斐波那契 (Fibonacci), 意大利数学家. 据说斐波那契序列展示出向日葵葵花籽由里向外逐层分布的颗粒数.

的递归定义: 对于 $n \in \mathbb{N}$,

$$f(0)=1,$$
$$f(1)=1,$$
$$f(n+2)=f(n+1)+f(n),$$

其中 $1=\mathbf{S}(0)$, $2=\mathbf{S}(1)$.

接下来我们定义 $\mathbb{N}$ 上的乘法.

定理 4.18 (乘法) 在集合 $\mathbb{N}$ 上存在满足下述递归定义式的唯一乘法函数

$$\cdot : \mathbb{N}\times\mathbb{N}\to\mathbb{N}:$$

对于任意的 $m \in \mathbb{N}$,

$\cdot(m,0)=0$;

对于 $n\in\mathbb{N}$, $\cdot(m,\mathbf{S}(n))=(\cdot(m,n))+m$.

证明 令 $A=P=\mathbb{N}$, $\forall x\in\mathbb{N}\,(a(x)=x)$ 以及

$$\forall a,x,n\in\mathbb{N}\,(G(p,x,n)=x+p).$$

然后应用推论 4.3. □

按照传统, 依旧将 $\cdot(m,n)$ 写成 $m\cdot n$. 所以

$m\cdot 0=0$;

对于 $n\in\mathbb{N}$, $m\cdot\mathbf{S}(n)=(m\cdot n)+m$.

可以证明这样定义的加法和乘法具有下述我们所熟悉的基本性质. 同样由于篇幅所限, 我们将论证省略.

定理 4.19 (1) $\forall m\in\mathbb{N}\,(1\cdot m=m\cdot 1=m)$.

(2) $\forall m\in\mathbb{N}\,\forall n\in\mathbb{N}\,\forall k\in\mathbb{N}\,(m\cdot(n+k)=m\cdot n+m\cdot k)$.

(3) $\forall m\in\mathbb{N}\,\forall n\in\mathbb{N}\,\forall k\in\mathbb{N}\,((n+k)\cdot m=n\cdot m+k\cdot m)$.

(4) $\forall m\in\mathbb{N}\,\forall n\in\mathbb{N}\,(m\cdot n=n\cdot m)$.

(5) $\forall m\in\mathbb{N}\,\forall n\in\mathbb{N}\,\forall k\in\mathbb{N}\,(m\cdot(n\cdot k)=(m\cdot n)\cdot k)$.

(6) $\forall m\in\mathbb{N}\,\forall n\in\mathbb{N}\,\forall k\in\mathbb{N}\,(k>0\to(m<n\leftrightarrow(m\cdot k<n\cdot k)))$.

$\mathbb{N}$ 中元素的乘法与有限集合之间的笛卡尔乘积之势比较有着深刻的联系.

定理 4.20 设 $n,m\in\mathbb{N}$. 那么 $|m\cdot n|=|m\times n|$. 因此, 两个有限集合的笛卡尔乘积还是一个有限集合.

这种等式在有限集合范围是如所期予的, 而这种等式只在有限集合范围内成立有可能未曾想到. 下面的例子表明当面对无穷集合时, 我们关于有限的认识的直觉有可能完全失效.

例 4.33 (1) 令 $E = \{2 \cdot x \mid x \in \mathbb{N}\}$. 那么 $E \subset \mathbb{N}$, 并且 $|E| = |\mathbb{N}|$ 以及 $|\mathbb{N}| = |(\mathbb{N} - E)|$.

(2) 令 $G = \left\{x^2 \;\middle|\; x \in \mathbb{N}\right\}$. 那么 $|G| = |\mathbb{N}|$.

(3) $|\mathbb{N}| = |\mathbb{N} \times \mathbb{N}|$.

证明 (概要)

(1) 对于 $x \in \mathbb{N}$, 令 $f(x) = 2 \cdot x$. 那么 f 是一个函数, 并且 $f : \mathbb{N} \to E$ 是一个双射.

对于 $x \in \mathbb{N}$, 令 $g(x) = \mathbf{S}(2 \cdot x)$. 那么 g 是一个函数, 并且 $g : \mathbb{N} \to (\mathbb{N} - E)$ 是一个双射.

(2) 对于 $x \in \mathbb{N}$, 令 $g(x) = x^2$. 那么 g 是一个函数, 并且 $g : \mathbb{N} \to G$ 是一个双射[5].

(3) 对于 $(m, n) \in \mathbb{N} \times \mathbb{N}$, 令

$$h(m, n) = \frac{(m+n)(m+n+1)}{2} + m.$$

那么 $h : \mathbb{N} \times \mathbb{N} \to \mathbb{N}$ 是一个双射. □

再来看看我们所熟悉的指数函数在 $\mathbb{N}$ 上的定义问题.

定理 4.21 (指数) 在自然数集合 $\mathbb{N}$ 上存在满足下述递归定义式的唯一指数函数

$$\exp : \mathbb{N} \times \mathbb{N} \to \mathbb{N}:$$

对于任意的 $m \in \mathbb{N}$,

$$\exp(m, 0) = 1;$$

$$对于\ n \in \mathbb{N},\ \exp(m, \mathbf{S}(n)) = (\exp(m, n)) \cdot m.$$

证明 令 $A = P = \omega$, $\forall x \in \omega\,(a(x) = x)$ 以及

$$\forall a, x, n \in \omega\ (G(p, x, n) = x \cdot p).$$

然后应用推论 4.3. □

按照传统, 依旧将 $\exp(m, n)$ 写成 m^n. 所以

$$m^0 = 1;$$

$$对于\ n \in \mathbb{N},\ m^{n+1} = m^n \cdot m,\ 其中\ n + 1 = \mathbf{S}(n).$$

于是, $0^0 = 1$; $0^{n+1} = 0$; $1^n = 1$; 只有当 $m > 1$ 时, 指数运算才非平凡.

下面定理中的第一和第二个结论是我们早就熟悉的事实, 第三个结论是有关指数运算的组合含义. 同样, 因为篇幅所限, 我们省略这些事实的论证.

5 意大利物理学家伽利略第一个发现这个一一对应.

定理 4.22 (1) $\forall m \in \mathbb{N} \forall n \in \mathbb{N} \forall k \in \mathbb{N}\,(m^n \cdot m^k = m^{n+k})$.

(2) $\forall m \in \mathbb{N} \forall n \in \mathbb{N} \forall k \in \mathbb{N}\,((m^n)^k = m^{n \cdot k})$.

(3) 如果 $m \in (\mathbb{N} - \{0,1\})$, $n \in (\mathbb{N} - \{0,1\})$, $|X| = |m|$, $|Y| = |n|$, 那么 $|m^n| = |{}^Y X|$, 其中 ${}^Y X$ 是所有从 Y 到 X 的函数的集合. 尤其是任何有限集合的幂集也是一个有限集合.

定理中的结论 (3) 的第一句话是例 4.31 在有限集合范围内的一般化; 而第二句话表明如果 $n \in \mathbb{N}$, 那么 $|\mathfrak{P}(n)| < |\mathbb{N}|$.

我们用下面的例子来说明函数复合在这样的论证中的作用.

例 4.34 设 $m \in \mathbb{N}$, $n \in \mathbb{N}$ 都大于 1. 设 $f: X \to m$ 以及 $g: Y \to n$ 为两个双射. 利用这两个双射, 我们来定义一个从集合 ${}^Y X$ 到 ${}^n m$ 的双射 h: 设 $\tau: Y \to X$. 我们需要确定一个 $h(\tau): n \to m$ 与之对应. 考虑下述等式所确定的从 n 到 m 的映射: 对应 $x \in n$, $g^{-1}(x) \in Y$, 于是 $\tau\left(g^{-1}(x)\right) \in X$, 从而 $f\left(\tau\left(g^{-1}(x)\right)\right) \in m$, 因此我们定义

$$h(\tau)(x) = f\left(\tau\left(g^{-1}(x)\right)\right).$$

这个定义式是没有歧义的. 由此我们得到 $h(\tau): n \to m$. 事实上, 用函数复合的记号, 我们有

$$h(\tau) = f \circ \left(\tau \circ g^{-1}\right) = f \circ \tau \circ g^{-1}.$$

(这后一个等式是因为函数的复合满足集合律.) 我们将 $h: {}^Y X \to {}^n m$ 是一个双射的验证留给读者思考.

我们希望定义的最后一个 $\mathbb{N}$ 上函数是阶乘函数.

定理 4.23 在集合 $\mathbb{N}$ 上存在满足下述要求的唯一阶乘函数: $x \mapsto x!$

$0! = 1$;

$(n+1)! = (n+1) \cdot (n!)$.

证明 令 $G: \mathbb{N} \times \mathbb{N} \to \mathbb{N}$ 为 $G(m,n) = m \cdot (n+1)$; 以及 $a = 1$. 应用递归定义定理, 得到满足下述要求的唯一函数 $f: \mathbb{N} \to \mathbb{N}$:

$f(0) = 1$;

$f(n+1) = g(f(n), n)$. □

根据上面所定义的运算以及所罗列关于这些运算的基本事实, 我们可以确认集合 $\mathbb{N}$ 可以用来圆满地解释我们所持有的自然数观念以及所持有的有限这个观念. 于是, 我们在集合代数中明确如下.

定义 4.26 称集合 $\mathbb{N}$ 为**自然数集合**; $\mathbb{N}$ 中的元素为**自然数**.

应用自然数集合上的加法、乘法和指数定义, 我们可以在集合代数中证明自然数二进制表示基本定理 (由于篇幅所所限, 我们省略它的归纳证明).

定理 4.24 (1) 如果 $n \in \mathbb{N}$, 那么存在满足下述要求的唯一一个有序对 $(i, m) \in \mathbb{N} \times \mathbb{N}$:

$$i \leqslant n \wedge m \leqslant n \wedge 2^i \leqslant n+1 < 2^{i+1} \wedge 2^i + m = n+1;$$

(2) 如果 $n \in \mathbb{N}$ 非零, 那么存在满足下述要求的唯一的长度为 $m \geqslant 1$ 的自然数序列 $\langle k_1, \cdots, k_m \rangle$:

$$k_1 > k_2 > \cdots > k_m \geqslant 0 \wedge n = 2^{k_1} + 2^{k_2} + \cdots + 2^{k_m}.$$

这个定理表明任何一个非零自然数都可以唯一地用二进制表示出来. 应用这个二进制表示定理 (定理 4.24), 我们还可以引进以 2 为**底的对数**: 对于 $n \in \mathbb{N}$, 令

(i) $\log_2(n) =$ 满足不等式 $2^i \leqslant n+1 < 2^{i+1}$ 的唯一的 $i \leqslant n$;

(ii) $r(n) =$ 满足等式 $n+1 = 2^{\log_2(n)} + m$ 的唯一的 $m \leqslant n$.

再者, 应用这个自然数二进制表示定理 (定理 4.24), 我们马上可以得到一个有趣的可数无限集合: 自然数集合的所有有限集合的全体是一个可数无限集合.

定义 4.27 令 $[\mathbb{N}]^{<\infty} = \{x \in \mathfrak{P}(\mathbb{N}) \mid \exists n\, (n \in \mathbb{N} \wedge |n| = |x|)\}$ 为 $\mathbb{N}$ 的有限子集合的全体之集合.

定理 4.25 由自然数集合的全体有限子集合所组成的集合, $[\mathbb{N}]^{<\infty}$, 是一个可数无限集合, 即 $|[\mathbb{N}]^{<\infty}| = |\mathbb{N}|$.

证明 我们需要构造一个从 $[\mathbb{N}]^{<\infty}$ 到 $\mathbb{N}$ 的双射.

这个双射其实非常自然和典型: 对于 $a \in [\mathbb{N}]^{<\infty}$, 如果 $a = \varnothing$, 那么令 $f(a) = 0$; 如果 $a \neq \varnothing$, 那么就令

$$f(a) = \sum_{i \in a} 2^i,$$

其中, 符号 $\sum$ 是连加号, $\sum_{i \in a} 2^i$ 是将由 a 所确定的 $m\,(|m| = |a|)$ 个幂指数 2^i 连加的结果. 由自然数加法、乘法和指数定义, 如果 a 是 $\mathbb{N}$ 的一个非空有限子集, 那么 $\sum_{i \in a} 2^i$ 是唯一的一个自然数, 所以 f 是一个函数; 由自然数二进制表示定理 (定理 4.24), 我们知道这个函数是一个双射. □

在集合代数中, 一个比二进制表示定理 (定理 4.24) 更为一般的以任意固定的大于 1 的自然数 a 为基的 a 进制表示定理也可以被证明.

定理 4.26 设 $a \in \mathbb{N}$ 是一个严格大于 1 的自然数.

(1) 如果 $n \in \mathbb{N}$, 那么存在满足下述要求的唯一一个有序对 $(i, b, m) \in \mathbb{N} \times \mathbb{N} \times \mathbb{N}$:

$$i \leqslant n \wedge 1 \leqslant b < a \wedge m < a^i \wedge a^i \leqslant n+1 < a^{i+1} \wedge b \cdot a^i + m = n+1;$$

(2) 如果 $n \in \mathbb{N}$ 非零, 那么存在满足下述要求的唯一的长度为 $m \geqslant 1$ 的自然数有序对的序列 $\langle (k_1, b_1), \cdots, (k_m, b_m) \rangle$:

$$k_1 > k_2 > \cdots > k_m \geqslant 0 \wedge 1 \leqslant b_1, \cdots, b_m < a \wedge n = b_1 \cdot a^{k_1} + b_2 \cdot a^{k_2} + \cdots + b_m \cdot a^{k_m}.$$

当 $a = 2$ 时这个定理的特殊形式就是二进制表示定理 (定理 4.24); 当 $a = 3$ 时, 我们就得到自然数的三进制表示; 当 $a = 10$ 时我们就得到十进制表示; 当 $a = 16$ 时, 我们就得到十六进制表示.

4.7 纯粹有限集合

在有限集中我们至少可以看到两种完全不同的有限集合: $\mathfrak{P}(5)$ 是一个有限集, $\{\mathbb{N}\}$ 是一个有限集, $\{\mathfrak{P}(\mathbb{N})\}$ 也是一个有限集. 但是这三个有限集合有着本质的差别:

$$\mathfrak{P}(5) = \bigcup \mathfrak{P}(5), \quad \mathbb{N} = \bigcup \{\mathbb{N}\}, \quad \mathfrak{P}(\mathbb{N}) = \bigcup \{\mathfrak{P}(\mathbb{N})\}.$$

$\bigcup \mathfrak{P}(5)$ 依旧还是一个有限集合, 但是 $\mathbb{N} = \bigcup \{\mathbb{N}\}$ 是一个可数无限集合, 而 $\bigcup \{\mathfrak{P}(\mathbb{N})\}$ 甚至是一个不可数集合. 很多时候, 我们希望表示那些纯粹的有限对象, 或者说那些彻底的有限对象, 而不是像 $\{\mathbb{N}\}$ 或者 $\{\{\mathbb{N}\}\}$, 或者 $\{\{\{\mathbb{N}\}\}\}$ 这样的有限对象.

应用定理 4.14 所给出的 $\mathrm{TC}(X)$ 的存在性. 我们可以定义**纯粹有限集合**.

定义 4.28 称一个集合 X 是**纯粹有限**的 (或者**彻底有限**的) 当且仅当 X 的传递闭包 $\mathrm{TC}(X)$ 是有限的.

例 4.35 (1) $\mathfrak{P}(5)$ 是一个纯粹有限的集合;

(2) 如果 $x \in \mathbb{N}$, 那么 x 和 $\mathfrak{P}(x)$ 都是纯粹有限集合;

(3) 如果 y 是传递集合, 并且 y 是有限集合, 那么 y 是纯粹有限的;

(4) $\{\mathbb{N}\}$ 不是纯粹有限集合.

例子 (1) 是 (2) 的特例; (2) 又是 (3) 的特例, 因为对于 $x \in \mathbb{N}$, x 是传递的, $\mathfrak{P}(x)$ 也是传递的, 并且根据指数运算的组合特性,

$$|\mathfrak{P}(x)| = |{}^x\{0,1\}| = |2^x|,$$

从而 $\mathfrak{P}(x)$ 是一个有限集合.

(3) 之所以成立, 是因为对于传递集合 y 而言, $\mathrm{TC}(y) = y$, 所以当 y 是有限传递集合时, $\mathrm{TC}(y)$ 就是有限的.

既然我们明白彻底有限集合是一个非平凡的概念, 一个自然的问题就是我们是否可以完全确定到底哪些集合是纯粹有限集合? 有趣的是根据无穷集合存在性公理 (公理 9) 中的 (2), 我们可以在集合代数中给出明确的答案: 所有彻底有限集合的全体构成一个可数无限集合.

我们先来看看无穷集合存在性公理 (公理 9) 中的 (2) 为我们提供了什么. 这有点像我们从无穷集合存在性公理 (公理 9) 中的 (1) 得到自然数集合 $\mathbb{N}$.

我们称一个集合 X 是**幂集封闭的**当且仅当 $\varnothing \in X$, 并且

$$(\forall A\,(A \in X \to \mathfrak{P}(A) \in X)).$$

事实 4.7.1　(1) *存在一个幂集封闭的集合;*

(2) *如果 X 和 Y 都是幂集封闭的, 那么 $X \cap Y$ 也是幂集封闭的.*

证明　(1) 这由无穷集合存在性公理 (公理 9) 中的 (2) 所保证.

(2) 设 X 和 Y 是两个幂集封闭的集合. 首先, $\varnothing \in X \cap Y$; 其次, 对于任意的 $A \in X \cap Y$, 因为 $\mathfrak{P}(A) \in X$ 以及 $\mathfrak{P}(A) \in Y$, 所以 $\mathfrak{P}(A) \in X \cap Y$. □

现在令 A 是一个幂集封闭的集合. 令

$$E = \{X \in \mathfrak{P}(A) \mid X \text{ 是幂集封闭的}\}.$$

根据幂集公理 (公理 5), A 的幂集 $\mathfrak{P}(A)$ 存在; 根据集合分离原理 (公理 3), E 是 $\mathfrak{P}(A)$ 的一个子集合; 由于 $A \in \mathfrak{P}(A)$ 是一个幂集封闭集合, $A \in E$, 尤其是, E 非空. 利用这个非空集合 E, 我们来定义下述 A 的子集合:

定义 4.29　$\mathrm{V}_\infty = \{u \in A \mid (\forall X\,(X \in E \to u \in X))\}$.

根据集合分离原理, 这样定义的 V_∞ 的确是 A 的一个子集合. 这个集合 V_∞ 有很好的性质.

引理 4.4　(1) $\mathrm{V}_\infty \in E$;

(2) *如果 $X \in E$, 那么 $\mathrm{V}_\infty \subseteq X$;*

(3) *如果 Y 是一个幂集封闭集合, 那么 $\mathrm{V}_\infty \subseteq Y$.*

证明　(1) 由于 $\mathrm{V}_\infty \subseteq A$, 所以 $\mathrm{V}_\infty \in \mathfrak{P}(A)$. 我们需要验证它是一个幂集封闭集合. 首先, $\varnothing \in \mathrm{V}_\infty$. 这是因为下述命题成立:

$$(\varnothing \in A) \ \wedge\ (\forall X\,(X \in E \to \varnothing \in X)).$$

其次, 假设 $u \in \mathrm{V}_\infty$ 为任意一个元素. 我们来验证 $\mathfrak{P}(u) \in \mathrm{V}_\infty$. 第一, $\mathfrak{P}(u) \in A$, 因为 $u \in A$ 以及 A 是幂集封闭的; 第二, 设 $X \in E$ 为 E 的任意一个元素, 那么 $u \in X$ (因为 $u \in \mathrm{V}_\infty$), 于是, $\mathfrak{P}(u) \in X$, 因为 X 是幂集封闭的. 由此得到 $\mathfrak{P}(u) \in \mathrm{V}_\infty$. 综上所述, V_∞ 是 A 的一个幂集封闭的子集合. 所以, $\mathrm{V}_\infty \in E$.

(2) 设 $X \in E$. 设 $u \in \mathrm{V}_\infty$. 根据定义 4.29, 这就意味着 $(\forall Y\,(Y \in E \to u \in Y))$. 以此, 根据逻辑公理中的特化原理 (第 197 页中的定义 3.9 之 (2)), 我们就有 $u \in X$. 所以, $\mathrm{V}_\infty \subseteq X$.

(3) 设 Y 为任意的一个幂集封闭集合. 根据事实 4.7.1 中的 (2), $Y \cap A \in E$. 根据本引理的 (2), $\mathrm{V}_\infty \subseteq Y \cap A$. 所以, $\mathrm{V}_\infty \subseteq Y$. □

这个引理表明 V_∞ 是在子集合 $\subseteq$-关系下最小的幂集封闭集合 (如引理中的 (3) 所断言的).

现在我们面临两个具体问题: 集合 V_∞ 中所包括的是纯粹有限集合吗? 它是否包括了所有的纯粹有限集合?

为了回答第一个问题, 我们应用递归定义 (定理 4.13).

引理 4.5 存在唯一的 $f:\mathbb{N}\to V_\infty$ 来实现下述等式:

(1) $f(0)=\varnothing$;

(2) 对于 $a\in\mathbb{N}$, $f(\mathbf{S}(a))=\mathfrak{P}(f(a))$.

证明 令 $G:V_\infty\times\mathbb{N}\to V_\infty$ 为由下述等式所确定的函数: 对于 $(x,n)\in V_\infty\times\mathbb{N}$, 令

$$G(x,n)=\mathfrak{P}(x).$$

由于 V_∞ 是幂集封闭的, 上述 G 的定义是合理的. 根据递归定义定理 4.13, 引理所要求的 f 存在并且唯一. □

事实 4.7.2 令 $f:\mathbb{N}\to V_\infty$ 为引理 4.5 所给出的唯一函数. 那么

(1) 如果 $n\in\mathbb{N}$, 那么 $f(n)$ 是传递集合, 并且是有限的;

(2) 如果 $a\in b\in\mathbb{N}$, 那么 $f(a)\in f(b)$, 从而 $f(a)\subset f(b)$.

证明 (1) 当 $n=0$ 时, $f(0)$ 是空集, 自然是传递并且有限的. 现在假设 $f(n)$ 是传递并且有限的. 那么 $f(n+1)=\mathfrak{P}(f(n))$ 也便是传递的, 并且是有限的.

(2) 对 b 施归纳. 设 $b=\mathbf{S}(m)$. 设 $a\in b$. 那么或者 $a\in m$, 或者 $a=m$. 如果 $a=m$, 那么 $f(b)=\mathfrak{P}(f(m))$, 所以 $f(a)=f(m)\in f(b)$; 如果 $a\in m$, 根据归纳假设, $f(a)\in f(m)$, 由于 $f(m)$ 是传递的, 所以 $f(a)\subset f(m)$, 而 $f(b)=\mathfrak{P}(f(m))$, 所以 $f(a)\in f(b)$. □

我们来为这个特殊的函数取一个专有名字, 并且论证集合 $\bigcup\mathrm{rng}(f)$ 就是集合 V_∞.

定义 4.30 令 $V_0=\varnothing$.

对于 $n\in\mathbb{N}$, 令 $V_{n+1}=\mathfrak{P}(V_n)$.

也就是说, 引理 4.5 所给出的函数 $f=\{(x\,V_x)\mid x\in\mathbb{N}\}$.

引理 4.6 $V_\infty=\bigcup_{n\in\mathbb{N}}V_n=\bigcup\mathrm{rng}(f)$.

证明 由于 V_∞ 是传递集合, 每一个 $V_x\in V_\infty$, 所以每一个 $V_x\subset V_\infty$, 从而 $(\bigcup\mathrm{rng}(f))\subseteq V_\infty$.

剩下的是验证 $V_\infty\subseteq\bigcup\mathrm{rng}(f)$. 为此, 我们只需要论证 $\bigcup\mathrm{rng}(f)$ 是幂集封闭的. 首先, $\varnothing\in\bigcup\mathrm{rng}(f)$, 因为 $\varnothing=f(0)$. 其次, 设 $a\in\bigcup\mathrm{rng}(f)$. 令 $n\in\mathbb{N}$ 来见证 $a\in f(n)$. 由于 $f(n)$ 是传递的, $a\subset f(n)$. 于是

$$\mathfrak{P}(a)\subset\mathfrak{P}(f(n))=f(n+1),$$

从而 $\mathfrak{P}(a) \in \mathfrak{P}(f(n+1)) \in \mathrm{rng}(f)$. 因此, $\mathfrak{P}(a) \in \bigcup \mathrm{rng}(f)$. 于是, $\bigcup \mathrm{rng}(f)$ 是幂集封闭的. 根据引理 4.4, $\mathrm{V}_\infty \subseteq \bigcup \mathrm{rng} f$. □

事实 4.7.3 V_∞ 中的每一个元素都是纯粹有限的.

证明 根据事实 4.7.2, 每一个 V_n 都是纯粹有限的.

设 $a \in \mathrm{V}_\infty$. 令 $n \in \mathbb{N}$ 来见证 $a \in \mathrm{V}_n$. 那么 $a \subset \mathrm{V}_n$, 从而 $\mathrm{TC}(a) \subset \mathrm{V}_n$. 于是 $\mathrm{TC}(a)$ 是有限的. □

事实 4.7.4 如果 $x \subseteq \mathrm{V}_\infty$ 是一有限集合, 那么 $x \in \mathrm{V}_\infty$.

证明 设 $x = \{a_0, \cdots, a_m\} \subseteq \mathrm{V}_\infty$.

对于 $i \in \{0, \cdots, m\}$, 令 $n_i \in \mathbb{N}$ 满足 $a_i \in \mathrm{V}_{n_i}$. 令

$$n = \max\{n_i \mid i \in m+1\} + 1.$$

那么, 根据事实 4.7.2, 每一个 $\mathrm{V}_{n_i} \subset \mathrm{V}_n$, 从而 $x \subseteq \mathrm{V}_n$, 因此, $x \in \mathrm{V}_{n+1}$. 由此, $x \in \mathrm{V}_\infty$. □

现在我们来论证集合 V_∞ 包括所有的纯粹有限集合. 有趣的是这个结论是应用根基假设 (公理 4) 的结果.

事实 4.7.5 如果 x 是彻底有限的, 那么 $x \in \mathrm{V}_\infty$.

证明 设 x 是彻底有限集合. 令 $y = \mathrm{TC}(\{x\})$. 那么 y 是一个有限集合, 并且 y 的每一个元素都是一有限集合.

欲得一矛盾, 假设 $x \notin \mathrm{V}_\infty$. 那么, $y - \mathrm{V}_\infty \neq \varnothing$. 根据根基假设 (公理 4), 令

$$z \in (y - \mathrm{V}_\infty)$$

满足等式 $z \cap (y - \mathrm{V}_\infty) = \varnothing$. 由于 y 是传递的, 我们得出 $z \subseteq \mathrm{V}_\infty$ 之结论. 由于 y 是有限的, 且 $z \subseteq y$, z 就是有限的. 由事实 4.7.4, $z \in \mathrm{V}_\infty$. 这就是一个矛盾. □

我们可以总结一下集合 V_∞ 到底都具有什么样的特性.

定理 4.27 V_∞ 具有如下性质:

(1) V_∞ 是所有彻底有限集合之集合.

(2) V_∞ 是一个传递集合.

(3) V_∞ 是后继封闭的.

(4) $\mathbb{N} \subset \mathrm{V}_\infty$.

(5) V_∞ 关于后述集合基本运算都封闭: 配对运算 $\{,\}$; 并运算 $\cup$; 二元交运算 $\cap$; 相对差运算 $-$; 笛卡尔乘积运算 $\times$; 以及幂集运算 $\mathfrak{P}$.

(6) 如果 $x \subset \mathrm{V}_\infty$ 是一个有限子集, 那么 $x \in \mathrm{V}_\infty$.

证明 (1) 是事实 4.7.3 与事实 4.7.5 综合的结果.

(2) 根据引理 4.6, $\mathrm{V}_\infty = \bigcup\{\mathrm{V}_n \mid n \in \mathbb{N}\}$, 而每一个 V_n 都是传递的, 所有 V_∞ 是传递的.

(3) 首先, $\varnothing \in \mathrm{V}_\infty$. 其次, 设 $a, b \in \mathrm{V}_\infty$, 引理 4.6, 可以令 $n \in \mathbb{N}$ 来见证 a 和 b 都是 V_n 中的元素. 那么, $\{a, b\} \subseteq \mathrm{V}_n$. 所以, $\{a, b\} \in \mathrm{V}_{n+1} \subset \mathrm{V}_\infty$.

(4) 由 (3) 以及 $\mathbb{N}$ 的定义得知 $\mathbb{N} \subseteq \mathrm{V}_\infty$. 因为 $\{\{\varnothing\}\} \in (\mathrm{V}_3 - \mathbb{N})$, 所以 $\mathbb{N} \subset \mathrm{V}_\infty$.

(5) 类似于 (3), 由引理 4.6 立即得到.

(6) 这是事实 4.7.4. □

再一次应用自然数二进制表示定理 (定理 4.24), 我们还可以验证由所有纯粹有限集合所组成的集合 V_∞ 是一个可数无限集合:

定理 4.28　V_∞ *是一个可数无限集合.*

论证概要　首先, 集合 V_∞ 关于二元函数 $H(x, y) = x \cup \{y\}$ 是封闭的, 即对于任意的 $(x, y) \in \mathrm{V}_\infty \times \mathrm{V}_\infty$, $H(x, y) \in \mathrm{V}_\infty$. 其次, 令 $f(0) = \varnothing$; 对于 $n \in \mathbb{N}$, 令

$$f(n+1) = H\left(f(r(n)), f\left(\log_2(n)\right)\right) = f(r(n)) \cup \left\{f\left(\log_2(n)\right)\right\}.$$

其中, $\log_2(n)$ 是自然数 n 的以 2 为底的对数, $r(n)$ 是唯一的满足 $n+1 = 2^{\log_2(n)} + r(n)$ 的自然数. f 是一个由递归定义给出的函数. 这样确定的函数是一个从 $\mathbb{N}$ 到 V_∞ 的双射 (我们省略详细分析和讨论).

4.8　整数与有理数

我们引进纯粹有限集合的一个实用目的是希望用纯粹有限的对象来表示整数以及有理数, 因为这些数在我们的认识中是“完全有限”的数. 现在我们就来扼要地说明如何在集合代数中实现这样一种愿望. 我们在这里的重点是说明如何将我们关于整数和有理数的直觉观念 (或者元数学认识) 转化成集合代数的概念和理论, 而将一些技术性较强的论证省略.

4.8.1　整数

由于每一个自然数都是一个整数, 所以我们引进整数概念时自然应当将自然数当成它的一部分, 因此, 整数集合应当涵盖自然数集合; 又因为整数的引入最根本的原因是解决赊账问题, 也就是需要有“负数”(当入不敷出的时候需要借贷, 从而在记账的时候需要用到“赤字”, 用赤字来表示负数). 这样一来, 我们在集合代数中定义整数集合的关键是定义“负数”以及关于负数的运算以及负数与正数的运算.

一种做法是考虑如下集合: $\{0, 1\} \times \mathbb{N}$, 将这个笛卡尔乘积想象成上下两条垂直的离散直线, 并且将 $(1, 0)$ 忽略掉, 如下图所示,

$$\begin{array}{ccccccc} & \bullet(1,1) & \bullet(1,2) & \bullet(1,3) & \bullet(1,4) & \cdots & \bullet(1,m) & \cdots \\ \bullet(0,0) & \bullet(0,1) & \bullet(0,2) & \bullet(0,3) & \bullet(0,4) & \cdots & \bullet(0,m) & \cdots \end{array}$$

将上面的一行中的点当成负整数 (第一个分量中的 1 被用来表示“负”), 将下面的一行中的点当成非负数 (零或正整数)(第一个分量中的 0 被用来表示“非负”). 然后在这个基础上来考虑运算的定义问题.

这里我们采用一种类似的方式 (之所以如此将在下一小节我们引入有理数概念时变得明晰).

定义 4.31 (1) 整数集合 $\mathbb{Z}$ 定义如下:

$$\mathbb{Z}^- = \{(1,(m,1)) \mid 0 < m \in \mathbb{N}\}; \quad \mathbb{Z} = \mathbb{N} \cup \mathbb{Z}^-.$$

称 $\mathbb{N}$ 中的元素 (自然数) 为**非负整数**; 称 $\mathbb{Z}^-$ 中的元素为**负整数**. (可见 $\mathbb{Z} \subset \mathrm{V}_\infty$, 即每一个整数都是一个纯粹有限集合.)

(2) 整数的绝对值定义如下: 对于 $x \in \mathbb{Z}$,

$$|x| = \begin{cases} x, & x \in \mathbb{N}, \\ m, & x \in \mathbb{Z}^-, \text{并且 } x = (1,(m,1)). \end{cases}$$

称非负整数 $|x|$ 为整数 x 的**绝对值**.

(3) 整数之间的序 $<$ 定义如下: 对于 $x, y \in \mathbb{Z}$,

(a) 如果 $\{x,y\} \subset \mathbb{N}$, 那么 $x < y \leftrightarrow x \in y$;

(b) 如果 $\{x,y\} \subset \mathbb{Z}^-$, 那么 $x < y \leftrightarrow |y| \in |x|$;

(c) 如果 $x \in \mathbb{N}$, $y \in \mathbb{Z}^-$, 那么 $y < x$.

(可见整数的序在自然数范围内就是自然数的序.)

(4) 整数之间的加法 $+$ 定义如下:

(a) 如果 $(z,x,y) \in \mathbb{Z} \times \mathbb{N} \times \mathbb{N}$, 那么 $z = x + y \leftrightarrow z = x +_{\mathbb{N}} y$ (其中, 记号 $+_{\mathbb{N}}$ 表示自然数集合上的加法 (下同));

(b) 如果 $(z,x,y) \in \mathbb{Z} \times \mathbb{Z}^- \times \mathbb{Z}^-$, 那么 $z = x + y \leftrightarrow (z \in \mathbb{Z}^- \wedge |z| = |x| +_{\mathbb{N}} |y|)$;

(c) 如果 $z \in \mathbb{Z}$, $x \in \mathbb{N}$, $y \in \mathbb{Z}^-$, 那么

$$z = x + y \leftrightarrow \left(\begin{array}{rl} & [(|y| \leqslant x) \wedge z \in \mathbb{N} \wedge (x = |y| +_{\mathbb{N}} z)] \\ \vee & [x < |y| \wedge z \in \mathbb{Z}^- \wedge (|z| +_{\mathbb{N}} x = |y|)] \end{array} \right);$$

(d) 如果 $z \in \mathbb{Z}$, $x \in \mathbb{Z}^-$, $y \in \mathbb{N}$, 那么

$$z = x + y \leftrightarrow \left(\begin{array}{rl} & [|x| \leqslant y \wedge z \in \mathbb{N} \wedge (y = |x| +_{\mathbb{N}} z)] \\ \vee & [y < |x| \wedge z \in \mathbb{Z}^- \wedge (|z| +_{\mathbb{N}} y = |x|)] \end{array} \right).$$

(可见整数加法在自然数范围内的作用就是自然数上的加法.)

(5) 整数之间的乘法 $\cdot$ 定义如下:

(a) 如果 $(z,x,y)\in\mathbb{Z}\times\mathbb{N}\times\mathbb{N}$, 那么 $z=x\cdot y\leftrightarrow z=x\cdot_{\mathbb{N}}y$ (其中, 记号 $\cdot_{\mathbb{N}}$ 表示自然数集合上的乘法 (下同));

(b) 如果 $(z,x,y)\in\mathbb{Z}\times\mathbb{Z}^-\times\mathbb{Z}^-$, 那么 $z=x\cdot y\leftrightarrow z=|x|\cdot_{\mathbb{N}}|y|$;

(c) 如果 $z\in\mathbb{Z}$, $x\in\mathbb{N}$, $y\in\mathbb{Z}^-$, 那么

$$z=x\cdot y\leftrightarrow(z\in\mathbb{Z}^-\wedge(|z|=x\cdot_{\mathbb{N}}|y|);$$

(d) 如果 $z\in\mathbb{Z}$, $x\in\mathbb{Z}^-$, $y\in\mathbb{N}$, 那么

$$z=x\cdot y\leftrightarrow(z\in\mathbb{Z}^-\wedge(|z|=|x|\cdot_{\mathbb{N}}y)).$$

(可见整数乘法在自然数范围内的作用就是自然数上的乘法.)

下面的定理罗列出整数序以及整数加法运算和乘法运算的基本性质. 为了书写简短的需要, 我们将形如 $\forall x\,(x\in\mathbb{Z}\to\varphi)$ 的表达式简写成 $\forall x\in\mathbb{Z}\,\varphi$ 的形式; 将形如 $\exists x\,(x\in\mathbb{Z}\wedge\varphi)$ 的表达式简写成 $\exists x\in\mathbb{Z}\,\varphi$ 的形式.

定理 4.29 (1) 整数序 $<$ 是 $\mathbb{Z}$ 上的一个线性序:

(a) $\forall x\in\mathbb{Z}\,(\neg(x<x))$;

(b) $\forall x\in\mathbb{Z}\forall y\in\mathbb{Z}\forall z\in\mathbb{Z}\,((x<y\wedge y<z)\to x<z)$;

(c) $\forall x\in\mathbb{Z}\forall y\in\mathbb{Z}\,(x<y\vee x=y\vee y<x)$.

(2) 整数结构上的运算具有如下基本性质:

(a) 加法交换律, $\forall x\in\mathbb{Z}\forall y\in\mathbb{Z}\,(x+y=y+x)$;

(b) 加法结合律, $\forall x\in\mathbb{Z}\forall y\in\mathbb{Z}\forall z\in\mathbb{Z}\,((x+y)+z=x+(y+z))$;

(c) 加法可逆性, $\forall x\in\mathbb{Z}\exists y\in\mathbb{Z}\,((x+0=x)\wedge(x+y=0))$;

(d) 乘法交换律, $\forall x\in\mathbb{Z}\forall y\in\mathbb{Z}\,(x\cdot y=y\cdot x)$;

(e) 乘法结合律, $\forall x\in\mathbb{Z}\forall y\in\mathbb{Z}\forall z\in\mathbb{Z}\,((x\cdot y)\cdot z=x\cdot(y\cdot z))$;

(f) 乘法单位元, $\forall x\in\mathbb{Z}\,(x\cdot 1=x)$;

(g) 乘法分配律, $\forall x\in\mathbb{Z}\forall y\in\mathbb{Z}\forall z\in\mathbb{Z}\,(x\cdot(y+z)=x\cdot y+x\cdot z)$.

(3) 加法序适配: 如果 $x<y$, 那么 $z+x<z+y$.

(4) 乘法序适配:

(a) 如果 $x<y$ 以及 $0<z$, 那么 $z\cdot x<z\cdot y$;

(b) 如果 $x<y$ 以及 $z<0$, 那么 $z\cdot x>z\cdot y$.

(5) 自然数序是整数序的一部分; 自然数运算是整数运算的限制.

最后, 如下定义整数的减法运算:

定义 4.32 对于整数 x,y,z, 定义

$$z=x-y\leftrightarrow x=y+z.$$

所以, 对于整数 x 而言, $x\in\mathbb{Z}^-$ 当且仅当 $|x|>0$ 当且仅当 $x=0-|x|$ 当且仅当 $x+|x|=0$.

4.8.2 有理数

这里我们应用前面定义的整数结构来定义**有理数集合** $\mathbb{Q}$ 以及它上面的算术运算和线性序, 从而得到**有理数**结构. 下面的有理数定义将实现我们保持元数学意义上有理数的有限特性的愿望: 每一个有理数事实上都是一个彻底有限的集合. 当然, 还有一种更为直接的方式来引入有理数. 直观上将两个具有相同比值的整数有序对视为等价. 这就在整数平面上确定了一种自然的等价关系 (见第 263 页中的例 4.16). 这样, 等价类中的整数有序对就都具有相同的比值, 从而每一个等价类就是其中的每一个整数对的"商". 于是, 就可以用这些等价类来表示有理数. 只不过这些等价类都是无穷可数集合. 这种表示自然就失去了直觉上有理数的有限性. 好在这些等价类中都有非常典型的代表元可以很规范地选取. 下面的有理数定义正是利用这样选取出来的代表元来表示有理数, 只不过我们需要应用非零自然数数互素的概念. 两个非零自然数 m 和 n 互素当且仅当只有 1 可以同时是 m 和 n 的因子. 这是一个可以在集合代数中明确定义的概念. 下面, 我们用 $\gcd(m,n)=1$ 来表示"m 和 n 互素"; 而等式 $x=\gcd(m,n)$ 表示"x 是 m 和 n 的最大公因子"(这也是可以在集合代数中明确定义的性质).

定义 4.33 有理数集合 $\mathbb{Q}$ 定义如下:

$$
\begin{aligned}
&\mathbb{Q}_f^+ = \{(0,(m,n)) \mid 1 \leqslant m \in \mathbb{N},\ 2 \leqslant n \in \mathbb{N},\ \gcd(m,n)=1\};\\
&\mathbb{Q}_f^- = \{(1,(m,n)) \mid 1 \leqslant m \in \mathbb{N},\ 2 \leqslant n \in \mathbb{N},\ \gcd(m,n)=1\};\\
&\mathbb{Q}^+ = \mathbb{N} \cup \mathbb{Q}_f^+;\\
&\mathbb{Q}^- = \mathbb{Z}^- \cup \mathbb{Q}_f^-;\\
&\mathbb{Q} = \mathbb{Q}^+ \cup \mathbb{Q}^-.
\end{aligned}
$$

称 $\mathbb{Q}_f^+$ 中的元素为**正分数**; 并且用记号 m/n, 或者 $\frac{m}{n}$, 来表示正分数 $(0,(m,n))$, 即

$$m/n = \frac{m}{n} = (0,(m,n))$$

当且仅当

$$m/n\text{是一个有序对并且}\,(m/n)_0 = 0 \wedge (1 \leqslant m \in \mathbb{N} \wedge 2 \leqslant n \in \mathbb{N} \wedge \gcd(m,n)=1).$$

称 $\mathbb{Q}_f^-$ 中的元素为**负分数**; 并且用记号 $-m/n$, 或者 $-\frac{m}{n}$, 来表示负分数 $(1,(m,n))$, 即

$$-m/n = -\frac{m}{n} = (1,(m,n))$$

当且仅当

$$-m/n\text{是一个有序对并且}\,(-m/n)_0 = 1 \wedge (1 \leqslant m \in \mathbb{N} \wedge 2 \leqslant n \in \mathbb{N} \wedge \gcd(m,n)=1).$$

称 $\mathbb{Q}^+$ 中的元素为**非负有理数**; 称 $\mathbb{Q}^-$ 中的元素为**负有理数**; 称 $\mathbb{Q}$ 中的元素为**有理数**.

于是, 由定义, $\mathbb{N} \subset \mathbb{Z} \subset \mathbb{Q}$.

定义 4.34 有理数 $x \in \mathbb{Q}$ 的**绝对值** $|x|$ 定义如下:

$$|x| = \begin{cases} |x|, & x \in \mathbb{Z}, \\ m/n, & x = m/n \in \mathbb{Q}_f^+, \\ m/n, & x = -m/n \in \mathbb{Q}_f^-. \end{cases}$$

由定义可见映射 $m/n \mapsto -m/n$ 是 $\mathbb{Q}_f^+$ 与 $\mathbb{Q}_f^-$ 之间的双射; 绝对值函数当限制在 $\mathbb{Q}^-$ 上时是从 $\mathbb{Q}^-$ 到 $\mathbb{Q}^+$ 上的双射; 当限制在 $\mathbb{Q}^+$ 上时是 $\mathbb{Q}^+$ 上的恒等映射.

定义 4.35 定义 $\mathbb{Z}$ 和 $\mathbb{Q}$ 上的一元函数加法逆元映射 $x \mapsto -x$ 如下:

(1) $-0 = 0$;

(2) 对于 $1 \leqslant m \in \mathbb{N}$, $-m = (1, (m, 1))$ 以及 $-(1, (m, 1)) = m$;

(3) 对于 $1 \leqslant m \in \mathbb{N}$, $2 \leqslant n \in \mathbb{N}$, $\gcd(m, n) = 1$, $-(0, (m, n)) = (1, (m, n))$ 以及

$$-(1, (m, n)) = (0, (m, n)).$$

命题 4.2 映射 $x \mapsto -x$ 是一个双射, 并且 $-(-x) = x$, 以及 $x + (-x) = 0$.

定义 4.36 有理数之间的序关系 $<$ 定义如下:

(1) 如果 $\{x, y\} \subset \mathbb{N}$, 那么 $x < y \leftrightarrow x \in y$;

(2) 如果 $x \in \mathbb{N}$, $y = m/n \in \mathbb{Q}_f^+$, 那么

$$x < y \leftrightarrow x \cdot n \in m,$$

以及

$$y < x \leftrightarrow m \in x \cdot n;$$

(3) 如果 $x = m/n \in \mathbb{Q}_f^+$, $y = p/q \in \mathbb{Q}_f^+$, 那么 $x < y \leftrightarrow m \cdot q \in n \cdot p$;

(4) 如果 $x \in \mathbb{Q}^+$, $y \in \mathbb{Q}^-$, 那么 $y < x$;

(5) 如果 $x \in \mathbb{Q}^-$, $y \in \mathbb{Q}^-$, 那么 $x < y \leftrightarrow |y| < |x|$.

定理 4.30 (1) $(\mathbb{Q}, <)$ 是一个线性序:

(a) $\forall x \in \mathbb{Q}\, (\neg(x < x))$;

(b) $\forall x \in \mathbb{Q}\, \forall y \in \mathbb{Q}\, \forall z \in \mathbb{Q}\, ((x < y \wedge y < z) \to x < z)$;

(c) $\forall x \in \mathbb{Q}\, \forall y \in \mathbb{Q}\, (x < y \vee x = y \vee y < x)$.

(2) 有理数的序包含整数序为其一部分.

(3) $\forall x \in \mathbb{Q}\, \exists n \in \mathbb{N}\, (x < n)$.

(4) $\forall x \in \mathbb{Q}\, \exists i \in \mathbb{Z}\, (i < x)$.

(5) $\forall x \in \mathbb{Q}\,(0 \leqslant |x|)$.

(6) $\forall x \in \mathbb{Q}\,\forall y \in \mathbb{Q}\,(x < y \leftrightarrow -y < -x)$.

定义 4.37 对于 $1 \leqslant m \in \mathbb{N}$, $1 \leqslant n \in \mathbb{N}$, 令

$$[(m,n)] = \begin{cases} (0,(m,n)), & n > 1 \text{ 且 } \gcd(m,n) = 1, \\ k, & m = k \cdot n, \\ (0,(q,p)), & \left(\begin{array}{l} \gcd(m,n) \notin \{1,n\} \wedge \\ m = q \cdot \gcd(m,n) \wedge n = p \cdot \gcd(m,n) \end{array} \right). \end{cases}$$

定义 4.38 有理数之间的加法定义如下:

(1) 如果 $(z,x,y) \in \mathbb{Q} \times \mathbb{N} \times \mathbb{N}$, 那么 $z = x + y \leftrightarrow z = x +_{\mathbb{N}} y$;

(2) 如果 $(z,x,y) \in \mathbb{Q} \times \mathbb{Q}_f^+ \times \mathbb{N}$ 并且 $x = m/n$, 那么 $z = x + y \leftrightarrow z = (m +_{\mathbb{N}} ny)/n$;

(3) 如果 $(z,y,x) \in \mathbb{Q} \times \mathbb{N} \times \mathbb{Q}_f^+$ 并且 $x = m/n$, 那么 $z = y + x \leftrightarrow z = (m +_{\mathbb{N}} ny)/n$;

(4) 如果 $(z,x,y) \in \mathbb{Q} \times \mathbb{Q}_f^+ \times \mathbb{Q}_f^+$ 并且 $x = m/n$ 以及 $y = q/p$, 那么

$$z = x + y \leftrightarrow z = [(mp +_{\mathbb{N}} nq, np)];$$

(5) 如果 $(z,x,y) \in \mathbb{Q} \times \mathbb{Q}^- \times \mathbb{Q}^-$, 那么

$$z = x + y \leftrightarrow (z \in \mathbb{Q}^- \wedge |z| = |x| + |y|);$$

(6) 如果 $(z,x,y) \in \mathbb{Q} \times \mathbb{Q}^- \times \mathbb{Q}^+$, 那么

$$z = x + y \leftrightarrow ((y < |x| \wedge z \in \mathbb{Q}^- \wedge |x| = |z| + y) \vee (|x| \leqslant y \wedge z \in \mathbb{Q}^+ \wedge y = |x| + z));$$

(7) 如果 $(z,y,x) \in \mathbb{Q} \times \mathbb{Q}^+ \times \mathbb{Q}^-$, 那么

$$z = y + x \leftrightarrow ((y < |x| \wedge z \in \mathbb{Q}^- \wedge |x| = |z| + y) \vee (|x| \leqslant y \wedge z \in \mathbb{Q}^+ \wedge y = |x| + z)).$$

注意, 如果 $\gcd(m,n) = 1, y \in \mathbb{N}$, 那么 $\gcd(m + ny, n) = 1$.

命题 4.3 (1) 有理数加法满足结合律和交换律; 每一个有理数都有唯一的加法逆元素; 整数加法是有理数加法在整数范围内的限制.

(2) 有理数加法与有理数序相匹配:

$$\forall x \in \mathbb{Q}\,\forall y \in \mathbb{Q}\,\forall z \in \mathbb{Q}(x < y \to z + x < z + y).$$

定义 4.39 有理数之间的乘法运算定义如下:

(1) 如果 $(z,x,y) \in \mathbb{Q} \times \mathbb{N} \times \mathbb{N}$, 那么 $z = x \cdot y \leftrightarrow z = x \cdot_{\mathbb{N}} y$;

(2) 如果 $(z,x,y)\in\mathbb{Q}\times\mathbb{Q}_f^+\times\mathbb{N}$ 并且 $x=m/n$, 那么 $z=x\cdot y\leftrightarrow z=[(m\cdot_{\mathbb{N}}y,n)]$;
(3) 如果 $(z,y,x)\in\mathbb{Q}\times\mathbb{N}\times\mathbb{Q}_f^+$ 并且 $x=m/n$, 那么 $z=y\cdot x\leftrightarrow z=[(m\cdot_{\mathbb{N}}y,n)]$;
(4) 如果 $(z,x,y)\in\mathbb{Q}\times\mathbb{Q}_f^+\times\mathbb{Q}_f^+$ 并且 $x=m/n$ 以及 $y=q/p$, 那么

$$z=x\cdot y\leftrightarrow z=[(m\cdot_{\mathbb{N}}q,n\cdot_{\mathbb{N}}p)];$$

(5) 如果 $(z,x,y)\in\mathbb{Q}\times\mathbb{Q}^-\times\mathbb{Q}^-$, 那么

$$z=x\cdot y\leftrightarrow z=|x|\cdot|y|;$$

(6) 如果 $(z,x,y)\in\mathbb{Q}\times\mathbb{Q}^-\times\mathbb{Q}^+$, 那么

$$z=x\cdot y\leftrightarrow(z\in\mathbb{Q}^-\wedge|z|=|x|\cdot y);$$

(7) 如果 $(z,y,x)\in\mathbb{Q}\times\mathbb{Q}^+\times\mathbb{Q}^-$, 那么

$$z=y\cdot x\leftrightarrow(z\in\mathbb{Q}^-\wedge|z|=y\cdot|x|).$$

定义 4.40 $\mathbb{Q}^*=\{x\in\mathbb{Q}\mid x\neq 0\}$; 称 $\mathbb{Q}^*$ 中的元素为 $\mathbb{Q}$ 上的乘法可逆元集合. 定义 $\mathbb{Q}^*$ 上的一元函数乘法逆元映射 $x\mapsto x^{-1}$ 如下:
(1) $1^{-1}=1$, 对于 $2\leqslant m\in\mathbb{N}$, $m^{-1}=(0,(1,m))$;
(2) 对于 $2\leqslant m\in\mathbb{N}$, $m^{-1}=(0,(1,m))$ 以及 $(1,(m,1))^{-1}=(1,(1,m))$;
(3) 对于 $2\leqslant n\in\mathbb{N}$,

$$(0,(1,n))^{-1}=n,\quad (1,(1,n))^{-1}=(1,(n,1));$$

(4) 对于 $2\leqslant m\in\mathbb{N}$, $2\leqslant n\in\mathbb{N}$, $\gcd(m,n)=1$,

$$(0,(m,n))^{-1}=(0,(n,m)),\quad (1,(m,n))^{-1}=(1,(n,m)).$$

定理 4.31 (1) 映射 $\mathbb{Q}^*\ni x\mapsto x^{-1}\in\mathbb{Q}^*$ 是 $\mathbb{Q}^*$ 上的一个双射, 并且

$$(x\cdot y)^{-1}=x^{-1}\cdot y^{-1}.$$

(2) $\forall x\in\mathbb{Q}^*\ \big(x\cdot x^{-1}=x^{-1}\cdot x=1\big)$.

(3) 有理数乘法都满足交换律和结合律; 乘法对于加法满足分配律; 每一个非零有理数都有唯一的乘法逆元素.

(4) 有理数乘法与有理数序相匹配:
(a) $\forall x\in\mathbb{Q}\,\forall y\in\mathbb{Q}\,\forall z\in\mathbb{Q}\,((x<y\wedge 0<z)\to z\cdot x<z\cdot y)$;
(b) $\forall x\in\mathbb{Q}\,\forall y\in\mathbb{Q}\,\forall z\in\mathbb{Q}\,((x<y\wedge z<0)\to z\cdot y<z\cdot x)$.

命题 4.4　(1) $\forall x \in \mathbb{Q}^+ \, \forall y \in \mathbb{Q}^+ \, (x < y \to \exists z \in Q^+ \, (x < z \wedge z < y))$;

(2) $\forall x \in \mathbb{Q} \, \forall y \in \mathbb{Q} \, (x < y \to \exists z \in \mathbb{Q} \, (x < z \wedge z < y))$.

在结束这一章之前, 我们希望指出在集合代数中还可以定义实数算术结构 $(\mathbb{R}, 0, 1, +, \cdot, <)$ 以及复数算术结构 $(\mathbb{C}, 0, 1, i, +, \cdot)$, 其中 i 是序数 $\sqrt{-1}$ 的专有名词. 只是实数集合的定义需要用到幂集公理以及涉及有理数集合的幂集, 构造比较复杂, 我们在本书中将其省略.

第 5 章　局限与完全

欲穷千里目,
更上一层楼.
—《登鹳雀楼》(唐) 王之涣

路漫漫其修远兮,
吾将上下而求索.
—《离骚》(战国)(楚) 屈原

这一章里我们在集合代数基础上建立数学中的有关代名词逻辑的理论与模型的几个典型例子, 以期进一步明确形式理论与语义解释之间的关系, 以及以实例进一步充实和完善第 3 章的内容, 包括组织结构、理论的一致性、独立性、不完全性和完全性. 我们的基本目的是揭示我们对客观事物的认识总是逐步趋于完善的. 有些认识上的局限是暂时的, 随着对相应的具体基本概念解释的不断深化, 新的观念得以树立, 原有的观念被突破, 我们的认识得到进一步的完善, 相应的理论可以完全起来; 但是对有些事物的认识的局限是天然的, 我们的某些观念中有可能隐藏着难以逾越的局限, 并且这种局限并非我们的认识能力的问题, 而是事物本身的复杂性使然.

在前一章中我们在集合代数里引进了自然数集合 $\mathbb{N}$ 并且定义了它上面的典型秩序 $<$, 它上面的后继函数 $\mathbf{S}$, 它上面的加法运算 $+$, 以及它上面的乘法运算 $\cdot$, 并且论证了我们所熟悉的相关的一些基本性质. 在那里, 我们的目的是说明在集合代数的适当的假设之下可以实现将我们关于数的观念有效地转化成系统性的概念的愿望. 现在, 我们希望在那个基础之上来说明两件事情: 第一件事情是我们关于有限的观念有着难以逾越的局限; 第二件事情是我们关于自然数的认识也有着难以逾越的局限. 在 5.1 节中, 我们说明第一件事情; 在 5.2 节中, 我们说明第二件事情. 在 5.3 节中, 我们以有理数序为实例来说明对于相对简单的事物的认识有可能达到完美的程度. 在 5.4 节中我们以有理数上的算术运算理论为实例来说明不同的理论所可能具有的欠缺与完美. 在 5.5 节中我们讨论物理学的几个基本概念的演变, 以此说明对基本概念认识的深刻与清晰程度会对整个理论产生根本性的影响.

在整个这一章中, 我们的目的是向读者展示可以说明逻辑学具体概念的具体例子, 因此会将所有需要复杂技术才可以展开的论证省略.

5.1 数理论与组织结构

5.1.1 自然数算术标准模型

前面, 在集合代数中, 我们定义了

(1) 自然数集合 $\mathbb{N}$; 自然数 0 以及自然数后继函数 $\mathbf{S}$; 自然数集合 $\mathbb{N}$ 上的序 $<$、加法 $+$ 和乘法 $\cdot$.

(2) 整数集合 $\mathbb{Z}$; 整数 0 和正整数 1; 整数集合 $\mathbb{Z}$ 上的序 $<$、加法 $+$、减法 $-$ 和乘法 $\cdot$.

(3) 有理数集合 $\mathbb{Q}$; 有理数 0 和有理数 1; 有理数集合 $\mathbb{Q}$ 上的序 $<$、加法 $+$、减法 $-$ 和乘法 $\cdot$.

这实际上为我们提供了两种代名词语言的三个具体的组织结构. 第一种语言有一个专有名词 c_1, 有三个二元谓词符号 $P_=$, P_S 以及 $P_<$, 有两个三元谓词符号 P_+ 和 $P_\times$; 第二种语言有两个专有名词 c_1 和 c_2, 有两个二元谓词符号 $P_=$ 和 $P_<$, 有三个三元谓词符号 P_+, P_- 和 $P_\times$. 为了简单起见, 我们称第一种语言为**自然数算术语言**; 称第二种语言为**正负数算术语言**.

这样, 自然数集合以及上面所定义的关系与运算就为自然数算术语言提供了一个具体的组织结构:

定义 5.1 (算术标准模型) 本组织结构的论域为 $\mathbb{N}$; 专有名词符号 c_1 的含义解释为自然数 0; 与二元谓词符号 $P_=$ 相对应的具体基本概念为集合代数的同一关系 $=$ 在 $\mathbb{N}$ 上的限制; 与二元谓词符号 P_S 相对应的具体基本概念为后继函数 $\mathbf{S}$; 与二元谓词符号 $P_<$ 相对应的具体基本概念为 $\mathbb{N}$ 上的小于关系 $<$ (或者对等地, $\mathbb{N}$ 上的属于关系 $\in$); 与三元谓词符号 P_+ 相对应的具体基本概念为 $\mathbb{N}$ 上的二元函数加法 $+$; 与三元谓词符号 $P_\times$ 相对应的具体基本概念为 $\mathbb{N}$ 上的二元函数乘法 $\cdot$. 我们将这样得到的组织结构记成 $\mathcal{N} = (\mathbb{N}, 0, \mathbf{S}, +, \cdot, <)$ (由于是在集合代数环境下讨论, 我们将等号省略), 并且称之为**自然数算术标准模型**.

下面的例子表明在自然数算术标准模型中基本表达式的损益状态的具体确定方式.

例 5.1 (损益计算) 在自然数算术标准模型 $\mathcal{N}$ 中基本表达式的损益状态按照如下方式确定: 设 m 是任意一个 $\mathbb{N}$-花名册. 那么

(1) $(\mathcal{N}, m) \models (x_1 \hat{=} c_1)$ 当且仅当 $m(x_1) = 0$;

(2) $(\mathcal{N}, m) \models (x_1 \hat{=} x_2)$ 当且仅当 $m(x_1) = m(x_2)$;

(3) $(\mathcal{N}, m) \models P_<(x_1, x_2)$ 当且仅当 $m(x_1) < m(x_2)$;

(4) $(\mathcal{N}, m) \models P_S(x_1, x_2)$ 当且仅当 $m(x_2) = \mathbf{S}(m(x_1))$;

(5) $(\mathcal{N}, m) \models P_+(x_1, x_2, x_3)$ 当且仅当 $m(x_3) = m(x_1) + m(x_2)$;

(6) $(\mathcal{N}, m) \models P_{\times}(x_1, x_2, x_3)$ 当且仅当 $m(x_3) = m(x_1) \cdot m(x_2)$.

由此可见, 在自然数算术标准模型中的损益状态的确定是完全在集合代数之中实现的, 因为上面的六种基本表达式的损益状态的确定直接依赖各对等命题的右边的集合代数中的基本事实等式与不等式的真与假判定结果. 在固定一个 $\mathbb{N}$-花名册 m 之后, 下述等式与不等式所确定的基本事实

$$\begin{array}{lll} m(x_1) = 0, & m(x_1) = m(x_2), & m(x_1) < m(x_2), \\ m(x_2) = \mathbf{S}(m(x_1)), & m(x_3) = m(x_1) + m(x_2), & m(x_3) = m(x_1) \cdot m(x_2) \end{array}$$

是否成立的问题就完全由 m 在代名词 x_1, x_2, x_3 处的取值以及它们在集合代数中所涉及的小于关系以及函数计算结果来解答. 而所有这些集合代数中的基本事实的真与假的判定都归根结底转变成一系列的一个集合 a 是否为集合 b 中的元素的问题. 问题 $a \in b$ 是否成立在集合代数中被当成完全自明解答的事情: 在里面就是在里面; 不在里面就是不在里面; 这样简单的事实总是直接明了的.

如果用纯粹集合代数的表达方式来说, 那么集合

$$E = \{(a, a) \in \mathbb{N} \times \mathbb{N} \mid a \in \mathbb{N}\}$$

就是所有基本相等事实的全体真实例; 集合

$$N_< = \{(a, b) \in \mathbb{N} \times \mathbb{N} \mid a \in b\}$$

就是所有基本比较小事实的全体真实例; 集合

$$N_+ = \{((a, b), c) \in (\mathbb{N} \times \mathbb{N}) \times \mathbb{N} \mid c = a + b\}$$

就是所有基本和等式事实的全体真实例; 集合

$$N_\times = \{((a, b), c) \in (\mathbb{N} \times \mathbb{N}) \times \mathbb{N} \mid c = a \cdot b\}$$

就是所有基本积等式事实的全体真实例; 集合

$$N_S = \{(a, b) \in \mathbb{N} \times \mathbb{N} \mid b = \mathbf{S}(a)\}$$

就是所有基本后继等式事实的全体真实例. 所有这些集合的补集则都是相应的全体反例. N_+ 是我们早就熟悉的自然数加法表; $N_\times$ 是我们早就熟悉的乘法表 (一张比九九乘法表大许多的表).

应当如何描述自然数算术标准模型呢? 我们用自然数算术语言中的下述代名词语句的全体来构成自然数**基本算术理论**以及**佩亚诺算术理论**.

首先, 按照传统习惯, 我们将谓词 P_S, P_+ 和 $P_\times$ 转换成函数符号 F_s, F_+ 和 $F_\times$. 这种转换由下述语句作为理论的非逻辑公理 (相关函数符号的定义公理) 来实现.

定义 5.2 (后继)　(1a) $(\forall x_1\,\exists x_2\,(P_S(x_1,x_2)))$;

(1b) $(\forall x_1\,\forall x_2\,\forall x_3\,((P_S(x_1,x_2)\ \wedge\ P_S(x_1,x_3))\rightarrow x_2=x_3))$;

(1c) $\forall x_1\,\forall x_2\,((F_s(x_1)=x_2)\leftrightarrow P_S(x_1,x_2))$.

上面的定义给出后继函数符号 F_s 必须遵守的基本要求以及它与谓词符号 P_S 之间的紧密关联. 前两个语句强调谓词 P_S 在任何组织结构的解释之中事实上是一个一元函数 (可以同集合代数中函数的定义相比较); 第三个语句则表明函数符号 F_s 由谓词符号 P_S 来定义.

定义 5.3 (加法)　(2a) $(\forall x_1\,\forall x_2\,\exists x_3\,(P_+(x_1,x_2,x_3)))$;

(2b) $(\forall x_1\,\forall x_2\,\forall x_3\,\forall x_4((P_+(x_1,x_2,x_3)\ \wedge\ P_+(x_1,x_2,x_4))\rightarrow x_3=x_4))$;

(2c) $\forall x_1\,\forall x_2\,\forall x_3\,((F_+(x_1,x_2)=x_3)\leftrightarrow P_+(x_1,x_2,x_3))$.

上面的定义给出加法函数符号 F_+ 必须遵守的基本要求以及它与谓词符号 P_+ 之间的紧密关联. 前两个语句强调谓词 P_+ 在任何组织结构的解释之中事实上是一个二元函数 (可以同集合代数中函数的定义相比较); 第三个语句则表明函数符号 F_+ 由谓词符号 P_+ 来定义.

定义 5.4 (乘法)　(3a) $(\forall x_1\,\forall x_2\,\exists x_3\,(P_\times(x_1,x_2,x_3)))$;

(3b) $(\forall x_1\,\forall x_2\,\forall x_3\,\forall x_4((P_\times(x_1,x_2,x_3)\ \wedge\ P_\times(x_1,x_2,x_4))\rightarrow x_3=x_4))$;

(3c) $\forall x_1\,\forall x_2\,\forall x_3\,((F_\times(x_1,x_2)=x_3)\leftrightarrow P_\times(x_1,x_2,x_3))$.

上面的定义给出乘法函数符号 $F_\times$ 必须遵守的基本要求以及它与谓词符号 $P_\times$ 之间的紧密关联. 前两个语句强调谓词 $P_\times$ 在任何组织结构的解释之中事实上是一个二元函数 (可以同集合代数中函数的定义相比较); 第三个语句则表明函数符号 $F_\times$ 由谓词符号 $P_\times$ 来定义.

其次, 应用这些由定义引进的函数符号, 我们有如下基本算术公理.

定义 5.5 (基本算术)　基本算术的公理由下述表达式的全域化语句组成:

1. $(\neg(F_s(x_1)\hat{=}c_1))$;
2. $((\neg(x_1\hat{=}c_1))\rightarrow(\neg(\forall x_2(\neg(x_1\hat{=}F_s(x_2))))))$;
3. $((F_s(x_1)\hat{=}F_s(x_2))\rightarrow(x_1\hat{=}x_2))$;
4. $(F_+(x_1,c_1)\hat{=}x_1)$;
5. $(F_+(x_1,F_s(x_2))\hat{=}F_s(F_+(x_1,x_2)))$;
6. $(F_\times(x_1,c_1)\hat{=}c_1)$;
7. $(F_\times(x_1,F_s(x_2))\hat{=}F_+(F_\times(x_1,x_2),x_1))$;
8. $(\neg(P_<(x_1,c_1)))$;
9. $(P_<(x_1,F_s(x_2))\rightarrow((\neg(x_1\hat{=}x_2))\rightarrow P_<(x_1,x_2)))$;
10. $(((\neg(x_1\hat{=}x_2))\rightarrow P_<(x_1,x_2))\rightarrow P_<(x_1,F_s(x_2)))$;
11. $(P_<(x_1,x_2)\rightarrow P_<(F_s(x_1),F_s(x_2)))$;
12. $(P_<(F_s(x_1),F_s(x_2))\rightarrow P_<(x_1,x_2))$;

13. $((\neg(x_1 \hat{=} x_2)) \to ((\neg P_<(x_2, x_1)) \to P_<(x_1, x_2)))$.

其中的函数符号 F_s, F_+ 以及 $F_\times$ 分别由上面的后继定义公理、加法定义公理以及乘法定义公理引进.

这些定义公理和基本算术公理构成我们的基本算术理论.

佩亚诺算术公理由基本算术公理加下述**归纳法表达式蓝图**组成:

14. 设 $\varphi(x_1)$ 是自然数算术语言的一个代名词表达式. 那么

$$((\neg((\forall x_1(\varphi(x_1) \to \varphi(x_1; F_s(x_1)))) \to (\neg\varphi(x_1; c_1)))) \to \varphi(x_1)).$$

因此, 佩亚诺算术理论就是由定义公理和佩亚诺算术公理所构成的理论. 佩亚诺算术公理就是我们试图描述或者刻画自然数标准模型的理论. 在一定的意义上讲, 这是成功的, 因为将前面的定理以及上面这些理论结合起来, 我们可以得到所有的佩亚诺算术公理都在自然数标准模型中成立, 从而自然数组织结构

$$\mathcal{N} = (\mathbb{N}, 0, \mathbf{S}, +, \cdot, <)$$

是佩亚诺算术理论的一个模型, 也就是自然数算术标准模型, 当然也是自然数基本算术理论的标准模型.

5.1.2 整数算术标准模型

整数集合 $\mathbb{Z}$ 及其上面定义的加法和乘法以及序关系为我们提供了正负数算术语言的一个组织结构:

定义 5.6 (整数环) 本组织结构的论域为 $\mathbb{Z}$; 专有名词符号 c_1 的含义解释为自然数 0; 专有名词符号 c_2 的含义解释为自然数 1; 与二元谓词符号 $P_=$ 相对应的具体基本概念为集合代数的同一关系 $=$ 在 $\mathbb{Z}$ 上的限制; 与二元谓词符号 $P_<$ 相对应的具体基本概念为 $\mathbb{Z}$ 上的小于关系 $<$; 与三元谓词符号 P_+ 相对应的具体基本概念为 $\mathbb{Z}$ 上的二元函数加法 $+$; 与三元谓词符号 P_- 相对应的具体基本概念为 $\mathbb{Z}$ 上的二元函数减法 $-$, 此减法函数由下列对等式定义: 对于任意的整数 a, b, c 而言,

$$a - b = c \leftrightarrow a = b + c;$$

与三元谓词符号 $P_\times$ 相对应的具体基本概念为 $\mathbb{Z}$ 上的二元函数乘法 $\cdot$. 我们将这样得到的组织结构记成 $\mathcal{Z} = (\mathbb{Z}, 0, 1, +, \cdot, <)$, 并称之为**整数环**, 也就是整数算术标准模型.

下面的例子表明在整数环中基本表达式的损益状态的具体确定方式.

例 5.2 (损益状态) 在整数环 $\mathcal{Z}$ 中基本表达式的损益状态按照如下方式确定: 设 m 是任意一个 $\mathbb{Z}$-花名册. 那么

(1a) $(\mathcal{Z}, m) \models (x_1 \hat{=} c_1)$ 当且仅当 $m(x_1) = 0$;

(1b) $(\mathcal{Z}, m) \models (x_1 \hat{=} c_2)$ 当且仅当 $m(x_1) = 1$;

(2) $(\mathcal{Z}, m) \models (x_1 \hat{=} x_2)$ 当且仅当 $m(x_1) = m(x_2)$;

(3) $(\mathcal{Z}, m) \models P_<(x_1, x_2)$ 当且仅当 $m(x_1) < m(x_2)$;

(4) $(\mathcal{Z}, m) \models P_+(x_1, x_2, x_3)$ 当且仅当 $m(x_3) = m(x_1) + m(x_2)$;

(5) $(\mathcal{Z}, m) \models P_-(x_1, x_2, x_3)$ 当且仅当 $m(x_1) = m(x_2) + m(x_3)$;

(6) $(\mathcal{Z}, m) \models P_\times(x_1, x_2, x_3)$ 当且仅当 $m(x_3) = m(x_1) \cdot m(x_2)$.

由此可见, 在整数环中的损益状态的确定是完全在集合代数之中实现的, 因为上面的七种基本表达式的损益状态的确定直接依赖各对等命题的右边的集合代数中的基本事实等式与不等式的真与假判定结果. 与自然数标准模型中的基本事实的真假确定的工作环境为集合代数是一样的, 整数环的基本事实的真假确定的工作环境也是集合代数.

如果用纯粹集合代数的表达方式来说, 那么集合

$$E = \{(a, a) \in \mathbb{Z} \times \mathbb{Z} \mid a \in \mathbb{Z}\}$$

就是所有基本相等事实的全体真实例; 集合

$$Z_< = \{(a, b) \in \mathbb{Z} \times \mathbb{Z} \mid a < b\}$$

就是所有基本比较小事实的全体真实例; 集合

$$Z_+ = \{((a, b), c) \in (\mathbb{Z} \times \mathbb{Z}) \times \mathbb{Z} \mid c = a + b\}$$

就是所有基本和等式事实的全体真实例; 集合

$$Z_- = \{((a, b), c) \in (\mathbb{Z} \times \mathbb{Z}) \times \mathbb{Z} \mid c = a - b\}$$

就是所有基本差等式事实的全体真实例; 集合

$$Z_\times = \{((a, b), c) \in (\mathbb{Z} \times \mathbb{Z}) \times \mathbb{Z} \mid c = a \cdot b\}$$

就是所有基本积等式事实的全体真实例. 所有这些集合的补集则都是相应的全体反例.

描述整数环的算术理论由正负数算术语言中的下列交换环公理以及序适配公理构成, 其中二元加法函数符号 F_+ 以及二元乘法函数符号 $F_\times$ 由加法函数定义公理 (定义 5.3) 以及乘法函数定义公理 (定义 5.4) 引进.

定义 5.7 (交换环公理)　交换环公理由下述表达式的全域式语句组成:

1. $(\neg(c_1 \hat{=} c_2))$ (专有名词互不相同);
2. $(F_+(x_1, x_2) \hat{=} F_+(x_2, x_1))$ (加法交换律);

3. $(F_+(F_+(x_1, x_2), x_3) \hat{=} F_+(x_1, F_+(x_2, x_3)))$ (加法结合律);
4. $(F_+(x_1, c_1) \hat{=} x_1)$ (加法单位元);
5. $(F_-(x_1, x_2) = x_3) \leftrightarrow (F_+(x_2, x_3) \hat{=} x_1)$ (减法是加法的逆运算);
6. $(F_\times(x_1, x_2) \hat{=} F_\times(x_2, x_1))$ (乘法交换律);
7. $(F_\times(F_\times(x_1, x_2), x_3) \hat{=} F_\times(x_1, F_\times(x_2, x_3)))$ (乘法结合律);
8. $(F_\times(x_1, c_2) \hat{=} x_1)$ (乘法单位元);
9. $(F_\times(x_1, c_1) \hat{=} c_1)$ (乘法零因子);
10. $(F_\times(x_1, F_+(x_2, x_3)) \hat{=} F_+(F_\times(x_1, x_2), F_\times(x_1, x_3)))$ (分配律).

【题外话】在代数学中, 将一类组织结构定义为**环**. 作为一个代数学中的概念, 它有如下的表述方式: 称一个结构 $(X, 0, 1, +, \cdot)$ 为一个环当且仅当 X 是一个非空集合, 0 和 1 是 X 中的两个不同元素; $+$ 和 $\cdot$ 是定义在 X 上的两个二元函数 (运算), 并且函数 $+$ 满足结合律、交换律、0 是加法单位元、减法是加法的逆运算; 函数 $\cdot$ 满足结合律、1 是乘法单位元、0 是乘法零因子、乘法对加法满足分配律. 换句话说, 任何一个代数学中的环都一定是一个满足环公理 (减掉交换环公理列表中的乘法交换律一条) 的组织结构. 如果一个环还满足乘法交换律, 则称之为一个交换环.

定义 5.8 (序适配公理) 序适配公理由下列表达式的全域式语句构成:

1. $(\neg P_<(x_1, x_1))$;
2. $((P_<(x_1, x_2) \wedge P_<(x_2, x_3)) \to P_<(x_1, x_3))$;
3. $((\neg(x_1 \hat{=} x_2)) \to (P_<(x_1, x_2) \vee P_<(x_2, x_1)))$;
4. $(P_<(x_1, x_2) \to P_<(F_+(x_1, x_3), F_+(x_2, x_3)))$;
5. $((P_<(x_1, x_2) \wedge (P_<(c_1, x_3))) \to P_<(F_\times(x_1, x_3), F_\times(x_2, x_3)))$;
6. $((P_<(x_1, x_2) \wedge (P_<(x_3, c_1))) \to P_<(F_\times(x_2, x_3), F_\times(x_1, x_3)))$.

根据前面的分析, 整数环 $\mathcal{Z} = (\mathbb{Z}, 0, 1, +, \cdot, <)$ 是整数算术理论的标准模型.

5.1.3 有理数算术标准模型

正负数算术语言的第二个组织结构由有理数集合及其上面定义的加法和乘法给出:

定义 5.9 (有理数域) 本组织结构的论域为 $\mathbb{Q}$; 专有名词符号 c_1 的含义解释为自然数 0; 专有名词符号 c_2 的含义解释为自然数 1; 与二元谓词符号 $P_=$ 相对应的具体基本概念为集合代数的同一关系 $=$ 在 $\mathbb{Q}$ 上的限制; 与二元谓词符号 $P_<$ 相对应的具体基本概念为 $\mathbb{Q}$ 上的小于关系 $<$; 与三元谓词符号 P_+ 相对应的具体基本概念为 $\mathbb{Q}$ 上的二元函数加法 $+$; 与三元谓词符号 P_- 相对应的具体基本概念为 $\mathbb{Q}$ 上的二元函数减法 $-$, 此减法函数由下列对等式定义: 对于任意的有理数 a, b, c

而言,

$$a - b = c \leftrightarrow a = b + c;$$

与三元谓词符号 $P_\times$ 相对应的具体基本概念为 $\mathbb{Q}$ 上的二元函数乘法 $\cdot$. 我们将这样得到的组织结构记成 $\mathcal{Q} = (\mathbb{Q}, 0, 1, +, \cdot, <)$, 并称之为**有理数域**, 也就是有理数算术标准模型.

下面的例子表明在有理数域中基本表达式的损益状态的具体确定方式.

例 5.3 (损益状态) 在有理数域 $\mathcal{Q}$ 中基本表达式的损益状态按照如下方式确定: 设 m 是任意一个 $\mathbb{Q}$-花名册. 那么

(1a) $(\mathcal{Q}, m) \models (x_1 \hat{=} c_1)$ 当且仅当 $m(x_1) = 0$;

(1b) $(\mathcal{Q}, m) \models (x_1 \hat{=} c_2)$ 当且仅当 $m(x_1) = 1$;

(2) $(\mathcal{Q}, m) \models (x_1 \hat{=} x_2)$ 当且仅当 $m(x_1) = m(x_2)$;

(3) $(\mathcal{Q}, m) \models P_<(x_1, x_2)$ 当且仅当 $m(x_1) < m(x_2)$;

(4) $(\mathcal{Q}, m) \models P_+(x_1, x_2, x_3)$ 当且仅当 $m(x_3) = m(x_1) + m(x_2)$;

(5) $(\mathcal{Q}, m) \models P_-(x_1, x_2, x_3)$ 当且仅当 $m(x_1) = m(x_2) + m(x_3)$;

(6) $(\mathcal{Q}, m) \models P_\times(x_1, x_2, x_3)$ 当且仅当 $m(x_3) = m(x_1) \cdot m(x_2)$.

由此可见, 在有理数域中的损益状态的确定是完全在集合代数之中实现的, 因为上面的七种基本表达式的损益状态的确定直接依赖各对等命题的右边的集合代数中的基本事实等式与不等式的真与假判定结果. 与自然数标准模型以及整数环中的基本事实的真假确定的工作环境为集合代数是一样的, 有理数域的基本事实的真假确定的工作环境也是集合代数.

如果用纯粹集合代数的表达方式来说, 那么集合

$$E = \{(a, a) \in \mathbb{Q} \times \mathbb{Q} \mid a \in \mathbb{Q}\}$$

就是所有基本相等事实的全体真实例; 集合

$$Q_< = \{(a, b) \in \mathbb{Q} \times \mathbb{Q} \mid a < b\}$$

就是所有基本比较小事实的全体真实例; 集合

$$Q_+ = \{((a, b), c) \in (\mathbb{Q} \times \mathbb{Q}) \times \mathbb{Q} \mid c = a + b\}$$

就是所有基本和等式事实的全体真实例; 集合

$$Q_- = \{((a, b), c) \in (\mathbb{Q} \times \mathbb{Q}) \times \mathbb{Q} \mid c = a - b\}$$

就是所有基本差等式事实的全体真实例; 集合

$$Q_\times = \{((a, b), c) \in (\mathbb{Q} \times \mathbb{Q}) \times \mathbb{Q} \mid c = a \cdot b\}$$

就是所有基本积等式事实的全体真实例. 所有这些集合的补集则都是相应的全体反例. 另外, 集合

$$Q^* = \left\{ \left(a, a^{-1}\right) \in \mathbb{Q} \times \mathbb{Q} \;\middle|\; a \in \mathbb{Q} \wedge a \neq 0 \right\}$$

就是所有有理数中乘法互逆元的基本真实实例的全体, 其中对于非零的 $a \in \mathbb{Q}$, $a \cdot a^{-1} = a^{-1} \cdot a = 1$, 并且由于 $\left(a^{-1}\right)^{-1} = a$, Q^* 是对称的, 其定义域是 $\mathbb{Q} - \{0\}$.

在正负数语言下描述有理数域的理论被称为**有序域理论**. 它由下述域公理 (定义 5.10) 以及序适配公理 (定义 5.8) 组成, 其中二元加法函数符号 F_+ 以及二元乘法函数符号 $F_\times$ 由加法函数定义公理 (定义 5.3) 以及乘法函数定义公理 (定义 5.4) 引进.

定义 5.10 (域公理) 1. $(\neg(c_1 \hat{=} c_2))$ (专有名词互不相同);

2. $(F_+(x_1, x_2) \hat{=} F_+(x_2, x_1))$ (加法交换律);

3. $(F_+(F_+(x_1, x_2), x_3) \hat{=} F_+(x_1, F_+(x_2, x_3)))$ (加法结合律);

4. $(F_+(x_1, c_1) \hat{=} x_1)$ (加法单位元);

5. $(F_-(x_1, x_2) \hat{=} x_3) \leftrightarrow (F_+(x_2, x_3) \hat{=} x_1)$ (减法是加法的逆运算);

6. $(F_\times(x_1, x_2) \hat{=} F_\times(x_2, x_1))$ (乘法交换律);

7. $(F_\times(F_\times(x_1, x_2), x_3) \hat{=} F_\times(x_1, F_\times(x_2, x_3)))$ (乘法结合律);

8. $(F_\times(x_1, c_2) \hat{=} x_1)$ (乘法单位元);

9. $((\neg(x_1 \hat{=} c_1)) \rightarrow (\exists x_2\, (F_\times(x_1, x_2) \hat{=} c_2)))$ (乘法可逆元);

10. $(F_\times(x_1, c_1) \hat{=} c_1)$ (乘法零因子);

11. $(F_\times(x_1, F_+(x_2, x_3)) \hat{=} F_+(F_\times(x_1, x_2), F_\times(x_1, x_3)))$ (分配律).

将域公理列表与交换环公理列表进行比较, 我们发现域公理就是在交换环公理的基础上明确了在一个域中所有非零元都是乘法可逆元, 即所有非零元都有乘法逆元素.

根据前面的分析, 有理数域 $\mathcal{Q} = (\mathbb{Q}, 0, 1, +, \cdot, <)$ 是有序域理论的标准模型.

【题外话】在代数学中, 作为代数学中的一个代数学概念的**域**以如下方式表述: 一个代数学结构 $(X, 0, 1, +, \cdot)$ 是一个域当且仅当结构 $(X, 0, 1, +, \cdot)$ 首先是一个交换环 (即满足交换环公理), 其次 X 中的每一个非零元素都有一个乘法可逆元, 即如果 $a \in X$, 并且 $a \neq 0$, 那么 X 中一定有一个元素 b 来见证等式 $a \cdot b = b \cdot a = 1$.

思考题 5.1 考虑第 265 页中的例 4.19 以及其中的加法表和乘法表 (图 4.2). 验证在自然解释之下例 4.19 给出了一个有 4 个元素的交换环, 即在集合 $A = \{0, 1, 2, 3\}$ 上由图 4.2 所定义的加法和乘法满足交换环公理 (定义 5.7). 但是它不满足域公理 (定义 5.10).

思考题 5.2 考虑第 265 页中的例 4.20 以及其中的加法表和乘法表 (图 4.3). 验证在自然解释之下例 4.20 给出了一个有 5 个元素的域, 即在集合 $A = \{0, 1, 2, 3, 4\}$

上由图 4.3 所定义的加法和乘法满足域公理 (定义 5.10).

思考题 5.3 令 $A=\{0,1\}$. 在 A 上定义加法和乘法如图 5.1 所示.

+	0	1
0	0	1
1	1	0

·	0	1
0	0	0
1	0	1

图 5.1 A 上的加法表和乘法表

验证: 这给出一个只有两个元素的域, 即在集合 $A=\{0,1\}$ 上由图 5.1 所定义的加法和乘法满足域公理 (定义 5.10).

思考题 5.4 令 $A=\{0,1,2\}$. 试在 A 上定义加法和乘法以至于它们满足域公理 (定义 5.10).

5.2 自然数算术理论之局限

在集合代数中, 我们应用关于后继封闭的方式引进自然数集合 $\mathbb{N}$, 并且论证了这个集合所持有的无穷特性: 它可以分解成两个互不相交的并且都与它自身等势的子集合之并. 这种现象不会在任何有穷集合上发生, 因为有穷集合都遵守抽屉原理. 这是我们在集合代数中用与自然数集合 $\mathbb{N}$ 中的元素等势来解释有穷这一观念之后的结果, 从而在集合代数中我们可以严格定义无穷与有穷这两个概念. 在这样的定义之下, 我们关于有穷的认识得到了很好的具体解释和体现. 同时, 这也揭示出有限与无限的相对性与不可分割的关联性. 我们的无穷集合存在性公理 (公理 9) 并没有关于什么是有限或者无限的内容. 这是一种很超脱的避免循环定义的方式. 从已有的分析结果看, 将 $\mathbb{N}$ 定义为自然数集合并且在自然数算术理论的基础上用与是否自然数集合 $\mathbb{N}$ 的元素等势来区分有穷和无穷是很合适的, 是与我们关于有穷和无穷的观念相贴切的做法. 在这里, 我们希望指出一个有趣的事实: 我们关于有穷的观念可能难以用自然数算术理论的方式完善地表现出来, 因为有穷与无穷总是相对而言的. 这是代名词表达式逻辑的紧致性定理 (第 215 页中的定理 3.18) 的一个推论. 应用紧致性定理 (定理 3.18), 我们来得到自然数算术理论的一个非标准模型 $\mathcal{N}^*$ 以至于它的论域包含整个 $\mathbb{N}$, 并且所有自然数标准模型 $\mathcal{N}$ 中的真实性质也都在 $\mathcal{N}^*$ 中为真, 但是它的论域中却有严格大于 $\mathbb{N}$ 中所有元素的"非标准自然数"存在. 于是, 这样的非标准自然数在 $\mathcal{N}^*$ 之中是它的"自然数", 从而相对于 $\mathcal{N}^*$ 而言是"有穷的", 但是当我们站在 $\mathcal{N}^*$ 的外部往它的论域里面看时, 这些非标准自然数都是无穷的.

考虑自然数算术语言: 一个专有名词 c_1, 两个二元谓词符号 P_S 以及 $P_<$, 两个三元谓词符号 P_+ 和 $P_\times$, 其中 P_S 给出一元 (后继) 函数符号, P_+ 给出二元 (加法) 函数符号, $P_\times$ 给出二元 (乘法) 函数符号. 我们用 $\mathcal{L}_0$ 来记这个语言.

现在我们对自然数算术语言 $\mathcal{L}_0$ 添加无穷多个新的专有名词: c_{2k+3}, 其中 $k \in \mathbb{N}$. 用 $\mathcal{L}_1$ 来记这个添加了这些专有名词之后的语言 (它包含原有的自然数算术语言 $\mathcal{L}_0$).

然后, 我们再对语言 $\mathcal{L}_1$ 添加一个新的专有名词 c_2, 并且用 $\mathcal{L}_2$ 来记这个新语言.

接下来, 我们将语言 $\mathcal{L}_0$ 的组织结构 $\mathcal{N} = (\mathbb{N}, 0, \mathbf{S}, +, \cdot, <)$ 按照如下方式扩展成语言 $\mathcal{L}_1$ 的组织结构:

(a) 对于 $k \in \mathbb{N}$, $J(c_{2k+1}) = k$;

(b) $\mathscr{I}(P_S) = \mathbf{S} = \{(a, b) \in \mathbb{N} \times \mathbb{N} \mid b = \mathbf{S}(a)\}$;

(c) $\mathscr{I}(P_+) = \{((a, b), c) \in (\mathbb{N} \times \mathbb{N}) \times \mathbb{N} \mid c = a + b\}$;

(d) $\mathscr{I}(P_\times) = \{((a, b), c) \in (\mathbb{N} \times \mathbb{N}) \times \mathbb{N} \mid c = a \cdot b\}$;

(e) $\mathscr{I}(P_<) = \{(a, b) \in \mathbb{N} \times \mathbb{N} \mid a < b\}$.

这个组织结构就是在组织结构 $\mathcal{N}$ 的基础之上添加了对新的专有名词的解释

$$J(c_{2k+1}) = k \, (k > 0).$$

我们用记号 $\mathcal{N}_1$ 来记这个新的组织结构. 更为显式地,

$$\mathcal{N}_1 = (\mathbb{N}, \mathbf{S}, +, \cdot, <, k)_{k \in \mathbb{N}},$$

其中 $k \in \mathbb{N}$ 是专有名词 c_{2k+1} 的解释.

现在考虑在组织结构 $\mathcal{N}_1$ 中为真的语言 $\mathcal{L}_1$ 的语句的全体 (记成 Σ_1):

$$\Sigma_1 = \{\sigma \mid \sigma \text{ 是语言 } \mathcal{L}_1 \text{ 的一个语句, 并且 } \mathcal{N}_1 \models \sigma\}.$$

自然, 由定义, Σ_1 中的每一个语句都是 $\mathcal{N}_1$ 的具体事实的一个真实例; 反之, $\mathcal{N}_1$ 的具体事实的任何一个真实例也都在 Σ_1 之中.

接下来, 考虑如下语句的全体 Σ:

$$\Sigma = \Sigma_1 \cup \{P_<(c_{2k+1}, c_2) \mid k \in \mathbb{N}\}.$$

Σ 是语言 $\mathcal{L}_2$ 的语句的一部分. 我们希望看到这样的事实: Σ 是一个一致开端理论.

断言 Σ 是一个一致开端理论.

证明 根据紧致性定理 (定理 3.18), 我们只需要验证 Σ 的每一个有限部分都是一致的.

为此, 设 F 是 Σ 的一个非空的有限部分. 对于出现在 F 中的某个语句中的专有名词 c_j 而言, 如果 j 是一个奇数, 那么它在组织结构 $\mathcal{N}_1$ 中就有一个自然解释 $J(c_j)$. 这是 $\mathbb{N}$ 中的一个自然数. 因为 F 是有限的, 所以, 所有这些专有名词的自然解释中就有一个最大的自然数 b. 也就是说, 如果 c_j 是出现在 F 的某个语句中的专有名词, 并且 j 是一个奇数, 那么 $J(c_j) \leqslant b$. 令 $d = \mathbf{S}(b)$. 考虑如下有关在 F 的某个语句中出现的专有名词的解释 J: 如果 c_j 在 F 的某个语句中出现, 并且 $j = 2k+1$, 那么 $J(c_j) = k$; 如果 $j = 2$, 那么 $J(c_2) = d$. 在自然数标准模型 $\mathcal{N}$ 的基础上, 这样的解释为我们得到一个新的组织结构:

$$\mathcal{N}_2 = (\mathbb{N}, \mathbf{S}, +, \cdot, <, 0, 1, \cdots, d).$$

那么, $\mathcal{N}_2 \models F$. 根据哥德尔第二完备性定理 (第 214 页中的定理 3.17), F 就是一致的.

这就完成了上述断言的论证.

根据这个断言以及哥德尔第二完备性定理, 理论 Σ 就有一个模型

$$\mathcal{M} = (\mathbb{N}^*, 0^*, \mathbf{S}^*, +^*, \cdot^*, <^*, k^*, d^*)_{k\in\mathbb{N}},$$

其中, k^* 是 c_{2k+1} 的解释, d^* 是 c_2 的解释. 令 $\mathcal{N}^* = (\mathbb{N}^*, 0^*, \mathbf{S}^*, +^*, \cdot^*, <^*)$. 那么这个组织结构 $\mathcal{N}^*$ 就是我们希望得到的 (经过解释 $J(c_{2k+1}) = k^*$ 我们可以将 k^* 当成 $\mathbb{N}$ 中的 k 而不失正确性). 这样, 自然数标准模型 $\mathcal{N}$ 中所有真实的具体实例在 $\mathcal{N}^*$ 中都成立. 但是 $\mathbb{N}^*$ 中有一个 d^* 它比 $\mathbb{N}$ 中的所有的 k^* 都大 ($k^* <^* d^*$). 因此, 在 $\mathcal{N}^*$ 的外部看来, d^* 就是一个无穷对象 (每一个标准自然数都严格比它小), 尽管在 $\mathcal{N}^*$ 内部它也是其中的一个“自然数”. □

从这个自然数算术理论的非标准模型例子中, 我们看到自然数算术标准模型难以担负起圆满解读我们关于有限的认识的重担. 在一定意义上讲, 这也表明关于有限这一观念的内涵远非我们的直觉所告诉我们的那样简单. 可以说, 自然数算术标准模型很恰当地解读了我们关于自然数的认识; 佩亚诺算术理论 (定义 5.5) 则试图给出关于自然数标准模型的刻画. 但是, 作为用公理化方式建立我们对于典型结构认识的数学理论的先例, 佩亚诺算术公理系统难以承担起完美描述自然数算术标准模型的重担. 这是哥德尔的深刻发现.

定理 5.1 (哥德尔不完全性定理) *存在具有下述两个属性的自然数算术语言的语句* σ:

(i) σ *是自然数算术标准模型的一个真实例, 即* $\mathcal{N} \models \sigma$;

(ii) σ *并非佩亚诺算术理论的定理, 即佩亚诺算术理论不能够证明* σ, *换一种说法, 即存在佩亚诺算术理论的一个非标准模型* $\mathcal{N}^*$ *以至于* $\mathcal{N}^* \models (\neg\sigma)$.

简而言之，存在独立于佩亚诺算术理论的但在自然数算术标准模型为真的语句.

哥德尔不完全性定理表明佩亚诺算术理论并非一个完全理论，即存在有它既不能证明又不能否定的算术语言的命题，甚至这样的命题中有在自然数标准模型中的真实例子. 哥德尔不完全性定理的内容实际上比上述内容更为丰富: 我们没有可能以一种行之有效的方式来完善佩亚诺算术理论从而得到一个关于自然数算术标准模型的圆满描述. 这里用的短语“以一种行之有效的方式”的确切含义将在下一章中得到解释. 哥德尔不完全性定理表明自然数算术标准模型的复杂性远远超出了我们的想象.

哥德尔不完全性定理的论证超出了本书的范畴. 我们只能在此一笔带过. 有兴趣的读者可以从有关数理逻辑的高等读物中找到.

5.3 算术理论完全化

我们已经看到无论是自然数基本算术理论还是佩亚诺算术理论都是不完全理论.

同时我们也知道为了解决数的加法逆元问题，也就是赊账问题，也就是解决下述方程的求解问题: 对于任意的一个数 a，考虑方程

$$x + a = 0.$$

问: 这个方程是否有解? 也就是是否 $(\exists x\,(x + a = 0))$. 这是一个以 a 为参数的命题. 它所断言的是在所论论域之中有满足方程 $x + a = 0$ 的一个解. 当然，当 $a = 0$ 时，在自然数范围内这是可能的. 但是甚至当 $a = 1$ 时，在自然数范围内，这个方程是无解的. 于是，我们将数这个概念从自然数扩展到整数，也就是扩展到在其中令所有以自然数 $a \in \mathbb{N}$ 为参数的方程 $x + a = 0$ 都有解的最小范围. 不仅仅从组织结构方面得到了整数结构，还在算术理论上添加了加法逆元存在的假设，即对于任意的 a，方程 $x + a - 0$ 都有解，形式地，

$$\forall a\, \exists x\, (x + a = 0).$$

需要注意的是，在自然数算术理论中，语句 $(\forall a\,(a \neq 0 \to \forall x\,(\neg(x + a = 0))))$ 是一个定理. 因此，自然数算术理论与整数算术理论在这个意义上有不可比较的一面，尽管整数的加法运算和乘法运算都是自然数加法运算和乘法运算的扩展. 关键就在于自然数算术理论有关于后继函数 $\mathbf{S}$ 的规定，而整数算术理论的语言中甚至都没有相应的语言符号，更不用说有相关的规定了.

从整数结构以及整数算术理论到有理数结构以及有理数算术理论，我们再次对数这一概念进行了扩展. 这样做的目的是解决等分问题: 如果 a 是一个正整数，b 是

一个大于 1 的自然数, 那么以 a 和 b 为参数的方程 $x \cdot b = a$ 是否有解? 也就是问是否可以将 a 等分成 b 份. 最简单的问题是是否可以将 1 一分为二. 尽管当 a 是 b 的倍数时, 在自然数范围内问题的答案都是肯定的, 但是当 $a < b$ 时, 在整数范围内这些问题都只有否定答案. 注意, 这是在整数环中所看到的事实. 就整数算术理论而言, 它并没有给出关于这些问题的答案. 也就是说, 下述语句

$$(\forall b\,(b \neq 0 \to \exists x\,(x \cdot b = 1)))$$

并不能被整数算术理论所否定. 换句话说, 这个语句于整数算术理论是一个独立的语句: 一方面, 它在整数环中为假; 另一方面, 它在有理数域中为真. 根据哥德尔第一完备性定理 (定理 3.16), 这个语句就是独立于整数算术理论的语句. 因此, 从整数走向有理数, 我们所取的路径与从自然数走向整数的路径是非常不同的路径. 从整数走向有理数的路径, 在我们看来是一条令理论完善起来的路径, 我们称之为**完全化**. 完全化就是一个在保持一致性的前提之下不断消除独立性的过程. 所以说, 从整数交换环理论 (定义 5.7) 到有理数域理论 (定义 5.10), 我们迈出了完全化算术理论的第一步, 也就是保证了我们所熟悉的加、减、乘、除这四则混合算术运算的全面展开.

诸位一定听说过历史上从有理数到无理数的发展过程. 据说, 最早出现的无理数是边长为单位 1 的平面正方形的对角线的长度度量结果. 根据平面几何上的勾股定理, 任何一个直角三角形的两条直角边长度的平方和一定等于三角形斜边的长度的平方. 由于 $1^2 = 1$, 所以边长为单位 1 的平面正方形的对角线的长度的平方就应当是 2. 那么这个满足方程 $x^2 = 2$ 的解会是一个什么样的数呢? 姑且将这个数记成 $\sqrt{2}$, 即 $\left(\sqrt{2}\right)^2 = 2$. 我们希望弄清楚 $\sqrt{2}$ 是否为一个有理数.

断言 $\sqrt{2}$ 不是有理数.

证明 我们用反证法来证明这个断言. 假设不然, $\sqrt{2}$ 是一个有理数. 根据有理数的定义, 它一定是两个互素的正整数的比. 也就是说, 一定有两个互素的自然数 m 和 n 来见证等式

$$\sqrt{2} = \frac{n}{m}.$$

将这个等式的两端都取平方, 等式依然成立:

$$2 = \left(\sqrt{2}\right)^2 = \left(\frac{n}{m}\right)^2 = \frac{n^2}{m^2}.$$

于是, $2 \cdot m^2 = n^2$. 这就表明 2 整除 n^2. 因为 2 是一个素数, 所以必然就有 2 整除 n. 因此, $n = 2 \cdot k$, k 是一个自然数. 由此, $n^2 = (2 \cdot k)^2 = 2^2 \cdot k^2$. 这样一来, 我们得到等式

$$2 \cdot m^2 = 2 \cdot 2 \cdot k^2.$$

由于整数乘法满足消去律, 所以我们有 $m^2 = 2 \cdot k^2$. 这个等式表明 2 整除 m^2, 从而 2 也整除 m. 这就是一个矛盾, 因为 n 和 m 本来互素, 而现在却出现了 2 是它们的一个公因子的局面.

这个矛盾表明 $\sqrt{2}$ 不能是有理数. □

正是因为这样的缘故, 无理数概念被引入了, 从而我们就有了实数这样数概念. 当然, 无理数之中不仅有类似于 $\sqrt{2}$ 和 $\sqrt{3}$ 这样的数, 还有类似于圆周率 π 这样的数. 它们的不同之处在于 $\sqrt{2}$ 是方程 $x^2 = 2$ 的一个解, $\sqrt{3}$ 是方程 $x^2 = 3$ 的一个解, 而圆周率 π 则不会是任何这样的"代数方程"的解. 因此, 人们将所有那些以有理数为系数的代数方程的解称之为**代数数**, 而称那些并非代数数的无理数为**超越数**. 由此, 圆周率 π 就是一个典型的超越数.

在这里, 我们不涉及实数这一概念在集合代数中的实现问题. 我们只想指出, 实数算术理论虽然比有理数算术理论丰富了许多, 但它依旧不是一个完全的算术理论. 因为实数算术理论并不能解答这样的问题: 方程 $x^2 + 1 = 0$ 是否有解? 实数算术理论只保证了后述问题的肯定解答: 如果 a 是正数, 那么方程 $x^2 = a$ 有解. 因此, 负数是否可以开方, 依旧是一个问题. 正是为了解决这一问题, **复数**概念被引入了. 这是在接受了方程 $x^2 + 1 = 0$ 有解, 并且这个方程的一个解就是**虚数** $i = \sqrt{-1}$ 这样的事实之后完成的. 由全体复数所组成的结构是一个加、减、乘、除四则混合运算的算术结构. 它的一个基本特征就是所有的以有理数为系数的代数方程都在其中有解. 这个结论被称为**代数基本定理**. 当然, 在复数范围内, 我们必须放弃数之间可以比较大小的想法: 在复数之间没有大小之别. 这与实数的情形完全不同. 那么复数的这一特征是否意味着算术理论完善地实现了人们关于算术的全部认识呢? 让我们来看看从抽象理论的完全化进程来解答这一问题.

我们说过, 算术理论从整数理论开始逐步完善起来. 完全化的第一步是域理论 (定义 5.10) 的提出. 在这个理论之下, 加、减、乘、除四则混合运算完全建立起来. 但是这个理论本身并不能完全地描述有理数域. 原因是我们见到过的例子: 二元素域 (思考题 5.3) 以及五元素域 (例 4.20). 事实上, 对于任意的素数 p 都有一个恰好有 p 个元素的域. 可见有任意大的有限域. 究其共同点以及它们与有理数域之间的一根本性差别就在于多少个 1 之和可以为 0. 在二元素域中, $1 + 1 = 0$; 在五元素域中, $1 + 1 + 1 + 1 + 1 = 0$, 而少于 5 个的 1 之和不为 0; 在一般的 p 个元素 (p 为素数) 域中, 任何小于 p 个的 1 之和不为 0, 但是 p 个 1 之和恰好为 0; 在有理数域中, 任何有限个 1 之和都不为 0. 注意到这种差别之后, 很自然地, 我们将这一组语句作为描述有理数域的一部分:

定义 5.11 (特征零域) 称一个域的特征为零当且仅当任何有限个它的乘法单位元之和一定不等于它的加法单位元. 形式地写出来, 设 c_1 为加法单位元的专有名词, c_2 为乘法单位元的专有名词, 那么所有下述形式的语句都是一条公理:

$$\overbrace{c_2 + c_2 + \cdots + c_2}^{n} \neq c_1,$$

其中 n 是一个正整数, $+$ 为加法运算 (为了简洁, 我们将函数符号 F_+ 直接写成了 $+$, 并且省略了圆括弧).

可见, 用来表述特征零这个要求的有可数无穷多条公理. 根据有理数域的基本性质, 我们知道有理数域是一个特征零域; 实数域和复数域也都是特征零域, 因为它们的加法单位元和乘法单位元都是有理数域的加法单位元和乘法单位元, 并且它们的加法在有理数范围内就是有理数的加法.

完全化算术理论的最后一步就是将复数域所持有的代数基本定理作为一个公理蓝图添加进特征零域公理系统.

定义 5.12 (特征零代数封闭域) 称一个特征零域为一个代数封闭域当且仅当它上面的任何一个形如下述的一元多项式方程

$$a_n x^n + \cdots + a_1 x + a_0 = 0$$

都在这个域中有一个解, 其中, n 是任意一个固定的正整数, $a_n, \cdots, a_1, a_0$ 也都是整数, 并且 $a_n \neq 0$.

注意, 这个定义中所要求的也是可数无穷多条公理. 可以证明特征零代数封闭域理论是一个完全理论:

定理 5.2 (完全性定理) 特征零代数封闭域理论是一个完全理论. 也就是说, 令 T 为特征零代数封闭域理论, 设 θ 是正负数算术语言中的一个语句, 那么或者 θ 是 T 的一个定理, 或者 $(\neg\theta)$ 是 T 的一个定理, 二者必居其一, 且只居其一.

注意, 最小的特征零代数封闭域包含有理数域, 以及所有有理系数代数方程式的解, 并且不包含任何超越数, 尤其是圆周率 π 不在其中. 这当然只是"圆周率 π 不可能由任何代数方式得到"这一说法的另外一种表述. 也就是说, π 具有鲜明的超越特性, 超出了所有代数过程所能达到的范围.

5.4　有理数序理论

前面我们主要专注于算术理论. 作为例子, 我们揭示了自然数算术理论的不完全性以及特征零代数封闭域理论的完全性. 我们以从整数算术理论到特征零代数封闭域理论的发展过程说明了理论完全化的含义. 我们反复强调了特征零公理系统中涉及可数无穷多条公理以及代数封闭性也涉及可数无穷多条公理. 那么, 有没有有限条公理就能够给出一个完全理论的例子呢?

在这里我们简要地回答这一问题. 其实这个问题的答案就隐藏在我们专注算术理论部分时忽略掉的有理数的序理论之中.

回顾一下自然数集合的序. 它由集合的属于关系所诱导, 是 $\mathbb{N}$ 上的一个线性序, 并且每一个非空子集合都有最小元, 从而是 $\mathbb{N}$ 上的一个秩序. 整数集合上也有一个线性序, 它扩展了自然数集合上的序, 但它再也不是一个秩序了, 因为没有最小的整数. 再进一步, 我们得到有理数序. 它是有理数集合上的一个线性序. 它扩展了整数集合的序. 自然它也不是一个秩序. 和整数序比起来, 它有什么不一样的地方呢? 我们知道在 0 和 1 之间, 在整数集合里没有不同于这两个端点的其他整数; 但是在有理数集合中, $\frac{1}{2}$ 就居于它们之间. 不仅如此, 任给两个有理数 r 和 s, 如果 $r < s$, 那么一定有

$$r < \frac{r+s}{2} < s.$$

还有什么其他的实质性区别吗? 这似乎是我们能够想到的最本质的区别. 实际上也的确如此.

定义 5.13 (无端点线性稠密序理论) *在只含有等号和二元谓词符号 $P_<$ 的代名词语言中, 无端点线性稠密序理论由下述语句构成:*

(1) $\forall x_1\,(\neg P_<(x_1,x_1))$ (*反自反性*);

(2) $\forall x_1\,\forall x_2\,\forall x_3\,((P_<(x_1,x_2)\ \wedge\ P_<(x_2,x_3)) \to P_<(x_1,x_3))$ (*传递性*);

(3) $\forall x_1\,\forall x_2\,(P_<(x_1,x_2)\ \vee\ x_1 = x_2\ \vee\ P_<(x_2,x_1))$ (*可比较性*);

(4) $\forall x_1\,\exists x_2\,(P_<(x_1,x_2))$ (*无最大元*);

(5) $\forall x_1\,\exists x_2\,(P_<(x_2,x_1))$ (*无最小元*);

(6) $\forall x_1\,\forall x_2\,(P_<(x_1,x_2) \to (\exists x_3\,(P_<(x_1,x_3)\ \wedge\ P_<(x_3,x_2))))$ (*稠密性*).

我们的例子分析表明整数序具备上述定义中的前五条性质, 但不具备第六条性质; 有理数序则具备上述全部六条性质. 所以, 有理数序是一个无端点稠密线性序. 重要的是无端点稠密序理论恰好由六个语句给出, 它是一个**有限公理化**的理论. 不仅如此, 它还是一个完全的理论.

定理 5.3 *无端点稠密线性序理论是一个完全的理论.*

需要强调的是无端点稠密线性序理论是只含有等号和二元谓词符号 $P_<$ 的代名词语言中的一个理论, 因为一个理论的完全性对于所谈论的语言直接有关. 这个定理的证明可以说超出了本书的范畴, 因此我们将它的详细证明省略, 只概要地说明它的证明思想. 这个定理至少有两种不同的证明方式.

第一种证明需要应用集合代数中关于有理数数轴的唯一性的康托尔定理, 数理逻辑中的另外一个基本定理, 斯科伦–罗文海定理以及哥德尔第一完备性定理. 康托尔唯一性定理指出有理数线性序是唯一的可数无穷的无端点稠密线性序, 也就是说, 如果 $(X,<)$ 是一个可数无穷的满足无端点稠密线性序理论的六条公理的模型 (也就是无端点稠密线性序的一个例子), 那么在 X 与 $\mathbb{Q}$ 之间一定存在一个保持两

者的序关系的双射 $f : X \to \mathbb{Q}$:

$$\forall a \forall b ((a \in X \wedge b \in X) \to (a < b \leftrightarrow f(a) < f(b))).$$

这样的双射被称为线性序 $(X, <)$ 与有理数轴 $(\mathbb{Q}, <)$ 之间的**同构**. 换句话说, 康托尔定理表明在同构的意义下, 有理数轴是唯一的可数无穷的无端点稠密线性序. 斯科伦–罗文海定理的一种特例则表明任何一个无端点稠密线性序一定包含一个可数无穷的无端点稠密线性子序, 并且这个子序保留着它的上层序的全部特性. 根据这两个定理, 应用哥德尔第一完备性定理, 我们可以用反证法来论证无端点稠密线性序理论的完全性. 假设不然, 设 θ 是只含等号和二元谓词符号 $P_<$ 的语言中的一个既不能被无端点稠密线性序理论所证明又不能被否定的语句. 暂且用 T 来记无端点稠密线性序理论. 根据哥德尔第一完备性定理 (定理 3.16), 理论 $T \cup \{\theta\}$ 和理论 $T \cup \{(\neg\theta)\}$ 就都有各自的模型. 设 $\mathcal{M}_1 = (M_1, <_1)$ 是理论 $T \cup \{\theta\}$ 的一个模型, 以及 $\mathcal{M}_2 = (M_2, <_2)$ 是理论 $T \cup \{(\neg\theta)\}$ 的一个模型. 根据斯科伦–罗文海定理, 令 $L_1 \subseteq M_1$ 为一个保持 $\mathcal{M}_1$ 的全部特性的可数无穷子序集合, 以及令 $L_2 \subseteq M_2$ 为一个保持 $\mathcal{M}_2$ 的全部特性的可数无穷子序集合. 那么, $(L_1, <_1)$ 是一个可数无穷的无端点稠密线性序, 并且 θ 在其中为真; $(L_2, <_2)$ 是一个可数无穷的无端点稠密线性序, 并且 $(\neg\theta)$ 在其中为真. 根据康托尔唯一性定理, 它们都与有理数轴 $(\mathbb{Q}, <)$ 同构, 因此它们彼此也就同构. 由于同构的线性序具有完全相同的在由等号和 $P_<$ 构成的序语言中可以描述的性质, 而事实

$$(L_1, <_1) \models \theta \text{ 以及 } (L_2, <_2) \models (\neg\theta)$$

又表明这两个可数无穷的无端点线性稠密序具有某种截然相反的在由等号和 $P_<$ 构成的序语言中可以描述的性质, 因此, 我们得到一个矛盾.

第二种证明用到数理逻辑中称之为量词消去法的方法. 在应用到具体解决无端点稠密线性序理论的完全性问题时, 这种方法就是用无端点稠密线性序的基本公理以及穷举法论证由等号和二元谓词 $P_<$ 构成的序语言中的每一个带有量词的代名词表达式都一定在无端点稠密线性序理论之下被证明与一个不带任何量词的代名词表达式逻辑地对等, 从而所有的量词都在这个理论之下被消去. 由于任何无端点稠密线性序都包含一条与有理数轴同构的子序, 无端点稠密线性序理论又适合量词消去法, 所以无端点稠密线性序理论是一个完全的理论.

应当指出, 量词消去法是塔尔斯基在证明定理 5.2 时提炼出来的一种一般方法. 塔尔斯基正是应用量词消去法以及任何特征零代数封闭域都一定包含一个与整数环同构的子结构这一事实得到了特征零代数封闭域理论是一个完全的理论, 并且得到了一个判定算法, 依照这个算法, 对于任意给定的正负数算术语言中的一个语句, 都能够判定出它或者他的否定式中的哪一条是特征零代数封闭域理论的一条定理.

5.5 力学基本理论完全化

往古来今谓之宙,
四方上下谓之宇.
—《淮南子 · 齐俗训》(西汉)

在现代自然科学领域中思考与探索的典型过程可以用一种名为"科学方法"的方式来描述. 这种方式并非简单的系列步骤列表, 而是变通性很强的创造性思考与检验的过程. 这种思考与检验紧盯着客观事物, 瞄准各种各样可以验证的发现, 以期明白大自然是怎样运作的. 粗略地讲, 科学方法包括四种要素: **观察**、**假设**、**实验**以及**模型**. 当对某一类自然现象和可测量事件的同样的观察结果被许多研究人员在诸多场合下没有明显差异地得到的时候, 这种观察结果就会被总结陈述出来; 当这种陈述是通盘一致的时候就被当成一种**自然规律**. 最有说服力的观察结果是那些可以数量化表示的结果, 因为这样的结果可以比较, 可以从中窥探变化趋势. 无论是由实际的观察过程得出的还是来源于某种思维中爆发出来的直觉火花, 一条科学领域中的假设就是一种用来解释一种观察结果的题案; 一条靠谱的假设不一定必须正确, 但它必须是可以被检验的. 科学领域中的一种实验就是为了检验一种假设而清清楚楚设置的可以被他人独立重复的一系列的过程步骤. 一条靠谱的假设可以被更换, 但是一种实验的结果绝不可以被更换, 实验的结果是什么就是什么. 依据实验结果而形成的概念性模型, 或者理论, 是科学思维的产物. 这与随便猜测有着天壤之别. 一个模型, 比如二十世纪提出的物理学的标准模型, 并非所关注的大自然现象的恰如其分的表示, 而是所关注的大自然现象的一种简化描述, 依此描述可以对相关现象提出相应的预言. 对预言现象可以展开进一步的探索与检验, 并且在检验结果的基础上细化这一模型, 甚至根据新的事实修订或者改变它. 靠谱的假设和理论模型都是对客观世界的抽象认识, 是来源于自然界的心智图案. 为了与进一步观察和实验的结果相符合, 现有的抽象认识或者心智图案会被改变. 但绝不是为了与现有的抽象认识或者心智图案相符合而去改变观察和实验的结果. 这就是自然科学领域中的真相原则和事实判断原则: 一切结论与断言都必须而且只能与反复观察和实验的结果相符合. 当然, 由于各种测量仪器都是根据受到特定限制的标准制作出来的, 它们的测量精度就决定了这些测量仪器的系统误差; 由于我们的感觉并非完美, 从测量仪器中读取数据的技巧也非完善, 那些从测量仪器中读取的数据就会出现自然偏差; 因此我们永远不会测量出完全符合的量, 也就是说, 任何一次测量都一定含有**不确定性**. 这就意味着在自然科学领域, 确定真相与确定事实判断时一定有**误差容忍度**, 也就是强调在确定真相与确定事实判断时依赖**有效数据**. 这也是自然科学领域与数学领域关于**度量**与**真相**永远存在分歧的地方.

下面我们以力学的发展过程来说明上面这段文字的内涵. 我们也将从中看到力学之所以有着强大作用, 其关键就在于它的那些有着深刻内涵却又可以明确判别的具体基本概念以及由这些具体概念所构成的那些为数不多的基本原理 (非逻辑公理), 就在于单凭这些就足以支撑起人类对于物理世界认识的知识大厦.

这里所涉及的力学的具体基本概念为: 空间、时间、物体、密度、长度、惯性、力. 这里所涉及的具体 (复合) 概念为: 自由落体、体积、质量、重量、速度、加速度、匀速、匀加速、路程.

关于时间的度量, 人类经历过一个漫长的探索过程, 终于就时刻、时刻单位、时钟原理、时钟以及时间度量误差达到一种共识. 有一点需要明确, 时间的度量总是和运动相关联的. 比如早期的机械时钟, 应用的是正则周期性单摆摆动原理. 这种计时仪器自然而然地将时间与空间紧密关联起来. 因为, 单摆, 涉及在空间中的有规则的变化着的运动; 而空间中对物体变化着的运动的描述又直接依赖我们关于空间中的长度和距离的度量和度量假设. 误差为 10^{-4}(大约 1 天差 9 秒). 现代的石英时钟则依赖石英石对于电子振荡器 (电子振荡电路) 所产生的电子振荡频率的唯一选择 (计时频率); 石英时钟里的数字逻辑电路通过对于石英振荡器所产生的电子振荡频率的计数来确定时间. 误差为 10^{-10}(大约 300 年差 1 秒). 原子时钟则依赖铯 (Caesium-133) 原子在温度为绝对 0 度条件下电子在两个能级之间跃迁产生微波辐射的次数. 误差为 2×10^{-15}(大约 1500 万年差 1 秒). 国际单位系统 (自 1967 年以来) 确定在绝对 0 度温度条件下铯 (Caesium-133) 原子在两个能级之间电子跃迁产生 9192631770 次辐射所花的时间为 1 秒 (second). 无论是石英时钟还是原子时钟, 也都与空间振动关联.

在我国古代, 人们使用的计时仪器分别为燃香 (以一炷香燃烧完成的时间为标准来计算时刻变化)、漏沙 (以一个装满流沙的漏斗流尽全部沙子为标准来计算时刻变化)、漏壶、日晷, 等. 日晷由“圭”(晷面, 石制的在正南正北方向直线上带有刻度的圆盘) 和“表”(铜制的与圆盘平面垂直的标杆) 两个部件组成; 日晷以随太阳运动而移动的标杆阴影位置与晷面上的刻度的对应来计时. 这种计时仪器完全依赖地球、太阳在空间中的运动以及它们彼此的相对运动, 所以自然而然地将时间的度量与空间运动关联起来. 漏壶, 由四只盛水的铜壶从上而下互相叠放的组合而成; 上三只底下有小孔, 最下一只竖放一个箭形浮标; 壶身上有固定刻度 [1]. 箭形浮标随滴水所带来的水面升高而升高; 漏壶计时法以箭形浮标高度与壶身固有刻度

1 最早出现于西汉的为百刻记时制: 将一昼夜平分为一百个等份; 昼夜的比例是 40:60, 冬夏相反. 到清代正式定为 96 刻; 就这样, 一昼夜被分为十二个时辰; 一个时辰被分为八刻; 一刻被分成三字 (每个字等于现在的五分钟时间); 每个字又用细如麦芒的线条来分划成若干秒 (秒字由“禾”与“少”合成, 禾指麦禾, 少指细小的芒); 秒之下为忽 (因秒以下无法分划, 只能以“细如蜘蛛丝”来说明, 故为“忽”, 指极短时间)(“忽然”一词, 忽, 指极短时间, 然指变; 忽然, 在极短时间内发生了变化).

之对应来实现计时 [2]. 这种计时仪器对于控制单位时间内水滴的数量有着基本的要求, 自然而然地将时间度量与空间运动关联起来.

在现代空间距离度量之中, 标准的距离度量方式是利用光子在空间的运动来实现. 在现代物理学里, 长度基本单位为米, 并且 1 米被定义为光子在真空中用 $\dfrac{1}{299792458}$ 秒的时间所传播的距离. 由此可见, 空间距离的度量直接与时间的度量以及对光速的测量密切相关. 这便自然而然地依赖着

(1) 关于光子在空间中的传播途径假设;

(2) 关于光子在空间中传播的速度假设;

(3) 关于时钟、观察者和参照系的假设.

关于空间位置以及位置变化 (运动), 涉及观察者以及被观察对象, 观察运动的基础在于参照系, 在于时空的选择; 观察者置身何处, 是否与被观察对象在同一参照系; 在同一参照系内, 不能观察到对象的运动状态, 只能观察到相对运动的状态; 观察者在自己的参照系之内永远观察不到自身的运动状态, 但能够观察到自身运动状态的改变 (惯性定律).

比如说, 命题"自在物体沿直线匀速运动"就涉及"物体、直线、运动、匀速"这样几个词汇. 自然的问题便是:

问题 5.1 (1) *"运动"一词到底含义如何? 怎样解释"物体运动"?*

(2) *"直线"一词到底含义如何? 以什么样的几何来解释"直线"?*

(3) *"匀速"一词到底含义如何? 以什么样的时间内涵来解释"速度"?*

欲有效解释自在物体的"运动", 必要应用"参照系". 运动, 总是相对的: 相对于什么在发生位移? 况且, 在物理学中, 自在物体的运动不仅涉及被观察的运动中的自在物体, 还涉及观察这一自在物体的观察者. 直线这一概念则涉及空间以及空间中的几何. 我们通常都知道: 任意两点之间的"直线"线段是**最短**的两点连接线. 但事实上这个"最短"涉及空间和空间的度量 (两点之间的距离). 在解析几何中, 我们知道在 3-维欧几里得空间中两点间的距离有距离公式: $(ds)^2=(dx)^2+(dy)^2+(dz)^2$, 其中, ds 是两点间的距离, dx, dy, dz 则分别是两点在 x 轴、y 轴和 z 轴上的投影的距离.

下面就让我们来看看这些力学中的具体基本概念曾经经历过一个怎样的演变过程.

5.5.1 伽利略自由落体力学

第一个古典力学假设

亚里士多德假设: 在相同的介质之中, 较重的自由落体比较轻的自由落体下降

2 现存于北京故宫博物院的铜壶漏刻是公元 1745 年制造的, 最上面漏壶的水从雕刻精致的龙口流出, 依次流向下壶, 箭壶盖上有个铜人仿佛抱着箭杆, 箭杆上刻有 96 格, 每格为 15 分钟, 人们根据铜人手握箭杆处的标志来报告时间.

得快; 自由落体的速度与其重量成正比; 自由落体的速度与介质密度成反比.

这是一个在十六世纪中叶之前的在长达 1800 年的时间区间上被物理学界普遍接受为真理的假设. 亚里士多德根据反复观察到的"不同重量的物体在水中下落的速度不相同"的自然现象归纳地得出"自由落体的速度与其重量成正比"这一结论. 生活经验 (反复观察的结果) 表明, 在密度比较高 (比如高于空气密度) 的介质环境 (比如水) 中, 较重的物体比较轻的物体下落得快. 亚里士多德认为: 物体下落的速度与其重量成正比, 与介质的密度成反比. 又根据自己对物体在水中下落现象的观察, 亚里士多德还得出了水的密度大约是空气密度的十倍. 于是, 亚里士多德得出"自由下落的物体的速度与其重量成正比"这一结论.

后来, 亚里士多德的信徒们也意识到自由落体的运动并非匀速运动, 其速度随时间加大. 由于时间是一个抽象的量, 于是他们提出了另外一个假设: "自由落体的速度与其所经历的路程成正比."

根据记载 [3], 在十六世纪, 荷兰的一位数学家 Simon Stevin 和物理学家 Jan Cornets de Groot 联手直接用从高处扔下两个不同重物的实验模型否定了亚里士多德假设. 他们的实验在荷兰德尔夫特市的名为 Nieuwe Kerk 的大钟楼顶进行. 这个实验由 Simon Stevin 记录在他 1586 年出版的《静力学原理》(*Beghinselen der Weeghconst*) 一书之中 [4]. 书中, Stevin 对这次的实验描述如下:

"让我们 (就如同受过良好高等教育的 Jan Cornets de Groot, 一位勤奋的自然神奇现象的探索者, 和我已经做过的那样) 抱上两个铅球, 其中的一个比另一个大且重十倍, 让它们一起从 30 码 (此处码为长度单位, 1 码等于 0.9144 米) 的高处掉下去. 结果将表明: 较轻的铅球并没有比较重的铅球多花 10 倍的时间完成整个历程, 它们事实上同时一起掉落到地面. (···) 这就证明亚里士多德 (假设) 是错误的."

在这个实验模型之中, 下列为基本事实:

(1) 有两个铅球, x_1, x_2;

(2) 铅球 x_1 的重量是铅球 x_2 的十倍;

(3) 两个铅球 x_1, x_2 的纯度一样, 密度相同, 质料分布均匀程度相同, 即除了大小差别之外, 两个铅球没有其他材料和工艺制作上的差别;

(4) 铅球开始自由下落的起点比地面高出 30 码;

(5) 实验环境中只有空气为介质, 并且空气分布均匀;

(6) 两个铅球同时从起点自由下落;

(7) 两个铅球在整个下落过程中除了空气阻力没有受到任何其他外力干扰作用;

---

3 https://en.wikipedia.org/wiki/Galileo%27s_Leaning_Tower_of_Pisa_experiment

4 参见 E. J. Dijksterhuis, ed., The Principal Works of Simon Stevin, Amsterdam, Netherlands: C. V. Swets & Zeitlinger, 1955 vol. 1, pp. 509, 511.

(8) 两个铅球同时落地.

实验模型的建立者 de Groot 和 Stevin 实事求是地验证了这八个基本事实的真实性. 在这个基础上, 这个实验模型见证"两个重量差别很大的铅球同时从一个足够高的地方一起在只以空气为均匀介质的环境中自由下落时速度相同". 这就表明在这个实验模型中, 亚里士多德假设并不成立. 从而, 亚里士多德假设并非一条普遍真理.

需要注意的是, Stevin 和 de Groot 利用高楼不同重量的两个铅球的落体实验这样一个实验模型否定了亚里士多德假设的普遍真理性, 但他们并没有利用这个实验所给出的启示去建立正确的自由落体动力学. 这件工作后来由意大利物理学家伽利略 (Galileo Galilei,1564—1642) 完成.

根据记载 [5], 意大利物理学家伽利略曾经以为可以用一种理论分析 (或者理想实验) 来否定亚里士多德假设. 想象将两个轻重不同的物体用一根短绳连接 (但不是捆绑) 起来, 将这个重物系统从一个高塔上扔下. 我们现在假设较重的物体总比较轻的物体下落得快 (反之, 较轻的物体总比较重的物体下落得慢). 由此, 连接这轻重不一样的两个物体的绳子很快就被拉直紧绷, 从而形成一个较轻之物在上较重之物在下短绳紧绷的整体系统, 并且在上面的较轻之物自然拖累减缓下面的较重之物以至于整个系统以统一的速度下降. 另外, 根据我们的假设, 这个整体系统又应当比单个重物下降自身得快. 这样一来, 我们就面临自相矛盾的状态: 一方面因为两个轻重不同之物在下降过程中由于绳索紧绷而构成一个比较重之物更重的系统, 它的下降速度应当大于较重之物单独下降的速度; 另一方面这个整体系统的下降速度因为较轻之物拖累较重之物又必须严格小于这个较重之物单独下降的速度. 这个矛盾表明"较重之物体总比较轻之物体下降得快"这一假设并不成立; 从而亚里士多德假设不成立. (伽利略将他的理论分析简略地记录在《关于运动》[6] 一书中.)

在伽利略的这段分析中, 他默认了两个真实的事实和一个必要的假设: 第一, 系统的重量具有可加性, 即由两个物体构成的系统的重量等于这两个物体重量之和; 第二, 运动速度具有可加性, 从而自绳索开始紧绷那一瞬间开始, 较轻之物做适当的加速运动, 较重之物做适当的减速运动, 直到两者速度相等成为整个系统的下降速度, 这个整体系统的下降速度就既大于较轻物体单独下降过程中的速度又小于较重物体单独下降过程中的速度 [7]; 第三, 需要假设这两个物体的密度都必须严格大于空气的密度并且它们都是均匀物体.

---

5 https://en.wikipedia.org/wiki/Galileo%27s_Leaning_Tower_of_Pisa_experiment.

6 参见 Van Helden, Albert (1995). On Motion. The Galileo Project.

7 比如说, 较重之物的重量是较轻之物的重量的两倍, 在现有假设之下, 按照牛顿力学原理, 可以计算出这个整体系统的下降速度是较轻之物单独下降速度的 $\frac{5}{3}$ 倍, 是较重之物单独下降速度的 $\frac{5}{6}$. 很难想象伽利略当时会有这样的计算. 但常识可以令人相信这样的事实.

还需要注意, 如果将两个轻重不同的物体捆绑在一起, 那么在捆绑力的作用下, 两个物体之间存在足够大的摩擦力以至于它们构成一个物体, 就不会出现在下降过程中较轻之物拖累减缓较重之物的现象, 从而这个被捆绑一起的物体自然就不会在下降过程中慢于这两个物体中的任何一个.

不难看出上述分析并不真正构成对亚里士多德假设的否定. 事实上, 伽利略并没有真正否定"较重之物体总比较轻之物体下降得快"这一假设. 因为伽利略使用的是一个更强的假设: 任何两个轻重不同的由有限个物体相互连接构成的重物系统在下降过程中较重系统的下降速度一定大于较轻系统的下降速度. 换句话说, 伽利略的假设之中使用的全称量词中的代名词所涵盖的范围比亚里士多德假设的全称量词中的代名词所涵盖的范围要大得多. 如果将两个轻重不同的物体用绳索捆绑在一起而构成一个物体, 那么速度可加性原理就不可在这个物体之下落过程中使用; 如果依旧保持两个牵扯在一起的轻重不同物体之间的一定的自由状态以使用速度可加性原理, 那么这个系统就必然差别于一个内部并无任何自由度之刚性物体.

尽管上述理论分析有些不尽人意, 但它表明否定亚里士多德理论是完全可能的, 只不过需要另寻途径. 由于这里涉及的是基本概念以及基本判断, 可以试图通过对于基本概念和基本判断的真假直接检测来完成. 也就是说, 伽利略可以试图找到一个亚里士多德假设不成立的模型从而否定亚里士多德理论的真理性. 事实上, 也正是如此, 伽利略成为第一个系统应用实验方法的物理学家. 伽利略经过反复实验获取足够的数据和依据对实验数据的理论分析来得到否定亚里士多德理论的模型, 并建立起自己的落体运动动力学理论.

伽利略的一位学生曾经描述过伽利略在比萨斜塔上做过自由落体实验. 但这并不是一个被学界所接受的真实发生过的事件, 所谓比萨斜塔实验只是一个美好的传说. 根据记载 [8], 当时, 伽利略利用一边高一边低的斜板面来观测金属球自由下滑运动; 将这些斜板面与水平面和垂直支撑面的夹角适当调整, 以得到金属球自由下滑的速度被控制在一个可以测量的范围内. 伽利略当时用一个"水钟"和他自己的脉搏计数来测量时间区间 [9]. 用这样的方式, 他重复了"整整一百次", 直到"数据的准确度达到任何两次观察的结果的均差都不超过一次脉搏跳动的十分之一". 伽利略将这些实验记录在 1589—1592 期间写成的并没有发表的关于落体运动的手

8 (1) Drake, Stillman (2003). Galileo at Work: His Scientific Biography (Facsim. ed.), Mineola (N.Y.), Dover publ. (2) Sharratt, M. (1994). Galileo: Decisive Innovator. Cambridge University Press. p.31.

9 将一个盛满水的大水桶置放在高处; 水桶的底部装有一个很细很细的喷水管道; 管道的出口处装有一个出水开关; 当计时开始时, 打开出水开关, 让水流入一个接住流水的小玻璃杯中; 当计时结束时, 关闭出水开关, 然后用一个非常敏感的天平仪称出玻璃杯中的水的重量; 这一系列的重量的差别和比值就给出相应的一系列的时间区间的差别和比值. 尽管这是一个依赖计时员打开和关闭水管出水口的反应时间的计时方式, 当水桶足够大以及实验过程所需要的时间足够长的时候, 这样的计时方式所得到的结果还是很准确的.

稿 *De Motu Antiquiora* 之中.

后来, 伽利略将他的自由落体动力学理论以对话的形式记录在《关于两门新型科学的对话》[10] 一书之中. 这本书的手稿于 1636 年完成. 由于伽利略当时正处于被软禁状态, 并且当时伽利略的所有的著作都被禁止在意大利境内出版, 伽利略的这本重要的专著只好被偷运到荷兰出版. 在这本书中, 伽利略设计了三位对话人物, Sagredo (伽利略的一位朋友的名字, 一位力学学者), Salviati (伽利略另外一位朋友的名字), Simplicio (一位杜撰出来的亚里士多德的信徒). 书里, 伽利略以 Salviati 朗读一位匿名作者的手稿; 并在朗读过程中穿插 Sagredo , Salviati , Simplicio 之间的对话; 伽利略用 Salviati 的发言来表述自己观点; 以 Simplicio 的发言来表述亚里士多德学派的观点. 整个对话持续了四天, 每一天主要涉及一个论题. 有关自由落体的动力学理论主要在第三天的讨论中建立起来 [11].

第一天所讨论的主题为“匀速运动”. 我们来看看伽利略关于匀速运动的定义. 他认为“一种物体运动被称为匀速运动当且仅当运动中的物体在任何相等的时间区间上所经历的路程都相等”. 这个定义涉及时间、时间区间、路程 (距离)、运动、以及一种状态“物体在运动中”.

首先伽利略默认时间轴假设, 他默认:

假设 1 (时刻与早晚) 时间轴是一个由不同时刻组成有先来后到的稠密而连续的结构, 即每一个时刻都是唯一的; 同一时刻与自身不分先后; 不同的时刻之间必可严格地分出先来后到, 先来者早, 后来者晚, 从早到晚, 单向有序; 任何三个彼此不相同的时刻之间的先后顺序总是传递的, 即如果第一个时刻比第二个时刻早, 第二个时刻又比第三个时刻早, 那么第一个时刻也一定比第三个时刻早; 任何两个不同时刻之间必有一个中间时刻, 即如果第一个时刻比第二个时刻早, 那么一定有一个比第一个时刻晚但比第二个时刻早的第三个时刻; 如果任意地将时间轴一分为二, 且彼此非空, 又毫无共同之处, 并且其中的一部分里的每一个时刻都比另外一部分里的任何一个时刻早 (称之为早晚两段, 早段里的每一个时刻都比晚段里的任何一个时刻早), 那么或者早段中必有最晚时刻, 或者晚段之中必有最早时刻.

其次伽利略默认时间区间假设, 他默认:

假设 2 (时间区间) (1) 任何两个时刻唯一地决定一个时间区间, 即如果这两个时刻其实为同一个时刻, 那么由此时刻所决定的时间区间就只包含这个时刻自己, 并且这个时间区间的两个端点都是这个时刻 (这样的时间区间被称为单一时刻区间, 或者平凡时间区间); 如果这两个时刻不相同, 那么称较早的那个时刻为左端,

10 Galileo Galilei, Dialoghi delle Nuove Scienze, Elzevirs, Holland, 1638; H. Crew and A. de Salvio (英文翻译), Dialogues concerning Two New Sciences, MaCmillan, 1914, New York.

11 参见 Morris H. Shamos (ed.), Great Experiments in Physics, Firsthand Accounts from Galileo to Einstein, Dover Publications, inc., New York, 1987.

较晚的那个时刻为右端, 由它们所决定的时间区间就由所有那些既不比左端早又不比右端晚的时刻的全体所组成 (这样的时间区间被称为非平凡时间区间). 如果时刻 a 不比时刻 b 晚, 那么由时刻 a 和时刻 b 所确定的时间区间就被记成 $[a,b]$, 其中 a 为这个时间区间的左端点, b 为右端点.

(2) 任何一个时间区间都由唯一的两个时刻 (它们或者相同或者一先一后) 所确定.

用类似于集合代数的语言来表示上述假设, 我们可以有下述定义和事实.

定义 5.14　(1) 一个时间区间 $[a,b]$ 被另一个时间区间 $[c,d]$ 所包括, 或者说时间区间 $[c,d]$ 包括时间区间 $[a,b]$, 记成 $[a,b]\subseteq[c,d]$, 当且仅当左端点 a 不比左端点 c 早, 并且右端点 b 不比右端点 d 晚.

(2) 两个时间区间 $[a,b]$ 和 $[c,d]$ 毫无共同之处, 或者说不相交, 或者说相交为空, 记成

$$[a,b]\cap[c,d]=\varnothing,$$

当且仅当或者右端点 b 早于左端点 c, 或者左端点 a 晚于右端点 d.

(3) 两个时间区间 $[a,b]$ 和 $[c,d]$ 相邻当且仅当, 或者左端点 a 早于左端点 c, 右端点 b 不早于左端点 c 但早于右端点 d; 或者左端点 c 早于左端点 a, 右端点 d 不早于左端点 a 但早于右端点 b.

(4) 称时间区间 $[a,b]$ 是时间区间 $[c,d]$ 的左邻 ($[c,d]$ 为 $[a,b]$ 的右邻) 当且仅当它们相邻, 并且左端点 a 早于左端点 c.

命题 5.1　如果时间区间 $[a,b]$ 是时间区间 $[c,d]$ 的左邻, 那么

(1) 它们都被时间区间 $[a,d]$ 所包括, 并且它们都包括时间区间 $[c,b]$;

(2) 如果时间区间 $[e,f]$ 既包括 $[a,b]$ 又包括 $[c,d]$, 那么 $[e,f]$ 也一定包括 $[a,d]$;

(3) 如果时间区间 $[e,f]$ 既被 $[a,b]$ 所包括又被 $[c,d]$ 所包括, 那么 $[e,f]$ 也一定被 $[c,b]$ 所包括.

定义 5.15　如果时间区间 $[a,b]$ 是时间区间 $[c,d]$ 的左邻, 那么定义

(1) 它们的合并为时间区间 $[a,d]$, 并记成

$$[a,d]=[a,b]\cup[c,d];$$

(2) 它们的共同之处为时间区间 $[c,b]$, 并记成

$$[c,b]=[a,b]\cap[c,d].$$

定义 5.16　一个时间度量 τ 是一个对每一个时间区间 $[a,b]$ 都唯一地确定一个非负实数 $\tau([a,b])$ 的函数, 并且 τ 必须满足如下要求:

(1) 对任意的时间区间 $[a,b]$, 如果 a 与 b 为同一时刻, 那么 $\tau([a,b])=0$; 如果 a 早于 b, 那么 $\tau([a,b])>0$.

(2) 对于任意两个时间区间 $[a,b]$ 和 $[c,d]$, 如果 $[a,b]$ 被 $[c,d]$ 所包含, 但不相同, 那么 $\tau([a,b]) < \tau([c,d])$.

(3) 对于任意的时间区间 $[a,b]$ 以及任意一个时刻 c, 如果时刻 a 早于时刻 c, 时刻 c 又早于时刻 b, 那么

$$\tau([a,b]) = \tau([a,c]) + \tau([c,b]).$$

(4) 对于任意的非平凡时间区间 $[a,b]$, 如果 $0 < r < \tau([a,b])$ 是一个正数, 那么一定有处于 a 和 b 之间的两个时刻 c 和 d 来满足如下要求:

$$r \leqslant \tau([a,c]) \leqslant \tau([a,b]) \text{ 以及 } r \leqslant \tau([d,b]) \leqslant \tau([a,b]).$$

非负实数 $\tau([a,b])$ 被称为时间区间 $[a,b]$ 的时间长度.

然后在这个基础上伽利略默认时间轴度量假设, 他默认:

假设 3 (时间可度量性) *存在唯一一个时间度量.*

这样我们就将伽利略的定义与假设翻译成了现代语言下的定义和假设. 需要注意的是现代的时间观已经用关于实数轴的数学理论来解释和表示, 但是在伽利略时代还没有现代的实数轴数学理论, 更没有建立在集合代数基础上的实数轴理论. 因此伽利略需要对时间的度量问题以默认假设的方式来解决. 应用建立在集合代数基础上的实数轴理论 [12], 我们知道伽利略的这些定义和假设是合理的.

同样地, 伽利略还默认了关于欧几里得空间中的直线定义以及欧几里得空间的距离度量假设, 从而可以确定沿直线运动的物体在一个确定的时间区间上所经历的路程. 在此我们忽略这些默认假设的详细表述, 因为这些在当代已经是中学课程的内容. 换句话说, 伽利略按照普通常识所默认的关于路程度量的假设在现代建立在集合代数基础上的数学理论下可以证明是合理的.

在明确了"匀速运动"的含义之后, 伽利略进一步寻求"速度"的定义. 为此, 伽利略引进了下述伽利略公理:

公理 I 对于匀速运动中的物体而言, 在较长时间区间上所经历的路程长于在较短时间区间上所经历的路程.

公理 II 对于匀速运动中的物体而言, 经历较长路程所需要的时间多于经历较短路程所需要的时间.

公理 III 对于匀速运动中的两个物体而言, 在同一个时间区间上, 速率较大的物体所经历的路程长于速率较小的物体所经历的路程.

公理 IV 对于匀速运动中的物体而言, 在同一时间区间上, 要完成较长路程所要求的速率大于要完成较短路程所要求的速率.

12 有兴趣的读者可参见 2019 年由科学出版社出版的冯琦所写的《集合论导引》第一卷.

在这些公理的基础上, 伽利略引进了关于速度的定义.

这样, 伽利略首次用反复实验否定了亚里士多德假设, 并且建立起关于空中自由落体的动力学理论: 同样质料的物体在相同的介质之中的自由下落过程中的速度相等; 从高空中自由下落的物体自上而下地做匀加速运动; 自由落体下降过程中从开始那一刻起经历过的路程与所花的时间的平方成正比, 其速度与所花掉的时间成正比, 而与其重量无关, 也就是说, 尽管两个自由落体的重量不同, 它们自相同高度开始的自由落体过程中的加速度是完全相同的, 从而下降过程中的速度和所经历的路程也完全相等.

伽利略所建立起来的空中自由落体的动力学理论还可以用来否定下述亚里士多德学派假设.

亚里士多德学派假设: 自由落体的速度与其所经历的路程成正比; 两倍的高度导致两倍的动量.

假设在断言 "自由落体的速度与其所经历的路程成正比" 中的 "速度" 一词为 "平均速度". 假设落体下降高度为 8 个前臂高. 它必须先下落第一个 4 个前臂长的高度, 再继续下落第二个 4 个前臂长的高度. 那么, 这个落体在完成第一个 4 个前臂长之高度的路程中的平均速度, 记成 v_1, 就应当是这个落体完成整个高度 8 个前臂长的速度, 记成 v_2, 的一半; 因此, 这个落体在完成第一个 4 个前臂高的路程时的时间 $t_1 = 4/v_1$ 就应当等于这个落体完成整个 8 个前臂路程的时间

$$t_2 = 8/v_2 = 8/(2v_1) = 4/v_1 = t_1.$$

但这是不可能的, 因为这个落体在完成第二个 4 个前臂高度的路程肯定要花时间. 除非整个落体下降过程只是极其短暂的一瞬间, 断言 "自由落体的速度与其所经历的路程成正比" 就不能成立.

关于 "两倍的高度导致两倍的动量" 这个说法, 同样可以证伪: 考虑单个重物之落体运动. 它的动量之差只依赖于速度之差; 如果两倍的高度导致两倍的动量, 那么落体的速度也就是双倍, 而双倍的速度就意味着在相同的时间区间上落体的下落行程是双倍的. 但是, 所有的实际观察都表明同一重物在落体过程中下落的行程越长, 所需要的时间就越久.

5.5.2 牛顿力学

我们再来看看牛顿对于亚里士多德关于力作用假设的否定以及由此所建立的牛顿力学理论.

第二个古典力学假设

亚里士多德假设: 持续运动依赖于力的持续作用 (力是保持物体运动状态的根本); 大小不变的力产生匀速运动.

亚里士多德的这个假设毫无疑问是根据对现实生活中许许多多实际现象的观察提炼出来的结果. 比如说, 用牛拉车; 用马拉车; 人力推车或推车; 用杠杆撬动重物; 等等, 所有这些运动都有一种共同的现象: 当这些运动之中既无上坡又无下坡时, 一旦导致运动的力的来源停止供力, 运动就很快停止下来. 也正因为这一假设合乎人们的实际生活经验, 人们便相信它, 它便被当成真理接受. 事实上呢? 这个假设在提炼的过程中完全忽视了所有这些现象之所以如此这般的两种普遍原因: 运动过程中的阻力作用和惯性作用.

亚里士多德相信"真空之不可能性". 他认为如果有真空, 那么在真空中并没有自然运动, 因为在那里没有任何物体会有其自然归宿之地, 也便因此没有回归的意图. 为了否定真空的存在, 曾经这样分析: "不可能说明为什么在真空中运动之物体会停下来; 的确, 为什么它会在此地停留而不是在另外一个地方停留. 由此得到一个推论, 一个物体在真空中要么保持静止, 要么, 当处于运动之中, 永久运动下去, 除非遭遇到某种阻碍之物."

这里涉及几个基本问题:

1. "运动"是什么?

2. "运动状态"是什么?

3. "力"是什么?

4. 为什么说"力保持物体运动状态"?

300 多年前, 牛顿 (1642—1727) [13] 对"运动是什么"这样的问题提出了自己的理解和解答. 在牛顿看来, 物体的运动状态由物体的质量和运动速度的乘积来确定; 而力, 不是别的, 恰恰是这种运动状态改变的决定因素. 从力、运动、运动状态、参照系、位移、速度、加速度等一系列的基本概念和具体概念出发, 提炼出三大定律, 建立起牛顿经典力学理论.

依据熟知的事实, 以数学概念为基础建立起解释这些事实的基本理论, 从这些基本理论出发, 演绎推理出一系列的导出结论, 再用这些导出的结论与经过观察或者实验所得到的事实进行比较. 牛顿建立的经典力学理论将对现实客观物理现象的展现、解释与对未来行将发生的客观物理变化的系统性预言统一起来. 以关于运动和引力的物理公理为基础, 将在他之前仅仅对现象进行解释的科学提升为数学系统理论.

牛顿对时间、空间、位置以及运动这几个概念作为人所共知的常识没有加以定义, 但是在《原理》一书中牛顿明确提出需要将它们按照绝对与相对, 真实与显然 (显而易见), 数学意义与常识的原则加以区分. 在牛顿看来, 绝对时间、真实时间以及数学意义上的时间, 作为时间自身按照自己的本性均匀流逝, 不受任何外界

13 Isaac Newton, The Principia, (1687), Prometheus Books, 1995.

干扰; 然而, 作为时间的另外一个称呼, 期间 (时间区间) 则是相对的、显然的、常识性的, 是具有一定敏感性的外在的借助运动来度量的结果. 这种相对的显然的常识中的时间正是常用的时间, 但不是真实的时间, 比如, 一天, 一个月, 一年. 牛顿将空间分为绝对空间和相对空间. 绝对空间以其自在的本性完全独立于一切外在事物永恒不动与不变. 相对空间则是可动可变的, 是可以在绝对空间中可观察的, 可依据我们的感官来确定位置的. 两者在几何结构上完全一样, 但并非在数值上总相同. 牛顿将位置作为物体占据空间 (无论绝对或相对) 的部分来看待, 并且将各种各样的物体都抽象为一个质点, 从而与它们各自占据的位置吻合. 牛顿将物体的运动同样分成绝对运动和相对运动两种. 绝对运动是在绝对空间中从一个位置到另一个位置的位移; 相对运动是从一个相对位置到另一个相对位置的位移. 比如, 一条顺流而下的船以及船上的一切相对于静止的地球而言都以相同的速度在运动之中, 但是船上的物体则相对于船而言是相对静止的. (在现代力学教科书中, 牛顿的绝对空间事实上被惯性参照系所取代; 所关注的位置、运动、相对运动都发生在一个固定的惯性参照系内部.)

现在让我们来看看牛顿是怎样在上述公认的时间和空间等基础上以引进定义和非逻辑公理 (力学定律) 的方式建立起牛顿力学的.

在《原理》一书中, 牛顿首先用一系列定义来引进牛顿力学所需要的具体复合概念. 牛顿引进的第一个复合概念是物体的质量, 并且将物体与它的质量等同起来.

牛顿之第一定义: 质量 (物质的量). 物质的量, 质量, 是对具有相同密度和相同体积的相同性的一种度量, 并且这种度量结果就是它的密度与它的体积的乘积:

$$m(x) = \rho(x) \times V(x),$$

其中 x 是一个物体, $\rho(x)$ 是 x 的密度, $V(x)$ 是 x 的体积.

比如, 具有两倍密度和两倍空间大小的空气就意味着四倍的质量.

质量, 作为一个复合概念. 它的定义依赖四个基本概念: 密度、体积、密度相同关系以及体积相同关系. 密度函数是从密度相同这个等价关系的商空间到实数的映射, 体积函数是从体积相同这个等价关系的商空间到实数的映射. 在这个基础上牛顿还指出物体的重量是一个与它的质量成正比的量. 依据几何空间上体积的可加性, 在密度均匀分布的前提下, 质量也具有可加性.

牛顿引进的第二个复合概念是动量.

牛顿之第二定义: 动量 (运动之量). 运动之量, 动量, 是对具有相同速度和相同质量的相同性的一种度量, 并且这种度量的结果就是它的质量与它的速度乘积:

$$p(x) = m(x) \times v(x).$$

由于质量具有可加性, 动量具有可加性: 整体的动量是它的各部分的动量之和,因为运动中的物体各部分速度相同. 同一速度下, 两倍的质量就意味着两倍的动量; 但是如果具有两倍的质量与两倍的速度, 那么就意味着四倍的动量.

牛顿引进的第三个复合概念是惯性.

牛顿之第三定义: 惯性 (物质之天然惰性). 物体之惯性是保持物体当前所持有的静止状态或者匀速直线运动状态的性质. 在牛顿看来, 惯性又被称为惰性 (inactivity). 一个物体的惯性与它的质量成正比; 事实上一个物体的惯性与它的质量的惰性并无差别, 只是在我们的印象之中它们不一样罢了. 惯性只是在遭遇试图改变该物体的当前运动状态 (静止或者匀速直线) 的外力作用时才会显现出来; 惯性抗拒外来改变之力, 以保持自己的当前运动状态.

随着惯性概念的引入, 牛顿很自然地引进第四个复合概念: 外力.

牛顿之第四定义: 外力 (外加之力). 一股外力是强加在物体之上的试图改变物体当前运动状态 (静止或匀速直线) 的一种作用. 于是, 只有当作用存在期间外力才存在; 一旦作用结束, 外力也就不复存在. 一旦运动状态被改变, 物体就又在其惯性之下保持新的运动状态.

在这些默认的具体基本概念和依据定义给出的复合基本概念的基础上, 牛顿在《原理》一书中明确地罗列出四条力学的非逻辑公理 (书中明确使用了“公理, 或者运动定律”):

牛顿第一定律: 惯性定律. 每一个物体都一定保持自身当前静止状态或者匀速直线运动状态, 除非它遭遇到强迫它改变当前运动状态的外力作用.

牛顿第二定律: 动量变化律. 一个物体动量改变之大小与强迫其改变的外力成正比, 并且其改变的方向与作用其上的外力的方向相同.

牛顿第三定律: 对抗平衡律. 有作用必有等量反作用.

牛顿第四定律: 万有引力定律. 两个有一定距离的物体之间存在着相互间的引力, 并且引力的大小与两个质量的乘积成正比, 与两者间的距离的平方成反比, 两者之间的距离为两者的引力中心位置 (未必是它们的几何中心位置) 之间的距离.

这些具体的力学基本概念以及非逻辑公理就构成牛顿力学体系. 这个力学体系的合理性已经在它在人类日常生活的广泛应用中得到充分验证, 不仅仅是实验的验证.

5.5.3 爱因斯坦相对论

狭义相对论

无论是亚里士多德的假设, 伽利略的自由落体理论, 还是牛顿的力学体系, 都清楚地表明力学的目的是解释物体怎样随时间在空间中改变位置. 但是无论是伽利略还是牛顿, 都没有对众所周知的基本概念“同时”、“时间”和“空间”给出令人信服的透彻的解释. 问题依旧还在:

1. “位置”是什么?
2. “空间”是什么?
3. “同时”是什么?
4. “同时”应该怎么判断?
5. “时间”又是什么?
6. “时间”应该怎样测量?

这些问题便是爱因斯坦[14]在 1905 年提出狭义相对论的时候的开篇之问. 这也是爱因斯坦在他的相对论专著中的开篇之问. 他在自己的论文和专著中给出了自己的答案[15]. 后面我们会看到狭义相对论要解决的基本问题是这样一个问题: 物理学的理论对参照系的依赖到底有多强? 物理学所揭示的自然规律是否必然独立于参照系的选择? 如果一定对参照系的选择有关, 那么不同的参照系之间应当如何转换而所表示出来的规律具有“最大程度不变性”?

运动的相对性一般来说比较清楚, 因为运动总是涉及物体相对于某一个参照系而言的位置变化. 比如说, 如果有人断言火车是静止的, 那么这个人通常是指观察者站在火车轨道边上, 并且火车处于停止状态; 而如果这个观察者是火车上的一位坐在那里的乘客, 那么他一定认为火车相对于他而言是静止的. 就算假设火车、乘客、观察者、站台之间都没有相对运动, 他们也都随着地球一起在运动之中, 从而他们相对于月球表面的观察者而言正处在运动之中. 将这种简单的想法延拓到明显的极致, 人们自然而然地希望有一个**绝对参照系**以至于相对于这个绝对参照系而言**所有的**运动都可以比较. 可以说这种想法一直延续到爱因斯坦之前的整个力学界. 牛顿所采用的绝对空间就是基于这种直觉观念.

同样地, 时间一直以来都被认为是与空间相独立的. 名词“过去”、“当前”、“将来”的含义直觉上都似乎非常清楚. “当前”就是指在“过去”与“未来”之间的无穷小的一瞬间. “过去”了的事件通常是指那些原则上我们可以从中获得关于它们的某种知识的事件; “未来”的事情是指那些原则上我们或多或少可以产生影响的事情. 就是这种关于时间的直觉观念或者朴素概念一直都是古典力学的根基, 并且非常合乎我们的正常生活体验. 但是这种朴素概念并非完全有效可靠. 正如爱因斯坦所论证的, 由**过去**与**未来**所构成的区间就时间而言有一个有限的外延, 而这个外延依赖于观察者与被观察对象之间的空间距离.

在爱因斯坦的分析中, 他着重强调运动的相对性以及时空关联: 一切运动都是相对的, 包括观察者所使用的参照系; 由于时间的度量直接与运动相关, 时间与空间便不可分离, 它们是一个整体.

尽管牛顿用绝对空间和绝对时间来定义绝对运动, 但是在他建立自己的力学理

---

14 A. Einstein.

15 参见 A. Einstein, Relativity, the Special and the General Theory, Three Rivers Press, 1961.

论体系时他并没有在他的力学原理中应用这些概念. 事实上正如**狭义相对论**所揭示的那样, 绝对运动是一个没有任何内涵的概念. 在几乎所有的力学实验中, 位置都实际上可以用一个与地球刚性联系一起的坐标系或者参照系来确定 (尽管用一颗远远的星作为固定的原点来构造一个参照系可能会更合适, 但就实用情形而言, 以地球为原点的参照系就足够好用了). 实质上重要的问题是: 是否存在另外的参照系以至于那些表示力学定律的等式依旧保持着同样的形式? 也就是问, 是否存在着保持力学定律不变的其他参照系? 生活的经验表明由于惯性作用, 当我们坐在一辆在弯道上行驶的汽车中的时候, 我们的感觉与当我们坐在一辆沿着笔直的道路匀速行驶的汽车中的时候的感觉会很不一样; 或者当我们站立在一架开始上升的电梯里的时候, 我们的感觉也会与当我们站立在已经处在匀速上升中的电梯里的时候的感觉很不一样. 一辆在弯道上行驶的汽车, 或者一架开始上升的电梯, 相对于地球而言都相当于一个处在加速中的“实验室”; 而一辆沿着笔直道路匀速行驶的汽车, 或者处在匀速上升中的电梯, 相对于地球而言都相当于一个处在匀速运动中的“实验室”. 在这种相对于地球处于匀速运动中的实验室的感觉就和我们直接处于地球上的感觉完全相同, 也就是说, 在这种相对于地球做匀速运动的“实验室”中力学定律不变, 但是在那种相对于地球做加速运动的“实验室”中力学定律是不一样的. 换句话说, 如果力学定律在一个参照系中是真实的, 那么在任何一个相对于这个参照系而言做均匀运动的参照系中力学定律照样是真实的. 于是, 就称所有这些**保持力学定律不变的参照系**为**惯性参照系**. 这样一来, 力学定律在所有惯性参照系中保持不变. 人们有时候称这一原理为**伽利略相对性原理**. 爱因斯坦正是从对伽利略相对性原理的推广开始建立他的狭义相对论的.

狭义相对论的出发点就是下述爱因斯坦不变性假设 (狭义相对论的非逻辑公理):

(1) (相对性原理) 物理学的定律与惯性参照系的选择无关, 也就是说, 在所有的惯性参照系中物理学的定律都是一样的.

(2) (光速不变原理) 真空中的光速 [16] 与惯性参照系的选择无关, 也就是说, 在所有的惯性参照系中真空中的光速都是一样的, 并且光速与光源本身的运动无关. 爱因斯坦就是在这两条非逻辑公理下建立起狭义相对论.

狭义相对论的核心是“同时”这个具体复合概念的定义. 在爱因斯坦看来, 当时间在我们的概念中扮演某种角色的时候, 那么这些概念总是与同时直接关联的概念. 比如说, 当我们说“一列火车 7 点钟到站”的时候, 我们事实上在说我们的手机显示 7:00 (或者站台上的时钟短指针恰好指向 7) 与那一列火车的到达是两件同时发生的事件.

那么该怎样定义同时呢? 固定一个惯性参照系, 并且为了区别起见, 称这个固

16 真空中的光速定义为 $c = 299792458\text{m/s}$; 即每秒 2 亿 9979 万 2458 米, 大约每秒 30 万千米.

定的惯性参照系为稳定参照系; 将这个稳定参照系以表示欧几里得空间的笛卡尔坐标系表示出来. 假设 A 和 B 是这个稳定参照系中的两个置放着具有完全相同结构的时钟 (时钟相对于稳定参照系处于静止状态) 的两个位置. 在这两个位置上的时钟各自可以确定当地的时间. 也就是说, 我们面临一个 A 时间与一个 B 时间的局面. 为了将这两个时间关联起来, 我们假定:

光从位置 A 传播到位置 B 所花的时间
等同于
光从位置 B 传播到位置 A 所花的时间.

现在假设一束光在 A 处的时刻 t_A (A 处的时钟读数) 离开位置 A 开始向 B 处传播, 光束到达位置 B 处时 B 处的时刻为 t_B (B 处的时钟读数); 此时光束立刻反射向 A 处返回, 到达 A 处的时刻为 t'_A (A 处的时钟读数). 定义 A 处的时钟与 B 处的时钟**同时** (或者**同步**) 当且仅当

$$t_B - t_A = t'_A - t_B.$$

这样同时这个概念就由相对于稳定参照系处于静止状态的时钟与光子运动定义出来, 并且我们还得到

$$\frac{2d(A,B)}{t'_A - t_A} = c = 299792458\text{m/s},$$

其中 $d(A,B)$ 为位置 A 与位置 B 之间在欧几里得空间中的距离, c 为光速. 从而, **时间区间的长度**就得到定义. 为了确保时间区间的长度的这种定义是毫无歧义的, 我们需要如下由时钟同步定义所给出的结论:

(a) 在 A 处的时钟总与它自身同步;

(b) 如果处在 A 处的时钟与处在 B 处的时钟同步, 那么处在 B 处的时钟与处在 A 处的时钟也同步;

(c) 如果处在 A 处的时钟与处在 B 处的时钟同步, 处在 B 处的时钟与处在 C 处的时钟同步, 那么处在 A 处的时钟与处在 C 处的时钟也同步.

也就是说, 处在各处的时钟之间的同步关系是一个等价关系.

广义相对论

爱因斯坦广义相对论起源于牛顿的万有引力定律与爱因斯坦的狭义相对论原理不相一致. 在牛顿万有引力定律中, 引力作用是瞬间发生的作用; 可是引力作用的大小又与两个相互作用的物体 (比如太阳与地球) 之间的距离直接相关 (其大小与距离的平方成反比). 根据爱因斯坦光速不变原理, 没有任何信号传递的速度会超

过光速 (光速极限定理). 地球与太阳之间的最短距离[17]大于 1 亿 4700 万千米, 太阳光到达地球需要超过 8 分钟的时间. 所以, 在地球与太阳之间存在瞬间相互作用的引力就与光速不变原理相冲突. 为了消除这种不一致性, 爱因斯坦对引力 (重物体之间的吸引作用) 这个基本概念做出新的内涵确定, 从而建立起崭新的时空概念, 并且得出引力是几何空间的一种固有特性.

诚如伽利略所建立起来的自由落体理论, 在一个均匀引力场中所有的物体都会以独立于它们的物质构成的一个相同的加速度下落. 比如, 地球和月亮都在以"相同"的加速度 (测量误差为 1.5×10^{-13}) 靠近太阳. 这一定律的一个直接推论就是如下现象: 在天安门广场上垂直向上抛一物体, 这个物体会以一定的初速度向上做减速运动, 达到最高处, 然后向下做加速运动降落到广场上. 将这个上升与回落的过程描绘成时间–高度曲线. 那么我们将会发现无论所抛物体的物质结构有多大差别, 只要抛物时所在的位置一样, 初速度相同, 那么相应的上升与回落的时间–高度曲线会完全吻合.

这种上抛物体轨迹的唯一性就是引力的一种特殊性质, 并且这种性质为引力场所特有: 唯有在引力场中所有具有相同初始条件的物体持有完全相同的时空曲线. 爱因斯坦的基本想法就是这种在时空中路径的唯一性可以用 4 维时空 (3 维空间加 1 维时间) 中的几何来解释. 具体而言, 爱因斯坦建议像地球这样的重质量物体会引起它周围的几何时空弯曲, 以及在没有任何外力作用之下所有这样的物体都会在这弯曲的时空中沿着直接路径运动. 这就像在 3 维欧几里得空间中在没有外力作用下的物体总沿着直线运动一样. 爱因斯坦认为地球沿着自身的轨迹绕太阳运动, 并非引力作用于它, 而是它在由太阳所确定的非欧几里得几何时空中沿着最直接的路径 (**测地线**) 运动.

爱因斯坦广义相对论的合理性已经被一系列的实验分别直接或间接证明, 其中最具难度的实验验证是对引力波预言的验证. 爱因斯坦的广义相对论理论预言 (称为引力波预言): 存在一种以光速传播的时空曲率波动. 这种时空曲率波动被称为引力波, 被视为宇宙中的"时空涟漪". 这种时空涟漪就如同将石头丢进池塘的水里所产生的波纹一样. 爱因斯坦广义相对论的引力波预言于 2015 年 9 月 14 日被美国的"激光干涉引力波天文台"(LIGO) 的科学家们首次直接证实. 美国国家科学基金会于美国东部时间 2016 年 2 月 11 日上午 10 点 30 分 (北京时间 2 月 11 日 23 点 30 分) 在华盛顿特区国家媒体中心正式发布了这一消息. 这次探测到的引力波是由 13 亿光年之外的两颗黑洞在合并的最后阶段产生的. 两颗黑洞的初始质量分别为 29 颗太阳和 36 颗太阳, 合并成了一颗 62 倍太阳质量高速旋转的黑洞, 亏损的质量以强大引力波的形式释放到宇宙空间, 经过 13 亿年的漫长旅行, 终于

17 从 1981 年起, 国际天文学会将地球与太阳之间的平均距离 1 亿 4959 万 7870 千米作为一个天文单位.

于 2015 年 9 月 14 日抵达了地球, 被美国的"激光干涉引力波天文台"的彼此相距 3000 千米分别置放在华盛顿州的汉福德和路易斯安那州的列文斯顿的两台孪生引力波探测器探测到. 探测到的引力波信号初始频率为 35 赫兹, 接着迅速提升到了 250 赫兹, 最后变得无序而消失, 整个过程持续了仅四分之一秒. 位于利文斯顿的探测器比位于汉福德的探测器早探测到 7 毫秒, 这个时间差表明引力波是从南部天区传来. 激光干涉引力波天文台的主要部分是两个互相垂直的干涉臂, 臂长均为 4000 米. 在两臂交会处, 从激光光源发出的光束被一分为二, 分别进入互相垂直并保持超真空状态的两空心圆柱体内, 然后被终端的镜面反射回原出发点, 并在那里发生干涉. 若有引力波通过, 便会引起时空变形, 一臂的长度会略为变长而另一臂的长度则略为缩短, 这样就会造成光程差发生变化, 因此激光干涉条纹就会发生相应的变化; 只有当两个探测器同时检测到相同的信号才有可能是引力波.

第 6 章　计算与可计算

明理知局限,
沉思悟算道.

前一章以有关数的例子说明在集合代数之中一个组织结构中的真假判定是如何实现的. 这是纯粹理论的实现. 现在的问题是, 如何将这种理论上所实现的真假判定转化为实际的或者现实的系统性真假判定以用来解决我们现实生活中的具体问题? 换句话问, 逻辑可以以一种什么样的方式作为一种行之有效的工具在我们的日常生活中发挥作用? 在这一章中, 我们将围绕**计算**以及**可计算**这两个核心概念来展开讨论, 以期说明逻辑在现代生活中的根本性作用. 逻辑之所以能够在现代生活中得到如此广泛如此根本的应用, 就因为生活中面临的一切问题都必须有合适的恰当的答案, 而任何合适的恰当的答案归根结底是一系列经逻辑联结词组合起来的有关基本事实的真与假的具体判定; 这些系列性的真假值都以完全独立于任何个人意志 (或者意愿) 的方式系统地纯粹地被计算出来.

在集合代数中, 我们有一个关于自然数的 a 进制表示定理 (第 284 页中的定理 4.26). 当 $a=2$ 时, 我们有当代计算机内部表示用的二进制表示; 当 $a=10$ 时, 我们有常用的十进制表示; 当 $a=16$ 时, 我们有古时候常用的十六进制表示. 无论当 $a=2$ 或 $a=10$ 或 $a=16$ 或 a 为任意一个事先固定了的大于 1 的自然数时, 我们用 a 个抽象符号上的有效的符号序列来实现自然数数值的抽象表示, 并且按照定理 4.26 的结论将这种抽象表示的语义固定下来. 在这种抽象表示的基础上, 自然数数值就由这种系统性的抽象表示以及被固定下来的语义解释存放在人类的思维之中; 自然数数值的计算就完全演变成有效符号序列之间的按照一套固定法则进行的纯粹符号的变换; 具体的自然数数值计算的正确性问题就完全转变成相应的具体的变换过程中每一步是否严格遵守演算规则以及相应的有效符号序列之间的等式是否成立等一系列问题. 换一种说法, 我们通常的计算实际上是在进行着一系列的用来表示数的有效符号序列的符号演算; 按照事先确定的演算规则, 将一组有效符号序列的等式演变到另一组有效符号序列的等式, 而所涉及的有效序列的数值含义则完全留存在我们大脑的理解系统之中. 正是在这样的情形之中我们将遵守演算规则的符号演算与合乎数值含义的数值计算完全等同起来, 从而形成我们的计算观念. 那么这种观念的计算到底该怎样称为概念的计算? 也就是问: 计算这个词汇的严格的定义应当是什么? 在严格的计算概念之下, 哪些是可计算的, 哪些是不可计算的?

这两个基本问题将是本章要解答的问题.

6.1 计 算 模 型

6.1.1 算法

在第 1 章中我们已经见到过具体的求十进制表示算法 (见定义 1.4)、求十进制最高位算法 (见定义 1.5)、带余除法 (见定义 1.6)、求二进制表示算法 (见 1.7)、求二进制最高位算法 (见定义 1.8) 以及将十进制转换为二进制的转换算法 (见定义 1.9). 一般而言, 我们通常都会有意去寻找某种行之有效的方法来解决实际中所面对的某一个具体问题. 对于涉及的数值计算问题, 人们将那些行之有效的方法称为算法. 一个算法, 在通常的共识之中, 就是一种每一步都按照事先完全确定的规则以记账方式来实现的系列步骤 (称之为过程); 这种过程可以适用于一个确定范围内的任何一种**符号(串)输入**, 并且对于每一个这样的符号输入, 都能够最终产生一个与之相应的**符号(串)输出**. 简而言之, 求解一类问题的算法就是以一种完全确定的有限的步骤序列来实现从输入到输出的转化过程.

比如, 用手机中的地图程序确定从当前身处位置前往目的地的 (步行、乘公交车或者自驾等) 路线几乎是现代城市生活的一种日常行为. 手机中的地图程序就是一种算法: 给定出发点的输入符号串以及目的地的输入符号串, 手机地图程序便在卫星路线信息库中寻找可能的行进路线, 并按照一定的优选标准确定行进路线的建议, 也就是手机地图程序的输出符号串: 行进路线建议. 当然, 手机地图程序是由许多简单算法组合起来的复杂算法.

我们最早接触到的也是最简单的算法莫过于自然数的加法. 自然数的加法作为一种算法, 它的输入为两个自然数的表示符号串, 比如十进制表示; 它的输出为两个输入数的和的表示符号串; 它的基本运算步骤由 10 以内的两个个位数的加法表、表示位顺序、位权以及进位法则来实现. 再稍微复杂一点的算法就是自然数的乘法. 具体自然数的加法和乘法都是小学数学课程的内容. 但是小学数学课程所学的都是具体的算法应用实例, 而不是算法本身, 直到中学时期, 掌握了代数中的变量的概念, 可以处理任意的自然数加法以及乘法时, 我们才真正掌握了相应的算法.

中学数学课程中一定有求解一元二次方程的根的内容. 给定一个实系数一元二次方程 $ax^2+bx+c=0$, 试判定它是否有实数解, 并且在有实数解的时候求出其解. 这就是一个可以用算法求解的问题. 欲判定方程在实数范围内是否有解, 只需检验一下判别式 $b^2-4ac\geqslant 0$ 是否成立. 如果不等式为真, 则所给定方程在实数范围内有解; 否则, $b^2-4ac<0$ 为真, 所给定方程在实数范围内无解. 如果 $b^2-4ac\geqslant 0$ 为真, 那么所给定方程不但有解而且它的解还有一个根式表示 (称之为一元二次方程

的求根公式):

$$\frac{-b\pm\sqrt{b^2-4ac}}{2a}.$$

这个求根公式就给出了求解一元二次方程 $ax^2+bx+c=0$ 的一个算法.

在自然数理论中, 我们比较熟悉的一个基本算法是计算第 n 个素数的筛法: 第 0 个素数是 2; 第 1 个素数是 3; 现在假设我们已经计算出前 $m+1$ 个素数

$$p_0=2, p_1=3, p_2=5, p_3=7, p_4=11, \cdots, p_m.$$

现在欲求得第 $m+2$ 个素数. 执行下列算法:

(1) 令 $a=p_m$; 进入步骤 (2).

(2) 令 $k=a+2$; 进入步骤 (3).

(3) 令 $j=0$; 进入步骤 (4).

(4) 令 $i=j$; 进入步骤 (5).

(5) 检测 p_i 是否整除 k; 如果 $p_i|k$, 那么令 $a=k$, 进入步骤 (2); 否则, 进入步骤 (6).

(6) 如果 $i=m$, 那么输出 $p_{m+1}=k$, 并且停止; 否则, 令 $j=i+1$, 进入步骤 (4).

在自然数理论中, 我们比较熟悉的另外一个算法是求取两个正整数的最大公约数 (最大公因子) 的欧几里得算法 (辗转相除法): 设 $m<n$ 是两个给定正整数; 执行如下步骤:

(1) 令 $a=m$ 以及 $b=n$; 进入步骤 (2).

(2) 计算 $b=a\cdot q+r$; 求得 $0\leqslant r<a$; 进入步骤 (3).

(3) 如果 $r=0$, 那么输出最大公因子 q 并且停止; 否则, 令 $b=a$ 以及 $a=r$, 进入步骤 (2).

又比如, 我们中学时期就学过的多项式, 形如

$$a_nx^n+a_{n-1}x^{n-1}+\cdots+a_1x+a_0$$

的符号串, 其中 n 是一个非负整数, $a_0,a_1,\cdots,a_{n-1},a_n$ 为系数 (整数、有理数或者实数, 甚至复数), x 为单变元, x^i 中的 i 为 x 的幂次, 并且当系数 $a_0,\cdots,a_{n-1}$ 都为零时, 我们称 a_nx^n 为一个单项式. 每一个这样的多项式实际上就是一个计算一类函数的算法. 固定一个多项式

$$p(x)=a_nx^n+a_{n-1}x^{n-1}+\cdots+a_1x+a_0.$$

它就是这样一个算法: 给定一个表示单变元变化范围内的数的符号串 (比如十进制数表示符号串) a, 那么就执行下列步骤: (甲) 分别求出输入符号串 a 的 i-次幂 a^i

$(1 \leqslant i \leqslant n)$; (乙) 分别求出乘积 $a_i \cdot a^i$ $(1 \leqslant i \leqslant n)$; (丙) 将在步骤 (乙) 中计算出来的 n 个积相加, 然后再将得到的和加上常数项 a_0, 就得到一个表示数

$$a_n a^n + a_{n-1} a^{n-1} + \cdots + a_1 a + a_0$$

的符号串. 这样的一个多项式就是一个对于整数、有理数、实数以及复数都通用的算法, 只不过所计算出来的函数因单变元 x 的变化范围不同而有差异. 当单变元 x 被限定在整数范围内变化时, 多项式 $p(x)$ 的系数也应当是整数, 被称为整系数多项式; 当单变元 x 被限定在有理数范围内变化时, 多项式 $p(x)$ 的系数也应当是有理数, 被称为有理系数多项式; 当单变元 x 被限定在实数范围内变化时, 多项式 $p(x)$ 的系数也应当是实数, 被称为实系数多项式; 类似地有复系数多项式. 这样一来, 同一个多项式, 因为单变元变化范围的不同, 它所计算出来的函数也就是不同. 比如, 设

$$p(x) = 15x^3 + 7x^2 + 5x + 9.$$

这是一个整系数 3-次多项式. 单变元 x 既可以在整数范围内变化, 也可以在有理数范围内和实数范围内甚至复数范围内变化. 随着单变元变化范围的不同, 这个多项式就分别给出一个定义在整数集合、有理数集合、实数集合或者复数集合上的 (多项式) 函数的算法: 对于输入符号串 a, 计算出 a, a^2, a^3; 再计算出 $5a, 7a^2, 15a^3$; 最后计算出表示数 $(15a^3+7a^2+5a+9)$ 的符号串. 如果我们将多项式 $15x^3+7x^2+5x+9$ 改写成如下形式:

$$((15x + 7)x + 5)x + 9.$$

那么我们就可以得到另外一个算法: 给定输入符号串 a, 先计算乘积 $15 \cdot a$, 再计算和 $15 \cdot a + 7$, 再计算乘积 $(15 \cdot a + 7) \cdot a$, 然后计算和 $((15 \cdot a + 7) \cdot a) + 5$, 再计算乘积 $(((15 \cdot a + 7) \cdot a) + 5) \cdot a$, 最后计算和 $(((15 \cdot a + 7) \cdot a) + 5) \cdot a + 9$. 这后一种算法显然不同于前一种算法 (它们各自的执行步骤过程不一样). 也就是说, 对于同一个多项式函数, 我们可以有多种计算它的算法.

再比如, 我们在中学时期学过的求解一元一次线性方程组的高斯消去法. 这是一种判定任意一个给定 n 个独立单变元 $x_1, x_2, \cdots, x_n$ 的由 m 个线性方程组成的线性方程组是否有解, 并在有解的前提下求其一解甚至全部解的算法. 高斯消去法的核心思想是对给定线性方程组执行三种不改变方程组的解状态的基本线性操作, 逐步消去方程中的未知变元直到方程组中或者出现只含一个变元的方程 (此时原方程组有唯一解), 或者出现部分变元可以任意取值而另外一个变元由其他的取值所确定的方程 (此时原方程组有无穷多个解), 或者出现类似于 $0 = 1$ 的错误等式 (此时原方程组无解). 在有解的情形中, 再逐步回代求出各个独立变量的值. 而不改变方程组的解状态的三种基本操作为: ① 将其中的某一个方程等号两边同时乘上

一个非零数; ② 将方程组中的一个方程的若干倍加到另外一个方程之上; ③ 交换方程组中两个方程在方程组中的排列顺序. 高斯消去法的输入是一个线性方程组, 输出还是一个线性方程组; 经过有限次迭代, 一定会出现一个梯形线性方程组; 从而可以一目了然地得知该梯形线性方程组是否有解; 是否有唯一解; 是否有无穷多个解; 进而得知原方程组的解状态, 并在有解的前提之下求得其解. 下面我们以一个我国历史上比较有名的线性方程组 —— 《孙子算经》中的"物不知数"问题的求解方程组 —— 又被民间称之为韩信点兵线性方程组为例, 简要地复习一下高斯消去法.

问题 6.1 《孙子算经》[1] 中有一个"物不知数"问题:

今有物不知其数,

三三数之, 剩二;

五五数之, 剩三;

七七数之, 剩二,

问物几何?

史上流传, 又称韩信点兵 [2]. 用线性方程组的形式写出来:

例 6.1 (韩信点兵方程组)

$$(1)\qquad \begin{cases} x_1 - 3x_2 = 2, \\ x_1 - 5x_3 = 3, \\ x_1 - 7x_4 = 2. \end{cases}$$

我们应用高斯消去法来求解这个韩信点兵方程组.

在方程组 (1) 中, 将第一个方程乘以 -1 加到第二个方程; 将第一个方程乘以 -1 加到第三个方程, 消去第二和第三个方程中的未知数 x_1, 得到

$$(2)\qquad \begin{cases} x_1 - 3x_2 = 2, \\ 3x_2 - 5x_3 = 1, \\ 3x_2 - 7x_4 = 0. \end{cases}$$

在方程组 (2) 中, 将第二个方程乘以 -1 加到第三个方程, 消去第三个方程中的未知数 x_2, 得到

$$(3)\qquad \begin{cases} x_1 - 3x_2 = 2, \\ 3x_2 - 5x_3 = 1, \\ 5x_3 - 7x_4 = -1. \end{cases}$$

---

1 大约三四世纪, 魏晋南北朝.

2 民间传说: 一日刘邦问韩信带多少兵. 韩信答, 各列前后对齐, 若排成三横排, 则最后一列少一人; 若排成五横排, 则最后一列少二人; 若排成七横排, 则最后一列少五人. 刘邦问张良, 韩信带了多少兵? 张良不知多少.

线性方程组 (3), 是阶梯形方程组. 根据高斯消去法原理, 在实数范围内, 这个方程组肯定有解, 而且有很多解. 但是, 我们的问题是在自然数范围内求解, 不是在实数范围内求解. 这就需要我们应用我们中学所学的辗转相除法 (欧几里得算法). 注意方程组 (3) 的最下面的方程:

$$5x_3 - 7x_4 = -1.$$

这个方程等价于: $7x_4 - 5x_3 = 1$. 由于 5 和 7 是两个不同的素数, 它们的最大公因子为 1. 根据最大公因子线性组合表示定理, 这个不定方程有很多解. 事实上, 应用一下辗转相除法:

$$\begin{aligned} 7 &= 5 + 2, \\ 5 &= 2 \cdot 2 + 1, \end{aligned}$$

回代一下:

$$\begin{aligned} 7 - 5 &= 2, \\ 5 - 2 \cdot 2 &= 1, \\ 1 &= 5 - 2(7 - 5), \\ 1 &= 3 \cdot 5 - 2 \cdot 7. \end{aligned}$$

所以, $x_3 = -3, x_4 = -2$, 或者 $x_3 = 4, x_4 = 3$. 根据我们的实际问题, 我们取正解: $x_3 = 4, x_4 = 3$. 再回代, 从而得到 $x_2 = 7$ 以及 $x_1 = 23$.

现在让我们来看看《孙子算经》中是如何求解问题 6.1 的. 对于这一问题, 孙子以给出了如下算法歌诀: “三十同行七十稀, 五树梅花廿一枝, 七子团圆正月半, 除百零五便得知.” 具体算法则是: 以三三数之的余数乘七十, 五五数之的余数乘二十一, 七七数之的余数乘十五, 求出总和, 再减去一百零五的一个倍数即得所求. 具体应用这一算法到上例中的问题, 将二乘七十, 将三乘二十一, 将二乘十五, 计算出三个乘积之和为二百三十三, 从中减去二百一十, 得到二十三. 孙子的这个算法给出的结论被西方数学家 [3] 称为“中国剩余定理”(我们自己有称之为“孙子定理”的).

再抽象一点的例子, 比如, 在大学一年级的微积分课程中, 我们学过如何求多项式函数的导函数: 当见到输入符号为 ax^n 并且 n 是一个正整数 (以 a 为系数的单变元 x 的 n-次单项式) 时, 就输出符号 nax^{n-1} (以 na 为系数的单变元 x 的 $(n-1)$-次单项式, 此单项式是单项式 ax^n 的导函数); 当输入符号为

$$a_n x^n + a_{n-1} x^{n-1} + \cdots + a_1 x + a_0$$

(以 $a_n, a_{n-1}, \cdots, a_1, a_0$ 为系数的单变元 x 的 n-次多项式) 时, 就输出符号

$$n a_n x^{n-1} + (n-1) a_{n-1} x^{n-2} + \cdots + a_1.$$

3 “中国剩余定理”曾经在哥德尔两个不完全性定理的证明中发挥了关键性作用; 也曾经在 Davis 等解决希尔伯特第 10 问题过程中发挥过关键性作用 (希尔伯特 1900 年曾经在国际数学家大会上提出过著名的 23 问题).

这就是求一个单变元多项式 $a_nx^n + a_{n-1}x^{n-1} + \cdots + a_1x + a_0$ 的导函数

$$na_nx^{n-1} + (n-1)a_{n-1}x^{n-2} + \cdots + a_1$$

(以 $na_n, (n-1)a_{n-1}, \cdots, a_1$ 为系数的单变元 x 的 $(n-1)$-次多项式) 的算法. 这是微分学中的一个基本算法. 这个求多项式导函数的算法所适用的范围是多项式, 也就是说, 它的输入符号是表示多项式的符号串; 它的输出还是表示多项式的符号串; 它在执行过程中每一步所遵循的规则就是求导规则 —— 零次单项式的导函数为 0, 以正整数 n 为幂次以 a 为系数的单项式 ax^n 的导函数是以非负整数 $(n-1)$ 为幂次以 na 为系数的单项式 nax^{n-1}; 对于由若干个单项式之和构成的多项式而言, 执行求导之加法原则, 即单项式之和的导函数是各导函数之和, 也就是它们的导函数就是其和式之中各单项式之导函数的和. 比如说, 所给定的多项式是 $15x^3 + 7x^2 + 5x + 9$, 那么应用多项式求导算法于这个输入就得到一个输出 $45x^2 + 14x + 5$. 多项式 $45x^2 + 14x + 5$ 就是多项式 $15x^3 + 7x^2 + 5x + 9$ 的导函数, 也就是求其微分的结果.

那么在日常生活中, 我们是否也可以用"算法"来解决生活中的一些问题呢? 下面的例子或许可以说明这一点: 我们的任务是为早餐煮 $1 \leqslant i \leqslant 5$ 个鸡蛋, 要求是煮鸡蛋吃起来有很好的口感 (不老不嫩恰到好处), 还要尽量节省能源. 可以执行下述"算法".

(1) 将 i 个鸡蛋放入装有足够室温清水的锅中 (足够的程度以水面覆盖整个鸡蛋为宜).

(2) 用火将锅中的水煮到刚开始沸腾时开始计时, 保持火源令水继续沸腾两分钟; 然后关掉火源, 盖上锅盖; 保持四分钟后将锅中的鸡蛋迅速取出放到凉水中冷却; 当鸡蛋处于室温状态时便是算法的输出.

从上面这些例子可以看出作为一种观念的算法具备如下一些基本特征.

一个算法由有限条指令给出, 从而这有限条指令可以在某种语言中由有限个语句清晰地毫无二义性地描述出来; 每一条指令都明确对某个范围内的输入所实施怎样的基本操作; 输入的选择 (接受或者拒绝) 以及指令执行的顺序由算法完全确定; 算法确定这种选择以及顺序的方式完全依靠有限条操作规则; 有一个执行指令的实体, 通常可以是某人或者某个装置, 这个实体能够认真按照指令实现具体计算; 有具体的标记、存储和记录计算过程中的步骤的工具; 对于给定的输入符号串, 所有的指令执行过程都是离散的一步一步顺序完成的, 不会借助任何连续方法或者非离散装置; 对于给定的输入符号串, 所有的指令执行过程中的每一步都是完全确定的, 不存在任何随机因素或者随机装置.

问题自然而然地出现在我们面前: 算法的严格内涵到底是什么? 依照算法进行计算的基本特征到底是什么? 是不是所有的问题都可以通过某种行之有效的算

法来求解?

为了明确起见, 我们将算法限定在用以计算数论函数的范围内. 对用以计算数论函数的算法, 我们来回答上面的问题.

所谓数论函数, 就是那些定义在自然数集合 $\mathbb{N}$ 的某个笛卡尔乘积

$$\mathbb{N}^k = \overbrace{\mathbb{N} \times \cdots \times \mathbb{N}}^{k} \quad (k \geqslant 1 \text{ 为正整数})$$

的某个子集合上并且在 $\mathbb{N}$ 中取值的函数. 我们的具体目标就是对于数论函数而言严格地定义何为**计算**以及何为**可计算**, 从而在这种定义下的数论函数集合可以被接受为算法可计算的数论函数的全体.

6.1.2 递归函数

我们知道早期算法和函数在观念上是几乎一样的, 因为在人们的观念中一个函数也就是一种从一类自变量到一类因变量的演变规则; 而一个算法则是从一类输入到一类输出的可以按照一定先后顺序执行的有限条演算规则. 在集合代数中, 我们实现了将观念的函数转换为概念的函数. 那么我们是否也可以对观念的算法做类似的事情呢? 在这里我们给出一种肯定的回答. 需要指出的是, 这里的答案最初并非为了求解这个问题, 而是为了满足求解完全不同问题的需要. 这里的答案是哥德尔给出的. 当时为了解决佩亚诺算术理论的完全性问题, 哥德尔需要应用行之有效的编码将逻辑概念转变成在初等数论中可以表达出来的概念. 这种行之有效的编码就是一类可以应用某种算法计算的数论函数, 并且佩亚诺算术理论可以明确这种函数在什么地方有定义. 这便有了在所有的数论函数中划分出一类**初等递归函数**以及**局部递归函数**这样两类函数. 最终, 经过丘奇 [4] 和克林尼 [5] 的工作, 经过图灵 [6] 的工作, 局部递归函数就被接受为全体算法可计算函数.

初等递归函数

我们先来在集合代数中定义初等递归函数.

定义 6.1 (初等递归函数)　(1) 对于任意的正整数 k, 对于任意的自然数 m, 定义在 $\overbrace{\mathbb{N} \times \cdots \times \mathbb{N}}^{k}$ 上的以 m 为取值的常值函数 C_m^k 都是初等递归函数, 即由下式定义的函数都是初等递归函数:

$$\forall x_1 \in \mathbb{N} \cdots \forall x_k \in \mathbb{N} \left(C_m^k(x_1, \cdots, x_k) = m\right).$$

(2) 自然数后继函数 $\mathbf{S}$ 是一个初等递归函数.

4 A Church.

5 S Kleene.

6 A Turing.

(3) 对于任意的正整数 k, 对于每一个 $1 \leqslant i \leqslant k$, 定义在 $\overbrace{\mathbb{N}\times\cdots\times\mathbb{N}}^{k}$ 上的对第 i 个分量的投影函数 π_i^k 都是初等递归函数, 即对于 $1 \leqslant i \leqslant k$, 由下式定义的函数都是初等递归函数:

$$\forall x_1 \in \mathbb{N} \cdots \forall x_k \in \mathbb{N} \left(\pi_i^k(x_1, \cdots, x_k) = x_i\right).$$

(4) 对于任意的正整数 k 和 m, 如果 $g_1, \cdots, g_k$ 都是定义在 $\overbrace{\mathbb{N}\times\cdots\times\mathbb{N}}^{m}$ 上的初等递归函数, f 是定义在 $\overbrace{\mathbb{N}\times\cdots\times\mathbb{N}}^{k}$ 上的初等递归函数, 那么它们的复合函数 $h = f\circ(g_1, \cdots, g_k)$ 也是一个初等递归函数, 即由下式定义的函数 h 是一个初等递归函数:

$$\forall x_1 \in \mathbb{N} \cdots \forall x_m \in \mathbb{N} \left(\begin{array}{l} h(x_1, \cdots, x_m) \\ = f(g_1(x_1, \cdots, x_m), \cdots, g_k(x_1, \cdots, x_m)) \end{array}\right).$$

(5) 对于任意的正整数 k, 如果 h 是定义在 $\overbrace{\mathbb{N}\times\cdots\times\mathbb{N}}^{k+1}$ 上的一个初等递归函数, g 是定义在 $\overbrace{\mathbb{N}\times\cdots\times\mathbb{N}}^{k-1}$ 上的一个初等递归函数 (约定, 当 $k=1$ 时, 0-元函数 g 就是 $\mathbb{N}$ 中的一个元素), 那么由下述递归定义所给出的唯一函数 f 也是一个初等递归函数: 对于所有的 $x_2 \in \mathbb{N} \cdots x_k \in \mathbb{N}$ (约定, 当 $k=1$ 时, 这个变元序列为空序列), 都有

$$\begin{aligned} &f(0, x_2, \cdots, x_k) = g(x_2, \cdots, x_k), \\ &f(n+1, x_2, \cdots, x_k) = h(n, f(n, x_2, \cdots, x_k), x_2, \cdots, x_k) \quad (n \in \mathbb{N}). \end{aligned}$$

(6) 对于任意的正整数 k, 每一个 k-元初等递归函数都必定经过上述五种情形之一获得, 别无他途.

初等递归函数定义中的 (4) 表明所有的初等递归函数关于函数复合是封闭的; 初等递归函数定义中的 (4) 表明所有的初等递归函数关于递归定义也是封闭的; 并且每一个初等递归函数都一定是在定义中的 (1)—(3) 所确定的那些基本初等递归函数的基础上经过它们的某种复合, 或者经过它们的某种递归定义, 或者经过有限步如此迭代而获得的结果. 换句话说, 对于任意一个 k-元数论函数 f 而言, f 是一个初等递归函数的充分必要条件是存在一个具备下述特点的数论函数的有限序列:

$$\langle f_1, \cdots, f_m \rangle.$$

(i) $f = f_m$;

(ii) 对于 $1 \leqslant j \leqslant m$, f_j 或者是由定义 6.1 中的 (1), (2) 或 (3) 所给出的函数, 或者是由定义 6.1 中的 (4) 或 (5) 应用到序列前段 $\langle f_1, \cdots, f_{j-1} \rangle$ 中的某些函数 $f_i(i < j)$ 直接得到的结果.

(称序列 $\langle f_1, \cdots, f_m \rangle$ 为初等递归函数 f 的导出序列.)

读者或许已经注意到关于初等递归函数的这种解释与我们关于证明 (论证) 的定义有恰如其分的相似之处. 因此, 初等递归函数定义 (定义 6.1) 中的前三条可以看成获得初等递归函数的出发点 (类似于论证过程中的一个理论的公理), 而后两条则是如何获得新的初等递归函数的规则 (类似于论证过程中的推理法则), 一个初等递归函数的导出序列就类似于一个定理的证明. 定义 6.1 则是规定了初等递归函数全体在 $\subseteq$-关系下的最小性: 任何一个数论函数集合的子集合, 如果包含所有的基本初等递归函数, 并且关于函数复合以及递归定义是封闭的, 那么它一定包含全体初等递归函数.

例 6.2　*加法函数、二倍函数 $f(x) = 2x$ 以及乘法函数都是初等递归函数.*

证明　令 $f_1(x) = x$ 为 $\mathbb{N}$ 上的恒等函数. 根据定义 6.1 中的 (3), $f_1 = \pi_1^1$ 是一个初等递归函数. 令 $f_2(x) = \mathbf{S}(x)$. 根据定义 6.1 中的 (2), f_2 是一个初等递归函数. 令 $f_3(x_1, x_2, x_3) = \pi_2^3(x_1, x_2, x_3) = x_2$. 根据定义 6.1 中的 (3), f_3 是一个初等递归函数. 令 $f_4 = f_2 \circ f_3$. 根据定义 6.1 中的 (4), f_4 是一个初等递归函数. 令 f_5 由下述递归定义确定:

$$f_5(0, x_2) = f_1(x_2),$$
$$f_5(n+1, x_2) = f_4(n, f_5(n, x_2), x_2) \quad (n \in \mathbb{N}).$$

令 $f_6 = f_5 \circ (f_1, f_1)$. 根据定义 6.1 中的 (5), f_6 是一个初等递归函数. 令 $f_7 = C_0^1$, 即 $f_7(x_1) = 0$. 根据定义 6.1 中的 (1), f_7 是一个初等递归函数. 令 $f_8 = \pi_3^3$. 根据定义 6.1 中的 (3), f_8 是一个初等递归函数. 令 $f_9 = f_5 \circ (f_3, f_8)$. 根据定义 6.1 中的 (4), f_9 是一个初等递归函数. 令 f_{10} 由下述递归定义确定:

$$f_{10}(0, x_2) = f_7(x_2),$$
$$f_{10}(n+1, x_2) = f_9(n, f_{10}(n, x_2), x_2) \quad (n \in \mathbb{N}).$$

根据定义 6.1 中的 (5), f_{10} 是一个初等递归函数. 那么

$$f_5(x_1, x_2) = x_1 + x_2;$$
$$f_6(x_1) = x_1 + x_1 = 2x_1;$$
$$f_{10}(x_1, x_2) = x_1 \cdot x_2.$$

由此我们得出结论: 加法函数、二倍函数以及乘法函数都是初等递归函数. □

思考题 6.1　*验证以 2 为底的指数函数 $f(x) = 2^x$ 是一个初等递归函数.*

思考题 6.2 验证存在一个初等递归函数 $f:\mathbb{N}\times\mathbb{N}\to\mathbb{N}$ 来实现 $\mathbb{N}\times\mathbb{N}$ 与 $\mathbb{N}$ 之间的一一对应 (即初等递归函数 f 是一个双射).

一个初等递归函数的导出序列可以写成很多种不同顺序的标准符号串. 一旦选定一个导出序列的书写符号串, 它便可以作为该初等递归函数从输入值到输出值的计算指令序列. 比如, 考虑前述例子中二倍函数 $f=f_6$. 我们有一个导出序列 $\langle f_1,f_2,f_3,f_4,f_5,f_6\rangle$. 现在让我们按照由里向外从左到右的顺序来形式地计算 $f(2)$:

$$\begin{aligned}
f(2) &= f_6(2)\\
&= f_5(f_1(2),f_1(2))\\
&= f_5(2,f_1(2))\\
&= f_5(2,2)\\
&= f_4(1,f_5(1,2),2)\\
&= f_4(1,f_4(0,f_5(0,2),2),2)\\
&= f_4(1,f_4(0,f_1(2),2),2)\\
&= f_4(1,f_4(0,2,2),2)\\
&= f_4(1,f_2(f_3(0,2,2)),2)\\
&= f_4(1,f_2(2),2)\\
&= f_4(1,3,2)\\
&= f_2(f_3(1,3,2))\\
&= f_2(3)\\
&= 4.
\end{aligned}$$

这个计算就是按照由里向外从左到右的顺序根据初等递归函数的定义序列实施纯粹形式的符号等式替换的过程.

这自然表明我们可以将严格定义的初等递归函数看成由算法可计算的函数 (尽管这后者没有经过严格定义, 因此我们也无法证明这个结论), 因为由初等递归函数的导出序列所确定的计算是如此简洁明了, 并且每一步都是可以完全机械执行的.

由此很自然地产生一个问题: 是否任何算法可计算的数论函数都一定是初等递归函数?

这个问题的答案是否定的. 一个有名的反例就是阿克曼[7]函数. 阿克曼函数 A 是应用双重递归定义而得到的定义在 $\mathbb{N}\times\mathbb{N}\times\mathbb{N}$ 上的三元数论函数. A 的具体定义如下: 对于 $(k,m,n)\in\mathbb{N}\times\mathbb{N}\times\mathbb{N}$,

7 Wilhelm Ackermann.

$$
\begin{aligned}
&A(0,0,n)=n,\\
&A(0,m+1,n)=A(0,m,n)+1,\\
&A(1,0,n)=0,\\
&A(k+2,0,n)=1,\\
&A(k+1,m+1,n)=A(k,A(k+1,m,n),n).
\end{aligned}
$$

可以验证: $A(0,x,y)=x+y$; $A(1,x,y)=x\cdot y$; $A(2,x,y)=y^x$; 等等. 也可以验证阿克曼函数并不是一个初等递归函数. 然而, 阿克曼函数的定义却明确地指明了对于任意的 $(x_1,x_2,x_3)\in\mathbb{N}\times\mathbb{N}\times\mathbb{N}$ 该如何利用双重递归的方式来计算该函数在这一输入处的函数值. 换句话说, 阿克曼函数是算法可计算的函数, 因为它的定义以及自然数集合的基本性质就给出了一个计算方法.

阿克曼函数还有如下由皮特 [8]给出的简化版: 对于 $(m,n)\in\mathbb{N}\times\mathbb{N}$,

$$
\begin{aligned}
&A(m,0)=m+1,\\
&A(0,n+1)=A(1,n),\\
&A(m+1,n+1)=A(A(m,n+1),n).
\end{aligned}
$$

由这个二元阿克曼函数在主对角线上的取值所确定的一元函数 $m\mapsto A(m,m)$ 就是一个比所有一元初等递归函数增长快得多的函数, 因此它肯定不是一个初等递归函数. 但它的确是算法可计算的函数. 这是因为它的定义以及笛卡尔乘积 $\mathbb{N}\times\mathbb{N}$ 上有一个典型的秩序, 从而任给一个输入 $(m,n)\in\mathbb{N}\times\mathbb{N}$, $A(m,n)$ 的计算都由一个比 (m,n) 小的有限个点 (x,y) 上 $A(x,y)$ 的取值按照顺序一步一步地计算出来. 比如, 由数学归纳法可得到下述等式:

$$
\begin{aligned}
&A(m,0)=m+1,\\
&A(m,1)=2+(m+3)-3,\\
&A(m,2)=2\cdot(m+3)-3,\\
&A(m,3)=2^{(m+3)}-3,\\
&A(m,4)=2^{2^{\cdot^{\cdot^{\cdot^{2}}}}}-3\quad(\text{指数函数 }2^x\text{ 在 }2\text{ 处迭代 }m+3\text{ 次}),\\
&\qquad\vdots
\end{aligned}
$$

由此, 比如

$$
A(0,0)=1,\quad A(1,1)=3,\quad A(2,2)=7,\quad A(3,3)=61,
$$

8 Rósza Péter.

以及

$$\begin{aligned}
A(0,4) &= A(1,3) = 2^4 - 3,\\
A(1,4) &= A(A(0,4),3) = 2^{(A(0,4)+3)} - 3 = 2^{2^4} - 3,\\
A(2,4) &= A(A(1,4),3) = 2^{(A(1,4)+3)} - 3 = 2^{2^{2^4}} - 3,\\
A(3,4) &= A(A(2,4),3) = 2^{(A(2,4)+3)} - 3 = 2^{2^{2^{2^4}}} - 3,\\
A(4,4) &= A(A(3,4),3) = 2^{(A(3,4)+3)} - 3 = 2^{2^{2^{2^{2^4}}}} - 3,
\end{aligned}$$

其中, $2^{2^4} = 2^{2^{2^2}} = 2^{\left(2^{\left(2^2\right)}\right)} = 2^{16} = 65536$, 而 $A(4,4) = 2^{2^{65536}}$! 相对于一个字长为 128 位的计算机来说这个数已经是一个天文数 (目前的计算机字长一般才 64 位).

阿克曼函数表明初等递归函数这一概念并不足以用来代替算法可计算数论函数. 因此, 我们需要弱化这一概念以至于弱化之后的概念的外延足够广泛以至于不会有明显遗漏的算法可计算数论函数.

局部递归函数

既然我们准备弱化初等递归函数的概念, 那么我们应当怎样来弱化呢? 首先, 弱化之后的概念必须涵盖初等递归函数; 其次, 它必须包括新的数论函数在内. 这就意味着新的数论函数集合不仅应当包含所有的基本初等函数, 应当关于复合运算以及递归定义是封闭的, 而且还应当对某种新的获取函数的操作也是封闭的. 这种新的操作还必须是自然和典型的. 那么这种新的操作可以是什么呢?

我们知道数学归纳法. 数学归纳法的对等表述是说“如果有反例, 那么一定有最小的反例”. 于是, 当我们欲否定一个结论时, 最自然的想法就是去寻找一个反例. 而寻找反例的最直接的做法就是从 0 开始挨个去试, 直到找到那个最小反例. 如果真有反例, 我们迟早会找到这个最小反例. 可是, 如果真没有反例, 我们就永远找不到任何反例, 那么这种情形下, 尽管每一次的检测都行之有效 (有一个事先给定的算法来计算每一步的测试), 我们挨个试的过程还是永远不会完结. 举一个例子. 数论中有一个著名的猜想, 叫作哥德巴赫猜想. 这个猜想断言任何大于 4 的偶数都一定是两个素数之和. 这个猜想至今仍是数论中的未解难题 [9]. 因为不知道如何证明或者否定, 所以我们不妨试着寻找反例. 如果哥德巴赫猜想是错的, 那么我们迟早一定找到最小的反例; 当然如果哥德巴赫猜想是对的, 那么我们永远找不到反例. 这种挨个试的策略的每一步都是行之有效的: 给定一个大于 4 的偶数 $2k$, 将

9 最好的结果依旧是中国科学院数学研究所的陈景润在 1966 年所证明的 $(1+2)$-定理: 每一个足够大的偶数都是一个素数与两个素数乘积的和.

所有比它小的素数全部计算出来, 然后求出所有它们的两两之和; 如果 $2k$ 在这些和数之中, 它便不是反例, 然后进入下一个偶数 $2k+2$; 如果 $2k$ 不在这些和数之中, 那么它就是一个反例 [10]. 可见, 只要所给定的判定或者测试问题可以用一个算法来获取每一步的答案, 那么依此寻找最小反例的过程就应当也是行之有效的, 因为只要有反例, 挨个执行这同一个算法, 迟早一定可以找到最小反例. 当然, 如果没有反例, 这样的搜寻将永无休止.

据此, 我们便需要引进局部数论函数的概念.

定义 6.2 (局部函数) *设 k 是一个正整数. 设 $D \subseteq \mathbb{N}^k = \overbrace{\mathbb{N} \times \cdots \times \mathbb{N}}^{k}$. 称定义在 D 上的在 $\mathbb{N}$ 中取值的函数 $f : D \to \mathbb{N}$ 为一个 k-元*__局部函数__*; 当 $D = \mathbb{N}^k$ 时, 则称 f 为一个 k-元*__全局函数__.

每一个初等递归函数都是全局函数. 在这里我们更感兴趣的自然是那些算法可计算的局部函数, 即有一个算法, 它可以被用来计算函数在定义域中每一处的取值, 但是对于那些函数定义域之外的地方该算法可能不知所措.

在局部函数概念的基础上, 我们就可以将上面的“行之有效地逐步搜索”的想法凝练成一种由一个数论函数行之有效地获取一个新的数论函数的操作: μ-算子.

定义 6.3 (μ-算子) *设 k 是一个正整数. 设 g 是一个 $(k+1)$-元局部数论函数. 称由下述等式所确定的 k-元局部函数 f 为对 g 实施 μ-算子所得 (简记成 $f = \mu(g)$): 对于任意的*

$$(x_1, \cdots, x_k) \in \mathbb{N}^k = \overbrace{\mathbb{N} \times \cdots \times \mathbb{N}}^{k},$$

令

$$f(x_1, \cdots, x_k) \simeq \mu m\,[g(x_1, \cdots, x_k, m) = 0],$$

其中

$$\mu m\,[g(x_1, \cdots, x_k, m) = 0] = m_0 \leftrightarrow \left(\begin{array}{l} (\forall m \leqslant m_0\,((x_1, \cdots, x_k, m) \in \mathrm{dom}(g))) \wedge \\ g(x_1, \cdots, x_k, m_0) = 0 \wedge \\ (\forall m < m_0\,(g(x_1, \cdots, x_k, m) \neq 0)). \end{array} \right),$$

以及 $f(x_1, \cdots, x_k) \simeq \mu m\,[g(x_1, \cdots, x_k, m) = 0]$ 当且仅当

(i) 如果 $(\exists n \in \mathbb{N}\,((\forall m \leqslant n\,((x_1, \cdots, x_k, m) \in \mathrm{dom}(g))) \wedge g(x_1, \cdots, x_k, n) = 0))$, 那么

$$f(x_1, \cdots, x_k) = \mu m\,[g(x_1, \cdots, x_k, m) = 0];$$

10 在大学第一学期 (1978 年春天) 里, 作为编写计算机程序的一个自选练习, 作者曾与一位同学编写了一个程序来验证 10000 之内没有反例.

(ii) 如果 $(\neg(\exists n \in \mathbb{N}\,((\forall m \leqslant n\,((x_1,\cdots,x_k,m) \in \mathrm{dom}(g))) \wedge g(x_1,\cdots,x_k,n) = 0)))$, 那么 $f(x_1,\cdots,x_k)$ 就无定义.

由定义可见, k-元局部函数 f 是对 g 实施 μ-算子所得当且仅当局部函数 f 的定义域 $\mathrm{dom}(f)$ 为下述集合

$$\left\{(x_1,\cdots,x_k) \in \mathbb{N}^k \;\middle|\; \left(\exists n \in \mathbb{N} \left(\begin{array}{l}(\forall m \leqslant n\,((x_1,\cdots,x_k,m) \in \mathrm{dom}(g))) \\ \wedge\, g(x_1,\cdots,x_k,n) = 0\end{array}\right)\right)\right\}$$

并且对于任意的 $(x_1,\cdots,x_k) \in \mathrm{dom}(f)$ 都有

$$f(x_1,\cdots,x_k) = \mu m\,[g(x_1,\cdots,x_k,m) = 0].$$

应用 μ-算子, 我们来定义局部递归函数.

定义 6.4 (局部递归函数) (1) 定义 6.1 中的前三条所给出的 (基本) 初等递归函数都是 (基本) 局部递归函数.

(2) 对于任意的正整数 k 和 m, 如果 $g_1,\cdots,g_k$ 都是定义在 $D \subseteq \mathbb{N}^m$ 上的局部递归函数, f 是定义在 $C \subseteq \mathbb{N}^k$ 上的局部递归函数, 并且 $\mathrm{rng}(g_1) \times \cdots \times \mathrm{rng}(g_k) \subseteq C$, 那么它们的复合函数 $h = f \circ (g_1,\cdots,g_k)$ 就是一个定义在 D 上的局部递归函数, 即由下式定义的函数 h 是一个局部递归函数:

$$\forall (x_1,\cdots,x_m) \in D\;(h(x_1,\cdots,x_m) = f(g_1(x_1,\cdots,x_m),\cdots,g_k(x_1,\cdots,x_m)));$$

(3) 对于任意的正整数 k, 如果 h 是定义在 $D \subseteq \mathbb{N}^{k+1}$ 上的一个局部递归函数, g 是定义在 $C \subseteq \mathbb{N}^{k-1}$ 上的一个局部递归函数 (约定, 当 $k=1$ 时, 0-元函数 g 就是 $\mathbb{N}$ 中的一个元素), 那么由下述递归定义所给出的唯一函数 f 也是一个局部递归函数: 对于所有的 $x_2 \in \mathbb{N} \cdots x_k \in \mathbb{N}$ (约定, 当 $k=1$ 时, 这个变元序列为空序列), 都有

$$\begin{aligned}&f(0,x_2,\cdots,x_k) \simeq g(x_2,\cdots,x_k),\\&f(n+1,x_2,\cdots,x_k) \simeq h(n,f(n,x_2,\cdots,x_k),x_2,\cdots,x_k) \quad (n \in \mathbb{N}),\end{aligned}$$

其中符号 $\simeq$ 的含义为: 当 $\simeq$ 的右边的每一项都有定义时, 它的左边则有定义, 而且取右边函数所取的值; 当 $\simeq$ 的右边没有定义时, 它的左边也就没有定义.

(4) 对于任意的正整数 k, 如果 g 是一个局部递归函数, 那么 $f = \mu(g)$ 也是一个局部递归函数.

(5) 对于任意的正整数 k, 每一个 k-元局部递归函数都必定经过上述五种情形之一获得, 别无他途.

由定义可见全体局部递归函数是包含全体初等递归函数, 并且对于函数复合、递归定义以及 μ-算子都封闭的 $\subseteq$-最小的局部数论函数的集合.

定义 6.5 (递归函数)　一个数论函数 f 被称为一个**递归函数**当且仅当 f 是一个全局函数并且它还是一个局部递归函数.

这样, 每一个初等递归函数都是一个递归函数; 每一个递归函数都是一个局部递归函数.

例 6.3　阿克曼函数是一个递归函数. (我们将这个例子的复杂证明省略.)

6.1.3　图灵机可计算函数

一个计算数论函数的行之有效的算法所持有的最本质的特点就是它可以经一个完全确定的机械的计算装置按照一种极其平凡的方式来实施计算. 在悟出了有关算法计算的这一基本特征之后, 图灵在 1936 年设计出了这种计算装置的非常初等的数学模型. 为了纪念图灵, 人们将这种数学模型称为**图灵机**. 我们很快就会看到图灵机的结构是如此简单, 其需要实施的操作是如此机械、如此单调, 以至于不可能怀疑图灵机是否可以被用来执行行之有效的计算; 尽管如此, 我们也会惊讶地发现图灵机又有着可以计算极其复杂的数论函数的能力; 尤其令人兴奋的是, 就数论函数而言, 我们还将看到所有图灵机可计算的数论函数与所有局部递归函数完全重合; 最后我们还将看到一台可以模拟所有图灵机进行计算的**通用图灵机**, 而这种通用图灵机正好就是我们当代日常使用的计算机的蓝图.

基本图灵机模型

一台**图灵机**由一个非空有限**符号表**、一条双向无穷的**纸带**和一个非空有限**控制器**组成; 纸带被均分成可以和整数轴形成一一对应的方格单元; 每一个纸带方格中可以安放也最多只能安放一个来自本机符号表中的符号, 并且其默认内容为空格; 控制器有一个**读头**, 该读头在任何时候都**注视**着纸带上的唯一一个方格 (**当前方格**); 控制器有一个纸带移动齿轮, 该移动齿轮在接受控制器内部指令之后工作, 每次工作时可以将纸带左移一个方格或者右移一个方格以改变读头的注视点; 控制器有一个**写头**, 该写头在接受控制器内部指令之后工作, 每次工作时可以在读头注视的方格内或者将当前方格中的符号**抹去**令其恢复到空格状态, 或者在抹去后在当前方格中重新**书写**一个本机符号表中的符号 (不一定必须改写), 或者直接在当前空格中书写一个本机符号表中的符号; 控制器内部有一张本机**工作状态表**, 这张本机工作状态表中只有有限条可能的本机工作状态, 其中有唯一的一个**启动** (**开始**) 状态和一个**停止**(**结束**) 状态; 控制器内部存放着有限条本机工作指令, 每一条指令由五种基本信息组成, 即当前读头所注视的内容, 本机所处的当前工作状态, 当前本机写头该如何动作, 当前本机齿轮如何移动纸带, 完成当前动作 (写头工作或者齿轮移动工作) 之后本机该进入哪一工作状态 (不一定改变当前工作状态); 控制器内部的指令中, 三元组 (当前读头动作, 当前齿轮动作, 即将进入的后续工作状态) 由读头所注视的内容和当前所处的工作状态这个二元组完全确定, 也就是说, 在给定二元组 (当前读头所注视的内容, 当前本机所处的工作状态) 之后, 所有的指令中最多有一个三元组 (当前读头动作, 当前齿轮动作, 即将进入的后续工作状态) 与它相配合组成一条指令 [11].

一台图灵机的操作过程规定如下: **起初**在本图灵机的纸带的有限个方格上安放着本机符号表中的符号 (本图灵机本次计算的**输入**) 以及本图灵机的读头被安置注视着本机纸带的某个方格上, 也就是说, 任何一台图灵机的**起始格局**是被给定的; 然后本图灵机便从启动状态开始进行按部就班 (一条指令接着一条指令) 地实施计算; 本图灵机的本次计算可以永无休止, 即不能进入结束状态, 也可以在执行有限条指令之后进入停止状态; 如果这种计算过程最终进入结束状态, 那么纸带上的符号串就是本图灵机本次计算的**输出**.

我们来看一个简单的例子, 借以说明图灵机结构以及图灵机的工作过程和原理.

例 6.4 (第一台图灵机) 用符号 0 来表示纸带上的空格; 符号表中只有一个字符 1; 控制器中的工作状态一共有六种, 分别用 $q_0, q_1, q_2, q_3, q_4, q_5$ 来标识, 其中 q_0 是起始状态, q_5 是停止状态; 控制器的指令表由第 349 页的表 6.1 给出 (一共有十条指令), 表中的第一行中的 0 和 1 表示当前读头注视的内容, 第一列中的 q_i 表示当前所处的状态, 表中其他单元中的三元组都形如 iXq_j, i 为 0 或 1, 表示将当前读头所注视的方格内容改写成 i; X 为 L 或 R, L 表示将读头左移一格; R 表示将读头右移一格; q_j 表示进入工作状态 q_j. 指令表中的十条指令都可以写成如下形式: (i, q_j, k, X, q_n), 其中 i 表示三元组 (k, X, q_n) 所在的列; q_j 则表示三元组 (k, X, q_n) 所在的行. 指令的含义为: "如果当前读头注视的内容为 i, 当前工作状态为 q_j, 那么在当前注视格中写上 (或者改写成) 符号 k, 并且将读头向 X 方向移动一格, 令本机进入工作状态 q_n."

表 6.1 第一台图灵机指令表

	0	1
q_0	$0Lq_5$	$0Rq_1$
q_1	$1Rq_2$	$1Rq_1$
q_2	$0Lq_3$	$1Lq_4$
q_3	$0Rq_0$	$1Lq_3$
q_4	$0Lq_5$	$1Lq_4$

11 这是通常所说的**确定型图灵机**; 如果有多于一个的三元组与某一个二元组相配合组成不同的指令, 那么这样的图灵机就变成了**不确定型图灵机**; 我们将不讨论不确定型图灵机, 况且不确定型图灵机也不会计算出确定型图灵机不能计算的数论函数来.

现在我们来看看第 349 页中的第一台图灵机例子 6.4 可以怎样工作.

假设起始格局为: 纸带上的输入符号串为 1111000111, 读头被安放着注视输入符号串的最左端的字符 1, 纸带上符号串 1111000111 两端的 $\cdots$ 表示全部为空格,

$$\begin{array}{ccccccccccccccccc} & & & \downarrow & & & & & & & & & & & & & \\ \cdots & 0 & 0 & 1 & 1 & 1 & 1 & 0 & 0 & 0 & 1 & 1 & 1 & 0 & 0 & \cdots \end{array}$$

因为图灵机起始状态为 q_0, 所以根据该图灵机的指令表 (表 6.1), 该图灵机执行第一条指令 $(1, q_0, 0, R, q_1)$, 即将读头所注视的 1 抹去令该方格恢复为默认的空格, 并将读头向右移一格 (将纸带向左移一格), 然后本机进入工作状态 q_1. 在执行这一指令后, 图灵机的格局如下: 当前工作状态为 q_1, 读头指向下一个 1,

$$\begin{array}{ccccccccccccccccc} & & & & \downarrow & & & & & & & & & & & \\ \cdots & 0 & 0 & 0 & 1 & 1 & 1 & 0 & 0 & 0 & 1 & 1 & 1 & 0 & 0 & \cdots \end{array}$$

此时根据该图灵机的指令表 (表 6.1), 该图灵机执行指令 $(1, q_1, 1, R, q_1)$, 即将读头向右移一格 (将纸带向左移一格), 保持当前状态 q_1. 于是, 图灵机在执行这一指令之后得到的格局为: 当前工作状态为 q_1, 读头指向下一个 1,

$$\begin{array}{ccccccccccccccccc} & & & & & \downarrow & & & & & & & & & & \\ \cdots & 0 & 0 & 0 & 1 & 1 & 1 & 0 & 0 & 0 & 1 & 1 & 1 & 0 & 0 & \cdots \end{array}$$

此时根据该图灵机的指令表 (表 6.1), 该图灵机执行指令 $(1, q_1, 1, R, q_1)$, 即将读头向右移一格 (将纸带向左移一格), 保持当前状态 q_1. 于是, 图灵机在执行这一指令之后得到的格局为: 当前工作状态为 q_1, 读头指向下一个 1,

$$\begin{array}{ccccccccccccccccc} & & & & & & \downarrow & & & & & & & & & \\ \cdots & 0 & 0 & 0 & 1 & 1 & 1 & 0 & 0 & 0 & 1 & 1 & 1 & 0 & 0 & \cdots \end{array}$$

此时根据该图灵机的指令表 (表 6.1), 该图灵机执行指令 $(1, q_1, 1, R, q_1)$, 即将读头向右移一格 (将纸带向左移一格), 保持当前状态 q_1. 于是, 图灵机在执行这一指令之后得到的格局为: 当前工作状态为 q_1, 读头指向下一个 0,

$$\begin{array}{ccccccccccccccccc} & & & & & & & \downarrow & & & & & & & & \\ \cdots & 0 & 0 & 0 & 1 & 1 & 1 & 0 & 0 & 0 & 1 & 1 & 1 & 0 & 0 & \cdots \end{array}$$

此时根据该图灵机的指令表 (表 6.1), 该图灵机执行指令 $(0, q_1, 1, R, q_2)$, 即在当前空格中写上 1, 并将读头向右移一格 (将纸带向左移一格), 进入工作状态 q_2. 于是, 图灵机在执行这一指令之后得到的格局为: 当前工作状态为 q_2, 读头指向下一个 0,

$$\begin{array}{ccccccccccccccccc} & & & & & & & & \downarrow & & & & & & & \\ \cdots & 0 & 0 & 0 & 1 & 1 & 1 & 1 & 0 & 0 & 1 & 1 & 1 & 0 & 0 & \cdots \end{array}$$

此时根据该图灵机的指令表 (表 6.1), 该图灵机执行指令 $(0, q_2, 0, L, q_3)$, 即将读头向左移一格 (将纸带向右移一格), 进入工作状态 q_3. 于是, 图灵机在执行这一指令之后得到的格局为: 当前工作状态为 q_3, 读头指向下一个 1,

↓

··· 0 0 0 1 1 1 1 0 0 1 1 1 0 0 ···

此时根据该图灵机的指令表 (表 6.1), 该图灵机执行指令 $(1, q_3, 1, L, q_3)$, 即将读头向左移一格 (将纸带向右移一格), 保持当前工作状态 q_3. 于是, 图灵机在执行这一指令之后得到的格局为: 当前工作状态为 q_3, 读头指向下一个 1,

↓

··· 0 0 0 1 1 1 1 0 0 1 1 1 0 0 ···

此时根据该图灵机的指令表 (表 6.1), 该图灵机执行指令 $(1, q_3, 1, L, q_3)$, 即将读头向左移一格 (将纸带向右移一格), 保持当前工作状态 q_3. 于是, 图灵机在执行这一指令之后得到的格局为: 当前工作状态为 q_3, 读头指向下一个 1,

↓

··· 0 0 0 1 1 1 1 0 0 1 1 1 0 0 ···

此时根据该图灵机的指令表 (表 6.1), 该图灵机执行指令 $(1, q_3, 1, L, q_3)$, 即将读头向左移一格 (将纸带向右移一格), 保持当前工作状态 q_3. 于是, 图灵机在执行这一指令之后得到的格局为: 当前工作状态为 q_3, 读头指向下一个 1,

↓

··· 0 0 0 1 1 1 1 0 0 1 1 1 0 0 ···

此时根据该图灵机的指令表 (表 6.1), 该图灵机执行指令 $(1, q_3, 1, L, q_3)$, 即将读头向左移一格 (将纸带向右移一格), 保持当前工作状态 q_3. 于是, 图灵机在执行这一指令之后得到的格局为: 当前工作状态为 q_3, 读头指向往左遇到的第一个 0,

↓

··· 0 0 0 1 1 1 1 0 0 1 1 1 0 0 ···

此时根据该图灵机的指令表 (表 6.1), 该图灵机执行指令 $(0, q_3, 0, R, q_0)$, 即将读头向右移一格 (将纸带向左移一格), 进入工作状态 q_0. 于是, 图灵机在执行这一指令之后得到的格局为: 当前工作状态为 q_0, 读头指向右边的第一个 1,

↓

··· 0 0 0 1 1 1 1 0 0 1 1 1 0 0 ···

此时该图灵机进入和刚开始的格局非常类似的格局, 唯一不同之处在于两个由 1 紧密相连的符号串之间少了一个空格. 于是, 该图灵机重复上面的指令执行顺序一次之后便得到下述格局: 当前工作状态为 q_0, 读头指向最左边的 1,

$$\begin{array}{cccccccccccccccc} & & & & & \downarrow & & & & & & & & & & \\ \cdots & 0 & 0 & 0 & 0 & 1 & 1 & 1 & 1 & 0 & 1 & 1 & 1 & 0 & 0 & \cdots \end{array}$$

该图灵机再次重复上述指令执行顺序直到出现下述格局: 当前工作状态为 q_2, 当前读头指向输入的第二个由 1 组成的符号串的第一个符号 1

$$\begin{array}{cccccccccccccccc} & & & & & & & & & & \downarrow & & & & & \\ \cdots & 0 & 0 & 0 & 0 & 0 & 1 & 1 & 1 & 1 & 1 & 1 & 1 & 0 & 0 & \cdots \end{array}$$

此时根据该图灵机的指令表 (表 6.1), 该图灵机执行指令 $(1, q_2, 1, L, q_4)$, 即将读头向左移一格 (将纸带向右移一格), 进入工作状态 q_4. 于是, 图灵机在执行这一指令之后得到的格局为: 当前工作状态为 q_4, 读头指向第四个 1,

$$\begin{array}{cccccccccccccccc} & & & & & & & & & \downarrow & & & & & & \\ \cdots & 0 & 0 & 0 & 0 & 0 & 1 & 1 & 1 & 1 & 1 & 1 & 1 & 0 & 0 & \cdots \end{array}$$

此时根据该图灵机的指令表 (表 6.1), 该图灵机执行指令 $(1, q_4, 1, L, q_4)$, 即将读头向左移一格 (将纸带向右移一格), 保持当前工作状态 q_4. 于是, 图灵机在执行这一指令之后得到的格局为: 当前工作状态为 q_4, 读头指向第三个 1,

$$\begin{array}{cccccccccccccccc} & & & & & & & & \downarrow & & & & & & & \\ \cdots & 0 & 0 & 0 & 0 & 0 & 1 & 1 & 1 & 1 & 1 & 1 & 1 & 0 & 0 & \cdots \end{array}$$

如此重复三次, 该图灵机进入如下格局: 当前工作状态为 q_4, 读头指向由 1 组成的符号串左边第五个 0,

$$\begin{array}{cccccccccccccccc} & & & & & \downarrow & & & & & & & & & & \\ \cdots & 0 & 0 & 0 & 0 & 0 & 1 & 1 & 1 & 1 & 1 & 1 & 1 & 0 & 0 & \cdots \end{array}$$

此时根据该图灵机的指令表 (表 6.1), 该图灵机执行指令 $(0, q_4, 0, R, q_5)$, 即将读头向右移一格 (将纸带向左移一格), 进入工作状态 q_5. 在执行完这一条指令后, 该图灵机进入如下格局: 当前工作状态为 q_5, 读头指向由 1 组成的符号串的第一个 1,

$$\begin{array}{cccccccccccccccc} & & & & & & \downarrow & & & & & & & & & \\ \cdots & 0 & 0 & 0 & 0 & 0 & 1 & 1 & 1 & 1 & 1 & 1 & 1 & 0 & 0 & \cdots \end{array}$$

由于在该图灵机指令表 (表 6.1) 中并没有从当前工作状态 q_5 进入下一个工作状态的指令, q_5 是一个停止状态, 此时该图灵机停止工作, 给出输出符号串 1111111, 并将读头指向这组符号串的开头的第一个符号.

【注意】如果起始格局为: 纸带上的输入符号串为 1111000111, 读头被安放着注视输入符号串的最左端字符 1 的左边的 0,

$$\begin{array}{ccccccccccccccccc} & & & \downarrow & & & & & & & & & & & & & \\ \cdots & 0 & 0 & 1 & 1 & 1 & 1 & 0 & 0 & 0 & 1 & 1 & 1 & 0 & 0 & \cdots \end{array}$$

那么根据该图灵机的指令表 (表 6.1), 该图灵机执行指令 $(0, q_0, 0, L, q_5)$, 即将读头向左移一格 (将纸带向右移一格), 进入工作状态 q_5. 然后该图灵机停止, 其最后的格局为: 处于工作状态 q_5, 读头指向 0,

$$\begin{array}{ccccccccccccccccc} & & \downarrow & & & & & & & & & & & & & & \\ \cdots & 0 & 0 & 1 & 1 & 1 & 1 & 0 & 0 & 0 & 1 & 1 & 1 & 0 & 0 & \cdots \end{array}$$

如果起始格局为: 纸带上的输入符号串为 1111111111, 读头被安放着注视输入符号串的最左端字符 1,

$$\begin{array}{ccccccccccccccccc} & & & & \downarrow & & & & & & & & & & & & \\ \cdots & 0 & 0 & 1 & 1 & 1 & 1 & 1 & 1 & 1 & 1 & 1 & 1 & 0 & 0 & \cdots \end{array}$$

那么该图灵机的本次计算将永不停机 (它只是不断地将符号串 1111111111 向纸带的右方移动).

由此可见, 一台图灵机的每一次的计算都与它的输入数据的形式和它的读头所注视的方格中的内容直接关联.

如果将例 6.4 中的图灵机的开始格局规定为在输入纸带上恰好放置被空格隔开的两组由符号 1 组成的长度至少为 1 的符号串 (符号串的长度即该符号串所表示的正整数) 以及读头被安放着注视第一组符号串的最左端的符号 1, 那么例 6.4 中的图灵机对合乎这样规定的输入计算的结果就是将这两组符号串之间的空格消除, 令它们合并成一组由 1 紧密挨着组成一组符号串, 并且该图灵机在停止时将读头安放在注视这组符号串的最左边的符号 1, 从而以该符号串作为输出. 这个输出符号串表示一个正整数 (它的长度), 而这个符号串的长度正好是输入的两个符号串长度的和. 于是, 这个例子就是一台计算正整数加法的图灵机. □

现在我们来考虑设计一台计算自然数加法的图灵机的问题.

首先, 我们规范化一下在图灵机纸带上自然数以及自然数数组的表示. 对于每一个自然数 $m \in \mathbb{N}$, 我们在图灵机纸带上用长度为 $(m+1)$ 的 1 的符号串表示自然数 m, 即用符号串

$$\overbrace{11\cdots1}^{m+1}$$

在图灵机纸带上表示自然数 m. 于是, 在图灵机纸带上, 符号串 1 表示自然数 0; 符号串 11 表示自然数 1; 符号串 111 表示自然数 2, 等等. 为了书写方便, 我们用记

号 $\overline{m}$ 来记在图灵机纸带上表示自然数 m 的符号串

$$\overbrace{11\cdots 1}^{m+1}.$$

进一步地还约定在图灵机纸带上以如下方式表示 $\mathbb{N}^k\ (k \geqslant 1)$ 中的元素 $(x_1, \cdots, x_k)$,

$$\begin{array}{cccccccccccc} & & \downarrow & & & & & & & & & \\ \cdots & 0 & 0 & \overline{x_1} & 0 & \overline{x_2} & 0 & \cdots & 0 & \overline{x_k} & 0 & 0 & \cdots \end{array}$$

并且将读头注视到符号串 $\overline{x_1}$ 的左边的空格, 以此来作为图灵机的输入格局. 同时, 我们还约定在计算出 $x_1 + x_2$ 之后, 图灵机的终止格局应当是

$$\begin{array}{cccccccccc} & & & & & & \downarrow & & & \\ \cdots & 0 & 0 & \overline{x_1} & 0 & \overline{x_2} & 0 & \overline{x_1+x_2} & 0 & 0 & \cdots \end{array}$$

更一般地, 如果所设计的图灵机是用来计算 k-元数论函数 g 的, 那么图灵机在完成对于输入 $(x_1, \cdots, x_k)$ 的计算之后, 图灵机的终止格局应当是

$$\begin{array}{cccccccccccccc} & & & & & & & & & & \downarrow & & & \\ \cdots & 0 & 0 & \overline{x_1} & 0 & \overline{x_2} & 0 & \cdots & 0 & \overline{x_k} & 0 & \overline{g(x_1, \cdots, x_k)} & 0 & 0 & \cdots \end{array}$$

例 6.5 (加法计算图灵机) *存在一个计算自然数加法的图灵机.*

在这些约定的基础上, 我们来设计一台计算自然数加法的图灵机. 我们的目的不是得到一个计算加法的图灵机的最优设计, 而是比较详细地分析如何按照一定的流程来规定可以完成任务的指令序列. 如果不需要有特殊形式的输出, 那么简单地将例 6.4 中的指令表修改一下就可以得到一台计算自然数加法的图灵机. 我们将这一修改工作留给读者. 为了实现特殊形式的输出, 我们设计一台不同的图灵机.

实现加法函数计算的基本想法就是将输入的 $\overline{x_1}$ 与 $\overline{x_2}$ 复制到 $\overline{x_2}$ 的右边并且将它们合并在一起, 然后去掉末尾的一个符号 1, 再将读头移送到应有的位置上.

为了实现复制, 并且记住复制了什么, 我们在图灵机的符号表中增加五个符号 A, B, C, D, X, 也就是说图灵机可以在纸带上书写符号 A, B, C, D, X 以及将它们抹去.

给定起始格局:

$$\begin{array}{ccccccccc} & & \downarrow & & & & & & \\ \cdots & 0 & 0 & \overline{x_1} & 0 & \overline{x_2} & 0 & 0 & \cdots \end{array}$$

我们分成几个部分来设计一台图灵机以最终完成计算, 实现下述终止格局:

$$\begin{array}{cccccccccc} & & & & & & \downarrow & & & \\ \cdots & 0 & 0 & \overline{x_1} & 0 & \overline{x_2} & 0 & \overline{x_1+x_2} & 0 & 0 & \cdots \end{array}$$

第一部分, 将起始格局转化成下述格局:

$$\begin{array}{cccccccccc} & & \downarrow & & & & & & & \\ \cdots & 0 & A & \overline{x_1} & B & \overline{x_2} & C & D & 0 & 0 \ \cdots \end{array}$$

为此, 令 q_0 为起始状态. 规定指令 $(0, q_0, A, R, q_1)$, 即在读头所注视的空格内写上符号 A, 并将读头向右移一格, 进入工作状态 q_1.

再规定指令 $(1, q_1, 1, R, q_1)$, 即在工作状态 q_1 下, 如果读头注视着 1, 那么将读头向右移一格, 保持当前工作状态. 在连续执行这条指令 $x_1 + 1$ 次之后, 图灵机将处于下述格局: 纸带为

$$\begin{array}{ccccccccc} & & & & & \downarrow & & & \\ \cdots & 0 & A & \overline{x_1} & 0 & \overline{x_2} & 0 & 0 & \cdots \end{array}$$

以及当前工作状态为 q_1. 于是, 规定指令 $(0, q_1, B, R, q_2)$, 即如果读头注视着 0, 当前状态为 q_1, 那么在读头所注视的空格内写上符号 B, 并将读头向右移一格, 进入工作状态 q_2.

再规定指令 $(1, q_2, 1, R, q_2)$, 即在工作状态 q_2 下, 如果读头注视着 1, 那么将读头向右移一格, 保持当前工作状态. 在连续执行这条指令 $x_2 + 1$ 次之后, 图灵机将处于下述格局: 纸带为

$$\begin{array}{ccccccccc} & & & & & & & \downarrow & \\ \cdots & 0 & A & \overline{x_1} & B & \overline{x_2} & 0 & 0 & \cdots \end{array}$$

以及当前工作状态为 q_2. 于是, 规定指令 $(0, q_2, C, R, q_3)$, 即如果读头注视着 0, 当前工作状态为 q_2, 那么在空格中写上符号 C, 并将读头向右移一格, 进入工作状态 q_3. 在执行这一指令后, 图灵机将处于下述格局: 纸带为

$$\begin{array}{ccccccccc} & & & & & & & \downarrow & \\ \cdots & 0 & A & \overline{x_1} & B & \overline{x_2} & C & 0 & \cdots \end{array}$$

以及当前工作状态为 q_3. 此时, 规定指令

$$(0, q_3, D, L, q_3), \quad (C, q_3, C, L, q_3), \quad (1, q_3, 1, L, q_3),$$
$$(B, q_3, B, L, q_3), \quad (A, q_3, A, L, q_4),$$

以及 $(0, q_4, 0, R, q_5)$. (这些指令的目的是要将读头向左移动到符号串的最左端.) 在接连顺序地执行完这些指令之后, 图灵机就进入下述格局:

$$\begin{array}{cccccccccc} & & \downarrow & & & & & & & \\ \cdots & 0 & A & \overline{x_1} & B & \overline{x_2} & C & D & 0 & 0 \ \cdots \end{array}$$

以及图灵机处于当前状态 q_5.

第二部分, 将处于标识符号 A 和 B 之间的符号串 $\overline{x_1}$ 复制到标识符号 C 和 D 之间, 并且令图灵机进入如下格局:

$$\begin{array}{ccccccccccccc} & & & & \downarrow & & & & & & & & \\ \cdots & 0 & A & \overline{x_1} & B & \overline{x_2} & C & \overline{x_1} & D & 0 & 0 & \cdots \end{array}$$

我们接着第一部分结束时图灵机所处的格局来定义图灵机为完成上述任务所需要的指令序列.

规定指令 (A, q_5, A, R, q_6). 即如果当前状态为 q_5, 读头注视着 A, 那么将读头向右移一格, 进入工作状态 q_6.

规定指令 $(1, q_6, X, R, q_7)$. 即如果当前状态为 q_6, 读头注视着 1, 那么将 1 改写成 X, 将读头向右移一格, 进入工作状态 q_7. (此处的目的是准备复制当前所注视的符号 1 到确定的位置.)

规定指令

$$(1, q_7, 1, R, q_7), \quad (B, q_7, B, R, q_7), \quad (C, q_7, C, R, q_7),$$
$$(D, q_7, 1, R, q_7), \quad (0, q_7, D, L, q_8).$$

(这些指令旨在将读头向右移动到 D 处, 将它改写成 1, 并在紧随其右的空格中写上 D.)

规定指令

$$(1, q_8, 1, L, q_8), \quad (C, q_8, C, L, q_8), \quad (B, q_8, B, L, q_8), \quad (X, q_8, X, R, q_6).$$

(此处旨在将读头向左移动, 直到遇到最右边的那个 X, 然后将读头向右移一格, 进入工作状态 q_6. 此时读头所注视的要么是 1, 要么是 B. 如果是 1, 那么执行已经有的指令将它复制到现有符号串的最右端; 如果是 B, 则表示在 A 与 B 之间的 $\overline{x_1}$ 已经被复制完, 并且它们之间恰好有 x_1+1 个符号 X.)

规定指令 (B, q_6, B, L, q_9). 在当前状态为 q_6 和读头注视着 B 的情形下, 将读头向左移去注视最右端的 X, 并将控制交给状态 q_9. 此时需要做的是将 A 与 B 之间的符号串 $\overbrace{X\cdots X}^{x_1+1}$ 还原成 $\overline{x_1}$. 这一工作由下述指令 $(X, q_9, 1, L, q_9)$ 序列来完成. 再规定指令 (A, q_9, A, L, q_{10}). 在完成前述任务后将控制交给 q_{10}, 此时读头注视着 A 右边的 1.

接下来规定指令 $(1, q_{10}, 1, R, q_{10})$, 将读头向右移, 直到遇到 B. 第二部分的任务就此完成.

第三部分, 将处于标识符号 B 和 C 之间的符号串 $\overline{x_2}$ 复制到标识符号 C 和 D 之间, 并且令图灵机进入如下格局:

$$\begin{array}{ccccccccccc} & & & & \downarrow & & & & & & \\ \cdots & 0 & A & \overline{x_1} & B & \overline{x_2} & C & \overline{x_1}\,\overline{x_2} & D & 0 & 0 & \cdots \end{array}$$

在实现第二部分所要的格局之后, 需要将 B 与 C 之间的 $\overline{x_2}$ 复制到符号串 $C\overline{x_1}$ 的右边去, 以得到在 C 的右边为符号串 $\overline{x_1}\,\overline{x_2}\,D$. 为此, 规定指令 $(B, q_{10}, B, R, q_{11})$. 将控制交给 q_{11}, 然后令 q_{11} 来扮演 q_6 那样的角色.

也就是说, 规定指令 $(1, q_{11}, X, R, q_{12})$. 即如果当前状态为 q_{11}, 读头注视着 1, 那么将 1 改写成 X, 将读头向右移一格, 进入工作状态 q_{12}.

规定指令

$$(1, q_{12}, 1, R, q_{12}), \quad (C, q_{12}, C, R, q_{12}), \quad (D, q_{12}, 1, R, q_{12}), \quad (0, q_{12}, D, L, q_{13}).$$

(这些指令旨在将读头向右移动到 D 处, 将它改写成 1, 并在紧随其右的空格中写上 D.)

规定指令

$$(1, q_{13}, 1, L, q_{13}), \quad (C, q_{13}, C, L, q_{13}), \quad (X, q_{13}, X, R, q_{11}).$$

(此处旨在将读头向左移动, 直到遇到最右边的那个 X, 然后将读头向右移一格, 进入工作状态 q_{11}. 此时读头所注视的要么是 1, 要么是 C. 如果是 1, 那么执行已经有的指令将它复制到现有符号串的最右端; 如果是 C, 则表示在 B 与 C 之间的 $\overline{x_2}$ 已经被复制完, 并且它们之间恰好有 x_2+1 个符号 X.)

规定指令 $(C, q_{11}, C, L, q_{14})$. 在当前状态为 q_{11} 和读头注视着 C 的情形下, 将读头向左移去注视最右端的 X, 并将控制交给状态 q_{14}. 此时需要做的是将 B 与 C 之间的符号串 $\overbrace{X\cdots X}^{x_2+1}$ 还原成 $\overline{x_2}$. 这一工作由下述指令 $(X, q_{14}, 1, L, q_{14})$ 序列来完成.

第四部分, 完成 x_1+x_2 的计算, 并且得到最终的格局:

$$\begin{array}{ccccccccccc} & & & & & & & \downarrow & & & \\ \cdots & 0 & 0 & \overline{x_1} & 0 & \overline{x_2} & 0 & \overline{x_1+x_2} & 0 & 0 & \cdots \end{array}$$

我们需要做的工作就是要抹去 D 以及 D 左边的一个 1, 以及抹去 C, B, A.

紧接第三部分格局, 先规定指令 $(B, q_{14}, B, L, q_{15})$. (在完成前述任务后将控制交给 q_{15}, 此时读头注视着 B 右边的 1.) 然后将读头右移到 D 处. 于是, 规定指令

$$(1, q_{15}, 1, R, q_{15}), \quad (C, q_{15}, C, R, q_{15}), \quad (D, q_{15}, 0, L, q_{16}),$$

以及

$$(1, q_{16}, 0, L, q_{17}),\quad (1, q_{17}, 1, L, q_{17}),\quad (C, q_{17}, C, L, q_{17}),\quad (B, q_{17}, 0, L, q_{17}).$$

然后, 规定指令 $(A, q_{17}, 0, R, q_{18})$ 以及

$$(1, q_{18}, 1, R, q_{18}),\quad (0, q_{18}, 0, R, q_{18}),\quad (C, q_{18}, 0, R, q_{19}),\quad (1, q_{19}, 1, L, q_{20}).$$

q_{20} 为停止状态.

这样, 从起始格局开始, 上述指令序列在执行后最终进入停止格局: 停止状态为 q_{20}, 输出纸带为

$$\begin{array}{ccccccccccc} & & & & & & \downarrow & & & & \\ \cdots & 0 & 0 & \overline{x_1} & 0 & \overline{x_2} & 0 & \overline{x_1+x_2} & 0 & 0 & \cdots \end{array}$$

用行列矩阵的形式书写出全部指令, 我们就有加法图灵机表 6.2.

表 6.2　加法图灵机指令表

	0	1	A	B	C	D	X
q_0	$A\,R\,q_1$						
q_1	$B\,R\,q_2$	$1\,R\,q_1$					
q_2	$C\,R\,q_3$	$1\,R\,q_2$					
q_3	$D\,L\,q_3$	$1\,L\,q_3$	$A\,L\,q_4$	$B\,L\,q_3$	$C\,L\,q_3$		
q_4	$0\,R\,q_5$						
q_5			$A\,R\,q_6$				
q_6		$X\,R\,q_7$		$B\,L\,q_9$			
q_7	$D\,L\,q_8$	$1\,R\,q_7$		$B\,R\,q_7$	$C\,R\,q_7$	$1\,R\,q_7$	
q_8		$1\,L\,q_8$		$B\,L\,q_8$	$C\,L\,q_8$		$X\,R\,q_6$
q_9			$A\,L\,q_{10}$				
q_{10}		$1\,R\,q_{10}$					
q_{11}		$X\,R\,q_{12}$			$C\,L\,q_{14}$		
q_{12}	$D\,L\,q_{13}$	$1\,R\,q_{12}$			$C\,R\,q_{12}$	$1\,R\,q_{12}$	
q_{13}		$1\,L\,q_{13}$			$C\,L\,q_{13}$		$X\,R\,q_{11}$
q_{14}				$B\,L\,q_{15}$			
q_{15}		$1\,R\,q_{15}$			$C\,R\,q_{15}$	$0\,L\,q_{16}$	
q_{16}		$0\,L\,q_{17}$					
q_{17}		$1\,L\,q_{17}$	$0\,R\,q_{18}$	$0\,L\,q_{17}$	$C\,L\,q_{17}$		
q_{18}	$0\,R\,q_{18}$	$1\,R\,q_{18}$			$0\,R\,q_{19}$		
q_{19}		$1\,L\,q_{20}$					

上面的图灵机指令, 也可以用下述图灵机指令表罗列出来:

$(0, q_0, A, R, q_1)$,			
$(0, q_1, B, R, q_2)$,	$(1, q_1, 1, R, q_1)$,	$(0, q_2, C, R, q_3)$,	$(1, q_2, 1, R, q_2)$,
$(0, q_3, D, L, q_3)$,	$(1, q_3, 1, L, q_3)$,	(A, q_3, A, L, q_4),	(B, q_3, B, L, q_3),
(C, q_3, C, L, q_3),	$(0, q_4, 0, R, q_5)$,	(A, q_5, A, R, q_6),	
$(1, q_6, X, R, q_7)$,	(B, q_6, B, L, q_9),	$(1, q_7, 1, R, q_7)$,	
(B, q_7, B, R, q_7),	(C, q_7, C, R, q_7),	$(D, q_7, 1, R, q_7)$,	$(0, q_7, D, L, q_8)$,
$(1, q_8, 1, L, q_8)$,	(C, q_8, C, L, q_8),	(B, q_8, B, L, q_8),	(X, q_8, X, R, q_6),
(A, q_9, A, L, q_{10}),	$(1, q_{10}, 1, R, q_{10})$,	$(1, q_{11}, X, R, q_{12})$,	$(C, q_{11}, C, L, q_{14})$,
$(1, q_{12}, 1, R, q_{12})$,	$(C, q_{12}, C, R, q_{12})$,	$(D, q_{12}, 1, R, q_{12})$,	$(0, q_{12}, D, L, q_{13})$,
$(1, q_{13}, 1, L, q_{13})$,	$(C, q_{13}, C, L, q_{13})$,	$(X, q_{13}, X, R, q_{11})$,	$(B, q_{14}, B, L, q_{15})$,
$(1, q_{15}, 1, R, q_{15})$,	$(C, q_{15}, C, R, q_{15})$,	$(D, q_{15}, 0, L, q_{16})$,	$(1, q_{16}, 0, L, q_{17})$,
$(1, q_{17}, 1, L, q_{17})$,	$(C, q_{17}, C, L, q_{17})$,	$(B, q_{17}, 0, L, q_{17})$,	$(A, q_{17}, 0, R, q_{18})$,
$(1, q_{18}, 1, R, q_{18})$,	$(0, q_{18}, 0, R, q_{18})$,	$(C, q_{18}, 0, R, q_{19})$,	$(1, q_{19}, 1, L, q_{20})$.

现在我们来应用例 6.5 所设计的图灵机指令表 (表 6.2) 来计算一个例子. 令 $x_1 = 3$, 以及 $x_2 = 2$. 我们来看看加法图灵机是怎样完成等式 $3 + 2 = 5$ 的计算工作的.

给定起始格局为

$$\begin{array}{cccccccccccccccccccc} & & \downarrow & & & & & & & & & & & & & & & & & \\ \cdots & 0 & 0 & 1 & 1 & 1 & 1 & 0 & 1 & 1 & 1 & 0 & 0 & 0 & 0 & 0 & 0 & 0 & 0 & 0 & \cdots \end{array}$$

希望得到的终止格局为

$$\begin{array}{cccccccccccccccccccc} & & & & & & & & & & & \downarrow & & & & & & & & & \\ \cdots & 0 & 0 & 1 & 1 & 1 & 1 & 0 & 1 & 1 & 1 & 0 & 1 & 1 & 1 & 1 & 1 & 1 & 0 & 0 & \cdots \end{array}$$

从给定起始格局开始:

(1) 执行指令 $(0, q_0, A, R, q_1)$, 得到

$$\begin{array}{cccccccccccccccccccc} & & & \downarrow & & & & & & & & & & & & & & & & & \\ \cdots & 0 & A & 1 & 1 & 1 & 1 & 0 & 1 & 1 & 1 & 0 & 0 & 0 & 0 & 0 & 0 & 0 & 0 & 0 & \cdots \end{array}$$

(2) 执行指令 $(1, q_1, 1, R, q_1)$ 四次, 得到

$$\begin{array}{cccccccccccccccccccc} & & & & & & & \downarrow & & & & & & & & & & & & & \\ \cdots & 0 & A & 1 & 1 & 1 & 1 & 0 & 1 & 1 & 1 & 0 & 0 & 0 & 0 & 0 & 0 & 0 & 0 & 0 & \cdots \end{array}$$

(3) 执行指令 $(0, q_1, B, R, q_2)$, 得到

$$\begin{array}{cccccccccccccccccccc} & & & & & & & & \downarrow & & & & & & & & & & & & \\ \cdots & 0 & A & 1 & 1 & 1 & 1 & B & 1 & 1 & 1 & 0 & 0 & 0 & 0 & 0 & 0 & 0 & 0 & 0 & \cdots \end{array}$$

(4) 执行指令 $(1, q_2, 1, R, q_2)$ 三次, 得到

$$\begin{array}{cccccccccccccccccccccc} & & & & & & & & & & & \downarrow & & & & & & & & & \\ \cdots & 0 & A & 1 & 1 & 1 & 1 & B & 1 & 1 & 1 & 0 & 0 & 0 & 0 & 0 & 0 & 0 & 0 & 0 & \cdots \end{array}$$

(5) 顺序地执行指令 $(0, q_2, C, R, q_3)$ 以及指令 $(0, q_3, D, L, q_3)$, 得到

$$\begin{array}{cccccccccccccccccccccc} & & & & & & & & & & & \downarrow & & & & & & & & & \\ \cdots & 0 & A & 1 & 1 & 1 & 1 & B & 1 & 1 & 1 & C & D & 0 & 0 & 0 & 0 & 0 & 0 & 0 & \cdots \end{array}$$

(6) 顺序地执行指令序列

$$(C, q_3, C, L, q_3), \quad (1, q_3, 1, L, q_3), \quad (1, q_3, 1, L, q_3),$$
$$(1, q_3, 1, L, q_3), \quad (B, q_3, B, L, q_3),$$

以及

$$(1, q_3, 1, L, q_3), \quad (1, q_3, 1, L, q_3), \quad (1, q_3, 1, L, q_3), \quad (1, q_3, 1, L, q_3), \quad (A, q_3, A, L, q_4),$$

得到

$$\begin{array}{cccccccccccccccccccccc} & \downarrow & & & & & & & & & & & & & & & & & & & \\ \cdots & 0 & A & 1 & 1 & 1 & 1 & B & 1 & 1 & 1 & C & D & 0 & 0 & 0 & 0 & 0 & 0 & 0 & \cdots \end{array}$$

(7) 执行指令 $(0, q_4, 0, R, q_5)$, 得到

$$\begin{array}{cccccccccccccccccccccc} & & \downarrow & & & & & & & & & & & & & & & & & & \\ \cdots & 0 & A & 1 & 1 & 1 & 1 & B & 1 & 1 & 1 & C & D & 0 & 0 & 0 & 0 & 0 & 0 & 0 & \cdots \end{array}$$

(8) 执行指令 (A, q_5, A, R, q_6), 得到

$$\begin{array}{cccccccccccccccccccccc} & & & \downarrow & & & & & & & & & & & & & & & & & \\ \cdots & 0 & A & 1 & 1 & 1 & 1 & B & 1 & 1 & 1 & C & D & 0 & 0 & 0 & 0 & 0 & 0 & 0 & \cdots \end{array}$$

(9) 执行指令 $(1, q_6, X, R, q_7)$, 得到

$$\begin{array}{cccccccccccccccccccccc} & & & & \downarrow & & & & & & & & & & & & & & & & \\ \cdots & 0 & A & X & 1 & 1 & 1 & B & 1 & 1 & 1 & C & D & 0 & 0 & 0 & 0 & 0 & 0 & 0 & \cdots \end{array}$$

(10) 执行指令 $(1, q_7, 1, R, q_7)$ 三次; 执行指令 (B, q_7, B, R, q_7) 一次; 再执行指令 $(1, q_7, 1, R, q_7)$ 三次; 然后执行指令 (C, q_7, C, R, q_7) 一次; 再执行指令 $(D, q_7, 1, R, q_7)$ 和 $(0, q_7, D, L, q_8)$ 各一次, 得到

$$\begin{array}{cccccccccccccccccccccc} & & & & & & & & & & & & \downarrow & & & & & & & & \\ \cdots & 0 & A & X & 1 & 1 & 1 & B & 1 & 1 & 1 & C & 1 & D & 0 & 0 & 0 & 0 & 0 & 0 & \cdots \end{array}$$

(11) 顺序地执行下述指令序列

$$(1,q_8,1,L,q_8),\quad (C,q_8,C,L,q_8),\quad (1,q_8,1,L,q_8),\quad (1,q_8,1,L,q_8),\quad (1,q_8,1,L,q_8),$$

以及

$$(B,q_8,B,L,q_8),\quad (1,q_8,1,L,q_8),\quad (1,q_8,1,L,q_8),$$
$$(1,q_8,1,L,q_8),\quad (X,q_8,X,R,q_6),$$

得到

$$\begin{array}{cccccccccccccccccccc} & & & & \downarrow & & & & & & & & & & & & & & & \\ \cdots & 0 & A & X & 1 & 1 & 1 & B & 1 & 1 & 1 & C & 1 & D & 0 & 0 & 0 & 0 & 0 & \cdots \end{array}$$

(12) 此时当前工作状态为 q_6, 读头注视着符号 1, 图灵机重复完全类似于 (9) 和 (10) 的步骤 (在执行类似于 (10) 的过程中, 在执行完指令 (C,q_7,C,R,q_7) 之后马上执行指令 $(1,q_7,1,R,q_7)$, 然后再执行指令 $(D,q_7,1,R,q_7)$ 和 $(0,q_7,D,L,q_8)$ 各一次), 得到

$$\begin{array}{cccccccccccccccccccc} & & & & & & & & & & & & & \downarrow & & & & & & \\ \cdots & 0 & A & X & X & 1 & 1 & B & 1 & 1 & 1 & C & 1 & 1 & D & 0 & 0 & 0 & 0 & 0 & \cdots \end{array}$$

(13) 此时当前工作状态为 q_8, 读头注视着 D 左边的 1, 图灵机重复类似于 (11) 的步骤, 得到

$$\begin{array}{cccccccccccccccccccc} & & & & & \downarrow & & & & & & & & & & & & & & \\ \cdots & 0 & A & X & X & 1 & 1 & B & 1 & 1 & 1 & C & 1 & 1 & D & 0 & 0 & 0 & 0 & 0 & \cdots \end{array}$$

(14) 重复上述类似于 (9)—(12) 的步骤, 得到

$$\begin{array}{cccccccccccccccccccc} & & & & & & & \downarrow & & & & & & & & & & & & \\ \cdots & 0 & A & X & X & X & X & B & 1 & 1 & 1 & C & 1 & 1 & 1 & 1 & D & 0 & 0 & 0 & \cdots \end{array}$$

(15) 此时图灵机工作状态为 q_6, 读头注视着 B. 执行指令 (B,q_6,B,L,q_9), 得到

$$\begin{array}{cccccccccccccccccccc} & & & & & & \downarrow & & & & & & & & & & & & & \\ \cdots & 0 & A & X & X & X & X & B & 1 & 1 & 1 & C & 1 & 1 & 1 & 1 & D & 0 & 0 & 0 & \cdots \end{array}$$

(16) 执行指令 $(X,q_9,1,L,q_9)$ 四次, 得到

$$\begin{array}{cccccccccccccccccccc} & & \downarrow & & & & & & & & & & & & & & & & & \\ \cdots & 0 & A & 1 & 1 & 1 & 1 & B & 1 & 1 & 1 & C & 1 & 1 & 1 & 1 & D & 0 & 0 & 0 & \cdots \end{array}$$

(17) 执行指令 (A, q_9, A, L, q_{10}); 然后执行指令 $(1, q_{10}, 1, R, q_{10})$ 四次, 得到

$$\begin{array}{cccccccccccccccccc} & & & & & & \downarrow & & & & & & & & & & & \\ \cdots & 0 & A & 1 & 1 & 1 & 1 & B & 1 & 1 & 1 & C & 1 & 1 & 1 & 1 & D & 0 & 0 & 0 & \cdots \end{array}$$

(18) 此时图灵机工作状态为 q_{10}, 读头注视着 B. 执行指令 $(B, q_{10}, B, R, q_{11})$, 得到

$$\begin{array}{ccccccccccccccccccccc} & & & & & & & & \downarrow & & & & & & & & & & & & \\ \cdots & 0 & A & 1 & 1 & 1 & 1 & B & 1 & 1 & 1 & C & 1 & 1 & 1 & 1 & D & 0 & 0 & 0 & \cdots \end{array}$$

(19) 执行指令 $(1, q_{11}, X, R, q_{12})$, 得到

$$\begin{array}{ccccccccccccccccccccc} & & & & & & & & & \downarrow & & & & & & & & & & & \\ \cdots & 0 & A & 1 & 1 & 1 & 1 & B & X & 1 & 1 & C & 1 & 1 & 1 & 1 & D & 0 & 0 & 0 & \cdots \end{array}$$

(20) 顺序地执行下述指令序列

$$(1, q_{12}, 1, R, q_{12}), \quad (1, q_{12}, 1, R, q_{12}), \quad (C, q_{12}, C, R, q_{12}),$$

$$(1, q_{12}, 1, R, q_{12}), \quad (1, q_{12}, 1, R, q_{12}), \quad (1, q_{12}, 1, R, q_{12}), \quad (1, q_{12}, 1, R, q_{12}),$$

以及

$$(D, q_{12}, 1, R, q_{12}), \quad (0, q_{12}, D, L, q_{13})$$

得到

$$\begin{array}{ccccccccccccccccccccc} & & & & & & & & & & & & & & & \downarrow & & & & & \\ \cdots & 0 & A & 1 & 1 & 1 & 1 & B & X & 1 & 1 & C & 1 & 1 & 1 & 1 & 1 & D & 0 & 0 & \cdots \end{array}$$

(21) 执行指令 $(1, q_{13}, 1, L, q_{13})$ 五次; 再执行指令 $(C, q_{13}, C, L, q_{13})$; 然后再执行指令 $(1, q_{13}, 1, L, q_{13})$ 两次; 再执行指令 $(X, q_{13}, X, R, q_{11})$, 得到

$$\begin{array}{ccccccccccccccccccccc} & & & & & & & & & \downarrow & & & & & & & & & & & \\ \cdots & 0 & A & 1 & 1 & 1 & 1 & B & X & 1 & 1 & C & 1 & 1 & 1 & 1 & 1 & D & 0 & 0 & \cdots \end{array}$$

(22) 重复上面的复制过程 (19) 和 (20) 两次, 得到

$$\begin{array}{cccccccccccccccccccc} & & & & & & & & & & & & & & & & & \downarrow & & \\ \cdots & 0 & A & 1 & 1 & 1 & 1 & B & X & X & X & C & 1 & 1 & 1 & 1 & 1 & 1 & 1 & D & \cdots \end{array}$$

(23) 此时图灵机工作状态为 q_{13}, 注视着 D 左边的 1. 执行指令 $(1, q_{13}, 1, L, q_{13})$ 七次; 再执行指令 $(C, q_{13}, C, L, q_{13})$; 然后执行指令 $(X, q_{13}, X, R, q_{11})$, 得到

$$\begin{array}{cccccccccccccccccccc} & & & & & & & & & & & \downarrow & & & & & & & & \\ \cdots & 0 & A & 1 & 1 & 1 & 1 & B & X & X & X & C & 1 & 1 & 1 & 1 & 1 & 1 & 1 & D & \cdots \end{array}$$

(24) 此时图灵机工作状态为 q_{11}, 读头注视着 C. 执行指令 $(C, q_{11}, C, L, q_{14})$, 并且接着执行指令 $(X, q_{14}, 1, L, q_{14})$ 三次, 得到

$$\begin{array}{cccccccccccccccccccc} & & & & & & & \downarrow & & & & & & & & & & & & \\ \cdots & 0 & A & 1 & 1 & 1 & 1 & B & 1 & 1 & 1 & C & 1 & 1 & 1 & 1 & 1 & 1 & 1 & D & \cdots \end{array}$$

(25) 此时图灵机工作状态为 q_{14}, 读头注视着 B. 执行指令 $(B, q_{14}, B, L, q_{15})$, 得到

$$\begin{array}{cccccccccccccccccccc} & & & & & & \downarrow & & & & & & & & & & & & & \\ \cdots & 0 & A & 1 & 1 & 1 & 1 & B & 1 & 1 & 1 & C & 1 & 1 & 1 & 1 & 1 & 1 & 1 & D & \cdots \end{array}$$

(26) 执行指令 $(1, q_{15}, 1, R, q_{15})$ 和 $(C, q_{15}, C, R, q_{15})$ 各一次之后, 再连续执行指令 $(1, q_{15}, 1, R, q_{15})$ 七次 (将读头右移到注视 D), 得到

$$\begin{array}{cccccccccccccccccccc} & & & & & & & & & & & & & & & & & & \downarrow & \\ \cdots & 0 & A & 1 & 1 & 1 & 1 & B & 1 & 1 & 1 & C & 1 & 1 & 1 & 1 & 1 & 1 & 1 & D & \cdots \end{array}$$

(27) 执行指令 $(D, q_{15}, 0, L, q_{16})$; 然后执行指令 $(1, q_{16}, 0, L, q_{17})$; 再执行指令 $(1, q_{17}, 1, L, q_{17})$ 六次; 接着执行指令 $(C, q_{17}, C, L, q_{17})$, 以及连续执行指令 $(1, q_{17}, 1, L, q_{17})$ 三次; 然后执行指令 $(B, q_{17}, 0, L, q_{17})$; 再接着执行指令 $(1, q_{17}, 1, L, q_{17})$ 四次; 紧接着执行指令 $(A, q_{17}, 0, R, q_{18})$; 得到

$$\begin{array}{cccccccccccccccccccc} & & & \downarrow & & & & & & & & & & & & & & & & \\ \cdots & 0 & 0 & 1 & 1 & 1 & 1 & 0 & 1 & 1 & 1 & C & 1 & 1 & 1 & 1 & 1 & 1 & 0 & 0 & \cdots \end{array}$$

(28) 执行指令 $(1, q_{18}, 1, R, q_{18})$ 四次; 再顺序地执行指令

$$(0, q_{18}, 0, R, q_{18}), \quad (C, q_{18}, 0, R, q_{19}), \quad (1, q_{19}, 1, L, q_{20}),$$

就得到

$$\begin{array}{cccccccccccccccccccc} & & & & & & & & & & & \downarrow & & & & & & & & \\ \cdots & 0 & 0 & 1 & 1 & 1 & 1 & 0 & 1 & 1 & 1 & 0 & 1 & 1 & 1 & 1 & 1 & 1 & 0 & 0 & \cdots \end{array}$$

(29) 加法图灵机成功地完成 $3 + 2 = 5$ 的计算工作.

思考题 6.3 试着应用例 6.5 中的复制技巧设计一台图灵机来计算自然数乘法. 依旧用由 $n+1$ 个符号 1 所组成的符号串在纸带上表示自然数 n; 要求对于计算自然数 x_1 与 x_2 的乘积 $x_1 \cdot x_2$ 的图灵机的起始格局为

$$\begin{array}{ccccccccc} & & \downarrow & & & & & & \\ \cdots & 0 & 0 & \overline{x_1} & 0 & \overline{x_2} & 0 & 0 & \cdots \end{array}$$

以及最终完成计算后得到终止格局为

$$\begin{array}{ccccccccccc} & & & & & \downarrow & & & & & \\ \cdots & 0 & 0 & \overline{x_1} & 0 & \overline{x_2} & 0 & \overline{x_1 \cdot x_2} & 0 & 0 & \cdots \end{array}$$

并且应用自己的设计写出计算等式 $3 \cdot 2 = 6$ 的步骤.

让我们再来看一台图灵机的例子: 比较两个自然数的大小. 我们的问题是, 任意给定两个自然数 m 和 n, 确定以下三种情形中的哪一种成立:

$$m < n, \quad m = n, \quad m > n.$$

例 6.6 (比较大小) *存在一台比较自然数大小的图灵机.*

解答 比较自然数 x_1 与 x_2 大小的图灵机的起始格局为

$$\begin{array}{cccccccccc} & & & \downarrow & & & & & & \\ \cdots & 0 & 0 & \overline{x_1} & 0 & 0 & 0 & \overline{x_2} & 0 & 0 & \cdots \end{array}$$

终止格局为

$$\begin{array}{cccccccccc} & & & \downarrow & & & & & & \\ \cdots & 0 & 0 & \overline{x_1} & 0 & E & 0 & \overline{x_2} & 0 & 0 & \cdots \end{array}$$

其中 E 是符号 A 或者符号 B 或者符号 C, 并且当 $x_1 < x_2$ 时 E 是 A; 当 $x_1 = x_2$ 时 E 是 B; 当 $x_1 > x_2$ 时 E 是 C.

这样一台图灵机设计的策略与前面的例子中应用复制技巧类似. 首先, 将起始格局变换成下面的格局:

$$\begin{array}{cccccccccc} & & \downarrow & & & & & & & \\ \cdots & 0 & A & \overline{x_1} & 0 & 0 & B & \overline{x_2} & 0 & 0 & \cdots \end{array}$$

如何实现这一格局呢? 一上来就在读头所在的方格中书写符号 A (以此为第一个 1 的长方块的最左端的标记); 然后右移读头, 直到第三个空格处, 在此书写符号 B (以此为第二个 1 的长方块的最左端的标记); 再将读头左移, 直到遇到符号 A.

接下来, 将 A 所率领的长方块中最左端的 1 (如果还有的话) 改写成符号 X; 然后将读头右移, 直到遇到 B 所率领的长方块中的最左端的 1 (如果还有的话), 并且将此 1 改写成符号 X; 判断一下完成这一改写之后 B 组是否还有 1 没有被改写, 如果有, 则再将读头左移直到遇见 A, 再重复刚才的行为, 如果没有了, 则更换一种状态, 将读头左移直到遇见 A. 如此循环往复, 直到或者 A 组和 B 组的 1 都全部被改写成 X, 或者 A 组的 1 全部被改写成了 X 但 B 组中还有 1 没有被改写成 X, 或者 A 组中还有 1 没有被改写成 X 但 B 组的 1 都被改写成了 X.

如果 A 组中的 1 全部被改写成了 X, 而 B 组中还有 1 没有被改写, 那么将所有的 X 更换成 1; 将 B 抹去, 并且在这个方格的左边的方格中书写符号 A, 再左移到最左边的符号 A 处, 将它改写成空格, 然后停止.

如果 A 组中还有 1 没有被改写成 X 但 B 组的 1 都被改写成了 X, 那么将所有的 X 更换成 1; 将 B 抹去, 并且在这个方格的左边的方格中书写符号 C, 再左移到最左边的符号 A 处, 将它改写成空格, 然后停止.

如果 A 组和 B 组的 1 都全部被改写成 X, 那么将所有的 X 更换成 1; 将 B 抹去, 并且在这个方格的左边的方格中书写符号 B, 再左移到最左边的符号 A 处, 将它改写成空格, 然后停止.

按照这样的设计思想, 不难看出存在判定两个自然数大小的图灵机. 我们将详细的指令表留给感兴趣的读者去建立. □

图灵机可计算函数

前面我们已经建立起基本图灵机模型, 并且看到了计算自然数加法函数的图灵机例子. 相信读者已经认同图灵机的确是一种非常简单的可以用来实施计算的理论装置, 并且图灵机计算过程中的每一步都非常机械, 都非常简单明了. 这自然可能诱发一种疑问: 这么简单的理论装置到底可以用来完成什么样的任务? 它们到底都有多大功能? 事实上, 尽管图灵机模型看起来非常简单, 它们的计算功能总体上却非常强大. 为了说明这一点, 让我们引进如下概念: **图灵机可计算函数**.

定义 6.6 (图灵机可计算函数) 称一个局部数论函数 f 是**图灵机可计算的**当且仅当存在一台图灵机 M 来实现如下计算任务: 对于局部函数 f 的定义域 $\mathrm{dom}(f)$ 中的每一个 k-元组 $(x_1, \cdots, x_k) \in \mathrm{dom}(f) \subseteq \mathbb{N}^k$, 图灵机 M 都能够从起始格局

$$\begin{array}{ccccccccccccc} & & \downarrow & & & & & & & & & & \\ \cdots & 0 & 0 & \overline{x_1} & 0 & \overline{x_2} & 0 & \cdots & 0 & \overline{x_k} & 0 & 0 & \cdots \end{array}$$

开始, 按照既定的计算指令序列, 完成计算过程, 最终停机, 达到终止格局

$$\begin{array}{cccccccccccccccc} & & & & & & & & & & \downarrow & & & & \\ \cdots & 0 & 0 & \overline{x_1} & 0 & \overline{x_2} & 0 & \cdots & 0 & \overline{x_k} & 0 & \overline{f(x_1, \cdots, x_k)} & 0 & 0 & \cdots \end{array}$$

反之, 对于局部函数 f 的定义域 $\mathrm{dom}(f)$ 之外的任何 k-元组 $(x_1, \cdots, x_k) \in \mathbb{N}^k$, 图灵机 M 都不会从起始格局

$$\begin{array}{ccccccccccccc} & & \downarrow & & & & & & & & & & \\ \cdots & 0 & 0 & \overline{x_1} & 0 & \overline{x_2} & 0 & \cdots & 0 & \overline{x_k} & 0 & 0 & \cdots \end{array}$$

开始演算出任何成功停机的计算过程 (即或者永不停机, 或者不能给出任何合乎要求的答案).

前面我们已经看到自然数加法函数是一个图灵机可计算函数, 并且思考题 6.3 也表明自然数乘法函数也是图灵机可计算的. 下面我们来看看更多的图灵机可计算函数的例子.

例 6.7 (常值函数) 设 k 是一个正整数, m 是一个自然数. 那么 k-元常值函数 C_m^k 是一个图灵机可计算的函数, 其中

$$\forall(x_1,\cdots,x_k)\in\mathbb{N}^k\,(C_m^k(x_1,\cdots,x_k)=m).$$

解答 给定输入格局:

$$\begin{array}{cccccccccccc} & & \downarrow & & & & & & & & & \\ \cdots & 0 & 0 & \overline{x_1} & 0 & \overline{x_2} & 0 & \cdots & 0 & \overline{x_k} & 0 & 0 & \cdots \end{array}$$

我们可以用下述"先天计数"的办法 [12]来设计所需要的图灵机.

从起始状态 q_0 开始. 定义指令 $(0,q_0,0,R,q_1)$ 将控制转交给 q_1. q_1 的功能就是将读头向右移 x_1+1 次, 直到遇到 0, 然后将控制转给 q_2. 具体讲, 定义指令 $(1,q_1,1,R,q_1)$ 以及 $(0,q_1,0,R,q_2)$. 这两条指令在适当的执行顺序下就可以完成任务. 然后, 对于每一个 $1\leqslant i\leqslant k$, 我们都用同样的方式, 令 q_i 来实现将读头从注视符号串 $\overline{x_i}$ 的最左边的 1 开始向右移动 x_i+1 次, 直到遇到 0, 然后将控制交给 q_{i+1}. 具体而言, 定义指令 $(1,q_i,1,R,q_i)$ 以及 $(0,q_i,0,R,q_{i+1})$. 在顺序地执行完这些读头移动指令之后, 图灵机当前状态会是 q_{k+1} 以及读头注视着符号串 $\overline{x_k}$ 之右边的第一个空格. 此时图灵机剩下的任务就是写出表示常值 m 的输出表示 $\overline{m}$, 即由 $m+1$ 个符号 1 紧挨着所组成的符号串, 然后将读头向左移回到这组符号串的左边的空格. 为此, 我们用 $m+3$ 个新的工作状态来完成. 具体而言, 定义指令 $(0,q_{k+1},0,R,q_{k+2})$; 对于 $1\leqslant j\leqslant m+1$, 定义指令 $(0,q_{k+1+j},1,R,q_{k+2+j})$; 然后再定义指令 $(0,q_{k+3+m},0,L,q_{k+4+m})$, $(1,q_{k+4+m},1,L,q_{k+4+m})$. 最后, 图灵机处于当前工作状态 q_{k+4+m} 以及读头注视 0 的局面. 这时图灵机并无新的指令可以被执行, 只有停下来, 并且最终的格局为

$$\begin{array}{cccccccccccccc} & & & & & & & & & & \downarrow & & & \\ \cdots & 0 & 0 & \overline{x_1} & 0 & \overline{x_2} & 0 & \cdots & 0 & \overline{x_k} & 0 & \overline{m} & 0 & 0 & \cdots \end{array}$$ □

例 6.8 (后继函数) 后继函数是图灵机可计算的.

解答 从起始格局

$$\begin{array}{cccccccccccccc} & & \downarrow & & & & & & & & & & \\ \cdots & 0 & 0 & \overline{x_1} & 0 & 0 & 0 & 0 & 0 & 0 & 0 & 0 & \cdots \end{array}$$

---

12 就是把我们知道的信息植入图灵机的状态以及它们必须执行的任务之中, 而所设计的图灵机自身又永远不知道它在干什么, 它只知道机械地去做, 所以我们称之为"先天计数法".

开始. 首先将 $\overline{x_1}$ 复制到这个符号串的右边的空格之右, 得到下述格局:

$$\begin{array}{ccccccccccccc} & & & & & \downarrow & & & & & & & \\ \cdots & 0 & 0 & \overline{x_1} & 0 & \overline{x_1} & 0 & 0 & 0 & 0 & 0 & 0 & \cdots \end{array}$$

根据加法图灵机的设计, 我们知道可以设计出这样的一台图灵机来 (这自然是一台计算一元恒等函数的图灵机). 我们将这样的图灵机的详细设计留给读者. 在这个基础上, 我们只需将读头移到纸带上的第二个符号串 $\overline{x_1}$ 的右边的空格, 并在此处写上符号 1, 然后再将读头移回到原处. 我们同样将详细的指令设计留给读者. □

例 6.9 (投影函数) *设 k 为一个正整数, 以及 $1 \leqslant i \leqslant k$. 那么投影函数 π_i^k 是图灵机可计算的函数, 其中投影函数 π_i^k 为满足下述定义的函数:*

$$\forall (x_1, \cdots, x_k) \in \mathbb{N}^k \, (\pi_i^k(x_1, \cdots, x_k) = x_i).$$

解答 这和上面的计算一元恒等函数的图灵机设计类似, 只需结合计算常值函数的图灵机设计的方法, 也就是说, 在设计中, 将 k 和 i 这种我们知道的信息植入所设计的图灵机的状态个数以及指令的功能之中. 换句话说, 就是要将输入纸带中的第 i 个符号串 $\overline{x_i}$ 复制到符号串 $\overline{x_k}$ 的右边的第一个空格的右边去, 然后将读头置放在符号串 $\overline{x_k}$ 的右边的第一个空格处. 我们将详细的设计留给读者作为练习. □

上面这些例子表明所有的基本初等递归函数都是图灵机可计算的.

实际上, 可以证明每一个局部递归函数都是图灵机可计算的:

定理 6.1 *每一个局部递归函数都是图灵机可计算的.*

这个定理证明的思路就是证明全体图灵机可证明的函数关于函数复合、递归定义以及 μ-算子是封闭的. 从而所有图灵机可计算的函数就包含了全体局部递归函数. 作为例子, 我们来看看函数复合问题该如何解决.

假设 $g_1, \cdots, g_m$ 都是 k-元局部数论函数, 并且它们都是图灵机可计算的; 又假设 f 是一个图灵机可计算的 m-元局部数论函数. 那么这个复合函数也是图灵机可计算的. 验证这一点的基本想法如下: 从起始格局开始,

$$\begin{array}{ccccccccccccc} & & & \downarrow & & & & & & & & & \\ \cdots & 0 & 0 & \overline{x_1} & 0 & \overline{x_2} & 0 & \cdots & 0 & \overline{x_k} & 0 & 0 & \cdots \end{array}$$

依次分别调用计算每一个 g_i 的图灵机来计算 $g_i(x_1, \cdots, x_k)$, 如果有一台图灵机在该输入处永不停机 (也就是输入不在它们的公共定义域内), 那么所设计的图灵机继续模拟此 g_i 的图灵机永不停机; 如果每一个都给出输出格局

$$\begin{array}{ccccccccccccccc} & & & & & & & & & & \downarrow & & & & \\ \cdots & 0 & 0 & \overline{x_1} & 0 & \overline{x_2} & 0 & \cdots & 0 & \overline{x_k} & 0 & \overline{g_i(x_1, \cdots, x_k)} & 0 & 0 & \cdots \end{array}$$

那么就将这些结果复制成

$$\begin{array}{ccccccccccccc} & & & \downarrow & & & & & & & & & \\ \cdots & 0 & 0 & \overline{g_1(\vec{x})} & 0 & \overline{g_2(\vec{x})} & 0 & \cdots & 0 & \overline{g_m(\vec{x})} & 0 & 0 & \cdots \end{array}$$

其中 $\vec{x}=(x_1,\cdots,x_k)$. 然后再以此为输入格局, 调用计算 f 的图灵机来计算. 如果 f 在这个输入处有定义, 该计算必会给出正确答案, 从而有正确的终止格局, 然后再将此结果复制到所需要的输出纸带上以得到终止格局:

$$\begin{array}{ccccccccccccccc} & & & & & & & & & & \downarrow & & & & \\ \cdots & 0 & 0 & \overline{x_1} & 0 & \overline{x_2} & 0 & \cdots & 0 & \overline{x_k} & 0 & \overline{f\circ(g_1,\cdots,g_m)(\vec{x})} & 0 & 0 & \cdots \end{array}$$

如果 f 在这个输入处没有定义, 那么该计算必永不停机, 从而计算 $f\circ(g_1,\cdots,g_m)$ 的图灵机在模拟 (调用) 过程中也就永不停机. 因此, 所有图灵机可计算的函数是关于函数复合封闭的.

反过来, 每一个图灵机可计算的局部数论函数也都是局部递归函数:

定理 6.2 *如果局部数论函数 f 是图灵机可计算的, 那么 f 一定是一个局部递归函数.*

这两个定理导致图灵和丘奇最终提出了自己大胆的论题: 在图灵看来, 任何具有算法可以行之有效地计算出来的局部数论函数都一定是图灵机可计算的局部数论函数; 反之亦然. 在丘奇看来, 递归函数等于可以由算法行之有效地计算的全局数论函数; 局部递归函数等于可以由算法行之有效地计算的局部数论函数. 也就是说, 每一个具有算法可以行之有效地计算出来的局部数论函数都一定是一个局部递归函数, 从而也就都是图灵机可计算的局部数论函数; 反之亦然. 二十世纪四十年代到五十年代数理逻辑学家们又提出了另外几个解释算法计算的数学模型, 并且也都证明了它们与图灵机计算模型具备完全相同的计算能力. 于是, 图灵论题以及丘奇论题就被普遍接受.

6.2 不可计算性

可计算性理论作为一种理论是二十世纪三四十年代开始发展的结果. 很自然地现代计算机理论和技术以及整个计算机科学和应用也都是从那个时候开始发展的. 无论是哥德尔的局部递归函数概念还是图灵的图灵机可计算函数概念, 都是应解决数理逻辑中的一些基本问题应运而生. 哥德尔引进局部递归函数概念是为了解决希尔伯特 [13]所提出的数论的**完全性问题** (佩亚诺算术理论是否完全) 以及数论无矛盾性的**有效证明问题** (佩亚诺算术理论的无矛盾性是否有一个行之有效的证明).

13 David Hilbert.

哥德尔用编码的方法将逻辑学的概念植入数论之中; 将逻辑学的问题转化成数论问题; 并且这种植入以及转化都是行之有效的, 也就是说, 都是经过一系列递归函数在数论中表示出来或者实现的. 从而, 可证明性问题就完全被转化成可计算性问题. 图灵引入图灵机可计算函数概念也是为了解决希尔伯特所提出的另外一个问题, **判定问题**. 莱布尼茨 [14]曾经梦想人类的推理过程可以归结为某种演算, 并且可以有某种功能强大的机器来执行这种演算. 弗雷格 [15] 第一个建立起一套值得信赖的用以表示人类推理思维的规则系统 (后来被希尔伯特称为一阶逻辑系统, 在这本书里被称为代名词逻辑系统). 哥德尔在他 1930 年的博士论文中证明了弗雷格所提出的这些规则的完备性, 从而肯定地回答了希尔伯特两年前所提出的一个问题. 希尔伯特自己曾试图寻找一种实现一阶逻辑系统推理的显式演算过程: 给定一阶语言中的一组前提条件以及一个候选结论, 这种演算过程可以明确回答这个候选结论是否能够从那些给定的前提出发按照弗雷格的那些形式规则推导出来. 获取这样的一种演算过程的任务就被公认为希尔伯特的**判定问题**[16]. 当然, 对于解决一些特殊类问题的演算过程早就存在于人类文明的进程之中. 比如前面我们在解释算法这一观念时曾经提到过的那些具体算法. 而希尔伯特所期望的是一种可以将人类推理思维完全归结到纯粹演算过程的那样一种**通用算法**. 这是判定问题的核心所在. 图灵正是为了解决这个问题才引进足以表示算法这一观念的形式概念: 图灵机. 当然, 仅仅这一概念的提出并不能算作解决希尔伯特的判定问题. 欲证明希尔伯特的判定问题有解只需构建一种通用算法; 但是欲证明希尔伯特的判定问题无解, 那就得找到一种方法来证明所有的算法都不能实现希尔伯特所提出的任务. 图灵根据哥德尔的两个不完全性定理完全相信希尔伯特的判定问题应当无解, 即不会有希尔伯特所希望的那种实现人类推理思维演算的通用算法. 为了严格论证这种信念, 图灵想到了康托尔的对角线方法以及哥德尔在不完全性定理证明中对康托尔对角线方法的应用. 于是, 图灵构建了他所需要的**通用图灵机**. 这是图灵解决希尔伯特判定问题的核心: 通用图灵机和康托尔对角线方法. 应用他所构建的通用图灵机以及康托尔对角线方法, 图灵在他 1936 年的论文 [17] 中彻底否定了希尔伯特的想法: 判定问题无解. 在得到正确答案之前必须问对问题; 而基于某种错误的想法提出某个正确的问题似乎又是发现过程的一个不可或缺的部分. 希尔伯特就是一个向数学界提出过一系列正确问题的数学家. 尽管他的某些问题的最终答案并非如他所期望的那样, 但他的那些正确的问题确实对于推动数学的发展起到了很大作用.

---

14 Gottfried W. Leibniz.

15 Gottlob Frege.

16 Hilbert's Entscheidungproblem.

17 Alan Turing, On computational numbers, with an application to the Entscheidungproblem, Proceedings of London Mathematical Society, Vol. 42, 1936-37, p230-265.

6.2.1 图灵机编码

为了解决希尔伯特提出的判定问题, 图灵对算法作出了明确的解释: 任何一种算法演算过程都能够通过一台图灵机的演算过程来实现; 反之, 任何一台图灵机的演算过程自然就算一种算法的演算过程. 在这样的解释下, 如果存在一个并非任何图灵机可解的具体问题, 那么希尔伯特的判定问题就没有正解. 欲命题“存在一个并非任何图灵机可解的具体问题”为真, 就需要给出一个所有图灵机都不能给出正确解答的具体问题. 短语“所有图灵机”就意味着在一定范围内使用全称量词. 因此, 必须清楚这个全称量词所适用的范围是什么. 因为任何一台图灵机都是一个有限对象: 一个有限的纸带字符表, 一个有限的状态表, 以及一个有限的指令表, 所以可以用一种行之有效的方法对每一台图灵机进行编码, 并且要求这种编码能够被行之有效地解码还原成相应的图灵机. 可以实现这一目标的编码方案有很多种. 我们在这里选择一种可以在后面满足一台通用图灵机设计的需求的编码方案.

首先, 我们对所有图灵机的指令做一种标准化处理, 以简化通用图灵机的设计. 我们用自然数 m 来表示图灵机的状态 q_m, 也就是说, 所有的图灵机的状态都用自然数来作为它们的标号, 并且将标号 m 与状态 q_m 等同起来. 对于一台图灵机的一条指令 (i,q,j,X,p), 为了简化通用图灵机的设计, 我们在对该指令编码时更换一下前两个分量的前后顺序, 即将它先更换成 (q,i,j,X,p), 然后再对这个五元组进行编码, 其中 i,j 是图灵机在它的纸带上的读和写的符号 (不同的图灵机可以有不同的纸带符号), q,p 是两个状态, X 是符号 R 或者 L. 注意, 这样的变换是一对一和可逆的. 为了简化通用图灵机的设计, 我们还进一步约定所有图灵机在纸带上的读或写的符号也都统一正式地用自然数来表示 (尽管我们仍旧可以用其他符号来非正式地缩写); 同时, 我们还约定用自然数 0 来表示符号 L (将读头向左移动一格的指令符号) 和用自然数 1 来表示符号 R (将读头向右移动一格的指令符号). 在设计通用图灵机时, 我们将令通用图灵机“记住”这些约定. 在这样的约定下, 我们的第一台图灵机 (见第 349 页例子 6.4) 的指令表 (见第 349 页的表 (6.1)) 就被翻译成下述列表:

$$
\begin{aligned}
&(q_0,0,0,L,q_5),\quad (q_0,1,0,R,q_1),\quad (q_1,0,1,R,q_2),\quad (q_1,1,1,R,q_1),\\
&(q_2,0,0,L,q_3),\quad (q_2,1,1,L,q_4),\quad (q_3,0,0,R,q_0),\quad (q_3,1,1,L,q_3),\\
&(q_4,0,0,L,q_5),\quad (q_4,1,1,L,q_4),
\end{aligned}
$$

以及

$$
\begin{aligned}
&(0,0,0,0,5),\quad (0,1,0,1,1),\quad (1,0,1,1,2),\quad (1,1,1,1,1),\\
&(2,0,0,0,3),\quad (2,1,1,0,4),\quad (3,0,0,1,0),\quad (3,1,1,0,3),\\
&(4,0,0,0,5),\quad (4,1,1,0,4).
\end{aligned}
$$

在这样的标准化约定之后, 每一台图灵机的每一条指令就都是自然数的一个五元组

$(q,i,j,m,p)\in\mathbb{N}^5$, 其中自然数 q 是图灵机的当前状态, 自然数 i 是图灵机当前所注视的纸带符号, 自然数 j 是图灵机需要将所注视的 i 改写成的纸带符号, 自然数 m 则是图灵机如何移动读头的命令, 自然数 p 是图灵机即将进入的下一个状态.

那么接下来我们应当怎样在通用图灵机的纸带上记录一个自然数的五元组呢? 这会有很多种解决方案. 我们依旧采用由符号 1 所组成的符号串来表示自然数, 并且符号串的长度恰好就是所表示的自然数数值的后继, 即用 $m+1$ 个紧挨着的符号 1 的符号串来表示自然数 m. 也就是所谓的自然数的**单元表示**. 在自然数的单元表示下, 我们就有下述对应表:

自然数:	0	1	2	3	4	5	$\cdots$
单元表示:	1	11	111	1111	11111	111111	$\cdots$

由此, 任何一个自然数 m 在通用图灵机的纸带上就由 $m+1$ 个书写着符号 1 的紧挨着的方格串所组成的长方块来表示. 在这个基础上, 对于一个自然数的 k-元组 $(n_1,n_2,\cdots,n_k)$, 在通用图灵机的纸带上, 我们就用下述符号串来表示:

$$\mathbf{1}^{n_1+1}\mathbf{0}\mathbf{1}^{n_2+1}\mathbf{0}\cdots\mathbf{1}^{n_k+1},$$

其中 $\mathbf{1}^{x+1}$ 是自然数 x 在纸带上的表示, $\mathbf{0}$ 是纸带上的一个空格. 也就是说, 我们将给定自然数数组的紧挨着的两个自然数用一个空格隔开. 于是, 指令 $(4,1,1,0,4)$ 就以下述形式书写在通用图灵机的纸带上:

$$1\,1\,1\,1\,1\,0\,1\,1\,0\,1\,1\,0\,1\,0\,1\,1\,1\,1\,1.$$

通用图灵机该如何区分两条指令呢? 我们就用两个空格将两条指令隔开. (我们希望将要设计的通用图灵机用数多少个紧挨着的空格的个数来记住关键点.) 比如, 下面的符号串就在纸带上表示四条指令:

$$\overbrace{10101010111111}^{(0,0,0,0,5)}00\overbrace{101101011011}^{(0,1,0,1,1)}00\overbrace{11010110110111}^{(1,0,1,1,2)}00\overbrace{11011011011011}^{(1,1,1,1,1)}.$$

可见, 用这种方式, 我们就可以将任何一台图灵机的指令表完整地书写到通用图灵机的输入纸带上.

下一个需要解决的编码问题是如何对一台图灵机工作到某一步时它的纸带上的格局进行编码. 比如, 一台图灵机的当前格局为下列符号串 $s_1s_2\cdots s_k$, 那么我们就用与符号 $s_1s_2\cdots s_k$ 相应的自然数 k-元数组 $(n_1,n_2,\cdots,n_k)$ 的纸带表示来表示这个纸带格局. 比如说, 某一台图灵机的当前的纸带格局是 1 3 0 2 1 4, 那么在通用图灵机的纸带上就有下述表示:

$$1101111010111011011111.$$

6.2.2 通用图灵机概述

我们所要的通用图灵机是一台可以任劳任怨地忠实地模拟任何一台图灵机工作的图灵机. 为了满足模拟过程中数据格式的规范化需要, 我们需要对被模拟的图灵机加上一种特别的限制. 这个限制就是限制被模拟的每一台图灵机的纸带是**单向无穷**的, 也就是说, 图灵机的工作纸带为一条从左向右单向无穷的纸带, 而不是我们刚开始所说的双向无穷的纸带. 那么这种限制是否影响由图灵机可计算的数论函数的全体呢? 答案是这种限制丝毫不会影响图灵机的总体计算功能. 因为任何一台具有双向无穷的纸带的图灵机的计算进程都可以由一台单向无穷纸带图灵机所模拟从而完成同样的计算过程. 其实, 单向无穷工作纸带还真就是现代计算机内部数据地址管理的模型. 因此, 我们将解释如何设计一台通用图灵机来模拟每一台持单向无穷工作纸带的图灵机的每一次计算进程.

在这里我们还希望指出的是, 通用图灵机是现代计算机操作系统应用程序管理部分的基本模型. 任何一个用某种计算机算法语言编写的应用程序, 在经过编译程序翻译成计算机内部指令序列之后, 这个内部表示的应用程序就成了操作系统应用程序管理部分的一种输入, 然后操作系统便将应用程序的指令序列实现为具体的计算过程. 这就是通用图灵机模拟一台单向无穷工作纸带图灵机的过程. 换句话说, 通用图灵机不仅是一种数学模型, 而且还实实在在地在日常生活中为我们不停地工作着. 比如, 手机版微信程序是手机的一种应用程序. 它就是在手机中的操作系统 (无论是谷歌的操作系统, 苹果的操作系统, 还是华为的操作系统) 模拟之下工作的. 微信程序只是告诉操作系统在什么条件下执行什么指令以及按照什么顺序执行, 而手机中的操作系统才是真正的指令系列的执行者. 因为只有操作系统才具有指令中央处理器等实质上执行计算命令的系统如何工作的权利, 应用程序不具备这样的对中央处理器下达任何工作指令的权利. 所以, 搞清楚通用图灵机是怎么一回事, 对于我们理解手机到底是怎样工作的会大有好处.

为了说话方便, 我们姑且用字母 $\mathbb{U}$ 来记**通用图灵机**以及用字母 $\mathbb{T}$ 来记被 $\mathbb{U}$ 模拟的图灵机. 当 $\mathbb{T}$ 给定一个输入格局 $s_1s_2\cdots s_k$ 时, $\mathbb{T}$ 一定有一个完全确定的计算过程; 那么 $\mathbb{U}$ 就必须忠实地模拟 $\mathbb{T}$ 从输入格局 $s_1s_2\cdots s_k$ 开始的整个计算过程; 并且当 $\mathbb{T}$ 不停止的时候, $\mathbb{U}$ 也永不停止; 当 $\mathbb{T}$ 终止并且给出输出格局 $t_1t_2\cdots t_m$ 时, $\mathbb{U}$ 也必定终止并且给出完全同样的输出格局 $t_1t_2\cdots t_m$. 这就是我们对通用图灵机 $\mathbb{U}$ 的基本要求. 为了模拟 $\mathbb{T}$ 的计算过程, $\mathbb{U}$ 必须知道 $\mathbb{T}$ 的指令表. 因此, $\mathbb{T}$ 的指令表必须书写在 $\mathbb{U}$ 的输入纸带上作为输入的一部分. 除此之外, 为了模拟 $\mathbb{T}$ 的当前计算过程, $\mathbb{U}$ 必须知道 $\mathbb{T}$ 的启动输入格局. 因此, $\mathbb{T}$ 的当前计算任务的输入格局必须书写在 $\mathbb{U}$ 的输入纸带上作为输入的一部分. 于是, 设计中的通用图灵机的纸带被分成三段. 第一段为**缓冲区**, 用以记录被模拟的图灵机 $\mathbb{T}$ 所处的当前状态以及读头所注视的方格中的符号; 第二段为被模拟的图灵机 $\mathbb{T}$ 的**指令区**, 用以记录被模拟的

图灵机 $\mathbb{T}$ 的完整指令表; 第三段为**数据区**, 用以存放被模拟的图灵机 $\mathbb{T}$ 在计算过程中每一步的当前纸带格局. 这三个区域在 $\mathbb{U}$ 的纸带上从左向右置放. 缓冲区的长度至少包括 $Q+S+3$ 个方格, 其中 Q 是 $\mathbb{T}$ 所涉及的状态个数 (因此具有最大下标的状态的编码长度为 $Q+1$), S 是 $\mathbb{T}$ 所使用的符号个数 (因此具有最大小标的符号的编码长度为 $S+1$). 缓冲区以特殊字符 A 为永久标识符, 自 A 的左边方格开始. 缓冲区的初始状态全部为空格. 指令区以特殊字符 B 为标识符, 自 B 的左边的方格开始永久存放被模拟的图灵机 $\mathbb{T}$ 的完整指令表 (编码), 紧随 B 的状态编码是 $\mathbb{T}$ 的初始状态的编码, 并且在指令表结束时以紧挨着的三个空格标识. 紧随之后的是以特殊字符 C 为标识符的数据区. 数据区所存放的初始数据为 $\mathbb{T}$ 的启动输入格局 (编码), 并且约定紧随符号 C 的是 $\mathbb{T}$ 在启动时读头所注视的方格内的符号的编码. 启动时, 通用图灵机 $\mathbb{U}$ 的读头注视着存放特殊字符 B 的方格. 于是, 通用图灵机的初始格局如下:

$$\begin{array}{c} \qquad\qquad\qquad\qquad\qquad\qquad\downarrow \\ \cdots \quad |A| \quad Q+S+3\text{个空格} \quad |B| \quad \mathbb{T}\text{的指令表} \quad |C| \quad \mathbb{T}\text{的初始输入数据} \quad |\cdots \end{array}$$

注意, 根据约定, 紧随 B 的是 $\mathbb{T}$ 的初始状态的编码, 以及紧随 C 的是 $\mathbb{T}$ 在启动时读头所注视的符号的编码.

在确定通用图灵机的初始格局之后, 通用图灵机 $\mathbb{U}$ 接下来的计算就是模拟图灵机 $\mathbb{T}$ 的计算. $\mathbb{U}$ 的计算被分解成一系列的步骤, 并且每一个步骤都对应着 $\mathbb{T}$ 在计算过程中的动作. 在每一个步骤中, $\mathbb{U}$ 应用 $\mathbb{T}$ 的指令表来更新 $\mathbb{T}$ 的纸带格局 (数据编码) 以及跟踪 $\mathbb{T}$ 的当前状态. 如果 $\mathbb{T}$ 最终停止下来, $\mathbb{U}$ 也将在模拟过程中的相应步骤上停止下来, 并且将 $\mathbb{T}$ 在本次计算中的最后纸带格局 (数据编码) 留存在自己的纸带上.

下面我们来描述通用图灵机 $\mathbb{U}$ 模拟 $\mathbb{T}$ 的计算进程中执行一条指令的过程. $\mathbb{U}$ 的模拟计算进程中的一条指令的过程分为 7 个**阶段**, 每一个阶段都有明确的任务, 并且每一个阶段的任务都由一系列小步骤 (或者子程序) 来完成.

阶段一 通用图灵机 $\mathbb{U}$ 将紧随 B 的第一个由 1 组成的长方块 (居于 B 和 B 的右边的第一个 0 之间, 是 $\mathbb{T}$ 的初始状态的编码) 复制到缓冲区的最左端 (紧随符号 A 的右边), 并且在复制的 $\mathbb{T}$ 的初始状态的编码之右书写上辅助字符 A (此时 $\mathbb{T}$ 的初始状态的编码在两个字符 A 之间); 然后将纸带上的字符 B 抹去, 令 B 所在的方格为空格; 接着将读头向右移动, 直到读头见到字符 C.

阶段二 通用图灵机 $\mathbb{U}$ 将紧随 C 的第一个由 1 组成的长方块 (居于 C 和 C 的右边的第一个 0 之间, 是 $\mathbb{T}$ 在启动时读头所注视的符号的编码) 复制到缓冲区内紧随辅助字符 A 的右边.

阶段三 通用图灵机 $\mathbb{U}$ 紧接着将辅助字符 A 抹去, 令辅助字符 A 所在的方格成为空格; 然后再将字符 B 在它原来的位置上复原 (继续率领被模拟的图灵机 $\mathbb{T}$ 的指令表编码). 注意, 此时 $\mathbb{U}$ 的纸带上的缓冲区内已经在最左部分置放了 $\mathbb{T}$ 的初始状态的编码和 $\mathbb{T}$ 在启动时读头所注视的符号的编码, 并且它们按照一左一右的顺序被一个空格所隔离; 其他的部分还是原样; $\mathbb{U}$ 的读头依旧注视着字符 B.

阶段四 通用图灵机 $\mathbb{U}$ 在此阶段的任务是在指令区内寻找由 $\mathbb{T}$ 的初始状态和启动时所注视的符号所确定的 $\mathbb{T}$ 的指令 (尽管可以在开始的时候就将这样的第一条指令的编码安放在紧随 B 的右边, 但为了用同样的步骤处理更一般的情形, 我们不这样假设). 寻找过程如后: $\mathbb{U}$ 开始将紧随 B 之右的两个由 1 组成的长方块与置放在缓冲区内的两个由 1 组成的长方块进行比较, 一个长方块接着下一个长方块地进行比较 (这由一个我们已经见过的比较子程序来完成), 以期确定紧随 B 的第一条指令是否就是所寻找的指令; 如果比较成功 (即在状态编码比较成功之后将 B 移到状态编码与符号编码之间的空格后开始的第二轮比较也成功), 那么这条指令就被找到, 并且此时符号 B 位于这条指令的状态编码和符号编码之间的空格之中; 如果比较不成功, 通用图灵机 $\mathbb{U}$ 就将字符 B 移到紧接着的下一条指令的编码的最左端 (注意, 分隔两条指令编码的是紧挨着的两个空格, 因此将原有的 B 抹去, 然后在这两个紧挨着分隔空格的第二个空格上写上 B); 然后重复刚才的比较过程, 以期确定紧随 B 之右的那条指令是否就是要寻找的. 如此这般直到 $\mathbb{T}$ 的整个指令表中的指令都被检查完都没有找到所要的指令, 那么这就表明 $\mathbb{T}$ 在此状态此纸带符号下停止工作, 因此, $\mathbb{U}$ 也必须停止.

阶段五 此时通用图灵机 $\mathbb{U}$ 在阶段四找到了所要的指令, 该指令明确被模拟的图灵机 $\mathbb{T}$ 此时此刻该如何动作. 此时 $\mathbb{U}$ 即将模拟 $\mathbb{T}$ 执行该指令进行实质性模拟计算. 在此阶段, $\mathbb{U}$ 首先将缓冲区内的记录抹去; 然后将符号 B 向右移动到它当前位置右边的第一个空格处, 从而 $\mathbb{U}$ 知道将要模拟执行的这条指令中 $\mathbb{T}$ 将要书写的符号.

阶段六 此时通用图灵机 $\mathbb{U}$ 需要根据阶段五掌握的书写符号的信息, 更新储存在数据区内被模拟的图灵机 $\mathbb{T}$ 的纸带信息. 具体而言, 这一更新的具体过程就是用紧随标识符号 B 的由 1 组成的长方块 ($\mathbb{T}$ 要在它的纸带上书写的符号的编码) 去取代紧随标识符号 C 的那个由 1 组成的长方块. (一般来说, 这一替代会导致数据区的延长或者缩短.) 在完成模拟 $\mathbb{T}$ 在纸带上书写新符号的工作之后, $\mathbb{U}$ 需要模拟 $\mathbb{T}$ 的读头移动. 这一模拟动作由后述子程序来完成: $\mathbb{U}$ 将标识符号 B 从现在的方格中抹去, 令这个方格成为一个空格; 然后将读头向右移, 直到右边的第一个空格 (当前正在考虑的这条指令的编码中分隔书写符号的编码与读头移动方向的编码的那个空格), 令读头注视这一空格.

阶段七 此时通用图灵机的读头注视着正在模拟的 $\mathbb{T}$ 的指令编码中的书写符号编码与 $\mathbb{T}$ 的读头移动方向的编码的分隔空格. 接下来 $\mathbb{U}$ 需要做的事情是数 $\mathbb{T}$ 的

读头移动方向的编码中 1 的个数 (这是一个或者是 1 或者是 2 的数, 所以很容易令 $\mathbb{U}$ 来数这个数), 从而确定 $\mathbb{T}$ 的读头是向左移一格 (当此数为 1 时, $\mathbb{T}$ 的读头向左移动一格), 还是向右移动一格 (当此数为 2 时, $\mathbb{T}$ 的读头向右移动一格). 在记住这个数之后, $\mathbb{U}$ 立即在这个 $\mathbb{T}$ 的读头移动方向编码右边的空格中书写上标识符号 B (紧随这一空格右边的那个由 1 组成的长方块是被模拟的图灵机即将进入的状态的编码), 从而紧随标识符 B 右边的由 1 组成的长方块是 $\mathbb{T}$ 的新的状态的编码. 在书写完 B 之后, 通用图灵机 $\mathbb{U}$ 将自己的读头向右移动, 直到标识符 C 所在的方格处; 然后根据刚才知道的 $\mathbb{T}$ 的读头是向左移还是向右移的结果将标识符 C 移到当前方格的左边的第一个空格处, 或者移到当前方格的右边的第一个空格处 (模拟 $\mathbb{T}$ 读头的移动). 在移动 C 的位置时, $\mathbb{U}$ 需要做出一种判断: 如果将 C 向左移动一个由 1 组成的长方块, $\mathbb{U}$ 需要判断 $\mathbb{T}$ 是否跑出它的数据区, 并且在得知 $\mathbb{T}$ 的确将跑出它的数据区的情形下停下来; 如果将 C 向右移动一个由 1 组成的长方块, $\mathbb{U}$ 需要判断 $\mathbb{T}$ 是否跑出它的数据区, 并且在得知 $\mathbb{T}$ 的确将跑出它的数据区的情形下在当前数据区的数据编码的最右端添加一个空格以及紧随其后的一个表示 $\mathbb{T}$ 的纸带上的一个空格的编码. 这样, $\mathbb{U}$ 就完成了数据区的纸带数据的更新.

在阶段七的进程结束时, 或者 $\mathbb{U}$ 已经停止, 或者在成功更新数据区的数据之后, 当前纸带的格局为: 缓冲区内的方格都为空格; 指令区内的指令编码依旧; 标识符号 C 率领着 $\mathbb{T}$ 的读头所注视的符号的编码; 标识符号 B 率领着 $\mathbb{T}$ 的当前状态的编码. 这一纸带格局完全类同于 $\mathbb{U}$ 的启动格局. 于是, $\mathbb{U}$ 将由此进入阶段一, 重复复制 B 之右的由 1 组成的长方块以及 C 之右的由 1 组成的长方块到缓冲区, 从而开始下一轮的模拟 $\mathbb{T}$ 执行接下来的一条新指令的工作. 如此循环往复地一个阶段顺序地接着一个阶段地模拟 $\mathbb{T}$ 执行其指令, 直到或者 $\mathbb{T}$ 停机, 或者向左方跑出它的数据区, 此时 $\mathbb{U}$ 将停止, 并且在自己的纸带上记录着 $\mathbb{T}$ 的终结条件. 如果 $\mathbb{T}$ 在给定输入的时候既不会出现向左跑出数据区的步骤也不会停机, 那么 $\mathbb{U}$ 也不会停机.

通用图灵机就是这样将给定的图灵机 $\mathbb{T}$ 以及它的当前输入 (起始计算数据) 作为自己的输入, 然后对 $\mathbb{T}$ 的计算进程顺序地进行一条指令接着一条指令的模拟, 而对 $\mathbb{T}$ 的每一条指令的模拟都由七个阶段来顺序地实现. 由于这些阶段中的工作都非常具体非常简单, 它们各自的任务都可以由一台图灵机来完成. 将这些子图灵机有机地综合起来就可以设计出所需要的通用图灵机. 这在原理上没有任何问题, 剩下的是技术细节. 为了节省篇幅, 也因为这不是我们关注的重点所在, 我们将全部细节省略. 对于有兴趣的读者来说, 认真地将这些细节写清楚, 从而设计出自己的一台通用图灵机, 不失为一个非常好的逻辑思维练习.

6.2.3 判定问题无解

现在我们应用图灵的通用图灵机以及康托尔的对角线方法来验证希尔伯特的

判定问题无解. 为此, 我们只需证明判定问题的一种特殊情形就没有算法可以求解. 这种特殊情形就是问:

是否有一个算法能够判定任意一台图灵机对于任意给定的输入停机与否?

这是著名的**停机问题**.

停机问题的答案是否定的. 这是图灵的定理:

定理 6.3 (图灵)　*没有一个算法能够判定任意一台图灵机对于任意给定的输入停机与否.*

我们来解释为什么没有一个算法能够判定任意一台图灵机对于任意给定的输入停机与否. 首先, 我们将算法可计算与图灵机可计算等同起来. 也就是说一个判定问题是算法有解的 (也就是说, 有一个算法来回答该问题的每一个实例的是与非) 当且仅当它是图灵机有解的 (也就是说, 有一台图灵机来回答该问题的每一个实例的是与非).

从通用图灵机的概述中, 我们知道有一种规范的行之有效的过程来对每一台图灵机进行编码, 因为每一台图灵机都只有有限个状态、有限个字符以及有限条指令. 利用这种编码以及从自然数集合的有限序列到自然数集合上的递归双射, 我们可以对每一台图灵机指定唯一一个自然数 (并且这一自然数可以从前面讲到的图灵机编码直接计算出来), 并称之为该图灵机的**标志**. 至于这个标志如何计算出来对我们来说并不重要, 重要的是每一台图灵机都有一个标志, 不同的图灵机会有不同的标志. 这样一来, 我们就可以将标志为 i 的图灵机记成 $\mathbb{T}_i$, 并且称之为第 i 台图灵机. 于是, 我们就有一个全体图灵机的列表

$$\mathbb{T}_0, \mathbb{T}_1, \mathbb{T}_2, \cdots, \mathbb{T}_i, \mathbb{T}_{i+1}, \cdots.$$

同时我们也将图灵机的启动格局看成由 1 和 0 组成的一个长度有限的符号串. 将这些具有有限长度的符号串按照字典序排列起来 (具体怎样排列并不重要), 从而得到从这些有限符号串到自然数集合的一个典型双射. 因此我们可以将这些有限符号串用以自然数为下标的记号全部标记出来. 于是, 我们就有所有的图灵机的启动格局的排列表

$$w_0, w_1, w_2, \cdots, w_j, w_{j+1}, \cdots.$$

利用这样两个列表, 我们可以得到一种行之有效的算法将所有的局部递归一元数论函数罗列出来:

$$\varphi_0, \varphi_1, \varphi_2, \cdots, \varphi_k, \varphi_{k+1}, \cdots.$$

现在定义一个从 $\mathbb{N}\times\mathbb{N}$ 到 $\{0,1\}$ 的二元函数 g 如下: 对于 $(x,y)\in\mathbb{N}\times\mathbb{N}$,

$$g(x,y)=\begin{cases}1, & \text{如果 } y \text{ 在 } \varphi_x \text{ 的定义域之中},\\ 0, & \text{如果 } y \text{ 不在 } \varphi_x \text{ 的定义域之中}.\end{cases}$$

这样定义的函数 g 是一个全函数. 由于每一个 φ_x 都是图灵机可计算的, 如果 y 在 φ_x 的定义域之中, 那么计算 φ_x 的图灵机一定在输入 y 处停机. 于是, 如果停机问题有解, 即如果有一个算法能够判定任意一台图灵机对于任意给定的输入停机与否, 那么 g 就是一个递归函数. 但是事实上 g 不是一个递归函数. 理由如下: 考虑如下定义的一元函数 $f:\mathbb{N}\to\{0,1\}$. 对于 $x\in\mathbb{N}$,

$$f(x)=\begin{cases}1, & \text{如果 } x \text{ 在 } \varphi_x \text{ 的定义域之中,}\\ 0, & \text{如果 } x \text{ 不在 } \varphi_x \text{ 的定义域之中.}\end{cases}$$

这样定义的函数 f 是一个全函数. 如果 g 是一个递归函数, 那么 f 也是一个递归函数. 我们来证明 f 不是一个递归函数.

考虑如下定义的局部函数: 对于 $x\in\mathbb{N}$, 如果 x 不在 φ_x 的定义域中, 那么就令 $h(x)=0$; 如果 x 在 φ_x 的定义域中, 那么就令 h 在 x 处无定义. 应用前面的 μ-算子, 我们有如下等式: 对于 $x\in\mathbb{N}$,

$$h(x)=\mu y\,[y+f(x)=0].$$

也就是说, 局部函数 h 是在 f 的基础上利用 μ-算子可定义的. 因此, 如果 f 是一个递归函数, 那么 h 就是一个局部递归一元函数, 从而 h 一定是某一个 φ_y, 即有某一个自然数 y 来见证 $h=\varphi_y$. 现在问: y 是否在 φ_y 的定义域中? 如果 y 在 φ_y 的定义域中, 那么 $h=\varphi_y$ 就在 y 处有定义, 从而 $h(y)=0$, 可是根据函数 h 的定义这就意味着 y 不在 φ_y 的定义域中; 如果 y 不在 φ_y 的定义域中, 那么根据局部函数 h 的定义, $h(y)=0$, 可是这就意味着 $\varphi_y=h$ 在 y 处有定义, 从而 y 在 φ_y 的定义域中. 无论如何, 我们都得到一个矛盾. 于是, h 不是一个局部递归函数, 从而 f 也不是一个递归函数, g 也不是一个递归函数.

反过来, 考虑如下定义的局部函数 k : 对于 $x\in\mathbb{N}$, 如果 x 在 φ_x 的定义域中, 那么就令 $k(x)=1$; 如果 x 不在 φ_x 的定义域中, 那么就令 k 在 x 处无定义. 那么这个局部函数 k 是图灵机可计算的函数, 因为任何一台通用图灵机都可以被用来计算这个局部函数, 因此, k 是一个局部递归函数. 当然, 作为函数, $f=h\cup k$.

现在让我们来看看判定问题的实质在数学意义上意味着什么. 在经过行之有效的编码之后, 一系列的判定问题事实上都归结为什么样的自然数具有某种特性或者不具有某种特性. 这种特性实际上就确定了自然数集合的一个子集合. 因此, 这样的判定问题每一个特例也就在问一个任意给定的自然数是否属于这个子集合. 从而, 一个判定问题是否有解就事实上看这个子集合是否为一个**递归子集合**. 那么何谓递归子集合呢?

定义 6.7 (递归子集合) 设 $k\geqslant 1$ 是一个正整数. 称集合 $A\subseteq\mathbb{N}^k$ 为一个**递归子集合**当且仅当它的**特征函数** $\chi_A:\mathbb{N}^k\to\{0,1\}$ 是一个递归函数, 其中 A 的特征

函数 χ_A 由下述定义式确定: 对于 $(x_1, \cdots, x_k) \in \mathbb{N}^k$,

$$\chi_A(x_1, \cdots, x_k) = \begin{cases} 1, & (x_1, \cdots, x_n) \in A, \\ 0, & (x_1, \cdots, x_n) \notin A. \end{cases}$$

注意, 一个自然数的子集合 A 是一个递归子集合的充分必要条件是有一个算法来按照下述方式回答所有诸如一个自然数 n 是否属于 A 的问题: 如果 $n \in A$, 那么这个算法一定给出肯定的答案; 如果 $n \notin A$, 那么这个算法一定给出否定的答案. 也就是说, 这个算法不仅可以毫无差错地正面回答所有的“是否属于”的问题, 而且可以毫无差错地负面回答所有的“是否属于”的问题.

例 6.10　(1) 令 $A = \{2n \mid n \in \mathbb{N}\}$. 那么 A 是一个递归子集合.

(2) 令 $P = \{p \in \mathbb{N} \mid p\ \text{是一个素数}\}$. 那么 P 是一个递归子集合.

(3) 令 $K = \{x \in \mathbb{N} \mid x \in \mathrm{dom}\,(\varphi_x)\}$. 那么 K 不是一个递归子集合.

对于集合 K 而言, 通用图灵机可以被用来毫无差错地正面回答所有的“是否属于”的问题, 但是没有图灵机可以毫无差错地负面回答所有的“是否属于”的问题. 这也就是为什么 K 不是递归子集合的根本缘故.

定义 6.8 (递归可枚举集合)　设 $E \subseteq \mathbb{N}$. 称集合 E 为一个**递归可枚举集合**当且仅当它是某个局部递归函数的值域.

可以证明集合 K 是一个递归可枚举集合. 事实上, 集合

$$K_0 = \{\langle x, y\rangle \in \mathbb{N} \mid y \in \mathrm{dom}\,(\varphi_x)\}$$

是一个递归可枚举集合, 但不是一个递归子集合, 其中

$$\langle x, y\rangle = \frac{(x+y)(x+y+1)}{2} + x.$$

实际上任何一台通用图灵机就可以被用来计算枚举集合 K_0 的局部递归函数.

有趣的是, 一个自然数的子集合 A 是一个递归子集合的充分必要条件是 A 和它的补集 $\mathbb{N} - A$ 都是递归可枚举集合. 这样一来, 许多判定问题在自然数子集合的表示下都是递归可枚举集合, 但它们的补集不是, 从而它们不是一个递归子集合. 因此相应的判定问题也就被证明为不可解问题. 图灵机停机问题只是这一类问题中的一个, 可谓沧海一粟.

6.3　计算机 —— 逻辑机器

图灵机令人信服地对“计算”一词的内涵作出清晰的解释, 从而为现代电子计算机提供了独到的数学模型. 自然, 从数学模型到物理实现所走的是另外一条逻辑

思维的演变之路. 我们不准备在这里追溯历史的进程, 只就现代计算机的基本结构和工作原理做一个大概解说, 从而说明逻辑规则和原理的基本作用.

前面我们已经见到逻辑运算经过由电子元件组成的逻辑门完美实现; 任何一个布尔函数都与由这些逻辑门组成的电路形成完美的对应. 从此, 数学意义上的逻辑运算转换成现实的物理的逻辑门具体操作; 数学意义上的布尔函数转换成现实的物理的电子电路功能. 那么, 在这样的基础上, 通用图灵机又将怎样被转换成现实的物理的计算机? 首先, 现代电子计算机由两大部分组成: 第一部分是硬件部分, 第二部分是软件部分. 硬件部分是对经过精心设计的数字逻辑和体系结构的物理实现; 软件部分是对经过精心设计的可以满足各种特定计算功能的图灵机的机器指令 (计算机硬件能够理解与执行的指令) 实现. 计算机软件部分又被分为系统软件和应用软件两大部分. 系统软件主要是计算机操作系统和编译程序. 操作系统是对通用图灵机的系统的与数字逻辑与体系结构相适配的实用的程序实现. 操作系统既是掌管整个机内数字逻辑与体系结构的管家, 又是有条不紊地调动应用程序进入工作状态以及实现机内各种物理资源分配与回收或者停止应用程序工作的总司令部. 它以机器语言对计算机体系结构中的各个部件实时地按照确定顺序地发布各种执行命令以及及时响应来自计算机部件的各种中断请求. 操作系统本身就是可以永久存放在计算机内部的一个复杂的有限的按照确定的逻辑顺序组成的计算机机器指令序列. 相信手持一部手机或者手提一台笔记本计算机的读者一定知晓自己的手机或者笔记本计算机所使用的操作系统是一部什么样的操作系统. 编译程序同样也是可以永久存放在计算机内部的一个复杂的有限的按照确定的逻辑顺序组成的计算机机器指令序列. 编译程序的基本功能就是负责将用高级语言写成的应用程序 (一台具备特定计算功能的图灵机的高级语言定义) 转换成的确实现所设计的计算功能的具备确定逻辑顺序的计算机机器指令序列, 简而言之, 编译程序就是将程序员用固定的高级语言所编写的外部程序转换成计算机内部的可执行程序. 一般用户日常不需要知道编译程序是什么, 但是对于一位编写应用程序的程序员来说, 编译程序甚至比起操作系统来更为重要. 依据面向读者的宗旨, 下面我们将扼要地解释计算机体系结构与操作系统, 以期说明为何说数字电子计算机就是一台逻辑机器.

6.3.1 计算机结构

计算机由**存储器**、**中央处理器**和**交换器**以及联结它们的**数据总线**构成.

计算机内部存储的信息分为指令和数据两类. **指令**是那些被控制器或者指令译码器读取以便执行的信息, 也就是由计算机执行的基本操作; 用于完成一项任务的一组具有内在逻辑结构的指令序列称为**程序**; 数据是那些在程序执行过程中被使用的信息. 存储器存放中央处理器使用的所有程序和数据.

存储器以“**字**”为基本单元存放信息, 并且所有的字都各自由 N 个可以实现两种稳定状态 (分别表示“0”或“1”, 从而存储“**一位**”信息) 的电子元件组成. 这个 N 一定是 8 的倍数, 被称为存储器的**字长**; 字长为 N 的字存储 N **位**“0”或者“1”. 实现一位信息存储的电子元件之间的稳定状态是彼此独立的, 从而位与位之间所存储的内容是相互独立的. 于是, 一个字长为 N 的字可以存储 2^N 种不同的信息. 我们把这样存储的信息与长为 N 的由“0”和“1”组成的序列等同起来. 因此, 字长为 N 的存储器中存储的都是长为 N 的由“0”和“1”组成的序列. 由于 N 是 8 的倍数, 字被分割成 $\frac{N}{8}$ 个**字节**, 每个字节存储 8 位信息. 存储器中的字也被称为计算机的字. 计算机就是在中央处理器中对大量以计算机字形式组织起来的数据进行计算或者处理的. 计算机的字长随着时代的进步在不断的延长中, 但字节的长度总是 8. 二十世纪九十年代的微型计算机多为 16 位字长 (双字节), 当前微型计算机的字长一般为 32 位 (四字节), 也有不少是 64 位 (八字节) 的. 在计算机内部, 阿拉伯数字以及英文字母都由一个字节来表示, 汉字则用 2 个字节来表示. 换句话说, 在计算机内部, 阿拉伯数字以及英文字母都是单字节字符 (这是字节长度被规定为 8 的根本理由, 8 位二进制数足以对所有键盘符号进行有效编码, 从而键盘上的每一个字符就用一个字节在计算机内部表示出来), 汉字则是双字节字符. 最早的键盘字符编码是在 1961 年提出的“美国信息交换标准码”ASCII (American Standard Code for Information Interchange). ASCII 码是以字节为单位对键盘字符进行编码的. 当今的计算机都可以使用包含各个国家所使用的语言的基本字符的 Unicode. 这是一种双字节编码, 由 Unicode 联盟 [18]开发的一个标准. Unicode 涵盖了所有其他现有的国际标准化组织 ISO (International Organization for Standardization) 系统. 比如, 英文字母“A”的 ASCII 机器码为 01000001, 字母“a”的 ASCII 机器码为 0110001, 字符“0”的 ASCII 机器码为 00110000, 字符“9”的 ASCII 机器码为 00111001. ASCII 码都是 Unicode 码的一部分. 汉字的早期编码是在 ASCII 码的基础上实现的“国标码”. 下面的例子给出一组汉字的 Unicode 编码 [19]:

汉字	二进制机器码	十六进制表示
中	0100 1110 0010 1101	4E2D
华	0101 0011 0100 1110	534E
民	0110 1100 0001 0001	6C11
族	0110 0101 1100 1111	65CF
生	0111 0101 0001 1111	751F

18 http://Unicode.org/.

19 参见 native2ascii 在线转换 https://javawind.net/tools/native2ascii.jsp?action=transform.

生	0111 0101 0001 1111	751F
不	0100 1110 0000 1101	4E0D
息	0110 0000 0110 1111	606F
中	0100 1110 0010 1101	4E2D
华	0101 0011 0100 1110	534E
儿	0101 0001 0011 1111	513F
女	0101 1001 0111 0011	5973
自	1000 0001 1110 1010	81EA
强	0101 1111 0011 1010	5F3A
不	0100 1110 0000 1101	4E0D
息	0110 0000 0110 1111	606F

计算机中央处理器所处理的数据的字长的大小决定了它的计算能力的大小. 而中央处理器所处理的数据的字长的大小直接受限于计算机内部电子电路和各部件的复杂性以及当前电子逻辑电路设计与建造的技术能力. 目前许多手机的存储器都已经具有 256GB (1GB= 十亿个字节) 的容量.

存储器抽象起来就是一个数据字的阵列. 设计计算机的时候会约定数据字顺序排列的地址结构以及寻找地址的方式. 计算机在计算过程中是先获取存储数据字的地址再依据地址获取存储器阵列中存放在这个位置上的数据字.

所有的计算机都具有快速随机存储器, 简称 RAM (以前被称为"磁芯", 因为当时使用微小的具有磁性的磁芯来保存数据, 每个磁芯能保存一位信息). 在应用程序执行过程中, 程序和数据都被存放在快速随机存储器中. 存储在这里面的数据很容易丢失, 尽管从中存取的速度很快. 只要一断电, 存放在快速随机存储器中的程序或者数据就会全部丢失. 因此, 所有的计算机都同时有一个不容易丢失数据的存储器, 通常称为**只读存储器** (ROM). 只读存储器中存放着"引导"计算机在电源开启的时候启动的基本指令以及操作系统和一些常用的系统程序.

中央处理器[20]是计算机的首脑机构. 中央处理器由 8 大功能模块组成: 一个**指令译码器**; 一个**算术–逻辑单元**; 一个**寄存器**; 一个**程序指针**或者**程序计数器**; 一个**高速缓冲存储器**; 一个**堆栈指针**; 一个**标志位寄存器**; 一个**总线控制电路**.

指令译码器 (也叫控制单元) 从存储器中取出指令, 并对指令进行翻译, 确定在指令下做什么, 将获取的指令加载到寄存器中. 寄存器用于存放当前需要执行的指令或当前正在处理中的数据. 算术–逻辑单元对存储在寄存器 (有时在存储器) 中的数进行指定的操作. 它可以执行加法、减法、相等比较、量值比较、$\wedge$ 和 $\vee$ 运算. 高速缓冲存储器则用于保存近期从存储器中取来的数据以加快处理或计算速度. 程

20 Central Processing Unit, CPU.

序指针或者程序计数器用于跟踪当前程序执行到的位置 (可运行程序都是一系列可执行的指令按照特定顺序存放在存储器的一段固定的区域之中, 因此, 每一条指令都有一个确定的存储区内的**地址**). 它在每一条指令执行之后自动加 1, 但在执行“转移”指令或者“跳转”指令后, 它将被赋予一个新的值. 总之, 程序指针总是指向下一条需要执行的指令所在的位置. 堆栈指针是专门为执行堆栈 (在计算递归定义的函数时会用到的一种先进后出的数据结构) 任务设置的指针寄存器. 标志位寄存器则用于存放标志位、符号位等具有指示性标志的数据, 这些数据用于条件语句中转移分支的判断. 总线控制电路用于中央处理器与存储器和交换器 (或者输入输出设备) 之间的通信.

所有的计算机都有与外部设备交换信息用的**交换器**, 这包括用于接收外部信息的交换器以及用于输出信息的交换器. 处理输入信息的交换器可以从键盘、麦克风、读卡机、磁盘读写机、摄像机、传感器、扫描仪、电磁波信号处理器等外部设备中获取传送过的信息, 并将它们转换成计算机内部可以处理的数据. 处理输出信息的交换器则将存储器内的信息转换输出到打印机、电磁波信号发射器、屏幕、磁盘读写机、耳机等等外部设备. 这些就是计算机用户与计算机打交道的日常过程.

为了在计算机中央处理器与存储器或者交换器之间进行通信或数据交流, 所有的计算机都使用**数据总线**. 这是一组用来交换数字信息的共享线. 总线包括一组数据线 (数据线的宽度等于计算机字长, 比如 16 位、32 位或者 64 位)、一组地址线 (用于决定总线上传输哪里的数据) 以及一组控制线. 控制线用于决定当前进行什么操作, 比如将数据输入中央处理器或者从中央处理器中输出、中断操作以及直接存储器存取传输等等.

例 6.11　以一个字长为 32 位的 MIPS 体系结构 [21] 计算机为例, 我们来解释寄存器、存储器以及指令的含义.

MIPS 计算机设置 32 个寄存器, 将它们从 0 到 31 进行标号, 并且约定各寄存器具备不同的用途. 比如, 编号从 8 号到 15 号的寄存器用于存放**临时变量**; 编号从 16 到 23 的寄存器用于存放**保存变量**; 编号为 28 的寄存器存放**全局指针**; 编号为 29 的寄存器是**栈指针**; 编号为 31 的寄存器则存放**函数返回地址**; 编号为 0 的寄存器专门存放数值 0.

MIPS 计算机的存储器采用一种**字节寻址**方式. 在这种阵列存储器中, 每 32 位数据字包含 4 个 8 位字节, 因此每一个字地址都是 4 的倍数. 因为其地址的宽度为 32, 所以它的地址空间 (存储器阵列的长度) 是 2^{32} 字节, 也就是 4GB. 由于每个字是 4 个字节, 所以它的字地址的范围从

$$0000\,0000\,0000\,0000\,0000\,0000\,0000\,0000$$

21 这是由斯坦福大学的 John Hennessy 和他的同事在二十世纪八十年代所提出的一种体系结构.

到

$$1111\,1111\,1111\,1111\,1111\,1111\,1111\,1100.$$

这个范围内的那些可以被 4 整除的二进制数为字的地址. 比如, 编号为 0 的字的地址 (基地址) 为

$$0000\,0000\,0000\,0000\,0000\,0000\,0000\,0000,$$

编号为 1 的字的地址为

$$0000\,0000\,0000\,0000\,0000\,0000\,0000\,0100,$$

编号为 2 的字的地址为

$$0000\,0000\,0000\,0000\,0000\,0000\,0000\,1000,$$

编号为 3 的字的地址为

$$0000\,0000\,0000\,0000\,0000\,0000\,0000\,1100,$$

等等, 以此类推. 这些地址被分成 4 段: 代码段、全局数据段、动态数据段和保留段. 代码段从

$$0000\,0000\,0000\,0100\,0000\,0000\,0000\,0000$$

到

$$0000\,1111\,1111\,1111\,1111\,1111\,1111\,1100,$$

用来存放机器语言程序. 可以容纳大约 256MB 条指令的代码. 全局数据段从

$$0001\,0000\,0000\,0000\,0000\,0000\,0000\,0000$$

到

$$0001\,0000\,0000\,0000\,1111\,1111\,1111\,1100,$$

用来存储全局变量的赋值. 可以容纳大约 64KB 个全局变量赋值. 动态数据段从

$$0001\,0000\,0000\,0001\,0000\,0000\,0000\,0000$$

到

$$0111\,1111\,1111\,1111\,1111\,1111\,1111\,1100,$$

用于保存栈和堆以及局部变量赋值. 动态数据段是一个程序占用内存最多的段, 使用大约一半的地址空间. 剩下的部分为保留段. 保留段不能直接被应用程序使用.

它用于操作系统, 以及中断和输入输出内存映射. 保留段分成两个部分, 地址空间的底部和顶部. 底部从

$$0000\,0000\,0000\,0000\,0000\,0000\,0000\,0000$$

到

$$0000\,0000\,0011\,1111\,1111\,1111\,1111\,1100.$$

顶部则从

$$1000\,0000\,0000\,0000\,0000\,0000\,0000\,0000$$

到

$$1111\,1111\,1111\,1111\,1111\,1111\,1111\,1100.$$

MIPS 计算机使用 32 位指令, 也就是每一条指令就是计算机的一个字. MIPS 计算机的指令被分为 3 类: **寄存器类型**指令、**即刻型**指令和**跳转型**指令. 寄存器型指令对 3 个寄存器操作; 即刻型指令对两个寄存器和一个 16 位二进制数操作; 跳转型指令对一个 26 位二进制数操作.

寄存器指令的 32 位从左向右被分成 6 段: 第一、六段为 6 位; 第二、三、四、五段为 5 位. 第一段和第六段共同用来存储**操作码**. 由于寄存器型的指令的第一段存放的都是 000000, 所以寄存器型指令的要执行的操作由第六段的 6 位确定. 比如, 加法操作指令的后 6 位为 100000, 减法操作指令的后 6 位为 100010. 寄存器指令的第二段和第三段的 5 位分别存放两个操作数所在的寄存器 (源寄存器) 的编号 (总共 32 个寄存器, 所以它们的标号从 00000 到 11111, 每一个编号只需 5 位). 寄存器指令的第四段的 5 位存放操作结果所在的寄存器 (目标寄存器) 的编号. 寄存器指令的第五段的 5 位仅仅用于移位操作. 这个段中的 5 位所存放的数值就是移位数. 当一条寄存器指令并非移位操作指令时, 这个段中的 5 位存放的是 00000, 也就是不移位或者移动 0 位. 比如, 考虑如下两条操作指令: "将存放在寄存器 17 和寄存器 18 中的数相加, 并且将它们的和存放在寄存器 16 之中" 以及 "用存寄存器 11 中的数减去寄存器 13 的数, 并将结果存放在寄存器 8 之中". 这两条指令的机器语言表示见第 384 页中的寄存器型机器指令例子 (表 6.3).

表 6.3 寄存器型机器指令例子

000000	10001	10010	10000	00000	100000
000000	01011	01101	01000	00000	100010

即刻型指令由一个操作码和三个操作数组成. 在一条 32 位的即刻型指令中,

前 6 位为操作码, 第二段和第三段的各 5 位分别存放两个寄存器的编号, 最右的 16 位存放一个 16 位的二进制补码操作数. 比如, 考虑下列指令:

(1) “将 18 号寄存器中的数加上 2019 之后存放到 17 号寄存器”;

(2) “将 8 号寄存器中的数减去 12 之后存放到 19 号寄存器”;

(3) “将字地址为 32 的数据取出来存放到 10 号寄存器”;

(4) “将 17 号寄存器中的数据存放到紧随 9 号寄存器中的字地址之后的那个地址中”.

表 6.4 给出这四条指令的机器语言指令. 需要注意的是以下几点: 这里的加法是整数加法, 所以它的操作码为 001000; 2019 的二进制表示为 11111100011, 将其补足到 16 位, 就得到 0000011111100011; 在执行整数减法时, 用整数加负数的指令, 所以, $a=b-c$ 对等于 $a=b+(-c)$, “减去 12”就变成“加 (-12)”, -12 的二进制补码表示为 1111111111110100; “取出一个字”的操作码为 100011; 0 号寄存器中存放着常数 0; “存储一个字”的操作码为 101011, 字地址间的数值相差 4, 所以第四条机器指令中的 16 位操作数就是 4 的二进制表示.

表 6.4 即刻型机器指令例子

001000	10001	10000	0000 0111 1110 0011
001000	01011	01000	1111 1111 1111 0100
100011	00000	01010	0000 0000 0010 0000
101011	01001	10001	0000 0000 0000 0100

跳转型指令由一个 6 位的操作码和一个 26 位的地址操作数组成. MIPS 计算机使用三种跳转指令: 直接跳转指令、跳转和链接指令以及跳转寄存器指令. 直接跳转指令令程序直接跳转到由标号指定的指令; 跳转和链接指令令程序在直接跳转到由标号指定的指令同时保存返回地址; 跳转寄存器指令则令程序跳转到寄存器中保存着地址的指令. 直接跳转指令的操作码为 000010; 跳转和链接指令的操作码为 000011; 跳转寄存器指令的操作码为 000000. 由于跳转指令的后 26 位并不能直接存储目标指令的长度为 32 位的字地址, MIPS 计算机采用掐头去尾的办法来在直接跳转指令与跳转和链接指令的地址段上存储将字地址的最左边的 4 位 0 和最右边的 2 位 0 丢掉之后剩下的中间 26 位作为地址段上存储的信息. 可以这样做的理由是程序代码存放在内存中的代码段, 而代码段中的地址的最左边的四位都是 0; 并且地址间的增幅一律为 4, 所以字地址的最右两位都是 0. 将代码段中的字地址的首 4 位 0 和尾 2 位 0 丢掉只留下中间的 26 位丝毫不会影响所要寻找的指令的地址. 比如, 考虑系列跳转指令:

(1) “跳转到地址为十六进制数 0040002C 的那条指令处继续, 并保留返回

地址”;

(2)“跳转到地址为十六进制数 004000A0 的那条指令继续”;

(3)“跳转到存放在 31 号寄存器中的地址处继续”(31 号寄存器中存放的是函数返回地址).

将十六进制数 0040002C 转换成二进制数就得到

$$0000\ 0000\ 0100\ 0000\ 0000\ 0000\ 0010\ 1100,$$

于是第一条指令的计算机语言指令代码的后 26 位地址段中的内容就是

$$0000\ 0100\ 0000\ 0000\ 0000\ 0010\ 11.$$

从而第一条指令的机器码就是

$$0000\ 1100\ 0001\ 0000\ 0000\ 0000\ 0000\ 1011.$$

欲得到第二条指令的机器码, 将十六进制数 004000A0 转换成二进制数就得到

$$0000\ 0000\ 0100\ 0000\ 0000\ 0000\ 1010\ 0000,$$

于是第二条指令的计算机语言指令代码的后 26 位地址段中的内容就是

$$0000\ 0100\ 0000\ 0000\ 0000\ 1010\ 00.$$

从而第二条指令的计算机码就是

$$0000\ 1000\ 0001\ 0000\ 0000\ 0000\ 0010\ 1000.$$

因为十进制数 31 的二进制表示为 1111, 所以第三条指令的后 26 位地址段的内容是

$$00\ 0000\ 0000\ 0000\ 0000\ 0000\ 1111,$$

从而第三条指令的机器码就是

$$0000\ 0000\ 0000\ 0000\ 0000\ 0000\ 0000\ 1111.$$

MIPS 体系结构定义了大量的算术和逻辑指令. 这些指令对实现高级语言程序结构是必需的. MIPS 的逻辑操作主要有四种: 与、或、异或、或非. 这四种逻辑运算都是二元运算, 其中异或运算实现的是布尔函数

$$(A \wedge \overline{B}) \vee (\overline{A} \wedge B),$$

或非运算实现的是布尔函数 $\neg(A \vee B)$. “与”的 6 位操作码为 100100, “或”的操作码为 100101, “异或”的操作码为 100110, “或非”的操作码为 100111. 对应于这四种逻辑运算的四条指令都具有如下格式: 32 位中的前 6 位是操作码, 第二段的 5 位和第三段的 5 位存放两个源操作数的寄存器编号, 第四段的 5 位存放目标数的寄存器编号, 最右边的 11 位都置 0. 比如, 17 号寄存器和 18 号寄存器中分别存放着如下数据:

$$1111\ 1111\ 1111\ 1111\ 0000\ 0000\ 0000\ 0000,$$
$$0100\ 0110\ 1010\ 0001\ 1111\ 0000\ 1011\ 0111.$$

考虑如下四条指令:

(1) 对存放在 17 号寄存器和 18 号寄存器中的布尔变量进行 32 位“与”操作, 并将结果放入 19 号寄存器中;

(2) 对存放在 17 号寄存器和 18 号寄存器中的布尔变量进行 32 位“或”操作, 并将结果放入 20 号寄存器中;

(3) 对存放在 17 号寄存器和 18 号寄存器中的布尔变量进行 32 位“异或”操作, 并将结果放入 21 号寄存器中;

(4) 对存放在 17 号寄存器和 18 号寄存器中的布尔变量进行 32 位“或非”操作, 并将结果放入 22 号寄存器中.

那么, 上述四条指令的机器码如下:

$$100100\ 10001\ 10010\ 10011\ 00000\ 000000,$$
$$100101\ 10001\ 10010\ 10100\ 00000\ 000000,$$
$$100110\ 10001\ 10010\ 10101\ 00000\ 000000,$$
$$100111\ 10001\ 10010\ 10110\ 00000\ 000000.$$

执行完这些指令后分别存放在 19 号、20 号、21 号和 22 号寄存器中的值为

$$0100\ 0110\ 1010\ 0001\ 0000\ 0000\ 0000\ 0000,$$
$$1111\ 1111\ 1111\ 1111\ 1111\ 0000\ 1011\ 0111,$$
$$1011\ 1001\ 0101\ 1110\ 1111\ 0000\ 1011\ 0111,$$
$$0000\ 0000\ 0000\ 0000\ 0000\ 1111\ 0100\ 1000.$$

MIPS 不提供一元的非操作, 而是将非操作通过或非运算以及利用 0 号寄存器中总是存储数值 0 的二进制 32 位表示这一约定. 这是因为我们有下述布尔等式:

$$\overline{A} = \overline{A \vee 0}.$$

MIPS 有三条移位指令: 逻辑左移指令、逻辑右移指令和算术右移指令. 这三条移位指令的操作码由第 1 段的 6 位和第 6 段的 6 位联合给出, 并且第 1 段的 6

位都是 0, 区别由第 6 段的 6 位给出: 逻辑左移为 000000, 逻辑右移为 000010, 算术右移为 000011. 三条移位指令的第 2 段的 5 位都是 0, 第 3 段的 5 位存放待移位二进制数的寄存器编号, 第 4 段存放目标数的寄存器编号. 三条移位指令的第 5 段的 5 位中都存放着连续移动的位数. 比如, 设待移位的 32 位二进制数存放在 17 号寄存器中, 需要对这个 32 位二进制数按照三种移位方式分别执行移动 4 次的移位操作, 并分别将结果存放在 8 号寄存器、18 号寄存器和 19 号寄存器中. 那么相应的移位指令如下:

$$\begin{gathered}000000\ 00000\ 10001\ 01000\ 00100\ 000000,\\000000\ 00000\ 10001\ 10010\ 00100\ 000010,\\000000\ 00000\ 10001\ 10011\ 00100\ 000011,\end{gathered}$$

现在假设存放在 17 号寄存器中的待移位数如下:

$$1111\ 0011\ 0000\ 0000\ 0000\ 0010\ 1010\ 1000.$$

那么执行完上述移位指令后分别存放在 8 号寄存器、18 号寄存器和 19 号寄存器中的二进制 32 位数如下:

$$\begin{gathered}0011\ 0000\ 0000\ 0000\ 0010\ 1010\ 1000\ 0000,\\0000\ 1111\ 0011\ 0000\ 0000\ 0000\ 0010\ 1010,\\1111\ 1111\ 0011\ 0000\ 0000\ 0000\ 0010\ 1010.\end{gathered}$$

最后, 我们来看看 MIPS 的条件指令. 所谓条件指令是指那些必须在一定条件下才会执行的指令, 也就是说计算机必须首先进行判断, 然后根据判断的结果, 再执行怎样的操作. 这一点非常重要, 因为这是计算机为何是逻辑机器的关键所在: 它有别于计算器 (计算器只能计算, 不能判断是非真假) 就在于计算机可以并且能够做出判断, 并根据判断结果再执行下一步操作.

MIPS 有两条条件分支指令, 也就是判断指令. 计算机需要判断存放两个不同的寄存器中的值是否相等. 于是, 一条是相等条件指令, 一条是不等条件指令. 条件分支指令是即刻型指令. 相等条件指令的 6 位操作码为 000100, 不等条件指令的 6 位操作码为 000101. 存放待比较的两个数的寄存器的编号依旧存放在指令的第 2 段和第 3 段的 5 位中. 32 位指令的后 16 位则存放着分支语句开始的标识位置. 条件分支指令执行一次测试, 只有在测试结果为"真"的时候才去执行相应的分支语句. 也就是说, 相等条件指令在测试出两个寄存器中的二进制数相等时计算机会转去执行相应的分支语句; 在测试出两个寄存器中的二进制数不等时, 计算机会忽略相应的分支语句. 不等条件指令恰好相反. 不等条件指令在测试出两个寄存器中的二进制数不相等时计算机会转去执行相应的分支语句; 在测试出两个寄存器中的二进制数相等时, 计算机会忽略相应的分支语句. 因此, 计算机可以根据输入的差别处理不同的任务.

由于指令都是 32 位的字, 一个完成特定计算任务的程序又都是按照一定逻辑顺序组成的指令序列, 因此用机器语言编写的一个程序就是一个表示指令的一系列 32 位二进制数. 因此, 这些指令便可以按照序列的顺序存储在计算机的存储器的代码段中. 这就是**存储程序**. 这就是通用图灵机的实现, 也就是计算机具有如此强大功能的一个关键原因. 运行一个新程序不需要花费大量的时间和精力对硬件进行重新装配或者重新布线, 只需要将一个新的程序写入计算机的存储器中. 相信当今使用手机的诸位一定有过下载"微信"程序 (或者下载它的更新版本) 的体验. 那就是将一个具有某种功能的程序存储到自己手机的存储器中的过程. 可以存储程序就为计算机 (手机) 提供了**通用**计算能力. 正是计算机的这种通用计算能力才为各种应用程序提供现实的计算实在.

6.3.2 计算机硬件系统

前面我们大致了解了计算机的体系结构, 因而明了为什么说现代计算机实现了通用图灵机. 接下来的问题就是在计算机内部, 存储器、处理器、交换器到底都是一些什么样的逻辑和物理现实? 计算机体系结构并没有定义底层的硬件实现. 同一种体系结构可以有不同的硬件实现. 在这里, 我们概括地解释计算机体系结构的硬件实现模块.

数字电路

数字逻辑电路是计算机体系结构的基本. 数字逻辑电路是实现真值表或者布尔表达式描述的输入与输出之间的关系的物理装置. 数字逻辑电路中的**电路**是可以处理**离散值**变量的网络或者模块. 它们都由各种各样的逻辑门经过不同的联线 (**元件和结点**) 组合而成. 一个元件本身又是一个带有输入、输出、描述输入和输出关系的功能规范以及描述当输入改变时输出响应延迟的时序规范的局部电路. 一个结点是一段导线, 它通过电压传递离散值变量的取值. 结点分为输入结点、输出结点或内部结点. 输入结点接收外部的值, 输出结点向外部输出值, 内部结点既不从外部接收值也不向外部传递值. 数字逻辑电路被分为**组合逻辑**电路和**时序逻辑**电路两种. 各种逻辑门电路是组合逻辑电路的实例. 组合逻辑电路的输出仅仅依赖于当前输入, 也就是说, 它们通过组合当前输入值来确定输出值; 时序逻辑电路的输出不仅依赖于当前输入还依赖于过去的输入, 也就是说, 它们的输出值取决于输入值序列. 组合电路是**没有记忆**的电路, 而时序电路是**有记忆**的电路.

组合数字逻辑电路与布尔表达式之间有着确定的对应关系. 任何组合数字电路都实现一个布尔表达式; 任何一个布尔表达式是都可以由一个组合数字电路来

实现. 因此, 检验一个数字逻辑电路的正确性就是用真值表来验证对应的布尔表达式的正确性; 并且在数字逻辑电路的设计过程中, 优化电路的过程事实上就是布尔表达式化简的过程, 而布尔表达式化简的过程就是应用布尔代数等式律的演算过程. 这就是为什么称计算机为逻辑机器的一个基本理由: 数字逻辑电路的理论基础就是命题逻辑理论.

计算机需要有内部的记忆功能. 这就需要有带记忆功能的电路. 实现带记忆功能的数字电路就是时序逻辑电路. 时序逻辑电路实际上是一系列组合数字逻辑电路按照特定方式联结起来的结果. 比如, 存储 1 位状态的简单时序逻辑电路分为锁存器和触发器两种. 最简单的锁存器由一对交叉耦合 (串联) 的或非门组成; 最简单的触发器由一个反向时钟和两个背靠背的锁存器构成. 再比如, 一个 32 位寄存器由共享一个公共时钟输入的一排 32 个触发器组成. 而寄存器则是计算机的一个非常基本的部件. 我们可以不去理会这几个名词的技术含义, 只需关注这样的事实: 锁存器是记忆 1 位信息的元件; 锁存器是构建触发器的部件; 触发器是构建寄存器的部件; 寄存器是计算机的部件; 所有这些都是时序数字逻辑电路的实例.

算术电路

算术电路是计算机的主要模块. 计算机和数字逻辑电路可以实现加法、减法、比较、移位、乘法和除法等算术运算功能.

加法器

先来看看二进制数加法运算的实现. 最简单的当然是两个 1 位二进制数相加. 两个分别取值为 0 或 1 的输入变量 A 和 B. 将它们相加. 在算术的意义上讲, 当 A 和 B 都是 1 的时候, 它们的算术和是 2. 在二进制里, 这就需要进位. 因此, 实现 1 位二进制加法的装置必须有两个输出: S 和 C_{out}, 其中 S 为和的本位, C_{out} 为进位. 于是, 下列布尔值等式就确定了 1 位二进制加法结果:

$$S = \left(A \wedge \overline{B}\right) \vee \left(\overline{A} \wedge B\right); \quad C_{\text{out}} = A \wedge B.$$

实现这两个布尔等式的组合电路被称为一个**一位半加器**.

考虑到对本位进行加法时, 本位还有可能面临来自低位的进位. 因此, 我们需要在一位半加器的基础上构建**一位全加器**. 将进位记成 C_{in}. 那么在计算本位二进制加法时, 我们面临三个输入: A, B, C_{in}. 同样, 这个加法器的输出也是两个: 本位和 S 以及进位 C_{out}. 计算它们的两个布尔等式如下:

$$S = \left(\overline{A} \wedge \overline{B} \wedge C_{\text{in}}\right) \vee \left(\overline{A} \wedge B \wedge \overline{C_{\text{in}}}\right) \vee \left(A \wedge \overline{B} \wedge \overline{C_{\text{in}}}\right) \vee \left(A \wedge B \wedge C_{\text{in}}\right),$$
$$C_{\text{out}} = (A \wedge B) \vee (A \wedge C_{\text{in}}) \vee (B \wedge C_{\text{in}}).$$

实现这两个布尔等式的组合电路被称为一个**一位全加器**.

构造一个 32 位加法器的最简单方法就是将 32 个一位全加器串联起来. 这样的多位 (32 位、64 位、N 位) 加法器被称为**行波进位加法器**. 在实现加法运算的数字逻辑电路中还有**先行进位加法器**以及**前缀加法器**, 等等.

减法器

要想理解计算机怎样处理减法, 我们需要先理解负数在计算机内部是怎样表示的. 在计算机内部, 用无符号数来表示自然数, 一个 32 位处理器可以处理从 0 到 $2^{32}-1$ 之间的自然数; 表示整数的为有符号数, 一个 32 位处理器可以处理从 $-2^{31}+1$ 到 $2^{31}-1$ 之间的整数. 有符号数的表示分为原码表示和补码表示两种. 在计算机的内部, 一个 N 位的处理器会将最左 (最高) 位作为数的符号位. 当最高位为 0 时, 所表示的二进制数为非负; 当最高位为 1 时, 所表示的二进制数为负数 (称为**原码表示**). 但是, 原码表示的非负数与负数相加时会出问题. 比如, -1 在 32 位处理器下的原码表示是

$$1\overbrace{0\cdots0}^{30}1,$$

而 1 在 32 位处理器中的原码表示为

$$0\overbrace{0\cdots0}^{30}1.$$

如果按照通常的二进制加法将它们相加, 就会得到

$$1\overbrace{0\cdots0}^{29}10.$$

但是这应当是 -2 的原码表示. 为了消除这种不合理现象, 采用先计算负数的绝对值的二进制补码再计算加法的策略. 比如, -1 的绝对值是 1; 1 在 32 位处理器中的二进制补码是先将 1 的表示的各位取补, 得到

$$1\overbrace{1\cdots1}^{30}0,$$

然后再加上 $0\overbrace{0\cdots0}^{30}1$, 从而得到

$$1\overbrace{1\cdots1}^{30}1.$$

这就是 -1 的**补码表示**. 再将 -1 的这个补码表示与 1 的二进制表示相加, 丢掉最高位的进位, 就得到 $0\overbrace{0\cdots0}^{30}0$. 需要注意的是, 符号串

$$1\overbrace{1\cdots1}^{30}1$$

既是 -1 的补码表示, 又是 $-(2^{32}-1)$ 的原码表示. 由此可见, 计算机处理自然数加法的方式与处理整数加法的方式是不一样的.

现在我们回到减法来. 实现二进制减法的数字逻辑电路为**减法器**. 它的构建是在加法器的基础上应用一个对减数求取其绝对值二进制补码的部件来实现的. 比如, 需要计算 $Y=A-B$. 首先创建减数 B 的二进制补码, 即将 B 的二进制表示中的每一位取补, 然后再加 1. 比如

$$B=x_{31}x_{30}\cdots x_1x_0$$

是一个 32 位的二进制数, 其中每一个 x_i 都或者是 0 或者是 1. 那么 B 的二进制补码, 记成 B^*, 就是

$$B^*=\overline{x_{31}}\,\overline{x_{30}}\cdots\overline{x_1}\,\overline{x_0}+1.$$

在计算机内部, B 的二进制补码 B^* 就是负数 $-B$ 的二进制表示, 即 $-B=B^*$. 于是, 再计算加法 $Y=A+B^*$ 就得到 $Y=A-B$.

比较器

在计算机内部, 由**比较器**来实现对两个二进制表示的数是否相等 (或者一个比另外一个大还是小) 的判断. 判断是否相等的比较器为**相等比较器**; 判断谁大谁小的比较器为**量值比较器**. 比较器有两个输入. 相等比较器有一个输出; 量值比较器产生一个或者多个输出以说明两个输入的关系值. 比如, 一个 32 位的比较器的输入为两个 32 位二进制表示数 A 和 B.

相等比较器将输入 A 和 B 的二进制表示的 32 位中的每一位进行比较; 如果每一位比较的结果都相等, 那么给定的输入就相等; 如果有一位不相等, 那么给定的输入就不相等. 设 A 和 B 的二进制表示为

$$A=x_{31}x_{30}\cdots x_1x_0,$$
$$B=y_{31}y_{30}\cdots y_1y_0.$$

对每一位 ($0\leqslant i\leqslant 31$) 进行比较的布尔等式如下:

$$z_i=(\overline{x_i}\wedge\overline{y_i})\vee(x_i\wedge y_i).$$

用真值表可以验证 $z_i=1$ 当且仅当 $x_i=y_i$. 因此, 相等比较器的输出值由下述布尔函数给出:

$$z_{31}\wedge z_{30}\wedge\cdots\wedge z_1\wedge z_0.$$

量值比较器则是先计算 $A-B$ 的值, 然后检查结果的符号位 (最高有效位). 如果符号位为 1, 那么 A 小于 B; 如果符号位为 0, 那么 A 大于或者等于 B.

算术–逻辑单元

算术–逻辑单元 (通常记成 ALU) 是计算机的核心部件. 这是一个将多种算术运算和逻辑运算组合到一个单元内的模块. 它通常都可以执行加法、减法、量值比较、∧ 和 ∨ 运算.

移位器和循环移位器

移位器用于将二进制表示中的每一位同时向左 (向右) 移动一位, 并且可以完成 2 的幂的乘法或除法. 一个 32 位 (N 位) 移位器可以由 32 个 (N 个) 带有 32 个 (N 个) 输入端口和一个输出端口的**复用器**[22]构成. 移位器分为逻辑移位器和算术移位器两种. 逻辑移位器实施左移一位或者右移一位, 并且以 0 填充空位; 算术左移与逻辑左移一样; 算术右移先实施逻辑右移, 但是会保留符号位. 比如, 对

$$11001110001000011000100001110001$$

实施逻辑右移一次, 得到

$$01100111000100001100010000111000,$$

然后再实施逻辑右移一次, 得到

$$00110011100010000110001000011100;$$

对

$$11001110001000011000100001110001$$

实施逻辑左移一次, 得到

$$10011100010000110001000011100010,$$

然后再实施逻辑左移一次, 得到

$$00111000100001100010000111000100;$$

对

$$11001110001000011000100001110001$$

实施算术右移一次, 得到

$$11100111000100001100010000111000,$$

22 复用器是一种最常用的组合逻辑电路. 根据**选择信号**的值它从 32 个 (N 个) 可能的输入中选择一个作为输出.

然后再实施算术右移一次, 得到

$$11110011100010000110001000011100;$$

对

$$1100111000100001100010000111 0001$$

实施算术左移一次, 得到

$$10011100010000110001000011100010,$$

然后再实施算术左移一次, 得到

$$00111000100001100010000111000100.$$

左移是乘法的特例. 左移 k 位 (连续实施左移操作 k 次) 相当于对一个数乘以 2^k. 算术右移是除法的特例. 算术右移 k 位相当于一个数除以 2^k.

循环移位器则用于将二进制表示中的每一位同时向左 (向右) 移动一位, 并且将最高位 (最低位) 移到最低位 (最高位). 比如, 将

$$11001110001000011000100001110001$$

循环左移一次, 得到

$$10011100010000110001000011100011,$$

再循环左移一次, 得到

$$00111000100001100010000111000111;$$

将

$$11001110001000011000100001110001$$

循环右移一次, 得到

$$11100111000100001100010000111000,$$

再循环右移一次, 得到

$$01110011100010000110001000011100.$$

乘法器

无符号二进制数的乘法与十进制数的乘法很相似, 只不过它只有 1 和 0 两个数值. 实施乘法的过程是先以乘数的每一位乘以被乘数的所有位, 求得相应的**部分**

积, 然后对这些部分积实施相应的移位操作, 再将它们相加就可以得到最后的结果. 二进制乘法中的部分积要么就是复制被乘数, 要么每一位都是 0. 因此, 产生部分积的模块由与门电路来实现. 两个 32 位数相乘需要 32×32 个加法器来产生一个 2×32 位的结果. 乘法器接收被乘数 A 和乘数 B, 然后产生积 P. 比如

$$A = x_{31}x_{31}\cdots x_1x_0; \quad B = y_{31}y_{30}\cdots y_1y_0.$$

第 $0 \leqslant i \leqslant 31$ 个部分积就是用 y_i 与被乘数 A 的每一位 x_j 进行 $\wedge$ 运算得出的. 然后将第 i 个部分积左移 i 位, 得到 P_i. 最后将这些 P_i 相加得到 P. 所以, 对于 32 位运算数, 有 32 个部分积和 31 级的 1 位加法器.

除法器

设被除数为 $A = x_{31}x_{30}\cdots x_1x_0$, 除数为 B, 都是区间 $[0, 2^{31}]$ 内的无符号数. 欲求得商

$$Q = q_{31}q_{30}\cdots q_1q_0$$

以及中间余数 R 来满足等式

$$\frac{A}{B} = Q + \frac{R}{B}.$$

对于这样两个二进制数的除法依据下述**中间余数**算法执行:

(1) 置余数初始值 $S = 0$.

(2) 从 $i = 31$ 开始, 递减到 $i = 0$, 执行下列操作:

(a) 将 S 左移一位 (即将 S 乘以 2);

(b) 将 A 的第 i 位 x_i 设置为 S 的最低位 s_0, 然后将这个结果赋予 R;

(c) 计算差 $D = R - B$;

(d) 如果 D 是负数 (即 D 的符号位为 1), 那么设置商 Q 的第 i 位 $q_i = 0$, 并且令 $S - R$;

(e) 如果 D 是非负数 (即 D 的符号位为 0), 那么设置商 Q 的第 i 位 $q_i = 1$, 并且令 $S = D$.

(3) 令 $R = S$.

除法器便依据这一算法设计得到. 我们再次忽略技术细节. 总之, 除法器也是算术电路的一部分.

6.3.3 计算机软件系统

一系列物理器件按照组合逻辑和时序逻辑构成各种计算过程中的功能模块或者功能单元, 这些模块在各种逻辑电路的联结下实现具有强大计算能力的计算机体

系结构, 从而具备存储各种程序并实现程序确定的计算过程的能力. 但是要想这样的"赤裸"计算机真正"动"起来, 真正有条不紊地一条指令接着一条指令地将各种计算过程实施起来, 计算机还需要一个优秀的操作系统与一组"应用程序"包来实现与硬件系统的完美结合. 只有这样, 通用图灵机才真正成为现实. 包括操作系统在内, 所有可以在计算机上运行的程序都是一系列计算机指令的逻辑流程规定. 它们或多或少或者这样或者那样在回答后述问题: 在什么条件下对什么数据执行什么操作; 什么时候什么事情会怎样发生以及当一种情形出现时该如何处理. 因此, 计算机硬件体系是以已经完全确定了的逻辑体系框架来为求解现实问题服务, 计算机软件则是在计算机硬件体系基础上包罗万象的以各种各样丰富多彩的方式来解决诸多实际问题的逻辑进程蓝图之集. 正是计算机硬件体系与计算机软件的完美的有机的结合, 对诸如"在什么条件下对什么数据执行什么操作"和"什么时候什么事情会怎样发生以及当一种情形出现时该如何处理"这样的问题才会得到现实的答案. 毫无疑问, 对于这样问题的任何一次现实的有效的解答, 都是一次逻辑机器的实际作用.

由于计算机硬件只能"理解"二进制机器语言, 而这种二进制机器语言对于人类来说太过繁琐和低级. 用二进制机器语言来编写程序是一件既耗费时间又难免出错的令人烦恼的事情, 因此没有人会乐意再做一次用二进制机器语言编写一个复杂的程序. 于是, 各种表述计算机程序的形式语言应运而生. 与机器语言最接近的是**汇编语言**. 所谓汇编语言就是将机器指令以容易理解和记忆的方式表述出来的形式语言. 一个汇编语言的语句可以直接转换成一条或者几条机器指令; 反之亦然. 用汇编语言编程是计算机软件专业的学生必修课. 用汇编语言编程能够产生最有效的机器代码, 因为汇编语言允许直接访问寄存器和内存空间. 许多用汇编语言编写的子程序总是存储在相应的程序库中. 但是, 汇编语言编程亦然是冗长乏味的. 因此, 对于复杂的程序设计而言, 更为高级的程序语言是程序设计人员的需求. 自二十世纪六十年代以来的五十多年里, 满足各种需求的多种高级语言相继问世. 比如, 早期的 BASIC 语言、ALGOL 60 语言、PASCAL 语言、FORTRAN 语言、C 语言、C^{++} 语言、Java 语言、Python 语言, 以及适应互联网发展需要的 HTML 语言等等. 当然, 任何一种高级语言都有明晰的语言形式规定 (语法规则), 因为这种形式规定是将高级语言程序翻译成机器语言程序不出差错的保证. 高级语言都有自己的编译程序 (BASIC 语言是一种例外, 它是直接进行解释的语言). 这种编译程序的职责就是将用本语言编写的合乎语法规则的程序翻译成机器语言程序, 并存储在计算机存储空间的代码段中; 编译程序还有对不合语法规则的语句进行纠错的功能. 编译程序一般都用汇编语言编写, 并事先存储到存储空间的代码段中. 许多高级语言的编译程序就是将用高级语言编写的程序 (源代码) 翻译成用汇编语言写成的程序 (汇编码), 然后由汇编语言解释程序将这种汇编码转化成机器码.

为适应计算机程序编写需要的程序语言是不具备任何语义解释的纯粹的形式语言. 它们的功用就是满足正确表达计算指令以及计算指令逻辑流程的需要. 有一点可以肯定, 无论应用何种程序语言编写程序, 程序中所有的语句都是一些逻辑表达式, 并且它们都按照时间顺序存在着逻辑的关联. 这些程序语句中, 最为突出的是那些依据逻辑判断或者计算结果的等式与不等式判断而选择下一步执行什么指令或者从哪里开始执行的**条件语句**. 这些语句有着共同的形式: 如果 $\cdots$, 那么 $\cdots$; 不然 $\cdots$; 当 $\cdots$ 成立时, 做 $\cdots$; 当 $\cdots$ 成立时, 跳转到 $\cdots$. 也正是在这样的意义下, 我们说任何一个任务丰富的程序都是一个逻辑进程. 可以肯定地说, 无法想象一个称职的 (系统)(应用) 程序设计者没有足够的逻辑涵养和在程序设计过程中没有时刻保持清晰的逻辑思维. 一个令人悲痛的例子不过于在 2018 年 10 月到 2019 年 3 月期间的两次空难所暴露出来的 Boing 737 Max 型飞机上的控制程序设计错误. 因此, 在程序设计中, 推而广之, 在我们处理日常生活的理性思维中, 我们只能以正确的严肃认真的态度对待能够保证理性行为正确性的逻辑.

现实中, 我们经常需要在不同的时间运行不同的程序以及在这些不同程序之间交换数据. 比如, 一个优秀的程序员会在确定了逻辑流程框图之后直接打开计算机的文字编辑器开始编写和运行一个程序, 通过键盘建立一个文本文档. 当一个文本文件产生并被保存起来之后, 调用编译程序将存储起来的文本文件编译成一个汇编语言文件, 存储它并将它载入汇编程序. 然后再调用汇编语言解释程序将它转换成一个浮动的机器码文件. 最后再根据需要进行一些链接, 产生一个可执行的机器语言程序. 这些构成一个有序的操作过程. 所有这些都是在计算机内部的操作系统管理下完成的.

操作系统管理计算机内所有的系统应用程序和用户程序, 将它们的运行进行排序, 为它们的运行提供必要的时间段, 按照排序的时间节点将它们载入、赋予适当的控制权以确保运行, 并根据需求, 处理输入输出和中断, 定时发放中央处理器资源、寄存器资源和存储器资源以及实时回收这些资源. 简而言之, 计算机操作系统是计算机有条不紊地正确地实施各种计算过程的管理系统. 当今我们熟知的操作系统包括 UNIX 操作系统、Windows 操作系统、iOS 操作系统、LINUX 操作系统. 当然, 使用手机的都知道 Android 操作系统以及 iOS 操作系统. LINUX 操作系统 [23] 是一个全面开源全方位开放的操作系统. 这是一个起始于一位大学生的创作后有无数志愿者无私奉献自己的时间和精力的通力合作的产物.

与操作系统直接关联的驾驭外部设备的系统程序被称为驱动程序. 比如, 磁盘驱动程序、打印机驱动程序、光盘驱动程序、无线网络驱动程序.

为了解决实际问题而设计出来的应用程序可以说是种类繁多、日新月异、数不

23 https://www.linux.org.

胜数. 在这里我们只想提及一件精美的作品: TeX 系列程序. TeX 系统是一个进行文字字形设计、文字处理和排版印刷的应用程序包. 这是一个起初由 Standford 计算机科学系的教授 Donald E. Knuth 开发出来的英文文字字形设计、文字排版与印刷的程序. 从英文文字字形的设计到页面排版再到整体印刷, 并交付打印机打印, 整个过程完全由 TeX 系列程序完成. 可以说, TeX 系统是出版界的精美作品.

在计算机软件世界, 有两大群体尽心尽力地应用自己的业余时间来打造、维护以及更新自己钟爱的软件. 一个是 LINUX 操作系统, 另外一个是 TeX 系统. 国内有不少志愿者将处理西文的 LaTeX 功能延拓到足以涵盖对中文进行处理. 这本书就是作者在 Windows 操作系统环境下应用文字编辑器 WinEdt 输入, 生成一个文本文件 Logic.tex, 然后调用 MikTeX 程序包 [24] 中的可以处理中文的 LaTeX 进行排版的结果 [25].

6.4 附录: 计算机发展简介

第一批为人所知的机械计算器是由 Wilhelm Schickard 在 1623 年左右、Blaise Pascal 在 1642 年左右和 Gottfried Wilhelm Leibniz 在 1673 年左右设计的. 它们通过一种此轮机械装置以 10 为基数来工作.

Joseph-Marie Jacquard 在 1804—1805 年设计出的一种织布机可以说是自动化进入工业界的一个早期范例. 在这种织布机中, 一系列穿孔卡片指示要执行的基本操作序列; 每个孔允许一根针穿过, 支撑卡片的四面体与携带编织线的梭子同步旋转. 这个系统可谓那些后来专用于控制工业流程的可编程自动机或者计算器设备的先驱.

Charles Babbage 是从事将自动机与机械计算器结合起来的机器设计的第一人. 他曾经设计过差分机. 1841 年在都灵举行的研讨会上, 他展示了他与 Ada Lovelace 合作的一个用于更通用机器的项目: 分析机. 这台分析机可以自主执行算术运算序列. 它通过穿孔磁带控制机器的基本操作. 用户在这种"程序磁带"上描述需要被机器执行的操作序列. 每次执行新任务时, 都要把程序磁带送入机器中. 分析机能够记住中间结果, 但它无法记住程序. 分析机也因此被称为外部程序机器. 分析机引入了存储器 (Babbage 称之为仓库) 和处理器. 分析机被分成三个截然不同的组件: 自动机–计算器、数据和程序. 它们各自有自己的功能.

在 1890 年美国人口普查期间, Herman Hollerith 在招标中取得了自动处理人

---

24 https://miktex.org.

25 我自己曾在 1995 年用 BASIC 语言设计过一个在 DOS 操作系统环境下利用 TeX 来处理中文的程序, 但远远没有现在我所使用的这个 CTeX 中的 LaTeX 有效. 当读者翻到本书的这一页的时候, 我真诚地希望读者能够体会我在这里对这些志愿者表达的谢意.

口普查数据的合同. Hollerith 建议使用当时已经被某些铁路公司使用的穿孔卡片系统, 依据"Hollerith 代码"对每个字符进行编码. 这种可以穿孔的卡片大小为 18.5 厘米长 8.3 厘米宽. 由 Hollerith 开办的公司 Tabulating Machine Company 最终在 1924 年变成国际商用机器公司 International Business Machines (IBM).

1937 年, 哈佛大学的 Howard Aiken 给 IBM 建议: 通过用于穿孔卡片机器的机械和电子设备构建巨型计算器. IBM 在 1943 年完成了这样一台重达 4.5 吨的机器. 它配备有能够记住 72 个数字的累加器, 并且可以在 6 秒内计算出两个 23 位数的乘积. 通过编码到穿孔纸带 [26] 上的指令可以控制它.

从外部程序到存储程序的飞跃始发于通用图灵机以及 1945 年的 John von Neumann 的计算机体系结构 [27]. von Neumann 自己是一位早期对数理逻辑极具兴趣的数学家, 也是哥德尔和图灵在普林斯顿逻辑圈内的朋友. 依据他从图灵那里学到的通用图灵机的原理, von Neumann 深知一台计算机其实就是一台通用图灵机, 就是一台逻辑机器. 于是, 他用自己的体系结构设计来解释这一观点. von Neumann 的计算机体系结构第一次完整地应用逻辑流程控制实现了图灵的通用图灵机. 迄今为止, 可以说所有的计算机在具体的体系结构上有千差万别, 但是总体逻辑控制框架依旧是 von Newumann 的体系结构框架. 在 von Neumann 的指导下, "电子离散变量自动计算机" (Electronic Discrete Variable Automatic Computer)(简写为 EDVAC) 于 1945 年诞生. 这是第一款存储程序计算机.

二十世纪五十年代初的电子计算机使用的电子器件包括继电器、电子管、电阻器以及其他离散组件. 比如在 1945 年的 EDVAC 之前的赫赫有名的"电子数字积分器和计算机" (Electronic Numerical Integrator and Computer)(简写为 ENIAC) 由 18000 个真空管制成. 但是二十世纪五十年代中期到六十年代初期, 晶体管开始取代真空管; 存储器开始使用铁氧体环状磁芯; 创建了操作系统、输入输出控制系统, 以及符号编码系统和早期的程序语言. 在接下来的十年里, 集成电路的制造技术实现了一种质的飞跃. 计算机硬件性能得到实质性提高; 存储器可以同时存储多个程序; 输入输出设备独立起来; 可以使用高级语言编写操作系统. 到了 1975 年左右, 在计算机辅助设计的威力作用下, 大规模集成电路以及超大规模集成电路的制造流程和电路设计过程都得到实质性的飞跃. 不同处理器模块集成一处, 集成规模迅速增加, 各种平方毫米级的芯片开始担负起特殊功能. 比如, Motorola 6800 微处理器大约在 1974 年制成, 它包含有约 6800 个晶体管; Zilog 微处理器大约在 1976

26 这样的穿孔卡片和穿孔纸带直到二十世纪 70 年代末和 80 年代初依然是我国计算机程序的指令外部承载装置.

27 J. von Neumann, First draft of a report on the EDVAC, Moore School of Electrical Engineering, University of Pennsylvania, June 1945. 见 J. von Neumann, Collected Works, vol 5. New York, Pergarmon Press, 1963.

年制成, 大约包含 8500 个晶体管; Intel 18088 微处理器大约在 1979 年制成, 大约包含 29000 个晶体管; Texas Instruments 的 TMX320C40 微处理器大约在 1991 年制成, 大约包含 65 万个晶体管; Intel i486 DX2 微处理器大约在 1989 年左右制成, 大约包含了 120 万个晶体管; AMD Athlon 64X2 微处理器大约在 1999 年制成, 大约包含 1.22 亿到 2.43 亿个晶体管. 这些微处理器早已过时. 2019 年的便携式计算机中相当多的都在使用 Intel Core i7 微处理器. 计算机内部存储器容量多达 512GB, 甚至 1TB. 外部储存器常用的容量已经用 TB 来度量. 连一个小巧玲珑的 USB 都足以容下 128GB 的数据. 这些既是技术进步的结果, 更是逻辑应用的产物.

"数字" 世界一直在不断成长, 计算机信息系统–逻辑机器–正在不断地接管着每一个领域, 从最具技术性的领域到最平凡的领域; 从航天领域到日常生活领域. 之所以如此, 完全归功于命题逻辑和代名词表达式逻辑的完备性以及通用图灵机的存在性 (因为算法的正确性都对等于计算机具体计算的正确性).

索　　引

其 他

跋

在科学出版社 (2020 年 1 月 8 日) 正式接受本书稿立项出版的四天之后, 我从一位朋友处得知联合国教科文组织与国际哲学与人文科学理事会联合宣布设立“世界逻辑日”的消息. 兴奋之余, 便想从联合国教科文组织发布的告示 [1] 和联合国教科文组织总干事奥德蕾 · 阿祖莱在第一个世界逻辑日 (2020 年 1 月 14 日) 发表的“世界逻辑日致辞”中选取几段话与读者分享.

联合国教科文组织在宣布设置“世界逻辑日”的告示中写道: “思考能力是人类最显著的特征之一. 在不同的文化中, 对人类的定义都与意识、知识和理性等概念相关联”. “纵观历史长河, 逻辑学作为推理原则研究, 曾被许多文明所探究, 而且从最早期的逻辑表达式出现以来, 逻辑在哲学和科学的发展中发挥了重要作用”.

用阿祖莱的话说, “不论是从亚里士多德或欧几里得、莱布尼茨或斯宾诺莎的著述中, 还是从中国墨家学派到印度正理学派创始人们的典籍中, 我们都能看到, 逻辑研究千百年来一直吸引着数不胜数的哲学家和数学家.”

“逻辑之所以得到如此广泛的研究, 也得益于并且可能主要得益于它具有多方面实际应用功能. 逻辑在科学与工程学、认知心理学、语言学、传播学的发展中发挥了重要作用; 逻辑也切实推动了思想变革, 并且是许多创新的源泉.”

“特别是在当今二十一世纪, 对我们的社会和经济而言, 逻辑学比以往任何时候都更为切合时宜且不可或缺. 例如, 计算机科学和信息与通信技术都来源于逻辑和算法推理.”

“人工智能前所未有的发展构成了一场技术革命乃至人类学革命, 而人工智能本身就是一种基于逻辑推理的创新.”

“当我们在使用人工智能软件、在启动一台计算机, 或提出一个论断的时候, 我们都是在与逻辑打交道. 逻辑是当代的普遍现象.”

“我们被逻辑包围, 但却很少意识到其存在 —— 我们经常在不知不觉中应用逻辑.”

本书正是旨在引导读者不仅能够清楚地意识到“逻辑是当代的普遍现象”, 而且可以在日常生活中自觉地应用逻辑这门工具. 对我而言, 无论是时间节点还是基本动机, 都是意想不到的令人兴奋的契合.

---

1 https://zh.unesco.org/commemorations/worldlogicday.

最后, 请允许我向读者献上为完成《基本逻辑学》所填的《清平乐》词:

跨海越洋[2],
截断思故乡.
留神专注悟超强[3],
意在学问新创.

三十七年匆匆[4],
潜心探索无穷.
手持三部“导引”[5],
翘首呼唤鲲鹏.

冯 琦
2020 年 1 月 14 日

2 1982 年 12 月 15 日受教育部派遣去美国留学.
3 集合论中有超紧基数和强基数两类高阶无穷.
4 2019 年 12 月 15 日收到科学出版社出版的《集合论导引》样书. 自当年赴美求学之日起, 恰好三十七年.
5 指系列《数理逻辑导引》、《线性代数导引》、《集合论导引》.